THE BARBOUR COLLECTION OF CONNECTICUT TOWN VITAL RECORDS

THE BARBOUR COLLECTION OF CONNECTICUT TOWN VITAL RECORDS

HUNTINGTON 1789–1850

KENT 1739–1852

KILLINGLY 1708–1850

Compiled by
Lorraine Cook White

General Editor
Lorraine Cook White

Copyright © 1999
Genealogical Publishing Co., Inc.
Baltimore, Maryland
All Rights Reserved
Library of Congress Catalogue Card Number 94-76197
International Standard Book Number 0-8063-1597-0
Made in the United States of America

INTRODUCTION

As early as 1640 the Connecticut Court of Election ordered all magistrates to keep a record of the marriages they performed. In 1644 the registration of births and marriages became the official responsibility of town clerks and registrars, with deaths added to their duties in 1650. From 1660 until the close of the Revolutionary War these vital records of birth, marriage, and death were generally well kept, but then for a period of about two generations until the mid-nineteenth century, the faithful recording of vital records declined in some towns.

General Lucius Barnes Barbour was the Connecticut Examiner of Public Records from 1911 to 1934 and in that capacity directed a project in which the vital records kept by the towns up to about 1850 were copied and abstracted. Barbour previously had directed the publication of the Bolton and Vernon vital records for the Connecticut Historical Society. For this new project he hired several individuals who were experienced in copying old records and familiar with the old script.

Barbour presented the completed transcriptions of town vital records to the Connecticut State Library where the information was typed onto printed forms. The form sheets were then cut, producing twelve small slips from each sheet. The slips for most towns were then alphabetized and the information was then typed a second time on large sheets of rag paper, which were subsequently bound into separate volumes for each town. The slips for all towns were then interfiled, forming a statewide alphabetized slip index for most surviving town vital records.

The dates of coverage vary from town to town, and of course the records of some towns are more complete than others. There are many cases in which an entry may appear two or three times, apparently because that entry was entered by one or more persons. Altogether the entire Barbour Collection--one of the great genealogical manuscript collections and one of the last to be published--covers 137 towns and comprises 14,333 typed pages.

TABLE OF CONTENTS

HUNTINGTON	1
KENT	31
KILLINGLY	157

ABBREVIATIONS

ae.------------age
b. ------------born, both
bd.------------buried
B. G.----------Burying Ground
d. ------------died, day, or daughter
decd.---------deceased
f.---------------father
h.---------------hour
J. P.-----------Justice of Peace
m.-------------married or month
res.------------resident
s.---------------son
st.--------------stillborn
w. ------------wife
wid.----------widow
wk.-----------week
y. ------------year
* ------ Please note in the town of Kent in the 3rd column where * is used, in the original manuscript it means page # and 1/2.

THE BARBOUR COLLECTION OF CONNECTICUT TOWN VITAL RECORDS

HUNTINGTON VITAL RECORDS
1789 - 1850

	Page
ALABY, ALABIE, Henry T., of Huntington, m. Elizabeth A. SMITH, of Smithfield, L. I., Aug. 22, 1838, by Rev. Thomas Punderson	146
Isaac C., of Newtown, m. Mary A. SPERRY, of Woodbridge, Jan. 2, 1841, by Rev. Thomas Punderson	150
ALLEN, [see also ALLING], Cornelius Lansing, s. David & Elizabeth, b. July 7, 1800	90
David, of Huntington, m. Elizabeth LANSING, of Lansingburgh, Co. of Ransslear, N. Y., May 23, 1799	90
ALLING, [see also ALLEN], Jerry, of Bethany, m. Eliza CLARK, of Huntington, Feb. 3, 1839, by Rev. Thomas Clark	147
ALLIS, Isaac, m. Sophia BUSS, July 1, 1827	128
Jennett, of Huntington, m. Nathaniel BARTRUM, of Bridgeport, Aug. 9, 1835, by Thomas Punderson	143
ANDRUS, James C., of Newtown, m. Mariania SHELTON, of Huntington, Apr. 13, 1828, by Rev. Thomas Punderson	129
BALDWIN, Sarah, m. David BANKS, b. of Huntington, Apr. 23, 1833, by Rev. Thomas Punderson	139
Sarah, of Huntington, m. William PARKER, of Bridgeport, May 5, 1841, by Rev. George A. Sterling	151
BANKS, David, m. Sarah BALDWIN, b. of Huntington, Apr. 23, 1833, by Rev. Thomas Punderson	139
BARTRUM, Nathaniel, of Bridgeport, m. Jennett ALLIS, of Huntington, Aug. 9, 1835, by Thomas Punderson	143
[BASS], [see under BUSS],	
BASSETT, Cornelia, of Derby, m. Henry LAKE, of Huntington, Feb. 9, [1832], by Rev. Thomas Punderson	137
Henry, m. Harriett SHELTON, b. of Huntington, June 17, 1844, by Rev. George S. Gorden	154
Julia, of Derby, m. W. Shelton HUBBELL, of Huntington, Feb. 19, 1837, by Rev. Thomas Punderson	145
Martin Bull, of Charleston, O., m. Caroline E. TOMLINSON, of Huntington, July 20, 1831, by Zepheniah Swift	137
Polly, of Huntington, m. Samuel YALE, of Derby, Jan. 9, 1842, by Rev. Alva Gregory	151
BEACH, David, of Trumbull, m. Emily BUCKINGHAM, of Huntington, Jan. 11, 1846, by Rev. C. N. Seymour	155
Ebenezer, had negro Amos, b. Aug. 20, 1786	2
Ebenezer, m. Mrs. Abi DOLITTLE, Jan. 20, 1779	73
Ebenezer Silliman, [s. Ebenezer & Abi], b. Mar. 1, 1786	73
Hannah, Mrs. m. Eliot BEARDSLEE, Apr. 20, 1788	72
Hezekiah, m. Mary SHELTON, Nov. 22, 1782	21

	Page
BEACH, (cont.)	
Hezekiah Selick, s. [Hezekiah & Mary], b. Nov. 16, 1789	21
John, his w. had negro Kesiah, b. Jan. 14, 1796	80
John Harvey, s. [Ebenezer & Abi], b. Feb. 3, 1782	73
Marriar, d. [Ebenezer & Abi], b. Jan. 3, 1793	73
Nancey, d. [Hezekiah & Mary], b. Nov. 21, 1785	21
Philene, d. [Ebenezer & Abi], b. Mar. 12, 1789	73
Phillip, of Trumbull, m. Sally **SHELTON**, of Huntington, June 12, 1834, by Thomas Punderson	141
Polly, d. Hezekiah & Mary, b. Apr. 5, 1783	21
Rebecker, d. [Hezekiah & Mary], b. Mar. 21, 1787	21
Sarah, d. Ebenezer & Abbi, b. Nov.* 20, 1779 *(First written "Feb.")	73
Shelton, s. [Hezekiah & Mary], b. Nov. 11, 1784	21
Summers, of Trumbull, m. Lidia (La?) **PARDY***, of Huntington, Oct. 27, 1835, by Thomas Punderson (**PARDEE**?)	143
William, [s. Ebenezer & Abi], b. Mar. 8, 1784	73
BEARD, Catharine, [w. William], d. June 1, 1822	108
Catharine Ann, d. [William & Catharine], b. Nov. 22, 1818	108
Ebenezer, m. Betsey **PLATT**, b. of Huntington, May 1, 1836, by Rev. Charles J. Todd	144
Eli, of Towanda, Pa., m. Nancy **SHELTON**, of Huntington, Aug. 7, 1833, by Rev. Thomas Punderson	139
Joel, m. Abby B. **HAWLY**, b. of Huntington, June 14, 1829, by Rev. Thomas Punderson	133
Sylvester, of New York, m. Lucy M. **CUMMINGS**, of Huntington, May 15, 1840, by Rev. Thomas Punderson	148
William, s. Ebenezer & Anna, of Huntington, m. Catharine **HAWLEY**, Mar. 17, 1818	108
BEARDSLEY, BEARDSLE, BEARDSLEE, Abigail, d. Eliot & Hannah, b. Apr. 25, 1794	72
Abner, of Huntington, m. Nancy L. **SHELTON**, Jan. 11, 1843, by Rev. Rodney Rossiter, of Monroe	152
Agur, [s. Samuel & Pheby], b. June 12, 1791	71
Agur, s. [Samuel & Pheby], b. June 12, 1791	85
Alpha Dinah, d. [Joseph & Elizabeth], b. Feb. 22, 1789	94
Amelia, of Huntington, m. George W. **TURNEY**, of Newtown, Apr. 28, 1847, by Rev. C. N. Seymour	156
Amerilas, [d. Thaddeus & Sarah], b. Mar. 5, 1788	109
Catharine Jirza, d. [Joseph & Elizabeth], b. June 29, 1796 *(Catharine Tirza)	94
Caty, d. Hall & Rachel, b. Nov. 29, 1793	82
Chary, had s. Nehemiah **BRAY**, b. June 16, 1789	87
Cooke, [s. Thaddeus & Sarah], b. Dec. 27, 1790	109
Cornelia, Mrs. of Huntington, m. David **HAWLEY**, of Huntington, Apr. 22, 1849, by Rev. Charles Bartlett	157
Curtiss, s. Samuel & Pheby, b. Feb. 18, 1784	85
Daniel, declared, Dec. 24, 1792, that Roman, b. Feb. 12, 1791	

	Page
BEARDSLEY, BEARDSLE, BEARDSLEE, (cont.)	
(negro)	61
David Washington, s. [Joseph & Elizabeth], b. Nov. 17, 1779	94
Delia, d. [Joseph & Elizabeth], b. Aug. 21, 1798	94
Eliot, m. Mrs. Hannah **BEACH,** Apr. 20, 1788	72
Eliot, m. Abigail **PATTERSON,** Oct. 16, 1800	72
Eliot, s. Eliot & Abigail, b. Dec. 26, 1801	72
Elisha, [s. Samuel & Pheby], b. Apr. 9, 1787	71
Elisha, s. [Samuel & Pheby], b. Apr. 9, 1787	85
Elisha, s. Samuel, Jr., m. Ruth **BEARDSLEE,** d. Thaddeus, Feb. 19, 1810	108
Elizabeth Ann, d. [Joseph & Elizabeth], b. Aug. 20, 1784	94
Fanny, m. David F. **PEET,** Oct. 28, 1827	128
Hall, m. Rachel Ann **WHELER,** Feb. 15, 1793	82
Hannah, d. [Eliot & Hannah], b. May 17, 1798	72
Hannah, w. Eliot, d. June 10, 1799	72
Hannah Maria, m. Nathan Wooster **BLACKMAN,** Oct. 3, 1838, by Rev. Thomas Punderson	146
Jerusha, eldest d. [Thaddeus & Sarah], b. Dec. 21, 1782	109
Jerusha, d. Capt. Thaddeus, m. Elijah S. **BOOTH,** s. Samuel, Dec. 2, 1801	107
Joseph, m. Elizabeth **GILBERT,** Aug. 26, 1779	94
Lester, s. [Joseph & Elizabeth], b. Jan. 3, 1782	94
Lovy Harriot*, d. [Joseph & Elizabeth], b. June 27, 1791 *("Lovy" for "Sophy, i. e. Sophia")	94
Nancey, [d. Samuel & Pheby], b. June 30, 1797	71
Nancy, d. [Samuel & Pheby], b. June 30, 1797	85
Phebe, d. [Samuel & Pheby], b. Oct. 22, 1799	85
Ruth, [d. Thaddeus & Sarah], b. Dec. 15, 1785	109
Ruth, d. Thaddeus, m. Elisha **BEARDSLEE,** s. Samuel, Jr., Feb. 19, 1810	108
Sally M., Mrs., m. Everit **THOMPSON,** b. of Huntington, Apr. 11, 1831, by Elijah Middlebrook, J. P.	134
Samuel, Jr., m. Mrs. Phebe **CURTISS,** Jan. 28, 1783	85
Samuel, Jr., m. Pheby **CURTISS,** May [ ], 1783	71
Samuel, s. [Samuel & Pheby], b. Jan. 12, 1795	85
Samuel B., [s. Samuel & Pheby], b. Jan. 12, 1795	71
Samuel Huntington, s. [Joseph & Elizabeth], b. Jan. 1, 1794	94
Sary, [d. Thaddeus & Sarah], b. Dec. 7, 1783	109
Selah Benton, s. [Joseph & Elizabeth], b. Dec. 19, 1786	94
Selve*, [d. Thaddeus & Sarah], b. Mar. 23, 1796 *(Silvia?)	109
Silas B., of New Milford, m. Phebe Ann **LEWIS,** of Huntington, Nov. 9, 1845, by Rev. Thomas Punderson	154
Silas Curtiss, s. Samuel & Pheby, b. Feb. 18, 1784	71
Silvia, m. Samuel D. **SHELTON,** b. of Huntington, Mar. 25, 1829, by Rev. Thomas Punderson	133
Thaddeus, m. Sarah **COOK,** Dec. 21, 1780	109
Thaddeus, [s. Thaddeus & Sarah], b. Nov. 20, 1793	109

	Page
BEARDSLEY, BEARDSLE, BEARDSLEE,	
Thaddeus, m. Cornelia J. **SHELTON**, b. of Huntington, Oct. 10, 1841, by Rev. George A. Sterling	151
Thomas Jefferson Lovisiania, s. [Joseph & Elizabeth], b. Nov. 3, 1802	94
BENEDICT, Clarrisa, m. Isaac B. **SHELTON**, b. of Huntington, Jan. 19, 1848, by Rev. Charles Bartlett	156
BENHAM, Lockwood P., of Middlbury, m. Mary E. **HURD**, of Huntington, Mar. 10, 1839, by Rev. Thomas Punderson	146
BENNETT, BENNET, Burr, m. Nancy **BENNETT**, b. of Trumbull, Sept. 6, 1831, by Rev. Rodney Rossiter, of Monroe, & Trumbull	136
Eliza, m. Dr. Joseph **TOMLINSON**, May 30, 1827	128
Minerva, m. Abner T. **COLES**(?), b. of Huntington, June 19, 1833, by Rev. Isaac Jones	138
Nancy, m. Burr **BENNETT**, b. of Trumbull, Sept. 6, 1831, by Rev. Rodney Rossiter, of Monroe & Trumbull	136
BENTON, Nancey, [d. Salah & Betsy], b. May 9, 1791	61
Oliver, [s. Salah & Betsy], b. Dec. 31, 1795	61
Selah, Capt., m. Mary Elizabeth **JOANS**, Dec. 11, 1788	61
Sukey, d. Salah & Betsy, b. Sept. 23, 1789	61
William, [s. Salah & Betsy], b. July 16, 1793	61
BIRDSEYE, BIRDSEY, Ephraim, m. Eliza A. **CUMMINGS**, Jan. 10, 1833, by Thomas Punderson	137
Eunice, m. Nathan **BOOTH**, s. Nathan & Comfort, Nov. 7, 1770	77
Jennett, m. Lucius **BLACKMAN**, b. of Huntington, Oct. 25, 1831, by Daniel Jones	135
Joseph, m. Carolin **HUBBEL**, b. of Huntington, this day [, 1829(?)], by Donald Judson, J. P.	131
Joseph, Capt., declared Aug. 28, 1792, that his negro Peg, b. Mar. 15, 1787; Need, b. June 26 1791; Abel, b. May 24, 1793; Phillip, b. Dec. 3, 1795; Jube, b. Dec. 1, 1797 & Shuball, b. May 4, 1800	57
Joseph, m. Caroline **HUBBEL**, b. of Huntington, Apr. 4, 1830, by Donald Judson, J. P.	132
Pheby, d. Abel & Pheby, b. Sept. 11, 1756	83
Pheby, m. Elnathan **HURD**, Nov. 16, 1774	83
BLACKMAN, Abbe B., of Huntington, m. Henry **PICXLEE**, of Norwalk, Dec. 26, 1830, by Joseph Shelton, J. P.	133
Anna, m. Johnson **WILCOXSON**, June 17, 1827	128
Asenath, see under Essenith	
Betsy, d. [Joel & Philena], b. Aug. 20, 1799	17
Caroline, of Huntington, m. James **COLEMAN**, late of Ireland, Oct. 12, 1837, by Rev. Thomas Punderson	145
Daniel, s. [Joel & Philena], b. Feb. 7, 1797	17
Dolly, m. John R. **MITCHEL**, Oct. 24, 1827	128
Edward, [twin with Edwin, s. Ezra & Rebecca], b. Nov. 10, 1810	111
Edwin, [twin with Edward, s. Ezra & Rebecca], b. Nov. 10, 1810	111
Eliza, [d. Ezra & Rebecca], b. Feb. 10, 1808	111
Eliza, m. Philo **HUBBELL**, b. of Huntington, Mar. 29, 1840, by	

	Page
BLACKMAN, (cont.)	
Rev. Thomas Punderson	148
Essenith, of Huntington, m. Henry W. **STILLMAN**, of Bridgeport, Oct. 8, 1828, by Rev. Thomas Punderson	130
Ezra, s. William, b. Mar. 31, 1769; m. Rebecca **HUNGERFORD**, of Watertown, Oct. 1, 1800	111
Ezra, [s. Ezra & Rebecca], b. Apr. 25, 1803	111
George*, s. [Joel & Philena], b. May 6, 1804 *(Here the word "BLACKMAN" had been erased)	17
George, m. Phebe **CURTISS**, b. of Huntington, Oct. 6, 1830, by Rev. Thomas Punderson	134
Joel, m. Philene **SUMMERS**, b. of Huntington, Dec. 23, 1792	17
Joel M., m. Nancy **CROFUTT**, b. of Huntington, Aug. 10, [1832], by Rev. Isaac Jones	136
Lora, [d. Ezra & Rebecca], b. Feb. 6, 1806	111
Laura, m. William M. **HUBBELL**, b. of Huntington, Apr. 2, [1832], by Rev. Thomas Punderson	137
Lebo, s. [Joel & Philena], b. June 21, 1795	17
Lewis, [s. Ezra & Rebecca], b. Aug. 25, 1815	111
Lora, see under Laura	
Lucius, m. Jennett **BIRDSEYE**, b. of Huntington, Oct. 25, 1831, by Daniel Jones	135
Manette, of Huntington, m. Edwin Lewis **LEWIS**, of Trumbull, Jan. 2, 1842, by Rev. George A. Sterling	151
Mary, d. [Joel & Philena], b. Sept. 29, 1802	17
Mary, of Huntington, m. Zera **PLATT**, of Greenfield, O., Apr. 20, 1834, by Rev. Thomas Punderson	140
Mary, of Humphreysville, m. Samuel **CROFUTT**, of Huntington, Jan. 31, 1841, by Truman Blackman, J. P.	149
Melissa, m. Henry L. **DOWNS**, Jan. 21, 1841, by Rev. Thomas Punderson	150
Nancy, b. Nov. 11, 1772; m. Elisha **HAWLEY**, Dec. 29, 1800	91
Nancy, d. Joel & Philena. b. Nov. 17, 1793	17
Nancy, m. John S. **KASSON**, Nov. 30, 1808	118
Nathan Wooster, m. Hannah Maria **BEARDSLEE**, Oct. 3, 1838, by Rev. Thomas Punderson	146
Roda, m. Jeremiah **FOLLIOT**, May 9, 1830, by Daniel Bennet, J. P.	135
Sally, m. Philo **JUDSON**, [ ], 1793	96
Sarah, m. Ebenezer **WHEELER**, Oct. 12, 1809	113
William, eldest, s. [Ezra & Rebecca], b. [ ]	111
William, m. Julia **PEET**, b. of Huntington, Dec. 31, 1835, by Rev. Charles J. Todd	143
BOOTH, Agur, s. [Nathan & Eunice], b. Dec. 12, 1779	77
Agur, m. Mercy **LEWIS**, Nov. 23, 1800	120
Amasa, [s. Agur & Mercy], b. Jan. 16, 1808	120
Birdsey, [s. Agur & Mercy], b. Jan. 28, 1812	120
Charity, d. Nathan & Eunice, b. July 9, 1773	77
Clerrinda, [d. Lewis & Jerusha], b. Nov. 5, 1798	110

	Page
BOOTH, (cont.)	
Clarisa, d. [Samuel & Sarah], b. Sept. 18, 1774	86
Curtiss, [s. Agur & Mercy], b. Nov. 7, 1805	120
David, [s. Samuel & Sarah], b. Feb. 28, 1787	86
David, [s. Lewis & Jerusha], b. Oct. 23, 1794	110
Eben, s. [Nathan & Eunice], b. Jan. 1, 1783	77
Edwin, [s. Agur & Mercy], b. Feb. 26, 1810	120
Elijah, s. [Samuel & Sarah], b. Dec. 1, 1778	86
Elijah S., s. Samuel, m. Jerusha **BEARDSLEE**, d. Capt. Thaddeus, Dec. 2, 1801	107
Elisha, s. Samuel & Sarah, b. May 29, 1770	86
Ely, [s. Lewis & Jerusha], b. Nov. 23, 1788	110
Hiram, m. Catharine **WHEELER**, b. of Huntington, Sept. 10, 1833, by Donold Judson, J. P.	138
Jerusha, twin with Sally, [d. Lewis & Jerusha], b. Dec. 7, 1790	110
Jerusha, [d. Lewis & Jerusha], b. Oct.* 12, 1796 *(First written "Nov.")	110
Josiah, s. Lewis [Jerusha], b. Jan. 11, 1785	110
Josiah, [s. Lewis & Jerusha], b. Dec. 9, 1792	110
Judson, [s. Lewis & Jerusha], b. Mar. 11, 1801	110
Levinnia, [d. Lewis & Jerusha], b. Feb. 19, 1803	110
Lewis, b. Sept. 2, 1764	110
Lewis, m. Jerusha **HURD**, Aug. 30, 1784	110
Lucious*, s. [Nathan & Eunice], b. Nov. 18, 1790 *(Father of "Minot" **BOOTH**, written in pencil)	77
Mead, [s. Lewis & Jerusha], b. Jan. 24, 1787	110
Moriah, d. Elijah [& Jerusha], b. Mar. 31, 1805	107
Naby, d. [Samuel & Sarah], b. Mar. 3, 1789	86
Nathan, s. Nathan & Comfort, b. Nov. 8, 1749 O. S.; m. Eunice **BIRDSEYE**, Nov. 7, 1770	77
Oliver, [s. Agur & Mercy], b. Oct. 26, 1813	120
Phebe, [d. Agur & Mercy], b. Jan. 21, 1803	120
Pheeby Ann, d. [Nathan & Eunice], b. Oct. 31, 1776	77
Roswell, s. Elijah [& Jerusha], b. Jan. 21, 1807	107
Sally, d. [Samuel & Sarah], b. Apr. 14, 1776	86
Sally, twin with Jerusha, [d. Lewis & Jerusha], b. Dec. 7, 1790	110
Samuel, m. Sarah **SHELTON**, Jan. 28, 1768	86
Sarah, m. Andrew **SHELTON**, Nov. [ ], 1771	95
Sheldon, eldest s. [Agur & Mercy], b. May 9, 1801	120
Silva, d. [Nathan & Eunice], b. Aug. 25, 1786	77
Susa, d. [Samuel & Sarah], b. May 16, 1783	86
Wheeler, m. Minerva **HUBBELL**, b. of Huntington, Jan. 26, 1840, by Rev. Alva Gregory	147
BOTCHFORD, Eliza, m. James **MILLS**, b. of Huntington, Dec. 3, 1837, by Rev. Thomas Clark	144
BRADLEY, Baldwin, of Branford, m. Elizabeth C. **SHELTON**, of Huntington, Oct. 27, 1845, by Rev. George S. Gordon	155
BRAY, Bennet, m. Fanny M. **LEAVENWORTH**, May 30, 1827	128

	Page
BRAY, (cont.)	
Nehemiah, s. Chary **BEARDSLEE**, b. June 16, 1789	87
BRISTOL, Samuel, Jr., of Milford, m. Sally B. **WARD**, of Huntington, Aug. 1, 1830, by Rev. Thomas Punderson	134
BROWN, -----, of Bridgeport, m. [ ] **SAULS**, of Huntington, Jan. 4, 1832, by Rev. Thomas Punderson	137
BRUSH, John E., of Smithtown, N. Y., m. Polly **CURTISS**, of Huntington, Apr. 5, 1832, by Rev. Samuel Bassett	136
BUCK, Ann Jane, of Litchfield, m. Edmund **SPRING**, of Huntington, Aug. 25, 1839, by Rev. Nathaniel Mead	146
BUCKINGHAM, Abigail D., m. Roswell **HAWLEY**, b. of Huntington, Dec. 9, 1844, by Rev. C. N. Seymour	153
Charles, m. Mary E. **GARDNER**, b. of Huntington, Oct. 6, 1845, at the house of Gen. William Lewis, by Rev. C. N. Seymour	154
Emily, of Huntington, m. David **BEACH**, of Trumbull, Jan. 11, 1846, by Rev. C. N. Seymour	155
John Calvin, m. Abigail **SHELTON**, b. of Huntington, Jan. 17, 1847, by Rev. W[illia]m Bliss Ashley, of Birmingham	156
Mary, of Huntington, m. James **BYINGTON**, of New Preston, May 21, 1834, by Thomas Punderson	140
William, m. Harriet **SHELTON**, b. of Huntington, Feb. 16, 1848, by Rev. John Whittlesey	157
BUCKLY, [see under **BULKLEY**]	
BUDINGTON, Samuel C., of Stratford, m. Delia R. **HUBBELL**, of Huntington, Sept. 2, 1847, by Rev. Charles J. Todd	156
BULKLEY, BUCKLY, Howken, m. Mrs. [ ] **JUDSON**, [ ]	23
Lydia J., m. David W. **SHELTON**, b. of Huntington, Feb. 7, 1836, by Rev. Charles J. Todd	143
Stiles, s. [Howken], b. Oct. 19, 1795	23
Tuzier, d. [Howken], b. Oct. 21, 1798	23
BURLOCK, Thomas, m. Caroline Ann **ELLIOT**, Sept. 18, 1827	128
BURR, [see also **BUSS**], Erastus, of Monroe, m. Susan H. **SHELTON**, of Huntington, Oct. 11, 1848, by Rev. John Whittlesey	157
BURRITT, BURRIT, Sherman, of Huntington, m. Clara **DURAND**, of Oxford, Jan. 3, 1842, by Rev. George A. Sterling	151
Sherman L., of Bridgeport, m. Eloisa **PEET**, of Huntington, Mar. 31, 1831, by Rev. Rodney Rossiter, of Monroe	135
BUSS, Sophia, m. Isaac **ALLIS**, July 1, 1827	128
BYINGTON, James, of New Preston, m. Mary **BUCKINGHAM**, of Huntington, May 21, 1834, by Thomas Punderson	140
CABLE, William Wheeler, s. Wheeler, b. Jan. 25, 1822	109
CAMEN, Noah, negro, b. Apr. 12, 1761; m. Phillis, Feb. 14, 1786	55
Noah & Phillis, colored, had Rubin, b. Mar. 16, 1788; Elizabeth, b. Aug. 12, 1790; Eli, b. Jan. 19, 1794; Isaac, b. May 12, 1796; Charles, b. May 2, 1805 & Betsey, b. Feb. 4, 1807	55
Truman, s. [Noah & Phillis], b. Apr. 2, 1786	55
CAMPBELL, William, of Brooklyn, N. Y., m. Jane **WHEELER**, of Huntington, May 11, 1840, by Rev. Thomas Punderson	148

	Page
CARPENTER, Betsey, [d. William & Charry], b. Feb. 14, 1799	115
Horrace, [s. William & Charry], b. May 15, 1795	115
John Calvin, [s. William & Charry], b. Mar. 12, 1808	115
Milton, [s. William & Charry], b. Feb. 17, 1801	115
Orville, [s. William & Charry], b. Oct. 31, 1790	115
Philena, [d. William & Charry], b. Oct. 4, 1792	115
Sidney Smith, [s. William & Charry], b. Jan. 11, 1803	115
Walter Ossean, [s. William & Charry], b. Jan. 25, 1805	115
William, b. Aug. 29, 1760, in Attleborough, Mass.; m. Charry HAWLEY, Feb. 19, 1790	115
William, Jr., [s. William & Charry], b. Mar. 6, 1797	115
CARR, Catharine, of Huntington, m. William Henry JOHNSON, of Derby, Oct. 12, 1840, by Rev. Joseph Scott, of Derby	149
Hepsa Elizabeth, of Huntington, m. Lyman FREEMAN, of Monroe, Jan. 2, 1831, by Hezekiah Marks, J. P.	134
Silliman, of Huntington, m. Sally Ann PAYNE, of Poughkeepsie, Nov. 23, 1845, by Rev. George S. Gordon	155
CASTLE, Willis, m. Lois L. FULFORD, Aug. 7, 1851, by Ephraim Leach, J. P., of Monroe	158
CHATFIELD, Eunice, of Huntington, m. [ ] CLARK, of Oxford, June 21, 1840, by Rev. Thomas Punderson	148
Patience, Mrs., b. May* [ ], 1765, at Darby; m. Joel GILBERT, May [ ], 1785 *(First written "Feb.")	64
CHICHESTER, Hezekiah, m. Phebe Maria LEWIS, b. of Huntington, Mar. 22, [1831], by Rev. Thomas Punderson	137
CLARK, Eliza, of Huntington, m. Jerry ALLING, of Bethany, Feb. 3, 1839 by Rev. Thomas Clark	147
Georgiana J., of Huntington, m. Isaac M. CURTISS, of Trumbull, Dec. 25, 1837, by Rev. Thomas Punderson	145
Henry M., of Waterbury, m. Harriet SHELTON, of Huntington, Feb. 22, 1844, by Rev. W[illia]m Bliss Ashly, of Derby	153
Sarah, m. William Henry FLORENCE, b. of Derby, Sept. 2, 1842, by Rev. Thomas Punderson	152
-----, of Oxford, m. Eunice CHATFIELD, of Huntington, June 21, 1840, by Rev. Thomas Punderson	148
CLARKSON, Thomas, m. Edna GILBERT, b. of Huntington, June 20, 1847, by Rev. C. N. Seymour	155
COLEMAN, James, late of Ireland, m. Caroline BLACKMAN, of Huntington, Oct. 12, 1837, by Rev. Thomas Punderson	145
COLES, [see also COWLES], Abner T., m. Minerva BENNETT, b. of Huntington, June 19, 1833, by Rev. Isaac Jones	138
Mary E., of Huntington, m. Henry L. STONE, of New York, June 6, 1842, by Rev. Rollin S. Stone	149
COOK, Sarah, m. Thaddeus BEARDSLEE, Dec. 21, 1780	109
COWLES, [see also COLES], Emily, m. Agur T. HUBBELL, b. of Huntington, May 15, 1831, by Donald Judson, J. P.	135
CROFUTT, Eunice, of Huntington, m. William NETTLETON, of Milford, July 10, 1831, by Joseph Shelton, J. P.	138

	Page
CROFUTT, (cont.)	
Nancy, m. Joel M. **BLACKMAN**, b. of Huntington, Aug. 10, [1832], by Rev. Isaac Jones	136
Samuel, of Huntington, m. Mary **BLACKMAN**, of Humphreysville, Jan. 31, 1841, by Truman Blackman, J. P.	149
Susan, m. Elihu **MOULTHROP**, b. of Huntington, Mar. 21, 1833, by Joseph Shelton, J. P.	138
CUMMINGS, CUMMINS, Eliza A., m. Ephraim **BIRDSEYE**, Jan. 10, 1833, by Thomas Punderson	137
Emily, m. Richard **HUBBELL**, Jr., b. of Huntington, Nov. 4, 1830, by Rev. Thomas Punderson	134
Lucy M., of Huntington, m. Sylvester **BEARD**, of New York, May 15, 1840, by Rev. Thomas Punderson	148
CURTISS, Abi, [d. Ezra & Ruth Ann], b. Dec. 10, 1785	93
Agur, [s. Ephraim & Ann], b. Feb. 19, 1786	18
Agur, [s. Robert & Jerusha], b. Mar. 12, 1787	100
Ann, d. Josiah & Mary, b. Jan. 27, 1743; m. Ephraim **CURTISS**, s. Stiles & Rebeckar, Dec. 23, 1764	18
Betsey, [d. Ezra & Ruth Ann], b. Feb. 25, 1778	93
Billy, [s. Robert & Jerusha], b. Nov. 7, 1798	100
Charity, [d. Robert & Jerusha], b. Nov. 16, 1790	100
Charles, [s. Robert & Jerusha], b. Feb. 5, 1806	100
David, of Trumbull, m. Nancy **OSBORNE**, of Huntington, Oct. 3, 1833, by Rev. Isaac Jones	138
Delia, [d. Ezra & Ruth Ann], b. Oct. 30, 1791	93
Eliza, [d. Ezra & Ruth Ann], b. Apr. 12, 1797	93
Eloisa, [d. Henry & Anne], b. Dec. 29, 1790	50
Emily, of Huntington, m. John **MURRY**, of New York, May 28, [1832], by Rev. Thomas Punderson	137
Ephraim, s. Stiles & Rebeckar, b. Mar. 27, 1739; m. Ann **CURTISS**, d. Josiah & Mary, Dec. 23, 1764	18
Ephraim, [s. Ephraim & Ann], b. July 12, 1780	18
Ephraim, m. Phebe M. **SHELTON**, Sept. 22, 1834, by Rev. Isaac Jones	141
Esther, [d. Ezra & Ruth Ann], b. Nov. 30, 1787	93
Esther, of Huntington, m. Robert S. **WHITTEMORE**, of New York City, May 18, 1828, by Thomas Punderson	129
Ezra, s. Peter & Easther, b. June 26, 1744; O. S.; m. Ruth Ann **PERRY**, d. Dr. Joseph, Oct. 3, 1773	93
George Preston, [s. Ezra & Ruth Ann], b. July 10, 1782	93
Grandson, [s. Robert & Jerusha], b. Aug. 25, 1802	100
Harry, [s. Ezra & Ruth Ann], b. Jan. 1, 1790	93
Henry, s. Peter & Mary, b. June 8, 1754; m. Anne **THOMLINSON**, d. Zachariah & Amy, Apr. 14, 1774	50
Henry, [s. Henry & Anne], b. Sept. 21, 1796	50
Hermon, [s. Ezra & Ruth Ann], b. May 3, 1774	93
Hiram, [s. Henry & Anne], b. June 6, 1793	50
Isaac M., of Trumbull, m. Georgiana J. **CLARK**, of Huntington, Dec. 25, 1837, by Rev. Thomas Punderson	145

	Page
CURTISS, (cont.)	
Johnson, [s. Robert & Jerusha], b. Nov. 22, 1792	100
Julia, [d. Ezra & Ruth Ann], b. Sept. 4, 1795	93
Levi, s. Ephraim & Ann, b. Dec. 29, 1765	18
Lucias, [child of Henry & Anne], b. Apr. 6, 1787	50
Lydia, [d. Henry & Anne], b. May 20, 1785	50
Maria, [d. Ezra & Ruth Ann], b. Feb. 12, 1784	93
Maria, of Huntington, m. Abram C. **LEWIS**, of Stratford, Oct. 22, 1850, by Rev. W[illia]m B. Curtiss	158
Mary A., of Huntington, m. Lewis **WIRD**, of Naugatuck, Apr. 19, 1835, by Thomas Punderson	142
Mary Ann, [d. Ephraim & Ann], b. Sept. 14, 1767	18
Medad, [s. Robert & Jerusha], b. Oct. 16, 1796	100
Nancy, [d. Robert & Jerusha], b. Sept 11, 1788	100
Polly, of Huntington, m. John E. **BRUSH**, of Smithtown, N. Y., Apr. 5, 1832, by Rev. Samuel Bassett	136
Phebe, Mrs., m. Samuel **BEARDSLEE**, Jr., Jan. 28, 1783	85
Pheby, m. Samuel **BEARDSLEE**, Jr., May [ ], 1783	71
Phebe, m. George **BLACKMAN**, b. of Huntington, Oct. 6, 1830, by Rev. Thomas Punderson	134
Phebe An[n], of Huntington, m. James **ROUSSENGER**, of New York, May 11, 1835, by Thomas Punderson	142
Philo, [s. Ephraim & Ann], b. Oct. 25, 1772	18
Rebecker, [d. Ephraim & Ann], b. Sept. 17, 1782	18
Robert, m. Jerusha **WRIGHT**, Mar. 23, 1786	100
Ruth Ann, [d. Ezra & Ruth Ann], b. May 3, 1776	93
Salle, [d. Ezra & Ruth Ann], b. Oct. 10, 1793	93
Sarah Ann, [d. Henry & Anne], b. June 27, 1780	50
Sylvia, [d. Ezra & Ruth Ann], b. Aug. 19, 1780	93
William Pixler, s. Henry & Anne, b. May 29, 1778	50
------, Dr., of Danby*, New York, m. Maria **HOVEY**, June 16, 1839, by Rev. Thomas Punderson *(Here the words "Danby, Tompkins Co." are written in pencil)	146
DAY, Samuel Sherwood, of Catskill, N. Y., m. Catherine Ann DeFOREST, of Huntington, Sept. 26, 1833, by Rev. Thomas Punderson	139
DAYTON, Jane, m. David **LINSLEY**, b. of Breenford, Apr. 6, 1845, by Rev. George S. Gordon	154
DeFOREST, Aaron, s. [Isaac & Mary], b. May 9, 1789	79
Alonzo, see under Elonzo	
Catharine Ann, of Huntington, m. Samuel Sherwood **DAY**, of Catskill, N. Y., Sept. 26, 1833, by Rev. Thomas Punderson	139
Charles, [s. Othniel & Hannah], b. Mar. 1, 1794	86
Elonzo, s. Isaac & Mary, b. Nov. 29, 1781	79
Esther, d. [Isaac & Mary], b. Nov. 20, 1783	79
Grandice, s. [Isaac & Mary], b. Oct. 12, 1796	79
Isaac, m. Mrs. Mary **GRIGORY**, Feb. 1, 1781	79
Isaac, s. [Isaac & Mary], b. Dec. 11, 1793	79
Lemuel, s. [Isaac & Mary], b. Jan. 30, 1787	79

	Page
DeFOREST, (cont.)	
Luison, s. Othniel & Hannah, b. Mar. 1, 1785: d. [ ]	86
Luison, [s. Othniel & Hannah], b. Aug. 13, 1787	86
Maria, [d. Othniel & Hannah], b. Apr. 8, 1790	86
Mary, m. Elisha **MILLS**, [ ], 1751	48
Nancy, [d. Othniel & Hannah], b. May 31, 1786	86
Othniel, b. Apr. 10, 1761; m. Hannah **TOMLINSON**, July 18, 1784	86
Polly, d. [Isaac & Mary], b. Aug. 24, 1791	79
Polle, m. Samuel M. **MONSON**, Nov. 16, 1797	85
Sidny, [s. Othniel & Hannah], b. Mar. 22, 1789	86
DICKERSON, Roxy, of Reading, m. James **LABOREE**, of Huntington, Dec. [ ], 1827, by Rev. W[illia]m H. Lewis	129
[DOOLITTLE], **DOLITTLE**, Abi, Mrs., m. Ebenezer **BEACH**, Jan. 20, 1779	73
DOWNEY, **DOWNIE**, Ann Eliza, of Huntington, m. Charles **LINDSLEY**, of Bermingham, Sept. 14, 1845, by Rev. George S. Gordon	155
Aurelia, of Huntington, m. David **SMITH**, of Milford, Oct. 4, 1840, by Rev. Thomas Punderson	148
DOWNS, Hannah, m. Anson **SHEPARD**, of Newtown, Sept. 2, 1830, by Rev. Thomas Punderson	134
Henry L., m. Melissa **BLACKMAN**, Jan. 21, 1841, by Rev. Thomas Punderson	150
Sally, of Huntington, m. Abel **FRENCH**, of Monroe, Feb. 17, 1828, by Rev. W[illia]m H. Lewis	129
DREW, Lucinda, m. Charles **WAKLEE**, Apr. 1, 1829, by Daniel Bennet, J. P.	135
Ruth, m. William **TOMLINSON**, June 7, 1846, by Lucius Atwater	154
Samuel, m. Lucy Ann **HUBBELL**, Mar. 28, 1841, by Rev. Alva Gregory	149
Wright, of Munroe, m. Mary **TOMLINSON**, of Huntington, May 7, 1840, by Rev. Alva Gregory	147
DURAND, Clara, of Oxford, m. Sherman **BURRIT**, of Huntington, Jan. 3, 1842, by Rev. George A. Sterling	151
EASTERBROOKS, Sylvester, m. Elizabeth **WILLARD**, Sept. 18, 1842, by Rev. Geo[rge] A. Sterling	159
EDWARDS, Beach M., m. Sally B. **SHELTON**, b. of Huntington, Sept. 21, [1831], by Rev. Thomas Punderson	137
Charity Allice, m. Frederick Augustus **MARKS**, b. of Huntington, Dec. 23, 1835, by Rev. Charles J. Todd	142
Lemuel N., m. Lydia A. **SHELTON**, b. of Huntington, Nov. 29, 1835, by Rev. Charles J. Todd	142
Shelton, m. Mary **HALL**, b. of Huntington, Sept. 29, 1844, by Rev. George S. Gordon	154
ELLIOT, Caroline Ann, m. Thomas **BURLOCK**, Sept. 18, 1827	128
ELY, David, Rev., m. Hepsa **MILLS**, Dec. 18, 1777	92
David, s. [Rev. David & Hepsa], b. Sept. 5, 1780	92
Elisha, s. [Rev. David & Hepsa], b. Oct. 25, 1782	92
Hepsa, d. [Rev. David & Hepsa], b. Oct. 23, 1778	92

	Page
ELY, (cont.)	
Hepsa, [w. Rev. David], d. Sept. 26, 1803	92
Isaac, s. [Rev. David & Hepsa], b. Apr. 6, 1787	92
John M., of Chatham, N. Y., m. Emily **PUNDERSON**, of Huntington, July 7, 1846, by Rev. Thomas Punderson	155
Polly, d. [Rev. David & Hepsa], b. Jan. 14, 1785	92
FAIRCHILD, Marcus F., of Newtown, m. Mary Jane **SPRING**, of Huntington, June 6, 1847, by Lucius Atwater	156
FLORENCE, William Henry, m. Sarah **CLARK**, b. of Derby, Sept. 2, 1842, by Rev. Thomas Punderson	152
FOLLIOT, Jeremiah, m. Roda **BLACKMAN**, May 9, 1830, by Daniel Bennet, J. P.	135
FREEMAN, James E., m. Frances **SILLS**, (colored), this day [ ], by Rev. Jno Morrison, of Birmingham	158
Lyman, s. Roman*, b. Nov. 25, 1795 *(Here the words "is this a blunder for Robert" are written in pencil)	78
Lyman, of Monroe, m. Hepsa Elizabeth **CARR**, of Huntington, Jan. 2, 1831, by Hepekiah Marks, J. P.	134
FRENCH, Abel, of Monroe, m. Sally **DOWNS**, of Huntington, Feb. 17, 1828, by Rev. W[illia]m H. Lewis	129
Andrew, [s. Jonas & Susan], b. Dec. 27, 1782	63
Daniel, [s. Jonas & Susan], b. Sept. 17, 1784	63
Daniel, m. Lydia **SHELTON**, Apr. 4, 1813	125
David, Jr., of Trumbull, m. Abigail Mary **HAWLEY**, of Huntington, Nov. 8, 1832, by Rev. Isaac Jones	137
Elizabeth, of Humphreysville, m. Agur **JUDSON**, 2nd, of Huntington, May 2, 1841, by Rev. Thomas Punderson	150
Jeremiah, [s. Jonas & Susan], b. Aug. 3, 1786	63
Jonas, b. June 1, 1751 O. S.; m. Mrs. Susan **WINTON**, Feb. 11, 1780	63
Joseph B., of Bridgeport, m. Polly B. **SHELTON**, of Huntington, May 6, 1832, by Rev. Isaac Jones	136
Lewis, [s. Jonas & Susan], b. Apr. 4, 1788	63
Luse, d. Jonas & Susan, b. Mar. 16, 1781	63
Lucy, d. Jonas [& Susan], d. Aug. 2, 1810	63
Lucy Maria, [d. Daniel & Lydia], b. Dec. 27, 1814	125
Lucy Maria, of Huntington, m. Edward **LEWIS**, of Derby, Mar. 15, 1837, by Rev. Thomas Clark	144
Samuel, [s. Jonas & Susan], b. Mar. 28, 1790	63
FULFORD, Lois L., m. Willis **CASTLE**, Aug. 7, 1851, by Ephraim Leach, J. P., of Monroe	158
GARDNER, Mary E., m. Charles **BUCKINGHAM**, b. of Huntington, Oct. 6, 1845, at the house of Gen. William Lewis, by Rev. C. N. Seymour	154
GARLICK, Lucy A., of Rose, N. Y., m. Marcus **SMITH**, of Milford, Nov. 7, 1844, by Rev. C. N. Seymour	153
Maria, of Huntington, m. Anson **PATTERSON**, of Woodbury, Sept. 26, 1833, by Rev. Thomas Punderson	139
GIBBS, Augustus W., of Flish*, N. Y., m. Susan Catharine **JUDD**, of	

	Page
GIBBS, (cont.)	
Huntington, Nov. 31, 1842, by Rev. George A. Sterling *(Written in later hand "Flushing"?)	152
GILBERT, GILBART, Abby, m. James **WAKELEE**, b. of Huntington, Sept. 13, 1843, by Rev. Nathaniel Mead	152
Betsey, of Huntington, m. Levi **WOOD**, of Bridgeport, May 4, 1840, by Rev. George A. Sterling	151
David, [s. Joel & Patience], b. Aug. 17, 1788; d. Apr. 8, 1790	64
Edna, m. Thomas **CLARKSON**, b. of Huntington, June 20, 1847, by Rev. C. N. Seymour	155
Eli, s. Joel & Patience, b. Feb. 21, 1786	64
Elizabeth, m. Joseph **BEARDSLEE**, Aug. 26, 1779	94
Joel, b. May 29, 1758; m. Mrs. Patience **CHATFIELD**, May [ ], 1785	64
Lucy A., of Huntington, m. Samuel B. **TUCKER**, of Birmingham, Sept. 25, 1850, by Rev. W[illia]m B. Curtiss	158
Nance, [d. Joel & Patience], b. Feb. 5, 1792; d. Nov. 1, 1792	64
Nancy, m. Nelson **GILBERT**, b. of Huntington, Mar. 13, 1828, by Rev. Thomas Punderson	129
Nelson, m. Nancy **GILBERT**, b. of Huntington, Mar. 13, 1828, by Rev. Thomas Punderson	129
Sally, of Huntington, m. Anson **PATTERSON**, of Trumbull, Feb. 28, 1838, by Rev. Thomas Punderson	145
GRAY, Lewis B., of Monroe, m. Susan H. **HURD**, of Huntington, Nov. 28, 1850, by Rev. W[illia]m B. Curtiss	158
[GREGORY], GRIGORY, Mary, Mrs., m. Isaac **DeFOREST**, Feb. 1, 1781	79
GROVER, Zalmon, m. Mary **JOHNSON**, b. of Huntington, Dec. 19, 1828, by Rev. Daniel Jones, of Monroe	130
HALL, Mary, m. Shelton **EDWARDS**, b. of Huntington, Sept. 29, 1844, by Rev. George S. Gordon	154
HAM, Archable, [s. George & Zilpha, colored], b. Apr. 4, 1790	54
George, negro, b. Dec. 14, 1765; m. Zilpha, Dec. 25, 1789	54
HARRISS, John Westley, s. Reuben, b. Sept. 6, 1816	119
HAWKINS, William H., of Brookhaven, L. I., m. Catharine **HENRIETTA?**, of Brooklin, N. Y., Sept. 25, 1839, by Rev. Thomas Punderson	146
HAWLEY, HAWLY, Abby B., m. Joel **BEARD**, b. of Huntington, June 14, 1829, by Rev. Thomas Punderson	133
Abigail Mary, of Huntington, m. David **FRENCH**, Jr., of Trumbull, Nov. 8, 1832, by Rev. Isaac Jones	137
Catharine, m. William **BEARD**, s. Ebenezer & Anna, Mar. 17, 1818	108
Charry, b. Jan. 11, 1766, in Stratford, m. William **CARPENTER**, Feb. 19, 1790	115
David, had negro Deriah, b. Feb. 9, 1785; Margret, b. Sept. 11, 1787	43
David, Jr., m. Eunice **SUMMERS**, Dec. 1, 1808	122
David, of Huntington, m. Mrs. Cornelia **BEARDSLEY**, of Huntington, Apr. 22, 1849, by Rev. Charles Bartlett	157
Elias, declared Dec. 12, 1792, that Mile, b. Aug. 7, 1792 (negro)	57
Elisha, b. Dec. 23, 1768; m. Nancy **BLACKMAN**, Dec. 29, 1800	91

	Page
HAWLEY, HAWLY, (cont.)	
Henry B., [s. David, Jr. & Eunice,], b. Dec. 18, 1814	122
Julia, m. Henry J. **SHELTON**, b. of Huntington, Oct. 6, 1836, by Rev. Thomas Punderson	144
Maria, d. Elisha & Nancy, b. Nov. 13, 1801	91
Maria, [d. David, Jr. & Eunice], b. July 18, 1810	122
Maria, of Huntington, m. George H. **SMITH**, of Derby, July 7, 1835, by Thomas Punderson	142
Matthew, had negro Phillip Phillipses, m. Pegg, Feb. [ ], 1769. In 1787 Matthew **HAWLEY**, willed that these persons be free at his death. Dinah, d. Phillip & Peg, b. Feb. 9, 1785; Margaret, d. Phillip & Peg, b. Sept. 11, 1787	54
Roswell, m. Abigail D. **BUCKINGHAM**, b. of Huntington, Dec. 9, 1844, by Rev. C. N. Seymour	153
Sarah B., d. Major David, of Huntington, m. Edward **KIRBY**, of Birmingham, Conn., Apr. 13, 1845, by Rev. C. N. Seymour	153
HENRIETTE, HENRIETTA, Catherine, of Brooklin, N. Y., m. William H. **HAWKINS**, of Brookhaven, L. I., Sept. 25, 1839, by Rev. Thomas Punderson	146
John, m. Mary E. **LACY**, b. of Huntington, June 2, [1842], by Rev. George A. Sterling	149
HIDE, Abel, s. Agur, b. Mar. 4, 1782	78
HINMAN, George, m. Mary **WELLS**, b. of Huntington, Mar. 5, 1838, by [ ]	145
HOTCHKISS, Burr, of Derby, m. Mary **TOMLINSON**, of Huntington, Oct. 19, 1828, by Rev. Thomas Punderson	130
HOVEY, James, Capt. of Arundel, in Co. of York, now in Maine*, Mass. Bay, m. Hannah **TOMLINSON**, of Stratford, Apr. 9, 1783 *(Now in Maine written in pencil)	47
James, s. James & Hannah, b. Aug. 12, 1784	47
Maria, m. Dr.[ ] **CURTISS**, of Danby*, New York, June 16, 1839, by Rev. Thomas Punderson *(Here the words "Danby, Tompkins Co." are written in pencil)	146
HUBBELL, HUBBEL, [see also **HULBET**], Agur T., m. Emily **COWLES**, b. of Huntington, May 15, 1831, by Donald Judson, J. P.	136
Carolin, m. Joseph **BIRDSEY**, b. of Huntington, this day [ ], by Donald Judson, J. P.	131
Caroline, m. Joseph **BIRDSEYE**, b. of Huntington, Apr. 4, 1830, by Donald Judson, J. P.	131
Charles C., m. Polly Ann **WHEELER**, b. of Huntington, Mar. 22, 1840, by Rev. Thomas Punderson	147
Delia R., of Huntington, m. Samuel C. **BUDINGTON**, of Stratford, Sept. 2, 1847, by Rev. Charles J. Todd	156
Eli, m. Polly **PEET**, Oct. 22, 1834, by Rev. Isaac Jones	141
Grandison, m. Eliza Maria **WHEELER**, b. of Huntington, Mar. 31, 1839, by Rev. Thomas Clark	147
Hannah, Mrs. formerly of Stratford, now of Huntington, m. Samuel **PATTERSON**, Dec. 31, 1772	62

	Page
HUBBELL, HUBBEL, (cont.)	
Henretta, m. Conrad **STRUCKMAN**, Mar. 20, 1842, by Rev. Alva Gregory	150
Janette, of Huntington, m. Sheldon **TOMLINSON**, of Derby, May 3, 1840, by Rev. Alva Gregory	147
Lucy Ann, m. Samuel **DREW**, Mar. 28, 1841, by Rev. Alva Gregory	149
Minerva, m. Wheeler **BOOTH**, b. of Huntington, Jan. 26, 1840, by Rev. Alva Gregory	147
Philo, m. Eliza **BLACKMAN**, b. of Huntington, Mar. 29, 1840, by Rev. Thomas Punderson	148
Richard, Jr., m. Emily **CUMMINS**, b. of Huntington, Nov. 4, 1830, by Rev. Thomas Punderson	134
Ruth, m. Squire **WINTON**, Nov. 3, 1799	89
Sarah Ann, of Huntington, m. William **LEAVENWORTH**, of Roxbury, Sept. 24, 1840, by Rev. John B. Beach	144
Sarah Ann, of Huntington, m. William **LEAVENWORTH**, of Roxbury, Sept. 24, 1840, by Rev. John B. Beach	149
Sarah E., m. George P. **SMITH**, b. of Huntington, May 9, 1847, by C. N. Seymour	156
Sarah Grace, m. Edwin **JOHNSON**, b. of Huntington, Oct. 28, 1832, by Donold Judson, J. P.	136
Silas, m. Betsey Ann **WOOD**, b. of Huntington, Apr. 12, 1836, by Rev. Charles J. Todd	144
Summers, m. Sally **WHEELER**, b. of Huntington, Oct. 12, 1832, by Donold Judson, J. P.	136
W. Shelton, of Huntington, m. Julia **BASSETT**, of Derby, Feb. 19, 1837, by Rev. Thomas Punderson	145
William M., m. Laura **BLACKMAN**, b. of Huntington, Apr. 2, [1832], by Rev. Thomas Punderson	137
HULBET, [see under **HUBBELL & HURLBURT**]	
HULL, John, of Oxford, m. Ann A. **TOMLINSON**, Jan. 28, 1844, by Rev. Joseph B. Wakelee	153
Sarah Ann, of Huntington, m. Ira L. **UFFORD**, of Derby, May 26, 1834, by Rev. Joseph Scott, of Derby	140
HUNGERFORD, Abner, of Sherman, m. Cornelia **WAKELEE**, of Huntington, Jan. 27, 1836, by Rev. James Scott, of Derby	143
Rebecca, of Watertown, m. Ezra **BLACKMAN**, s. William, Oct. 1, 1800	111
HURD, Alvin, [s. David & Prudence], b. Mar. 7, 1795	123
Amazon, [s. Nehemiah], b. July 1, 1796	124
Betsey, m. Ephraim **SHERWOOD**, Apr. 9, 1814	20
Cornelia, [d. Nehemiah], b. Nov. 18, 1793	124
David, s. Andrew & Mary, b. May 6, 1760	123
Debbe, d. [Elnathan & Phebe], b. Mar. 26, 1781	83
Delia M., [d. Nehemiah], b. Oct. 26, 1800	124
Don Carlos, [s. David & Prudence], b. July 26, 1802	123
Elnathan, s. Ephraim [&] Ann, b. June 8, 1753	83
Elnathan, m. Pheby **BIRDSEY**, Nov. 16, 1774	83

	Page
HURD, (cont.)	
Emily, of Huntington, m. Henry **JOHNSON**, of Amenia, N. Y., Sept. 13, 1847, by Rev. Charles J. Todd	156
Esther, d. [Elnathan & Phebe], b. Feb. 13, 1788	83
Hette, d. [Elnathan & Phebe], b. May 9, 1794	83
Homer, [s. Nehemiah], b. Aug. 9, 1807	124
Ira, [s. David & Prudence], b. Feb. 22, 1793	123
Jerusha, b. Sept. 26, 1764	110
Jerusha, m. Lewis **BOOTH**, Aug. 30, 1784	110
Joel, s. [Elnathan & Phebe], b. Mar. 11, 1779	83
Lorrana, [d. David & Prudence], b. Nov. 3, 1784	123
Mary E., of Huntington, m. Lockwood P. **BENHAM**, of Middlbury, Mar. 10, 1839, by Rev. Thomas Punderson	146
Orlando, [s. Nehemiah], b. Feb. 20, 1798	124
Osman, [s. Nehemiah], b. Oct. 17, 1803	124
Polly Betsey, d. [Elnathan & Phebe], b. Sept. 13, 1791	83
Polly Betsey, [d. David & Prudence], b. Feb. 8, 1799	123
Prudence, w. David, b. Aug. 28, 1764	123
Ruth Ann, d. Elnathan & Phebe, b. Dec. 7, 1775	83
Sarah, [d. David & Prudence], b. Apr. 29, 1790	123
Semantha, [d. David & Prudence], b. July 12, 1787	123
Susan H., of Huntington, m. Lewis B. **GRAY**, of Monroe, Nov. 28, 1850, by Rev. W[illia]m B. Curtiss	158
William, s. [Elnathan & Phebe], b. Sept. 18, 1784	83
[HURLBURT], HULBET, Maria, of Huntington, m. George **SILLIMAN**, of Weston, July 20, 1828, by Thomas Punderson	129
JOANS, [see under **JONES**]	
JOHNSON, Edwin, m. Sarah Grace **HUBBELL**, b. of Huntington, Oct. 28, 1832, by Donold Judson, J. P.	136
Henry, of Amenia, N. Y., m. Emily **HURD**, of Huntington, Sept. 13, 1847, by Rev. Charles J. Todd	156
Mary, m. Zalmon **GROVER**, b. of Huntington, Dec. 19, 1828, by Rev. Daniel Jones, of Monroe	130
William Henry, of Derby, m. Catharine **CARR**, of Huntington, Oct. 12, 1840, by Rev. Joseph Scott, of Derby	149
JONES, JOANS, Emily H., of Huntington, m. Isaac W. **WARREN**, of Plymouth, Mar. 6, 1842, by Rev. George A. Sterling	151
Mary Elizabeth, m. Capt. Selah **BENTON**, Dec. 11, 1788	61
JUDD, Susan Catharine, of Huntington, m. Augustus W. **GIBBS**, of Flish*, N. Y., Nov. 31, 1842, by Rev. George A. Sterling *(Written in later hand "Flushing"?)	152
JUDSON, Agur, Jr., m. Ann **MILLS**, b. of Stratford, now of Huntington, Dec. 22, 1768	65
Agur, [s. Agur, Jr. & Ann], b. June 15, 1780	65
Agur, 2nd, of Huntington, m. Elizabeth **FRENCH**, of Humphreysville, May 2, 1841, by Rev. Thomas Punderson	150
Betsy, [d. Agur, Jr. & Ann], b. Apr. 18, 1778	65
Charles, [s. Agur, Jr. & Ann], b. Mar. 11, 1783; d. Feb.	

	Page
JUDSON, (cont.)	
last day 1803, at the house of Capt. Hezekiah Friths, Bermuda	65
Charles, [s. Philo & Sally], b. Aug. 24, 1803	96
David, [s. Agur, Jr. & Ann], b. Mar. 31, 1788	65
David, Capt., m. Griswell **WARNER**, Feb. 3, 1796	88
David William, [s. Philo & Sally], b. May 6, 1813	96
Donald, s. [David & Griswell], b. Mar. 25, 1798	88
Donald, m. Polly Maria **SHELTON**, b. of Huntington, Feb. 10, 1829, by Samuel Wheeler, J. P.	131
Edward Sterling, [s. Philo & Sally], b. Oct. 16, 1810	96
Eliza, [d. Philo & Sally], b. Dec. 14, 1796	96
Eloisa Mara, [d. Philo & Sally], b. July 2, 1815	96
Gennet*, d. David & Griswell, b. Nov. 21, 1796 *(Jeannette" written in pencil)	88
Hannah, [d. Agur, Jr. & Ann], b. July 11, 1785	65
Hannah, of Huntington, m. Daniel **STERLING**, of Bridgeport, Sept. 14, 1804	96
Harriet, [d. Philo & Sally], b. Mar. 11, 1799; d. Mar. 3, 1893	96
Harriet, [d. Philo & Sally], b. Mar. 8, 1801	96
John, of Huntington, m. Louis **PERKINS**, of Oxford, Nov. 20, 1836, by Rev. Thomas Punderson	144
Mills, [s. Philo & Sally], b. July 17, 1808	96
Nancy, [d. Agur, Jr. & Ann], b. Mar. 25, 1776	65
Nancy, [d. Philo & Sally], b. Apr. 4, 1792	96
Philo, [s. Agur, Jr. & Ann], b. Nov. 25, 1771	65
Philo, m. Sally **BLACKMAN**, [ ], 1793	96
Philo, [s. Philo & Sally], b. Nov. 15, 1805	96
Rozwell, [s. Agur, Jr. & Ann], b. Nov. 27, 1769	65
Sally, [d. Agur, Jr. & Ann], b. May 15, 1791	65
Sarah Ann, m. Gould **TOMLINSON**, b. of Huntington, Feb. 10, 1841, by Rev. Thomas Punderson	150
William, [s. Agur, Jr. & Ann], b. Mar. 27, 1774	65
William, [s. Agur, Jr. & Ann], d. Oct. 14, 1774	65
William, [s. Philo & Sally], b. Oct. 15, 1794	96
-----, Mrs., m. Howken **BULKLEY**, [ ]	23
KASSON, Caroline, [d. Adam & Honour], b. Apr. 22, 1796	52
Charles D., eldest s. John [& Nancy], b. Feb. 12, 1811	118
John S., m. Nancy **BLACKMAN**, Nov. 30, 1808	118
Sheldon, [s. Adam & Honour], b. Apr. 30, 1793	52
KIRBY, Edward, of Derby, m. Maria **WAKELEE**, of Huntington, Sept. 20, 1840, by Rev. Thomas Punderson	148
Edward, of Birmingham, m. Sarah B. **HAWLEY**, d. Major David, of Huntington, Apr. 13, 1845, by Rev. C. N. Seymour	153
LABOREE, James, of Huntington, m. Roxy **DICKERSON**, of Reading, Dec. [ ], 1827, by Rev. W[illia]m H. Lewis	129
LACY, Joseph Jerome, m. Emmeline **OSBORNE**, b. of Huntington, Nov. 23, 1834, by Rev. Isaac Jones	141
Mary E., m. John **HENRIETTE**, b. of Huntington, June 2, [1842], by	

	Page
LACY, (cont.)	
Rev. George A. Sterling	149
Philo, of Huntington, m. Phebe **WOOLEY**, of New York, May 22, 1842, by Rev. George A. Sterling	149
LAKE, Henry, of Huntington, m. Cornelia **BASSETT**, of Derby, Feb. 9, [1832], by Rev. Thomas Punderson	137
LANE, Polly Ann, m. Edgar B. **SHELTON**, b. of Huntington, Feb. 16, 1843, by Rev. George A. Sterling	152
LANSING, Elizabeth, of Lansingburgh Co. of Ransslear, N. Y., m. David **ALLEN**, of Huntington, May 23, 1799	90
LARY, Huldy, of Huntington, m. [ ] **SHARP**, of Oxford, Mar. [ ], 1831, by Rev. Thomas Punderson	137
LEAVENWORTH, Cornelia, of Huntington, m. Truman **PEARCE**, of Newtown, May 22, 1833, by Rev. Thomas Punderson	139
Delilah, [d. Edmond & Mary], b. Jan. 1, 1792	100
Edmond, b. Dec. 14, 1766; m. Mary [ ], Jan. 5, 1785	100
Edmond, [s. Edmond & Mary], b. Dec. 8, 1801	100
Fanny M., m. Bennet **BRAY**, May 30, 1827	128
Hepsey, d. Edmond & Mary, b. Nov. 17, 1786	100
Isaac, of Oxford, m. Polly **MUNSON**, of Huntington, Nov. 26, 1830, by Joseph Shelton, J. P.	133
Loria*, [d. Edmond & Mary], b. Sept. 29, 1796 *("Laura" written in later hand)	100
Moriah*, [d. Edmond & Mary], b. Mar. 13, 1794 *("Maria" written in later hand)	100
Polly, [d. Edmond & Mary], b. Aug. 27, 1789	100
William, of Roxbury, m. Sarah Ann **HUBBELL**, of Huntington, Sept. 24, 1840, by Rev. John B. Beach	144
William, of Roxbury, m. Sarah Ann **HUBBELL**, of Huntington, Sept. 24, 1840, by Rev. John B. Beach	149
LEWIS, Abram C., of Stratford, m. Maria **CURTISS**, of Huntington, Oct. 22, 1850, by Rev. W[illia]m B. Curtiss	158
Caty, m. Elisha T. **MILLS**, Dec. 9, 1793	74
David, of Huntington, m. Sarah **PERKINS**, of East Haven, Apr. 28, 1834, by Donald Judson, J. P.	141
Edward, of Derby, m. Lucy Maria **FRENCH**, of Huntington, Mar. 15, 1837, by Rev. Thomas Clark	144
Edwin Lewis, of Trumbull, m. Manette **BLACKMAN**, of Huntington, Jan. 2, 1842, by Rev. George A. Sterling	151
Elle, m. Hannah **WHITNEY**, b. of Huntington, May 16, 1829, by Rev. Thomas Punderson	133
Isaac, s. Abijah, b. Apr. 25, 1788	64
Mary M., of Huntington, m. George **POOL**, of Trumbull, Mar. 4, 1846, by Rev. C. N. Seymour	155
Mercy, m. Agur **BOOTH**, Nov. 23, 1800	120
Phebe Ann, of Huntington, m. Silas B. **BEARDSLEE**, of New Milford, Nov. 9, 1845, by Rev. Thomas Punderson	154
Phebe Maria, m. Hezekiah **CHICHESTER**, b. of Huntington, Mar. 22,	

	Page
LEWIS, (cont.)	
[1831], by Rev. Thomas Punderson	137
LINDSLEY, [see also **LINSLEY**], Charles, of Branford, m. Jane Ann **SHELTON**, of Huntington, Feb. 20, 1844, by Rev. Thomas Punderson	153
Charles, of Bermingham, m. Ann Eliza **DOWNEY**, of Huntington, Sept. 14, 1845, by Rev. George S. Gordon	155
LINSLEY, [see also **LINDSLEY**], David, m. Jane **DAYTON**, b. of Breenford, Apr. 6, 1845, by Rev. George S. Gordon	154
LOVELAND, Eleazer D., of Middletown, m. Lucinda **WAKELEE**, of Huntington, Feb. 9, 1835, by Thomas Punderson	142
LYON, Abby Jane, m. Lewis **MUNSON**, b. of Huntington, Nov. 10, 1850, by Rev. W[illia]m B. Curtiss	158
MARKS, Frederick Augustus, m. Charity Allice **EDWARDS**, b. of Huntington, Dec. 23, 1835, by Rev. Charles J. Todd	142
MARTIN, Lucy, m. Curtiss **TOMLINSON**, Sept. 15, 1790	112
MILLS, Abigail Elizabeth, [d. Elisha & Mary], b. May 26, 1760	48
Amelia, [d. Elisha & Mary], b. Dec. 14, 1757	48
Ann, m. Agur **JUDSON**, Jr., b. of Stratford, now of Huntington, Dec. 22, 1768	65
Anne, [d. Elisha & Mary], b. Dec. 31, 1751 O. S.	48
Caroline, d. Isaac & Abigail, b. Sept*. 29, 1792 *(First written "Oct.")	35
Catharine, [d. Elisha Treat & Caty], b. Apr. 25, 1799	74
Charles Lewis, [s. Elisha Treat & Caty], b. Sept. 2, 1803	74
Elisha, m. Mary **DeFOREST**, [ ], 1751	48
Elisha, s. [Samuel & Sarah], b. June 20, 1797	46
Elisha T., m. Caty **LEWIS**, Dec. 9, 1793	74
Elisha Treat, [s. Elisha & Mary], b. Jan. 17, 1765	48
Eliza, d. [Samuel & Sarah], b. Apr. 15, 1792	46
Eliza Beers, d. Isaac & Abigail, b. July 12, 1795	35
Elizabeth Ann, d. Philo & Bette, of Darby, b. Feb. 24, 1756; m. Ephraim **WOOSTER**, s. John & Abigail, Dec. 5, 1776	38
Hepsa, [d. Elisha & Mary], b. Sept. 2, 1755	48
Hepsa, m. Rev. David **ELY**, Dec. 18, 1777	92
Hepsa Ely, d. [Elisha & Mary], d. Sept. 26, 1803	48
Isaac, [s. Elisha & Mary], b. Mar. 7, 1767	48
Isaac, of Huntington, m. Abigail **PHELPS**, of Stafford, Jan. 23, 1790, by Rev. John Willard	35
Isaac & Abigail, had s. [ ], b. Oct. 28, 1790; d. Dec. 11, 1790	35
Isaac & Abigail, had infant d. [ ], b. Feb. 25, [1797]; d. Mar. 21, 1797	35
James, of Huntington, m. Jane **PATTERSON**, of Derby, Apr. 2, 1837, by Rev. Thomas Punderson	145
James, m. Eliza **BOTCHFORD**, b. of Huntington, Dec. 3, 1837, by Rev. Thomas Clark	144
Mary, [d. Elisha & Mary], b. Nov. 28, 1753	48
Mary, d. Elisha Treat & Caty], b. Nov. 28, 1794; d. May 16, 1797	74

	Page
MILLS, (cont.)	
Mary, d. [Elisha Treat & Caty], b. Feb. 20, 1797	74
Mary Beers, d. [Elisha & Mary], d. May 7, 1784	48
Samuel, s. Samuel & Sarah, b. Nov. 5, 1789	46
Sam[ue]ll B., negro George, b. Sept. 6, 1802; free at 21 y. of age	102
Samuel Peet, [s. Elisha & Mary], b. Mar. 12, 1769	48
Samuel Peet, m. Sarah **TOMLINSON**, Nov. 13, 1788	46
Sarah Apaine, [d. Elisha & Mary], b. Oct. 19, 1762	48
Sheldon, of Derby, m. Susan A. **PERRY**, of Huntington, Feb. 3, 1850, by Rev. W[illia]m B. Curtiss	157
William, [s. Elisha & Mary], b. May 8, 1771	48
William, [s. Elisha & Mary], d. Dec. 10, 1773	48
William, s. [Samuel & Sarah], b. Sept. 11, 1799	46
MITCHEL, John R., m. Dolly **BLACKMAN**, Oct. 24, 1827	128
MONROE, Abigail A., of Huntington, m. Burton [ ], of Trumbull, May 3, 1840, by Rev. Thomas Punderson	148
Noah, of Ridgefield, m. Abigail Avis **SHELTON**, of Huntington, Mar. 18, 1834, by Rev. Thomas Punderson	140
MOREHOUSE, Sturges, of Fairfield, m. Charlotte **SHELTON**, of Huntington, Jan. 11, 1829, by Rev. Thomas Punderson	133
MORSE, Orval C., m. Charity **THOMPSON**, Sept. 27, 1823	124
Samuel, s. [Orval C. & Charity], b. Sept. 28, 1824	124
MOULTHROP, Elihu, m. Susan **CROFUTT**, b. of Huntington, Mar. 21, 1833, by Joseph Shelton, J. P.	138
MUNSON, MONSON, Joseph B., m. Susan M. **SMITH**, Dec. 1, 1833, by Daniel Bennett, J. P.	140
Lewis, m. Abby Jane **LYON**, b. of Huntington, Nov. 10, 1850, by Rev. W[illia]m B. Curtiss	158
Polly, of Huntington, m. Isaac **LEAVENWORTH**, of Oxford, Nov. 26, 1830, by Joseph Shelton, J. P.	133
Samuel M., m. Polle **DeFOREST**, Nov. 16, 1797	85
Samuel M., & w. Polle, had s. [ ], b. Sept. 3, 1798	85
MURRY, John, of New York, m. Emily **CURTISS**, of Huntington, May 28, [1832], by Rev. Thomas Punderson	137
NETTLETON, William, of Milford, m. Eunice **CROFUTT**, of Huntington, July 10, 1831, by Joseph Shelton, J. P.	138
William, of Woodbury, m. Abigail S. **WAKELEE**, of Huntington, Sept. 1, 1844, by Rev. George S. Gordon	154
NICHOLS, NICKOLS, Daniel A., of Trumbull, m. Nancy M. **TOMLINSON**, of Huntington, Oct. 12, 1837, by Rev. Thomas Punderson	145
David, Capt., made affidavit Dec. 11, 1790, his negro Nance, b. May [ ], 1788	30
Judson, of Fairfield, m. Mary B. **WELLS**, of Huntington, June [ ], [1831], by Rev. Thomas Punderson	137
Polly C., m. Nathaniel **SHERMAN**, Dec. 11, 1783, by Rev. Elisha Rexford	126
NORTON, Edward, of Goshen, m. Mary A. **WOOSTER**, of Huntington,	

	Page
NORTON, (cont.)	
June 5, 1849, by John F. Norton	157
OLMSTED, Phebe Ann, m. James **WHEELER**, b. of Huntington, [ ], 1840, by Rev. George A. Sterling	151
OSBORNE, Emmeline, m. Joseph Jerome **LUCY**, b. of Huntington, Nov. 23, 1834, by Rev. Isaac Jones	141
Nancy, of Huntington, m. David **CURTISS**, of Trumbull, Oct. 3, 1833, by Rev. Isaac Jones	138
PALMER, William A., late of Maine, m. Maria **TOMLINSON**, of Huntington, Oct. 3, 1837, by Rev. Thomas Punderson	145
PARDY*, Lidia [La?], of Huntington, m. Summers **BEACH**, of Trumbull, Oct. 27, 1835, by Thomas Punderson *(**PARDEE**?)	143
PARKER, William, of Bridgeport, m. Sarah **BALDWIN**, of Huntington, May 5, 1841, by Rev. George A. Sterling	151
PATTERSON, Abigail, d. Samuel & Hannah, b. Oct. 9, 1773	62
Abigail, m. Eliot **BEARDSLEE**, Oct. 16, 1800	72
Anson, of Woodbury, m. Maria **GARLICK**, of Huntington, Sept. 26, 1833, by Rev. Thomas Punderson	139
Anson, of Trumbull, m. Sally **GILBERT**, of Huntington, Feb. 28, 1838, by Rev. Thomas Punderson	145
Bulah, [d. Samuel & Hannah], b. Apr. 17, 1775	62
Elisha, [s. Samuel & Hannah], b. Jan. 27, 1777	62
Jane, of Derby, m. James **MILLS**, of Huntington, Apr. 2, 1837, by Rev. Thomas Punderson	145
Samuel, m. Mrs. Hannah **HUBBEL**, formerly of Stratford, now of Huntingon, Dec. 31, 1772	62
Samuel, [s. Samuel & Hannah], b. Sept. 21, 1783	62
Simeon, [s. Samuel & Hannah], b. Apr. 24, 1787	62
PAYNE, Sally Ann, of Poughkeepsie, m. Silliman **CARR**, of Huntington, Nov. 23, 1845, by Rev. George S. Gordon	155
PEARCE, Truman, of Newtown, m. Cornelia **LEAVENWORTH**, of Huntington, May 22, 1833, by Rev. Thomas Punderson	139
PECK, [see also **RICH**], Polly, 2nd d. [Truman & Anna B.], b. July 23, 1808	113
Truman, m. Anna B. **WINTON**, Oct. 24, 1801	113
Truman & w. Anna B., had d. [ ], b. Apr. 16, 1807; d. Apr. 28, 1807	113
[Truman & w. Anna B.], had s. [ ], b. Nov. 14, 1810	113
PEET, [see also **PECK** & **RICH**], David F., m. Fanny **BEARDSLEE**, Oct. 28, 1827	128
Eloisa, of Huntington, m. Sherman L. **BURRITT**, of Bridgeport, Mar. 31, 1831, by Rev. Rodney Rosseter, of Monroe	135
Julia, m. William **BLACKMAN**, b. of Huntington, Dec. 31, 1835, by Rev. Charles J. Todd	143
Polly, m. Eli **HUBBELL**, Oct. 22, 1834, by Rev. Isaac Jones	141
PERKINS, Hannah, m. Andrew **WHEELER**, b. of Huntington, Mar. 27, 1833, by Daniel Jones	138
Louis, of Oxford, m. John **JUDSON**, of Huntington, Nov. 20, 1836,	

	Page
PERKINS, (cont.)	
by Rev. Thomas Punderson	144
Sarah, of East Haven, m. David **LEWIS**, of Huntington, Apr. 28, 1834, by Donald Judson, J. P.	141
PERRY, Agur French, s. [David] & Diadamiah, b. Aug. 7, 1799	80
Benjamin, s. [David & Diadame], b. July 10, 1792	80
David, m. Diadame **SEELY**, Apr. 26, 1780	80
David, s. [David & Diadame], b. Feb. 7, 1784	80
John Owens, s. [David & Diadame], b. May 26, 1782	80
Joseph Blackleach, s. [David & Diadame], b. Jan. 24, 1795	80
Joshua Seely, s. [David & Diadame], b. Aug. 1, 1788	80
Nathaniel P., m. Polly Ann **TOUSEY**, Jan. 14, 1810	114
Nehemiah, s. [David & Diadame], b. June 1, 1790	80
Ralph, of West Springfield, m. Elizabeth Ann **TOMLINSON**, Aug. 30, 1843, by Rev. Thomas Punderson	152
Ruth Ann, d. Dr. Joseph, b. Dec. 25, 1758; m. Ezra **CURTISS**, s. Peter & Easther, Oct. 3, 1773	93
Sally, d. [David & Diadame], b. June 6, 1786	80
Susan A., of Huntington, m. Sheldon **MILLS**, of Derby, Feb. 3, 1850, by Rev. W[illia]m B. Curtiss	157
PHELPS, Abigail, of Stafford, m. Isaac **MILLS**, of Huntington, Jan. 23, 1790, by Rev. John Willard	35
PICXLEE, Henry, of Norwalk, m. Abbe B. **BLACKMAN**, of Huntington, Dec. 26, 1830, by Joseph Shelton, J. P.	133
PLATT, Betsey, m. Ebenezer **BEARD**, b. of Huntington, May 1, 1836, by Rev. Charles J. Todd	144
Zera, of Greenfield, O., m. Mary **BLACKMAN**, of Huntington, Apr. 20, 1834, by Rev. Thomas Punderson	140
POOL, George, of Trumbull, m. Mary M. **LEWIS**, of Huntington, Mar. 4, 1846, by Rev. C. N. Seymour	155
POST, Eliza, m. Gesford **STERLING**, of Bridgeport, Feb. 9, 1841, by Rev. Thomas Punderson	150
Emily, of Huntington, m. Philo **WHEELER**, of Bridgeport, Nov. 17, 1834, by Thomas Punderson	143
[**PULFORD**], [see under **FULFORD**]	
PUNDERSON, Emily, of Huntington, m. John M. **ELY**, of Chatham, N. Y., July 7, 1846, by Rev. Thomas Punderson	155
[**RICH**], **RICK**, [see also **PECK**], Charles*, [s. James], b. July 29, 1796 *(Written "Charles **RICK**")	99
James*, m. [ ], May 10, 1796 *(Written "James **RICK**")	99
James, Jr., [s. James], b. Apr. 7, 1803	99
John, [s. James], b. Nov. 8, 1805	99
Mary Ann, [d. James], b. Feb. 27, 1808	99
Samuel, [s. James], b. Apr. 20, 1798	99
RICHMOND, Eli, [s. James], b. Oct. 28, 1795	86
Elkanah, [s. James], b. May 10, 1794	86
Mariah, [d. James], b. Aug. 27, 1797	86
ROUSSENGER, James, of New York, m. Phebe An[n] **CURTISS**, of	

HUNTINGTON VITAL RECORDS 23

Page

ROUSSENGER, (cont.)
Huntington, May 11, 1835, by Thomas Punderson 142
RUDD, Abigail, m. George W. **SHELTON,** b. of Huntington, Dec. 9, 1835,
by Thomas Punderson 143
SAULS, -----, of Huntington, m. [   ] **BROWN,** of Bridgeport,
Jan. 4, 1832, by Rev. Thomas Punderson 137
SCOTT, Gibson Andrew, s. Andrew, decd. & Sarah, b. July 14, 1772; m.
Susan **WHELER,** of Southbury, Mar. 15, 1801 94
Susan, d. Andrew Gibson & Susan, b. Aug. 9, 1803 94
SEELY, Diadame, m. David **PERRY,** Apr. 26, 1780 80
SHARP, -----, of Oxford, m. Huldy **LARY,** of Huntington, Mar. [   ],
1831, by Rev. Thomas Punderson 137
SHELTON, Abigail, d. Andrew & Sarah, b. Aug. 13, 1775 95
Abigail, m. John Calvin **BUCKINGHAM,** b. of Huntington, Jan. 17,
1847, by Rev. W[illia]m Bliss Ashley, of Birmingham 156
Abigail Avis, of Huntington, m. Noah **MONROE,** of Ridgefield,
Mar. 18, 1834, by Rev. Thomas Punderson 140
Abijah, s. Andrew & Sarah, b. Nov. 2, 1781 95
Allice M., m. Edgar B. **WHEELER,** b. of Huntington, Oct. 2, 1850,
by Rev. W[illia]m B. Curtiss 158
Andrew, m. Sarah **BOOTH,** Nov. [   ], 1771 95
Augusta An[n], of Huntington, m. Charles A. **STERLING,** of Sharon,
Oct. 19, 1842, by Rev. Thomas Punderson 152
Betsey, m. Elisha **SHELTON,** b. of Huntington, this day, [Feb. 9,
1829], by Donald Judson, J. P. 132
Charlotte, of Huntington, m. Sturges **MOREHOUSE,** of Fairfield,
Jan. 11, 1829, by Rev. Thomas Punderson 133
Cornelia J., m. Thaddeus **BEARDSLEE,** b. of Huntington, Oct. 10,
1841, by Rev. George A. Sterling 151
Daniel, had negro George **MARTINBURR,** b. [   ], 1784 102
Daniel, had negroes Peter, b. Sept. 15, 1786; Tobe, b. Mar. 20, 1791 49
Daniel, Jr., declared on Dec. 24, 1792, his negro Levi, b. Aug. 8, 1784,
Rode Oley, b. Feb. 8, 1789, Harlow, b. Feb. last day 1792 19
David W., m. Lydia J. **BUCKLEY,** b. of Huntington, Feb. 7, 1836,
by Rev. Charles J. Todd 143
Edgar B., m. Polly Ann **LANE,** b. of Huntington, Feb. 16, 1843,
by Rev. George A. Sterling 152
Elijah Booth, s. Andrew & Sarah, b. Apr. 14, 1779 95
Elisha, m. Betsey **SHELTON,** b. of Huntington, this day, [Feb. 9,
1829], by Donald Judson, J. P. 132
Elizabeth C., of Huntington, m. Baldwin **BRADLEY,** of Branford,
Oct. 27, 1845, by Rev. George S. Gordon 155
George W., m. Abigail **RUDD,** b. of Huntington, Dec. 9, 1835, by
Thomas Punderson 143
Hannah M., m. Dr. James **SHELTON,** b. of Huntington, Dec. 24,
[1832], by Rev. Thomas Punderson 137
Harriet, of Huntington, m. Henry M. **CLARK,** of Waterbury, Feb.
22, 1844, by Rev. W[illia]m Bliss Ashly, of Derby 153

	Page
SHELTON, (cont.)	
Harriett, m. Henry **BASSETT**, b. of Huntington, June 17, 1844, by Rev. George S. Gorden	154
Harriet, m. William **BUCKINGHAM**, b. of Huntington, Feb. 16, 1848, by Rev. John Whittlesey	157
Henry J., m. Julia **HAWLEY**, b. of Huntington, Oct. 6, 1836, by Rev. Thomas Punderson	144
Isaac B., m. Clarrisa **BENEDICT**, b. of Huntington, Jan. 19, 1848, by Rev. Charles Bartlett	156
James, Dr., m. Hannah M. **SHELTON**, b. of Huntington, Dec. 24, [1832], by Rev. Thomas Punderson	137
Jane Ann, of Huntington, m. Charles **LINDSLEY**, of Branford, Feb. 20, 1844, by Rev. Thomas Punderson	153
Josiah, s. Andrew & Sarah, b. Feb. 12, 1777	95
Lewis, s. Andrew & Sarah, b. Apr. 30, 1772	95
Lydia, d. Andrew & Sarah, b. Oct. 16, 1786	95
Lydia, m. Daniel **FRENCH**, Apr. 4, 1813	125
Lydia A., m. Lemuel N. **EDWARDS**, b. of Huntington, Nov. 29, 1835, by Rev. Charles J. Todd	142
Mariania, of Huntington, m. James C. **ANDRUS**, of Newtown, Apr. 13, 1828, by Rev. Thomas Punderson	129
Mary, m. Hezekiah **BEACH**, Nov. 22, 1782	21
Meriah, d. Andrew & Sarah, b. Apr. 24, 1793	95
Nancy, of Huntington, m. Eli **BEARD**, of Towanda, Pa., Aug. 7, 1833, by Rev. Thomas Punderson	139
Nancy L., m. Abner **BEARDSLEE**, Jan. 11, 1843, by Rev. Rodney Rossiter, of Monroe	152
Nathan, s. Andrew & Sarah, b. June 6, 1784	95
Phebe M., m. Ephraim **CURTISS**, Sept. 22, 1834, by Rev. Isaac Jones	141
Polly B., of Huntington, m. Joseph B. **FRENCH**, of Bridgeport, May 6, 1832, by Rev. Isaac Jones	136
Polly Maria, m. Donald **JUDSON**, b. of Huntington, Feb. 10, 1829, by Samuel Wheeler, J. P.	131
Reuben Freeman, s. Rob, b. May 3, 1794	78
Sally, of Huntington, m. Phillip **BEACH**, of Trumbull, June 12, 1834, by Thomas Punderson	141
Sally B., m. Beach M. **EDWARDS**, b. of Huntington, Sept. 21, [1831], by Rev. Thomas Punderson	137
Samuel D., m. Silvia **BEARDSLEE**, b. of Huntington, Mar. 25, 1829, by Rev. Thomas Punderson	133
Sarah, m. Samuel **BOOTH**, Jan. 28, 1768	86
Sarah, d. Andrew & Sarah, b. Oct. 10, 1773	95
Susan H., of Huntington, m. Erastus **BURR**, of Monroe, Oct. 11, 1848, by Rev. John Whittlesey	157
Sylvia, d. Andrew & Sarah, b. Mar. 25, 1789	95
SHEPARD, Anson, of Newtown, m. Hannah **DOWNS**, Sept. 2, 1830, by Rev. Thomas Punderson	134
SHERMAN, Jerusha, [d. Nathaniel & Polly C.], b. Feb. 3, 1785	126

	Page
SHERMAN, (cont.)	
Joseph, [s. Nathaniel & Polly C.], b. June 14, 1786	126
Lauson, [s. Nathaniel & Polly C.], b. Feb. 11, 1795	126
LeGrand, [s. Nathaniel & Polly C.], b. Mar. 2, 1788	126
Lucius, [s. Nathaniel & Polly C.], b. May 7, 1797; d. July 1, 1798	126
Lucious, 2nd, [s. Nathaniel & Polly C.], b. Mar. 20, 1799	126
Mary, [d. Nathaniel & Polly C.], b. Aug. 29, 1803	126
Nathaniel, m. Polly C. **NICHOLS**, Dec. 11, 1783, by Rev. Elisha Rexford	126
Nathaniel Read, [s. Nathaniel & Polly C.], b. Dec. 1, 1807	126
Nichols, [s. Nathaniel & Polly C.], b. July 29, 1790	126
Parthena, [d. Nathaniel & Polly C.], b. Oct. 8, 1792	126
Silas, [s. Nathaniel & Polly C.], b. Aug. 20, 1801	126
SHERWOOD, Abel, [s. Ephraim], b. Feb. 13, 1783	127
Alonso, [s. Ephraim], b. Feb. 2, 1796	127
Ephraim, m. Betsey **HURD**, Apr. 9, 1814	20
SILLIMAN, Abigail, d. [Deodate & Katharine], b. Sept. 20, 1793	8
Clara, d. [Deodate & Katharine], b. Oct. 28, 1779	8
Deodate, m. Katharine [ ], May 25, 1775	8
Deodate, s. [Deodate & Katharine], b. May 25, 1776	8
George, of Weston, m. Maria **HULBET**, of Huntington, July 20, 1828, by Thomas Punderson	129
Joseph, s. [Deodate & Katharine], b. Apr. 9, 1790	8
Justus, s. [Deodate & Katharine], b. Dec. 17, 1781; d. Apr. 17, 1783	8
Justus, s. [Deodate & Katharine], b. Jan. 20, 1788	8
Katy, [d. Deodate & Katharine], b. Aug. 21, 1785	8
Priscilla, d. [Deodate & Katharine], b. Jan. 10, 1778	8
Sarah, d. [Deodate & Katharine], b. Aug. 3, 1783	8
SILLS, Frances, m. James E. **FREEMAN** (colored), this day, [ ], by Rev. Jno Morrison, of Birmingham	158
SMITH, David, of Milford, m. Aurelia **DOWNIE**, of Huntington, Oct. 4, 1840, by Rev. Thomas Punderson	148
Eli, had female negro child b. Jan. 1, 1796	4
Elizabeth A., of Smithfield, L. I., m. Henry T. **ALABIE**, of Huntington, Aug. 22, 1838, by Rev. Thomas Punderson	146
George H., of Derby, m. Maria **HAWLEY**, of Huntington, July 7, 1835, by Thomas Punderson	142
George P., m. Sarah E. **HUBBELL**, b. of Huntington, May 9, 1847, by C. N. Seymour	156
Marcus, of Milford, m. Lucy A. **GARLICK**, of Rose, N. Y., Nov. 7, 1844, by Rev. C. N. Seymour	153
Susan M., m. Joseph B. **MUNSON**, Dec. 1, 1833, by Daniel Bennett, J. P.	140
SPERRY, Mary A., of Woodbridge, m. Isaac C. **ALABY**, of Newtown, Jan. 2, 1841, by Rev. Thomas Punderson	150
SPRING, Edmund, of Huntington, m. Ann Jane **BUCK**, of Litchfield, Aug. 25, 1839, by Rev. Nathaniel Mead	146
Mary Jane, of Huntington, m. Marcus F. **FAIRCHILD**, of Newtown,	

	Page
SPRING, (cont.)	
June 6, 1847, by Lucius Atwater	156
STERLING, Charles A., of Sharon, m. Augusta An[n] **SHELTON**, of Huntington, Oct. 19, 1842, by Rev. Thomas Punderson	152
Daniel, of Bridgeport, m. Hannah **JUDSON**, of Huntington, Sept. 14, 1804	96
Gesford, of Bridgeport, m. Eliza **POST**, Feb. 9, 1841, by Rev. Thomas Punderson	150
Henry Dar[ ], s. [Daniel & Hannah], b. June 15, 1805	96
STILLMAN, Henry W., of Bridgeport, m. Essenith **BLACKMAN**, of Huntington, Oct. 8, 1828, by Rev. Thomas Punderson	130
STONE, Henry L., of New York, m. Mary E. **COLES**, of Huntington, June 6, 1842, by Rev. Rollin S. Stone	149
STORER, Albert, of New York, m. Elizabeth M. **WOOSTER**, of Huntington, May 6, 1841, by Rev. Thomas Punderson	150
STRUCKMAN, Conrad, m. Henretta **HUBBELL**, Mar. 20, 1842, by Rev. Alva Gregory	150
SUMMERS, Eunice, m. David **HAWLEY**, Jr., Dec. 1, 1808	122
Philene, m. Joel **BLACKMAN**, b. of Huntington, Dec. 23, 1792	17
THOMPSON, Charity, m. Orval C. **MORSE**, Sept. 27, 1823	124
Everit, m. Mrs. Sally M. **BEARDSLEE**, b. of Huntington, Apr. 11, 1831, by Elijah Middlebrook, J. P.	134
TODD, Ambrose, Rev. declared Nov. 16, 1802, his negro Jack, b. July [ ], 1799, at the house of Mr. Baxter, of New London	91
Ambrose Seymoure, s. Rev. Ambrose & Levenia, b. Dec. 6, 1798	91
Charles Jarvis, s. [Rev. Ambrose & Levenia], b. June 26, 1800	91
William King, s. [Rev. Ambrose & Levenia], b. May 28, 1804	91
TOMLINSON, THOMLINSON, Ann A., m. John **HULL**, of Oxford, Jan. 28, 1844, by Rev. Joseph B. Wakelee	153
Anne, d. Zachariah, & Amy, b. June 26, 1757; m. Henry **CURTISS**, s. Peter & Mary, Apr. 14, 1774	50
Caroline E., of Huntington, m. Martin Bull **BASSETT**, of Charleston, O., July 20, 1831, by Zepheniah Swift	137
Caroline Elizabeth, [d. Curtiss & Lucy], b. Jan. 11, 1810	112
Charles C., of Derby, m. Nancy **WAKELEY**, of Huntington, Oct. 21, 1834, by Rev. Isaac Jones	141
Charles Curtiss, [s. Curtiss & Lucy], b. Jan. 3, 1801	112
Curtiss, m. Lucy **MARTIN**, Sept. 15, 1790	112
Elizabeth Ann, m. Ralph **PERRY**, of West Springfield, Aug. 30, 1843, by Rev. Thomas Punderson	152
Gould, m. Sarah Ann **JUDSON**, b. of Huntington, Feb. 10, 1841, by Rev. Thomas Punderson	150
Hannah, b. Mar. 28, 1764; m. Othniel **DeFOREST**, July 18, 1784	86
Hannah, of Stratford, m. Capt. James **HOVEY**, of Arundel, in Co. of York, now in Maine*, Mass. Bay, Apr. 9, 1783 *(Now in "Maine" written in pencil)	47
John A., [s. Curtiss & Lucy], b. Aug. 7, 1793	112
Joseph, Dr., m. Eliza **BENNET**, May 30, 1827	128

	Page
TOMLINSON, THOMLINSON, (cont.)	
Lucy, [d. Curtiss & Lucy], b. Nov. 15, 1797	112
Maria, of Huntington, m. William A. **PALMER**, late of Maine, Oct. 3, 1837, by Rev. Thomas Punderson	145
Mary, of Huntington, m. Burr **HOTCHKISS**, of Derby, Oct. 19, 1828, by Rev. Thomas Punderson	130
Mary, of Huntington, m. Wright **DREW**, of Munroe, May 7, 1840, by Rev. Alva Gregory	147
Nancy M., of Huntington, m. Daniel A. **NICHOLS**, of Trumbull, Oct. 12, 1837, by Rev. Thomas Punderson	145
Polly A., [d. Curtiss & Lucy], b. Oct. 19, 1795	112
Sarah, m. Samuel Peet **MILLS**, Nov. 13, 1788	46
Sheldon, of Derby, m. Janette **HUBBELL**, of Huntington, May 3, 1840, by Rev. Alva Gregory	147
Sheldon, of Derby, m. Eliza **WHEELER**, of Huntington, July 9, 1843, by Rev. Alva Gregory	153
Stephen, eldest s. [Curtiss & Lucy], b. Nov. 4, 1791	112
Thomas Jefferson, [s. Curtiss & Lucy], b. Oct. 12, 1808	112
William, m. Ruth **DREW**, June 7, 1846, by Lucius Atwater	154
TOUSEY, Polly Ann, m. Nathaniel P. **PERRY**, Jan. 14, 1810	114
TUCKER, Samuel B., of Birmingham, m. Lucy A. **GILBERT**, of Huntington, Sept. 25, 1850, by Rev. W[illia]m B. Curtiss	158
TURNEY, George W., of Newtown, m. Amelia **BEARDSLEY**, of Huntington, Apr. 28, 1847, by Rev. C. N. Seymour	156
UFFORD, Ira L., of Derby, m. Sarah Ann **HULL**, of Huntington, May 26, 1834, by Rev. Joseph Scott, of Derby	140
WAKELEE, WAKLEE, WAKELEY, Abigail S., of Huntington, m. William **NETTLETON**, of Woodbury, Sept. 1, 1844, by Rev. George S. Gordon	154
Charles, m. Lucinda **DREW**, of Huntington, Apr. 1, 1829, by Daniel Bennet, J. P.	135
Cornelia, of Huntington, m. Abner **HUNGERFORD**, of Sherman, Jan. 27, 1836, by Rev. James Scott, of Derby	143
Elizabeth A., of Huntington, m. Samuel W. **WHEELER**, of Stratford, Nov. 9, 1842, by Rev. W. B. Ashley, of Derby	152
James, made affidavit Mar. 8, 1789, twin negro boy, b. Mar. 8, 1785; affidavit Mar. 28, 1792, Abel, b. Jan. 12, 1791	26
James, m. Abby **GILBERT**, b. of Huntington, Sept. 13, 1843, by Rev. Nathaniel Mead	152
Lucinda, of Huntington, m. Eleazer D. **LOVELAND**, of Middletown, Feb. 9, 1835, by Thomas Punderson	142
Maria, of Huntington, m. Edward **KIRBY**, of Derby, Sept. 20, 1840, by Rev. Thomas Punderson	148
Nancy, of Huntington, m. Charles C. **TOMLINSON**, of Derby, Oct. 21, 1834, by Rev. Isaac Jones	141
WARD, [see also **WIRD**], Sally B., of Huntington, m. Samuel **BRISTOL**, Jr., of Milford, Aug. 1, 1830, by Rev. Thomas Punderson	134
WARNER, Griswell, m. Capt. David **JUDSON**, Feb. 3, 1796	88

	Page
WARREN, Isaac W., of Plymouth, m. Emily H. **JONES**, of Huntington, Mar. 6, 1842, by Rev. George A. Sterling	151
WELLS, Anne, d. [Robert & Anne], b. Apr. 11, 1781	96
Betsee, d. [Robart & Anne], b. Jan. 3, 1793	96
Charl[e]s, s. [Robert & Anne], b. Nov. 29, 1798	96
Lemuel, s. [Robart & Anne], b. Aug. 22, 1801	96
Mary, m. George **HINMAN**, b. of Huntington, Mar. 5, 1838, by [ ]	145
Mary B., of Huntington, m. Judson **NICHOLS**, of Fairfield, June [ ], [1831], by Rev. Thomas Punderson	137
Philo, [s. Robart & Anne], b. Sept. 21, 1786	96
Ransler, s. [Robart & Anne], b. Nov. 20, 1789	96
Robert, b. Feb. 15, 1756	96
Robart, m. Anne **WHELER**, Dec. 9, 1779	96
Robart Walker, s. [Robart & Anne], b. Oct. 15, 1783	96
Wheler, s. [Robart & Anne], b. June 15, 1795	96
WHEELER, WHELER, Andrew, m. Hannah **PERKINS**, b. of Huntington, Mar. 27, 1833, by Daniel Jones	138
Anne, b. Dec. 11, 1760; m. Robart **WELLS**, Dec. 9, 1779	96
Catharine, m. Hiram **BOOTH**, b. of Huntington, Sept. 10, 1833, by Donold Judson, J. P.	138
Ebenezer, m. Sarah **BLACKMAN**, Oct. 12, 1809	113
Edgar B., m. Allice M. **SHELTON**, b. of Huntington, Oct. 2, 1850, by Rev. W[illia]m B. Curtiss	158
Eliza, of Huntington, m. Sheldon **TOMLINSON**, of Derby, July 9, 1843, by Rev. Alva Gregory	153
Eliza Maria, m. Grandison **HUBBELL**, b. of Huntington, Mar. 31, 1839, by Rev. Thomas Clark	147
Gail Fitch, eldest s. [Samuel & Patty], b. Mar. 28, 1801	121
James, m. Phebe Ann **OLMSTED**, b. of Huntington, [ ], 1840, by Rev. George A. Sterling	151
Jane, of Huntington, m. William **CAMPBELL**, of Brooklyn, N. Y., May 11, 1840, by Rev. Thomas Punderson	148
Julia Ann, [d. Samuel & Patty], b. Oct. 21, 1809	121
Mary Ann, eldest d. [Ebenezer & Sarah], b. Nov. 6, 1810	113
Mary Lockwood, [d. Samuel & Patty], b. May 24, 1806	121
Patty, w. Samuel, b. Sept. 4, 1779	121
Philo, of Bridgeport, m. Emily **POST**, of Huntington, Nov. 17, 1834, by Thomas Punderson	142
Polly Ann, m. Charles C. **HUBBELL**, b. of Huntington, Mar. 22, 1840, by Rev. Thomas Punderson	148
Rachel Ann, m. Hall **BEARDSLEE**, Feb. 15, 1793	82
Sally, m. Summers **HUBBELL**, b. of Huntington, Oct. 12, 1832, by Donold Judson, J. P.	136
Samuel, b. Aug. 30, 1773; m. Patty [ ], Aug. 6, 1799	121
Samuel W., of Stratford, m. Elizabeth A. **WAKELEE**, of Huntington, Nov. 9, 1842, by Rev. W. B. Ashley, of Derby	152
Susan, of Southbury, m. Gibson Andrew **SCOTT**, of Huntington, s. Andrew, decd. & Sarah, Mar. 15, 1801	94

	Page
WHITNEY, WHITNEE, Hannah, m. Robert WRIGHT, Dec. 19, 1792	96
Hannah, m. Elle LEWIS, b. of Huntington, May 16, 1829, by Rev. Thomas Punderson	133
WHITTEMORE, Robert S., of New York City, m. Esther CURTISS, of Huntington, May 18, 1828, by Thomas Punderson	129
WILCOXON, Johnson, m. Anna BLACKMAN, June 17, 1827	128
WILLARD, Elizabeth, m. Sylvester EASTERBROOKS, Sept. 18, 1842, by Rev. Geo[rge] A. Sterling	159
WINTON, Anna B., m. Truman PECK, Oct. 24, 1801	113
Nelson, s. [Squire & Ruth], b. Aug. 2, 1800	89
Squire, m. Ruth HUBBEL, Nov. 3, 1799	89
Susan, b. Apr. 19, 1755; m. Jonas FRENCH, Feb. 11, 1780	63
WIRD, [see also WARD], Lewis, of Naugatuck, m. Mary A. CURTISS, of Huntington, Apr. 19, 1835, by Thomas Punderson	142
WOOD, Betsey Ann, m. Silas HUBBELL, b. of Huntington, Apr. 12, 1836, by Rev. Charles J. Todd	144
Levi, of Bridgeport, m. Betsey GILBERT, of Huntington, May 4, 1840, by Rev. George A. Sterling	151
WOOLEY, Phebe, of New York, m. Philo LACY, of Huntington, May 22, 1842, by Rev. George A. Sterling	149
WOOSTER, Abbe Betsey, d. Ephraim & Elizabeth Ann, b. Sept. 8, 1777	38
Abby M., of Huntington, m. Ebenezer WOOSTER, of Middlebury, Jan. 20, 1842, by Rev. Thomas Punderson	151
Antioresha, d. Ephraim & Elizabeth Ann, b. Feb. 10, 1784	38
Ebenezer, of Middlebury, m. Abby M. WOOSTER, of Huntington, Jan. 20, 1842, by Rev. Thomas Punderson	151
Elizabeth Ann, d. Ephraim & Elizabeth Ann, b. Oct. 5, 1779	38
Elizabeth M., of Huntington, m. Albert STORER, of New York, May 6, 1841, by Rev. Thomas Punderson	150
Ephraim, s. John & Abigail, b. Apr. 8, 1755; m. Elizabeth* Ann MILLS, Dec. 5, 1776 *("Bette"crossed out)	38
Ephraim, s. Ephraim & Elizabeth Ann, b. Sept. 5, 1781	38
Lorry*, d. Ephraim & Elizabeth Ann, b. June 1, 1788 *(Above this in a later hand is written "Laura")	38
Mary A., of Huntington, m. Edward NORTON, of Goshen, June 5, 1849, by John F. Norton	157
Philo Mills, s. Ephraim & Elizabeth Ann, b. Jan. 6, 1786	38
WRIGHT, George Whitnee, [s. Robert & Hannah], b. July 25, 1803	96
Jerusha, m. Robert CURTISS, Mar. 23, 1786	100
Nancy, [d. Robert & Hannah], b. Dec. 18, 1798	96
Poly, [d. Robert & Hannah], b. Feb. 11, 1794	96
Robert, m. Hannah WHITNEE, Dec. 19, 1792	96
Salley, [d. Robert & Hannah], b. June 21, 1796	96
Sam[ue]ll Medad, [s. Robert & Hannah], b. Apr. 18, 1801	96
YALE, Samuel, of Derby, m. Polly BASSETT, of Huntington, Jan. 9, 1842, by Rev. Alva Gregory	151

NO SURNAME
Burton, of Trumbull, m. Abigail A. MONROE, of Huntington, May 1

NO SURNAME, (cont.)

	Page
3, 1840, by Rev. Thomas Punderson	148
Katharine, m. Deodate **SILLIMAN**, May 25, 1775	8
Mary, b. Dec. 9, 1764; m. Edmond **LEAVENWORTH**, Jan. 5, 1785	100
Nan, negro, b. Jan. 14, 1787	45
Patty, m. Samuel **WHEELER**, Aug. 6, 1799	121
Phillis, m. Noah **CAMEN**, colored, Feb. 14, 1786; b. Apr. 12, 1769	55
Zelpha, negro, m. George **HAM**, Dec. 25, 1789	54

KENT VITAL RECORDS
1739 - 1852

	Vol.	Page
ABEL, Ezekiel, s. [Hall & Polly], b. Oct. 24, 1794	2	66
Hall, m. Polly **FISHER**, Jan. 4, 1797* by Rev. [ ] Griswould, of New Milford *(Probably "1794")	2	66
Hulda, d. [Hall & Polly], b. Mar. 16, 1796	2	66
Lucy, d. [Hall & Polly], b. Mar. 26, 1798	2	66
Nehemiah, s. [Hall & Polly], b. Jan. 28, 1800	2	66
ACKLEY, Rachal, m. Silas **CURTIS**, Feb. 18, 1780, by Rev. Peter Starr	2	171
ADAMS, Alusia, m. Nathaniel P. **PERRY**, Sept. 10, 1840, by Rev. William W. Andrews	2	205
Doritha, m. Rev. Ebenezer **DAVIS**, July 28, 1846, by Rev. Jeremiah Fry	2	78
Mary A., m. William A. **BRITTON**, July 16, 1844, by Rev. William W. Andrews	2	122
AIRS, [see under **AYERS**]		
ALGER, ALGAR, Abigail, d. [Matthew & Meheteble], b. Jan. 17, 1762, in New York Province	1	203
Elizabeth, d. [Matthew & Meheteble], b. June 14, 1759, at Hebron	1	203
John, s. [Matthew & Meheteble], b. Nov. 12, 1776	1	203
Matthew, s. [Matthew & Meheteble], b. Mar. 30, 1768	1	203
Nathan, s. [Matthew & Meheteble], b. May 5, 1765, in New York Province	1	203
Phana, d. [Matthew & Meheteble], b. May 5, 1770	1	203
Rachail, d. [Matthew & Meheteble], b. May 2, 1773	1	203
Silas, m. Esther **BROWN**, Dec. 11, 1766, by Rev. Silvenus Osborn	1	153
Temperance, d. Matthew & Meheteble, b. May 12, 1757, at Hebron	1	203
Temperance, m. Stephen **WEDGE**, Mar. 23, 1780, by Rev. Peter Starr	2	140
ALLEN, Samuel Daniel, s. Daniel & Mary, b. Dec. 16, 1777	2	142
Sheldon, m. Mariah **LEONARD**, Jan. 19, 1823, by John H. Swift, J. P.	2	125
ALVORD, Betsey Loisa, [d. Wakeman & Polly], b. Mar. 23, 1822	2	105
Norman Wakeman, [s. Wakeman & Polly], b. Aug. 21, 1826	2	105
Sarah Minda, d. [Wakeman & Polly], b. Jan. 20, 1824	2	105
Wakeman, m. Polly **JONES**, Dec. 27, 1820, by Rev. Asa Blair	2	105
ANDERSON, Tamar, m. John **TIBITS**, of Brown, Schorie Cty, N. Y., Oct. 20, 1823, by Alpheas Fuller, J. P.	2	127
ANDREWS, ANDRUS, Elias, s. [Timothy & Hanah], b. Oct. 9,		

	Vol.	Page
ANDREWS, ANDRUS, (cont.)		
1773	2	67
Heman, m. Ruba M. **FRANK**, Dec. 25, 1832, by Nathaniel P. Perry, J. P.	2	238
Levi, s. Timothy & Hanah, b. Oct. 27, 1767	2	67
Mary, d. Joseph & Marsey, b. Jan. 21, 1779	2	131
Obedience, m. Hiram **CURTIS**, Nov. 14, 1771, by Daniel Lee, J. P.	2	88
ANTHONY, Catharine, of Kent, m. Shardrac **BURGESS**, of Baltimore, Sept. 30, 1827, by John Mills, J. P.	2	227
ATWOOD, Sally, m. Alvin **NORTHROP**, July 2, 1826, by Rev. L. P. Hickox	2	199
AUDET, Anner, d. [Phillip & Abigail], b. Feb. 15, 1758	1	50
Jerusha, d. [Phillip & Abigail], b. May 27, 1756	1	50
Rhode, d. Phillip & Abigail, b. July 8, 1754	1	50
AVERILL, AVERIEL, AVERELL, Amy, m. Julius **CASWELL**, Oct. 28, 1779, by Rev. Jeremiah Day	2	218*
Etrania, d. [Nathan & Rosannah], b. Mar. 22, 1776; d. Apr. 16, 1776	1	191
Nathan, m. Rosannah **NOBLE**, [ ] 3, 1768, by Rev. Silvanus Osborn	1	191
Nathan, s. [Nathan & Rosannah], b. Apr. 10, 1774	1	191
Noble, s. [Nathan & Rosannah], b. Feb. 20, 1772	1	191
Patience, d. Sam[ue]ll & Patience, b. Nov. 28, 1740	LR1	12
Patience, m. Morgan **NOBLE**, Jan. 3, 1760, by Rev. Noah Wadham	1	163
Perry, s. Samuel & Patience, b. Sept. 18, 1754	LR1	1
Samuel, s. Samuel & Patience, b. May 18, 1752	LR1	1
Silvine, d. [Nathan & Rosannah], b. Oct. 25, 1769	1	191
AVERY, Anna, m. Stephen **SMITH**, Oct. 10, 1792, by Rev. Joel Bardwell	2	226
AYERS, AIRS, Elizer, m. Jeremiah **SKIFF**, Sept. 15, 1792, by Rev. Joel Bardwell	2	224
BADGLEY, P. Welling, of Milwakie, Wis., m. Henrietta F. **DUTCHER**, of Kent, Aug. 28, 1849, by Rev. Mills B. Gelston	3	8-9
BAKER, Joan, m. Caleb **HITCHCOCK**, Jan. 2, 1776, by Rev. Daniel Brinsmead	2	96
BALDWIN, BALDWINE, Alanson, m. Polly **MILTON**, July 10, 1820, by Rev. Asa Blair	2	79
Hannah, m. Peter **WALLER**, Dec. 28, 1774, by Rev. Elijah Sill	2	85
John, of Sharon, m. Sally **BROWN**, of Kent, Mar. 23, 1823, by Nathan Slosson, J. P.	2	146
Noah, m. Sabra **COTTER**, b. of Cornwall, Oct. 19, 1828, by Rev. Walter Smith, of Cornwall	2	45
Rebeckah, m. John **RANSOM**, Mar. 12, 1775, by Rev. Elijah Sill	1	80

	Vol.	Page
BALDWIN, BALDWINE, (cont.)		
William J., m. Nancy **STONE**, Feb. 15, 1849, by Rev. W. W. Andrews	3	5
BANKS, Luna, m. Joseph **CASWELL**, b. of Kent, Nov. 3, 1833, by Alpheas Fuller, J. P.	2	147*
BARDWELL, [see also **BORDWELL**], Mary, m. Abel **BEACH**, July 5, 1826, by Rev. L. P. Hickox	2	200
BARLOW, Abigail, d. [John & Temperance], b. May 28, 1775; d. Feb. 22, 1805, in her 29th y.	2	244-5
Amey, d. [John & Temperance], b. Sept. 14, 1788	2	244-5
Anna, d. [John & Anna], b. Feb. 26, 1771; d. Feb. 15, 1772, ae 11 1/2 m.	2	244-5
Anna, [w. John], d. June 22, 1771, ae 19 y.	2	244-5
Clarrissa, d. [John & Temperance], b. Mar. 13, 1781	2	244-5
Daniel Caswell, s. [John & Temperance], b. Mar. 21, 1786; d. Oct. 27, 1789, in the 2nd y. of his age	2	244-5
Elisha, d. [John & Temperance], b. June 1, 1791	2	244-5
Fanny, d. [John & Temperance], b. Aug. 18, 1793	2	244-5
Heman, s. [John & Temperance], b. Feb. 27, 1796	2	244-5
Joel H., s. John & Lucy, b. Oct. 10, 1817	2	244-5
John, s. Joseph & Phebe, b. Mar. 5, 1748; m. Anna **CASWELL**, d. Dea. Josiah & Abigail, May 27, 1770, by Rev. Jeremiah Day	2	244-5
John, m. Temperance **BRANCH**, d. Zephaniah & Sarah, Jan. 25, 1773, by Rev. Jeremiah Day	2	244-5
John, s. [John & Temperance], b. Feb. 1, 1784	2	244-5
Julius Caswell, s. [John & Temperance], b. Apr. 22, 1798	2	244-5
Mary Ann, d. [John & Temperance], b. Aug. 24, 1773	2	244-5
Sally, m. Watson B. **ROBINSON**, Oct. 27, 1834, by Eleazer Beecher	1	232
Sarah, d. [John & Temperance], b. Mar. 23, 1779; d. Oct. 11, 1796, in her 18th y.	2	244-5
Temperance, [w. John], d. May 12, 1806, in her 50th y.	2	244-5
BARNES, Charles, m. Mary O. **GEER**, Jan. 6, 1847, by Rev. W. W. Andrews	3	5
Lois, m. Abel **HENDRICKS**, May 20, 1784, by Rev. Judah Champion	2	182
William, m. Eliza **MORGAN**, Jan. 18, 1829, by Jeremiah Fry	2	52
BARNUM, Abagail, d. Gideon & Annah, b. Dec. 22, 1740	LR1	2
Abegail, d. [Gideon & Annah], d. Nov. 22, 1745	LR1	2
Abigail, d. [Johiel & Marah], b. Dec. 10, 1745	LR1	2
Abigail, d. [Gideon & Annah], b. Sept. 12, 1747	LR1	2
Abigail, d. Nov. 25, 1756	LR1	4
Abigail, d. [Gideon & Elizabeth], b. Apr. 19, 1772	2	25
Abigail, d. [David & Rachal], b. Aug. 26, 1797	2	20
Absolom, s. [Samuel & Rebeckah], b. June 13, 1772	1	101
Adaline, m. Cyrus **HURD**, Apr. 8, 1838, by J. Fry	2	71
Amos, m. Jemima Hall **BOOTH**, Apr. 11, 1744, by Cyrus		r

	Vol.	Page
BARNUM, (cont.)		
Marsh	LR1	12
Amos, s. [Amos & Jemima], b. July 28, 1752	LR1	12
Amos, d. Aug. 29, 1754, in the 32nd y. of his age	1	61
Amos, m. Anna BATS, Nov. 3, 1774, by Rev. Joel Bordwell	2	50
Amos, m. Sarah JUDD, Mar. 16, 1786, by Jethro Hatch, J. P.	2	50
Anna, d. [Amos & Jemima], b. Nov. 14, 1746	LR1	12
Anna, [w. Amos], d. Feb. 19, 1785	2	50
Anna, d. [Amos & Sarah], b. May 11, 1790	2	50
Anne, d. Oct. 13, 1756	LR1	4
Anne, m. Timothy ST. JOHN, Aug. 11, 1767, by Rev. Joel Bordwell	1	173
Anne, d. [Gideon & Elizabeth], b. Sept. 23, 1768	2	25
Barnabus, s. Johiel & Marah, b. Apr. 7, 1742	LR1	2
Betsey, d. [Ebenezer & Mabel], b. Jan. 25, 1779	2	48
Caroline, m. Samuel YOUNGS, Jr., b. of Kent, Oct. 1, 1826, by Stephen Strong, J. P.	2	138
Cloe, d. Jehiel & Mary, b. Feb. 6, 1753	LR1	4
Cloa, m. Adoniram CARTER, Oct. 14, 1773, by Rev. Peter Starr	2	39
Currance, d. [David & Rachal], b. Mar. 7, 1795	2	20
Curtis, m. Abia YOUNG, Oct. 18, 1827, by Lewis Mills, J. P.	2	237
David, m. Charity LAKEEKE(?), Mar. 2, 1747	LR1	5
David, m. Rachal HOYT, Feb. 3, 1793, by John Hatch, J. P.	2	20
David, s. [David & Rachal], b. May 23, 1804	2	20
Ebenezer, m. Elizabeth SKIFF, b. of Kent, July 25, 1745, by Rev. Cyrus Marsh	LR1	11
Ebenezer, s. [Ebenezer & Elizabeth], b. Nov. 16, 1749	1	59
Ebenezer, Sr., d. Sept. 17, 1755	LR1	14
Ebenezer, m. Mabel BOOTH, Dec. 3, 1772, by Rev. Ebenezer Niblow	2	48
Ebenezer, s. [David & Rachal], b. Sept. 15, 1796	2	20
Ebenezer, m. Polly FRINK, Apr. 5, 1825	2	1
Ebenezer, m. Polly FRINK, Apr. 5, 1825, by L. P. Hickox	2	72
Elizabeth, d. Ebenezer & Elizabeth, b. Jan. 1, 1748, at Dover, Dutchess Co.	1	59
Elizabeth, m. Ebenezer PERRY, May 24, 1771, by Rev. Joel Bordwell	2	37
Ezra, of Alford, Mass., m. Sarah J. BENEDICT, of Kent, Dec. 15, 1852, by Rev. James Caldwell	3	15
Gideon, m. Mary HUMPHREY, June 29, 1757, by Joseph Humphrey, J. P.	1	28
Gideon, m. Elizabeth MERRY, Feb. 2, 1768, by Heman Swift, J. P.	2	25
Harmon, m. Ann BROWN, June 19, 1836, by Jeremiah Fry	2	75
Heman, s. [John & Sarah], b. Nov. 23, 1785	2	177
Herman, m. Maria BROWN, b. of Kent, Aug. 1, 1827, by Rev. C. A. Bordman, of New Preston	2	181

	Vol.	Page
BARNUM, (cont.)		
Isaac, s. [Ebenezer & Mabel], b. May 19, 1784	2	48
Jehiel, m. Maria **PHERREY**(?)*, Apr. 30, 1741*("**FINNEY**"?)	LR1	2
Jehiel, s. [Jehiel & Marah], b. May 12, 1750	LR1	2
Jehiel, d. Feb. 2, 1758, in the 40th y. of his age	LR1	4
Jesse, s. [Amos & Jemima], b. Apr. 10, 1749	LR1	12
Jesse, s. [Amos & Jemima], d. June 28, 1756	LR1	12
Joanner, d. [Ebenezer & Elizabeth], b. Jan. 22, 1754, at Dover, Dutchess Co.	1	59
John, s. [Ebenezer & Elizabeth], b. Apr. 22, 1758, at Sharon	1	59
John, s. [Ebenezer & Mabel], b. May 31, 1781	2	48
John, m. Sarah **PARRISH**, Dec. 9, 1782, by Rev. Joel Bordwell	2	177
John, s. [David & Rachal], b. May 4, 1806	2	20
Julia A., m. Albey **DAINS**, Nov. 29, 1840, by Rev. Jeremiah Fry	2	230
Loes, d. Jehiel & Marah, b. Oct. 10, 1743	LR1	2
Lois, m. Nehemiah **GREGORY**, Oct. 3, 1759, by Rev. Joel Bordwell	1	33
Lucy, d. [Ebenezer & Mabel], b. Oct. 24, 1776; d. Dec. 3, 1779	2	48
Lidey, d. Jehiel & Mary, b. Apr. 22, 1755	LR1	4
Lydia, d. [David & Rachal], b. Aug. 4, 1799	2	20
Martha, d. [Amos & Anna], b. Oct. 3, 1774	2	50
Mary, d. [Ebenezer & Elizabeth], b. Apr. 15, 1756, at Sharon	1	59
Mathew S., m. Julia R. **FULLER**, Nov. 3, 1827, by Rev. L. P. Hickok	2	232
Mills, m. Caroline **BEACH**, Jan. 9, 1834, by Elder Alden Handy	2	191
Minerva, m. John **LATHROP**, June 13, 1825, by Birdsey Beardsley, J. P.	2	140
Phebe, m. Samuel **MORRISS**, Jr., Dec. 30, 1772, by Rev. Peter Starr	2	11
Philo, s. [Samuel & Rebeckah], b. Dec. 7, 1767	1	101
Rachal, w. David, d. Sept. 10, 181[ ]	2	20
Rebeckah, d. [Amos & Jemima], b. June 8, 1751	LR1	12
Rhoda, d. [Jehiel & Marah], b. July 3, 1748	LR1	2
Rhoda, m. Perez **STURTEVANT**, Feb. 23, 1764	1	134
Ritcharde, d. Oct. 2, 1756	LR1	4
Richard, s. Jehiel & Mary, b. Mar. 11, 1757	LR1	4
Sam[ue]ll, s. Gideon & Annah, b. Feb. 28, 1742/3	LR1	2
Sam[ue]ll, s. [Amos & Jemima], b. Mar. 16, 1748	LR1	12
Samuel, s. [Amos & Anna], b. Jan. 20, 1780	2	50
Samuel, 1st, m. Rebeckah **OWEN**, [ ]	1	101
Sarah, d. Amos & Jemima, b. July 26, 1744	LR1	12
Sarah, d. [Gideon & Elizabeth], b. Aug. 4, 1774	2	25
Stephen, s. Ebenezer & Elizabeth, b. Apr. 26, 1746	LR1	11
Sylvester Hoyt, s. [David & Rachal], b. Apr. 3, 1801	2	20

	Vol.	Page
BURNUM, (cont.)		
Sylvia, d. [Samuel & Rebeckah], b. Apr. 22, 1770	1	101
Tamar, d. [Ebenezer & Mabel], b. Oct. 18, 1773	2	48
Timothy, s. [Gideon & Annah], b. Jan. 17, 1744/5	LR1	2
Zenas, s. [Ebenezer & Elizabeth], b. Nov. 4, 1760	1	59
Zenus, s. [John & Sarah], b. May 27, 1783	2	177
BART, Samuel G., m. Milaann **JOHNSON**, b. of Kent, Nov. 22, 1830, by Nathan Slosson, J. P.	2	113
BARTON, [see also **BARTRAM**], Adaline, m. Egbert **CUMMINS**, Nov. 10, 1844, by Rev. William W. Andrews	2	122
Alice, m. Butler **BILLS**, Sept. 17, 1837, by Hiram Converse, J. P.	2	154
Fanny, m. William **WALDRON**, Apr. 9, 1848, by Rev. William H. Kirk	3	18-19
Mary Ann, m. William **COAN**, b. of Kent, June 6, 1836, by Alpheas Fuller, J. P.	2	75
BARTRAM, [see also **BARTON**], Charles, m. Maria **GILBERT**, Oct. 5, 1836, by W. W. Andrews	2	172
BASSETT, Mary, m. John **ORTON**, Feb. 9, 1845, by Rev. Jeremiah Fry	2	139
BATES, BATS, Abigail, d. [Joseph & Deliverance], b. Dec. 11, 1780	2	136
Adah, d. [Samuel & Rachel], b. May 24, 1761	1	15
Ada, m. Stephen **SKIFF**, Jr., Mar. 3, 1782, by Rev. Joel Bordwell	2	172
Adah, d. [Joseph & Deliverance], b. June 25, 1784	2	136
Adaline, m. Henry **SIMMONS**, Jan. 24, 1841, by Rev. William W. Andrews	2	122
Andrew, s. [Barnabus & Anne], b. Aug. 29, 1771	1	168
Anna, m. Amos **BARNUM**, Nov. 3, 1774, by Rev. Joel Bordwell	2	50
Barnabus, s. Sam[ue]ll & Rachell, b. Apr. 28, 1742	LR1	2
Barnabus, m. Anne **MELLER**, Jan. 26, 1768, by Rev. Cotton Mather Smith	1	168
Barnabus, s. [Barnabus & Anne], b. Oct. 29, 1775	1	168
Betsey A., m. Hiram H. **COGSWELL**, Sept. 27, 1842, by Rev. William W. Andrews	2	122
Chester, s. [Joseph & Mary], b. May 6, 1796	2	136
Colman, s. [Barnabus & Anne], b. Mar. 25, 1774	1	168
Deliverance, w. Joseph, d. Dec. 18, 1792	2	136
Elizabeth, d. [Isaac & Jemima], b. Dec. 6, 1779	2	121
Ephraim, s. [Ichabod & Annis], b. Aug. 15, 1781	2	81
Heman, s. Isaac & Jemima, b. July 5, 1777	2	121
Ichabod, m. Annis **HUBBELL**, Aug. 31, 1775, by Rev. Joel Bordwell	2	81
Jehiel, s. [Ichabod & Annis], b. Oct. 25, 1778	2	81
Jeremiah, s. [Samuel & Rachel], b. Feb. 16, 1763; d. Mar. 6, 1785	1	15

	Vol.	Page
BATES, BATS, (cont.)		
Joseph, s. [Samuell & Rachell], b. Dec. 14, 1747	LR1	2
Joseph, m. Deliverance SKIFF, Oct. 14, 1779, by Rev. Joel Bordwell	2	136
Joseph, m. Mary MILLER, Nov. 14, 1793, by Rev. Cotton M. Smith	2	136
Lydiah, d. Sam[ue]ll & Rachell, b. May 10, 1744	LR1	2
Margret, d. [Samuell & Rachell], b. Apr. 19, 1746	LR1	2
Meriann, d. [Ichabod & Annis], b. Aug. 12, 1785	2	81
Noble, s. [Ichabod & Annis], b. Feb. 25, 1776; d. Aug. 14, 1777	2	81
Noble, s. [Ichabod & Annis], b. July 10, 1783	2	81
Polly, d. [Ichabod & Annis], b. Apr. 11, 1789	2	81
Rachel, d. [Samuell & Rachell], b. May 10, 1750	LR1	2
Rachal, m. Barnabus HATCH, 2nd, May 18, 1772, by Rev. Joel Bordwell	2	44
Rhoda, d. [Samuell & Rachell], b. Aug. 31, 1752	LR1	2
Rhoda, d. [Samuel & Rachel], d. Jan. 11, 1768	1	15
Rhoda, d. [Barnabus & Anne], b. Mar. 23, 1769	1	168
Ruth, d. Samuel & Rachal, b. Jan. 7, 1756	LR1	1
Sam[ue]ll, m. Rachell FULLER, July 16, 1741	LR1	2
Samuell, s. Samuell & Rachell, b. July 22, 1754	LR1	3
Samuel, Jr., m. Deborah BLISS, Mar. 25, 1784, by Rev. Joel Bordwell	2	175
Sarah Bennit, d. Isaac & Jemima, b. Jan. 20, 1775	2	121
Thomas, s. Samuel & Rachel, b. Sept. 23, 1758	1	15
Violetta, m. John REYNOLDS, Jan. 29, 1831, by John H. Swift	2	206
BATISON, Grisell, m. Erastus ROCKWELL, July 14, 1805, by James Caswell, J. P.	2	112
BATS, [see under **BATES**]		
BEACH, Abel, m. Mary BARDWELL, July 5, 1826, by Rev. L. P. Hickox	2	200
Caroline, m. Mills BARNUM, Jan. 9, 1834, by Elder Alden Handy	2	191
BEAL, Mary, m. John WHITTLESEY, Nov. 14, 1765, by Rev. Noah Wadman	1	171
BEARDSLEY, BEARDSLEE, Abner, m. Amanda COZZENS, Nov. 26, 1820, by C. A. Bordman, in Washington	2	150
Adison, m. Harriet COLE, Oct. 9, 1827, by E. B. Kellogg	2	218*
Albert, of Auburn, Penn., m. Eliza R. GEER, of Kent, June 8, 1826, by Rev. L. P. Hickox	2	143
Augur, m. Eliza BENNET, b. of Kent, Oct. 24, 1824, by Rev. C. A. Bordman	2	103
Beers, of Washington, m. Sarah HUBBELL, of Kent, Apr. 4, 1822, by C. A. Bordman	2	193
Belah, s. William & Rach[el], b. Oct. 5, 1793	2	161
Benoni P., m. Hannah SMITH, June 5, 1826, by E. B. Kellogg	2	184

	Vol.	Page
BEARDSLEY, BEARDSLEE, (cont.)		
Charles William, s. [Ezekiel Payne & Martha], b. Jan. 18, 1800	2	88
Cloe, d. [Jabez & Martha], b. Jan. 12, 1767	2	24
Diadama, d. [Ephraim & Martha], b. Sept. 13, 1770	1	202
Deadema, m. Abijah **BERRY**, Jan. 9, 1799, by Jethro Hatch	2	116
Ephraim, m. Martha **HATCH**, May 5, 1768, by Rev. Joel Bordwell	1	202
Ephraim, s. [Ephraim & Martha], b. Mar. 30, 1773	1	202
Ezekiel Pain, s. [Jabez & Martha], b. Nov. 17, 1770	2	24
Ezekiel Payne, b. Nov. 19, 1770; m. Martha **STUART**, May 19, 1791, by Rev. Judah Champion	2	88
Frederick, m. Mary **BEARDSLEY**, b. of Kent, Dec. 6, 1834*, by Rev. George H. Hulin *(Should be "1835")	2	26
Horace, m. Mary **COLE**, Nov. 19, 1828, by Rev. L. P. Hickox	2	201
Jabez, m. Martha **PAIN**, Apr. 24, 1766, by Samuel Bostwick, J. P.	2	24
Jebez Hedge, s. [Ezekiel Payne & Martha], b. Jan. 15, 1794	2	88
Jemine, d. [Jabez & Martha], b. Feb. 3, 1773	2	24
John, s. [William & Rachel], b. July 6, 1797	2	161
Julian Shaw, s. [Ezekiel Payne & Martha], b. June 22, 1795	2	88
Mary, m. Frederick **BEARDSLEY**, b. of Kent, Dec. 6, 1834*, by Rev. George H. Hulin *(Should be "1835")	2	26
Nathan Stuart, s. [Ezekiel Payne & Martha], b. Dec. 6, 1792	2	88
Parke, m. Betsey **LYMAN**, Jan. 14, 1823, by Birdsey Beardsley, J. P.	2	82
Philonius, s. [Ephraim & Martha], b. Dec. 7, 1768	1	202
Prudence H., of Kent, m. Albert S. **BURTON**, of St. Albans, Vt., July 13, 1834, by Rev. [ ] Jelliff	2	254
Sally, d. [Ezekiel Payne & Martha], b. Mar. 4, 1797	2	88
Sally, m. Moses **SWIFT**, Mar. 20, 1810, by Rev. Joel Bordwell	2	182
Susan, m. Sylvester **LAINE**, b. of Kent, Dec. 25, 1825, by Alpheas Fuller, J. P.	2	214
William, s. [Jabez & Martha], b. Oct. 26, 1768	2	24
BEEBE, Daniel, s. [Daniel & Easther], b. May 29, 1762	1	97
Daniel, Jr., m. Jane **PECK**, Nov. 15, 1785, by Rev. Joel Bardwell	2	217
Daniel, m. Easther **PRATT**, Apr. 10, 1760,. by Rev. Joel Bardwell	1	97
Hezekiah, s. John & Mary, b. Apr. 10, 1756	LR1	8
Hezekiah, s. [John & Mary], b. Apr.10, 1756; d. Feb. 27, 1759	1	5
Hosea, s. John & Mary, b. Sept. last 1751	LR1	8
Hosea, s. John & Mary, b. Sept. 30, 1751	1	5
John, Jr., m. Mary **HILL**, b. of Kent, Nov. 9, 1749, by Rev. Cyrus Marah	LR1	8
John, s. [Daniel, Jr. & Jane], b. Jan. 13, 1789	2	217
Philo. s. [John & Mary], b. Apr. 20, 1758	LR1	8

	Vol.	Page
BEEBE, (cont.)		
Philo, s. [John & Mary], b. Apr. 20, 1758	1	5
Polly, d. [Daniel, Jr. & Jane], b. Feb. 1, 1787	2	217
Rodreck, s. John, Jr. & Mary, b. Dec. 1, 1753	LR1	8
Rodreck, s. [John & Mary], b. Dec. 1, 1753	1	5
Roswell, s. John & Mary, b. Mar. 12, 1750	LR1	8
Roswell, s. John & Mary, b. Mar. 12, 1750	1	5
Ruth, d. [Daniel & Easther], b. Sept. 14, 1774	1	97
Stiles B., [s. Daniel, Jr. & Jane], b. June 2, 1793	2	217
Sylvesta, d. John & Mary, b. May 9, 1760, at Oblong	1	5
BEECHER, BEACHER, David, s. [Samuel & Temperance], b. Nov. 24, 1780	2	109
Hannah, d. [Eliphalet & Anna], b. July 16, 1758	1	63
Harvey, m. Lois A. **IVES,** Feb. 19, 1840, by Rev. William W. Andrews	2	205
James, s. [Eliphalet & Anna], b. Mar. 9, 1761	1	63
Joel Bordwell, s. [Samuel & Temperance], b. Nov. 17, 1792	2	109
Laura, d. [Samuel & Temperance], b. June 29, 1783	2	109
Linas, s. Eliphalet & Anna, b. June 29, 1756	1	63
Maria, m. Horace **KELSEY,** Mar. 7, 1827, by Rev. L. P. Hickox	2	194
Samuel, of Kent, m. Temperance **BEECHER,** of New Haven, June 3, 1777, by Rev. Stephen Hawley, of New Haven	2	109
Samuel, s. [Samuel & Temperance], b. Aug. 15, 1795	2	109
Temperance, of New Haven, m. Samuel **BEECHER,** of Kent, June 3, 1777, by Rev. Stephen Hawley, of New Haven	2	109
BEEMAN, BEMAN, Aaron, s. [Christopher & Hannah], b. June 14, 1772	2	17
Abel, s. [Ebenezer & Rachaill], b. Dec. 7, 1746	LR1	10
Abell, m. Mary **KEENEY,** Nov. 8, 1770, by Daniel Lee, J. P.	2	18
Abell, s. [Abell & Mary], b. Apr. 17, 1772	2	18
Abijah, s. [Samuel & Rebeckah], b. Apr. 26, 1770	1	190
Ahira Seymour, s. [Timothy & Grace], b. June 16, 1779	2	126
Allen, s. Rufus & Polly], b. Sept. 4, 1809	2	243
Amos, s. [Samuel & Rebeckah], b. Sept. 8, 1781	1	190
Andrew, s. [John & Elizabeth], b. June 8, 1769	2	106
Anna, d. [John & Elizabeth], b. Nov. 27, 1764	2	106
Anna, d. [Park & Anna], b. Apr. 1, 1775	1	11
Antha, d. [Rufus & Polly], b. Nov. 14, 1802	2	243
Bethiah, d. [Christopher & Hannah], b. Feb. 10, 1770	2	17
Christopher, m. Hannah **MAIN,** Jan. 16, 1766, by Nathan Eliot, J. P.	2	17
Christopher, d. Jan. 5, 1777	2	17
Daniel, m. Lydia **COGSWELL,** Oct. 6, 1748, by Rev. Nathaniell Taylor	LR1	9
Daniel, Jr., s. Daniel & Lydia, b. Jan. 18, 1756	LR1	9
Daniel, d. Aug. 19, 1757	LR1	9
Daniel, m. Mary **BLISS,** Feb. 23, 1779, by Rev. Peter Starr	2	127

BEEMAN, BEMAN, (cont.)

	Vol.	Page
David, s. [Abell & Mary], b. May 2, 1775	2	18
Deborah, m. Samuel **COMMINS**, Aug. 26, 1762, by Rev. Noah Woodhanes	1	84
Eben[eze]r, m. Rachail **TRACEY**, b. of Preston, Feb. 25, 1741/2, by Hezekiah Parke, J. P.	LR1	10
Ebenezer & Rachaill, had s. [ ], b. Mar. 28, 1749; d. Apr. 24, 1749	LR1	10
Elijah, s. [Ebenezer & Rachaill], b. Nov. 3, 1744	LR1	10
Elizabeth, d. [John & Elizabeth], b. June 10, 1757	2	106
Elizabeth, d. Feb. 5, 1787	2	106
Eunice, d. Park* & Anna, b. Aug. 1, 1758 *(Clark?)	1	11
Eunice, d. [Christopher & Hannah], b. Apr. 18, 1768	2	17
Eunice, m. William **SACKETT**, Mar. 9, 1774, by Rev. Peter Starr	2	42
Eunice, [d. Christopher & Hannah], d. Feb. 3, 1777	2	17
Ezekiel, s. [Park & Anna], b. May 2, 1762	1	11
Friend, s. Thomas & Bathiah, b. Feb. 6, 1750	2	65
Friend, m. Mary **LOOGING**, May 9, 1771, by Rev. Daniel Brimsmead	1	218
Gideon, s. [Abell & Mary], b. Apr. 8, 1781	2	18
Hannah, d. [Thomas & Bathiah], b. Feb. 10, 1752	2	65
Harley, m. Mary Ann **YOUNG**, b. of Kent, Oct. 3, 1826, by Ensign Bushnell, J. P.	2	144
Isaac, s. [Thomas & Bathiah], b. Jan. 7, 1755	2	65
Jamon, [twin with Jason], s. [Rufus & Polly], b. May 21, 1807	2	243
Jason, [twin with Jamon], s. [Rufus & Polly], b. May 21, 1807	2	243
Jedediah, s. [Joseph & Catharine], b. Feb. 21, 1771	1	116
Jehiel, m. Hannah **EATON**, June 29, 1770, by Cyrus Marsh, J. P.	1	231
Jehiel, s. [Jehiel & Hannah], b. July 27, 1777	1	231
Jesse, s. [Park & Anna], b. Feb. 24, 1770	1	11
Jesse, s. [Samuel & Rebeckah], b. Aug. 6, 1771	1	190
John, m. Sarah **THOMSON**, b. of Kent, Nov. 5, 1746, by Rev. Cyrus Marsh	LR1	14
John, m. Elizabeth **DRINKWATER**, May 7, 1755, by Paul Welch, J. P.	2	106
John, s. [John & Elizabeth], b. Oct. 8, 1758	2	106
John, s. [John & Elizabeth], d. June 1, 1776	2	106
John, d. Oct. 24, 1776	2	106
Joseph, s. [Joseph & Catharine], b. June 16, 1768	1	116
Julas, s. [Park & Anna], b. Jan. 28, 1773	1	11
Lois, d. [Jehiel & Hannah], b. Apr. 5, 1773	1	231
Lucy, d. [John & Elizabeth], b. July 30, 1766	2	106
Liman, s. [John & Elizabeth], b. Apr. 8, 1773	2	106
Mary, d. [Joseph & Catharine], b. May 7, 1762	1	116
Mary, d. [John & Elizabeth], b. May 19, 1776	2	106
Molly, d. [Abell & Mary], b. Nov. 4, 1773	2	18

	Vol.	Page
BEEMAN, BEMAN, (cont.)		
Moses Barnum, [twin with [ ]], s. [Samuel & Rebeckah], b. Dec. 14, 1774	1	190
Nancy, d. [Rufus & Polly], b. Oct. 22, 1804	2	243
Noah, s. [Park & Anna], b. Mar. 13, 1778	1	11
Park*, s. Anna KEENEY, Dec. 15, 1757, by Rev. Noah Waddome *(Clark?)	1	11
Park, s. [Park & Anna], b. Jan. 3, 1765	1	11
Pheebe, d. [Daniel & Lydia], b. Feb. 9, 1753	LR1	9
Pheebe, d. Daniel & Lydia, d. Apr. 2, 1757	LR1	9
Pheebe, d. Joseph & Catharine, b. June 23, 1760	1	116
Pheebe, wid. Thomas, d. Oct. 3, 1777	1	16
Phebe, d. [Daniel & Mary], b. Sept. 12, 1779	2	127
Rachal, d. [John & Elizabeth], b. Mar. 9, 1762	2	106
Rachal, d. [Jehiel & Hannah], b. Dec. 31, 1770	1	231
Rubeen, s. Ebenezer & Rachaill, b. Dec. 14, 1742	LR1	10
Reuben, s. [Friend & Mary], b. Sept. 30, 1771	1	218
Rhoda, d. [Joseph & Catharine], b. Mar. 18, 1764	1	116
Rhoda, d. [Jehiel & Hannah], b. Mar. 18, 1774	1	231
Rufus, s. [Abell & Mary], b. Aug. 7, 1779	2	18
Rufus, m. Polly HUNGERFOD, Aug. 8, 1799, by Rev. Jeremiah Day, of New Preston	2	243
Ruth, d. [Joseph & Catharine], b. Apr. 26, 1766	1	116
Samuel, s. [John & Elizabeth], b. June 3, 1760	2	106
Samuel, m. Rebeckah CHURCH, Feb. 4, 1770, by Rev. Joel Bordwell	1	190
Samuel & Rebeckah, had twin, s. [ ], with Moses Barnum, b. Dec. 14, 1774; d. Dec. 15, 1774	1	190
Sarah, m. Joshua STANTON, Nov. 8, 1774, by Rev. Joel Bardwell	2	228
Sarah, d. [Christopher & Hannah], b. Apr. 22, 1775; d. Jan. 9, 1777	2	17
Sarah, d. [Samuel & Rebeckah], b. Mar. 14, 1776	1	190
Sheldon, s. [Friend & Mary], b. Feb. 5, 1774	1	218
Silas, s. [Park & Anna], b. July 26, 1767	1	11
Silas, [s. Park & Anna], d. May 11, 1778	1	11
Silvanus Alfred, s. [Timothy & Grace], b. Apr. 9, 1783	2	126
Stanley, of Washington, m. Sally Betsey McEWEN, of Kent, June 20, 1830, by Nathan Slosson, J. P.	2	163
Stephen Judson, s. [Timothy & Grace], b. Dec. 29, 1785	2	126
Thankfull, d. [John & Elizabeth], b. May 16, 1771	2	106
Thomas, s. Daniel & Lydia, b. Aug. 13, 1749	LR1	9
Thomas, d. Nov. 16, 1750	LR1	14
Timothy, s. [Daniel & Lydia], b. Mar. 20, 1751	LR1	9
Timothy, m. Grace BLISS, Feb. 26, 1778, by Daniel Lee, J. P.	2	126
Tracy, s. [Thomas & Bathiah], b. May 20, 1762	22	65
Truman, s. Park & Anna, b. May 4, 1760	1	11
Urania, d. [Timothy & Grace], b. Apr. 1, 1781	2	126

	Vol.	Page
BEEMAN, BEMAN, (cont.)		
William. s. [John & Elizabeth], b. May 3, 1756	2	106
Zelpha, d. [John & Elizabeth], b. Mar. 23, 1768	2	106
Zilpha, [d. John & Elizabeth], d. May 24, 1770	2	106
BELDING, Lydia, of Hatfield, m. Samuell **SKEEL,** of Kent, Sept. 7, 1748, by Rev. Timothy Woodbridge	LR1	15
[BEMIS], BEAMISS, BEEMUS, Esther, of New Milford, m. Alpheas **HALL,** of Kent, Feb. 22, 1844, by Epaphras B. Goodsell, J. P.	1	73
Rufus, m. Betsey **HALLOCK,** b. of Kent, Aug. 5, 1827, by Alpheas Fuller, J. P.	2	69
BENEDICT, Abel, of Sharon, m. Emeline **NODINE,** of Kent, Sept. 5, 1844, by Rev. Aaron Hunt, Jr.	2	161
Albert, m. Sabra **HALLOCK,** b. of New Milford, Mar. 18, 1832, by Alpheas Fuller, J. P.	2	219
Amanda, m. Curtis **HALLOCK,** b. of Kent, May 16, 1824, by Alpheas Fuller, J. P.	2	64
Benjamin, s. [John & Chloe], b. Aug. 2, 1790	2	66
Burris, m. Ann Melessa **SHELDON,** b. of Kent, Nov. 29, 1834, by Alpheus Fuller, J. P.	1	55
David, s. [John & Lucy], b. Feb. 5, 1759	2	13
David, s. [John & Lucy], d. Nov. 25, 1768	2	13
Delila, d. [John & Chloe], b. Jan. 19, 1799	2	66
Delight, m. Chauncey **MALLORY,** Dec. 21, 1820, by Rev. C. A. Bordman	2	59
Eliza A., of Kent, m. George L. **PAGE,** of Canaan, Jan. 11, 1854, by Rev. A. B. Pulling	3	20
George, m. Mary J. **EVITTS,** b. of Kent, May 15, 1850, by Rev. A. N. Benedict	3	10
German, s. [John & Chloe], b. Feb. 7, 1806	2	66
Grandison, s. [John & Chloe], b. Feb. 11, 1804	2	66
Harriet, m. Ralph **HOWLAND,** Dec. 5, 1839, by Rev. William W. Andrews	2	205
John, m. Chloe **GOYARY,** Dec. 17, 1788, by Jethro Hatch	2	66
John, Jr., s. [John & Chloe], b. June 5, 1795	2	66
John, m. Jerusha **CHAMBERLAIN,** Apr. 23, [1825]	2	1
John, 2nd, m. Jerusha **CHAMBERLAIN,** Apr. 23, 1825, by L. P. Hickox	2	73
Luce, m. Israel **NOBLE,** Jan. 7, 1761	1	68
Maria, d. [John & Chloe], b. Jan. 26, 1797	2	66
Maria, of Kent, m. James P. **CRAWFORD,** of Berkshire, O., Oct. 23, 1827, by Rev. C. A. Bordman, of New Preston	2	177
Marinna, d. John & Lucy, b. June 13, 1752	2	13
Marianna, d. [John & Lucy], d. Dec. 4, 1768	2	13
Polly, m. Chancey **JENNY,** Dec. 2, 1838, by J. Fry	2	66
Rachal, d. [John & Lucy], b. Dec. 17, 1755	2	13
Rachal, d. Sept. 3, 1783	2	49
Risby, s. [John & Chloe], b. Nov. 23, 1810	2	66

	Vol.	Page
BENEDICT, (cont.)		
Sally, m. David **WILLIAMS**, July 16, 1820, by Nathaniel P. Perry, J. P.	2	41
Sarah J., of Kent, m. Ezra **BARNUM**, of Alford, Mass., Dec. 15, 1852, by Rev. James Caldwell	3	15
Sherman, m. Laura **NOBLES**, b. of Kent, Oct. 2, [1840], by B. B. Parsons	2	253
Stephen, s. [John & Lucy], b. Jan. 28, 1762	2	13
Stephen, s. [John & Lucy], b. Dec. 1, 1768	2	13
Stephen, s. [John & Chloe], b. July 18, 1792	2	66
BENNETT, BENNET, BENIT, BENITT, Diana, of Kent, m. Alanson S. **CALKINS**, of Sharon, Dec. 17, 1847, by Rev. Ira Morgan	3	3
Elijah, m. Hannah **WOODWARD**, Dec. 25, 1769, by Rev. Joel Bordwell	1	200
Eliza, of Kent, m. Horace **CROSBY**, of Dover, Dutchess Cty., N. Y., now residing in Kent, Dec. 24, 1823, by Nathan Slosson, J. P.	2	56
Eliza, m. Augur **BEARDSLEY**, b. of Kent, Oct. 24, 1824, by Rev. C. A. Bordman	2	103
Ephraim, m. Loisa **CHURCH**, June 25, 1826, by John Mills, J. P.	2	166
Hannah, of Kent, m. Joel **FRINK**, of Sharon, Oct. 16, 1820, by John Mills, J. P.	2	47
James, m. Phebe **BULL**, Nov. 21, 1839, by Rev. William W. Andrews	2	205
Joanna Woodward, d. [Elijah & Hannah], b. Aug. 22, 1770	1	200
John, m. Judeth **GREGORY**, July 27, 1824, by John Mills, J. P.	2	95
Sarah, m. Howard **FULLER**, Apr. 25, 1771, by Daniel Lee, J. P.	2	12
Stephen, of Sherman, m. Elvira Ann **SHELDON**, of Kent, June 6, 1830, by Alpheas Fuller, J. P.	2	188
William, m. Sally **BROWNSON**, Dec. 20, 1830, by Birdsey Beardsle, J. P.	2	252
BENSON, John Franklin, m. Lucy **LEE**, Jan. 6, 1824, by Zachariah Winegar, J. P.	2	88
Lucy, m. Newton **DUTCHER**, b. of Kent, Mar. 18, 1850, by Rev. Jno Greenwood	3	8-9
Rebecca, m. Hiram **HINMAN**, Dec. 5, 1826, by [ ]	2	132
BENTLEY, Abia, d. James & Eunice, b. Apr. 3, 1766	1	230
Benjamin, s. Green & Dinah, b. Sept. 24, 1771	1	66
Helena, d. [James & Eunice,], b. Nov. 22, 1770	1	230
Horad, d. [Green & Dinah], b. Jan. 2, 1774	1	66
Laton, s. [Benjamin & Deborah], b. Sept. 10, 1775	2	30
Lucy, d. [James & Eunice], b. Mar. 22, 1768	1	230
Marcy, m. Joshua **FITCH**, Feb. 15, 1770, by Rev. Joel Bordwell	1	213

	Vol.	Page
BENTLEY, (cont.)		
Mary, d. John & Marcy, b. Feb. 9, 1752	1	22
Mary, Mrs., d. Apr. 19, 1799, in the 97th y. of her age	2	30
Richard, m. Bettey **HOLMES,** Oct. 15, 1764, by Rev. Silvenus Osborn	1	136
Thomas, s. Benjamin & Deborah, b. June 29, 1773	2	30
BENTON, Ann, d. Jehiel & Sarah, b. July 23, 1747	LR1	14
Ann, m. Benjamin **THOMAS,** Aug. 5, 1773, by Ephraim Hubbell, Jr. J. P.	2	68
Jehiel, Capt., d. Oct. 30, 1789, in the 79th y. of his age	2	49
BERRY, BERREY, Abijah, s. [Nathaniel & Hannah], b. Jan. 4, 1768	1	41
Abijah, m. Deadema **BEARDSLEY,** Jan. 9, 1799, by Jethro Hatch	2	116
Alma, d. [Hosea & Clarinda], b. May 30, 1808	2	165
Alonzo, s. [Barnabus & Presinda], b. May 7, 1786	2	150
Anna, d. [Ebenezer & Ruth], b. Nov. 17, 1786	1	150
Anne, m. Ebenezer **MAN,** Jan. 4, 1759, by Timothy Hatch, J. P.	1	133
Atwater, s. [Hosea & Clarinda], b. Nov. 23, 1820	2	165
Barnabus, s. Nathaniell & Rebeckah, b. May 18, 1741; d. July 30, 1741	LR1	3
Barnabus, s. Nathaniel & Hannah, b. July 13, 1760	1	41
Barnabus, m. Presinda **SWIFT,** June 14, 1781, by Rev. Joel Bordwell	2	150
Betsey, m. Asa **HALL,** Apr. 6, 1800, by Julius Caswell, J. P.	2	168
Betty, d. [Ebenezer, & Ruth], b. May 29, 1780	1	150
Caroline, d. [Abijah & Deadema], b. June 4, 1800	2	116
Caroline, m. David **COMSTOCK,** Jr., b. of Kent, Dec. 31, 1822, by Rev. Joel Osborn, of Amenia	2	249
Charlotte, d. [Kellogg & Polly], b. Aug. 15, 1793	2	223
Clarinda, d. [Hosea & Clarinda], b. July 17, 1813; d. July 19, 1813	2	165
Clarinda, d. [Hosea & Clarinda, b. Dec. 22, 1816	2	165
Content, d. [Joseph & Lois], b. Apr.. 17, 1761	1	25
Content, m. Moses **EATON,** June 1, 1780, by Rev. Joel Bordwell	2	146*
Cyrus, s. [Nathaniel & Rebeckah], b. Feb. 22, 1744/5	LR1	3
Cyrus, s. Joseph & Lois, b. Dec. 30, 1758	1	25
Dimmis, d. [Nathaniel & Hannah], b. Apr. 15, 1764	1	41
Dwight J., of Malone, N. Y., m. Carandana M. **SMITH,** of Kent, Mar. 29, 1853, by Rev. James Caldwell	3	18-19
Ebenezer, s. Nath[anie]ll & Rebeckah, b. Feb. 12, 1739	LR1	3
Ebenezer, m. Ruth **PECK,** Dec. 27, 1764, by Rev. Joel Bordwell	1	150
Ebenezer, s. [Ebenezer & Ruth], b. July 21, 1773	1	150
Ebenezer, s. [Hosea & Clarinda], b. Aug. 28, 1814	2	165
Eliza, d. [Kellogg & Polly], b. Mar. 23, 1796	2	223

	Vol.	Page
BERRY, BERREY, (cont.)		
Elizabeth, m. Elias **CHURCH**, July 27, 1752, by Timothy Hatch, J. P.	LR1	16
Hanah, d. Jonathan & Hannah, b. Oct. 20, 1752	LR1	5
Hannah, w. Jonathan, d. Oct. 24, 1752	LR1	5
Hannah, d. [Ebenezer & Ruth], b. May 1, 1771	1	150
Hannah, m. Thaddeus **JUEL**, May 2, 1771, by Rev. Joel Bordwell	2	55
Hannah, had s. Armin Berry **SWIFT**, b. Dec. 1, 1790	2	217*
Hannah, m. Anson Pope **SWIFT**, July 23, 1792, by Jedidiah Hubbell, J. P.	2	217*
Heman, s. [Nathaniel & Hannah], b. Jan. 31, 1770	1	41
Hosea, s. [Ebenezer & Ruth], b. Oct. 23, 1777	1	150
Hosea, m. Clarinda **SLADE**, Apr. 10, 1804, by Rev. Joel Bordwell	2	165
Jehiel, s. [Ebenezer & Ruth], b. Apr. 4, 1769	1	150
Jehiel, s. Ebenezer & Dimmis, b. Apr. 20, 1803	2	140
Jirah Swift, s. [Barnabus & Presinda], b. Apr. 28, 1784	2	150
John, s. Joseph & Lois, b. May 6, 1756	LR1	13
John, m. Thankfull **EATON**, June 1, 1780, by Rev. Joel Bordwell	2	148*
John C., s. [Abijah & Deadema], b. Aug. 26, 1806	2	116
Jonathan, m. Hannah **FULLER**, b. of Kent, Jan. 3, 1751, by Timothy Hatch, J. P.	LR1	5
Jonathan, s. [Nathaniel & Hannah], b. May 22, 1762	1	41
Jonathan, s. [Barnabus & Presinda], b. June 15, 1782	2	150
Joseph, m. Lois **JEWATT**, b. of Kent, Oct. 31, 1752, by Timothy Hatch, J. P.	LR1	13
Joseph, s. [Ebenezer & Ruth], b. Oct. 31, 1775	1	150
Kellogg, s. [Joseph & Lois], b. Sept. 24, 1763	1	25
Kellogg, m. Polly **CONROY**, Mar. 27, 1771, by Rev. Joel Bardwell	2	223
Kellogg & Polly, had d. [ ], s.b. Apr. 5, 1792	2	223
Lemuell, s. Joseph & Lois, b. Jan. 10, 1754	LR1	13
Lodema, d. [Nathaniel & Hannah], b. Mar. 7, 1772	1	41
Lucy, d. [Kellogg & Polly], b. Oct. 12, 1804	2	223
Malinda, d. [John & Thankfull], b. May 6, 1781	2	148*
Mary, d. [Kellogg & Polly], b. May 25, 1801	2	223
Mary Ann, d. [Hosea & Clarinda], b. Mar. 7, 1805	2	165
Melinda, m. James **STUART**, Jr., Sept. 1, 1803, by Rev. Joel Bardwell	2	242
Mercy, d. [Ebenezer & Ruth], b. Mar. 26, 1767	1	150
Miles, s. [Hosea & Clarinda], b. Nov. 4, 1809	2	165
Nathaniel, m. Hannah **CASSELL**, Aug. 3, 1759, by Rev. Joel Bordwell	1	41
Nathaniel, s. [Nathaniel & Hannah], b. Oct. 2, 1765	1	41
Patty, m. Ralph **PRATT**, Sept. 27, 1827, by Rev. L. P. Hickox	2	225
Patty Wells, d. [Abijah & Deadema], b. Jan. 29, 1804	2	116

	Vol.	Page

BERRY, BERREY, (cont.)
    Philo, s. [Nathaniel & Hannah], b. Apr. 4, 1774 — 1 — 41
    Precinda, d. [Ebenezer & Ruth], b. Oct. 2, 1790 — 1 — 150
    Rebeckah, d. [Ebenezer & Ruth], b. Sept. 26, 1763*
        *(Probably "1765") — 1 — 150
    Rufus, s. [Ebenezer & Ruth], b. July 10, 1782 — 1 — 150
    Ruth, d. [Ebenezer & Ruth], b. June 10, 1784 — 1 — 150
    Ruth Ann, d. [Hosea & Clarinda], b. Dec. 4, 1806 — 2 — 165
    Sarah, d. Nathaniel & Rebeckah, b. Oct. 5, 1742 — LR1 — 3
    Sarah, m. James **STUART**, Jr., Sept. 20, 1764, by Rev. Joel
        Bardwell — 1 — 129
    Sarah, d. [Joseph & Lois], b. June 2, 1766 — 1 — 25
    Sheldon, s. [Kellogg & Polly], b. Dec. 22, 1798 — 2 — 223
BILLINGS, John, s. Moses & Martha, b. Jan. 25, 1773 — 2 — 97
    Marcy, d. [Moses & Martha], b. Mar. 2, 1779 — 2 — 97
    Mary, d. [Moses & Martha], b. Aug. 29, 1774 — 2 — 97
    Reuben, s. [Moses & Martha], b. Sept. 4, 1776 — 2 — 97
BILLS, Butler, m. Alice **BARTON**, Sept. 17, 1837, by Hiram
    Converse, J. P. — 2 — 154
    Sophia, m. Solomon **CHONUM**(?), Jan. 12, 1834, by John
        Mills, J. P. — 2 — 95
BIRD, Amos, m. Hannah **SWIFT**, Feb. 10, 1770, by Joel Bardwell — 2 — 200
    Dorcas, d. [Amos & Hannah], b. Nov. 10, 1771 — 2 — 200
BLACK, David, of Kent, m. Mary **CARBY**, of Sharon, Feb. 6,
    1827, by John Mills, J. P. — 2 — 182
BLACKMAN, BLACKMER, Abigail, d. [Zachariah & Alice], b.
    Aug. 23, 1783 — 2 — 168
    Joseph, s. Joseph & Mary, b. Oct. 2, 1767 — 1 — 172
    Philetus, s. [Zachariah & Alice], b. May 8, 1785 — 2 — 168
    Robert Ransom, s. [Zachariah & Alice], b. July [ ], 1787 — 2 — 168
    Zachariah, m. Alice **SWIFT**, June 15, 1782, by Rev. Joel
        Bordwell — 2 — 168
BLACKNEY, Freeman, m. Sarah **STURTEVANT**, May 17, 1806,
    by Julius Caswell, J. P. — 2 — 70
    Maria D., of Kent, m. Philander R. **JARVIS**, of New Milford,
        Feb. 27, 1832, by Rev. R. B. Campfield, of New Preston — 2 — 253
BLISS, Bradley, s. [John & Bettey], b. Sept. 10, 1788 — 1 — 139
    Cloe, d. [Gillum & Martha], b. Aug. 11, 1776 — 2 — 153
    Constant, m. Elizabeth **PALMER**, Nov. 19, 1767, by Rev.
        Silvanus Osborn — 1 — 170
    Cushman, s. [John & Bettey], b. Dec. 26, 1778 — 1 — 139
    Deborah, d. [Gillum & Martha], b. Aug. 16, 1762 — 2 — 153
    Deborah, m. Samuel **BATES**, Jr., Mar. 25, 1784, by Rev.
        Joel Bordwell — 2 — 175
    Ephraim, s. [John & Bettey], b. Feb. 11, 1776 — 1 — 139
    Gillum, m. Martha **TUTTLE**, May 22, 1761, by Rev. Joel
        Bordwell — 2 — 153
    Grace, d. Silvenus & Sarah, b. July 20, 1755 — LR1 — 15

	Vol.	Page
BLISS, (cont.)		
Grace, d. Silvenus & Sarah, b. July 20, 1755	1	126
Grace, m. Timothy **BEMAN**, Feb. 26, 1778, by Daniel Lee, J. P.	2	126
Hannah, d. John & Jerusha, b. June 9, 1756	LR1	15
Hannah, m. Thomas **FOSTER**, Apr. 6, 1780, by Rev. Peter Starr	2	155
Jehiel, s. [Silvenus & Sarah], b. Jan. 15, 1761	1	126
Jerusha, m. George **THOMSON**, Jr., Mar. 12, 1772, by Daniel Lee., J. P.	2	6
Joanna, d. [John & Bettey], b. Oct. 29, 1765 [sic]	1	139
John, m. Bettey **HOLMES**, Oct. 29, 1765, by Rev. Silvenus Osborn	1	139
John, s. [Gillum & Martha], b. Dec. 1, 1773, at Stratford	2	153
Mary, d. [Silvenus & Sarah], b. Nov. 6, 1757	1	126
Mary, m. Daniel **BEEMAN**, Feb. 23, 1779, by Rev. Peter Starr	2	127
Neriah*, m. Hannah **MALERY**, May 5, 1783, by Rev. Peter Starr *("Neziah"?)	2	166
Neziah*, s. [Silvenus & Sarah], b. Mar. 21, 1765 *("Neriah")	1	126
Numan, s. [Gillum & Martha], b. Mar. 24, 1778	2	153
Philetus, s. [John & Bettey], b. Apr. 25, 1772	1	139
Priscilla, d. [John & Bettey], b. June 27, 1770	1	139
Reufus, s. [John & Bettey], b. Sept. 12, 1768	1	139
Salmon, s. [John & Bettey], b. Aug. 26, 1787	1	139
Sarah, d. [John & Bettey], b. Mar. 26, 1774	1	139
Susannah, d. [Gillum & Martha], b. Sept. 17, 1764, at Fort Edward	2	153
Susannah, m. John **CARTER**, Jr., Mar. 17, 1785, by Rev. Joel Bordwell	2	187
Thankfull, m. Lewis **SWEETLAND**, Sept. 29, 1774, by Rev. Peter Starr	2	56
BLODGETT, James, m. Paulina **UNDERWOOD**, Sept. 14, 1840, by Rev. William W. Andrews	2	205
BOOTH, Daniel, m. Eudecia **THOMPSON**, Sept. 23, 1800, by Julius Caswell, J. P.	2	169
Eleanor, b. July 4, 1778; [m. Roswell **RUST**, s. Levi,]	2	90
Jemima Hall, m. Amos **BARNUM**, Apr. 11, 1744, by Rev. Cyrus Marsh	LR1	12
Lydia, m. Barlet **CHAMBERLAIN**, June 17, 1777, by Rev. Joel Bordwell	2	186
Mabel, m. Ebenezer **BARNUM**, Dec. 3, 1772, by Rev. Ebenezer Niblow	2	48
Rebeckah, m. Levi **RUST**, Apr. 16, 1771, by Rev. Joel Bordwell	1	208
Sarah, m. Nelson L. **WHITE**, July 5, 1836, by W. W. Andrews	2	172
BORDWELL, [see also **BARDWELL**], Betsey, d. [Rev. Joel & Jean], b. June 4, 1782; d. Nov. 15, 1791	1	44

	Vol.	Page
BORDWELL, (cont.)		
Jane, d. [Rev. Joel & Jean], b. Apr. 24, 1773	1	44
Joel, Rev., s. Sam[ue]ll & Martha, b. Oct. 24, 1732	1	44
Joel, Rev., m. Mrs. Jean **MILLS**, Sept. 6, 1759, by Rev. Nathaniel Fuller, of New Milford	1	44
Lavina, d. [Rev. Joel & Jean], b. June 2, 1784	1	44
Martha, d. [Rev. Joel & Jean], b. Aug. 8, 1771	1	44
Mary, d. [Rev. Joel & Jean], b. Dec. 27, 1777	1	44
Mills, s. [Rev. Joel & Jean], b. Sept. 1, 1775	1	44
Samuel, s. [Rev. Joel & Jean], b. Feb. 23, 1780; d. July 19, 1783	1	44
Sarah Day, d. [Rev. Joel & Jean], b. Oct. 8, 1769	1	44
BOSTWICK, Abigail, d. [Zadock & Dorcas], b. Dec. 1, 1763	1	98
Heman, s. [Zadock & Dorcas], b. Dec. 17, 1767	1	98
Major, s. [Zadock & Dorcas], b. Sept. 25, 1765	1	98
Zadock, m. Dorcas **HUNTINGTON**, Sept. 16, 1762, by Jno Hitchcock, J. P.	1	98
BOTHAM, Elizabeth Higgin, m. Elijah **PALMER**, Nov. 18, 1766, by Rev. Silvanus Osborn	1	148
BOTSFORD, Anna, of Kent, m. Joseph **PECK**, of Cornwall, Jan. 15, 1824, by Rev. Lawrence P. Hallock	2	228
David, m. Esther **COMSTOCK**, Apr. 22, 1784, by Rev. Joel Bordwell	2	230
David, m. Sally **COMSTOCK**, b. of Kent, Mar. 17, 1833, by Nathan Slosson, J. P.	2	230
Julia, d. [David & Esther], b. Nov. 24, 1785	2	230
Polly, d. [David & Esther], b. May 9, 1791	2	230
Sophia, d. [David & Esther], b. Apr. 18, 1787	2	230
Sophia, m. Philo **FULLER**, Nov. 23, 1806, by Rev. Mr. Stone, of Cornwall	2	238
BRADLEY, [see also **BRADSEY**], David, m. Lidea **SMITH**, Nov. 26, 1778, by Jedidiah Hubbell, J. P.	2	125
David, s. [David & Lidea], b. Nov. 31, 1782	2	125
Mary Ann, m. Simeon **STAUNTON**, Nov. 4, 1828, by Birdseye Beardsley	2	30
Minerva, m. Elijah **DEWEY**, Nov. 14, 1830, by Rev. Eldred J. Fry	2	248
Rhoda, m. Henry **ROOTS**, Nov. 14, 1830, by Rev. Eldred J. Fry	2	248
Smith, s. [David & Lidea], b. Mar. 18, 1782	2	125
Truman, m. Julia **HILSON**, Mar. 24, 1846, by Rev. William W. Andrews	2	122
Zachariah, s. [David & Lidea], b. Apr. 24, 1780	2	125
BRADSEY, [see also **BRADLEY**], Polly M., m. Orange **WEDGE**, Aug. 22, 1839, by Henderson Benedict	2	45
BRADSHAW, Hannah, m. Thomas **MOREY**, Jr., Apr. 6, 1798	2	89
BRANCH, Temperance, d. Zephaniah & Sarah, b. May 3, 1756; m. John **BARLOW**, Jan. 25, 1773, by Rev. Jeremiah Day	2	244-5

	Vol.	Page
BRAY, Charles A., of Fair Haven, m. Evaline M. **THAYER**, of Kent, Nov. 28, 1850, by Rev. John Reynolds	3	11-12
BRISTER*, Caleb, m. Parmelia **CALKINS**, Dec. 25, 1826, by Birdsey Beardsley, J. P. *(Arnold copy says, "**BRITON**")	2	180
BRISTOLL, Henry, m. Pataline **HALL**, Nov. 10, 1836, by W. W. Andrews	2	191
BRITTON, BRITON, Caleb, see Caleb **BRISTER**	2	180
Caleb, m. Parmelia **CALKINS**, Dec. 25, 1826, by Birdsey Beardsley, J. P.	2	180
Hiram, of Beekman, Dutchess Cty., N. Y., m. Mariett **MANN**, of Kent, Jan. 3, 1836, by Alpheas Fuller, J. P.	2	26
William A., m. Mary A. **ADAMS**, July 16, 1844, by Rev. William W. Andrews	2	122
BROWN, Abiadah, s. [Stephen & Prusha], b. July 28, 1764	1	37
Absolane, s. [Nathaniel & Easther], b. Oct. 21, 1759	1	44
Ann, m. Hosea **HALL**, b. of Kent, Nov. 4, 1823, by Nathan Slosson, J. P.	2	112
Ann, m. Harmon **BARNUM**, June 19, 1836, by Jeremiah Fry	2	75
Annah, m. John **WEDGE**, Jan. 26, 1768, by Daniel Lee, J. P.	1	198
Anson, m. Mella Ann **MONROE**, Nov. 25, 1838, by W. W. Andrews	2	170
Arvin, s. [Nathaniel & Hannah], b. Jan. 20, 1795	2	163
Charles Grandison, s. [George & Eleanor], b. Sept. 17, 1797	2	164
Chester, s. [George & Eleanor], b. July 7, 1800	2	164
Eliza, m. Horace B. **YOUNG**, Dec. 19, 1824, by Lewis Mills, J. P.	2	150
Elizabeth, d. [Benjamin & Patta], b. Aug. 18, 1774	2	70
Esther, m. Silas **ALGAR**, Dec. 11, 1766, by Rev. Silvenus Osborn	1	153
Easther, w. Nathaniel, d. Dec. 10, 1775	1	44
George, s. [Benjamin & Patta], b. Dec. 13, 1768	2	70
George, m. Eleanor **STUART**, Dec. 20, 1796, by Rev. Joel Bordwell	2	164
George, s. [William & Dicy], b. June 19, 1803	2	64
George, m. Mary **OGDEN**, Dec. 19, 1836, by Rev. F.Donelley	2	75
Heman, s. Nathaniel & Easther, b. Feb. 14, 1757	1	44
Hiram, m. Almira **DOUGLASS**, Sept. 18, 1826, by L. P. Hickox	2	171
Jonathan, s. Joseph & Judeth, b. June 4, 1772	1	228
Josiah, m. Mary **WHITE**, Oct. 29, 1767, by Rev. Silvenus Osborn	1	164
Lydia, m. Joel **LEE**, Feb. 22, 1763, by Daniel Lee, J. P.	1	113
Margaret, d. [Benjamin & Patta], b. Sept. 29, 1783	2	70
Maria, m. Herman **BARNUM**, b. of Kent, Aug. 1, 1827, by Rev. C. A. Bordman, of New Preston	2	181
Mary, d. [Benjamin & Patta], b. Oct. 29, 1780	2	70

	Vol.	Page
BROWN, (cont.)		
Nathaniel, s. [Nathaniel & Easther], b. Apr. 7, 1765	1	44
Nathaniel, s. Benjamin & Patta, b. Aug. 18, 1766	2	70
Nathaniel, m. Hannah DUNHAM, Mar. 3, 1794, by J. Hubbell	2	163
Patty, d. [Benjamin & Patta], b. Aug. 29, 1777	2	70
Polly, of Amenia, m. Elias M. DAVY, of Kent, Dec. 14, 1828, by Rev. L. P. Hickox	2	25
Sally, of Kent, m. John BALDWIN, of Sharon, Mar. 23, 1823, by Nathan Slosson, J. P.	2	146
Sarah A., m. Buel CARTER, Apr. 29, 1849, by Rev. W. W. Andrews	3	5
Tryphena, d. [Stephen & Prusha], b. July 24, 1766	1	37
William, s. [Josiah & Mary], b. Oct. 9, 1770	1	164
William, s. [Benjamin & Patta], b. Aug. 12, 1771	2	70
William, m. Dicy SCOTT, May 29, 1802, by Rev. Daniel Porter	2	64
Zadock, s. Stephen & Prusha,b. July 8, 1759	1	37
[BRUNSON], BROWNSON, BROUNSON, BRUNTSON, BRONSON, Alfred, s. [Asahel & Remember Marcy], b. June 13, 1778	1	40
Asahel, m. Remeber Mercy STURTEVANT, Dec. 7, 1757, by John Ransom, J. P.	LR1	9
Bela, d. Oct. 17, 1759, in the 27th y. of his age	1	40
Bela, s. Asahel & Remember Marcy, b. Jan. 30, 1760; d. Jan. 1, 1761	1	40
Benjamin, d. June 22, 1753, in the 46th y. of his age	LR1	4
Benjamin, s. Asahel & Remember Mercy, b. Aug. 24, 1758	LR1	9
Betsey, d. [Levi, Jr. & Mary], b. June 4, 1787	2	202
Clark, s. [Levi, Jr. & Mary], b. Apr. 23, 1789	2	202
Cynthia, d. [Silas & Sally], b. Apr. 20, 1796	2	192
Daniel, m. Elizabeth PRASTON, Feb. 16, 1767, by Timothy Hatch, J. P.	1	39
Daniel, s. Jabez & Hannah, b. Nov. 13, 1757	1	221
David, s. [Levi, Jr. & Mary], b. Aug. 6, 1783	2	202
Hannah, d. [Jabez & Hannah], b. Mar. 18, 1774	1	221
Hannah, d [Silas & Sally], b. Feb. 18, 1788	2	192
Hannah, m. George MORGAN, b. of Kent, Nov. 27, 1832, by Elder Daniel Baldwin, of New Milford	2	252
Hannah D., m. Charles SMITH, Oct. 18, 1830, by Birdsey Beardsley, J. P.	2	223
Israel, m. Anna HILL, Nov. 21, 1822, by Rev. C. A. Bordman	2	32
Jabez, s. [Jabez & Hannah], b. Oct. 13, 1770	1	221
James, s. [Levi, Jr. & Mary], b. June 22, 1785	2	202
Joanna, d. [Jabez & Hannah], b. Aug. 16, 1766	1	221
John Bentley, s. [Jabez & Hannah], b. Dec. 3, 1761	1	221
Josiah, s. [Silas & Sally], b. Jan. 23, 1785	2	192
Levi, m. Abigail HENDERSON, Aug. 25, 1757, by Timothy Hatch. J. P.	1	82

	Vol.	Page
[BRUNSON], BROWNSON, BROUNSON, BRUNTSON, BRONSON, (cont.)		
Levi, s. [Levi & Abigail], b. Oct. 10, 1760	1	82
Levi, Jr., m. Mary RENOLDS, Mar. 23, 1783, by Rev. Noah Wadman	2	202
Lewis, s. [Jabez & Hannah], b. June 1, 1777	1	221
Lyman, s. [Jabez & Hannah], b. June 1, 1768	1	221
Marillo, d. [William & Bettey], b. Aug. 31, 1792	2	213
Martha, m. Asa PHELPS, Feb. 17, 1761, by Rev. Silvanus Osborn	1	119
Martha, wid. Benjamin, d. June 26, 1775, in the 73rd y. of her age	2	79
Mary, w. Daniel, d. Aug. 17, 1755	1	39
Mary, d. [Jabez & Hannah], b. Sept. 26, 1759	1	221
Mary, d. [Asahel & Remember Marcy], b. Nov. 26, 1761	1	40
Mary, m. Ebenezer HILLS, Jr., Dec. [ ], 1780, by Rev. [ ] Leavensworth	2	165
Mary, m. Ezbon HUBBELL, Mar. 31, 1797, by Rev. Peter Starr	2	238
Mary E., of Kent, m. Norman ROUSE, of Cornwall, Nov. 17, 1824, by Rev. C. A. Bordman, of New Preston	2	129
Miles, s. [Silas & Sally], b. Dec. 20, 1793	2	192
Peleg, s. [Asahel & Remember Marcy], b. Sept. 28, 1764	1	40
Phebe, m. Moses PALMER, [ ] 4, 1753, by Rev. Cyrus Marsh	LR1	1
Phebe, m. Moses PALMER, Jan. 4, 1753, by Rev. Cyrus Marsh	1	73
Polly, d. [William & Bettey], b. June 12, 1790	2	213
Reuben, s. [Jabez & Hannah], b. July 31, 1764	1	221
Sally, m. William BENNETT, Dec. 20, 1830, by Birdsey Beardsley, J. P.	2	252
Salmon, s. [Silas & Sally], b. Oct. 9, 1782	2	192
Sarah, d. [Silas & Sally], b. Oct. 20, 1791	2	192
Silas, s. [Levi & Abigail], b. Feb. 15, 1758	1	82
Silas, m. Sally TYLER, Sept. 6, 1782, by [ ] Nash, J. P.	2	192
Solomon, s. [Asahel & Remember Marcy], b. May 4, 1767	1	40
Will[ia]m, s. [Levi & Abigail], b. Apr. 7, 1759	1	82
William, m. Bettey CAMBELL, Nov. 15, 1789, by Rev. Isaac Roots	2	213
BUCKINGHAM, Orin Gilbert, of Great Bend, Pa., m. Hannah Dexter SWIFT, of Kent, Mar. 8, 1853, by Rev. Ezra Jones	3	18-19
BUELL, BUEL, [see also BULL], Elizabeth, m. Eleazer CARTER, Dec. 26, 1765, by Daniel Lee, J. P.	1	174
Frederick, s. [Ozias & Abigail], b. Nov. 9, 1792	2	216
Harriet, d. [Ozias & Abigail], b. Apr. 29, 1794	2	216
Marther, m. Samuel CARTER, May 14, 1759, by Rev. Salvanus Osborn	1	34

	Vol.	Page

BUELL, BUEL, (cont.)

	Vol.	Page
Ozias, m. Abigail **CATLING**, Jan. 28, 1792, by Judah Champion, Pastor	2	216
Timothy, s. Timothy & Marcy, b. June 28, 1760	1	85

BULL, [see also **BUEL**], Adaline A., m. Frederick D. **HOWLAND**,

	Vol.	Page
b. of Kent, Feb. 11, 1851, by Rev. Benjamin Redford	3	11-12
Betsey, d. [Jacob & Mary], b. Nov. 20, 1768	2	29
Frederick L., m. Emeline **CHAMBERLAIN**, June 17, 1846, by Rev. William W. Andrews	2	122
Henrietta M., of Kent, m. Miles **STUART**, of Sherman, Apr. 2, 1851, by Rev. Benjamin Redford	3	13-14
Isaac, s. [Jacob & Mary], b. Nov. 28, 1771	2	29
Jacob, m. Mercy **WASHBURN**, Nov. 17, 1762	1	172
Jacob, m. Mary **WASHBURN**, Nov. 17, 1762, by John Ransom, J. P.	2	29
Jacob & Mary, had 2nd child [ ], b. Apr. 23, 1765; d. same day	2	29
Jacob & Mary, had 3rd child [ ], b. Apr. 26, 1766; d. same day	2	29
Jacob & Mary, had 6th child [ ], b. Feb. 2, 1769; d. same day	2	29
Jacob & Mary, had 7th child [ ], b. Dec. 5, 1769; d. same day	2	29
Jacob, s. [Jacob & Mary], b. June 13, 1772	2	29
Jacob & Mary, had 10th child [ ], b. Aug. 3, 1773; d. same day	2	29
Jemima, d. [Jacob & Mary], b. Mar. 1767	2	29
Mary, m. William **HENREYS**, Sept. 15, 1774, by Ephraim Hubbell, J. P.	2	117
Phebe, m. James **BENNET**, Nov. 21, 1839, by Rev. William W. Andrews	2	205
Ruth, d. [Jacob & Mary], b. Feb. 18, 1763	2	29
Ruth, d. [Jacob & Mercy], b. Feb. 18, 1773	1	172
Ruth, m. Aaron **CASE**, Mar. 27, 1783, by Rev. Joel Bordwell	2	195
Sarah T., m. Reuben **EATON**, May 19, 1845, by Rev. William W. Andrews	2	122

BUMP, Heman, of Dutchess Cty., N. Y., m. Harriet **LAINE**, of

	Vol.	Page
Kent, Nov. 20, 1831, by Alpheas Fuller, J. P.	2	250

BUNCE, Isaiah, m. Damarias **MACK**, Aug. 13, 1765, by Rev.

	Vol.	Page
Silvanus Osborn	1	140

BURGESS, Shardrac, of Baltimore, m. Catharine **ANTHONY**, of

	Vol.	Page
Kent, Sept. 30, 1827, by John Mills, J. P.	2	227

BURROUGHS, Ebben H., m. Adaline **DAVIS**, Feb. 10, 1840, by

	Vol.	Page
Rev. Jeremiah Fry	2	145
John M., m. Mary S. **SOULE**, Sept. 2, 1832, by Rev. Sam[ue]l Cochran	2	148
Joseph B., m. Anna **YOUNG**, Sept. 24, 1837, by Jeremiah Kent	2	154

	Vol.	Page
BURROUGHS, (cont.)		
Samuel M., s. [Simon & Alice], b. May 29, 1802	2	76
Samuel M., m. Sally **POTTER**, Apr. 27, [1825]	2	1
Samuel M., m. Sally **PATTEN**, Apr. 27, [1825], by L. P. Hickox	2	73
Simon, m. Alice **MILLER**, Sept. 14, 1801, by Rev. Joel Bordwell	2	76
BURTON, Albert S., of St. Albans, Vt., m. Prudence H. **BEARDSLEY**, of Kent, July 13, 1834, by Rev. [ ] Jelliff	2	254
BUTLER, Asa, m. Phebe **YOUNG**, b. of Kent, Feb. 4, 1827, by Nathan Slosson, J. P.	2	196
BUTTS, Fanny, m. Henry **SHAW**, b. of Kent, Feb. 12, 1851, by Rev. John Greenwood	3	11-12
CAHOON, CAHOONE, Dimis, had s. Henry **WINEGAR**, b. June 12, 1782; f. Henry **WINEGAR**, Jr.	2	178
Dimis, m. Henry **WINEGAR**, Jr., Feb. 26, 1785, by Jedidiah Hubbell, J. P.	2	178
Elizabeth, m. Richard **LANE**, June 16, 1765, by Rev. Joel Bordwell	1	207
Jerusha, d. [Nathaniel & Abia], b. Sept. 20, 1775	2	89
Lydia, d. Apr. 3, 1766	1	145
Nathaniel, m. Abia **STUART**, Dec. 29, 1774, by Zachariah Winegar, J. P.	2	89
CALDWELL, Allen, m. Phebe **THAYER**, Jan. 2, 1842, by Rev. William W. Andrews	2	122
Betsey, d. James & Esther, b. Mar. 10, 1789	2	221
Betsey, [d. James & Esther], d. May 31, 1791	2	221
Beulah, d. [James & Esther], b. Sept. 18, 1793	2	221
Fidelia, m. Horace **ROBARD**, Dec. 15, 1829, by Birdsey Beardsley, J. P.	2	31
James, s. [James & Esther], b. Mar. 14, 1791	2	221
Julia, m. Lorenzo **MOREHOUSE**, Jan. 15, 1843, by Rev. William W. Andrews	2	122
Lavinia, m. Dr. [ ] **SMITH**, b. of Kent, Nov. 9, 1825, by Rev. C. A. Bordman, of New Milford	2	102
Margaret, d. [James & Esther], b. June 9, 1792	2	221
Oby, d. [James & Esther], b. Mar. 12, 1796	2	221
Samuel William, s. [James & Esther], b. Dec. 24, 1794	2	221
CALKINS, Alanson S., of Sharon, m. Diana **BENNET**, of Kent, Dec. 17, 1847, by Rev. Ira Morgan	3	3
Noah T., of West Cornwall, m. Phebe **STONE**, of Kent, Feb. 10, 1850, by Rev. Jno Greenwood	3	8-9
Parmelia, m. Caleb **BRITON**, Dec. 25, 1826, by Birdsey Beardsley, J. P.	2	180
Parmelia, m. Caleb **BRISTER***, Dec. 25, 1826, by Birdsey Beardsley, J. P. *("BRITON")	2	180
CAMP, Abiel, s. [Jonah & Anna], b. July 10, 1771; d. June		

	Vol.	Page
CAMP, (cont.)		
13, 1774	2	83
Chancey, s. Jonah & Anna, b. Apr. 12, 1762	2	83
Edson, m. Almah HURD, Apr. 5, 1836, by W. W. Andrews	2	171
Gould, s. [Jonah & Anna], b. July 4, 1765	2	83
Jonah, s. [Jonah & Anna], b. Aug. 16, 1765; d. July 4, 1772	2	83
Polly, m. Clark WALSH, Sept. 9, 1789, by Rev. Amos Chase	2	199
Riverius, of Sharon, m. Jane A. PERRY, of Kent, Apr. 30, 1834, by Lucius M. Purdy, Pastor	2	253
Sarah Ann, d. [Jonah & Anna], b. July 13, 1776	2	83
CAMPBELL, CAMBELL, Bettey, m. William BROWNSON, Nov. 15, 1789, by Rev. Isaac Roots	2	213
Polly, m. Stephen V. WILBUR, Oct. 16, 1822, by Birdsey Beardsley, J. P.	2	146*
CANFIELD, Abigail, d. Sam[ue]ll & Marah, b. Jan. 3, 1758	LR1	2
Daniel, s. Samuel & Marah, b. Nov. 23, 1756	LR1	2
Joseph, s. Sam[ue]ll & Marah, b. Apr. 17, 1743	LR1	2
Joshua, s. Samuell & Marah, b. Mar. 30, 1747	LR1	2
Sarah, d. [Samuell & Marah], b. June 28, 1745	LR1	2
Thomas, s. Sam[ue]ll & Marah, b. Apr. 7, 1741	LR1	2
CARBY, Mary, of Sharon, m. David BLACK, of Kent, Feb. 6, 1827, by John Mills, J. P.	2	182
CAREY, CARY, [see also CONEY], Abigail, w. Joseph, d. Oct. 29, 1753, in the 30th y. of her age	LR1	12
Abagail, d. Joseph & Elizabeth, b. Sept. 24, 1758	1	12
Daniel, s. [Moses & Lucy], b. Nov. 27, 1770	1	222
Ebenezer Palmer, s. [Moses & Lucy], b. Mar. 9, 1764	1	222
Elijah, s. Joseph & Elizabeth, b. Sept. 30, 1755	1	11
Elijah, see under CONEY, for possible list of children of Elijah & Phebe		
Elizabeth, m. Joseph CAREY, Jan. 16, 1755, by Paul Welch	LR1	11
Joseph, m. Elizabeth CAREY, Jan. 16, 1755, by Paul Welch	LR1	11
Lucy, d. [Moses & Lucy], b. Apr. 4, 1769	1	222
Moses, m. Lucy PALMER, Apr. 22, 1763, by Thomas Davis, Miss.	1	222
Moses, s. [Moses & Lucy], b. Sept. 12, 1765	1	222
Oliver, s. Joseph & Elizabeth, b. Nov. 25, 1756	LR1	11
CARLEY, Thaddeus, m. Rockay MOON*, Mar. 21, 1847, by Philetus Wairgar, J. P. *(MOORE"?)	1	114
CARPENTER, Benjamin, m. Lydia WORDEN, Mar. 28, 1802, by Julius Caswell, J. P.	2	108
CARSON, Robert, of Unionvale, Cty of Dutchess, N. Y., m. Lydia GREGORY, of Kent, July 10, 1842, by William Burdit, J. P.	1	145
CARTER, Aaron, s. [Heman & Marian], b. Aug. 10. 1791	2	204
Abell Curtis. s. [John & Mary], b. June 22, 1769	1	3
Adonijah, [twin with Benajah], s. Thomas, Jr. & Sarah, b. Mar. 29. 1754	LR1	15

	Vol.	Page
CARTER, (cont.)		
Adonijah, [twin with Benajah], s. Thomas, Jr. & Sarah], b. Mar. 29, 1754	1	78
Adonijah, m. Luceney **MUNSON**, Nov. 8, 1780, by Rev. Peter Starr	2	152
Adoniram, m. Cloa **BARNUM**, Oct. 14, 1773, by Rev. Peter Starr	2	39
Adoniram, s. [Benoni & Anne], b. May 9, 1774	1	181
Almine, d. [Ithiel & Lois], b. Dec. 20, 1782	2	174
Anis, d. [Benoni & Anne], b. Aug. 6, 1771	1	181
Athel*, m. Lucy **JUDD**, Aug. 31, 1789, by Rev. Joel Bardwell *("Ethiel"?)	2	239
Barzillar, s. [Joseph & Ruth], b. Oct. 2, 1766	1	4
Bathsheba, d. [Joseph & Ruth], b. Aug. 8, 1770	1	4
Benajah, [twin with Adonijah], s. Thomas, Jr. & Sarah, b. Mar. 29, 1754	LR1	15
Benajah, [twin with Adonijah], s. Thomas, Jr., & Sarah, b. Mar. 29, 1754; d. July 30, 1774	1	78
Benjamin, s. [Samuel & Marther], b. Jan. 8, 1762	1	34
Benoni, m. Anne **COMSTOCK**, May 27, 1768, by Daniel Lee, J. P.	1	181
Berry, s. [Thomas, 3rd & Anna], b. July 28, 1772	1	197
Bethiah, [twin with John], d. [John & Bathiah], b. Dec. 19, 1762	1	3
Bathiah*, w. John, d. Dec. 31, 1762 *("Bethiah")	1	3
Betsey, d. [Israel & Jerusha], b. Apr. 6, 1783	1	110
Braddock, s. Thom[a]s, Jr. & Sarah, b. Dec. 17, 1756	LR1	15
Braddock, s. Thomas, Jr. & Sarah, b. Dec. 17, 1756	1	78
Bradock, m. Martha **STONE**, July 10, 1783	2	180
Buell, s. [Samuel & Marther], b. Mar. 25, 1766	1	34
Buel, m. Sarah A. **BROWN**, Apr. 29, 1849, by Rev. W. W. Andrews	3	5
Bushnal, s. [Adonijah & Luceney], b. Sept. 23, 1781	2	152
Cloe, d. [Israel & Jerusha], b. Nov. 1, 1770	1	110
Christiana, d. [Israel & Jerusha], b. Apr. 12, 1773	1	110
Clarinda, d. [Israel & Jerusha], b. July 9, 1768	1	110
Cyrus, s. Ithiel & Lois, b. Aug. 27, 1781; d. Feb. 20, 1782	2	174
Darius, s. [Samuel & Marther], b. Mar. 24, 1773	1	34
David, s. [Eleazer & Elizabeth], b. May 31, 1768	1	174
Dimis, d. [Benoni & Anne], b. Nov. 25, 1768	1	181
Drapus, s. [Joseph & Ruth], b. July 27, 1773	1	4
Eleazer, m. Elizabeth **BUEL**, Dec. 26, 1765, by Daniel Lee, J. P.	1	174
Eleazer, s. [Eleazer & Elizabeth], b. Apr. 22, 1777	1	174
Elias, s. [Samuel, Jr. & Sarah], b. Dec. 24, 1784	2	157
Elizabeth, d. [Eleazer & Elizabeth], b. Apr. 25, 1771	1	174
Esek, s. [John & Mary], b. Sept. 27, 1773	1	3
Ethel*, s. [Israel & Jerusha], b. Aug. 14, 1766 *(Ethiel"?)	1	110

	Vol.	Page

CARTER, (cont.)
Ethiel, see also Athel

Eunice, d. [Athel & Lucy], b. Mar. 25, 1796	2	239
Frederick, s. Thomas, Jr. & Sarah, b. Dec. 1, 1761	1	78
Guy, s. [Adonijah & Luceney], b. Aug. 26, 1783	2	152
Heman, s. [Israel & Jerusha], b. June 4, 1764	1	110
Heman, m. Marian CASE, Apr. 19, 1786, by Rev. Joel Bardwell	2	204
Heman & Marian, had d. [ ], b. Oct. 16, 1789; d. Dec. 9, 1789	2	204
Hermas, s. [Ithiel & Lois], b. Oct. 5, 1784	2	174
Irrah, s. Joseph & Ruth, b. Oct. 22, 1760	1	4
Ira, [s. Joseph & Ruth], d. June 20, 1782	1	4
Ira, s. [Joseph Jr. & Dorcus], b. Mar. 30, 1783	2	184
Israel, m. Jerusha RUST, Nov. 18, 1762, by Rev. Salvanus Osborn	1	110
Israel, s. [Israel & Jerusha], b. Aug. 29, 1787	1	110
Jerusha, d. [Israel & Jerusha], b. Sept. 14, 1781	1	110
Jerusha, d. [Athel & Lucy], b. Aug. 29, 1792	2	239
Jirah, s. John & Bathiah, b. Apr. 26, 1761	1	3
John, m. Bathiah TIFFANY, b. of Kent, Feb. 7, 1759, by Rev. Silvanus Osborn	1	3
John & Bathiah, had 1st child, s.b. Feb. 17, 1760	1	3
John, [twin with Bethiah], s. [John & Bathiah], b. Dec. 19, 1762	1	3
John, m. Mary CURTIS, Dec. 29, 1763, by Rev. Silvanus Osborn	1	3
John, Jr., m. Susannah BLISS, Mar. 17, 1785, by Rev. Joel Bordwell	2	187
Joseph, m. Ruth CURTISS, Mar. 9, 1758, by Rev. Silvanus Osborn	1	4
Joseph, Jr., s. Joseph & Ruth, b. Nov. 17, 1758	1	4
Joseph, Jr., m. Dorcas MUNSON, Apr. 4, 1782, by Justus Sackett, J. P.	2	184
Joseph, s. Elizabeth RUNNELS, b. July 12, 1792	2	229
Lorenzo, s. [Eleazer & Elizabeth], b. Oct. 6, 1766	1	174
Lucy, d. [Eleazer & Elizabeth], b. Oct. 14, 1770	1	174
Lucy, d. [Heman & Marian], b. June 1, 1787	2	204
Lusannah, d. [Samuel & Marther], b. Aug. 27, 1777; d. Sept. 15, 1777	1	34
Lydia, d. [Samuel & Marther], b. Nov. 28, 1778	1	34
Malinda, d. [John, Jr. & Susannah], b. July 17, 1786	2	187
Marchant Stone, s. [Bradock & Martha], b. Apr. 7, 1785	2	180
Marther, d. [Samuel & Marthar], b. June 6, 1771; d. Jan. 23, 1775	1	34
Marther, d. [Samuel & Marther], b. Mar. 18, 1775	1	34
Mary, d. [John & Mary], b. July 22, 1771	1	3
Mercy, m. Elezur CURTIS, Jr., Feb. 7, 1759, by Rev.		

	Vol.	Page
CARTER, (cont.)		
Silvanus Osborn	1	29
Newton, m. Angeline **KENNEDY,** Jan. 27, 1836, by William W. Andrews	2	171
Orange, s. [Eleazer & Elizabeth], b. Dec 22, 1774	1	174
Orlo, m. [ ] **FORD,** Oct. 23, 1839, by Rev. William W. Andrews	2	205
Orra, d. [Joseph, Jr. & Dorcus], b. Dec. 30, 1784	2	184
Pelideus, s. [Thomas, 3rd & Anna], b. Oct. 4, 1770	1	197
Philo, s. John & Mary, b. Dec. 30, 1764	1	3
Rebeckah, d. [Samuel & Marther], b. May 25, 1764	1	34
Rebecca, m. John **THOMAS,** Nov. 19, 1781, by Rev. Peter Starr	2	162
Relief, d. [Israel & Jerusha], b. May 15, 1776	1	110
Rufus, s. [Thomas, Jr. & Sarah], b. June 17, 1762	1	78
Samuel, m. Marther **BUELL,** May 14, 1759, by Rev. Salvanus Osborn	1	34
Samuel, s. Samuel & Marther, b. Apr. 9, 1760	1	34
Samuel, Jr., m. Sarah **NEWCOMB,** Nov. 29, 1781, by Rev. Peter Starr	2	157
Sarah, d. [Samuel & Marther], b. Oct. 30, 1768	1	34
Solomon, s. [Joseph & Ruth], b. Dec. 7, 1762	1	4
Solomon, s. [John & Mary], b. Nov. 27, 1766	1	3
Thomas, 3rd, m. Anna **HOPKINS,** Jan. 18, 1770, by Rev. Silvanus Osborn	1	197
Thomas, d. Nov. 12, 1772	1	16
CARVER, Adarson, s. [Jonathan & Mary], b. Feb. 22, 1774; d. Sept. 8, 1776	1	175
Bette, d. [Jonathan & Mary], b. Nov. 5, 1778	1	175
Eunice, d. [Jonathan & Mary], b. Aug. 18, 1771	1	175
Jonathan, m. Mary **WALLER,** Nov. 5, 1768, by Rev. Joel Bordwell	1	175
Rebeckah, d. [Jonathan & Mary], b. Sept. 21, 1776	1	175
Samuel, s. [Jonathan & Mary], b. Sept. 28, 1768	1	175
CASE, Aaron, s. [Moses & Phebe], b. Dec. 25, 1761	1	131
Aaron, s. [Moses & Phebe], b. Dec. 25, 176[ ]	2	1
Aaron, m. Ruth **BULL,** Mar. 27, 1783, by Rev. Joel Bordwell	2	195
Amelia, d. Mar. 5, 1790, ae 21 y, 2 d.	2	49
Candace, d. [Moses & Phebe], b. May 8, 17[ ]; d. [ ]	1	131
Candace, d. Moses & Phebe, b. May 8, 1757; d. May 22, 1757	2	1
Candace, d. [Moses & Phebe], b. Jan. 6, 1758	2	1
Candace, 2nd, d. [Moses & Phebe], b. Jan. 6, 1759	1	131
Cornelia, d. [Moses & Phebe], b. Mar. 3, 1769	2	1
Cyrus, s. [Moses, Jr. & Abia], b. Dec. 7, 1773	2	2
Dellana, d. [Moses, Jr. & Abia], b. July 3, 1767	2	2
Edgar V., m. Laura A. **KELLOGG,** Nov. 17, 1842, by Rev. William W. Andrews	2	122
Joseph B., m. Mary L. **ROOTS,** June 12, 1839, by W. W.		

	Vol.	Page
CASE, (cont.)		
Andrews	2	169
Josiah, s. [Aaron & Ruth], b. Sept. 26, 1786	2	195
Merian*, d. [Moses & Phebe], b. July 31, 1766 *(Marian)	2	1
Marian, m. Heman **CARTER**, Apr. 19, 1786, by Rev. Joel Bardwell	2	204
Mary, m. Nathaniel **HATCH**, May 22, 1766, by Rev. Joel Bordwell	1	146
Moses, Jr., m. Abia **SHERMAN**, [ ], 17[ ]	2	2
Moses, Jr., d. Aug. [ ], 1777	2	2
Moses, s. [Aaron & Ruth], b. Mar. 6, 1789	2	195
Patience, d. Moses & Pheebe, b. Dec. 17, 1754	LR1	11
Patience, d. Moses & Phebe, b. Dec. 17, 1754	1	131
Patience, m. Dr. Isaac **SWIFT**, Jan. 3, 1774, by Rev. Peter Starr	2	90
Phebe, w. Moses, d. Feb. 11, 1773	2	1
Phebe, m. Gershom **HOLMES**, May 5, 1774, by Rev. Peter Starr	2	92
Polly, d. [Aaron & Ruth], b. May 18, 1784	2	195
Russell, s. [Moses, Jr. & Abia], b. Feb. 9, 1769	2	2
CASTLE, CASSELL, CASELL, Hannah, m. Nathaniel **BERRY**, Aug. 3, 1759, by Rev. Joel Bordwell	1	41
Marcy, m. Ebenezer **PECK**, Nov. 8, 1743, by Rev. Cyrus Marsh	LR1	6
CASWELL, Anna, d. Dea. Josiah & Abigail, b. Apr. 13, 1752; m. John **BARLOW**, s. Joseph & Phebe, May 27, 1770, by Rev. Jeremiah Day	2	244-5
Daniel J., s. Daniel & Currance **JOHNSON**, b. Jan. 31, 1791; in Feb. 1795, was adopted by Julius **CASWELL**, & w. Amy	2	218*
Harry G., s. Daniel & Currance **JOHNSON**, b. [ ]; was adopted by Julius & Amy **CASWELL**, Sept. 20, 1805	2	218*
Joseph, m. Luna **BANKS**, b. of Kent, Nov. 3, 1833, by Alpheas Fuller, J. P.	2	147*
Julius, m. Amy **AVERILL**, Oct. 28, 1779, by Rev. Jeremiah Day	2	218*
Patty A., d. Solomon & Martha **MURREY**, b. May 4, 1792; was adopted by Julius & Amy **CASWELL**, Oct. 16, 1801	2	218*
Patty A., adopted d. Julius & Amy, d. Jan. 29, 1806, ae 13 y. 8, m. 25 d.	2	218*
CATLIN, CATLING, Abigail, m. Ozias **BUEL**, Jan. 28, 1792, by Rev. Judah Champion	2	216
Anna, b. Sept. 3, 1783; m. Matthias **LAINE**, June 22, 1803	3	4
CHAFFEE, Jerome, m. Aritta **STUART**, Oct. 24, 1839, by Rev. William W. Andrews	2	205
CHAMBERLAIN, CHAMBERLIN, Abihana, d. Celina **COTTON**, Mar. 17, 1781	2	203

KENT VITAL COLLECTION 59

	Vol.	Page
CHAMBERLAIN, CHAMBERLIN, (cont.)		
Ann, m. Willard H. **SKIFF**, Nov. 11, 1838, by W. W. Andrews	2	192
Asabel, s. [Barlet & Lydia], b. Apr. 6, 1782	2	186
Bartlit, s. [Eleazer & Eleanor], b. Dec. 25, 1760	1	23
Barlet, m. Lydia **BOOTH**, June 17, 1777, by Rev. Joel Bordwell	2	186
Benjamin, s. Peleg & Jane, b. Apr. 9, 1759	1	27
Caroline, of Kent, m. Robert **WINEGAR**, of Amenia, Dec. 17, 1821, by Daniel Brayton, Elder. Int. Pub.	2	61
Day, s. [Nathan & Jerusha], b. Dec. 15, 1785	2	119
Day, m. Hannah **SWIFT**, Sept. 28, 1831, by Lewis Mills, J. P.	2	79
Eleazer, m. Eleanor **PRATT**, Mar. 8, 1759, by Rev. Joel Bardwell	1	23
Elisha, s. Peleg & Jane, b. May 13, 1752	1	27
Emeline, m. Frederick L. **BULL**, June 17, 1846, by Rev. William W. Andrews	2	122
Erastus, s. [Eleazer & Eleanor], b. Dec. 15, 1770	1	23
Herman, s. [Nathan & Jerusha], b. Feb. 13, 1791	2	119
Isaac, s. [Eleazer & Eleanor], b. Dec. 29, 1763	1	23
Jennet, m. Samuel C. **COAN**, May 24, 1836, by W. W. Andrews	2	172
Jerusha, d. [Nathan & Jerusha], b. Jan. 11, 1794	2	119
Jerusha, m. John **BENEDICT**, Apr. 23, [1825]	2	1
Jerusha, m. John **BENEDICT**, 2nd, Apr. 23, 1825, by L. P. Hickox	2	73
Jirah, s. [Peleg, Jr. & Abigail], b. Nov. 29, 1762	1	32
Luther, s. [Nathan & Jerusha], b. Sept. 17, 1788	2	119
Marcy, d. [Barlet & Lydia], b. Sept. 22, 1783	2	186
Mary, of Kent, m. Charles **WHITFORD**, of Sharon, Aug. 30, 1826, by John Mills, J. P.	2	215
Mary, of Kent, m. Smith **STUART**, of Monroe, Mich., 30 days from date, [Apr. 3, 1838], by Rev. George A. Sterling	2	48
Nathan, m. Jerusha **PARRISH**, Apr. 11, 1776, by Rev. Joel Bordwell	2	119
Nathan B., m. Catharine **HALL**, Mar. 12, 1837, by W. W. Andrews	2	192
Peleg, Jr., m. Abigail **SWIFT**, Oct. 4, 1759, by Rev. Joel Bardwell	1	32
Peleg, s. [Nathan & Jerusha], b. Oct. 1, 1777; d. May 26, 1778	2	119
Ralph, s. [Nathan & Jerusha], b. Sept. 4, 1783	2	119
Rebecca, m. Solomon **CHASE**, Jan. 20, 1765	2	160
Rebecca, m. David **VINCENT**, June 14, 1848, by Rev. W. W. Andrews	3	6-7
Rockselane, d. [Peleg, Jr. & Abigail], b. [ ]	1	32
Russel, s. [Nathan & Jerusha], b. Aug. 12, 1781	2	119
Salmon, s. [Barlet & Lydia], b. Feb. 22, 1785	2	186
Samantha, m. Newman **SKIFF**, Nov. 15, 1825, by Rev.		

	Vol.	Page
CHAMBERLAIN, CHAMBERLIN, (cont.)		
Lawrence P. Hickox	2	187
Sarah, d. Peleg & Jane, b. Mar. 5, 1757	1	27
Sarah, d. [Nathan & Jerusha], b. Mar. 20, 1779	2	119
William, s. [Peleg & Jane], b. May 31, 1755	1	27
CHAMBERS, Jane, m. Robert L. **THOMPSON,** Sept. 30, 1847, by Rev. W. W. Andrews	3	6-7
CHAPMAN, Abigail, d. [Benjamin Thomas & Mabel], b. June 15, 1790	2	222
Anna, d. [Benjamin Thomas & Mabel], b. Jan. 19, 1792	2	222
Benjamin, s. [Thomas & Margeret], b. Mar. 9, 1765	1	115
Benjamin, s. [Benjamin Thomas & Mabel], b. Apr. 16, 1793	2	222
Benjamin Thomas, m. Mabel **FULLER,** Sept. 20, 1787	2	222
Daborah, m. William **McFALL,** Feb. 23, 1770, by John Ransom, J. P.	1	205
Elizabeth, m. Caleb **MORGAN,** Jan. 3, 1771, by Richard Clark, Miss.	1	229
Elizabeth, d. [Benjamin Thomas & Mabel], b. Jan. 23, 1789	2	222
Grace, m. Peter **COMMINS,** Mar. 21, 1764, by Rev. Noah Woodham	1	121
Mary, m. William **SWEATLAND,** Oct. 5, 1761, by Rev. Silvanus Osborn	1	2
Thomas, m. Margeret **MORGAN,** Sept. 23, 1762, by John Ransom, J. P.	1	115
CHASE, CHACE, Benjamin & his w. Rachel **CHASE,** b. of Amenia, Dutchess Cty, N. Y., terms of agreement for separation made Feb. 12, 1765. Witnesses: Daniel Caswell & Nicholas DeLevergne	1	151-2
Benjamin, of Amenia, Dutchess Cty., N. Y., m. Mary **DATON,** of New Milford, May 15, 1766, in Amenia, Dutchess Cty., N. Y., by Nicholas DeLevergne, J. P.	1	151-2
Benjamin, s. [Benjamin & Mercy], b. Feb. 20, 1773, in Amenia Precinth	2	110
Benjamin, Dr., d. Apr. 14, 1778	1	153
Charles Young, s. [Solomon & Rebecca], b. Oct. 4, 1777	2	160
Ebenezer, s. [Benjamin & Mercy], b. Sept. 10, 1770, in Amenia Precinth	2	110
John, s. [Solomon & Rebecca], b. July 1, 1775	2	160
John, m. Caroline **TURRELL,** May 26, 1851, by Rev. Jeremiah Fry	3	13-14
Joseph Lapham, s. [Solomon & Mary], b. June 17, 1783	2	160
Marcy, m. Perez **STURTEVANT,** Oct. 10, 1776, by Conerad Winegar, J. P.	1	134
Mary, d. [Solomon & Rebecca], b. Mar. 1, 1774	2	160
Mehetable, d. [Solomon & Rebecca], b. May 13, 1772	2	160
Mehetable, [d. Solomon & Rebecca], d. Oct. 23, 1795	2	160
Nathan, s. Benjamin & Mercy, b. May 10, 1766, in Amenia Precinth	2	110

KENT VITAL RECORDS 61

	Vol.	Page
CHASE, CHACE, (cont.)		
Nathan, s. Dr. Benjamin & Mary, b. Apr. 24, 1767; d. Nov. 12, 1769	1	153
Rachel & her h. Benjamin CHASE, b. of Amenia, Dutchess Cty., N. Y., terms of agreement for separation made Feb. 12, 1765. Witnesses: Daniel Caswell & Nicholas DeLevergne	1	151-2
Rachal, d. [Solomon & Rebecca], b. Nov. 6, 1765* *(A note says, "Nov. [ ], 1766; d. Nov. 29, 1766")	2	160
Rebecca, d. [Solomon & Rebecca], b. Mar. 31, 1769; d. Aug. 15, 1772	2	160
Rebecca, w. Solomon, d. Dec. 10, 1777	2	160
Solomon & Mary, had d. [ ], b. Jan. 12, [ ]; d. same day	2	160
Solomon, m. Rebecca CHAMBERLAIN, Jan. 20, 1765	2	160
Solomon, s. [Solomon & Rebecca], b. Oct. 20, 1767	2	160
Solomon, m. Mary LAPHAM, Aug. 18, 1779	2	160
Stephen, s. [Dr. Benjamin & Mary], b. Mar. 26, 1769	1	153
Stephen, s. [Solomon & Rebecca], b. July 20, 1770	2	160
CHICKENS, Nancy, m. James PHILLIPS, Nov. 5, 1823, by Nathaniel P. Perry, J. P.	2	36
CHITTENDEN, CHETTENDEN, Ann Abigail, d. [Dr. Samuel & Lavinia], b. Sept. 1, 1819	2	246
Charles A., m. Almira WINEGAR, Jan. 28, 1822, by Nathaniel P. Perry, J. P.	2	96
Laury, m. Amos SHELDON, b. of Kent, May 30, 1830, by Alpheas Fuller, J. P.	2	54
Lavinia, m. Dr. Samuel CHITTENDEN, Sept. 20, 1813	2	246
Mary Rhoda, d. [Dr. Samuel & Lavinia], b. Sept. 8, 1815	2	246
Samuel, Dr., m. Lavinia CHITTENDEN, Sept. 20, 1813	2	246
Timothy Alexander, s. [Dr. Samuel & Lavinia], b. Oct. 29, 1817	2	246
CHOCUM(?), Susan, m. Amos NORTHROP, Oct. 26, 1829, by John Mills, J. P.	2	35
CHONUM(?), Solomon, m. Sophia BILLS, Jan. 12, 1834, by John Mills, J. P.	2	95
CHURCH, Deliverance, m. Moses SKIFF, May 12, 1767, by Rev. Joel Bordwell	1	158
Elias, m. Elizabeth BERREY, July 27, 1752, by Timothy Hatch, J. P.	LR1	16
Elizabeth, d. Elias & Elizabeth, b. Dec. 10, 1752	LR1	16
Elizabeth, m. Esborn HATCH, Dec. 10, 1770	1	211
Elman, s. [Elias & Elizabeth], b. June 3, 1771	1	36
Gideon, s. Elias & Elizabeth, b. Nov. 26, 1754	LR1	16
Harriet, m. Elijah EDWARD, Mar. 4, 1824, by Alpheus Fuller, J. P.	2	48
Joel, s. [Elias & Elizabeth], b. June 24, 1761	1	36
Jonathan, s. Elias & Elizabeth, b. June 4, 1759	1	36

	Vol.	Page
CHURCH, (cont.)		
Josiah. s. [Elias & Elizabeth], b. Apr. 26, 1768, at Danbury	1	36
Lemuel, m. Bethiah **LASSELL**, Feb. 12, 1761, by Rev. Ebenezer Devotion	1	67
Loisa, m. Ephraim **BENNETT**, June 25, 1826, by John Mills, J. P.	2	166
Mary, m. Heman **STONE**, Mar. 30, 1829, by Rev. L. P. Hickok	2	247
Nathaniell, s. Elias & Elizabeth, b. Jan. 9, 1757	LR1	16
Rachal, m. Abijah **COMSTOCK**, Apr. 17, 1763, by Rev. Joel Bordwell	1	149
Rachel, d. [Elias & Elizabeth], b. Dec. 26, 1765, at Danbury	1	36
Rebeckah, m. Samuel **BEEMAN**, Feb. 4, 1770, by Rev. Joel Bordwell	1	190
CLARK, Abigail, m. David **FINNEY**, b. of Kent, Feb. 26, 1759, by Rev. Sylvanus Osborn	1	16
Cynthia, d. [John & Lois], b. Jan. 19, 1769	1	180
Cyrenius, s. William & Hannah, of Colchester, b. Oct. 25, 1756, at Colchester	1	169
Cyrenus, m. Rhoda **JUDD**, June 14, 1779, by Jethro Judd, J. P.	2	141
Daniel, m. Belinda F. **STUART**, Oct. 17, 1842, by Rev. William W. Andrews	2	122
Eli, m. Louisa M. **GEER**, Feb. 27, 1843, by Rev. William W. Andrews	2	122
Esther, m. Peter **PARKE**, Nov. 24, 1774, by Rev. John Norton	2	64
Hannah, Mrs., m. Cyrus **MARSH**, Aug. 31, 1767, by Rev. Joel Bordwell	1	162
Hannah, d. [Cyrenus & Rhoda], b. Oct. 18, 1777	2	141
John, m. Lois **CLARK**, Apr. 28, 1768, by Rev. Silvanus Osborn	1	180
Lois, m. John **CLARK**, Apr. 28, 1768, by Rev. Silvanus Osborn	1	180
Marcy, m. John **TRACY**, Feb. 11, 1768, by Rev. Noah Wadham	1	216
Martha, of Lebanon, m. Jethro **HATCH**, of Kent, Nov. 5, 1747, by Rev. Solomon Williams	LR1	7
Mary Persons, d. William & Hannah, b. Nov. 2, 1758, at Colchester; d. Feb. 25, 1759	1	169
Molly Persons, d. William & Hannah, b. Mar. 10, 1765, at Hartford	1	169
Parmell, d. William & Hannah, b. Sept. 15, 1762, at Colchester	1	169
Parsons, s. [Cyrenus & Rhoda], b. Feb. 18, 1782	2	141
Ransom, s. William & Hannah, b. Dec. 25, 1759, at Colchester	1	169
William, Lieut., d. Nov. 17, 1765, at Colchester, in the 47th y. of his age	1	169
COAN, Mary E., m. J. C. **GIDDINGS**, Jan. 29, 1846, by Rev. William W. Andrews	2	122
Samuel C., m. Jennet **CHAMBERLIN**, May 24, 1836, by W.		

	Vol.	Page
COAN. (cont.)		
W. Andrews	2	172
William, m. Mary Ann **BARTON**, b. of Kent, June 6, 1836, by Alpheas Fuller, J. P.	2	75
COGGSHALL, Orus, of New Milford, m. Abigail **MORGAN**, of Kent, Oct. 12, 1824, by Rev. C. A. Bordman, of New Preston	2	128
COGSWELL, Hiram H., m. Betsey A. **BATES**, Sept. 27, 1842, by Rev. William W. Andrews	2	122
Lydia, m. Daniel **BEAMAN**, Oct. 6, 1748, by Rev. Nathaniell Taylor	LR1	9
Roxana, m. Lucius **GAYLORD**, Nov. 30, 1834, by Birdsey Beardsley, J. P.	1	55
Theodore, of Washington, m. Maria **GREGORY**, of Kent, Oct. 18, 1826, by Rev. C. A. Bordman, of New Preston	2	170
COLE, Amarinda, m. Charles **GEER**, Jan. 3, 1837, by W. W. Andrews	2	191
David, m. Susan **GILBERT**, b. of Kent, Dec. 22, 1852, by Rev. James Caldwell	3	16-17
Eunice, m. Tillotson H. **GIBBS**, Jan. 11, 1818, by Rev. John Nois, in Weston	3	2
Harriet, m. Adison **BEARDSLEE**, Oct. 9, 1827, by E. B. Kellogg	2	218*
Jennett, m. Clark H. **CURTIS**, Jan. 21, 1845, by Rev. George W. Tash	2	217
Mary, m. Horace **BEARDSLEY**, Nov. 19, 1828, by Rev. L. P. Hickox	2	201
Mary S., m. Samuel W. **RENSHAW**, Aug. 22, 1847, by Rev. W. W. Andrews	3	5
COLEMAN, Aaron, m. Amelia **HALL**, Nov. 25, 1786, by Rev. Jeremiah Day	2	211
Augustus, s. [Aaron & Amelia], b. Nov. 11, 1789	2	211
Juliana, d. [Aaron & Amelia], b. Mar. 13, 1792	2	211
COLLINS, Hannah, m. Asahel **HITCHCOCK**, Dec. 15, 1766	2	74
COMER, Ira, s. John **COMER**, & Elizabeth **SWIFT**, b. Oct. 26, 1767	1	123
COMSTOCK, Abel, m. Judeth **PAIN**, b. of Kent, Sept. 17, 1747, by Rev. Cyrus Marsh	LR1	15
Abell & Judeth, had s. [ ], s.b. Dec. 24, 1754	1	79
Abell, s. [Abell & Judeth], b. Apr. 19, 1760	1	79
Abel, Jr., m. Rebecca **PHIPENNEY**, Jan. 5, 1784, by Rev. Peter Starr	2	173
Abigail, d. Gorshom & Lydia, b. Feb. 7, 1755	1	1
Abigail, d. [Gorshom & Lydia], b. June 8, 1761	1	1
Abijah, m. Rachal **CHURCH**, Apr. 17, 1763, by Rev. Joel Bordwell	1	149
Ann, d. [Ebenezer & Deborah], b. May 1, 1790, at Warringburgh	1	225

64 BARBOUR COLLECTION

	Vol.	Page
COMSTOCK, (cont.)		
Anna, d. [Abel & Judeth], b. May 9, 1750	LR1	15
Anne, m. Benoni **CARTER**, May 27, 1768, by Daniel, Lee, J. P.	1	181
Anson H., s. [Daniel Marvin & Polly], b. Jan. 21, 1798	2	111
Ava Ann, [d. Daniel Marvin & Polly], b. Apr. 10, 1811	2	111
Bathiah, d. [Daniel Marvin & Polly], b. Sept. 16, 1801	2	111
Calvin, s. Abel & Judeth, b. Sept. 1, 1748	LR1	15
Catharine, w. Dea. Daniel, d. Sept. 14, 1777	2	111
Daniel, s. [Ebenezer & Martha], b. Nov. 30, 1772	1	225
Daniel, Dea., d. Sept. 6, 1777	2	111
Daniel Marvin, grandson of Dea. Daniel & s. Ebenezer, b. Nov. 30, 1772; m. Polly **ORTHANDER**, d. Hendrick, of Claveach, Cty. of Columbia, N. Y., Dec. 29, 1796, by Rev. Claudius Gophart	2	111
Daniel Marvin & Polly, had twin s. [ ], b. Dec. 6, [1797]; d. Dec. 27, 1797	2	111
David, s. [Eliphalet & Sarah], b. June 18, 1761	1	96
David, m. Sarah Pharna **MILLS**, June 13, 1786, by Rev. Joel Bordwell	2	190
David, Jr., m. Caroline **BERRY**, b. of Kent, Dec. 31, 1822, by Rev. Joel Osborn, of Amenia	2	249
David, 2nd, m. Sophia **PRATT**, Nov. 21, 1844, by Rev. William W. Andrews	2	122
Deborah, d. [Ebenezer & Deborah], b. Dec. 15, 1785, in Mohawk District, Montgomery Cty, N. Y.	1	225
Ebenezer, m. Martha **MARVIN**, Dec. 15, 1771	1	225
Ebenezer, m. Deborah **HATCH**, May 25, 1775, by Rev. Joel Bordwell	1	225
Ebenezer, s. [Ebenezer & Deborah], b. Aug. 17, 1787, in Warringburgh	1	225
Editha, d. [Gorshom & Lydia], b. May 22, 1757	1	1
Eliphalet, m. Sarah **PRATT**, Feb. 7, 1758, by Jno Ransom, J. P.	1	96
Elizabeth, m. [ ] **PRATT**, Feb. 7, 1758, by John Ransom, J. P.	LR1	1
Esther, m. David **BOTSFORD**, Apr. 22, 1784, by Rev. Joel Bardwell	2	230
Ezbon, s. [Ebenezer & Deborah], b. Dec. 8, 1777	1	225
Gorshom, m. Lydia **PRATT**, Feb. 20, 1754, by Rev. Cyrus Marsh	1	1
Heman, s. [Abell & Judeth], b. July 26, 1762	1	79
Jason, s. [Ebenezer & Deborah], b. Aug. 9, 1782	1	225
John Odle, m. Rachal **MARVIN**, Sept. 12, 1765, by Rev. Joel Bordwell	1	147
Jude, s. [Ebenezer & Deborah], b. Mar. 1, 1776	1	225
Judeth, d. [Abel & Judeth], b. Dec. 17, 1751	LR1	15
Judeth, m. John **TAYLOR**, Feb. 6, 1772, by Daniel Lee, J. P.	2	20

	Vol.	Page
COMSTOCK, (cont.)		
Lucy, m. Samuel **MORGAN**, Jan. 1, 1760, by Rev. Joshua Marsh	1	130
Maria, d. [Daniel Marvin & Polly], b. Mar. 31, 1805	2	111
Martha, w. Ebenezer, d. Dec. 7, 1772	1	225
Martha, d. [Ebenezer & Deborah], b. Dec. 17, 1779	1	225
Martin Luther, s. [Abell & Judeth], b. Aug. 1, 1757	1	79
Peter, s. [Eliphalet & Sarah], b. Dec. 5, 1758	1	96
Polly, d. [Ebenezer & Deborah], b. Mar. 21, 1781	1	225
Rachal, d. [Ebenezer & Deborah], b. Nov. 16, 1783	1	225
Rhoday, d. [Abel & Judeth], b. Oct. 30, 1753	LR1	15
Sally, m. David **BOTSFORD**, b. of Kent, Mar. 17, 1833, by Nathan Slosson, J. P.	2	230
Salmon, s. [Abell & Judeth], b. May 11, 1767	1	79
Sarah, d. [Gorshom & Lydia], b. Jan. 7, 1772	1	1
Sarah, m. Norman B. **LATHROP**, Sept. 1, 1847, by Rev. William W. Andrews	3	6-7
CONEY, [see also **CAREY**], Elijah, see under Elijah **CAREY**, for birth of the Elijah who m. Phebe [ ]		
John, [twin with Mary], s. Elijah & Phebe, b. Aug. 24, 1797	2	67
Joshua, s. [Elijah & Phebe], b. Sept. 2, 1801	2	67
Lorane, d. [Elijah & Phebe], b. Sept. 19, 1799	2	67
Mary, [twin with John], d. Elijah & Phebe, b. Aug. 24, 1797	2	67
Sarah, d. [Elijah & Phebe], b. July 31, 1803	2	67
Willard, s. [Elijah & Phebe], b. June 27, 1805	2	67
CONROY, Polly, m. Kellogg **BERRY**, Mar. 27, 1771, by Rev. Joel Bardwell	2	223
CONVASS, [see under **CONVERSE**]		
CONVERSE, CONVASS, CONVERS, Abigail, d. [Joshua & Polly], b. Aug. 26, 1793	2	233
Damon Read, m. Sarah **LEE**, Jan. 25, 1784, by Cyprian Webster, J. P.	2	179
Daniel Demon, 5th child [Damon & Sarah], b. May 18, 1797	2	179
Deman R., b. Mar. 18, 1764, in Worcester, Charlton Cty., Mass.	2	179
Elijah, s. [Damon Read & Sarah], b. Nov. 29, 1784; d. May 10, 1786	2	179
Elijah, 2nd, 3rd child Damon & Sarah, b. Aug. 16, 1789, at Danbury	2	179
Esther, d. John & Mary, b. Sept. 24, 1777	2	112
Hiram, 4th child Damon & Sarah, b. Sept. 22, 1793	2	179
Joshua, m. Polly **GORHAM**, Dec. [ ], 1790, by Rev. Joel Bardwell	2	233
Mary, 2nd child Damon & Sarah, b. Sept. 11, 1787; d. May 9, 1789, in Danbury	2	179
Pheby, d. [Joshua & Polly], b. Mar. 24, 1796	2	233
Polly, d. [Joshua & Polly], b. Feb. 3, 1792	2	233
Sarah, w. Damon **READ**, b. Dec. 15, 1763, in Goshen	2	179

	Vol.	Page
CONVERSE, CONVASS, CONVERS, (cont.)		
Sarah, 7th child [Damon & Sarah], b. Aug. 24, 1804; d. Aug. 24, 1804	2	179
William Lee, 6th child [Damon & Sarah], b. Aug. 11, 1800	2	179
William Lee, m. Parley **HUBBELL**, Nov. 26, 1823, by Zachariah Winegar, J. P.	2	43
COOK, Heman L., m. Mary M. **RATHBURN**, Jan. 12, 1846, by Rev. Jeremiah Fry	2	243
Homer, of Warren, m. Susan **HALLOCK**, of Kent, Mar. 27, 1831, by Alpheas Fuller, J. P.	2	242
COON, Tasta(?), m. John **WOOD**, Mar. 11, 1792, by Rev. Waldo [ ]	2	236
COOPER, Urania, m. Nelson E. **SHELTON**, Mar. 25, 1827, by Birdsey Beardsley, J. P.	2	157
COTES, Peter, had d. [y], b. Apr. 31, 1758	LR1	1
COTTER, Sabra, m. Noah **BALDWIN**, b. of Cornwall, Oct. 19, 1828, by Rev. Walter Smith, of Cornwall	2	45
COTTON, Celina, had d. Abihana **CHAMBERLIN**, b. Mar. 17, 1781	2	203
John, m. Sahra **SMITH**, Nov. 28, 1820, by Rev. Asa Blair	2	57
COUCH, Edwin B., of New Milford, m. Julia A. **GIBBS**, of Kent, Apr. 24, 1853, by Rev. James Caldwell	3	18-19
COX, Job, s. [Thomas & Susa], b. Mar. 9, 1779	2	115
John Patten, s. [Thomas & Susa], b. Nov. 30, 1777	2	115
Thomas, m. Susa **PATTEN**, June 6, 1776, by Rev. Joel Bordwell	2	115
COZZENS, Amanda, m. Abner **BEARDSLEY**, Nov. 26, 1820, by C. A. Bordman, in Washington	2	150
CRANE, Leonard, m. Jane S. **HATCH**, b. of Kent, Dec. 26, 1832, by Frederick Gridley	2	137
Nelson, m. Catharine **HALL**, b. of Kent, June 30, 1830, by Rev. Fitch Buel	2	221
CRAWFORD, James P., of Berkshire, O., m. Maria **BENEDICT**, of Kent, Oct. 23, 1827, by Rev. C. A. Bordman, of New Preston	2	177
CRETTENDEN, Leander, m. Hannah **DAY**, July 13, 1845, by Rev. Jeremiah Fry	1	86
CROCKER, Levi, m. Freelove **PAIN**, Feb. 27, 1758, by Rev. Cyrus Marsh	LR1	6
CROFOOT, Betsey, of Kent, m. Hiram **SWEET**, of Litchfield, last evening, [Nov. 21, 1841], by B. B. Parsons	2	253
CROSBY, Horace, of Dover, Dutchess Cty., N. Y., now residing in Kent, m. Eliza **BENNETT**, of Kent, Dec. 24, 1823, by Nathan Slosson, J. P.	2	56
Nancy, Mrs., m. Reuben **EATON**, b. of Kent, Dec. 8, 1852, by William, J. Alger	3	16-17
CULVER, Mary, m. Noah **PRATT**, Dec. 25, 1782, by Rev. Joel Bordwell	1	49

	Vol.	Page
CUMMINGS, COMMINGS, COMMINS, CUMMINS, Abigail, m. Ira **LEWIS**, b. of Kent, Apr. 23, 1826, by Alpheas Fuller, J. P.	2	83
Amos, s. Sam[ue]ll & Deborah, b. July 15, 1767	1	84
Anne, w. Samuel, d. Mar. 22, 1762	1	84
Anne, d. Samuel & Deborah, b. June 22, 1763	1	84
Anne, d. Samuel & Deborah, d. Aug. 8, 1766	1	84
Charlotte, d. [Jacob & Phebe], b. July 9, 1776	2	100
Deborah, d. [Samuel & Deborah], b. Mar. 3, 1773	1	84
Deliverance, d. [Jacob & Phebe], b. July 17, 1774, at Charlton	2	100
Egbert, m. Adaline **BARTON**, Nov. 10, 1844, by Rev. William W. Andrews	2	122
Elijah, s. [Jacob & Phebe], b. Aug. 16, 1780	2	100
Emeline, m. William R. **NEWTON**, Oct. 24, 1847, by Rev. W. W. Andrews	3	6-7
Eunice, d. [Samuell & Anne], b. Jan. 19, 1760	1	84
Eunice, d. Samuel & Anne, d. Oct. 31, 1764	1	84
Jacob, s. [Jacob & Phebe], b. July 26, 1772, at Rynge	2	100
Jedediah, s. Samuell & Anne, b. Sept. 9, 1756, at Oblong, Dutchess Cty., N. Y.	1	84
John, s. Jacob & Phebe, b. May 23, 1770, at Rynge	2	100
Lucy, d. Samuel & Deborah, b. Aug. 14, 1765	1	84
Mary, m. Canfield **SOPER**, Apr. 27, 1846, by Rev. William W. Andrews	2	122
Mary Deming, d. [Jacob & Phebe], b. Jan. 1, 1783, in Canaan	2	100
Peter, m. Grace **CHAPMAN**, Mar. 21, 1764, by Rev. Noah Woodham	1	121
Phebe, d. [Jacob & Phebe], b. June 22, 1785, in Canaan	2	100
Samuel, m. Deborah **BEEMAN**, Aug. 26, 1762, by Rev. Noah Woodhanes	1	84
Sam[ue]ll Preson(?), s. [Samuel & Deborah], b. July 26, 1769	1	84
Sarah Ann, m. Elisha **PECK**, Dec. 29, 1842, by Rev. William W. Andrews	2	122
CURTIS, CURTISS, Aner, d. [Martin & Aner], b. Apr. 13, 1773; d. Sept. 12, 1776	1	173*
Augustine, s. [Elezur, Jr. & Marcy], b. Nov. 8, 1761	1	29
Clarissa, d. [Elezur, Jr & Marcy], b. Jan. 18, 1773	1	29
Clark H., m. Jennett **COLE**, Jan. 21, 1845, by Rev. George W. Tash	2	217
Daniel, s. [George & Hannah], b. Dec. 2, 1773	2	130
Eben[eze]r, m. Marcy **FREEMAN**, Dec. 4, 1760, by Rev. Joel Bordwell	1	102
Elezur, Jr., m. Mercy **CARTER**, Feb. 7, 1759, by Rev. Silvanus Osborn	1	29
Elezur, s. Elezur, Jr. & Marcy, b. Oct. 20, 1759	1	29
Eleazer, m. Eunice **STARR**, Nov. 7, 1782, by Rev. Samuel Camp	2	169
Eleazer, s. [Eleazer & Eunice], b. Sept. [ ], 1783	2	169

CURTIS, CURTISS, (cont.)

	Vol.	Page
Eleazer, d. June 6, 1784	1	28
Elizabeth, d. Josier & Abiah, b. Sept. 9, 1763, at Norfolk	1	215
George Washington, s. [Elezur, Jr. & Marcy], b. Apr. 28, 1779	1	29
Hannah, d. [Silas & Rachal], b. June 16, 1783	2	171
Hyram, s. Eleazer & Mary, b. Aug. 16, 1750	LR1	6
Hiram, m. Obedience ANDREWS, Nov. 14, 1771, by Daniel Lee, J. P.	2	88
Joannah, d. [George & Hannah], b. Sept. 22, 1777	2	130
Joseph, s. [Ebenezer & Marcy], b. Oct. 13, 1762	1	102
Laura, d. [Elezur, Jr. & Marcy], b. Jan. 22, 1775; d. Oct. 15, 1776	1	29
Lovisy, d. [Josier & Abiah], b. Apr. 19, 1767	1	215
Lucina, d. [Elezur, Jr. & Marcy], b. Mar. 16, 1771	1	29
Lucina, [d. Elezur, Jr. & Marcy], d. Oct. 2, 1776	1	29
Lucy, d. [Martin & Aner], b. Nov. 21, 1781	1	173*
Lysander, s. [Elezur, Jr. & Marcy], b. May 24, 1763	1	29
Marcy, d. [George & Hannah], b. Apr. 23, 1776	2	130
Martin, s. Eleazer & Mary, b. Aug. 4, 1747	LR1	6
Martin, m. Aner THOMAS, June 8, 1768, by Rev. Silvenus Osborn	1	173*
Mary, d. Eleazer & Mary, b. Aug. 22, 1740	LR1	6
Mary, m. John CARTER, Dec. 29, 1763, by Rev. Silvanus Osborn	1	3
Mercy Metilda, d. [Elezur, Jr. & Marcy], b. Oct. 19, 1767	1	29
Millison, d. George & Hannah, b. Mar. 11, 1772	2	130
Milton, s. [Elezur, Jr. & Marcy], b. May 2, 1765 [sic]	1	29
Milton, s. [Elezur, Jr. & Marcy], b. May 2, 1765	1	29
Molly, d. [Elezur, Jr. & Marcy], b. Aug. 29, 1769	1	29
Molly, d. [Elezur, Jr. & Marcy], d. Oct. 29, 1776	1	29
Naoma, m. Perez PARTRIDGE, Feb. 19, 1764, by Sam[ue]ll Coyt, J. P.	1	21
Orpha, d. [Silas & Rachal], b. Mar. 9, 1785	2	171
Persis, d. [Martin & Aner], b. Aug. 8, 1779	1	173*
Rebeckah, m. James PHELPS, Feb. 21, 1760, by Rev. Silvanus Osborn	1	104
Ruth, d. Eleazer & Mary, b. Dec. 20, 1738	LR1	6
Ruth, m. Joseph CARTER, Mar. 9, 1758, by Rev. Silvanus Osborn	1	4
Ruth, d. [Martin & Aner], b. Mar. 9, 1769	1	173*
Sarah, d. [Martin & Aner], b. Mar. 13, 1770	1	173*
Sarah, d. [Martin & Aner], d. Sept. 6, 1776	1	173*
Sarah, d. [Martin & Aner], b. Sept. 13, 1790	1	173*
Seldeon, s. [Dudalus(?) & Elizabeth], b. Aug. 6, 1757	1	101
Silas, s. Eleazer & Mary, b. July 29, 1755	LR1	15
Silas, m. Rachal ACKLEY, Feb. 18, 1780, by Rev. Peter Starr	2	171
Simeon, m. Polly THOMSON, July 10, 1831, by Birdsey Beardsley, J. P.	2	142

	Vol.	Page
CURTIS, CURTISS, (cont.)		
Solomon, s. Dudalus(?) & Elizabeth, b. Feb. 17, 1754	1	101
Urania, d. [Josier & Abiah], b. Dec. 2, 1771	1	215
Uriah, s. Eleazer & Mary, b. Oct. 21, 1744	LR1	6
CUSHMAN, Isaac, m. Thankfull **RAIMOND**, Mar. 29, 1758, by Timothy Hatch, J. P.	LR1	1
DABALL, Isaac F., m. Almira **THAYER**, Jan. 3, 1843, by Rev. William W. Andrews	2	122
DAINS, Albey, m. Julia A. **BARNUM**, Nov. 29, 1840, by Rev. Jeremiah Fry	2	230
DARCOM, Sherbone, m. Betsey M. **KELLOGG**, July 11, 1852, by Rev. Jeremiah Fry	3	16-17
DAVIS, Adaline, m. Ebben H. **BURROUGHS**, Feb. 10, 1840, by Rev. Jeremiah Fry	2	145
Betsey, m. Thomas M. **MORGAN**, July 18, 1841, by Rev. Jeremiah Fry	2	42
Ebenezer, Rev., m. Doritha **ADAMS**, July 28, 1846, by Rev. Jeremiah Fry	2	78
Lucinda, m. Truman **HAWLEY**, b. of Kent, Apr. 10, 1831, by Birdsey Beardsely, J. P.	2	251*
DAVY, Elias M., of Kent, m. Polly **BROWN**, of Amenia, Dec. 14, 1828, by Rev. L. P. Hickox	2	25
DAY, Hannah, m. Leander **CRETTENDEN**, July 13, 1845, by Rev. Jeremiah Fry	1	86
Willard W., m. Sarah A. **WEDGE**, Sept. 18, 1854, by Rev. Jeremiah Fry	3	21
DAYTON, DATON, Anna, d. [Isaac & Kezia], b. Aug. 31, 1778	2	31
Annis, m. Eli **DATON**, Jan. 9, 1777, by Rev. Noah Wadhams	2	144
Eli, m. Annis **DATON**, Jan. 9, 1777, by Rev. Noah Wadhams	2	144
Eunice, d. May 13, 1786 (see Eunice **THOMSON**)	1	142
Hannah, of Kent, m. Newton C. **WICKWIRE**, of North Canaan, Sept. 28, 1840, by Rev. Elijah Baldwin	2	253
Hannah Bordman, d. [Isaac & Kezia], b. Jan. 21, 1773	2	31
Isaac, m. Kezia **NOBLE**, Aug. 8, 1770	2	31
Jonah, m. Jane **TERRIL**, Apr. 6, 1774, by Rev. Jeremiah Day	2	103
Lorena, d. [Isaac & Kezia], b. Mar. 21, 1771	2	31
Mary, of New Milford, m. Benjamin **CHASE**, of Amenia, Dutchess Cty., N. Y., May 15, 1766, in Amenia, Dutchess Cty., N. Y. by Nicholas DeLevergne, J. P.	1	151-2
Mary Ann, of Kent, m. Ahira **WICKHAM**, of Canaan, Mar. 7, 1836, by Rev. Elijah Baldwin, of New Milford	2	26
Mereney, d. [Isaac & Kezia], b. Aug. 19, 1774	2	31
Ruth, d. [Eli & Annis], b. June 7, 1779	2	144
Ruth, d. [Eli & Annis], d. June 19, 1779	2	144
Ruth, d. [Eli & Annis], b. Mar. 7, 1780	2	144
Selvina, d. [Jonah & Jane], b. Aug. 8, 1774	2	103
Zachariah, s. [Isaac & Kezia], b. July 18, 1776; d. Jan. 24, 1777	2	31

	Vol.	Page

DEAN, Alben, m. Phebe **DEWEY**, May 13, 1821, by Nathaniel P. Perry, J. P. — 2, 120
  Asa, s. Jonathan & Patience, b. Apr. 28, 1752 — LR1, 8
  David, s. [Henry & Marhet(?)], b. Jan. 25, 1759 — 1, 109
  Hulda, d. [Henry & Marhet(?)], b. July 15, 1761 — 1, 109
  Isaac, s. Henry & Marhet(?), b. Mar. 21, 1756 — 1, 109
  Sally, d. Samuel & Clarinda, b. Sept. 5, 1791 — 2, 203

DELANO, DELENA, DELENO, Amos, s. [Silvenus & Anna], b. Feb. 7, 1785 — 2, 68
  Annis, d. Aaron & Anne, b. Apr. 24, 1786 — 2, 185
  Cloe, d. [Aaron & Anne], b. Mar. 4, 1792 — 2, 185
  Daniel Slosson, s. [Aaron & Anne], b. Apr. 23, 1800 — 2, 185
  Elizabeth, d. [Aaron & Anne], b. Aug. 4, 1787 — 2, 185
  Horace, s. [Aaron & Anne], b. July 30, 1790 — 2, 185
  Josiah, s. [Silvenus & Anna], b. May 1, 1783 — 2, 68
  Kezia, d. [Aaron & Anne], b. July 19, 1797 — 2, 185
  Moses, s. [Aaron & Anne], b. Oct. 6, 1788 — 2, 185
  Ruth, d. Nathan & Ruth, b. May 14, 1743 — LR1, 4
  Sarah, m. Jirah **SWIFT**, Oct. 4, 1749*, by Rev. Joel Bardwell *("1759"?) — 1, 31
  Sarah, d. [Silvenus & Anna], b. June 26, 1781 — 2, 68
  Sarah Ann, d. [Aaron & Anne], b. Apr. 10, 1802 — 2, 185
  Silvenus, m. Anna **THOMAS**, June [ ], 1780, by Rev. Joel Bordwell — 2, 68
  Silvanus, s. [Aaron & Anne], b. [ ] — 2, 185
  Silvenus, d. Jan. 11, 1792 — 2, 68
  Thomas, s. [Silvenus & Anna], b. Nov. 18, 1787 — 2, 68

DENSLOW, Benjamin, m. Sebbel **THOMSON**, Nov. 22, 1771, by John Ransom, J. P. — 2, 10
  Benjamin, s. [Benjamin & Sebbel], b. July 4, 1776 — 2, 10
  Benjamin, d. Aug. 7, 1776 — 2, 10
  Chapman, s. [Benjamin & Sebbel], b. June 22, 1772 — 2, 10

DEVEY*, Joseph, m. Aurilla **HOLLIS**, Nov. 27, 1823, by Nathaniell P. Perry, J. P. *("**DEWEY**"?) — 2, 33

DEWEY, Elijah, m. Minerva **BRADLEY**, Nov. 14, 1830, by Rev. Eldred J. Fry — 2, 248
  Joseph*, m. Aurilla **HOLLIS**, Nov. 27, 1823, by Nathaniell P. Perry, J. P. *(Arnold copy had "Joseph **DEVEY**") — 2, 33
  Phebe, m. Alben **DEAN**, May 13, 1821, by Nathaniel P. Perry, J. P. — 2, 120
  Ruby Ann, of Kent, m. Brenton **KING**, of Salisbury, May 2, 1830, by John Mills, J. P. — 2, 109
  Wilson, m. Julia **HOIT**, Nov. 8, 1842, by Rev. Jeremiah Fry — 1, 170

DIBBLE, Olive, m. Joel **TERRIL**, Oct. 3, 1773, by Rev. Jeremiah Day — 2, 101

DICKERSON, Elizer, b. Aug. 21, 1784; m. John **STANTON**. Mar. 30, 1815, by [ ] — 2, 217*

DICKINSON, [see also **DICKSON**], Chloe, d. Joshua & Mary. b.

	Vol.	Page
DICKINSON, [cont.]		
July 11, 1755	1	18
Olive, d. Joshua & Mary, b. May 16, 1757	1	18
DICKSON, [see also **DICKINSON**], Thomas, m. Abigail **HATCH**, May 26, 1774, by Rev. Joel Bordwell	2	61
Thomas Hatch, s. [Thomas & Abigail], b. Mar. 11, 1775	2	61
DODGE, Albro, s. [Stephen & Elizabeth], b. Jan. 18, 1785	2	16
Anne, d. [Stephen & Elizabeth], b. Apr. 28, 1781	2	16
Anne, [d. Stephen & Elizabeth], d. June 4, 1789	2	16
Betsey, d. [Stephen & Elizabeth], b. Feb. 4, 1779	2	16
Calvin, s. [Stephen & Elizabeth], b. Sept. 7, 1776	2	16
Desier, d. Stephen & Elizabeth, b. Oct. 12, 1769, at Colchester	2	16
Desire, m. Elias **SMITH**, Jan. 13, 1790, by Rev. Joel Bardwell	2	208
Gardner, s. [Stephen & Elizabeth], b. Aug. 14, 1774	2	16
Lewis, s. [Stephen & Elizabeth], b. Oct. 28, 1787	2	16
Lovina, d. [Stephen & Elizabeth], b. Jan. 11, 1773	2	16
Sabra, d. [Stephen & Elizabeth], b. Apr. 30, 1783	2	16
Sally, m. James **MORGAN**, Mar. 1, 1784, by John Watras, J. P.	2	215
Stephen, s. [Stephen & Elizabeth], b. Feb. 23, 1770, at Colchester	2	16
DOLPHIN, David, s. [John & Joannah], b. Feb. 17, 1791	2	203
John, m. Joannah **HOIT**, Dec. 26, 1787, by Jethro Hatch, J. P.	2	203
Thomas, s. [John & Joannah], b. Mar. 29, 1788	2	203
DOUGLASS, Almira, m. Hiram **BROWN**, Sept. 18, 1826, by L. P. Hickox	2	171
Anna, m. Anson **HALL**, b. of Kent, Oct. 3, 1826, by Nathan Slosson, J. P.	2	167
Sally, m. George **SKIFF**, b. of Kent, Oct. 16, 1831, by Frederick Chittenden, J. P.	2	164
Silas, m. Elvira **MORGAN**, b. of Kent, Sept. 2, 1832, by Alden Handy, Elder	2	131
DRAKE, Elizabeth, m. Rufus **FULLER**, Feb. 1, 1821, by Rev. Asa Blair	2	85
DRINKWATER, Elizabeth, m. John **BEEMAN**, May 7, 1755, by Paul Welch, J. P.	2	106
DRISCOLL, Elizabeth, m. Ira **MORGAN**, Jr., b. of Kent, Sept. 8, 1828, by Jeremiah Fry	2	130
DUNHAM, Hannah, m. Nathaniel **BROWN**, Mar. 3, 1794, by J. Hubbell	2	163
Hiram Jonathan, s. Jonathan **DUNHAM** & Rebeckah **STUART**, b. Nov. 7, 1797	2	207
Waitstill, of Sharon, m. Joshua **LASSELL**, Jr., of Kent, Sept. 1, 1763, by Daniel Griswould, J. P.	1	157
DUTCHER, Henrietta F., of Kent, m. P. Welling **BADGLEY**, of Milwakie, Wis., Aug. 28, 1849, by Rev. Mills B. Gelston	3	8-9
John A., of Milwaukie, Wis., m. Annette **EDWARDS**, of Kent, Oct. 11, 1852, by Rev. Ezra Jones	3	18-19

	Vol.	Page
DUTCHER, (cont.)		
Newton, m. Lucy **BENSON**, b. of Kent, Mar. 18, 1850, by Rev. Jno Greenwood	3	8-9
DYE, Abigail, of Kent, m. Aaron **SMITH**, of Warren, Feb. 4, 1823, by Rev. C. A. Bordman	2	86
Elenor, d. Daniel & Elizabeth, b. Oct. 4, 1771	2	7
EATON, [see also **ETTON**], Almira, m. Sidney H. **LYMAN**, Mar. 31, 1841, by Rev. William W. Andrews	2	122
Ann, m. Abner **KELSEY**, Jr., Mar. 19, 1778, by Rev. Joel Bordwell	2	124
Asahel, s. [Joseph & Elizabeth], b. Nov. 4, 1770	2	75
Benjamin, s. [Benjamin & Hepsibe], b. May 10, 1774	1	52
Bulah, d. [Joseph & Elizabeth], b. Jan. 19, 1773	2	75
Calvin, s. Benjamin & Hepsibe, b. Jan. 20, 1758	1	52
Cloe, d. [Benjamin & Hepsibe], b. Mar. 22, 1760	1	52
Diamia, d. [Moses & Content], b. Apr. 10, 1786	2	146*
Dimmis, d. [Benjamin & Hepsibe], b. Sept. 23, 1772	1	52
Ebenezer Hatch, s. [Joseph, Jr. & Phebe], b. Nov. 8, 1780, in Sharon	2	120
Elizabeth, m. Benjamin **SKEFF**, Sept. 26, 1754, by Rev. Stephen Steel	1	51
Elizabeth, m. Parker **WILLSON**, Jan. 1, 1772, by Rev. Joel Bordwell	1	227
Elizabeth, d. [Joseph & Elizabeth], b. Aug. 9, 1776	2	75
Ezbon, s. [Joseph, Jr. & Phebe], b. Aug. 25, 1782	2	120
Hannah, m. Jehiel **BEEMAN**, June 29, 1770, by Cyrus Marsh, J. P.	1	231
Hepsebeth, d. [Benjamin & Hepsibe], b. Mar. 21, 1780	1	52
Isaac, s. [Joseph, Jr. & Phebe], b. July 28, 1784	2	120
Jacob, s. [Benjamin & Hepsibe], b. Sept. 20, 1763	1	52
James, s. [Joseph, Jr. & Phebe], b. Feb. 23, 1779	2	120
Jerusha, d. [Joseph & Elizabeth], d. July 13, 1767	2	75
Jerusha, d. [Benjamin & Hepsibe], b. Apr. 18, 1768	1	52
Joseph, Jr., m. Phebe **HATCH**, Jr., Feb. 19, 1778, by Rev. Joel Bordwell	2	120
Joshua, s. [Benjamin & Hepsibe], b. Mar. 12, 1770	1	52
Lemuel, s. [Joseph & Elizabeth], b. Dec. 16, 1768	2	75
Lois, d. [Benjamin & Hepsibe], b. June 10, 1766	1	52
Molly, d. [Benjamin & Hepsibe], b. Apr. 21, 1776	1	52
Moses, m. Content **BERRY**, June 1, 1780, by Rev. Joel Bordwell	2	146*
Peter, s. [Joseph, Jr. & Phebe], b. May 15, 1786	2	120
Rachel, d. Joseph & Elizabeth, b. Feb. 19, 1767	2	75
Reuben, m. Sarah T. **BULL**, May 19, 1845, by Rev. William W. Andrews	2	122
Reuben, m. Mrs. Nancy **CROSBY**, b. of Kent, Dec. 8, 1852, by William J. Alger	3	16-17
Rhoda, d. [Moses & Content], b. July 7, 1781	2	146*

	Vol.	Page
EATON, (cont.)		
Russell, s. [Moses & Content], b. Apr. 4, 1788	2	146
Russell, m. Lucy **PORTER**, Nov. 27, 1839, by Rev. William W. Andrews	2	205
Samuel, s. [Benjamin & Hepsibe], b. May 8, 1765; d. June 14, 1765	1	52
Thankfull, d. [Benjamin & Hepsibe], b. Nov. 20, 1761	1	52
Thankfull, m. Silas **PATTON**, Mar. 17, 1774, by Rev. Joel Bordwell	2	69
Thankfull, m. John **BERRY**, June 1, 1780, by Rev. Joel Bordwell	2	148*
Thomas, s. [Joseph & Elizabeth], b. Aug. 24, 1774	2	75
EDMONDS, Nicholos, m. Peninah **GUIRRE**, May 9, 1836, by W. W. Andrews	2	172
EDWARDS, EDWARD, Annette, of Kent, m. John A. **DUTCHER,** of Milwaukie, Wis., Oct. 11, 1852, by Rev. Ezra Jones	3	18-19
Benajah, [s. Benjamin & Mary], b. Dec. 10, 1768	2	74
Charles, m. Flora A. **SMITH**, Jan. 1, 1833, by Rev. Walter Smith, of Cornwall	2	53
Charry, [d. Benjamin & Mary], b. Feb. 15, 1770	2	74
David, [s. Benjamin & Mary], b. Dec. 25, 1778	2	74
Eben, [s. Benjamin & Mary], b. July 9, 1774	2	74
Elijah, m. Harriet **CHURCH**, Mar. 4, 1824, by Alpheus Fuller, J. P.	2	48
Eliza, d. [David & Sarah], b. Nov. 10, 1803	2	74
Homer, m. Phebe E. **ORTON**, Sept. 19, 1841, by Rev. William W. Andrews	2	122
Joshua, s. [Benjamin & Mary], b. Feb. 13, 1785	2	74
Lucina, m. Joseph **LEONARD**, b. of Kent, Oct. 21, 1824, by Nathan Slosson, J. P.	2	100
Nelen(?), [child of Benjamin & Mary], b. Jan. 23, 1781	2	74
Nelson, s. [David & Sarah], b. Dec. 30, 1807	2	74
Niram, s. [David & Sarah], b. Aug. 3, 1805	2	74
Niram, m. Hannah **LEONARD**, Oct. 31, 1827, by Rev. L. P. Hickok	2	231
Peirpoint, of Kent, m. Mrs. Sophia **POOL**, of New Preston, Sept. 10, 1843, by Rev. Samuel Tonkin Carpenter, of Sharon	2	237
Sarah, [d. Benjamin & Mary], b. Feb. 16, 1777	2	74
Stephen, [s. Benjamin & Mary], b. Sept. 4, 1772	2	74
Susanna, m. Alfred **MOREY**, Feb. 20, 1825, by L. P. Hickox	2	115
ELDRED, [see under **ELDRIDGE**]		
ELDRIDGE, ELDRED, ELDREDGE, ELDRIDG, Bettey, d. [Jehosaphet & Batey], b. Mar. 22, 1761	1	124
Bette, m. Benjamin **SACKETT**, Nov. 21, 1782, by Rev. Peter Starr	2	164
Elisha, s. [Jehosaphet & Bettey], b. Aug. 1, 1756	LR1	8
Jehosaphat, s. [Jehosephet & Batey], b. Apr. 28, 1769	1	124

	Vol.	Page
ELDRIDGE, ELDRED, ELDREDGE, ELDRIDG, (cont.)		
Joannah, d. [Jehosaphet & Batey], b. Mar. 26, 1766	1	124
Jude, s. [Johosaphet & Bettey], b. June 28, 1757, in Mass. Bay (Barnstabee?)	LR1	8
Moses, s. [Jehosaphet & Batey], b. May 31, 1771	1	124
Rufus, s. [Jehosaphet & Batey], b. May 21, 1773	1	124
Ruth, d. Jehosaphet & Batey, b. Sept. 19, 1758	1	124
Samuel, s. Johosaphet & Bettey, b. July 4, 1750, in Mass. Bay (Barnstabee?)	LR1	8
Samuell, d. May 20, 1755	LR1	4
Sam[ue]ll, s. [Jehosaphet & Batey], b. Sept. 7, 1763	1	124
Ward, s. [Johosaphet & Bettey], b. July 27, 1752, in Mass. Bay (Barnstabe?)	LR1	8
Ward, m. Mary **SMITH**, Nov. 5, 1774, by Daniel Griswould, J. P.	2	60
ELIOT, Clearina, d. [Nathan & Clarena], b. July 13, 1759	1	20
Elizabeth Wallis, d. David **ELIOT** & Sarah **GEER**, b. Oct. 24, 1773	2	8
John, s. [Nathan & Clarena], b. Nov. 1, 1760	1	20
Lydia, d. [Nathan & Clarena], b. Oct. 7, 1763	1	20
Matthew, s. [Nathan & Clarena], b. Dec. 12, 1761	1	20
Nathan, s. Nathan & Clarena, b. Mar. 1, 1758; d. Nov. 3, 1759	1	20
Nathan, s. [Nathan & Clarena], b. [ ]	1	20
Samuel, s. [Nathan & Clarena], b. July 27, 1770	1	20
ELMER, Abiel, of Torringford, m. Anne M. **ST. JOHN**, of Kent, June 29, 1822, by Rev. Asa Blair	2	155
ELTON, Joseph, of Sharon, m. Sary Mariah **NOECLEIN**, of Kent, May 21, 1825, by Zachariah Winegar, J. P.	2	153
EMMONS, Chauncey E., m. Sarah A. **PRICE**, Dec. 15, 1845, by Rev. William W. Andrews	2	122
ETTON, [see also **EATON**], Sally, m. Caleb **LYMAN**, b. of Kent, Dec. 12, 1830, by Frank Chittenden, J. P.	2	250
EVERETT, Asa, of Sharon, m. Annar **HATCH**, of Kent, May 23, 1824, by Frederick Gridley	2	94
EVERSON, William, m. Laura **SEYMOUR**, of Ammenal, N. Y., (colored), Dec. 23, 1823, by Alpheas Fuller, J. P.	2	28
EVITTS, Mary J., m. George **BENEDICT**, b. of Kent, May 15, 1850, by Rev. A. N. Benedict	3	10
Parnall, m. Chester **HUBBELL**, May 20, 1829, by Birdsey Beardsley, J. P.	2	239
EYLES, [see under **ILES**]		
FAIRCHILD, Abraham, s. [Stephen & Eunice], b. Aug. 7, 1747	1	135
Ager, s. [Stephen & Eunice], b. Nov. 17, 1751	1	135
Eunice, w. Stephen, b. June 28, 1725	1	135
Eunice, d. [Stephen & Eunice], b. Sept. 7, 1756	1	135
Ezra, s. [Stephen & Eunice], b. Apr. 11, 1745	1	135
Laura, d. [Samuel & Abigail], b. Apr. 1, 1785	2	191
Levi, s. [Stephen & Eunice], b. Aug. 24, 1749	1	

	Vol.	Page
FAIRCHILD, (cont.)		
Polly, d. [Samuel & Abigail], b. Sept. 18, 1786	2	191
Ruth, m. Samuell **HUBBLE**, b. late of Stratfield, Jan. 28, 1744/5, by Rev. Samuell Cook	LR1	13
Samuel, s. [Stephen & Eunice], b. Mar. 4, 1760	1	135
Samuel, m. Abigail **STRONG**, May 25, 1784, by Rev. Cotton Mather Smith	2	191
Sarah, d. [Stephen & Eunice], b. Mar. 6, 1771	1	135
Sherman, s. [Stephen & Eunice], b. Mar. 26, 1763	1	135
Stephen, b. Mar. 1, 1723	1	135
Stephen, s. [Stephen & Eunice], b. June 25, 1754	1	135
[**FALKNER**], [see under **FOLKER**]		
[**FAULKNER**], [see under **FOLKER**]		
FELCH, [see also **FITCH**], Asa, [twin with [ ], s. [Ebenezer & Sarah], b. Aug. 11, 1789	2	198
Ira, s. [Ebenezer & Sarah], b. Mar. 1, 1786	2	198
John, s. Ebenezer & Sarah, b. Oct. 14, 1783, in Dutchess Cty., N. Y.	2	198
-----, [twin with Asa], d. [Ebenezer & Sarah], b. Aug. 11, 1789; d. same day	2	198
FINNEY, FINEY, PHINEY, Abi, d. [Abner & Elizabeth], b. [ ]	1	100
Abraham, s. [Jonathan & Pheebe], b. Apr. 20, 1772	1	17
Alonzo, s. [Eleazer & Mary], b. May 16, 1778	2	62
Anna, d. John & Rachell, b. Oct. 31, 1749	LR1	14
Anna, d. John & Rachall, d. Jan. 21, 1754	LR1	14
Anna, w. John, d. Aug. 11, 1776	2	91
Anne, d. [Joel & Anne], b. Jan. 25, 1769	1	172*
Asenath, d. [Jonathan & Pheebe], b. Jan. 28, 1767	1	17
Belinda, d. [Joel & Anne], b. May 4, 1782	1	172*
Beriah, s. [Jonathan & Pheebe], b. Nov. 14, 1768	1	17
Bethuel, s. [Jonathan & Pheebe], b. June 11, 1760	1	17
Cyrus, s. [Josiah & Sarah], b. Dec. 5, 1764; d. [ ]	1	19
Cyrus, s. [Josiah & Sarah], b. Oct. 6, 1771	1	19
David, m. Abigail **CLARK**, b. of Kent, Feb. 26, 1759, by Rev. Sylvanus Osborn	1	16
Elezur, s. [John & Rachall], b. June 30, 1752	LR1	14
Eleazer, m. Mary **JOHNSON**, Feb. 8, 1774, by Rev. John Minor	2	62
Ellehu, s. [John, 3rd & Hannah], b. July 14, 1755, at Lebanon	1	43
Elijah Goslee, s. [Joel & Anne], b. Apr. 29, 1776	1	172*
Elisha, s. [Abner & Elizabeth], b. [ ]	1	100
Eunice, d. [Abner & Elizabeth], b. Jan. 25, 1759	1	100
Hannah, d. [John, 3rd & Hannah], b. Mar. 11, 1761	1	43
Heman, s. [Joel & Anne], b. Dec. 17, 1770	1	172*
Isaac, s. David & Abigail, b. Oct. 3, 1759	1	16
Isaac, s. [Abner & Elizabeth], b. Apr. 1, 1770	1	100
Isaac, s. [Eleazer & Mary], b. Sept. 16, 1782; d. Mar. 3, 1783	2	62
Joel, m. Anne **SACKETT**, Apr. 21, 1768, by Rev. Silvanus		

	Vol.	Page
FINNEY, FINEY, PHINEY, (cont.)		
Osborn	1	172*
Joel, s. [Joel & Anne], b. July 26, 1772	1	172*
Joel & Anne, had s. [ ], b. May 10, 1778; d. May 4 [sic], 1778	1	172*
John, s. [John, 3rd & Hannah], b. July 19, 1757, at Lebanon	1	43
John, Jr., s. John & Rachel, b. June 20, 1758	LR1	14
John, s. John, Jr. & Rachal, d. Jan. 12, 1762	1	74
John, Jr., m. Sarah **THOMAS**, Oct. 17, 1765, by Rev. Sylvenus Osborn	1	74
John, Dr., d. June 6, 1773	2	91
Johnson, s. [Eleazer & Mary], b. Dec. 10, 1775	2	62
Jonathan, m. Pheebe **PHELPS**, Aug. 12, 1757, by Alexander Phelps, J. P.	1	17
Jonathan, Jr., s. Jonathan & Pheebe, b. Nov. 8, 1758	1	17
Jonathan, d. Mar. 29, 1773	1	17
Joshua, s. John & Anna, d. Mar. 25, 1750	LR1	8
Joshua, s. Abner & Elizabeth, b. Aug. 31, 1756	1	100
Josiah, s. Josiah & Sarah, b. Jan. 6, 1756	LR1	1
Josiah, m. Joannah **PHELPS**, Jan. 21, 1779, by [ ]	2	163
Josiah, s. [Josiah & Joannah], b. Mar. 4, 1782	2	163
Larry, d. [Josiah & Joannah], b. May 10, 1780	2	163
Levina, d. [Josiah & Sarah], b. Oct. 28, 1766	1	19
Leucinde, d. [Josiah & Sarah], b. Jan. 28, 1763	1	19
Lucinda, d. [Eleazer & Mary], b. June 15, 1780	2	62
Lucinda, m. Platt **STARR**, Nov. 23, 1782, by Rev. Peter Starr	2	170
Lydia, m. Amaziah **PHILIPS**, Oct. 23, 1766, by Daniel Lee, J. P.	1	184
Lydia, d. [Jonathan & Pheebe], b. June 28, 1770; d. June 19, 1771	1	17
Lydea, d. [Joel & Anne], b. July 21, 1780	2	172*
Marcy, m. Ruben **SACKET**, b. of Kent, Dec. 21, 1752, by Rev. Cyrus Marsh	LR1	12
Mariah(?)*, m. Nehiel **BARNUM**, Apr. 30, 1741 *(Arnold copy has *("Mariah **PHERREY**")	LR1	2
Martain, s. John, 3rd & Hannah, b. July 20, 1751, at Lebanon	1	43
Mary Arloe, d. [Eleazer & Mary], b. Nov. 11, 1774; d. Feb. 1, 1775	2	62
Ozias, s. [Abner & Elizabeth], b. Oct. 25, 1761	1	100
Pheebe, d. [Jonathan & Pheebe], b. Feb. 22, 1762	1	17
Rachell, d. John & Rachell, b. Mar. 1, 1755	LR1	14
Rachal, w. John, Jr., d. June 5, 1765	1	74
Rachal, d. [Joel & Anne], b. Apr. 12, 1774	1	172*
Rachel, m. Elijah **GOSLEE**, Oct. 16, 1775, by Rev. Jesse Clark	2	91
Rhodah, d. [Jonathan & Pheebe], b. July 22, 1763	1	17
Rufus, s. John, Jr. & Rachal, b. May 18, 1760	1	74
Sarah, d. Oliver & Elizabeth, b. Mar. 13, 1753	LR1	13

	Vol.	Page
FINNEY, FINEY, PHINEY, (cont.)		
Sarah, d. [Josiah & Sarah], b. June 6, 1761	1	19
Silvester, s. Josiah & Sarah, b. Mar. 15, 1759	1	19
Zina, s. [Jonathan & Pheebe], b. Jan. 14, 1765	1	17
FISHER, Aleneran(?), s. [Luke & Jane], b. Jan. 6, 1765	1	83
Synthia*, d. [Luke & Jane], b. Jan. 2, 1763 *(Cynthia)	1	83
Henry, m. Eugene **PALMER**, b. of Kent, Apr. 29, 1755, by Benjamin Porter, of Judea	LR1	13
Luke, m. Jane **LILLEE**, Feb. 25, 1762, by Rev. Joel Bordwell	1	83
Lydia, m. Nathaniel **PHILIPS**, Feb. 16, 1762, by Rev. Silvenus Osborn	1	120
Polly, m. Hall **ABEL**, Jan. 4, 1797*, by Rev. [ ] Griswould, of New Milford *(Probably "1794")	2	66
FISK(?)*, Joseph, of New York, m. Jane **STEVENSON**, of Kent, Nov. 4, 1827, by Alpheas Fuller, J. P. *(Arnold copy had "Joseph **TRISK**")	2	50
FITCH, [see also **FELCH**], Collins L., m. Laura Ann **GREGORY**, Mar. 28, 1827, by Birdsey Beardsley, J. P.	2	158
David, m. Mary **ROOTS**, Oct. 3, 1766, by John Ransom, J. P.	2	77
David, s. [David & Mary], b. Aug. 1, 1768; d. Jan. 4, 1769	2	77
David, d. Jan. 19, 1769	2	77
Joshua, m. Marcy **BENTLEY**, Feb. 15, 1770, by Rev. Joel Bordwell	1	213
Marcy, w. Joshua, d. July 25, 1771	1	213
Mercy Hannah, d. [Joshua & Marcy], b. July 21, 1771	1	213
Sarah, m. David **MORGAN**, Jan. 15, 1778, by Rev. Joel Bordwell	2	137
FLETCHER, James, of Badport, Vt., m. Florence **SKIFF**, of Kent, Dec. 8, 1828, by Rev. L. P. Hickox	2	202
FLING, Mary, m. Thomas **RYAN**, Feb. 1, 1852, by Rev. Michael O'Farrel	3	13-14
FOLKER, FOLKEN, FOLKIN, Ebenezer, m. Sarah **STAUNTON**, Feb. 11, 1799, by Rev. Joel Bordwell	2	38
Ebenezer, of Kent, m. Chloe **RUSSELL**, of Cornwall, Nov. 28, 1826, by Rev. Josiah L. Dickerson, of New Preston	2	38
Sarah, mother of Joshua **STAUNTON**, d. July 18, 1808, in the 61st y. of her age	2	217*
FOLKIN, [see under **FOLKER**]		
FOLLET, Lydia, m. Esbon **FULLER**, Jan. 1, 1783, by Jethro Hatch, J. P.	2	183
FOOT, Elenor, m. Jonah **RUDE**, Aug. 25, 1772, by Jeremiah Day	2	45
FORD, Hannah, of New Milford, m. Elias **LAIN**, of Kent, Apr. 25, 1830, by Alpheas Fuller, J. P.	2	208
-----, m. Orlo **CARTER**, Oct. 23, 1839, by Rev. William W. Andrews	2	205
FOSTER, FORSTER, Abiggal, m. Luke **STUART**, June 13, 1769, by Rev. Hezekiah Gold	1	183
Artemus, s. [Thomas & Hannah], b. July 14, 1781	2	155

	Vol.	Page
FOSTER, FORSTER, (cont.)		
Hannah, m. Josiah **RAYMOND**, Apr. 17, 1763, by Rev. Joel Bordwell	1	182
Thomas, m. Hannah **BLISS**, Apr. 6, 1780, by Rev. Peter Starr	2	155
FOWLER, Augustus, m. Mariah **REID**, Feb. 11, 1823, by Zachariah Winegar, J. P.	2	42
Lydia, m. Robert N. **SACKETT**, Oct. 16, 1853, by Rev. William H. Kirk	3	20
Senaca, of Beekman, Dutchess Cty., N. Y., m. Mariah **MOREY**, of Kent, Feb. 8, 1825, by Alpheas Fowler, J. P.	2	147*
FRANK, Ruba M., m. Heman **ANDREWS**, Dec. 25, 1832, by Nathaniel P. Perry, J. P.	2	238
FREEMAN, Clarissa, d. [Cuff & Amelia], b. Nov. 28, 1794	2	207
Cuff, m. Amelia [ ], Mar. [ ], 1789, by Jedidiah Hubbell, J. P.	2	207
Cuff, d. July 12, 1800	2	207
Cuff Franklin, s. [Cuff & Amelia], b. Feb. 26, 1800	2	207
Dinah, d. [Cuff & Amelia], b. Feb. 14, 1790	2	207
Hannah, m. Nathan **STEWART**, [ ], 176[ ], by Rev. Joel Bardwell	1	127
Marcy, m. Eben[eze]r **CURTIS**, Dec. 4, 1760, by Rev. Joel Bardwell	1	102
William, s. Call & Sylva, b. Jan. 6, 1785	2	214
FRENCH, Henry, m. Hannah **GREGORY**, b. of Kent, Oct. 30, 1842, by William Burdit, J. P.	1	144
Phebe, m. Alvin **SABINS**, b. of Kent, Feb. 1, 1831, by Nathaniel P. Perry, J. P.	2	233
FRINK, Joel, of Sharon, m. Hannah **BENNET**, of Kent, Oct. 16, 1820, by John Mills, J. P.	2	47
Polly, m. Ebenezer **BARNUM**, Apr. 5, 1825	2	1
Polly, m. Ebenezer **BARNUM**, Apr. 5, 1825, by L. P. Hickox	2	72
FULLER, Abel, s. [Adiger & Experience], b. June 18, 1762	1	57
Abigail, d. [Zachariah & Abigail], b. Oct. 19, 1754	2	71
Abigail, d. [Howard & Sarah], b. May 26, 1772	2	12
Abigail, m. Nathan **SKIFF**, Jr., Nov. 18, 1773, by Rev. Joel Bordwell	2	54
Abigail, d. [Ephraim & Rebecca], b. Nov. 9, 1788; d. July 29, 1791	2	145
Abraham, m. Lydia **GELLET**, Nov. 4, 1762, by Daniel Caswell, J. P.	1	99
Abraham, [twin with Isaac], s. [Abraham & Lydia], b. Apr. 17, 1772	1	99
Abraham, s. [Daniel & Abigail], b. Nov. 27, 1772; d. Mar. 18, 1772 [sic]	1	226
Adaline, d. [Revilo & Rebecca], b. Dec. 28, 1801	2	210
Adaline, of Kent, m. David **NORTHROP**, Jr., of Sherman, Oct. 9, 1820, by Rev. Asa Blair	2	139

	Vol.	Page
FULLER, (cont.)		
Alice, d. [Dr. Oliver & Lowis], b. Jan. 15, 1780	1	160
Amanda, d. [Revilo & Rebecca], b. Jan. 1, 1811	2	210
Amzi, s. [Revilo & Rebecca], b. Oct. 19, 1793	2	210
Ann E., m. George **HOPSON**, Oct. 25, 1843, by Rev. William W. Andrews	2	122
Asahel, s. [Adiger & Experience], b. Aug. 16, 1764	1	57
Ashbel, s. [Abraham & Lydia], b. Oct. 14, 1765	1	99
Benajah, m. Catharine **THOMSON**, Dec. 24, 1777, by Wales Porter	2	159
Botsford, m. Jerusha **STONE**, Jan. 31, 1832, by Frederick Gridley	2	87
Charity, m. Abel **MERWIN**, Sept. 24, 1837, by W. W. Andrews	2	192
Clany, s. [James & Judeth], b. Oct. [ ], 1795	2	231
Cyrus, of Sharon, m. Harriet **SKIFF**, of Kent, Nov. 30, 1823, by Rev. David L. Perry, of Sharon	2	34
Daniel, s. Nathaniel & Mary, b. Mar. 17, 1749	1	103
Daniel, m. Abigail **NOBLE**, Jan. 25, 1768, by Rev. Silvanus Osborn	1	226
David Botsford, s. [Philo & Sophia], b. June 6, 1808	2	238
Dimis, d. [Zachariah & Abigail], b. Oct. 10, 1755	2	71
Dimmis, m. Stephen **SKIFF**, Nov. 9, 1769, by Rev. Joel Bordwell	1	193
Dimis, d. [Jacob & Elizabeth], b. July 3, 1774	2	72
Dimmis, d. [Ephraim & Rebecca], b. Aug. 9, 1785	2	145
Edmon, s. [Simeon & Lois], b. Oct. 4, 1755; d. Jan. 28, 1760	1	87
Elizabeth, d. [Jacob & Elizabeth], b. June 29, 1768	2	72
Ephraim, s. [Zachariah & Abigail], b. Sept. 29, 1757	2	71
Ephraim, m. Rebecca **INGRAM**, Nov. 26, 1777, by Rev. Joel Bordwell	2	145
Ephraim, s. [Ephraim & Rebecca], b. Nov. 4, 1790	2	145
Esborn, s. [Abraham & Lydia], b. Apr. 27, 1764	1	99
Esbon, m. Lydia **FOLLET**, Jan. 1, 1783, by Jethro Hatch, J. P.	2	183
Eunice, d. Adiger & Experience, b. May 24, 1760; d. Feb. 8, 1763	1	57
Frederic, s. [Esbon & Lydia], b. Sept. 25, 1783	2	183
Hannah, m. Jonathan **BERREY**, b. of Kent, Jan. 3, 1751, by Timothy Hatch, J. P.	LR1	5
Hannah, d. [Adiger & Experience], b. July 22, 1758; d. Jan. 29, 1760	1	57
Hannah, d. [Ephraim & Rebecca], b. Nov. 25, 1780	2	145
Hannah, m. Elijah **SKIFF**, Mar. 23, 1797, by Rev. Joel Bordman	2	142
Hayward, s. Simeon & Lois, b. Mar. 26, 1750	1	87
Howard, m. Sarah **BENITT**, Apr. 25, 1771, by Daniel Lee, J. P.	2	12
Isaac, m. Sarah **KELSEY**, Nov. 5, 1769, by Rev. Joel		

	Vol.	Page
FULLER, (cont.)		
Bordwell	1	192
Isaac, [twin with Abraham], s. [Abraham & Lydia], b. Apr. 17, 1772	1	99
Isaac, d. Nov. 17, 1772	1	192
Isaac, s. [Jacob & Elizabeth], b. Nov. 24, 1785	2	72
Jacob, m. Elizabeth **PAIN**, Feb. 23, 1764, by Rev. Ebenezer Niblow	2	72
Jacob, s. [Jacob & Elizabeth], b. Apr. 22, 1772	2	72
James, m. Judeth **MAIN**, [, 17[ ]], by Rev. Joel Bardwell	2	231
James, s. [Jacob & Elizabeth], b. Dec. 12, 1764	2	72
Jeremiah, m. Lydia **MILLS**, Jan. 11, 1754, by Rev. Cyrus Marsh	2	51
Jeremiah, s. [Abraham & Lydia], b. Apr. 3, 1778	1	99
Jeremiah, s. [Benajah & Catharine], b. Nov. 18, 1783	2	159
Jeremiah, m. Ruth **REED**, Jan. 10, 1790, by Rev. [ ] Gleason	2	51
Jeremiah, d. Aug. 31, 1809	2	51
Jeremiah R., m. Hannah B. **PIERCE**, Dec. 26, 1811, by Rev. Stone, of Cornwall	2	246
Jeremiah Reed, s. [Jeremiah & Ruth], b. Jan. 30, 1791	2	51
Jerome, of Haverstraw, m. Lucy C. **PRATT**, of Kent, Oct. 27, 1834, by Hiram Jelliff	2	86
John, s. [Simeon & Eunice], b. Aug. 31, 1767	1	87
John, s. [Daniel & Abigail], b. July 8, 1779	1	226
John Ransom, s. [Revilo & Rebecca], b. Feb. 13, 1792	2	210
Jonathan Giddings, s. [Revilo & Rebecca], b. Feb. 6, 1798	2	210
Julia R., m. Mathew S. **BARNUM**, Nov. 3, 1827, by Rev. L. P. Hickok	2	232
Lisas, d. June 12, 1793	1	39
Lois, d. [Simeon & Lois], b. June 5, 1752	1	87
Lois, w. Simeon, d. Aug. 31, 1764	1	87
Lois, m. Elijah **HOPKINS**, Jan. 28, 1768, by Rev. Silvanus Osborn	1	199
Loisa, d. [Revilo & Rebecca], b. Dec. 25, 1795	2	210
Lydia, m. Tho[ma]s **HATCH**, Aug. 19, 1749, by Timothy Hatch, J. P.	LR1	9
Lydia, w. Jeremiah, d. July 7, 1756	2	51
Lydia, d. [Abraham & Lydia], b. May 25, 1776	1	99
Lydia Day, d. [Jacob & Elizabeth], b. July 9, 1770	2	72
Mabel, d. [Simeon & Lois], b. Apr. 18, 1763	1	87
Mabel, m. Benjamin Thomas **CHAPMAN**, Sept. 20, 1787	2	222
Margaret, d. [Jacob & Elizabeth], b. Sept. 20, 1766	2	72
Margaret, m. Asa **PARKS**, Mar. 18, 1793, by Rev. Joel Bardwell	2	235
Mary, d. Simeon & Eunice, b. Nov. 23, 1765	1	87
Mindwell, m. Asa **PARRISH**, b. of Kent, Nov. 23, 1749, by Rev. Cyrus Marsh	LR1	11
Nathaniel, d. July 12, 1780	1	103

	Vol.	Page
FULLER, (cont.)		
Ollive, d. [Abraham & Lydia], b. Mar. 13, 1767	1	99
Olive E., of Kent, m. George W. **SPANGLE**, of Manchester, N. Y., Apr. 4, 1852, by Rev. J. Osborn	3	15
Oliver, m. Alice **RANSOM**, May 3, 1767, by Rev. Joel Bordwell	1	160
Oliver, Dr., m. Lowis **GILLETT**, Oct. 12, 1777, by Rev. Joel Bordwell	1	160
Orange, s. [Ebson & Lydia], b. Jan. 1, 1785	2	183
Philo, s. [Ephraim & Rebecca], b. Jan. 11, 1783	2	145
Philo, m. Sophia **BOTSFORD**, Nov. 23, 1806, by Rev. Mr. Stone, of Cornwall	2	238
Polly, d. [Ephraim & Rebecca], b. July 14, 1778	2	145
Polly, m. Joseph **SKIFF**, Jr., Jan. 4, 1798, by Rev. Joel Bordwell	2	40
Rachell, m. Sam[ue]ll **BAT[E]S**, July 16, 1741	LR1	2
Rebecca, 2nd, d. [Revilo & Rebecca], b. Apr. 15, 1808	2	210
Revilo, s. [Oliver & Alice], b. Jan. 26, 1768	1	160
Revilo, m. Rebecca **GIDINGS**, Feb. 10, 1791, by James Fuller, J. P.	2	210
Revillo, Jr., s. [Revilo & Rebecca], b. Aug. 3, 1806	2	210
Rhoda, d. [Dr. Oliver & Lowis], b. May 8, 1782	1	160
Rhoda Ann, d. June 16, 1793	1	39
Robert Nelson, s. [Revilo & Rebecca], b. Sept. 27, 1799	2	210
Roswell, s. [Abraham & Lydia], b. Sept. 1, 1774	1	99
Rufus, m. Elizabeth **DRAKE**, Feb. 1, 1821, by Rev. Asa Blair	2	85
Ruth, d. [Jacob & Elizabeth], b. Mar. 6, 1776	2	72
Ruth, [w. Jeremiah], d. Feb. 9, 1791	2	51
Sarah, d. [Simeon & Lois], b. Mar. 12, 1758; d. Feb. 23, 1760	1	87
Sarah, d. [Simeon & Lois], b. Mar. 9, 1761	1	87
Sarah, d. [Jacob & Elizabeth], b. Nov. 12, 1788	2	72
Simeon, m. Lois **HAYWARD**, b. of Kent, May 7, 1749, by Timothy Hatch, J. P.	LR1	8
Simeon & Lois, had child, b. Aug. 17, 1754, d. Aug. 27, 1754	1	87
Simeon, m. Eunice **PACKER**, Nov. 28, 1764, by Rev. Simeon Waterman	1	87
Simeon, s. [Simeon & Eunice], b. Feb. 17, 1771	1	87
Thomas, s. [Revilo & Rebecca], b. Feb. 26, 1804	2	210
Timothy, colored, b. Feb. 9, 1776; bound by the Selectmen of Kent to Julius **CASWELL**, Jan. 9, 1786 for term of 11 y. 1 m.	2	214
William, s. [Benajah & Catharine], b. Dec. 17, 1778	2	159
Zachariah, m. Abigail **HUBBELL**, Apr. 4, 1754, by Timothy Hatch, J. P.	2	71
Serviah Duah*, d. [Abraham & Lydia], b. May 5, 1769 *(Zerviah Duah)	1	99
Zuriah* Dun, m. John **RAYMOND**, Feb. 25, 1792, by Rev. Joel Bardwell *(Zerviah?)	2	218

	Vol.	Page
FULLERTON, John, m. Prudence Abigail **SWIFT**, Sept. 2, 1793, by Jedidiah Hubbell, J. P.	2	219
GALUSHA, Anna, d. [Jacob & Sarah], b. Apr. 29, 1747	LR1	11
Nathaniel, s. Jacob & Sarah, b. Apr. 3, 1743	LR1	11
Oliver, s. Jacob & Sarah, b. Jan. 12, 1744/5	LR1	11
Zachariah, s. Nathaniel & Lois, b. Apr. 25, 1765	2	66
GARLICK, Eunice, [twin with Sarah], d. Heth & Sarah, b. Oct. 3, 1772	1	232
Sarah, [twin with Eunice], d. Heth & Sarah, b. Oct. 3, 1772	1	232
GARTHNA, [see also **GUTHRIE**], Abigail, d. [James & Abigaill], b. Aug. 1, 1762	1	72
Benjamin, s. [James & Abigaill], b. July 11, 1763	1	72
Easther, d. [James & Abigaill], b. June 15, 1765	1	72
Joseph, s. James & Abigaill, b. Oct. 8, 1761	1	72
Nathan, s. [James & Abigaill], b. Oct. 14, 1767	1	72
GAYLORD, Lucius, m. Roxana **COGSWELL**, Nov. 30, 1834, by Birdsey Beardsley, J. P.	1	55
GEER, Amasa, s. [Silas & Hannah], b. Jan. 1, 1752, in Preston	2	3
Charles, m. Amarinda **COLE**, Jan. 3, 1837, by W. W. Andrews	2	191
David, s. [Ezra & Elizabeth], b. Dec. 6, 1766	1	18
David, m. Cintha **PARK**, Apr. 4, 1793, by Rev. Joel Bardwell	2	228*
Dorothy, d. [Silas & Hannah], b. Nov. 11, 1762	2	3
Elias, s. [Ezra & Elizabeth], b. Mar. 8, 1762	1	18
Elijah, s. [Silas & Hannah], b. Apr. 12, 1754; d. Jan. 5, 1755	2	3
Elijah, s. [Ezra & Elizabeth], b. July 8, 1765	1	18
Elisha, s. [Silas & Hannah], b. May 1, 1756; d. June 15, 1761	2	3
Eliza R., of Kent, m. Albert **BEARDSELY**, of Auburn, Penn., June 8, 1826, by Rev. L. P. Hickox	2	143
Elizabeth, d. [Ezra & Elizabeth], b. Dec. 2, 1760	1	18
Elizabeth, d. [Ezra & Elizabeth], d. Feb. 6, 1773	1	18
Esther, m. Philip **JUDD**, Aug. 23, 1846, by Rev. William Atwill. Witness: Henry J. Fuller	3	1
Eveline, of Kent, m. James **PAYNE**, of Gaylords Bridge, Jan. 1, 1845, at the house of Nathaniel Geer, by Rev. George W. Tash	2	217
Ezra, s. [Ezra & Elizabeth], b. Jan. 12, 1757	1	18
Garner, m. Esther **TITUS**, Feb. 25, 1795, by David Whittlesey, J. P.	2	5
Hannah, d. [Ezra & Elizabeth], b. Apr. 3, 1755	1	18
Hannah, w. Silas, d. June 4, 1770	2	3
James, [s. Ezra & Elizabeth], b. Dec. 20, 1772	1	18
John, s. [Ezra & Elizabeth], b. Apr. 2, 1759	1	18
Joseph, s. [Silas & Hannah], b. June 4, 1758	2	3
Levina, d. [Silas & Hannah], b. Aug. 10, 1767	2	3
Louisa M., m. Eli **CLARK**, Feb. 27, 1843, by Rev. William W. Andrews	2	122

	Vol.	Page

GEER, (cont.)
    Lucinda, [twin with Lucy], d. Garner & Esther], b. Feb.
        26, 1796   2   5
    Lucy, [twin with Lucinda], d. [Garner & Esther], b. Feb.
        26, 1796   2   5
    Margaret, d. [Ezra & Elizabeth], b. Sept. 10, 1754   1   18
    Mary O., m. Charles **BARNES,** Jan. 6, 1847, by Rev. W. W.
        Andrews   3   5
    Nathaniel, m. Elizabeth **MENTOR,** Sept. 30, 1771, by John
        Ransom, J. P.   1   65
    Patience, d. [Ezra & Elizabeth], b. July 21, 1768   1   18
    Sally Williams, d. [David & Cintha], b. Feb. 5, 1794   2   228*
    Sarah, d. [Ezra & Elizabeth], b. Sept. 12, 1752   1   18
    Sarah, had d. Elizabeth Wallis **ELIOT,** b. Oct. 24, 1773;
        f. David **ELIOT**   2   8
    Sarah, m. Samuel **JUDD,** Sept. 7, 1775, by Rev. Joel Bordwell   2   8
    Silas, m. Hannah **WILLIAMS,** Jan. 1, 1751, by Samuel Gaite,
        J. P.   2   3
    Silas & Hannah, had 5th child d. [   ], b. June 4, 1760;
        d. June 8, 1760   2   3
    Stephen, s. [Ezra & Elizabeth], b. Jan. 28, 1763   1   18
    Susannah, d. Ezra & Elizabeth, b. Mar. 1, 1751   1   18
    Thankfull, d. [Silas & Hannah], b. Dec. 6, 1764   2   3
GIBBS, Catharine, d. [Tillotson H. & Eunice], b. Jan. 8, 1819   3   2
    Frederick B., s. [Tillotson H. & Eunice], b. Nov. 19, 1824   3   2
    Harriet J., m. Andrew **PAGE,** Jan. 1, 1846, by Rev. William
        W. Andrews   2   122
    Harrietta, m. Noah **WELCH,** July 11, 1845, by Rev. William
        W. Andrews   2   122
    Henrietta, [d. Tillotson H. & Eunice], b. Oct. 16, 1822   3   2
    Jerome Francis, s. [Tillotson H. & Eunice], b. May 9, 1836   3   2
    Julia A., of Kent, m. Edwin B. **COUCH,** of New Milford,
        Apr. 24, 1853, by Rev. James Caldwell   3   18-19
    Mary Lamira, d. [Tillotson H. & Eunice], b. Aug. 16, 1832   3   2
    Sally E., m. Turnay **HALL,** Apr. 11, 1847, by Rev. W. W.
        Andrews   3   5
    Tillotson H., m. Eunice **COLE,** Jan. 11, 1818, by Rev.
        John Nois, in Weston   3   2
    Willis, s. [Tillotson H. & Eunice], b. May 24, 1828   3   2
GIBSON, Isaiah, m. Emelia **SCOTT,** Oct. 27, 1774, by Rev.
        Ebenezer Hiblow   2   21
    Isaiah, s. [Isaiah & Emelia], b. Sept. 28, 1776   2   21
    Orramile, s. [Isaiah & Emelia], b. July 20, 1775   2   21
GIDDINGS, GIDINGS, J. C., m. Mary E. **COAN,** Jan. 29, 1846,
        by Rev. William W. Andrews   2   122
    Rebecca, m. Revilo **FULLER,** Feb. 10, 1791, by James Fuller,
        J. P.   2   210
GILBERT, Champion, s. [Truman & Eunice], b. Feb. 10, 1785   2   147

	Vol.	Page
GILBERT, (cont.)		
Charles, s. [Truman & Eunice], b. Feb. 3, 1783	2	147
Ezra, s. Ezra & Mary, b. Mar. 7, 1763	1	38
Harry, m. Maria **ROWLAND**, Sept. 28, 1823, by Nathaniel P. Perry, J. P.	2	116
Heborne, s. [Ezra & Mary], b. Oct. 18, 1758	1	38
Jabez, s. [Ezra & Mary], b. Apr. 14, 1766	1	38
Joseph, s. [Ezra & Mary], b. Sept. 30, 1764	1	38
Maria, m. Charles **BARTRAM**, Oct. 5, 1836, by W. W. Andrews	2	172
Mary, d. [Ezra & Mary], b. Dec. 31, 1768	1	38
Mary, [d. Ezra & Mary], b. Oct. 18, 1772	1	38
Susan, m. David **COLE**, b. of Kent, Dec. 22, 1852, by Rev. James Caldwell	3	16-17
Truman, s. Ezra & Mary, b. July 27, 1757	1	38
Truman, m. Eunice **PHIPPANEE**, Mar. [ ], 1780, by Rev. Peter Starr	2	147
Warner, s. [Ezra & Mary], b. Jan. 14, 1768	1	38
GILLETT, GILLETTS, GELLET, John, of Hartford, m. Hannah H. **PRATT**, of Kent, Oct. 10, 1831, by Frederick Gridley	2	248
Lowis, m. Dr. Oliver **FULLER**, Oct. 12, 1777, by Rev. Joel Bordwell	1	160
Lydia, m. Abraham **FULLER**, Nov. 4, 1762, by Daniel Caswell, J. P.	1	99
GIPSON, Hannah, w. Isaiah, d. July 25, 1771	2	21
Isaiah, m. Hannah **IRESON**, Feb. 10, 1763, by David Whitney, J. P.	2	21
GOODSELL, GOODSEL, Amelia, m. Heman **SKIFF**, b. of Kent, June 24, 1820, by Rev. Frederick Gridley, of Elsworth	2	55
Charles, m. Nancy **SKIFF**, Sept. 2, 1824, by Frederick Gridley	2	97
Heman, m. Rebecca **OGDEN**, Nov. 26, 1823, by Alpheas Fuller, J. P.	2	127
GOODWINE, Rhoda, m. Philo **MILLS**, Nov. 17, 1797, by Rev. Samuel F. Mills, of Torringford	2	241
GORHAM, Polly, m. Joshua **CONVERSE**, Dec. [ ], 1790, by Rev. Joel Bardwell	2	233
GOSLEE, Elijah, m. Rachal **FINEY**, Oct. 16, 1775, by Rev. Jesse Clark	2	91
Elijah, d. Nov. 25, 1775	2	91
Lydia, d. [Elijah & Rachel], b. Mar. 3, 1776	2	91
GOYARY, Chloe, m. John **BENEDICT**, Dec. 17, 1788, by Jethro Hatch	2	66
GRAY, Benjamin, s. John & Mary, b. Oct. 17, 1761	1	64
Bethiah, d. [Nathaniel & Bethiah], b. July 4, 1776	2	43
Caleb, s. John & Mary, b. Sept. 12, 1765	1	64
Daborah, w. Nathaniell, d. June 13, 1770	1	115
Deborah, d. [Nathaniel & Bethiah], b. Oct. 31, 1774; d. Sept. 23, 1775	2	43

	Vol.	Page
GRAY, (cont.)		
Elias, s. [William & Sarah], b. June 25, 1795	2	232
Elijah, s. Nathaniel & Daborah, b. Mar. 12, 1764, at Ritch Mount	1	115
Elisha, s. [Nathaniel & Daborah], b. Sept. 24, 1765, at Dover, Dutchess Cty., N. Y.	1	115
Eunice, d. [Nathaniel & Daborah], b. Jan. 28, 1768, at Dover	1	115
Hannah, d. John & Hannah, now decd., b. May 28, 1757, at Norwalk	1	64
Hannah, w. John, d. Dec. 26, 1760	1	64
Isaac, s. William & Sarah, b. Sept. 16, 1793	2	232
John, Jr., s. John & Hannah now decd, b. Apr. 19, 1755, at Norwalk	1	64
John, m. Mary **MORGAN**, Mar. 12, 1761, by John Ransom, J. P.	1	64
Mary, d. [John & Mary], b. Dec. 25, 1763	1	64
Nathaniel, m. Bethiah **RAYMOND**, Dec. 30, 1773, by Joel Bordwell	2	43
Ruth, d. [Nathaniel & Daborah], b. Dec. 16, 1766, at Dover	1	115
William, m. Sarah **GININS**, May 14, 1795, by Rev. Medad Rogers	2	232
GREENELL, David, m. Abigail **HUBBELL**, Mar. 24, 1783, by Rev. Joel Bordwell	2	176
David, m. Abigail **HUBBEL**, Mar. 24, 1785, by Rev. Joel Bordwell	2	193
Ithamer, s. [David & Abigail], b. Aug. 23, 1790	2	193
Lucy, d. [David & Abigail], b. Dec. 20, 1785, in Salisbury	2	193
Lura, d. [David & Abigail], b. May 11, 1788	2	193
GREGORY, Hannah, m. Henry **FRENCH**, b. of Kent, Oct. 30, 1842, by William Burdit, J. P.	1	144
Hezekiah C., m. Harriet **SMITH**, June 5, 1826, by E. B. Kellogg	2	183
Hezekiah C., of Litchfield, m. Electa **SMITH**, of Kent, Nov. 27, 1834, by Hiram Jelliff	2	183
Judeth, m. John **BENNETT**, July 27, 1824, by John Mills, J. P.	2	95
Laura Ann, m. Collins L. **FITCH**, Mar. 28, 1827, by Birdsey Beardsley, J. P.	2	158
Lydia, of Kent, m. Robert **CARSON**, of Unionvale, Cty. of Dutchess, N. Y., July 10, 1842, by William Burdit, J. P.	1	145
Maria, of Kent, m. Theodore **COGSWELL**, of Washington, Oct. 18, 1826, by Rev. C. A. Bordman, of New Preston	2	170
Nehemiah, m. Lois **BARNUM**, Oct. 3, 1759, by Rev. Joel Bordwell	1	33
Samuel, of Pike, Penn., m. Abby **SEGAR**, of Kent, May 12, 1828, by Rev. L. P. Hickok	2	235
GRIDLEY, Abigail, m. Phillip **JUDD**, Mar. 8, 1738/9, by Rev.		

	Vol.	Page
GRIDLEY, (cont.)		
William Burnham, of Kensington	LR1	16
GRIFFIN, David, m. Lucy Ann **HALL**, Sept. 4, 1837, by Hiram Converse, J. P.	2	154
GUIRRE, Peninah, m. Nicholos **EDMONDS**, May 9, 1836, by W. W. Andrews	2	172
GUTHRIE, [see also **GARTHNA**], Abigail, d. Joseph & Elizabeth, b. Feb. 24, 1763	1	118
Anne, d. [William & Suse], b. Oct. 12, 1761	1	108
Daniel, s. [Ephraim & Thankfull], b. June 7, 1764	1	154
Ebenezer, s. [Ephraim & Thankfull], b. Apr. 9, 1770	1	154
Elias, s. [Joseph & Rachal], b. July 19, 1769	1	118
Elizabeth, w. Joseph, d. Aug. 15, 1765	1	118
Hannah, d. Ephraim & Thankfull, b. Feb. 17, 1763	1	154
Johiah, s. [Ephraim & Thankfull], b. Apr. 19, 1772	1	154
John, s. [Ephraim & Thankfull], b. Apr. 5, 1774	1	154
Joseph, m. Rachal **KERBY**, Apr. 9, 1767, by Rev. Daniel Brinsmade	1	118
Joseph, s. [Joseph & Rachal], b. Feb. 19, 1773	1	118
Lois, d. [William & Suse], b. Aug. 6, 1765	1	108
Mary, d. [William & Suse], b. Dec. 22, 1770	1	108
Rhodah, d. W[illia]m & Suse, b. May 25, 1758	1	108
Rhoda, m. Heith **KELSEY**, Apr. 30, 1778, by Rev. Jeremiah Day	2	122
Stephen, d. [Joseph & Rachal], b. Jan. 10, 1768	1	118
Sibbel, d. [Ephraim & Thankfull], b. Mar. 27, 1766	1	154
Truman, s. [Joseph & Elizabeth], b. Jan. 14, 1765	1	118
W[illia]m, s. [William & Suse], b. Dec. 4, 1767	1	108
HALL, Alpheas, of Kent, m. Esther **BEEMUS**, of New Milford, Feb. 22, 1844, by Epaphras B. Goodsell, J. P.	1	73
Amelia, m. Aaron **COLEMAN**, Nov. 25, 1786, by Rev. Jeremiah Day	2	211
Anson, m. Anna **DOUGLASS**, b. of Kent, Oct. 3, 1826, by Nathan Slosson, J. P.	2	167
Asa, s. Asa & Mary, b. June 24, 1774	2	113
Asa, m. Elizabeth **SWIFT**, Nov. 24, 1774, by Ephraim Hubbell, J. P.	2	113
Asa, m. Betsey **BERRY**, Apr. 6, 1800, by Julius Caswell, J. P.	2	168
Catharine, m. Nelson **CRANE**, b. of Kent, June 30, 1830, by Rev. Fitch Buel	2	221
Catharine, m. Nathan B. **CHAMBERLAIN**, Mar. 12, 1837, by W. W. Andrews	2	192
Cloe, d. [Asa & Elizabeth], b. Mar. 29, 1777	2	113
Clarina, m. Asher **ROSS**, Sept. 26, 1782, by Jedidiah Hubbell, J. P.	2	161
Daniel, s. [Lemuel & Mary], b. Oct. 16, 1758	1	89
Daniel Atwater, s. [Asa & Betsey], b. Mar. 27, 1805	2	168
Elizabeth, d. [Lemuel & Mary], d. July 5, 1761	1	89

	Vol.	Page
HALL, (cont.)		
Emeline, m. Lewis L. STUART, Oct. 27, 1825, by Nathaniel P. Perry, J. P.	2	211
Erastus, s. [Timothy & Elizabeth], b. Sept. 22, 1789; d. July 14, 1790	2	201
Ezekiel, s. Lemuel & Mary, b. Dec. 5, 1755	1	89
G. B., m. Lucy SPICER, Oct. 8, 1837, by William Andrews	2	44
Hannah, m. Lewis MILLS, July 26, 1759, by Joel Bordwell	1	56
Hannah, d. [Asa & Elizabeth], b. Oct. 30, 1775	2	113
Heman, s. [Timothy & Elizabeth], b. June 23, 1795	2	201
Hosea, s. [Asa & Betsey], b. Aug. 26, 1801	2	168
Hosea, m. Ann BROWN, b. of Kent, Nov. 4, 1823, by Nathan Slosson, J. P.	2	112
Isaac, s. [Timothy & Elizabeth], b. Mar. 30, 1783	2	201
Jacob, s. [Timothy & Elizbeth], b. June 24, 1793	2	201
Jane, of Kent, m. Oscar SHERMAN, of Brookfield, Mar. 31, 1845, by Rev. George W. Tash	2	217
Joseph, s. [Seth & Amy], b. Dec. 31, 1791	2	220
Lucy Ann, m. David GRIFFIN, Sept. 4, 1837, by Hiram Converse, J. P.	2	154
Marvin, m. Mabel ROOTS, Mar. 12, 1837, by W. W. Andrews	2	191
Mary, w. Asa, d. July 4, 1774	2	113
Mary, d. [Timothy & Elizabeth], b. July 16, 1791	2	201
Mary, d. [Timothy & Elizabeth], d. Feb. 15, 1796	2	201
Norman S., of Warren, m. Mary Ann STONE, of Kent, Nov. 24, 1830, by Frederick Gridley	2	251
Pattyline, d. [Asa & Betsey], b. May 3, 1803	2	168
Pataline, m. Henry BRISTOLL, Nov. 10, 1836, by W. W. Andrews	2	191
Rachal, d. [Seth & Amy], b. Dec. 5, 1792	2	220
Salome, m. Joseph SWEETLAND, Sept. 27, 1786, by Jethro Hatch, J. P.	2	194
Samuel Morgan, s. [Timothy & Elizabeth], b. Sept. 1, 1784	2	201
Sarah, m. Jonathan MAIN, Aug. 30, 1773, by Conrad Winegar, J. P.	2	40
Sarah, had d. Martha WALLER, b. June 17, 1786	2	104
Seth, s. [Timothy & Elizabeth], b. Aug. 4, 1787	2	201
Seth, m. Amy TUTTLE, Mar. 1, 1791, by Rev. [ ] Fuller	2	220
Timothy, m. Elizabeth MORGAN, May 28, 1782, by Jethro Hatch, J. P	2	201
Turnay, m. Sally E. GIBBS, Apr. 11, 1847, by Rev. W. W. Andrews	3	5
HALLOCK, Annas, of Kent, m. Murry G. HOAG, of Dover, Dutchess Cty., N. Y. Apr. 14, 1834, by Alpheas Fuller, J. P.	2	254
Betsey, m. Rufus BEAMISS, b. of Kent, Aug. 5, 1827, by Alpheas Fuller, J. P.	2	69

	Vol.	Page
HALLOCK, (cont.)		
Curtis, m. Amanda **BENEDICT**, b. of Kent, May 16, 1824, by Alpheas Fuller, J. P.	2	64
Fanne M., of Kent, m. Philip **KUMPT**, of New Milford, Sept. 8, 1852, by Rev. J. F. Jones	3	16-17
Garradus, m. Almira Amanda **ROOT**, Aug. 10, 1820, by Rev. Smith Dayton	2	162
Lucretia, m. Benjamin **LEONARD**, b. of Kent, Oct. 27, 183[ ], by Alpheas Fuller, J. P.	2	146*
Sabra, m. Albert **BENEDICT**, b. of New Milford, Mar. 18, 1832, by Alpheas Fuller, J. P.	2	219
Sally, m. David **RITTON**, b. of Kent, Apr. 10, 1822, by John H. Swift, J. P.	2	124
Samantha, m. George **HERRORD**, May 27, 1832, by Birdsey Beardsley, J. P.	2	77
Susan, of Kent, m. Homer **COOK**, of Warren, Mar. 27, 1831, by Alpheas Fuller, J. P.	2	242
Thurza, m. Seymour **ROOTS**, b. of Kent, Jan. 16, 1823, by Nathaniell P. Perry, J. P.	2	126
HAMILTON, Esther, m. Eleizur **THOMSON**, June 8, 1750, by Timothy Hatch, J. P.	1	142
HARRINGTON, Harrison, m. Dotha **WEDGE**, [Sept. 18, 1854], by Rev. Jeremiah Fry	3	21
HATCH, Abi, d. [Thomas & Lidea], b. Jan. 21, 1762	1	58
Abigail, d. Barnabus & Pheebe, b. Nov. 9, 1742	LR1	9
Abigail, d. [Thomas & Lidea], b. Dec. 8, 1755	1	58
Abigail, d. Silvenus & Mehitebele, b. Sept. 17, 1761	1	167
Abigail, m. Thomas **DICKSON**, May 26, 1774, by Rev. Joel Bordwell	2	61
Abigail, m. David **SMITH**, May 1, 1780, by Jabez Ward, J. P.	2	212
Ann, d. [Silvanus & Mahittabel], b. Mar. 4, 1754	LR1	7
Annar, of Kent, m. Asa **EVERETT**, of Sharon, May 23, 1824, by Frederick Gridley	2	94
Barnabus, s. Tho[ma]s & Lydia, b. Oct. 16, 1750	LR1	9
Barbabus, 2nd, m. Rachal **BATS**, May 18, 1772, by Rev. Joel Bordwell	2	44
Barnabus, d. Oct. 26, 1787, ae 77 y.	1	58
Barnabus, m. Rebecca **SPOONER**, b. of Kent, Nov. 4, 1832, by Nathaniel P. Perry, J. P.	2	190
Benjamin, Jr., s. Timothy & Deborah, d. Aug. 29, 1750	LR1	4
Benj[ami]n, s. [Silvanus & Mahittabel], b. Apr. 29, 1752	LR1	7
Catherine, d. Silvanus & Mahittabel, b. Dec. 1, 1743	LR1	7
Catharine, d. [Esborn & Elizabeth], b. July 11, 1771	1	211
Clark, s. [Ens. Jethro & Martha], b. Feb. 16, 1762	1	95
Cushman, s. [Nathaniel & Mary], b. July 7, 1770	1	146
Cushman, s. [Nathaniel & Mary], d. Sept. 17, 1776	1	146
Deborah, d. [Silvanus & Mahittabel], b. Feb. 4, 1748	LR1	7
Deborah, m. Ebenezer **COMSTOCK**, May 25, 1775, by Rev.		

	Vol.	Page
HATCH, (cont.)		
Joel Bordwell	1	225
Editha, m. Pearis **SPOONER**, Jr., Feb. 13, 1840, by Rev. William W. Andrews	2	205
Elizabeth, d. Silvanus & Mahittabel, b. Nov. 16, 1744	LR1	7
Elizabeth, d. [Barnabus & Pheebe], b. Feb. 24, 1744/5	LR1	9
Elizabeth, m. John **PAIN**, Mar. 20, 1766, by Rev. Joel Bordwell	2	98
Elizabeth, m. Dr. George B. **PARSONS**, b. of Kent, Mar. 8, 1853, by Rev. Ezra Jones	3	18-19
Esbone, s. [Silvanus & Mahittabel], b. June 9, 1750	LR1	7
Esborn, m. Elizabeth **CHURCH**, Dec. 10, 1770	1	211
James, s. [Thomas & Lydia], b. June 12, 1752	LR1	9
James, s. [Barnabus, 2nd & Rachal], b. June 22, 1775; d. Sept. 5, 1776	2	44
Jane S., m. Leonard **CRANE**, b. of Kent, Dec. 26, 1832, by Frederick Gridley	2	137
Jedidiah, his w. [ ], d. Sept. 15, 1792, in the 72nd y. of her age	2	49
Jethro, of Kent, m. Martha **CLARK**, of Lebanon, Nov. 5, 1747, by Rev. Solomon Williams	LR1	7
Jethro, s. [Esborn & Elizabeth], b. Apr. 19, 1774	1	211
Jobe, s. [Silvanus & Mahittabel], b. July 18, 1746	LR1	7
Joel, s. [Ens. Jethro & Martha], b. Aug. 17, 1764	1	95
John, s. [Barnabus, 2nd & Rachal], b. Oct. 5, 1772; d. Sept. 4, 1776	2	44
Lasell, s. [Thomas & Lidea], b. Oct. 14, 1767	1	58
Lois, d. [Barnabus, 2nd & Rachal], b. May 24, 1778	2	44
Lucinda, d. [Nathaniel & Mary], b. Nov. 26, 1767	1	146
Lucinda, d. [Nathaniel & Mary], d. Sept. 13, 1776	1	146
Lucinda, d. [Nathaniel & Mary], b. June 10, 1777	1	146
Lucy, m. Peter **PAYNE**, Apr. 3, 1800, by Julius Caswell, J. P.	2	167
Lidea, d. [Ens. Jethro & Martha], b. July 22, 1755	1	95
Lydia, d. [Thomas & Lidea], b. Dec. 29, 1763	1	58
Lydia, m. Ebenezer **TANNER**, Feb. 20, 1782, by Rev. Joel Bordwell	2	156
Mabel, m. Samuel **HUBBEL**, May 26, 1785, by Rev. Joel Bordwell	2	181
Martha, d. Ens. Jethro & Martha, b. Sept. 14, N. S. 1752	1	95
Martha, m. Ephraim **BEARDSLEY**, May 5, 1768, by Rev. Joel Bordwell	1	202
Mary, d. [Nathaniel & Mary], b. Oct. 25, 1772	1	146
Mary, m. Barzillai **SLOSSON**, [ ], 1794, by Jedidiah Hubbell, J. P.	2	237
Mahittabel, d. [Silvanus & Mahittabel], b. June 5, 1756	LR1	7
Moses, s. [Nathaniel & Mary], b. June 30, 1780	1	146
Nathaniel, m. Mary **CASE**, May 22, 1766, by Rev. Joel Bordwell	1	146

	Vol.	Page

HATCH, (cont.)
- Nathaniel, of Kent, m. Polly **SKIFF**, of Ohio, Oct. 13, 1850, by Rev. Jno Greenwood — 3, 10
- Ozias, s. [Silvenus & Mehitebele], b. Apr. 12, 1763 — 1, 167
- Ozias, s. Silvenus & Mehitebele, m. Esther **PALMER**, [ ], 1784 — 1, 167
- Pheebe, d. [Barnabus & Pheebe], d. Feb. 3, 1743/4 — LR1, 9
- Phebe, d. [Nathaniel & Mary], b. Nov. 17, 1774; d. Sept. 11, 1776 — 1, 146
- Phebe, Jr., m. Joseph **EATON**, Jr., Feb. 19, 1778, by Rev. Joel Bordwell — 2, 120
- Phebe Day, d. Thomas & Lidea, b. Mar. 8, 1754 — 1, 58
- Prudence, d. [Ens. Jethro & Martha], b. Apr. 23, 1767 — 1, 95
- Reliance, d. [Jethro & Martha], b. Jan. 6, 1750/1 — LR1, 7
- Ruth, d. [Thomas & Lidea], b. Sept. 1, 1765; d. July 30, 1767 — 1, 58
- Ruth, d. [Barnabus, 2nd & Rachal], b. Mar. 13, 1774; d. Sept. 5, 1776 — 2, 44
- Samuel, s. [Silvanus & Mahittabel], b. Apr. 14, 1758 — LR1, 7
- Sarah, d. [Thomas & Lidea], b. Sept. 1, 1757 — 1, 58
- Silvanus, m. Mahittabel **HUBBELL**, Apr. 14, 1743, by Rev. Cyrus Marsh — LR1, 7
- Silvenus, s. [Silvenus & Mehitebele], b. Nov. 13, 1767 — 1, 167
- Simeon, 3rd, s. [Ens. Jethro & Martha], b. Feb. 28, 1760; d. Nov. 1, 1760 — 1, 95
- Simon, s. Jethro & Martha, b. Feb. 4, 1748/9; d. Apr. 20, 1750 — LR1, 7
- Solomon, s. [Silvenus & Mehitebele], b. Mar. 1, 1765 — 1, 167
- Tho[ma]s, m. Lydia **FULLER**, Aug. 19, 1749, by Timothy Hatch, J. P. — LR1, 9
- Thomas, d. Sept. 15, 1776 — 1, 58
- Thomas, s. [Barnabus, 2nd & Rachal], b. Dec. 8, 1776 — 2, 44
- Thomas, s. [Ozias & Esther], b. June 26, 1785 — 1, 167
- Timothy, d. [Ens. Jethro & Martha], b. Dec. 12, 1757 — 1, 95
- Timothy, d. Mar. 30, 1766 — 1, 145
- W[illia]m Palmer, s. [Ozias & Esther], b. Dec. 9, 1786 — 1, 167

HAWLEY, HALLY, Eph[rai]m, s. Peter, b. Jan. 13, 1767 — 1, 155
- Mary, m. Joseph **SKIFF**, Apr. 28, 1763, by Rev. Cotton Mather Smith — 1, 111
- Truman, m. Lucinda **DAVIS**, b. of Kent, Apr. 10, 1831, by Birdsey Beardsley, J. P. — 2, 251*

HAWS, [see also **HEWS**], Ebenezer Mills, m. Harriet **PAYNE**, Nov. 6, 1832, by Birdsey Beardsley, J. P. — 2, 189

HAXTON, Andrew B., m. Mira Ann **RAYMOND**, Nov. 13, 1834, by Rev. William W. Andrews — 1, 54

HAYDEN, Elisha L., m. Kerene **YOUNG**, Dec. 26, 1839, by Rev. Jeremiah Fry — 2, 228*

HAYWARD, Lois, m. Simeon **FULLER**, b. of Kent, May 7, 1749, by Timothy Hatch, J. P. — LR1, 8

HAZARD, Ezekiel, of Kent, m. Caroline **WICKWARE**, of Warren,

	Vol.	Page
HAZARD, (cont.)		
Feb. 27, 1845, by Hubbell Miller, J. P.	1	138
HENDERSON, Abigail, m. Levi **BROWNSON**, Aug. 25, 1757, by		
Timothy Hatch, J. P.	1	82
Anna, d. [John & Susannah], b. Mar. 26, 1751	1	141
David, s. John & Susanah, b. Nov. 14, 1748	1	141
Susannah, m. Elijah **WALLER**, July 9, 1763, by Rev. Noah		
Wadhams	1	125
HENDRICKS, Abel, m. Lois **BARNES**, May 20, 1784, by Rev.		
Judah Champion	2	182
Amos, s. [Abel & Lois], b. Mar. 6, 1785	2	182
HENREYS, Hawkins, s. [William & Mary], b. Oct. 14, 1777	2	117
John, s. [William & Mary], b. Oct. 16, 1775	2	117
William, m. Mary **BULL**, Sept. 15, 1774, by Ephraim Hubbell,		
J. P.	2	117
HERRORD, George, m. Samantha **HALLOCK**, May 27, 1832, by		
Birdsey Beardsely, J. P.	2	77
HEWS, [see also **HAWS**], Hannah, d. [Isaac, Jr. & Anna], b.		
Dec. 18, 1774	2	15
Isaac, Jr., m. Anna **WHITLOCK**, May 14, 1772, by Daniel		
Lee, J. P.	2	15
Josiah, s. [Isaac, Jr. & Anna], b. Feb. 22, 1777	2	15
Lyman, s. [Isaac, Jr. & Anna], b. Apr. 6, 1773	2	15
Nuton, s. [Isaac, Jr. & Anna], b. Nov. 1, 1780	2	15
Philo Mather, s. [Isaac, Jr. & Anna], b. Nov. 1, 1778	2	15
Prince, s. [Isaac, Jr. & Anna], b. Jan. 31, 1783	2	15
HIGHT, Sarah, d. Joshua & Sarah, d. Mar. 21, 1740	LR1	3
HILLS, HILL, Anna, m. Israel **BROWNSON**, Nov. 21, 1822, by		
Rev. C. A. Bordman	2	32
Ebenezer, Jr., m. Mary **BROWNSON**, Dec. [ ], 1780, by		
Rev. [ ] Leavensworth	2	165
Ira, s. Ebenezer & Sibble, b. Dec. 26, 1764	2	63
Mary, m. John **BEEBE**, Jr., b. of Kent, Nov. 9, 1749, by		
Rev. Cyrus Marsh	LR1	8
Nila A., of Cornwall, m. Welles E. **KINDLOE**, of Sharon,		
Apr. 22, 1849, by Rev. John R. Keep	3	13-14
Sarah, d. [Ebenezer, Jr. & Mary], b. Jan. 26, 1782	2	165
HILSON, Julia, m. Truman **BRADLEY**, Mar. 24, 1846, by Rev.		
William W. Andrews	2	122
HINCKLEY, John, m. Maryann **NORTHROP**, June 24, 1832, by		
Lewis Mills, J. P.	2	238
HINMAN, Hiram, m. Rebecca **BENSON**, Dec. 5, 1826, by [ ]	2	132
HITCHCOCK, Asahel, m. Hannah **COLLINS**, Dec. 15, 1766	2	74
Buell, s. John & Rebeckah, b. Apr. 14, 1763	1	112
Caleb, m. Joan **BAKER**, Jan. 2, 1776, by Rev. Daniel		
Brinsmead	2	96
Collins, s. [Asahel & Hannah], b. Dec. 1, 1767	2	74
Ebenezer, s. [John & Rebeckah], b. June 9, 1765	1	112

	Vol.	Page
HITCHCOCK, (cont.)		
Eunice, d. [Asahel & Hannah], b. Aug. 8, 1773; d. Oct. 5, 1773	2	74
Noble Barnum, s. [Asahel & Hannah], b. Sept. 9, 1775	2	74
Prudence, d. [Asahel & Hannah], b. Oct. 3, 1769	2	74
HOAG, Cornwall, m. Hannah **JUDD**, Oct. 12, 1846, by Rev. William W. Andrews	2	122
Murry G., of Dover, Dutchess Cty., N. Y., m. Annas **HALLOCK**, of Kent, Apr. 14, 1834, by Alpheas Fuller, J. P.	2	254
William D., of Dover, Dutchess Cty., N. Y., m. Olive **STRAIGHT**, of Kent, Jan. 1, 1839, by Lewis B. Sherwood, J. P.	2	197
HOITH, [see also **HOYT**], Abigail, m. John **LAKE**, Jan. 26, 1761, by Timothy Hatch, J. P.	1	53
HOLLIS, Aurilla, m. Joseph **DEVEY***, Nov. 27, 1823, by Nathaniel Perry, J. P. *("**DEWEY**"?)	2	33
HOLLISTER, HOLISTER, Elizabeth C., of Kent, m. Alanson **ORTON**, of Sharon, Sept. 16, 1834, by Frederick Gridley	2	87
HOLMES, HOLMS, Barnabus, s. [Gershom & Phebe], b. Nov. 23, 1780	2	92
Bettey, m. Richard **BENTLEY**, Oct. 15, 1764, by Rev. Silvenus Osborn	1	136
Bettey, m. John **BLISS**, Oct. 29, 1765, by Rev. Silvenus Osborn	1	139
Frederick A., of Sherman, m. Harmoine **WARNER**, of Kent, Jan. 9, 1823, by Rev. C. A. Boardman, [of Preston]	2	21
Gershom, s. Israel & Priscilla, b. Sept. 27, 1752	2	19
Gershom, m. Phebe **CASE**, May 5, 1774, by Rev. Peter Starr	2	92
Israel, m. Anna **NOBLE**, May 7, 1766, by Nathaniel Taylor	2	19
Israel, m. Anna **NOBLE**, May 7, 1766, by Nathainel Taylor	2	33
Mandana, d. [Gershom & Phebe], b. Oct. 8, 1778	2	92
Moses, s. [Gershom & Phebe], b. Nov. 8, 1776; d. Nov. 4, 1777	2	92
Peleg, s. [Israel & Priscilla], b. May 15, 1755	2	19
Prissilla, w. Israel, d. July 30, 1763, in the 44th y. of her age	2	19
Wealthy, d. [Gershom & Phebe], b. Apr. 2, 1775; d. Oct. 29, 1777	2	92
HOOFULT, Ambrose, m. Suzina **WILSON**, b. of Kent, Jan. 17, 1851, by Rev. Jno Greenwood	3	11-12
HOPKINS, Anna, m. Thomas **CARTER**, 3rd, Jan. 18, 1770, by Rev. Silvanus Osborn	1	197
Elijah, m. Lois **FULLER**, Jan. 28, 1768, by Rev. Silvanus Osborn	1	199
Epanetus, s. [Joseph & Thankfull], b. Mar. 6, 1784	2	87
Molly, d. [Joseph & Thankfull], b. May 20, 1771	2	87
Phebe, d. [Joseph & Thankfull], b. June [ ], 1773	2	87
Rebeckah, m. John **SPRAGUE**, Jan. 5, 1769	2	38

	Vol.	Page
HOPKINS, (cont.)		
Rebeckah, d. Joseph & Thankfull, b. Apr. 5, 1769	2	87
Ruth, d. [Elijah & Lois], b. Feb. 4, 1769	1	199
Salomey, d. [Joseph & Thankfull], b. July 5, 1776	2	87
HOPSON, Charles Morton, s. William F. & Ann W., b. Dec. 18, 1825; d. Sept. 11, 1840	2	195
Charles Morton, s. [William F. & Ann W.], [ ]	2	195
Elizabeth Morton, d. William F. & Ann W., b. Oct. 16, 1840; d. Jan. 16, 1841	2	195
George, s. [William F. & Ann W.], b. Feb. 16, 1824	2	195
George, m. Ann E. **FULLER**, Oct. 25, 1843, by Rev. William W. Andrews	2	122
Hannah, m. Joseph **PRATT**, Jr., Mar. 25, 1766, by Cyrus Marsh, J. P.	1	143
John, s. William F. & Ann W., b. Aug. 29, 1819	2	195
John, m. Rebecca J. **SPOONER**, b. of Kent, May 9, 1852, by Rev. James Caldwell	3	15
Prudence, m. Barzillai **SWIFT**, Mar. 22, 1770, by Cyrus Marsh, J. P.	1	195
Seth W[illia]m, s. [William F. & Ann W.], b. Sept. 29, 1821	2	195
Theodosia, m. Asaph **SWIFT**, [ ]	2	209
HOW, HOWS, Leavet, m. Hannah **JUETT**, Dec. 13, 1781, by Rev. Joel Bordwell	2	52
Samuel, m. Jemima **PALMER**, Apr. 26, 1788, by Justus Sackett, J. P.	2	158
Sarah, w. Leavit, d. Oct. 10, 1780	2	52
HOWLAND, Betsey, m. Robert **MILLAR**, Feb. 18, 1830, by Rev. Erastus Cole	2	63
Eliza, of Kent, m. Almon B. **WHITE**, of Sharon, Oct. 14, 1834, by Nathan Slosson, J. P.	1	232
Frank, m. Mary E. **REID**, Aug. 18, 1845, by Rev. Jeremiah Fry	1	86
Frederick D., m. Adaline A. **BULL**, b. of Kent, Feb. 11, 1851, by Rev. Benjamin Redford	3	11-12
Mark, m. Julia **MOREHOUSE**, Oct. 18, 1847, by Rev. W. W. Andrews	3	6-7
Marvin, m. Betsey **MORGAN**, July 8, 1827, by Rev. L. P. Hickox	2	176
Ralph, m. Harriet **BENEDICT**, Dec. 5, 1839, by Rev. William W. Andrews	2	205
HOYT, HOIT, HOITE, [see also **HOITH**], David, s. [Ebenezer, Jr. & Lois], b. Apr. 3, 1768	1	157
Ebenezer, d. Apr. 11, 1767	1	157
Ebenezer, Jr., m. Lois **WOODWARD**, Aug. 18, 1767, by Rev. Joel Bordwell	1	157
Ebenezer, d. July 15, 1810	2	35
Elijah C., of New Milford, m. Emeline A. **ROOT**, of Kent, Sept. 18, 1831, by Lewis Mills, J. P.	2	123

	Vol.	Page

HOYT, HOIT, HOITE, (cont.)

	Vol.	Page
Elnathan, s. [John & Eunice], b. June 10, 1761	1	55
Joanna, d. [Ebenezer, Jr. & Lois], b. Jan. 1, 1770	1	157
Joannah, m. John **DOLPHIN**, Dec. 26, 1787, by Jethro Hatch, J. P.	2	203
John, m. Eunice **PRESTON**, Mar. 14, 1760, by Timothy Hatch, J. P.	1	55
John, s. [Ebenezer, Jr. & Lois], b. May 9, 1774	1	157
John, m. Mary **HUBBELL**, Dec. 31, 1797, by Jethro Hatch, J. P.	2	41
Julia, m. Wilson **DEWEY**, Nov. 8, 1842, by Rev. Jeremiah Fry	1	170
Martha, d. [Ebenezer, Jr. & Lois], b. Feb. 12, 1777	1	157
Rachal, d. [Ebenezer, Jr. & Lois], b. Jan. 18, 1772	1	157
Rachal, m. David **VARNUM**, Feb. 3, 1793, by John Hatch, J. P.	2	20

HUBBARD, Sally, m. John **SWAN**, b. of Kent, Oct. 31, 1824, by Alpheas Fuller, J. P. — 2 — 101

HUBBELL, HUBBEL, HUBBLE, Abigail, m. Zachariah

	Vol.	Page
FULLER, Apr. 4, 1754, by Timothy Hatch, J. P.	2	71
Abigail, d. [Jedediah & Lucy], b. June 26, 1764	1	132
Abigail, w. Capt. Ephraim, d. Apr. 22, 1773	2	49
Abigail, d. [Abijah & Fear], b. Jan. 31, 1780	1	189
Abigail, m. David **GREENELL**, Mar. 24, 1783, by Rev. Joel Bordwell	2	176
Abigail, m. David **GREENELL**, Mar. 24, 1785, by Rev. Joel Bordwell	2	193
Abijah, m. Fear **STURTEVANT**, Feb. 4, 1768, by Rev. Joel Bordwell	1	189
Abijah, s. [Abijah & Fear], b. Aug. 27, 1786	1	189
Alice, d. [Abijah & Fear], b. Mar. 30, 1769	1	189
Annis, d. Jedediah & Lucey, b. Jan. 31, 1758	1	132
Annis, m. Ichabod **BATES**, Aug. 31, 1775, by Rev. Joel Bordwell	2	81
Benjamin, s. [Samuel & Mabel], b. May 24, 1786	2	181
Bradley, s. [Abijah & Fear], b. Oct. 28, 1774	1	189
Chester, s. [David & Elizabeth], b. Oct. 7, 1777 [sic]* *(Arnold copy says "perhaps 1787")	2	189
Chester, m. Parnall **EVITTS**, May 20, 1829, by Birdsey Beardsley, J. P.	2	239
Cushman, s. [Abijah & Fear], b. Jan. 24, 1778	1	189
David, m. Elizabeth **TAYLOR**, Mar. 2, 1783, by Rev. Jeremiah Day	2	189
Demis, d. [Abijah & Fear], b. Feb. 15, 1772	1	189
Elizabeth, m. Nathan **SLOSSON**, Oct. 13, 1768, by Cyrus Marsh, J. P.	1	177
Eph[rai]m, m. Aties(?) **SPOONER**, Apr. 4, 1751, by Rev. Cyrus Marsh	LR1	6

	Vol.	Page
HUBBELL, HUBBEL, HUBBLE, (cont.)		
Eph[rai]m, s. [Jedediah & Lucy], b. Apr. 27, 1767	1	132
Ephraim, Jr., d. Oct. 15, 1779, in the 51st y. of his age	2	49
Ephraim, Capt., d. Nov. 4, 1780, in the 87th y. of his age	2	49
Ephraim, s. [Abijah & Fear], b. Nov. 29, 1784	1	189
Eunice, m. George **NANCY***, May 25, 1828, by Rev. L. P. Hickox *("NONEY"?)	2	39
Ezbon, m. Mary **BROWNSON**, Mar. 31, 1797, by Rev. Peter Starr	2	238
Ezbon, m. wid. Ruth **SAUNDERS**, Nov. 16, 1814	2	238
Hannah, d. Sam[ue]ll & Ruth, b. Oct. 26, 1745	LR1	13
Hiram, m. Emily **STONE**, Aug. 9, 1832, by Birdsey Beardsley, J. P.	2	222
Huldah, d. Samuell & Ruth, b. Mar. 1, 1747	LR1	13
Jedidiah, s. Ephraim & Abigail, b. July 16, 1731, at Fairfield; m. Lucy **NOBLE**, Dec. 25, 1754, by Rev. Cyrus Marsh	1	132
Jedidiah & Lucy, had d. [ ], b. Mar. 26, 1756; d. [ ]	1	132
Jedidiah, s. [Jedediah & Lucy], b. Dec. 3, 1773	1	132
Loveman, s. [David & Elizabeth], b. Dec. 5, 1783, in Washington	2	189
Lucy, d. [Jedediah & Lucy], b. Mar. 28, 1770; d. Mar. 19, 1771	1	132
Marcy, d. [Abijah & Fear], b. Mar. 28, 1782	1	189
Mary, m. John **HOYT**, Dec. 31, 1797, by Jethro Hatch, J. P.	2	41
Mary, w. Ezbon, d. Feb. 19, 1810, ae 49 y.	2	238
Mahittabel, m. Silvanus **HATCH**, Apr. 14, 1743, by Rev. Cyrus Marsh	LR1	7
Parley, m. William Lee **CONVERSE**, Nov. 26, 1823, by Zachariah Winegar, J. P.	2	43
Prudence, d. [David & Elizabeth], b. Nov. 6, 1785	2	189
Ruth, d. Samuel & Ruth, b. Aug. 23, 1757	LR1	13
Sally, d. [Samuel & Mabel], b. Mar. 25, 1789	2	181
Samuell, m. Ruth **FAIRCHILD**, b. late of Stratfield, Jan. 28, 1744/5, by Rev. Samuell Cook	LR1	13
Samuel, s. [Jedediah & Lucey], b. Aug. 12, 1760	1	132
Samuel, m. Mabel **HATCH**, May 26, 1785, by Rev. Joel Bordwell	2	181
Sarah, d. Samuel & Ruth, b. Mar. 6, 1749	LR1	13
Sarah, d. [Jedediah & Lucy], b. July 14, 1762	1	132
Sarah, m. Aaron **PAYN**, June 17, 1766, by Cyrus Marsh, J. P.	1	214
Sarah, m. Ebenezer **PECK**, Jr., Aug. 16, 1781, by Rev. Joel Bordwell	2	149
Sarah, of Kent, m. Beers **BEARDSLEY**, of Washington, Apr. 4, 1822, by C. A. Bordman	2	193
HUFORT, Perry, m. Sarah **SCHERMEHORN**, Feb. 15, 1849, by E. B. Andrews	3	8-9
HULBURT, Lucy Esther, d. Salmon & Lucy, b. Nov. 23, 1782	2	167

	Vol.	Page
HUMPHREY, Mary, m. Gideon **BARNUM**, June 29, 1757, by Joseph Humphrey, J. P.	1	28
Mary, m. Jonathan **MORGAN**, Jr., Mar. 21, 1758, by John Ransom, J. P.	1	26
HUNGERFORD, Polly, m. Rufus **BEEMAN**, Aug. 8, 1799, by Rev. Jeremiah Day, of New Preston	2	243
HUNT, Elizabeth, m. Ebenezer **MERRY**, Nov. 1, 1770, by Rev. Ebenezer Neblow	1	212
HUNTER, Reuben, m. Rachel **IVES**, Dec. 25, 1826, by John Mills, J. P.	2	178
HUNTINGTON, Dorcas, m. Zadock **BOSTWICK**, Sept. 16, 1762, by Jno Hitchcock, J. P.	1	98
HURD, Almah, m. Edson **CAMP**, Apr. 5, 1836, by W. W. Andrews	2	171
Cyrus, m. Adaline **BARNUM**, Apr. 8, 1838, by J. Fry	2	71
HURLBURT, Theadeus, s. [Noah & Sarah], b. Oct. 28, 1767	1	186
Thomas, s. Noah & Sarah, b. June 26, 1766	1	186
ILES, Lois, [d. Joshua & Lois], b. Feb. 17, 1787. Recorded Nov. 1, 1823, by Joshua Eyles	2	84
Olive, [d. Joshua & Lois], b. Jan. 6, 1785. Recorded Nov. 1, 1823, by Joshua Eyles	2	84
William, s. Joshua & Lois, b. Aug. 16, 1783. Recorded Nov. 1, 1823, by Joshua Eyles	2	84
INGERSOLL, Jarad M., m. Julia **SMITH**, July 28, 1844, by Rev. William W. Andrews	2	122
INGRAHAM, [see also **INGRAM**], Sarah, Mrs., d. May 29, 1788, in the 95th y. of her age	2	49
INGRAM, [see also **INGRAHAM**], Rebecca, m. Ephraim **FULLER**, Nov. 26, 1777, by Rev. Joel Bordwell	2	145
IRESON, Hannah, m. Isaiah **GIPSON**, Feb. 10, 1763, by David Whitney, J. P.	2	21
IVES, Lois A., m. Harvey **BEECHER**, Feb. 19, 1840, by Rev. William W. Andrews	2	205
Rachal, m. Reuben **HUNTER**, Dec. 25, 1826, by John Mills, J. P.	2	178
JARVIS, Lancelot, s. [Samuel & Elizabeth], b. Feb. 19, 1776	2	15
Philander R., of New Milford, m. Maria D. **BLACKNEY**, of Kent, Feb. 27, 1832, by Rev. R. B. Campfield, of New Preston	2	253
Samuel, m. Elizabeth **SWIFT**, Sept. 4, 1774, b. of Amenia, N. Y., by Rev. Joel Bordwell	2	15
JENNINGS, Ginins, Sarah, m. William **GRAY**, May 14, 1795, by Rev. Medad Rogers	2	232
JENNY, Chancey, m. Polly **BENEDICT**, Dec. 2, 1838, by J. Fry	2	66
JEWELL, **JEWEL**, **JUEL**, [see also **JEWETT**], Mary C., m. John F. **MILLS**, Mar. 7, 1839, by W. W. Andrews	2	170
Thaddeus, m. Hannah **BERRY**, May 2, 1771, by Rev. Joel Bordwell	2	55

	Vol.	Page
JEWETT, JEWATT, JUETT, [see also JEWEL], Hannah, m. Leavet HOW, Dec. 13, 1781, by Rev. Joel Bordwell	2	52
Lois, m. Joseph BERRY, b. of Kent, Oct. 31, 1752, by Timothy Hatch, J. P.	LR1	13
JOHNSON, Amey, m. John ROUSE, of Cornwall, Dec. 19, 1820, by Rev. Asa Blair	2	58
Daniel & Currance, had s. Daniel J. CASWELL, b. Jan. 31, 1791. Was adopted by Julius & Amy CASWELL, Feb. [ ], 1795	2	218*
Daniel & Currance, had s. Harry G. CASWELL, b. [ ]; on Sept. 20, 1805, was adopted by Julius & Amy CASWELL	2	218*
Daniel J., see under Daniel J. CASWELL		
Harriet, of Kent, m. William KNICKERBOCKER, of Amenia, Dutchess Cty., N. Y., June 15, 1825, by Nathan Slosson, J. P.	2	134
Harry G., see under Harry G. CASWELL		
John Milton, s. [Nathaniel & Sarah], b. Apr. 26, 1781	2	118
Mary, m. Eleazer FINEY, Feb. 8, 1774, by Rev. John Minor	2	62
Milaann, m. Samuel G. BART, b. of Kent, Nov. 22, 1830, by Nathan Slosson, J. P.	2	113
Nathaniel, m. Sarah SPOONER, Feb. 27, 1777, by Rev. Peter Starr	2	118
Noble Spooner, s. [Nathaniel & Sarah], b. Nov. 4, 1777	2	118
JONES, Betsey, d. [Stephen & Lois], b. Jan. 28, 1797	2	18
Hannah, d. Joseph & Hannah, b. June 6, 1757	1	13
Joseph T., m. Jeanette SHELDON, June 18, 1848, by Rev. William H. Kirk	3	16-17
Lyman, s. [Stephen & Lois], b. Dec. 15, 1801	2	18
Polly, d. [Stephen & Lois], b. Feb. 10, 1799	2	18
Polly, m. Wakeman ALVORD, Dec. 27, 1820, by Rev. Asa Blair	2	105
Stephen, m. Lois TEENY(?), Nov. 13, 1795, by Jedidiah Hubbell, Esq.	2	18
JOSEPH, Abraham, s. [Abraham & Amelia], b. Apr. 8, 1807	2	207
Anson, s. Abraham & Amelia, b. Nov. 14, 1803	2	207
JUDD, Abagail, d. [Phillip & Abigail], b. Apr. 3, 1745	LR1	16
Buel, m. Ann Maria SWIFT, Sept. 19, 1840, in St. Andrew Church, by Rev. George L. Foote	1	155
Cloe, d. [Joseph & Jerusha], b. Sept. 18, 1776	2	26
Darius, s. [Matthew & Lydia], b. Feb. 1, 1776	2	59
David, s. [Matthew & Lydia], b. July 17, 1791	2	59
Eben[eze]r, s. Phillip & Abigail], b. Jan. 13, 1740	LR1	16
Gideon, s. [Matthew & Lydia], b. Apr. 19, 1794	2	59
Hannah, m. Cornwall HOAG, Oct. 12, 1846, by Rev. William W. Andrews	2	122
Ira, m. Fanny TERRILL, May [ ], 1827, by Rev. L. P. Hickox	2	175

	Vol.	Page
JUDD, (cont.)		
Joseph, m. Jerusha **SEELEY**, Jan. 7, 1765, by Rev. Joel Bordwell	2	26
Judeth, d. [Phillip & Abigail], b. Apr. 7, 1752	LR1	16
Judeth, m. Thomas **STEVENS**, Mar. 14, 1775, by Rev. Joel Bordwell	2	146
Lerberty, s. [Philip & Mary], b. Aug. 17, 1775	2	86
Lois, d. [Matthew & Lydia], b. Jan. 22, 1782	2	59
Lucy, d. [Joseph & Jerusha], b. June 30, 1769	2	26
Lucy, m. Athel **CARTER**, Aug. 31, 1789, by Rev. Joel Bardwell	2	239
Matthew, m. Lydia **MORRIS**, Dec. 15, 1774, by Rev. [ ] Baldwine	2	59
Mercy, d. [William Spooner & Hannah], b. June 20, 1783	2	128
Nathan, s. [Phillip & Abigail], b. Jan. 21, 1750	LR1	16
Phebe, d. Philip & Mary, b. Sept. 13, 1773	2	86
Phillip, m. Abigail **GRIDLEY**, Mar. 8, 1738/9, by Rev. William Burnham, of Kensington	LR1	16
Phillip, s. [Phillip & Abigail], b. Jan. 7, 1748	LR1	16
Philip, m. Esther **GEER**, Aug. 23, 1846, by Rev. William Atwill. Witness: Henry J. Fuller	3	1
Phily, s. [Matthew & Lydia], b. June 10, 1787	2	59
Rachal, d. [Matthew & Lydia], b. Mar. 30, 1777	2	59
Ralph, s. [William Spooner & Hannah], b. June 17, 1781	2	128
Rebeckah, d. [Phillip & Abigail], b. July 7, 1743	LR1	16
Rebeckah, m. Martin **PRESTON**, Jan. 1, 1761, by Timothy Hatch, J. P.	1	86
Rhoda, m. Cyrenus **CLARK**, June 14, 1779, by Jethro Judd, J. P.	2	141
Russel, m. Betsey **KNAPP**, June [ ], 1805, by Julius Caswell, J. P.	2	111
Samuel, m. Sarah **GEER**, Sept. 7, 1775, by Rev. Joel Bordwell	2	8
Sarah, m. Josiah **THOMAS**, Jr., b. of Kent, Oct. 12, 1748, by Rev. Cyrus Marsh	LR1	15
Sarah, m. Amos **BARNUM**, Mar. 16, 1786, by Jethro Hatch, J. P.	2	50
Sophia, d. [William Spooner & Hannah], b. June 5, 1779	2	128
William, d. Jan. 14, 1775	2	91
William Spooner, m. Hannah **SPOONER**, Sept. 3, 1778, by Rev. Peter Starr	2	128
JUEL, [see under **JEWELL**]		
KEENEY, [see also **KENNEY**], Anna, m. Park* **BEMAN**, Dec. 15, 1757, by Rev. Noah Waddome *("Clark"?)	1	11
Anne, d. Mark & Abigail, b. Oct. 8, 1760	1	106
Anthy, m. Caleb **RUDE**, Aug. 14, 1776, by Rev. Jeremiah Day	2	107
Freelove, d. [Mark & Abigail], b. Jan. 20, 1764	1	106
Jeremiah, s. [Mark & Abigail], b. Mar. 13, 1768	1	106

	Vol.	Page
KEENEY, (cont.)		
Joshua, s. [Mark & Abigail], b. Mar. 29, 1766	1	106
Mary, m. Abell **BEEMAN**, Nov. 8, 1770, by Daniel Lee, J. P.	2	18
Rachal, d. [Mark & Abigail], b. Mar. 28, 1770	1	106
Richard, s. [Mark & Abigail], b. June 17, 1762	1	106
KELLOGG, Betsey M., m. Sherbone **DARCOM**, July 11, 1852, by Rev. Jeremiah Fry	3	16-17
Laura A., m. Edgar V. **CASE**, Nov. 17, 1842, by Rev. William W. Andrews	2	122
KELLY, Mary Jane, m. Joseph **KELSON**, b. of Kent, Oct. 10, 1852, by Rev. William H. Kirk	3	15
KELSEY, Abner, Jr., m. Ann **EATON**, Mar. 19, 1778, by Joel Bordwell	2	124
Abner, m. Mehetable **LYON**, Nov. 8, 1781, by Rev. Joel Bordwell	2	151
Cloe, m. Samuel **MURREY**, May 14, 1772, by Rev. [ ] Niblow	2	35
Clara, d. [Heith & Rhoda], b. Mar. 5, 1779	2	122
Heith, m. Rhoda **GUTHRIE**, Apr. 30, 1778, by Rev. Jeremiah Day	2	122
Horace, m. Maria **BEECHER**, Mar. 7, 1827, by Rev. L. P. Hickox	2	194
Keziah, m. Zachariah **NOBLE**, Mar. 4, 1761, by Rev. Noah Wadhams	2	52
Mary, d. [Abner, Jr. & Anna], b. July 28, 1780	2	124
Mary Jane, m. Jerome **MONROE**, b. of Kent, Nov. 30, 1848, by Rev. W[illia]m H. Kirk	3	3
Sarah, m. Isaac **FULLER**, Nov. 5, 1769, by Rev. Joel Bordwell	1	192
KELSON, Joseph, m. Mary Jane **KELLY**, b. of Kent, Oct. 10, 1852, by Rev. William H. Kirk	3	15
KENNEDY, Angeline, m. Newton **CARTER**, Jan. 27, 1836, by William W. Andrews	2	171
KENNEY, [see also **KEENEY**], Philena, m. Ezra **SHOVE**, Mar. 15, 1821, by C. A. Bordman	2	151
KERBY, [see under **KIRBY**]		
KINDLOE, Welles E., of Sharon, m. Nila A. **HILL**, of Cornwall, Apr. 22, 1849, by Rev. John R. Keep	3	13-14
KING, Brenton, of Salisbury, m. Ruby Ann **DEWEY**, of Kent, May 2, 1830, by John Mills, J. P.	2	109
KINGSLEY, Simeon, m. Lima **STANTON**, Nov. 16, 1820, by Rev. Asa Blair	2	53
KIRBY, **KERBY**, Rachal, m. Joseph **GUTHRIE**, Apr. 9, 1767, by Rev. Daniel Brinsmade	1	118
KNAPP, Betsey, m. Russel **JUDD**, June [ ], 1805, by Julius Caswell, J. P.	2	111
KNICKERBOCKER, William, of Amenia, Dutchess Cty., N. Y., m. Harriet **JOHNSON**, of Kent, June 15, 1825, by		

	Vol.	Page
KNICKERBOCKER, (cont.)		
Nathan Slosson, J. P.	2	134
KUMPT, Philip, of New Milford, m. Fanne M. **HALLOCK**, of Kent, Sept. 8, 1852, by Rev. J. F. Jones	3	16-17
LAKE, [see also **LAKEEKE**], Abigail, d. [Samuel & Abigail], b. May 17, 1762	2	22
Abigail, [twin with John], d. [John & Abigail], b. July 1, 1770	1	53
Bille, s. [Samuel & Abigail], b. Sept. 23, 1758	2	22
Clark, s. [John & Abigail], b. June 2, 1772	1	53
Content, d. [Samuel & Abigail], b. June 17, 1767	2	22
Ebenezer Hoitt, s. [John, decd.] & Abigail], b. Feb. 10, 1779	1	53
James, s. [John & Abigail], b. Nov. 11, 1762	1	53
John, m. Abigail **HOITH**, Jan. 26, 1761, by Timothy Hatch, J. P.	1	53
John, [twin with Abigail], s. [John & Abigail], b. July 1, 1770	1	53
John, d. Nov. 23, 1778	1	53
Lucy, d. [Samuel & Abigail], b. Mar. 5, 1766	2	22
Marcy, d. [John & Abigail], b. Oct. 26, 1766	1	53
Mary, d. [John & Abigail], b. Aug. 27, 1764	1	53
Mary, see under Mary **LUCK**	2	94
Matilday, d. [Samuel & Abigail], b. Aug. 18, 177[ ]	2	22
Olive, d. [Samuel & Abigal], b. June 8, 1769	2	22
Phebe, d. [Samuel & Abigail], b. Aug. 6, 1760	2	22
Roday, d. [Samuel & Abigail], b. Mar. 25, 1764	2	22
Roggers, s. [Samuel & Abigail], b. Dec. 5, 1756	2	22
Samuel, m. Abigail **ROBERTS**, June 23, 1755	2	22
Sarah J., m. Allen **SAWYER**, Apr. 20, 1845, by Rev. Jeremiah Fry	1	200
LAKEEKE, [see also **LAKE**], Charity, m. David **BARNUM**, Mar. 2, 1747	LR1	5
LAMB, Chloe, m. Lewis **MILLS**, July 20, 1824, by Rev. Mr. Strong	2	216
LAMPHEAIR, Alpheus, s. Abell & Rebeckah, b. May 4, 1771	2	4
LAMSON, Daniel, s. Joseph & Sarah, b. Aug. 16, 1768	2	104
LANDES, Sarah, d. Thomas & Ann, b. Oct. 2, 1752	LR1	1
LANE, LAIN, LAINE, Allen, [s. John], b. Feb. 10, 1808	2	181
Amy W., w. John W., d. Dec. 12, 1839, ae 28 y.	3	4
Anna, m. Elijah **STUART**, June 1, 1830	3	4
Charles C., s. [Matthias & Anna], b. May 23, 1813	3	4
Charles W., s. John W., b. July 12, 1838	3	4
Chloe, d. [Richard & Elizabeth], b. Apr. 6, 1772	1	207
Daniel, s. [Richard & Elizabeth], b. July 5, 1770	1	207
Daniel, s. [Richard & Elizabeth], d. Feb. 19, 1772	1	207
Daniel P., m. Polly **SHERWOOD**, Jan. 1, 1837, by W. W. Sherwood	2	191
David Gilbert, [s. John], b. Sept. 16, 1797	2	181
David Page, [s. John], b. Nov. 20, 1792	2	181

	Vol.	Page
LANE, LAIN, LAINE, (cont.)		
David W., s. John W., b. Oct. 3, 1830	3	4
Elias, [s. John], b. Mar. 10, 1800	2	181
Elias, of Kent, m. Hannah **FORD**, of New Milford, Apr. 25, 1830, by Alpheas Fuller, J. P.	2	208
Eliza, d. Matthias & Anna, b. Jan. 16, 1809	3	4
Ephraim, s. [Richard & Elizabeth], b. Oct. 19, 1768	1	207
Esther, d. [Richard & Elizabeth], b. Mar. 9, 1785	1	207
Gezena(?), d. Matthias & Anna, b. Sept. 9, 1806; d. Oct. 10, 1811, ae 5 y.	3	4
Harriet, of Kent, m. Heman **BUMP**, of Dutchess Cty., N. Y., Nov. 20, 1831, by Alpheas Fuller, J. P.	2	250
Ira, s. [Richard & Elizabeth], b. July 11, 1782	1	207
John, s. [Richard & Elizabeth], b. June 23, 1766	1	207
John, m. [ ], June 24, 1790	2	131
John W., s. Matthias & Anna, b. Aug. 8, 1805	3	4
John W., s. [Matthias & Anna], d. Nov. 13, 1839, ae 34 y.	3	4
Lewis, s. [Richard & Elizabeth], b. Apr. 17, 1774	1	207
Luna, [d. John], b. July 1, 1805	2	181
Matthias, s. Richard, b. Aug. 18, 1780; m. Anna **CATLIN**, June 22, 1803	3	4
Matthias, s. [Richard & Elizabeth], b. Sept. 3, 1780	1	207
Matthias, d. Aug. 10, 1829, ae 49 y.	3	4
Matthias Spencer, s. [Richard & Elizabeth], b. Mar. 19, 1776; d. June 3, 1777	1	207
Moses Johnson, s. Matthias & Anna, b. Apr. 22, 1804	3	4
Moses Johnson, s. [Matthias & Anna], d. Feb. 10, 1827, ae 23 y.	3	4
Polly J., m. Deabour **SHAW**, Aug. 26, 1847, by Rev. W. W. Andrews	3	6-7
Reuben, [s. John], b. Mar. 19, 1795	2	181
Rhoda, d. [Richard & Elizabeth], b. Dec. 23, 1786	1	207
Richard, m. Elizabeth **CAHOONE**, June 16, 1765, by Rev. Joel Bordwell	1	207
Richard, s. [John], b. Mar. 6, 1791	2	181
Ruth, d. [Richard & Elizabeth], b. Aug. 7, 1778	1	207
Sally Maria, [d. John], b. Oct. 10, 1803	2	181
Sarah, of Kent, m. John **WOLCOTT**, of Dover, N. Y., Jan. 20, 1844, by Epaphras B. Goodsell, J. P.	2	193
Sylvester, m. Susan **BEARDSELY**, b. of Kent, Dec. 25, 1825, by Alpheas Fuller, J. P.	2	214
LAPHAM, Mary, m. Solomon **CHASE**, Aug. 18, 1779	2	160
LASELL, LASSELL, Bethiah, m. Lemuel **CHURCH**, Feb. 12, 1761, by Rev. Ebenezer Devotion	1	67
Eunice, m. Daniel **SLOSSON**, b. of Kent, Aug. 23, 1748, by Rev. Cyrus Marsh	LR1	14
Joshua, Jr., of Kent, m. Waitstill **DUNHAM**, of Sharon, Sept. 1. 1763, by Daniel Griswould, J. P.	1	157

	Vol.	Page
LASELL, LASSELL, (cont.)		
Joshua, d. Apr. 11, 1767	1	157
Selvey, d. [Joshua, Jr. & Waitstill], b. Oct. 12, 1765	1	157
LATHOM, Annis, d. Sam[ue]ll & Sarah, b. Feb. 11, 1741	LR1	4
Sam[ue]ll, m. Sarah **WRIGHT,** Apr. 7, 1736	LR1	4
Sarah, d. Sam[ue]ll & Sarah], b. Jan. 12, 1737/8	LR1	4
Sibball, d. Sam[ue]ll & Sarah, b. Apr. 22, 1743	LR1	4
Zurviah, d. Sam[ue]ll & Sarah, b. Dec. 28, 1738	LR1	4
LATHROP, Deborah, d. Melatiah & Marah, b. Aug. 11, 1739	LR1	3
Eunice, d. [Melatiah & Marah], b. Nov. 14, 1745	LR1	3
Ezra, s. Melatiah & Mary, b. Aug. 19, 1751	LR1	3
Ichabod, s. Malatiah & Mary, b. May 25, 1755	LR1	3
Jerusha, d. [Melatiah & Mary], b. Sept. 28, 1753	LR1	3
John, m. Minerva **BARNUM,** June 13, 1825, by Birdsey Beardsley, J. P.	2	140
Lucey, d. Melatiah & Marah, b. Sept. 9, 1740	LR1	3
Lediah, d. Melatiah & Marah, b. Feb. 19, 1742	LR1	3
Mara, d. [Melatiah & Marah], b. Sept. 13, 1748	LR1	3
Mary, m. Zachariah **WESTON,** May 23, 1773, by Rev. Ebenezer Niblow	2	78
Melatiah, s. [Melatiah & Marah], b. Dec. 12, 1749	LR1	3
Norman B., m. Sarah **COMSTOCK,** Sept. 1, 1847, by Rev. William W. Andrews	3	6-7
Simon, s. Melatiah & Marah, b. Jan. 1, 1743/4	LR1	3
Walter, s. [Melatiah & Marah], b. Jan. 24, 1746/7	LR1	3
LAVITT, Rufus, of Washington, m. Martha E. **TOMPKINS,** of Kent, May 15, 1854, by Rev. Ephraim Lyman	3	20
LEACH, Mary, see under Mary **LUCK**	2	94
Nathaniel, s. Simeon & Elizabeth, b. Nov. 24, 1768	1	206
Phebe, d. [Simeon & Elizabeth], b. Oct. 12, 1770	1	206
LEAMING, David, s. Matthias & Philethia, b. May 1, 1757	LR1	10
LEE, Anner, d. [Daniel & Eunice], b. Jan. 18, 1760	1	81
Cloevice, d. [Daniel & Eunice], b. Jan. 21, 1763	1	81
Daniel, Jr., s. Daniel & Eunice, b. Nov. 3, 1740	1	81
Eunice, d. [Daniel & Eunice], b. Feb. 18, 1748	1	81
Eunice, m. Joseph **PECK,** Aug. 15, 1768, by Daniel Lee, J. P.	1	178
Isaac, s. [Rozwell & Lydea], b. Oct. 23, 1768	1	179
Israel, s. [Daniel & Eunice], b. June 14, 1757	1	81
Joel, s. [Daniel & Eunice], b. Aug. 25, 1742	1	81
Joel, m. Lydia **BROWN,** Feb. 22, 1763, by Daniel Lee, J. P.	1	113
Joel, s. [Joel & Lydia], b. July 8, 1765	1	113
Joel, s. [Joel & Lydia], d. Oct. 10, 1767	1	113
Lucy, m. John Franklin **BENSON,** Jan. 6, 1824, by Zachariah Winegar, J. P.	2	88
Lydia Lucindah, d. [Joel & Lydia], b. Sept. 8, 1767	1	113
Mary, d. [Daniel & Eunice], b. Jan. 18, 1752	1	81
Roswell. s. [Daniel & Eunice], b. Jan. 7, 1747	1	81
Rozwell. m. Lydea **PALMER,** Aug. 30, 1768, by Daniel Lee,		

	Vol.	Page
LEE, (cont.)		
J. P.	1	179
Sarah, d. [Joel & Lydia], b. Nov. 21, 1763	1	113
Sarah, w. Daman Read **CONVERSE**, b. Dec. 15, 1763, in Goshen, Conn.	2	179
Sarah, m. Damon Read **CONVERS**, Jan. 25, 1784, by Cyprian Webster, J. P. at Harwinton	2	179
Uriel, s. [Daniel & Eunice], b. Feb. 1, 1745	1	81
LEONARD, Addison, s. [Silas & Anna], b. Apr. 13, 1791 [sic]	2	234
Amasa, s. [Silas & Anna], b. Apr. 11, 1791	2	234
Benjamin, s. [Silas & Anna], b. May 7, 1796	2	234
Benjamin, m. Lucretia **HALLOCK**, b. of Kent, Oct. 27, 183[ ], by Alpheas Fuller, J. P.	2	146*
David, s. [Silas & Anna], b. Nov. 17, 1788	2	234
Hannah, m. Niram **EDWARDS**, Oct. 31, 1827, by Rev. L. P. Hickok	2	231
Joseph, m. Lucina **EDWARDS**, b. of Kent, Oct. 21, 1824, by Nathan Slosson, J. P.	2	100
Josiah, s. [Silas & Anna], b. May 1, 1786	2	234
Laura, of Kent, m. Ezra **WALKER**, of Danbury, Apr. 8, 1829, by Rev. L. P. Hickox	2	204
Lucy, d. Silas & Anna, b. Aug. 16, 1781	2	234
Mariah, m. Sheldon **ALLEN**, Jan. 19, 1823, by John H. Swift, J. P.	2	125
Thomas, s. [Silas & Anna], b. July 18, 1784	2	234
LEWIS, Dimmis, d. Sam[ue]ll & Marah, b. June 14, 1741; d. May 5, 1742	LR1	3
Ira, m. Abigail **COMMINGS**, b. of Kent, Apr. 23, 1826, by Alpheas Fuller, J. P.	2	83
Marah, d. Sam[ue]ll & Marah, b. Dec. 12, 1741[sic]	LR1	3
Ozias, Jr., of Litchfield, m. Charlotte **PERRY**, of Kent, Dec. 6, 1833, by Seth Sackett	2	110
LILLEE, Jane, m. Luke **FISHER**, Feb. 25, 1762, by Rev. Joel Bordwell	1	83
LITTLEFIELD, Samuel, s. Samuel, b. Jan. 1, 1784	2	104
LOOGING, Mary, m. Friend **BEEMAN**, May 9, 1771, by Rev. Daniel Brinsmead	1	218
LOOMIS, Ebenezer, s. [Ebenezer & Mary], b. Feb. 18, 1765	1	7
Gamaleel, [twin with Josiah], s. Ebenezer & Mary, b. Mar. 10, 1762	1	7
Josiah, [twin with Gamaleel], s. [Ebenezer & Mary], b. Mar. 10, 1762; d. Mar. 10, 1762	1	7
Mary, d. [Ebenezer & Mary], b. Dec. 23, 1766	1	7
Philomela, d. [Ebenezer & Mary], b. Mar. 4, 1760	1	7
Sarah, d. Ebenezer & Mary, b. June 14, 1758	1	7
William, s. Ebenezer & Mary, b. Apr. 2, 1757	1	7
LUCE, Daniel, m. Jonah **PHELPS**, Nov. 8, 1751, by Timothy Hatch. J. P.	LR1	8

	Vol.	Page
LUCK(?), *Mary, m. Jonathan **WRIGHT**, Oct. 6, 1775, by Paul Welch, J. P. *(Perhaps "**LAKE**" or "**LEECH**"?)	2	94
LYMAN, Betsey, m. Parke **BEARDSLEY**, Jan. 14, 1823, by Birdsey Beardsley, J. P.	2	82
Caleb, m. Sally **ETTON**, b. of Kent, Dec. 12, 1830, by Frank Chittenden, J. P.	2	250
Elizabeth, d. Ebenezer & Lydah, b. Jan. 4, 1753/4	LR1	2
Sidney H., m. Almira **EATON**, Mar. 31, 1841, by Rev. William W. Andrews	2	122
LYON, Anna, d. [Michel & Mehitable], b. Aug. 22, 1765	2	99
Daniel, s. [Michel & Mehitable], b. Sept. 26, 1769	2	99
Dorcas, d. Michel & Mehitable, b. Sept. 9, 1758; d. Aug. 24, 1759	2	99
Ebenezer, s. [Michel & Mehitable], b. Apr. 5, 1763	2	99
Mehetable, m. Abner **KELSEY**, Nov. 8, 1781, by Rev. Joel Bordwell	2	151
Michal, d. Feb. 27, 1775	2	99
Nathan, s. [Michel & Mehitable], b. Feb. 15, 1772; d. June 26, 1774	2	99
Nathaniel, s. [Michel & Mehitable], b. June 24, 1761	2	99
Rachal, d. [Michel & Mehitable], b. Mar. 19, 1774	2	99
Thankfull, d. [Michel & Mehitable], b. Nov. 15, 1759	2	99
McCOY, Sarah, d. Ephraim & Esther, b. Dec. 2, 1773, at Westmoreland	2	52
McEWEN, Sally Betsey, of Kent, m. Stanley **BEAMAN**, of Washington, June 20, 1830, by Nathan Slosson, J. P.	2	163
McFALL, William, m. Daborah **CHAPMAN**, Feb. 23, 1770, by John Ransom, J. P.	1	205
William, s. [William & Daborah], b. Oct. 24, 1770	1	205
MACK, Damarias, m. Isaiah **BUNCE**, Aug. 13, 1765, by Rev. Silvanus Osborn	1	140
Daniel, s. Daniel & Elizabeth, b. Aug. 17, 1760	1	9
Elizabeth, d. Daniel & Elizabeth, b. May 25, 1758	1	9
Jemime, d. [Daniel & Elizabeth], b. Oct. 6, 1766	1	9
Steven, s. [Daniel & Elizabeth], b. Aug. 29, 1763	1	9
MAIN, MANE, [see also **MANN**], Caleb, m. Elizabeth **MORRISS**, Dec. 20, 1770, by John Ransom, J. P.	1	223
David, s. [John, Jr. & Hannah], b. Aug. 15, 1771	1	117
Hannah, d. [John, Jr. & Hannah], b. Jan. 18, 1765	1	117
Hannah, m. Christopher **BEEMAN**, Jan. 16, 1766, by Nathan Eliot, J. P.	2	17
John, s. John, Jr. & Hannah, b. Jan. 21, 1763	1	117
Jonathan, m. Sarah **HALL**, Aug. 30, 1773, by Conrad Winegar, J. P.	2	40
Judeth, m. James **FULLER**, [ ], by Rev. Joel Bardwell	2	231
Lydia, d. [Jonathan & Sarah], b. Dec. 18, 1773	2	40
Phebe, d. [John, Jr. & Hannah], b. Jan. 14, 1769	1	117
Rozwell, s. [Caleb & Elizabeth], b. Dec. 11, 1771	1	223

	Vol.	Page
MAIN, MANE, (cont.)		
Sarah, d. [John, Jr. & Hannah], b. Feb. 4, 1767	1	117
MALLORY, MALERY, Ashbel, s. [Samuel & Sarah], b. Jan. 5, 1773	1	201
Benjamin, s. [Samuel & Sarah], b. Apr. 26, 1764	1	201
Chancey, m. Delight **BENEDICT,** Dec. 21, 1820, by Rev. C. A. Bordman	2	59
Hannah, m. Neriah **BLISS,** May 5, 1783, by Rev. Peter Starr	2	166
Keziah, d. [Samuel & Sarah], b. Aug. 23, 1766	1	201
Samuel, m. Sarah **TRACY,** Nov. 18, 1762, by Rev. Noah Wadham	1	201
Sarah, d. [Samuel & Sarah], b. Sept. 11, 1769	1	201
MANN, MAN, [see also **MAIN**], Albon, s. [Ebenezer & Anne], b. June 8, 1769	1	133
Anna, d. [Ebenezer & Anne], b. Feb. 22, 1778	1	133
Arbus, s. [Ebenezer & Anne], b. Mar. 30, 1776	1	133
Ebenezer, m. Anne **BERRY,** Jan. 4, 1759, by Timothy Hatch, J. P.	1	133
Ebenezer, s. [Ebenezer & Anne], b. Sept. 8, 1774; d. July 21, 1776	1	133
Elizabeth, d. [Ebenezer & Anne], b. Sept. 6, 1764	1	133
Lodema, d. [Ebenezer & Anne], b. Jan. 20, 1766	1	133
Marie, s. [sic] Ebenezer & Anne], b. May 15, 1771	1	133
Mariett, of Kent, m. Hiram **BRITTON,** of Beekman, Dutchess Cty., N. Y., Jan. 3, 1836, by Alpheas Fuller, J. P.	2	26
Rebeckah, d. [Ebenezer & Anne], b. Apr. 19, 1762	1	133
[MANNING], MANING, Sarah, m. Samuel **SACKETT,** Jan. 10, 1777, by Rev. Cotton Mather Smith	2	139
MANSFIELD, Maria M., of Kent, m. Hugh **WHITE,** of Chitteninge, N. Y., Apr. 10, 1828, by Rev. L. P. Hickox	2	209
MARSH, Anne, d. Cyrus & Margret, b. Feb. 19, 1774/5	LR1	4
Cyrus, m. Mrs. Hannah **CLARK,** Aug. 31, 1767, by Rev. Joel Bordwell	1	162
Cyrus, s. [Cyrus & Hannah], b. Nov. 8, 1770	1	162
Cyrus, d. June 9, 1771	1	162
Elizabeth, [twin with Joanna], d. Cyrus & Margret, b. Oct. 6, 1743	LR1	4
Joanna, [twin with Elizabeth], d. Cyrus & Margret, b. Oct. 5, 1743	LR1	4
Margaret Kinsman, d. Cyrus & Hannah, b. July 15, 1768	1	162
Rebeckah, d. Cyrus & Margret, b. May 10, 1742	LR1	4
Rebeckah, m. Peter **MILLS,** [ ], 176[ ], by Rev. Joel Bordwell	1	194
Sarah, d. Rev. Cyrus & Margret, b. Feb. 19, 1740/1	LR1	4
Sarah, m. Elijah **WHEELER,** Nov. 27, 1760, by Rev. Joel Bordwell	1	47
William, s. [Cyrus & Margret], b. May 13, 1746	LR1	4
William, d. [ ]	1	162

	Vol.	Page
MARSHALL, Ezra S., m. Adelia **PAYNE**, b. of Kent, Jan. 2, 1845, by W[illia]m Henry Keith	2	107
MARTIN, Mary, m. Isaac **TICKNOR**, Apr. 1, 1756, by Rev. Mr. White, of Windsor	LR1	1
MARVIN, Martha, m. Ebenezer **COMSTOCK**, Dec. 15, 1771	1	225
Phebe A., m. Martin **WALEN**, Dec. 9, 1844, by Rev. Jeremiah Day	2	131
Rachal m. John Odle **COMSTOCK**, Sept. 12, 1765, by Rev. Joel Bordwell	1	147
MELLER, [see under **MILLER**]		
MENTOR, Elizabeth, m. Nathaniel **GEER**, Sept. 30, 1771, by John Ransom, J. P.	1	65
MERRILS, Hiram, m. Armillia **TIMMONS**, Jan. 4, 1822, by Nathaniel P. Perry, J. P.	2	81
MERRY, MERREY, Abigail, d. Malichi & Rhoda, b. Jan. 7, 1770	2	138
Anna, d. [John & Sarah], b. Feb. 14, 1762	1	14
Barsheba, d. [John & Sarah], b. Sept. 14, 1764	1	14
Benjamin, s. [Malichi & Rhoda], b. May 18, 1784	2	138
Ebenezer, s. John & Sarah, b. Mar. 9, 1744	LR1	9
Ebenezer, m. Elizabeth **HUNT**, Nov. 1, 1770, by Rev. Ebenezer Neblow	1	212
Elizabeth, d. John & Sarah, b. Feb. 12, 1750	LR1	9
Elizabeth, m. Gideon **BARNUM**, Feb. 2, 1768, by Heman Swift	2	25
Elizabeth, d. [William & Sarah], b. May 18, 1777	2	108
Hannah, d. John & Sarah, b. Jan. 14, 1745/6	LR1	9
James, s. [Malichi & Rhoda], b. June 5, 1774	2	138
Jirah, s. [Malichi & Rhoda], b. June 8, 1776	2	138
John, s. [John & Sarah], b. Feb. 24, 1760	1	14
John, s. William & Sarah, b. July 20, 1775, at Marthas Vineyard	2	108
Lois, d. [John & Sarah], b. Feb. 7, 1767	1	14
Malichi & Rhoda, had d. [ ], b. Jan. 16, 1779; d. same day	2	138
Mallachi, s. [Malichi & Rhoda], b. Dec. 24, 1782	2	138
Molly, d. John & Sarah, b. Nov. 29, 1757	1	14
Rebeckah, d. John & Sarah, b. Nov. 11, 1751	LR1	9
Rodah, d. John & Sarah, b. Mar. 24, 1754	LR1	9
Rhoda, d. [Malichi & Rhoda], b. Apr. 26, 1787	2	138
Rhoda, w. Mallachi, d. Feb. 1, 1789	2	138
Samuel, s. John & Sarah, b. Feb. 22, 1756	1	14
Sarah, d. John & Sarah, b. Apr. 8, 1748	LR1	9
Silva, d. [Malichi & Rhoda], b. Sept. 6, 1777	2	138
Thankfull, d. [Malichi & Rhoda], b. Apr. 16, 1780	2	138
William, s. [Ebenezer & Elizabeth], b. June 30, 1771	1	212
MERWIN, Abel, m. Charity **FULLER**, Sept. 24, 1837, by W. W. Andrews	2	192
Willis. m. Ruth **WILCOX**, Nov. 9, 1826, by Rev. L. P.		

	Vol.	Page
MERWIN, (cont.)		
Hickox	2	133
MILLER, MELLER, MILLAR, Abba, m. James **STUART**, Feb. 14, 1836, by William W. Andrews	2	171
Allis, d. [Samuel & Dorithy], b. Apr. 25, 1774	2	76
Alice, m. Simon **BURROUGHS**, Sept. 14, 1801, by Rev. Joel Bordwell	2	76
Anne, m. Barnabus **BAT[E]S**, Jan. 26, 1768, by Rev. Cotton Mather Smith	1	168
Eben, s. [Samuel & Dorithy], b. Aug. 29, 1784	2	76
Ebenezer, s. [Samuel & Dorithy], b. Aug. 14, 1772	2	76
Hubbel, s. [Samuel & Dorithy], b. Jan. 4, 1777	2	76
Mary, m. Joseph **BATES**, Nov. 14, 1793, by Rev. Cotton M. Smith	2	136
Rebecca, d. [Samuel & Dorithy], b. Oct. 20, 1779	2	76
Robert, m. Betsey **HOWLAND**, Feb. 18, 1830, by Rev. Erastus Cole	2	63
Samuel, m. Dorithy **SPOONER**, Oct. 23, 1771, by Rev. Joel Bordwell	2	76
MILLS, Abigail, d. [Peter & Rebeckah], b. Dec. 26, 1764; d. Dec. 31, 1764	1	194
Abilene, d. [Lewis & Hannah], b. Nov. 12, 1772	1	56
Ann Eliza, m. Ira **SPOONER**, Sept. 5, 1826, by Rev. L. P. Hickox	2	172
Bradley, m. Hannah **ST. JOHN**, Dec. 23, 1787, by Rev. Joel Bordwell	2	196
Charlotte, w. Lewis, d. July 19, 1823	2	216
Charlotte, m. John M. **PRATT**, Feb. 7, 1838, by W. W. Andrews	2	192
Charlotte Maria, [d. Lewis & Charlotte], b. Oct. 3, 1817	2	216
Chloe L., [w. Lewis], d. Nov. 10, 1827, ae 29 y.	2	216
Clarissa, d. [Peter & Rebeckah], b. May 26, 1767	1	194
Edmon, s. [Peter & Rebeckah], b. Jan. 17, 1780; d. July 10, 1787 [sic]* *(Arnold copy says "1781")	1	194
Edmond, s. Peter [& Rebeckah], b. Jan. 17, 1780; d. Feb. 10, 1787	1	194
Edmond, s. [Peter & Rebeckah], b. Apr. 1, 1782	1	194
Esther, d. [Peter & Rebeckah], b. Oct. 4, 1777; d. Apr. 3, 1778	1	194
Esther, d. [Peter & Rebeckah], b. Oct. 6, 1777; d. Apr. 3, 1778	1	194
Hannah, d. [Lewis & Hannah], b. May 12, 1771	1	56
Hannah Patty, [d. Philo & Rhoda], b. Jan. 7, 1803	2	241
Henrietta E., m. Jonathan **WOLCOTT**, Nov. 21, 1838, by W. W. Andrews	2	192
Henry Alexander, s. [Lewis & Chloe], b. May 25, 1825; d. Mar. 27, 1826, ae 10 m. 2 d.	2	216
Jane, d. [John & Jane], b. June 24, 1745	LR1	5
Jared, s. Jared **MILLS**, & Loes **PORTER**, b. June 1, 1772	2	7
Jean, Mrs., m. Rev. Joel **BORDWELL**, Sept. 6, 1759, by Rev.		

	Vol.	Page
MILLS, (cont.)		
Nathaniel Fuller, of New Milford	1	44
John, s. John & Jane, b. Jan. 23, 1736	LR1	5
John, s. John & Jane, b. May 17, 1743	LR1	5
John, Lieut., d. June 7, 1760	1	47
John, Jr., s. Lieut. John, d. Mar. 24, 1762, in the 27th y. of his age	1	47
John, s. John **MILLS**, Jr., decd., & Joanna **SWIFT**, b. Nov. 1, 1762	1	123
John, s. [Peter & Rebeckah], b. Nov. 30, 1770	1	194
John, [s. Peter & Rebeckah], d. Apr. 15, 1775	1	194
John, s. [Peter & Rebeckah], b. Dec. 7, 1775	1	194
John F., m. Mary C. **JEWEL**, Mar. 7, 1839, by W. W. Andrews	2	170
Lewis, s. John & Jane, b. Oct. 18, 1738	LR1	5
Lewis, m. Hannah **HALL**, July 26, 1759, by Rev. Joel Bordwell	1	56
Lewis, m. Charlotte **ORTON**, Dec. 14, 1809, by Rev. Joel Bordwell	2	216
Lewis, m. Chloe **LAMB**, July 20, 1824, by Rev. Mr. Strong	2	216
Lewis Bradley, s. [Lewis & Hannah], b. Feb. 20, 1766	1	56
Lewis Mansfield, [s. Lewis & Charlotte], b. May 3, 1814	2	216
Lewis Mansfield, m. Ann Mills **SMITH**, Apr. 13, 1836, by Rev. Walter Smith, of Cornwall	2	247
Lewis Nathan, s. [Philo & Rhoda], b. Dec. 5, 1801	2	241
Lewis W., m. Amanda **SKIFF**, Sept. 15, 1825, by L. P. Hickox	2	141
Lydia, d. John & Jane, b. Nov. 2, 1734	LR1	5
Lydia, m. Jeremiah **FULLER**, Jan. 11, 1754, by Rev. Cyrus Marsh	2	51
Lydia, d. [Lewis & Hannah], b. Apr. 11, 1760	1	56
Lydia, m. Daniel **THOMSON**, May 24, 1778, by Rev. Joel Bordwel	2	147*
Margaret, d. [Peter & Rebeckah], b. Dec. 14, 1761	1	194
Maria, d. [Philo & Rhoda], b. Apr. 7, 1799	2	241
Peter, s. John & Jane, b. Oct. 14, 1741	LR1	5
Peter, m. Rebeckah **MARSH**, [ ], 176[ ], by Rev. Joel Bordwell	1	194
Peter, s. [Peter & Rebeckah], b. Dec. 16, 1773	1	194
Peter, s. [Peter & Rebeckah], d. May 25, 1778	1	194
Peter, s. [Peter & Rebeckah], d. May 25, 1783	1	194
Peter W., m. Abigail **PRATT**, Oct. 18, 1835, by William W. Andrews	2	171
Philo, m. Rhoda **GOODWINE**, Nov. 17, 1797, by Rev. Samuel F. Mills, of Torringford	2	241
Philo G., s. [Philo & Rhoda], b. Mar. 18, 1807	2	241
Sally, d. [Bradley & Hannah], b. July 28, 1788	2	196
Sarah, d. Aug. 25, 1767	1	47

	Vol.	Page
MILLS, (cont.)		
Sarah Phana, d. [Lewis & Hannah], b. Dec. 21, 1762	1	56
Sarah Pharna, m. David **COMSTOCK**, June 13, 1786, by Rev. Joel Bordwell	2	190
Seviah, d. Lieut. John, b. Apr. 5, 1747	1	47
MILTON, Polly, m. Alanson **BALDWIN**, July 10, 1820, by Rev. Asa Blair	2	79
MONROE, Emeline C., m. Charles **MORGAN**, Jan. 26, 1845, by Rev. Jeremiah Fry	2	139
Jerome, m. Mary Jane **KELSEY**, b. of Kent. Nov. 30, 1848, by Rev. W[illia]m H. Kirk	3	3
Mella Ann, m. Anson **BROWN**, Nov. 25, 1838, by W. W. Andrews	2	170
MOON*, Rockay, m. Thaddeus **CARLEY**, Mar. 21, 1847, by Philetus Wairgar, J. P. *(**MOORE**"?)	1	114
MOORE*, Rockay, m. Thaddeus **CARLEY**, Mar. 21, 1847, by Philetus Wairgar, J. P. *("**MOON**"?)	1	114
MOREHOUSE, Abner, of New Milford, m. Elizabeth **SMITH**, of Kent, Mar. 9, 1824, by Rev. C. A. Bordman, of New Preston	2	121
Caroline, of New Milford, m. Caleb **SAWYER**, of Kent, Feb. 8, 1829, by Rev. C. A. Bordman	2	236
Clarissee, m. Levi **PARMELEE**, Oct. 31, 1830, by Birdsey Beardslee, J. P.	2	224
Daniel, s. David & Nancy, b. Jan. 28, 1784, at Long Island	2	149
David, Jr., s. [David & Nancy], b. July 10, 1793, at Reading	2	149
Julia, m. Mark **HOWLAND**, Oct. 18, 1847, by Rev. W. W. Andrews	3	6-7
Lorenzo, m. Julia **CALDWELL**, Jan. 15, 1843, by Rev. William W. Andrews	2	122
Mariah, m. Herman **MORGAN**, Dec. 5, 1821, by Rev. Asa Blair	2	78
Pamelia, d. [David & Nancy], b. Feb. 23, 1803	2	149
MOREY, Abijah, [s. Thomas, Jr. & Hannah], b. May 9, 1817	2	89
Albert, [s. Thomas, Jr. & Hannah], b. Apr. 30, 1811	2	89
Alfred, [s. Thomas, Jr. & Hannah], b. Mar. 10, 1801	2	89
Alfred, m. Susanna **EDWARDS**, Feb. 20, 1825, by L. P. Hickox	2	115
Almond, [s. Thomas, Jr. & Hannah], b. July 11, 1806	2	89
Anson, s. [Thomas, Jr. & Hannah], b. Nov. 20, 1799	2	89
Maria, [d. Thomas, Jr. & Hannah], b. July 1, 1804	2	89
Mariah, of Kent, m. Senaca **FOWLER**, of Beekman, Dutchess Cty., N. Y., Feb. 8, 1825, by Alpheas Fowler, J. P.	2	147*
Thomas, Jr., m. Hannah **BRADSHAW**, Apr. 6, 1798	2	89
MORGAN, Abigal, d. [Jonathan & Zipporah], b. Aug. 18, 1741	LR1	16
Abigail, d. [Jonathan, Jr. & Mary], b. Feb. 16, 1763	1	26
Abigail, of Kent, m. Orus **COGGSHALL**, of New Milford, Oct. 12, 1824, by Rev. C. A. Bordman, of New Preston	2	128

	Vol.	Page
MORGAN, (cont.)		
Asenath, d. [Jonathan, Jr. & Mary], b. Aug. 18, 1764	1	26
Betsey, m. Marvin **HOWLAND**, July 8, 1827, by Rev. L. P. Hickox	2	176
Caleb, [s. Jonathan & Zipporah], b. Aug. 28, 1743	LR1	16
Caleb, m. Elizabeth **CHAPMAN**, Jan. 3, 1771, by Richard Clark, Miss.	1	229
Charles, s. [David & Sarah], b. Dec. 6, 1793	2	137
Charles, m. Emeline C. **MONROE**, Jan. 26, 1845, by Rev. Jeremiah Fry	2	139
Charlotte, m. Abner **PERRY**, Oct. 15, 1791, by Jedidiah Hubbell, J. P.	2	205
Daniel H., m. Eunice **THOMPSON**, Jan. 3, 1821, by Rev. Asa Blair	2	71
Daniel Humphrey, s. [Jonathan, Jr. & Mary], b. Oct. 18, 1766	1	26
David, s. [Jonathan & Zipporah], b. Sept. 29, 1752	LR1	16
David, m. Sarah **FITCH**, Jan. 15, 1778, by Rev. Joel Bordwell	2	137
David, s. [David & Sarah], b. Oct. 1, 1785	2	137
Delight, [twin with Margit], d. Jonathan & Zipporah, b. Dec. 21, 1755	LR1	16
Delight, d. [Samuel & Lucy], b. Jan. 25, 1775	1	130
Eliza, m. William **BARNES**, Jan. 18, 1829, by Jeremiah Fry	2	52
Elizabeth, d. Jonathan & Zipporah, b. Sept. 29, 1733	LR1	16
Elizabeth, d. [Samuel & Lucy], b. June 18, 1761	1	130
Elizabeth, m. Timothy **HALL**, May 28, 1782, by Jethro Hatch. J. P.	2	201
Elizabeth, d. [David & Sarah], b. June 20, 1796	2	137
Elvira, m. Silas **DOUGLASS**, b. of Kent, Sept. 2, 1832, by Alden Handy, Elder	2	131
George, m. Hannah **BRONSON**, b. of Kent, Nov. 27, 1832, by Elder Daniel Baldwin, of New Milford	2	252
Hanah, d. [David & Sarah], b. Aug. 8, 1779	2	137
Hannah, of Kent, m. Don Carlos **PEET**, of Warren, Nov. 12, 1848, by Rev. W[illia]m H. Kirk	3	3
Haman*, [s. David & Sarah], b. July 5, 1799 *(Herman?)	2	137
Heman, s. [James & Sally], b. Feb. 28, 1788	2	215
Henry, s. [James & Sally], b. Feb. 22, 1790	2	215
Herman, m. Mariah **MOREHOUSE**, Dec. 5, 1821, by Rev. Asa Blair	2	78
Ira, Jr., m. Elizabeth **DRISCOLL**, b. of Kent, Sept. 8, 1828, by Jeremiah Fry	2	130
Irena, m. Arnold **PAYNE**, b. of Kent, Feb. 12, 1832, by Elder Alden Handy	2	249
James, s. [Jonathan & Zipporah], b. June 5, 1746	LR1	16
James, s. [Samuel & Lucy], b. Jan. 4, 1766	1	130
James, m. Sally **DODGE**, Mar. 1, 1784, by John Watras, J. P.	2	215
James & Sally, had d. [ ], b. Jan. 7, 1792; d. Jan. [ ], 1792	2	215
James Fitch, s. [David & Sarah], b. July 4, 1785 [sic]	2	137

	Vol.	Page
MORGAN, (cont.)		
Joanna, d. [Samuel & Lucy], b. May 17, 1763	1	130
Jonathan, s. [Jonathan & Zipporah], b. May 20, 1737	LR1	16
Jonathan, Jr., m. Mary **HUMPHREY**, Mar. 21, 1758, by John Ransom, J. P.	1	26
Julia, [d. David & Sarah], b. Nov. 26, 1807	2	137
Lucy Hannah, d. [Samuel & Lucy], b. Nov. 18, 1771	1	130
Margit, [twin with Delight], d. Jonathan & Zipporah, b. Dec. 21, 1755	LR1	16
Margeret, m. Thomas **CHAPMAN**, Sept. 23, 1762, by John Ransom, J. P.	1	115
Margaret Delight, d. [David & Sarah], b. Mar. 1, 1782	2	137
Mary, d. [Jonathan & Zipporah], b. June 20, 1739	LR1	16
Mary, d. Jonathan, Jr. & Mary, b. Feb. 28, 1759	1	26
Mary, m. John **GRAY**, Mar. 12, 1761, by John Ransom, J. P.	1	64
Mary Lee, d. [Samuel & Lucy], b. Feb. 17, 1768	1	130
Sally, [d. James & Sally], b. Jan. 27, 1786	2	215
Samuell, s. [Jonathan & Zipporah], b. Sept. 29, 1735	LR1	16
Samuel, m. Lucy **COMSTOCK**, Jan. 1, 1760, by Rev. Joshua Marsh	1	130
Sarah, d. [David & Sarah], b. Sept. 21, 1783	2	137
Sarah L., m. Daniel D. **STONE**, Dec. 12, 1839, by Rev. Jeremiah Fry	2	227*
Thomas, s. [Jonathan & Zipporah], b. Mar. 23, 1748	LR1	16
Thomas, s. [David & Sarah], b. Aug. 4, 1789	2	137
Thomas M., m. Betsey **DAVIS**, July 18, 1841, by Rev. Jeremiah Fry	2	42
Tryphena, d. [David & Sarah], b. Dec. 27, 1791	2	137
Zipporah, d. [Jonathan & Zipporah], b. May 12, 1750	LR1	16
MORRIS, MORRISS, Artemus, s. [Samuel, Jr. & Phebe], b. Jan. 11, 1773	2	11
Elizabeth, m. Caleb **MAIN**, Dec. 20, 1770, by John Ransom, J. P.	1	223
Jasper, s. [Thomas, Jr. & Rachel], b. Oct. 18, 1776	2	114
Joel, s. [Thomas, Jr. & Rachel], b. Jan. 25, 1780	2	114
Lydia, m. Matthew **JUDD**, Dec. 15, 1774, by Rev. [ ] Baldwine	2	59
Ruby, d. [Thomas, Jr. & Rachel], b. Apr. 5, 1781	2	114
Samuel, Jr., m. Phebe **BARNUM**, Dec. 30, 1772, by Rev. Peter Starr	2	11
Thomas, Jr., m. Rachal **RUDD**, Nov. 15, 1774, by Rev. Jeremiah Day	2	114
MOSS, Anne, d. Daniel & Mary, b. Apr. 12, 1738	LR1	12
Daniel, s. [Daniel & Mary], b. Oct. 9, 1750	LR1	12
Esther, d. [Daniel & Mary], b. Nov. 17, 1741; d. Jan. 17, 1741/2	LR1	12
Esther, d. [Daniel & Mary], b. Mar. 29, 1747	LR1	12
Margrett, d. [Daniel & Mary], b. Nov. 17, 1749	LR1	12

	Vol.	Page
MOSS, (cont.)		
Martha, d. [Daniel & Mary], b. Jan. 2, 1743	LR1	12
Mary, d. Daniel & Marcy, b. Apr. 24, 1754	LR1	12
Molly, d. [Daniel & Mary], b. Nov. 29, 1744	LR1	12
Ruth, d. [Daniel & Mary], b. Oct. 5, 1739	LR1	12
Solomon, s. Daniel & Marcy, b. June 23, 1752	LR1	12
MOTT, Ebenezer, s. [Samuel & Hannah], b. Nov. 22, 1764	1	114
Eli, s. Samuel & Hannah, b. June 30, 1762; d. July 28, 1762	1	114
Rhoda, d. [Samuel & Hannah], b. May 2, 1767	1	114
Sam[ue]ll, m. Hannah **PRICE**, Apr. 17, 1760, by Rev. Salvenus Osborn	1	49
MUNSON, Dorcus, m. Joseph **CARTER**, Jr., Apr. 4, 1782, by Justus Sackett, J. P.	2	184
Huldah, m. Ephraim **TANNER**, Nov. 27, 1766, by Rev. Thomas Brooks	2	132
Luceney, m. Adonijah **CARTER**, Nov. 8, 1780, by Rev. Peter Starr	2	152
MURRAY, MURREY, MURRY, Cloe, d. [Samuel & Cloe], b. July 21, 1774	2	35
Patty A., see under Patty A. **CASWELL**		
Samuel, m. Cloe **KELSEY**, May 14, 1772, by Rev. [ ] Niblow	2	35
Samuel, d. May 30, 1776, at Thambeloe, in the 29th y. of his age	2	35
Solomon & Martha, had d. Patty A. **CASWELL**, b. May 4, 1792; was adopted by Julis & Amy **CASWELL**, Oct. 16, 1801	2	218*
Temperance, d. [Samuel & Cloe], b. Mar. 5, 1773	2	35
NANCY*, George, m. Eunice **HUBBELL**, May 25, 1828, by Rev. L. P. Hickox *("NONEY"?)	2	39
NEWCOMB, Benjamin, s. [Benjamin & Hannah], b. Aug. 31, 1746	LR1	13
Bethiah, m. David **RAYMOND**, Feb. 19, 1756	1	94
Deborah, d. Benjamin & Hannah, b. Mar. 18, 1744	LR1	13
Jemimah, d. [Benjamin & Hannah], b. Mar. 24, 1748	LR1	13
Lyddia, m. Justice **SACKETT**, Jan. 1, 1756, by Timothy Hatch, J. P.	1	10
Sarah, m. Samuel **CARTER**, Jr., Nov. 29, 1781, by Rev. Peter Starr	2	157
NEWTON, William R., m. Emeline **CUMMINS**, Oct. 24, 1847, by Rev. W. W. Andrews	3	6-7
NICHOLS, Silas, of Litchfield, m. Lucinda Maria **SWAN**, of Washington, July 19, 1840, by Benjamin B. Parsons	1	191
NOBLE, Abagaile, m. Rev. Salvenus **OSBORN**, Jan. 2, 1760, by Rev. Noah Wadham	1	48
Abigail, m. Daniel **FULLER**, Jan. 25, 1768, by Rev. Silvanus Osborn	1	226
Anna, m. Israel **HOLMS**, May 7, 1766, by Nathaniel Taylor	2	19
Anna, m. Israel **HOLMS**, May 7, 1766, by Nathaniell Taylor	2	33

	Vol.	Page
NOBLE, (cont.)		
Annis, d. [Israel & Luce], b. Jan. 21, 1762	1	68
Annis, d. [Israel & Luce], d. Apr. 7, 1813	1	68
Armilla, d. [Israel & Luce], b. Sept. 13, 1764	1	68
Avere, s. [Morgan & Patience], b. Apr. 2, 1766	1	163
Clarina, d. [Zachariah & Keziah], b. Feb. 15, 1767	2	52
David, s. [Israel & Luce], b. Apr. 15, 1769; d. Dec. 7, 1769	1	68
David, s. [Israel & Luce], b. Sept. 30, 1772	1	68
Elisha, s. [Israel & Luce], b. Aug. 26, 1784	1	68
Isaac, s. [Morgan & Patience], b. Apr. 26, 1769	1	163
Israel, m. Luce **BENEDICT**, Jan. 7, 1761	1	68
Jarvis, m. Maria **YOUNG**, b. of Kent, July 4, 1848, by Rev. Ira Morgan	3	3
Jonathan, s. [Israel & Luce], b. July 1, 1767	1	68
Kezia, m. Isaac **DATON**, Aug. 8, 1770	2	31
Laura, m. Sherman **BENEDICT**, b. of Kent, Oct. 2, [1840], by B. B. Parsons	2	253
Lodema, d. [Morgan & Patience], b. Nov. 3, 1771	1	163
Lucy, m. Jedidiah **HUBBELL**, s. Ephraim & Abigail, Dec. 25, 1754, by Rev. Cyrus Marsh	1	132
Lucy, d. [Israel & Luce], b. June 17, 1775	1	68
Lucy, w. Israel, d. June 1, 1809	1	68
Mehitabell, d. [Morgan & Patience], b. Feb. 2, 1764	1	163
Morgan, m. Patience **AVERILL**, Jan. 3, 1760, by Rev. Noah Wadham	1	163
Rachel, of New Milford, m. William **SPOONER**, of Kent, Nov. 8, 1750, by Rev. Nathaniell Taylor, of New Milford	LR1	13
Rosannah, m. Nathan **AVERIEL**, [ ] 3, 1768, by Rev. Silvanus Osborn	1	191
Sarah, d. [Israel & Luce], b. July 13, 1777	1	68
Sarah, w. Lieut. Stephen, d. Mar. 5, 1802	2	107
Stephen, s. [Morgan & Patience], b. Oct. 24, 1760	1	163
Stephen, Lieut., d. Dec. 5, 1798	2	107
Zachariah, m. Keziah **KELSEY**, Mar. 4, 1761, by Rev. Noah Wadhams	2	52
Zachariah, d. May 10, 1770	2	52
Zachariah, s. [Israel & Luce], b. Sept. 22, 1770	1	68
Zachariah, s. [Israel & Luce], d. June 15, 1775	1	68
Zachariah, [s. Israel & Luce], d. July 28, 1776	1	68
NODEM, [see also **NODINE**], Betsey*, m. W[illia]m **PORTER**, Dec. 26, 1825, by Nathaniel P. Perry, J. P. *("Betsey **NODINE**"?)	2	213
NODINE, [see also **NODEM**], Emeline, of Kent, m. Abel **BENEDICT**, of Sharon, Sept. 5, 1844, by Rev. Aaron Hunt, Jr.	2	161
Frederick, m. Sally **THOMPSON**, b. of Kent, Aug. 8, 1834, by Frederick Chettenden, J. P.	2	57
NOECLEIN, Sary Mariah, of Kent, m. Joseph **ELTON**, of Sharon,		

	Vol.	Page
NOECLEIN, (cont.)		
May 21, 1825, by Zachariah Winegar, J. P.	2	153
NOONING, John, d. Dec. 11, 1774; ae 14 y. 8 m. 3 d.	2	53
NORTHROP, Agur Curtis, s. [Thomas G. & Amelia], b. May 8, 1812	2	104
Agur Curtiss, m. Lucy Marsh **SWIFT**, b. of Kent, Jan. 22, 1839, by Rev. Henry B. Sherman, of New Preston	2	114
Alvin, m. Sally **ATWOOD**, July 2, 1826, by Rev. L. P. Hickox	2	199
Amos, m. Susan **CHOCUM**, Oct. 26, 1829, by John Mills, J.P.	2	35
Ann Aurilla, m. Joel B. **PRATT**, Oct. 3, 1827, by Rev. L. P. Hickox	2	226
Aurelia, d. Thomas G. & Amelia, b. Oct. 11, 1806	2	104
David, Jr., of Sherman, m. Adaline **FULLER**, of Kent, Oct. 9, 1820, by Rev. Asa Blair	2	139
Maryann, m. John **HINCKLEY**, June 24, 1832, by Lewis Mills, J. P.	2	238
Thomas Wells, s. [Thomas G. & Amelia], b. May 25, 1808	2	104
NORTON, Hepsabeth, m. Jabez **SWIFT**, Nov. 16, 1791, by Jedidiah Hubbel, J. P.	2	206
Nathan, s. Silas & Barthsheba, b. Feb. 11, 1774	2	148
Rebecca, d. [Silas & Barthsheba], b. Sept. 7, 1778	2	148
Sarah, d. [Silas & Barthsheba], b. Apr. 2, 1776	2	148
Silas, s. [Silas & Barthsheba], b. Aug. 14, 1782	2	148
NYE, Ebenezer, m. Desire **SAYER**, Mar. 17, 1776, by Thomas Swift, J. P.	2	93
OGDEN, Mary, m. George **BROWN**, Dec. 19, 1836, by Rev. F. Donelley	2	75
Rebecca, m. Herman **GOODSELL**, Nov. 26, 1823, by Alpheas Fuller, J. P.	2	127
Robert, m. Mary **WORDEN**, Dec. 26, 1799, by Julius Caswell, J. P.	2	240
OLMSTEAD, Asa, s. [David & Sarah], b. Aug. 8, 1781	2	129
Lois, d. David & Sarah, b. Oct. 24, 1774	2	129
Mary, d. [David & Sarah], b. Dec. 9, 1776	2	129
Sarah, d. [David & Sarah], b. Oct. 29, 1778	2	129
ORTHANDER, Polly, d. Hendrick, of Claveach, Cty. of Columbia, N. Y., b. Dec. 20, 1778; m. Daniel Marvin **COMSTOCK**, s. Ebenezer & grandson of Dea. Daniel, Dec. 29, 1796, by Rev. Claudius Gophart	2	111
ORTON, Alanson, of Sharon, m. Elizabeth C. **HOLISTER**, of Kent, Sept. 16, 1834, by Frederick Gridley	2	87
Charlotte, m. Lewis **MILLS**, Dec. 14, 1809, by Rev. Joel Bordwell	2	216
John, m. Mary **BASSETT**, Feb. 9, 1845, by Rev. Jeremiah Fry	2	139
Phebe E., m. Homer **EDWARDS**, Sept. 19, 1841, by Rev. William W. Andrews	2	122
OSBORN, Salvenus, Rev., m. Abigaile **NOBLE**, Jan. 2, 1760, by		

	Vol.	Page
OSBORN, (cont.)		
Rev. Noah Wadham	1	48
Salvanus, Rev., d. May 7, 1771	1	48
OWEN, Abner, [twin with Alba], s. Daniel, 2nd & Lowis, b. Mar. 27, 1791	2	227
Alba, [twin with Abner], s. [Daniel, 2nd & Lowis], b. Mar. 27, 1791	2	227
Ama, d. [Daniel, 2nd & Lowis], b. Apr. 16, 1785	2	227
Daniel, 2nd, m. Lowis **TUCKER**, [ ], 1779	2	227
Daniel, s. [Daniel, 2nd & Lowis], b. Oct. 16, 1782	2	227
David, s. [Daniel, 2nd & Lowis], b. Dec. 12, 1787	2	227
Mary, d. [Daniel, 2nd & Lowis], b. Feb. 19, 1780	2	227
Rebeckah, m. Samuel **BARNUM**, 1st, [ ]	1	101
Russell, s. [Daniel, 2nd & Lowis], b. Feb. 13, 1797	2	227
Sarah, d. [Daniel, 2nd & Lowis], b. May 14, 1794	2	227
PACKER, Eunice, m. Simeon **FULLER**, Nov. 28, 1764, by Rev. Simeon Waterman	1	87
PAGE, Andrew, m. Harriet J. **GIBBS**, Jan. 1, 1846, by Rev. William W. Andrews	2	122
George L., of Canaan, m. Eliza A. **BENEDICT**, of Kent, Jan. 11, 1854, by Rev. A. B. Pulling	3	20
PAINE, PAYN, PAYNE, PAIN, Aaron, m. Sarah **HUBBELL**, June 17, 1766, by Cyrus Marsh, J. P.	1	214
[Aaron], [& Sarah], had eldest s. [ ], b. Dec. 15, 1766; d. Dec. 16, 1766	1	214
Adelia, m. Ezra S. **MARSHALL**, b. of Kent, Jan. 2, 1845, by W[illia]m Henry Keith	2	107
Arnold, m. Irena **MORGAN**, b. of Kent, Feb. 12, 1832, by Elder Alden Handy	2	249
Benjamin, s. [Aaron & Sarah], b. Sept. 14, 1770	1	214
Daniel, m. Joanna **SWIFT**, Apr. 15, 1767, by Cyrus Marsh, J.P.	1	156
Elizabeth, m. Jacob **FULLER**, Feb. 23, 1764, by Rev. Ebenezer Niblow	2	72
Elizabeth, m. Grant **SNODWELL**, July 4, 1824, by Birdsey Beardsley, J. P.	2	93
Ephraim, s. [Aaron & Sarah], b. Aug. 22, 1772	1	214
Ezekiel, s. [Aaron & Sarah], b. Oct. 19, 1767	1	214
Freelove, m. Levi **CROCKER**, Feb. 27, 1758, by Rev. Cyrus Marsh	LR1	6
Harriet, m. Ebenezer Mills **HAWS**, Nov. 6, 1832, by Birdsey Beardsley, J. P.	2	189
Huldah, m. Henry O. **WARD**, June 17, 1847, by Rev. W. W. Andrews	3	5
James, s. [Daniel & Joanna], b. Dec. 25, 1767	1	156
James, of Gaylords Bridge, m. Eveline **GEER**, of Kent, Jan. 1, 1846, at the house of Nathaniel Geer, by Rev. George W. Tash	2	217
John. m. Elizabeth **HATCH**, Mar. 20, 1766, by Rev. Joel		

	Vol.	Page

PAINE, PAYN, PAYNE, PAIN, (cont.)

	Vol.	Page
Bordwell	2	98
John & Elizabeth, had s. [ ], b. Apr. 1, 1768; d. Apr. 10, 1768	2	98
Judeth, m. Abel **COMSTOCK**, b. of Kent, Sept. 17, 1747, by Rev. Cyrus Marsh	LR1	15
Martha, m. Jabez **BEARDSLEY**, Apr. 24, 1766, by Samuel Bostwick, J. P.	2	24
Mary N., m. William **SWIFT**, Sept. 29, 1836, by W. W. Andrews	2	191
Mehetable, d. John & Elizabeth], b. Dec. 24, 1775	2	98
Moses, s. [Daniel & Joanna], b. Oct. 26, 1779	1	156
Nathan, s. [John & Elizabeth], b. Feb. 5, 1771	2	98
Peter, m. Lucy **HATCH**, Apr. 3, 1800, by Julius Caswell, J. P.	2	167
Reuben, s. [Daniel & Joanna], b. May 21, 1769	1	156
Rhoda, m. Phillip **STRONG**, June 13, 1759, by Timothy Hatch, J. P.	1	69
Ruth, d. [John & Elizabeth], b. Nov. 5, 1773	2	98
Samuel, s. [Aaron & Sarah], b. Feb. 27, 1769	1	214
Samuel, d. Nov. 15, 1793	1	28
Samuel, m. Betsey **PANGBORN**, Oct. [ ], 1804, by Julius Caswell, J. P.	2	110
Sarah, d. [Daniel & Joanna], b. Apr. 1, 1771	1	156
Seelye, s. [John & Elizabeth], b. Feb. 19, 1769	2	98
PALMER, Anna, d. [Moses & Phebe], b. June 6, 1757	LR1	1
Anne, d. [Moses & Phebe], b. June 6, 1757	1	73
Elijah, m. Elizabeth Higgin **BOTHAM**. Nov. 18, 1766, by Rev. Silvanus Osborn	1	148
Elizabeth, m. Constant **BLISS**, Nov. 19, 1767, by Rev. Silvanus Osborn	1	170
Esther, m. Ozias **HATCH**, s. Silvenus & Mehitebele, [ ], 1784	1	167
Eugene, m. Henry **FISHER**, b. of Kent, Apr. 29, 1775, by Benjamin Porter, of Judea	LR1	13
Ezekiel, m. Margett **PECK**, Oct. 23, 1766, by Daniel Lee, J. P.	1	159
Irenah, d. Ebenezer & Mary, b. July 9, 1755	LR1	1
Jemima, d. Ebenezer & Mary, b. Apr. 15, 1761	1	91
Jemima, m. Samuel **HOWS**, Apr. 26, 1788, by Justus Sackett, J. P.	2	158
Lucy, m. Moses **CAREY**, Apr. 22, 1763, by Thomas Davis, Miss.	1	222
Lydia, m. Rozwell **LEE**, Aug. 30, 1768, by Daniel Lee, J. P.	1	179
Mary, m. Thomas **PALMER**, June 9, 1760, by Rev. Noah Wadham	1	217
Mary, d. [Thomas & Mary], b. June 9, 1761	1	217
Moses, m. Phebe **BRONSON**, [ ] 4, 1753, by Rev. Cyrus Marsh	LR1	1

	Vol.	Page
PALMER, (cont.)		
Moses, m. Phebe **BROWNSON,** Jan. 4, 1753, by Rev. Cyrus Marsh	1	73
Moses, s. [Moses & Phebe], b. Aug. 12, 1763	1	73
Olive, m. David **TAYLOR,** Aug. 18, 1774	2	84
Patience, d. Moses & Phebe, b. [ ] 26, 1754	LR1	1
Patience, d. [Moses & Phebe], b. July 26, 1754	1	73
Phebe, d. [Moses & Phebe], b. July 11, 1760	1	73
Tabathy, d. Ichabod & Phebe, b. June 29, 1754	LR1	1
Thomas, m. Mary **PALMER,** June 9, 1760, by Rev. Noah Wadham	1	217
PANGBORN, Betsey, m. Samuel **PAYNE,** Oct. [ ], 1804, by Julius Caswell, J. P.	2	110
PARKER, Abigail, of Kent, m. Asa **REED,** of Dover, Dutchess Cty., N. Y., Feb. 14, 1828, by John Mills, J. P.	2	136
PARKS, PARK, PARKE, Asa, m. Margaret **FULLER,** Mar. 18, 1793, by Rev. Joel Bardwell	2	235
Cynthia, [twin with Zenna], d. [William & Sarah], b. Apr. 4, 1770	1	128
Cintha, m. David **GEER,** Apr. 4, 1793, by Rev. Joel Bardwell	2	128*
Elijah, s. William & Sarah, b. Apr. 11, 1764; d. Apr. 12, 1764	1	128
Elijah, s. [William & Sarah], b. Mar. 15, 1774	1	128
John Clark, s. [Peter & Esther], b. Nov. 9, 1775	2	64
Julia, d. [Asa & Margaret], b. Sept. 25, 1795	2	235
Peter, m. Esther **CLARK,** Nov. 24, 1774, by Rev. John Norton	2	64
Sarah, d. [William & Sarah], b. July 28, 1767	1	128
William, s. William & Sarah, b. Mar. 6, 1765	1	128
Zenna, [twin with Cynthia], d. [William & Sarah], b. Apr. 4, 1770	1	128
PARMELEE, PALMERLEE, Elizabeth, d. Levi & Sarah, b. Jan. 17, 1779	2	143
Huldah, m. Daniel **SWAN,** Feb. 17, 1775, by Rev. Peter Starr	2	57
Levi, m. Clarissee **MOREHOUSE,** Oct. 31, 1830, by Birdsey Beardslee, J. P.	2	224
Ruth, m. Isaac **WEDGE,** Oct. 10, 1774, by Increase Mosley, J. P.	2	58
PARRISH, Asa, m. Mindwell **FULLER,** b. of Kent, Nov. 23, 1749, by Rev. Cyrus Marsh	LR1	11
Asa, Jr., s. Asa & Mindwell, b. Oct. 6, 1752	LR1	11
Asa, Jr., s. [Asa & Mindwell], b. Oct. 6, 1752	1	6
Asa, m. Sarah **SWIFT,** Jan. 10, 1783, by Rev. Joel Bardswell	1	6
Daniel, s. [Asa & Mindwell], b. Aug. 8, 1756	LR1	11
Daniel, s. [Asa & Mindwell], b. Aug. 8, 1756, d. July 3, 1758	1	6
Isaac, s. Asa & Mindwell, b. May 13, 1750	LR1	11
Isaac, s. Asa & Mindwell, b. May 13, 1750	1	6
Jerusha, d. [Asa & Mindwell], b. Sept. 24, 1751	LR1	11
Jerusha, d. Asa & Mindwell, b. Sept. 24, 1751	1	6
Jerusha, m. Nathan **CHAMBERLAIN,** Apr. 11, 1776, by		

	Vol.	Page
PARRISH, (cont.)		
Rev. Joel Bordwell	2	119
Joanna, d. [Asa & Mindwell], b. June 4, 1755	LR1	11
Joanna, d. Asa & Mindwell, b. June 4, 1755	1	6
John, s. [Asa & Mindwell], b. Jan. 5, 1754	LR1	11
John, s. Asa & Mindwell, b. Jan. 5, 1754	1	6
Mindwell, w. Asa, d. Oct. 24, 1780	1	6
Oliver, s. Asa & Mindwell], b. Aug. 15, 1762	1	6
Sarah, m. John **BARNUM**, Dec. 9, 1782, by Rev. Joel Bordwell	2	177
William, s. Asa & Mindwell, b. Aug. 23, 1758	1	6
PARSONS, George B., Dr., m. Elizabeth **HATCH**, b. of Kent, Mar. 8, 1853, by Rev. Ezra Jones	3	18-19
PARTRIDGE, Abigail, d. [Perez & Naoma], b. Dec. 19, 1764	1	21
Ama, d. Perez & Judeth, b. May 6, 1753	1	21
Jesse, s. [Perez & Judeth], b. Aug. 4, 1757	1	21
Judeth, d. [Perez & Judeth], b. June 17, 1759; d. Aug. 17, 1760	1	21
Lydia, d. [Perez & Naoma], b. July 16, 1766	1	21
Perez, m. Naoma **CURTIS**, Feb. 19, 1764, by Sam[ue]ll Coyt, J. P.	1	21
PATTEN, PATTON, Anna, d. [Silas & Thankfull], b. Nov. 2, 1774	2	69
Jerusha, d. [Silas & Thankfull], b. Aug. 9, 1776	2	69
Sally, m. Samuel M. **BURROUGHS**, Apr. 27, [1825], by L. P. Hickox	2	73
Silas, m. Thankfull **EATON**, Mar. 17, 1774, by Rev. Joel Bordwell	2	69
Silas, s. [Silas & Thankfull], b. July 11, 1781	2	69
Susa, m. Thomas **COX**, June 6, 1776, by Rev. Joel Bordwell	2	115
Thadeus, s. [Silas & Thankfull], b. Feb. 23, 1778	2	69
PAYNE, [see under **PAINE**]		
PECK, [see also **PEEK**], Able, s. Ebenezer & Mary, b. May 27, 1761	1	70
Daniel, s. [Joseph & Eunice], b. Dec. 14, 1773	1	178
Ebenezer, m. Marcy **CASELL**, Nov. 8, 1743, by Rev. Cyrus Marsh	LR1	6
Eben[eze]r, s. [Ebenezer & Marcy], b. Mar. 1, 1775	LR1	6
Ebenezer, m. Susannah **TASKER**, Nov. [ ], 1771, by Rev. Nathaniel Tayler	1	70
Ebenezer, Jr., m. Sarah **HUBBELL**, Aug. 16, 1781, by Rev. Joel Bordwell	2	149
Ebenezer, Jr., & Sarah, had d. [ ], s.b. Nov. 16, 1782	2	149
Elijah, s. [Ebenezer & Mary], b. May 3, 1769	1	70
Elisha, m. Sarah Ann **COMMINS**, Dec. 29, 1842, by Rev. William W. Andrews	2	122
Erastus, s. [Ebenezer, Jr. & Sarah], b. Nov. 25, 1786	2	149
Hannah, d. [Ebenezer & Marcy], b. Aug. 12, 1749	LR1	6
Jane, m. Daniel **BEEBE**, Jr., Nov. 15, 1785, by Rev. Joel		

	Vol.	Page
PECK, (cont.)		
Bardwell	2	217
Jeriah, s. [Joseph & Eunice], b. Nov. 17, 1768	1	178
Joseph, s. [Ebenezer & Marcy], b. Jan. 21, 1746/7	LR1	6
Joseph, m. Eunice **LEE**, Aug. 15, 1768, by Daniel Lee, J. P.	1	178
Joseph, d. Sept. 7, 1776	1	178
Joseph, s. [Ebenezer, Jr. & Sarah], b. Apr. 4, 1784	2	149
Joseph, of Cornwall, m. Anna **BOTSFORD**, of Kent, Jan. 15, 1824, by Rev. Lawrence P. Hallock	2	228
Lewis, s. [Ebenezer, Jr. & Sarah], b. Mar. 29, 1789	2	149
Marget, d. Eben[eze]r & Marcy, b. Nov. 13, 1751	LR1	6
Margett, m. Ezekiel **PALMER**, Oct. 23, 1766, by Daniel Lee, J. P.	1	159
Mary, d. [Joseph & Eunice], b. Apr. 5, 1771	1	178
Mary, w. Ebenezer, d. May 3, 1771	1	70
Molly, d. [Joseph & Eunice], b. Feb. 9, 1776	1	178
Pheneus, s. [Ebenezer & Marcy], b. Apr. 27, 1757	LR1	6
Reuben, s. Ebenezer & Mary, b. Jan. 1, 1764	1	70
Ruth, d. [Ebenezer & Marcy], b. Sept. 10, 1747	LR1	6
Ruth, m. Ebenezer **BERRY**, Dec. 27, 1764, by Rev. Joel Bordwell	1	150
[**PEEK**], **PEAK**, [see also **PECK** & **PEET**], Margit, wid., d. Mar. 5, 1757	LR1	6
PEET, Don Carlos, of Warren, m. Hannah **MORGAN**, of Kent, Nov. 12, 1848, by Rev. W[illia]m H. Kirk	3	3
Jerusha, m. Abel **TERRIL**, Mar. 24, 1774, by Rev. Jeremiah Day	2	102
PEIRCY, John J., m. Chloe **SEGAR**, Nov. 4, 1839, by Rev. Jeremiah Fry	2	228*
PERRY, Abener, s. [Ebenezer & Elizabeth], b. Apr. 18, 1772	2	37
Abner, m. Charlotte **MORGAN**, Oct. 15, 1791, by Jedidiah Hubbell, J. P.	2	205
Anna, [twin with Elijah], d. [Ebenezer & Elizabeth], b. Aug. 29, 1784, in Oblong	2	37
Charlotte, of Kent, m. Ozias **LEWIS**, Jr., of Litchfield, Dec. 6, 1833, by Seth Sackett	2	110
Ebenezer, m. Elizabeth **BARNUM**, May 24, 1771, by Rev. Joel Bordwell	2	37
Elijah, [twin with Anna], s. [Ebenezer & Elizabeth], b. Aug. 29, 1784, in Oblong	2	37
Jane A., of Kent, m. Riverius **CAMP**, of Sharon, Apr. 30, 1834, by Rev. Lucius M. Purdy	2	253
Joanna, d. [Ebenezer & Elizabeth], b. [ ]; d. Aug. 24, 1795	2	37
Mary, d. [Ebenezer & Elizabeth], b. Jan. 17, 1777	2	37
Nathaniel P.. m. Alusia **ADAMS**, Sept.10, 1840, by Rev. William W. Andrews	2	205
Sally, d. [Ebenezer & Elizabeh], b. Feb. 19, 1782, in Oblong	2	37

	Vol.	Page

PERRY, (cont.)
    Seth, s. [Ebenezer & Elizabeth], b. June 16, 1787, in Oblong — 2 — 37
    Stephen, s. [Ebenezer & Elizabeth], b. May 10, 1774; d. Sept. 11, 1776 — 2 — 37
    Stephen, s. [Ebenezer & Elizabeth], b. Apr. 5, 1779, in Oblong — 2 — 37

PETERS, Amasa, s. [Joseph & Dabro], b. Feb. 17, 1769, at Hebron — 1 — 219
    Disle, d. Joseph & Dabro, b. Sept. 27, 1770 — 1 — 219
    Eber, s. William & Deborah, b. July 19, 1768 — 1 — 176
    Elvers, m. Anna **STUART,** [ ], 1836 — 3 — 4
    Joseph, s. [Joseph & Dabro], b. July 8, 1783 — 1 — 219
    Rozalana, d. [William & Deborah], b. Aug. 2, 1771 — 1 — 176
    Ruth, d. [William & Deborah], b. Feb. 10, 1770 — 1 — 176
    Samuel Eben, of Litchfield, m. Harriet **WINEGAR,** of Kent, Feb. 8, 1824, in St. John's Church, by Rev. George B. Andrews — 2 — 117
    Seney, d. [Joseph & Dabro], b. Sept. 15, 1778 — 1 — 219
    Thedy, d. [Joseph & Dabro], b. July 20, 1772 — 1 — 219

PHELPS, Asa, m. Martha **BROWNSON,** Feb. 17, 1761, by Rev. Silvanus Osborn — 1 — 119
    Asa, s. [Asa & Martha], b. Mar. 31, 1768 — 1 — 119
    Bele, s. [Asa & Martha], b. July 30, 1762 — 1 — 119
    Catharine, of Kent, m. William **WRIGHT,** of Fishkill, N. Y., Dec. 25, 1825, by Rev. Epaphras Goodman — 2 — 135
    David, s. [David & Mary], b. May 10, 1762, at Woodbury — 2 — 27
    Elihu, s. [James & Rebeckah], b. Mar. 5, 1763 — 1 — 104
    Hannah, d. [David & Mary], b. May 28, 1770 — 2 — 27
    James, m. Rebeckah **CURTIS,** Feb. 21, 1760, by Rev. Silvanus Osborn — 1 — 104
    Joannar, d. [David & Mary], b. Feb. 10, 1764 — 2 — 27
    Joannah, m. Josiah **FINNEY,** Jan. 21, 1779, by [ ] — 2 — 163
    Jonah, m. Daniel **LUCE,** Nov. 8, 1751, by Timothy Hatch, J. P. — LR1 — 8
    Lydia, d. [Asa & Martha], b. Feb. 19, 1767 — 1 — 119
    Marcy, d. David & Mary, b. Sept. 2, 1760, at Woodbury — 2 — 27
    Mary, d. [David & Mary], b. Dec. 15, 1765 — 2 — 27
    Mehetable, d. [David & Mary], b. Apr. 25, 1773 — 2 — 27
    Pheebe, m. Jonathan **FINNEY,** Aug. 12, 1757, by Alexander Phelps, J. P. — 1 — 17
    Rhoda, d. [Asa & Martha], b. Sept. 27, 1765 — 1 — 119
    Truman, s. [David & Mary], b. Mar. 24, 1768 — 2 — 27

PHERREY(?), Mariah, m. Jehiel **BARNUM,** Apr. 30, 1741
    *(Perhaps "PHINEY") — LR1 — 2

PHILLIPS, PHILIPS, Amaziah, m. Lydia **FINNEY,** Oct. 23, 1766, by Daniel Lee, J. P. — 1 — 184
    Dimmis, d. [Amaziah & Lydia], b. June 27, 1767 — 1 — 184
    James, m. Nancy **CHICKENS,** Nov. 5, 1823, by Nathaniel P. Perry, J. P. — 2 — 36
    Jonathan, s. [Nathaniel & Lydia], b. July 31, 1764 — 1 — 120

	Vol.	Page
PHILLIPS, PHILIPS, (cont.)		
Leviney, d. [Amaziah & Lydia], b. Jan. 21, 1769	1	184
Lucindah, d. [Nathaniel & Lydia], b. Jan. 23, 1767	1	120
Nathaniel, m. Lydia **FISHER**, Feb. 16, 1762, by Rev. Silvenus Osborn	1	120
Sebra, d. [Nathaniel & Lydia], b. Dec. 15, 1762	1	120
PHIPENNEY, PHIPPANEE, Eunice, m. Truman **GILBERT**, Mar. [ ], 1780, by Rev. Peter Starr	2	147
Rebecca, m. Abel **COMSTOCK**, Jr., Jan. 5, 1784, by Rev. Peter Starr	2	173
PIERCE, Hannah B., m. Jeremiah R. **FULLER**, Dec. 26, 1811, by Rev. Mr. Stone, of Cornwall	2	246
POLLETTS, Hannah, m. John **SLOSSON**, Sept. 26, 1824, by L. P. Hallick	2	99
POOL, Sophia, Mrs. of New Preston, m. Peirpoint **EDWARDS**, of Kent, Sept. 10, 1843, by Rev. Samuel Tonkin Carpenter, of Sharon	2	237
PORTER, Loes, had s. Jared **MILLS**, b. June 1, 1772; f. Jared **MILLS**	2	7
Lucy, m. Russell **EATON**, Nov. 27, 1839, by Rev. William W. Andrews	2	205
W[illia]m, m. Betsey **NODEM***, Dec. 26, 1825, by Nathaniel P. Perry, J. P. *("**NODINE**"?)	2	213
POTTER, Sally, m. Samuel M. **BURROUGHS**, Apr. 27, [1825]	2	1
PRATT, Abigail, m. Peter W. **MILLS**, Oct. 18, 1835, by William W. Andrews	2	171
Anson, s. [Joseph, Jr. & Hannah], b. Oct. 1, 1771	1	143
Azariah, Jr., d. Oct. 19, 1758	1	47
Azariah, d. May 10, 1782	1	48
Azariah, s. [Noah & Mary], b. May 10, 1785	1	49
Cyrus, s. Azriah & Hannah, b. Oct. 18, 1740	LR1	3
Cyrus, s. Azariah & Hannah, d. Nov. 10, 1740	LR1	3
Ebenezer, s. Azariah & Hannah, b. Aug. 1, 1743	LR1	4
Eleanor, m. Eleazer **CHAMBERLAIN**, Mar. 8, 1759, by Rev. Joel Bardwell	1	23
Easther, m. Daniel **BEEBE**, Apr. 10, 1760, by Rev. Joel Bardwell	1	97
Hannah, m. James **WALLING**, b. of Kent, Feb. 22, 1749/50, by Rev. Cyrus Marsh	LR1	15
Hannah, w. Azariah, d. Sept. 15, 1774	1	48
Hannah H., of Kent, m. John **GILLETTS**, of Hartford, Oct. 10, 1831, by Frederick Gridley	2	248
Joel B., m. Ann Aurilla **NORTHROP**, Oct. 3, 1827, by Rev. L. P. Hickox	2	226
John M., m. Charlotte **MILLS**, Feb. 7, 1838, by W. W. Andrews	2	192
Joseph, Jr., m. Hannah **HOPSON**, Mar. 25, 1766, by Cyrus Marsh, J. P.	1	143

	Vol.	Page

PRATT, (cont.)

Leucretia, d. Azariah & Hannah, d. Feb. 7, 1740	LR1	3
Lucretia, d. [Noah & Mary], b. Sept. 11, 1783	1	49
Lucy, d. [Joseph, Jr. & Hannah], b. July 25, 1773	1	143
Lucy C., of Kent, m. Jerome **FULLER**, of Haverstraw, Oct. 27, 1834, by Hiram Jelliff	2	86
Lune, d. [Noah & Mary], b. Feb. 11, 1794	1	49
Lydia, m. Gorshom **COMSTOCK**, Feb. 20, 1754, by Rev. Cyrus Marsh	1	1
Noah, m. Mary **CULVER**, Dec. 25, 1782, by Rev. Joel Bordwell	1	49
Polly, d. [Noah & Mary], b. Oct. 23, 1788	1	49
Ralph, s. [Joseph, Jr. & Hannah], b. July 25, 1769; d. [ ]	1	143
Ralph, [s. Joseph, Jr. & Hannah], b. Feb. 15, 1779	1	143
Ralph, m. Patty **BERRY**, Sept. 27, 1827, by Rev. L. P. Hickox	2	225
Rebeckah, d. Thadeus & Hannah, b. June 26, 1772	2	8
Rhoda, m. John **RANSOM**, Jr., Mar. 25, 1766, by Rev. Joel Bordwell	1	144
Samuel, s. Azariah & Hannah, b. Aug. 12, 1744	1	48
Sarah, m. Eliphalet **COMSTOCK**, Feb. 7, 1758, by Jno Ransom, J. P.	1	96
Sophia, d. Peter, b. May 6, 1775	2	73
Sophia, m. David **COMSTOCK**, 2nd, Nov. 21, 1844, by Rev. William W. Andrews	2	122
-----, m. Elizabeth **COMSTOCK**, Feb. 7, 1758, by John Ransom, J. P.	LR1	1

PRESTON, PRASTON, Elizabeth, m. Daniel **BROWNSON**, Feb. 16, 1756, by Timothy Hatch, J. P. — 1 — 39

Eunice, m. John **HOITE**, Mar. 14, 1760, by Timothy Hatch, J. P.	1	55
Martin, m. Rebeckah **JUDD**, Jan. 1, 1761, by Timothy Hatch, J. P.	1	86
Timothy, s. [Martin & Rebeckah], b. Nov. 14, 1761	1	86

PRICE, Hannah, m. Sam[ue]ll **MOTT**, Apr. 17, 1760, by Rev. Salvenus Osborn — 1 — 49

Sarah A., m. Chancey E. **EMMONS**, Dec. 15, 1845, by Rev. William W. Andrews — 2 — 122

PUTNAM, Luke S., of Montpelier, Vt., m. Emeline **TOMPKINS**, of Kent, Dec. 29, 1845, by Rev. Hollis Read, of New Preston — 2 — 229

RANDAL, Walter, m. Mary **SMITH**, Jan. 1, 1827, by Rev. L P. Hickox — 2 — 169

RANSOM, Alice, d. [John & Bethiah], b. Oct. 7, 1744* *("1746"?) — 1 — 80

Alice, d. [John & Bethiah], b. Oct. 9, 1746	LR1	5
Alice, m. Oliver **FULLER**, May 3, 1767, by Rev. Joel Bordwell	1	160
Alice, [w. Oliver], d. Oct. 1, 1778	1	160
Alpheas, s. [Alpheas & Sarah], b. Nov. 30, 1769, at Colchester	1	210

	Vol.	Page
RANSOM, (cont.)		
Benjamin, s. John & Bethiah, b. Mar. 5, 1744	LR1	5
Benjamin, s. [John & Bethiah], b. Mar. 5, 1744	1	80
Benjamin, s. [John & Bethiah], d. Feb. 7, 1779	1	80
Bethiah, w. John, d. Apr. 29, 1771, in the 65th y. of her age	1	80
Charles, s. John & Bethiah, b. May 12, 1755	1	80
Charles, s. John & Bethiah, d. Oct. 24, 1776	1	80
Daniel, s. [Oliver & Alice], b. Aug. 20, 1769	1	160
Dimmis, d. John & Bathiah, b. Sept. 29, 1749	LR1	5
Dimmis, d. [John & Bethiah], b. Sept. 29, 1749	1	80
Hannah, d. John & Bethiah, b. June 1, 1735	LR1	5
Hannah, d. [John & Bethiah], b. June 1, 1735	1	80
Hannah, d. [John, Jr. & Rhoda], b. Oct. 5, 1784	1	144
John, s. John & Bathiah, b. Aug. 28, 1740	LR1	5
John, Jr., s. [John & Bethiah], b. Aug. 28, 1740	1	80
John, Jr., m. Rhoda **PRATT**, Mar. 25, 1766, by Rev. Joel Bordwell	1	144
John, m. Rebeckah **BALDWIN**, Mar. 12, 1775, by Rev. Elijah Sill	1	80
Judah, [twin with Lewis], s. John & Bathiah, b. Dec. 12, 1743; d. Dec. 13, 1743	LR1	5
Judah, [twin with Lewis], s. [John & Bethiah], b. Dec. 12, 1743; d. Dec. 13, 1743	1	80
Judah Lewis, s. [John, Jr. & Rhoda], b. Jan. 4, 1769	1	144
Lewis, [twin with Judah], s. John & Bathiah, b. Dec. 12, 1743; d. Dec. 14, 1743	LR1	5
Lewis, [twin with Judah], s. [John & Bethiah], b. Dec. 12, 1743; d. Dec. 14, 1743	1	80
Lodeme, d. John & Bathiah, b. Mar. 8, 1752	LR1	5
Lodema, d. [John & Bethiah], b. Mar. 8, 1752	1	80
Lodiema, d. [John, Jr. & Rhoda], b. June 10, 1775	1	144
Lucy, d. Alpheas & Sarah, b. Jan. 12, 1768, at Colchester	1	210
Marah, d. John & Bathiah, b. Dec. 4, 1738	LR1	5
Mary, d. [John & Bethiah], b. Dec. 4, 1738	1	80
Mary, m. Elisha **SWIFT**, [ ]y 30, 1750, by Timothy Hatch, J. P.	LR1	1
Mary, m. Elisha **SWIFT**, Dec. 30, 1756, by Timothy Hatch, J. P.	1	30
Nancy, d. [John, Jr. & Rhoda], b. Dec. 22, 1766	1	144
Robert, s. John & Bathiah, b. Apr. 8, 1733	LR1	5
Robert, s. John & Bethiah, b. Apr. 8, 1733	1	80
Robert, d. Apr. 17, 1787	2	49
Rus[s]el[l], s. [John, Jr. & Rhoda], b. Aug. 23, 1773	1	144
Sarah, w. Alpheas, d. Aug. 20, 1771, in the 25th y. of her age	1	210
Thomas, s. [Oliver & Alice], b. July 11, 1773	1	160
RATHBURN, Mary M., m. Heman L. **COOK**, Jan. 12, 1846, by Rev. Jeremiah Fry	2	243
RAYMOND, RAIMOND, Abigail, d. [Josiah & Hannah], b. Dec.		

	Vol.	Page

RAYMOND, RAIMOND, (cont.)
    1, 1768, at Cornwall — 1, 182

	Vol.	Page
1, 1768, at Cornwall	1	182
Abraham, s. [David & Bethiah], b. Dec. 16, 1756; d. Dec. 30, 1757	1	94
Abraham, 2nd, s. [David & Bethiah], b. Dec. 12, 1757	1	94
Abram, s. [ ] & Marcy], b. Sept. 3, 1731	LR1	5
Bethiah, m. Nathaniel **GRAY**, Dec. 30, 1773, by Joel Bordwell	2	43
Betsey, d. [Josiah & Hannah], b. Oct. 4, 1775	1	182
Bettey, d. [ ] & Marcy], b. Aug. 27, 1737	LR1	5
David, s. [ ] & Marcy, b. Aug. 19, 1730	LR1	5
David, m. Bethiah **NEWCOMB**, Feb. 19, 1756	1	94
David, s. [Josiah & Hannah], b. Feb. 3, 1771	1	182
David, d. Apr. 3, 1771	1	94
Hannah, d. [David & Bethiah], b. [ ]	1	94
James, s. [David & Bethiah], b. Sept. 3, 1767	1	94
John, s. [Josiah & Hannah], b. Mar. 18, 1764	1	182
John, m. Zuriah Dun **FULLER**, Feb. 25, 1792, by Rev. Joel Bardwell	2	218
John Milton, s. [John & Zuriah Dun], b. Mar. 9, 1793	2	218
Josiah, s. [ ] & Marcy], b. Apr. 28, 1740	LR1	5
Josiah, m. Hannah **FORSTER**, Apr. 17, 1763, by Rev. Joel Bordwell	1	182
Josiah, s. [Josiah & Hannah], b. Apr. 22, 1773	1	182
Josiah, d. Jan. 17, 1779	1	182
Marcy, d. [ ] & Marcy], b. July 23, 1836 [probably 1736]	LR1	5
Mary, d. [David & Bethiah], b. Apr. 12, 1761	1	94
Mary, w. Abraham, d. Apr. 18, 1769	1	233
Mira Ann, m. Andrew B. **HAXTON**, Nov. 13, 1834, by Rev. William W. Andrews	1	54
Newcomb, s. [David & Bethiah], b. Jan. 20, 1763	1	94
Sarah, d. [ ] & Marcy], b. Jan. 20, 1745; d. Jan. 12, 1747	LR1	5
Sarah, d. [David & Bethiah], b. July 1, 1765	1	94
Thankfull, d. [ ] & Marcy], b. Sept. 7, 1738	LR1	5
Thankfull, m. Isaac **CUSHMAN**, Mar. 29, 1758, by Timothy Hatch, J. P.	LR1	1
Thankfull, d. [Josiah & Hannah], b. Aug. 27, 1766, at Cornwall	1	182
REED, READ, REID, Asa, of Dover, Dutchess Cty., N. Y., m. Abigail **PARKER**, of Kent, Feb. 14, 1828, by John Mills, J. P.	2	136
Betsey, m. Zachariah **SKIFF**, Apr. 11, 1798, by Rev. Joel Bordwell	2	23
Elijah, s. [James & Martha], b. Jan. 12, 1781	2	135
Elijah Damon, b. May 30, 1807	2	67
Elizabeth, m. Samuel **WALLER**, July 12, 1769, by Daniel Sherman, J. P.	1	233
Ephraim, s. [James & Martha], b. June 29, 1779	2	135
James, m. Martha **SMITH**, Nov. 22, 1778, by Ephraim		

KENT VITAL RECORDS 125

	Vol.	Page
REED, READ, REID, (cont.)		
Hubbell, J. P.	2	135
Mariah, m. Augustus **FOWLER**, Feb. 11, 1823, by Zachariah Winegar, J. P.	2	42
Mary E., m. Frank **HOWLAND**, Aug. 18, 1845, by Rev. Jeremiah Fry	1	86
Ruth, m. Jeremiah **FULLER**, Jan. 10, 1790, by Rev. [ ] Gleason	2	51
William N., m. Cornelia P. **SPOONER**, Dec. 18, 1839, by Rev. William W. Andrews	2	205
RENSHAW, Samuel W., m. Mary S. **COLE**, Aug. 22, 1847, by Rev. W. W. Andrews	3	5
REXFORD, Artemus, s. [Daniel & Hannah], b. Dec. 22, 1775	1	166
Jordan, s. [Daniel & Hannah], b. Nov. 2, 1769	1	166
Rebeckah, d. [Daniel & Hannah], b. July 15, 1773	1	166
Sarah, d. Daniel & Hannah, b. Oct. 24, 1767	1	166
William Hopson, s. [Daniel & Hannah], b. Aug. 16, 1771	1	166
REYNOLDS, RENOLDS, RUNNELS, Elizabeth, had s. Joseph **CARTER**, b. July 12, 1792	2	229
John, m. Violetta **BATES**, Jan. 29, 1831, by John H. Swift, J. P.	2	206
Mary, m. Levi **BROWNSON**, Jr., Mar. 23, 1783, by Rev. Noah Wadman	2	202
RICE, Even*, s. Even* & Hannah, b. Feb. 5, 1761 *("Esau"?)	1	65
Hannah, d. Even* & Hannah], b. Mar. [ ], at Wallingford *("Esau"?)	1	65
RITTON, David, m. Sally **HALLOCK**, b. of Kent, Apr. 10, 1822, by John Swift, J. P.	2	124
ROBBINS, Sarah, m. Rev. Peter **STARR**, Dec. 24, 1772, by Philemon Robbins	2	47
ROBERTS, ROBARD, ROBARDS, Abigail, m. Samuel **LAKE**, June 23, 1755	2	22
Horace, m. Fidelia **CALDWELL**, Dec. 15, 1829, by Birdsey Beardsley, J. P.	2	31
Lyman, m. Eliza **STONE**, b. of Kent, Feb. 13, 1823, by Rev. Andrew Eliot, of New Milford	2	62
ROBINSON, Watson B., m. Sally **BARLOW**, Oct. 27, 1834, by Eleazer Beecher	1	232
ROCKWELL, Erastus, m. Grisell **BATISON**, July 14, 1805, by James Caswell, J. P.	2	112
ROOT, ROOTS, Almira Amanda, m. Garradus **HALLOCK**, Aug. 10, 1820, by Rev. Smith Dayton	2	162
Daniel, s. Gideon & Marcy, b. Jan. 8, 1754	LR1	14
Elizabeth, d. Gideon & Marcy, b. Dec. 9, 1750	LR1	14
Emeline A., of Kent, m. Elijah C. **HOYT**, of New Milford, Sept. 18, 1831, by Lewis Mills, J. P.	2	123
Gideon, s. Gideon & Marcy, b. Apr. 27, 1759	LR1	14
Gideon, s. [Gideon & Mary], d. Nov. 19, 1777	1	161

	Vol.	Page
ROOT, ROOTS, (cont.)		
Henry, m. Rhoda **BRADLEY**, Nov. 14, 1830, by Rev. Eldred J. Fry	2	248
Hiram, m. Maria **SMITH**, b. of Kent, May 19, 1824, by Alpheas Fuller, J. P.	2	65
Julia, m. John **SEELEY**, Mar. 10, 1841, by Rev. William W. Andrews	2	122
Lavinia R., m. Apollos **STONE**, Dec. 11, 1848, by Rev. W. W. Andrews	3	8-9
Mabel, m. Marvin **HALL**, Mar. 12, 1837, by W. W. Andrews	2	191
Marcy, d. Gideon & Mary, b. Mar. 25, 1767	1	161
Marcy, m. Joshua **STANTON**, Oct. 14, 1793, by Rev. Joel Bardwell	2	228
Mary, m. David **FITCH**, Oct. 3, 1766, by John Ransom, J. P.	2	77
Mary L., m. Joseph B. **CASE**, June 12, 1839, by W. W. Andrews	2	169
Mercy, d. Gideon & Marcy, b. Jan. 20, 1748	LR1	14
Mercy, b. Mar. 25, 1767; m. Joshua **STAUNTON**, Oct. 22, 1793, by Rev. Joel Bardwell	2	217*
Oliver W., m. Mary A. **WARD**, Feb. 7, [1843], by Rev. William W. Andrews	2	122
Pamelia, m. Apollos **STONE**, Nov. 11, 1846, by Rev. W. W. Andrews	3	5
Seymour, m. Thurza **HALLOCK**, b. of Kent, Jan. 16, 1823, by Nathaniell P. Perry, J. P.	2	126
Susan Maria, m. Lester M. **SMITH**, b. of Kent, Dec. 25, 1850, by Rev. Jno Greenwood	3	10
ROSS, Asher, m. Clarina **HALL**, Sept. 26, 1782, by Jedidiah Hubbell, J. P.	2	161
Noble, s. [Asher & Clarina], b. Dec. 26, 1782	2	161
Sarah, d. William & Sarah, b. July 3, 1773	2	32
Thomas, s. [William & Sarah], b. July 27, 1775	2	32
ROUSE, John, of Cornwall, m. Amey **JOHNSON**, Dec. 19, 1820, by Rev. Asa Blair	2	58
Norman, of Cornwall, m. Mary E. **BROWNSON**, of Kent, Nov. 17, 1824, by Rev. C. A. Bordman, of New Preston	2	129
ROWLAND, Maria, m. Harry **GILBERT**, Sept. 28, 1823, by Nathaniel P. Perry, J. P.	2	116
ROWLEY, ROWLEE, Abigail, d. [Issacher & Rachal], b. Feb. 3, 1770	1	188
Bateman, s. Thomas & Loes, b. Nov. 15, 1756	LR1	1
Daniel, [twin with Moses], s. [Moses & Mary], b. Apr. 6, 1752	1	71
David, s. [Moses & Mary], b. Sept. 6, 1755	1	71
Issacher, s. Jonathan & Abigail, b. Feb. 8, 1744, at Colchester	1	187
Issacher, m. Rachel **WARREN**, Feb. 2, 1769, by Thomas Landon, J. P.	1	188
Jonathan, d. Mar. 23, 1772	1	187
Jonathan, s. [Issacher & Rachal], b. May 17, 1773	1	188

	Vol.	Page
ROWLEY, ROWLEE, (cont.)		
Mary, d. Moses & Mary, b. May 9, 1745	1	71
Moses, [twin with Daniel], s. [Moses & Mary], b. Apr. 6, 1752	1	71
Nathan, s. Thomas & Loies, b. June 6, 1754	LR1	1
Prudence, m. Timothy **STEVENS**, Feb. 4, 1779, by Rev. Joel Bordwell	2	133
Reuben, s. [Moses & Mary], b. Feb. 7, 1748, in Oblong	1	71
Warren, s. [Issacher & Rachal], b. Oct. 15, 1771	1	188
RUDD, Rachal, m. Thomas **MORRISS**, Jr., Nov. 15, 1774, by Rev. Jeremiah Day	2	114
RUDE, Betsey, d. [Caleb & Anthy], b. Dec. 24, 1776	2	107
Caleb, s. Caleb & Elizabeth, b. May 17, 1754	LR1	15
Caleb, m. Anthy **KEENEY**, Aug. 14, 1776, by Rev. Jeremiah Day	2	107
Elizabeth, d. Caleb & Elizabeth, b. Feb. 20, 1750	LR1	2
Jason, s. [Jonah & Elenor], b. June 16, 1775	2	45
Jonah, m. Elenor **FOOT**, Aug. 25, 1772, by Jeremiah Day	2	45
Jonas, s. [Caleb & Elizabeth], b. Dec. 9, 1751	LR1	2
Keziah, d. [Jonah & Elenor], b. Feb. 10, 1773	2	45
RUSSELL, Chloe, of Cornwall, m. Ebenezer **FOLKEN**, of Kent, Nov. 28, 1826, by Rev. Josiah L. Dickerson, of New Preston	2	38
RUST, Abel, m. Lydia **SPRAGUE**, Dec. 22, 1777, by Rev. Joel Bordwell	2	188
Albon, s. [Levi & Rebeckah], b. Feb. 16, 1772	1	208
David, s. [Levi & Rebeckah], b. [ ]	1	208
Eleanor, w. Roswell, d. Oct. 31, 1819	2	90
Eunice, d. [Abel & Lydia], b. Oct. 14, 1781	2	188
Hannah, d. [Levi & Rebeckah], b. [ ]	1	208
Hiram, s. [Roswell & Eleanor], b. June 17, 1803	2	90
Hopson, s. [Roswell & Eleanor], b. Apr. 7, 1806	2	90
Jerusha, d. [Levi & Rebeckah], b. [ ]; d. [ ]	1	208
Jerusha, d. [Levi & Rebeckah], b. [ ]	1	208
Jerusha, m. Israel & **CARTER**, Nov. 18, 1762, by Rev. Silvanus Osborn	1	110
Julius, s. [Abel & Lydia], b. [ ]	2	188
Levi, m. Rebeckah **BOOTH**, Apr. 16, 1771, by Rev. Joel Bordwell	1	208
Lewis, s. [Levi & Rebeckah], b. Nov. 23, 1777	1	208
Lorana, d. [Roswell & Eleanor], b. July 14, 1808	2	90
Lucy, d. [Abel & Lydia], b. Nov. 28, 1782	2	188
Nelson, s. [Roswell & Eleanor], b. Mar. 17, 1801	2	90
Philo, s. [Abel & Lydia], b. May 10, 1786	2	188
Polly, d. [Levi & Rebeckah], b. [ ]	1	208
Roswell, s. [Levi & Rebeckah], b. July 16, 1774	1	208
Roswell, s. Levi, b. July 16, 1774;[m. Eleanor **BOOTH**,]	2	90
Samuel Carson, s. [Roswell & Eleanor], b. Oct. 29, 1812; d. Feb. 7, 1813	2	90

	Vol.	Page
RUST, (cont.)		
Sarah, d. [Abel & Lydia], b. June 10, 1779	2	188
Sarah, w. Simeon, d. Oct. 31, 1785, in the 66th y. of her age	2	49
Sara, d. [Abel & Lydia], b. [ ]; d. Feb. 22, 1794	2	188
Sheldon, s. [Roswell & Eleanor], b. Aug. 1, 1779	2	90
RYAN, Thomas, m. Mary **FLING**, Feb. 1, 1852, by Rev. Michael O'Farrell	3	13-14
SABINS, Alvin, m. Phebe **FRENCH**, b. of Kent, Feb. 1, 1831, by Nathaniel P. Perry, J. P.	2	233
SACKETT, SACKET, Aaron, s. Jonathan, d. Nov. 11, 1758	1	63
Aaron, s. [Reuben & Marcy], b. Dec. 26, 1760	1	8
Abigail, d. [Jonathan, Jr. & Hannah], b. Feb. 3, 1758	1	185
Alexander, s. Reuben & Marcy, b. Mar. 6, 1758	1	8
Aner, d. [Reuben & Marcy], b. Apr. 10, 1766	1	8
Anna, d. [Jonathan, Jr. & Hannah], b. June 27, 1751	1	185
Anne, m. Joel **FINNEY**, Apr. 21, 1768, by Rev. Silvanus Osborn	1	172*
Benjamin, s. [Justice & Lyddia], b. July 28, 1762	1	10
Benjamin, m. Bette **ELDRED**, Nov. 21, 1782, by Rev. Peter Starr	2	164
Bettey, d. [Justice & Lyddia], b. Sept. 19, 1769	1	10
Cloe, d. [Jonathan, Jr. & Hannah], b. Mar. 15, 1762	1	185
Cyrus, s. [Reuben & Marcy], b. Jan. 5, 1764	1	8
David, s. [Samuel & Sarah], b. Jan. 18, 1780	2	139
Eunice, w. William, d. Mar. 11, 1784	2	42
Hannah, d. Jonathan, Jr. & Hannah, b. Aug. 12, 1749	LR1	13
Hannah, d. Jonathan, Jr. & Hannah, b. Aug. 12, 1749	1	185
Homer, s. [Justice & Lyddia], b. Aug. 6, 1765	1	10
Huldah, d. [Jonathan, Jr. & Hannah], b. Dec. 29, 1755	1	185
Huldah, m. Richard **SMITH**, Mar. 28, 1777, by Rev. Peter Starr	2	116
Irene, d. [Jonathan, Jr. & Hannah], b. May 12, 1764	1	185
Irene, d. [Jonathan, Jr. & Hannah], d. Oct. 29, 1768	1	185
Jabez, s. [Jonathan, Jr. & Hannah], b. Apr. 10, 1766	1	185
Jesse, s. [Jonathan, Jr. & Hannah], b. May 25, 1769	1	185
Jonathan, d. Sept. 1, 1773	2	41
Justice, m. Lyddia **NEWCOMB**, Jan. 1, 1756, by Timothy Hatch, J. P.	1	10
Lidema, d. [Justice & Lyddia], b. Jan. 2, 1767	1	10
Lydia, d. [Justice & Lyddia], b. Feb. 19, 1768	1	10
Mary Lucindy, d. [Reuben & Marcy], b. Jan. 23, 1769	1	8
Menerva, d. [Justice & Lyddia], b. Nov. 17, 1770	1	10
Prude, d. [William & Eunice], b. May 22, 1779	2	42
Rebeckah, d. [Jonathan, Jr. & Hannah], b. Jan. 7, 1760	1	185
Ruben, m. Marcy **FINNEY**, b. of Kent, Dec. 21, 1752, by Rev. Cyrus Marsh	LR1	12
Reuben, s. Samuel & Sarah, b. Jan. 16, 1778	2	139
Robert N., m. Lydia **FOWLER**, Oct. 16, 1853, by Rev.		

	Vol.	Page
SACKETT, SACKET, (cont.)		
William H. Kirk	3	20
Ruby, d. [William & Eunice], b. Feb. 5, 1777	2	42
Russell, s. [William & Eunice], b. Dec. 1, 1774;		
d. June 24, 1777	2	42
Salmon, s. [Justice & Lyddia], b. Mar. 8, 1764	1	10
Samuel, Jr., s. Ruben & Marcy, b. Apr. 1, 1754	LR1	12
Samuel, m. Sarah **MANING**, Jan. 10, 1777, by Rev. Cotton Mather Smith	2	139
Vine, d. [William & Eunice], b. Dec. 13, 1781	2	42
Violite, d. [Reuben & Marcy], b. July 18, 1771	1	8
William, s. [Jonathan, Jr. & Hannah], b. Nov. 16, 1753	1	185
William, m. Eunice **BEEMAN**, Mar. 9, 1774, by Rev. Peter Starr	2	42
ST. JOHN, Anne M., of Kent, m. Abiel **ELMER**, of Torringford, June 29, 1822, by Rev. Asa Blair	2	155
Hannah, d. [Timothy & Anne], b. Dec. 30, 1769	1	173
Hannah, m. Bradley **MILLS**, Dec. 23, 1787, by Rev. Joel Bordwell	2	106
Jesse, s. [Timothy & Anne], b. May 28, 1768; d. Feb. 23, 1771	1	173
Jesse, s. [Timothy & Anne], b. Oct. 20, 1772	1	173
John H., s. [Lewis & Mary **HOPSON**], b. July 17, 1806	2	247
John T., m. Polly **STONE**, Jan. 6, 1841, by Rev. William W. Andrews	2	122
Lewis, s. [Timothy & Anne], b. Mar. 12, 1775; d. [ ], 177[ ]	1	173
Lewis, s. [Timothy & Anne], b. Sept. 12, 1782	1	173
Lewis, m. Mary Hopson **SWIFT**, Nov. 10, 1805, by Barzillai Hopson	2	247
Sarah, m. Enoch **SLOSSON**, Aug. 9, 1757, by John Williams J. P.	1	22
Timothy, m. Anne **BARNUM**, Aug. 11, 1767, by Rev. Joel Bordwell	1	173
SAUNDERS, Anna, d. [Benjamin & Sarah], b. Apr. 22, 1779	2	105
Benjamin, s. [Benjamin & Sarah], b. May 25, 1781	2	105
Elizabeth, d. Benjamin & Sarah, b. Nov. 16, 1776	2	105
Ruth, wid., m. Ezbon **HUBBELL**, Nov. 16, 1814	2	238
SAWYER, [see also **SAYER**], Allen, m. Sarah J. **LAKE**, Apr. 20, 1845, by Rev. Jeremiah Fry	1	200
Caleb, of Kent, m. Caroline **MOREHOUSE**, of New Milford, Feb. 8, 1829, by Rev. C. A. Bordman	2	236
SAYER, [see also **SAWYER**], Desire, m. Ebenezer **NYE**, Mar. 17, 1776, by Thomas Swift, J. P.	2	93
SCHERMEHORN, Sabrarett, m. Philip W. **SUMMERS**, Feb. 4, 1844, by Rev. William W. Andrews	2	122
Sarah, m. Perry **HUFORT**, Feb. 15, 1849, by E. B. Andrews	3	8-9
SCOTT, Dicy, m. William **BROWN**, May 29, 1802, by Rev. Daniel Porter	2	64
Emelia. m. Isaiah **GIBSON**, Oct. 27, 1774, by Rev. Ebenezer		

	Vol.	Page
SCOTT, (cont.)		
Hiblow	2	21
SEELEY, Daniel, s. [Ebenezer & Elizabeth], d. Nov. 13, 1771	1	224
David, Jr., s. [David & Sibble], b. Sept. 18, 1762	1	92
Ebenezer, s. David & Sibble, b. July 24, 1756	1	92
Eunice, d. Ebenezer & Elizabeth, b. June 21, 1753	1	224
Jerusha, m. Joseph **JUDD**, Jan. 7, 1765, by Rev. Joel Bordwell	2	26
John, m. Julia **ROOTS**, Mar. 10, 1841, by Rev. William W. Andrews	2	122
Nathaniel, s. [David & Sibble], b. Nov. 16, 1757; d. Feb. 8, 1759	1	92
Prudence, d. [David & Sibble], b. June 11, 1759	1	92
Sibble, d. [David & Sibble], b. Feb. 17, 1762 [sic]	1	92
SEGAR, [see also **SEGEN**], Abby, of Kent, m. Samuel **GREGORY**, of Pike, Penn., May 12, 1828, by Rev. L. P. Hickock	2	235
Chloe, m. John J. **PEIRCY**, Nov. 4, 1839, by Rev. Jeremiah Fry	2	228*
Harriet, m. Sherman **SHOVE**, Feb. 25, 1845, by Rev. Charles A. Williams. Int. Pub. *(Perhaps "1745"? See context)	1	75
Lucy, m. John N. **SQUIERS**, Oct. 25, 1844, by Rev. Jeremiah Fry	1	154
SEGEN, [see also **SEGAR**], Lydia M*., m. Noble **SMITH**, b. of Kent, June 13, [1824], by Rev. C. A. Bordman, of New Preston *("Lydia M. **SEGAR**"?)	2	51
SEYMOUR, Laura, of Ammenal, N. Y., m. William **EVERSON** (colored), Dec. 23, 1823, by Alpheas Fuller, J. P.	2	28
SHAW, Deabour, m. Polly J. **LANE**, Aug. 26, 1847, by Rev. W. W. Andrews	3	6-7
Henry, m. Fanny **BUTTS**, b. of Kent, Feb. 12, 1851, by Rev. John Greenwood	3	11-12
SHELDON, Amos, m. Laury **CHETTENDEN**, b. of Kent, May 30, 1830, by Alpheas Fuller, J. P.	2	54
Ann Melessa, m. Burris **BENEDICT**, b. of Kent, Nov. 29, 1834, by Alpheus Fuller, J. P.	1	55
Elvira Ann, of Kent, m. Stephen **BENNETT**, of Sherman, June 6, 1830, by Alpheus Fuller, J. P.	2	188
Jeanette, m. Joseph T. **JONES**, June 18, 1848, by Rev. William H. Kirk	3	16-17
SHELTON, Nelson E., m. Urania **COOPER**, Mar. 25, 1827, by Birdsey Beardsley, J. P.	2	157
SHERMAN, Abia, m. Moses **CASE**, Jr., [ ], 17[ ]	2	2
Oscar, of Brookfield, m. Jane **HALL**, of Kent, Mar. 31, 1845, at the House of [ ] Chamberlain, by Rev. George W. Tash	2	217
SHERWOOD, Polly, m. Daniel P. **LAINE**, Jan. 1, 1837, by W. W. Sherwood	2	191
SHOE(?), Jacob, of Northampton, m. Betsey M. **STONE**, of Kent,		

	Vol.	Page
SHOE(?), (cont.)		
June 3, 1829, by Frederick Gridley	2	24
SHOVE, Ezra, m. Philena **KENNEY**, Mar. 15, 1821, by C. A. Bordman	2	151
Sherman, m. Harriet **SEGAR**, Feb. 25, 1845, by Rev. Charles A. Williams, Int. Pub. (Perhaps "1745"?. See context)	1	75
SIMMONS, Henry, m. Adaline **BATES**, Jan. 24, 1841, by Rev. William W. Andrews	2	122
SKEEL, SKEAL, SKEALS, Bettey, d. [Jonathan & Abigail], b. Dec. 15, 1745	LR1	7
David, s. Thomas & Prudence, b. Mar. 24, 1746	LR1	6
Dimmis, d. Thomas & Prudence, b. May 8, 1758	LR1	6
Elijah, s. Thomas & Prudence, b. Oct. 15, 1753	LR1	6
Jonathan, m. Abigail **SLOSSONS**, b. of Kent, Aug. 11, 1743, by Rev. Cyrus Marsh	LR1	7
Jonathan, s. [Jonathan & Abigail], b. Nov. 5, 1749	LR1	7
Mary, d. [Jonathan & Abigail], b. Oct. 2, 1747	LR1	7
Mary, d. Samuell & Lydia, b. Sept. 1, 1749	LR1	15
Nathan, s. Thomas & Prudence, b. Sept. 22, 1747	LR1	6
Ollive, d. Thomas & Prudence, b. Mar. 17, 1744	LR1	6
Samuell, of Kent, m. Lydia **BELDING**, of Hatfield, Sept. 7, 1748, by Rev. Timothy Woodbridge	LR1	15
Sarah, d. Thomas & Prudence, b. Oct. 10, 1742	LR1	6
Thomas, m. Prudence **SLASON**, Sept. 25, 1741, [by Rev. Cyrus Marsh]	LR1	6
Thomas, s. Thomas & Prudence, b. Apr. 10, 1751	LR1	6
William, s. [Jonathan & Abigail], b. Mar. 17, 1744	LR1	7
SKIFF, SKEFF, Abigail, d. [Nathan, Jr. & Abigail], b. Feb. 26, 1787	2	54
Amanda, m. Lewis W. **MILLS**, Sept. 15, 1825, by L. P. Hickox	2	141
Benjamin, m. Elizabeth **EATON**, Sept. 26, 1754, by Rev. Stephen Steel	1	51
Benjamin & Elizabeth, had 1st child, d.[ ], b. Sept. 25, 1755; d. Sept. 27, 1755	1	51
Benjamin & Elizabeth, had 2nd child s. [ ], b. Sept. 17, 1756; d. same day	1	51
Benjamin & Elizabeth, had 3rd child d. [ ], b. Sept. 27, 1757, d. same day	1	51
Benjamin & Elizabeth, had 4th child s. [ ], b. Feb. 22, 1759; d. same day	1	51
Benjamin & Elizabeth, had 6th child s. [ ], b. July 12, 1762; d. same day	1	51
Benjamin, s. [Joseph & Mary], b. Sept. 2, 1766	1	111
Benjamin & Elizabeth, had 11th child s. [ ], b. July 15, 1772; d. same day	1	51
Daniel Winter, s. [Moses & Deliverance], b. Mar. 5, 1776	1	158

SKIFF, SKEFF, (cont.)

	Vol.	Page
Deliverance, m. Joseph **BATES**, Oct. 14, 1779, by Rev. Joel Bordwell	2	136
Deliverance, d. [Nathan, Jr. & Abigail], b. Dec. 10, 1779	2	54
Edmond, s. [Stephen, Jr. & Ada], b. Mar. 6, 1783	2	172
Elijah, s. [Nathan, Jr. & Abigail], b. Sept. 26, 1774	2	54
Elijah, m. Hannah **FULLER**, Mar. 23, 1797, by Rev. Joel Bordman	2	142
Elisha, s. [Moses & Deliverance], b. July 6, 1769	1	158
Elizabeth, m. Ebenezer **BARNUM**, b. of Kent, July 25, 1745, by Rev. Cyrus Marsh	LR1	11
Elizabeth, d. [Benjamin & Elizabeth], b. June 18, 1763	1	51
Ezra, m. Sally **SKIFF**, Sept. 16, 1824, by L. P. Hickox	2	98
Ezra Reed, s. [Zachariah & Betsey], b. Feb. 2, 1799	2	23
Flora, d. [Joseph, Jr. & Polly], b. Oct. 5, 1805	2	40
Florence, of Kent, m. James **FLETCHER**, of Badport, Vt., Dec. 8, 1828, by Rev. L. P. Hickox	2	202
George, m. Sally **DOUGLASS**, b. of Kent, Oct. 16, 1831, by Frederick Chittenden, J. P.	2	164
Hannah, d. [Benjamin & Elizabeth], b. Sept. 2, 1767	1	51
Harriet, of Kent, m. Cyrus **FULLER**, of Sharon, Nov. 20, 1823, by Rev. David L. Perry, of Sharon	2	34
Heman, s. [Nathan, Jr. & Abigail], b. Aug. 22, 1782	2	54
Heman, m. Amelia **GOODSELL**, b. of Kent, June 24, 1820, by Rev. Frederick Gridley, of Elsworth	2	55
Herman, s. [Elijah & Hannah], b. Jan. 27, 1798	2	142
Jeremiah, s. [Stephen & Dimmis], b. Oct. 21, 1770	1	193
Jeremiah, m. Elizer **AIRS**, Sept. 15, 1792, by Rev. Joel Bardwell	2	224
Jeremiah & Elizer, had d. [　　], b. May 19, 1794; d. May 30, 1794	2	224
Joseph, m. Mary **HALLY**, Apr. 28, 1763, by Rev. Cotton Mather Smith	1	111
Joseph, Jr., s. [Joseph & Mary], b. Feb. 29, 1764	1	111
Joseph, Jr., m. Polly **FULLER**, Jan. 4, 1798, by Rev. Joel Bordwell	2	40
Joshua, s. [Benjamin & Elizabeth], b. Aug. 20, 1769; d. Nov. 20, 1770	1	51
Joshua, s. [Stephen, Jr. & Ada], b. Jan. 9, 1784	2	172
Julius, s. [Nathan, Jr. & Abigail], b. Jan. 1, 1785	2	54
Mary, m. Lieut. Heman **SWIFT**, Feb. last day, 1760, by Rev. Joel Bordwell	1	66
Moses, m. Deliverance **CHURCH**, May 12, 1767, by Rev. Joel Bordwell	1	158
Moses, s. [Nathan, Jr. & Abigail], b. May 26, 1777	2	54
Moses, d. June 20, 1777	1	158
Moses & Deliverance, had s. [　　], b. [　　]; d. [　　]	1	158
Nancy, m. Charles **GOODSELL**, Sept. 2, 1824, by Frederick	2	97

KENT VITAL RECORDS 133

	Vol.	Page
SKIFF, SKEFF, (cont.)		
Gridley	2	97
Nathan, Jr., m. Abigail **FULLER**, Nov. 18, 1773, by Rev. Joel Bordwell	2	54
Nathan, s. [Elijah & Hannah], b. Apr. 16, 1801	2	142
Newman, m. Samantha **CHAMBERLAIN**, Nov. 15, 1825, by Rev. Lawrence P. Hickox	2	187
Polly, of Ohio, m. Nathaniel **HATCH**, of Kent, Oct. 13, 1850, by Rev. Jno Greenwood	3	10
Polly Mary, d. [Joseph, Jr. & Polly], b. Jan. 4, 1800	2	40
Rachel, d. [Benjamin & Elizabeth], b. Sept. 5, 1765	1	51
Sally, m. Ezra **SKIFF**, b. of Kent, Sept. 16, 1824, by L. P. Hickox	2	98
Samuel, s. [Joseph & Mary], b. Dec. 30, 1767	1	111
Stephen, s. [Benjamin & Elizabeth], b. Feb. 29, 1760	1	51
Stephen, m. Dimmis **FULLER**, Nov. 9, 1769, by Rev. Joel Bordwell	1	193
Stephen, Jr., m. Ada **BATES**, Mar. 3, 1782, by Rev. Joel Bordwell	2	172
Stephen, s. [Jeremiah & Elizer], b. Nov. 24, 1795	2	224
Willard H., m. Ann **CHAMBERLAIN**, Nov. 11, 1838, by W. W. Andrews	2	192
Zachariah, s. [Stephen & Dimmis], b. May 4, 1773	1	193
Zachariah, m. Betsey **REED**, Apr. 11, 1798, by Rev. Joel Bordwell	2	23
SLADE, Clarinda, m. Hosea **BERRY**, Apr. 10, 1804, by Rev. Joel Bordwell	2	165
SLASON*, Prudence, m. Thomas **SKEEL**, Sept. 25, 1741, [by Rev. Cyrus Marsh] *("**SLOSSON**"?)	LR1	6
SLOSSON, SLOSSONS, SLASON, Abigail, m. Jonathan **SKEEL**, b. of Kent, Aug. 11, 1743, by Rev. Cyrus Marsh	LR1	7
Abigail, d. [Nathan & Elizabeth], b. Jan. 3, 1776; d. Feb. 13, 1778	1	177
Abigail, d. [Nathan & Elizabeth], b. Sept. 26, 1781	1	177
Alledine, d. [John & Hannah], b. Oct. 16, 1760	1	46
Barzillai, s. [Nathan & Elizabeth], b. Dec. 27, 1769	1	177
Barzillai, m. Mary **HATCH**, [ ], 1794, by Jedidah Hubbell, J. P.	2	237
Betsey, d. [Nathan & Elizabeth], b. May 30, 1784	1	177
Daniel, m. Eunice **LASELL**, b. of Kent, Aug. 23, 1748, by Rev. Cyrus Marsh	LR1	14
Eleazer, s. [Nathaniel & Margrit], b. May 2, 1737	LR1	10
Elurgah, twin(?), [s.] Nathaniel & Margrit, b. May 10, 1735	LR1	10
Enoch, m. Sarah **ST. JOHN**, Aug. 9, 1757, by John Williams, J. P.	1	22
Ezborn, s. [Nathan & Elizabeth], b. Aug. 25, 1789	1	177
Hannah, d. [Nathan & Elizabeth], b. July 25, 1786	1	177
John, m. Hannah **SPENCER***, Dec. 27, 1760, by Rev. Joel		

	Vol.	Page
SLOSSON, SLOSSONS, SLASON, (cont.)		
Bordwell *("SPOONER"?)	1	46
John, s. [Nathan & Elizabeth], b. Nov. 18, 1773	1	177
John, s. [Nathan & Elizabeth], d. Apr. 15, 1807	1	177
John, m. Hannah **POLLETTS**, Sept. 26, 1824, by L. P. Hallick	2	99
John Williams, s. [Barzillai & Mary], b. Dec. 20, 1795	2	237
Luesinda, d. Enoch & Sarah, b. Jan. 8, 1761	1	22
Mabel, d. Enoch & Sarah, b. Oct. 5, 1758	1	22
Margaret, w. Nathaniell, d. Apr. 14, 1780	2	49
Nathan, s. [Nathaniel & Margrit], b. Jan. 30, 1738/9	LR1	10
Nathan, m. Elizabeth **HUBBELL**, Oct. 13, 1768, by Cyrus Marsh, J. P.	1	177
Nathan, s. [Nathan & Elizabeth], b. Nov. 23, 1771	1	177
Nath[anie]ll, d. Mar. 8, 1787	2	49
Polly, d. [Nathan & Elizabeth], b. Apr. 14, 1793	1	177
Prudence, m. Thomas **SKEEL**, Sept. 25, 1741, [by Rev. Cyrus Marsh]	LR1	6
Sarah, d. [Nathaniel & Margrit], b. Mar. 24, 1741	LR1	10
William, s. [Nathan & Elizabeth], b. May 25, 1779	1	177
SMITH, Aaron, of Warren, m. Abigail **DYE**, of Kent, Feb. 4, 1823, by Rev. C. A. Bordman	2	86
Ann Mills, m. Lewis Mansfield **MILLS**, Apr. 13, 1836, by Rev. Walter Smith, of Cornwall	2	247
Annah H., d. [John & Hannah], b. Apr. 26, 1796	2	197
Asenath, m. Ezekiel **STEVENSON**, Sept. 4, 1794, by Jedidiah Hubbell, J. P.	2	227*
Betsey, d. [David & Abigail], b. Jan. 29, 1788, at Handcock	2	212
Carandana M., of Kent, m. Dwight J. **BERRY**, of Malone, N. Y., Mar. 29, 1853, by Rev. James Caldwell	3	18-19
Charles, m. Hannah D. **BROWNSON**, Oct. 18, 1830, by Birdsey Beardsley, J. P.	2	223
Chancey F., m. Mary R. **SPOONER**, Nov. 5, 1838, by Rev. Walter Smith	2	85
David, m. Abigail **HATCH**, May 1, 1780, by Jabez Ward, J. P.	2	212
Electa, d. [John & Hannah], b. July 18, 1802	2	197
Electa, of Kent, m. Hezekiah C. **GREGORY**, of Litchfield, Nov. 27, 1834, by Hiram Jelliff	2	183
Elias, m. Desire **DODGE**, Jan. 13, 1790, by Rev. Joel Bardwell	2	208
Elizabeth, of Kent, m. Abner **MOREHOUSE**, of New Milford, Mar. 9, 1824, by Rev. C. A. Bordman, of New Preston	2	121
Flora A., m. Charles **EDWARDS**, Jan. 1, 1833, by Rev. Walter Smith, of Cornwall	2	53
Hannah, d. [John & Hannah], b. Feb. 23, 1805	2	197
Hannah, m. Benoni P. **BEARDSLEY**, June 5, 1826, by E. B.		

	Vol.	Page
SMITH, (cont.)		
Kellogg	2	184
Harriet, d. [John & Hannah], b. June 9, 1798	2	197
Harriet, m. Hezekiah C. **GREGORY**, June 5, 1826, by E. B. Kellogg	2	183
Harvey, s. [Elias & Desire], b. Dec. 25, 1790	2	208
Ira, s. [David & Abigail], b. Dec. 27, 1780, in Shefield	2	212
John, m. Hannah **SWIFT**, Oct. 15, 1794	2	197
John, s. [Elias & Desire], b. Sept. 2, 1795	2	208
Julia, m. Jarad M. **INGERSOLL**, July 28, 1844, by Rev. William W. Andrews	2	122
Lester M., m. Susan Maria **ROOTS**, b. of Kent, Dec. 25, 1850, by Rev. Jno Greenwood	3	10
Lidea, m. David **BRADLEY**, Nov. 26, 1778, by Jedidiah Hubbell, J. P.	2	125
Maria, m. Hiram **ROOT**, b. of Kent, May 19, 1824, by Alpheas Fuller, J. P.	2	65
Martha, m. James **READ**, Nov. 22, 1778, by Ephraim Hubbell, J. P.	2	135
Mary, m. Ward **ELDRED**, Nov. 5, 1774, by Daniel Griswould, J. P.	2	60
Mary, m. Walter **RANDAL**, Jan. 1, 1827, by Rev. L. P. Hickox	2	169
Mervin, s. [Elias & Desire], b. Apr. 2, 1792	2	208
Moses, s. John & Hannah, b. Apr. 4, 1807	2	197
Noble, m. Lydia M. **SEGEN**, b. of Kent, June 13, [1824], by Rev. C. A. Bordman, of New Preston	2	51
Polly, d. [David & Abigail], b. Oct. 14, 1784, in Handcock	2	212
Reuben, s. Caleb & Rhoda, b. May 10, 1746	LR1	4
Reuben, s. [Elias & Desire], b. Mar. 31, 1797	2	208
Richard, m. Huldah **SACKETT**, Mar. 28, 1777, by Rev. Peter Starr	2	116
Richard, s. [David & Abigail], b. Apr. 4, 1791, at Ashfield	2	212
Russell, s. [Stephen & Anna], b. Oct. 30, 1793	2	226
Sabra, m. John **COTTON**, Nov. 28, 1820, by Rev. Asa Blair	2	57
Sally, d. [David & Abigail], b. Nov. 14, 1782, in Shefield	2	212
Sarah, d. John & Elizabeth, b. Nov. 4, 1772	2	95
Stephen, m. Anna **AVERY**, Oct. 10, 1792, by Rev. Joel Bardwell	2	226
Tharzah, d. [John & Elizabeth], b. Feb. 4, 1775	2	95
Walter, s. [Elias & Desire], b. Jan. 16, 1794	2	208
-----, Dr., m. Lavinia **CALDWELL**, b. of Kent, Nov. 9, 1825, by Rev. C. A. Bordman, of New Milford	2	102
SNODWELL, Grant, m. Elizabeth **PAYNE**, July 4, 1824, by Birdsey Beardsley, J. P.	2	93
SOPER, Canfield, m. Mary **CUMMINGS**, Apr. 27, 1846, by Rev. William W. Andrews	2	122
SOULE, Mary S., m. John M. **BURROUGHS**, Sept. 2, 1832, by		

	Vol.	Page
SOULE, (cont.)		
Rev. Sam[ue]l Cochran	2	148
SPANGLE, George W., of Manchester, N. Y., m. Olive E. FULLER, of Kent, Apr. 4, 1852, by Rev. J. Osborn	3	15
SPENCER*, Hannah, m. John **SLOSSON**, Dec. 27, 1760, by Rev. Joel Bordwell *("**SPOONER**"?)	1	46
SPICER, Lucy, m. G. B. **HALL**, Oct. 8, 1837, by William Andrews	2	44
SPOONER, Abigail, d. [William & Rachal], b. Aug. 8, 1766	1	88
Alice, d. [William & Rachel], b. Oct. 11, 1759	1	88
Aties, m. Eph[rai]m **HUBBELL**, Apr. 4, 1751, by Rev. Cyrus Marsh	LR1	6
Cornelia P., m. William N. **READ**, Dec. 18, 1839, by Rev. William W. Andrews	2	205
Dorithy, m. Samuel **MILLER**, Oct. 23, 1771, by Rev. Joel Bordwell	2	76
Ebenezer, Jr., m. Rebeckah **SPOONER**, Apr. 24, 1775, by Rev. Peter Starr	2	80
Hannah*, m. John **SLOSSON**, Dec. 27, 1760, by Rev. Joel Bordwell *("Hannah **SPENCER**" in Arnold Copy)	1	46
Hannah, m. William Spooner **JUDD**, Sept. 3, 1778, by Rev. Peter Starr	2	128
Ira, m. Ann Eliza **MILLS**, Sept. 5, 1826, by L. P. Hickox	2	172
Isaac, s. [Ebenezer, Jr. & Rebeckah], b. Apr. 19, 1785	2	80
Jane, d. [Ebenezer, Jr. & Rebeckah], b. Aug. 28, 1775; d. Apr. 27, 1776	2	80
John Noble, s. [William & Rachal], b. Dec. 24, 1773	1	88
John Noble, [s. William & Rachal], d. Aug. 17, 1776	1	88
Lewis, s. [Ebenezer, Jr. & Rebeckah], b. July 12, 1783	2	80
Mary R., m. Chauncey F. **SMITH**, Nov. 5, 1838, by Rev. Walter Smith	2	85
Mica, s. [Ebenezer, Jr. & Rebeckah], b. Feb. 13, 1777	2	80
Nathaniel, s. [William & Rachal], b. July 3, 1761	1	88
Noble, s. [William & Rachal], b. July 18, 1764	1	88
Noble, s. [William & Rachal], d. Jan. 17, 1774	1	88
Pearis, Jr., m. Editha **HATCH**, Feb. 13, 1840, by Rev. William W. Andrews	2	205
Rachal, d. [William & Rachal], b. July 8, 1757	1	88
Rebeckah, d. Nathaniel & Pheebe, d. Aug. 3, 1751	LR1	14
Rebeckah, d. William & Rachel, b. Oct. 20, 1753	LR1	13
Rebeckah, d. [William & Rachal], b. Oct. 20, 1753	1	88
Rebeckah, m. Ebenezer **SPOONER**, Jr., Apr. 24, 1775, by Rev. Peter Starr	2	80
Rebecca, m. Barnabus **HATCH**, b. of Kent, Nov. 4, 1832, by Nathaniel P. Perry, J. P.	2	190
Rebecca J., m. John **HOPSON**, b. of Kent, May 9, 1852, by Rev. James Caldwell	3	15
Ruth, d. [William & Rachal], b. Mar. 14, 1771	1	88
Ruth, [d. William & Rachal], d. Aug. 16, 1776	1	88

	Vol.	Page

SPOONER, (cont.)

Ruth, d. [Ebenezer, Jr. & Rebeckah], b. June [ ], 1781	2	80
Sarah, d. [William & Rachal], b. Feb. 27, 1755	1	88
Sarah, m. Nathaniel JOHNSON, Feb. 27, 1777, by Rev. Peter Starr	2	118
William, of Kent, m. Rachel NOBLE, of New Milford, Nov. 8, 1750, by Rev. Nathaniell Taylor, of New Milford	LR1	13
William, s. William & Rachal, b. May 8, 1752	LR1	13
Wil[l]iam, s. William & Rachal, b. May 8, 1752	1	88

SPRAGUE, SPRAGE, Abigail, d. [Benjamin & Abigail], b. Oct. 24, 1751   1   137

Alexander, s. [Benjamin & Abigail], b. Oct. 28, 1763	1	137
Asa, s. [Benjamin & Abigail], b. Dec. 10, 1761	1	137
Benjamin, s. [Benjamin & Abigail], b. Mar. 25, 1753	1	137
Benjamin, d. Sept. 4, 1772	1	137
Eleazer, s. [Benjamin & Abigail], b. Oct. 20, 1768; d. Mar. 5, 1772	1	137
Eunice, d. [Benjamin & Abigail], b. Feb. 16, 1756	1	137
John, s. Benjamin & Abigail, b. Mar. 12, 1749	1	137
John, m. Rebeckah HOPKINS, Jan. 5, 1769, by [ ]	2	38
Lois, d. [Benjamin & Abigail], b. Feb. 7, 1754	1	137
Lydia, d. [Benjamin & Abigail], b. Nov. 19, 1757	1	137
Lydia, m. Abel RUST, Dec. 22, 1777, by Rev. Joel Bordwell	2	188
Marcy, d. [Benjamin & Abigail], b. Oct. 24, 1765	1	137
Peter, s. [John & Rebeckah], b. Apr. 22, 1771	2	38
Sarah, d. [Benjamin & Abigail], b. Jan. 1, 1760; d. Feb. 11, 1761	1	137
Sarah, d. [Benjamin & Abigail], b. Nov. 8, 1771	1	137

SQUIERS, John N., m. Lucy SEGAR, Oct. 25, 1844, by Rev. Jeremiah Fry   1   154

STANTON, STAUNTON, John, m. Eliza DICKERSON, Mar. 30, 1815   2   217*

Joshua, m. Sarah BEMAN, Nov. 8, 1774, by Rev. Joel Bardwell	2	228
Joshua, b. Oct. 16, 1775; m. Mercy ROOTS, Oct. 22, 1793, by Rev. Joel Bardwell	2	217*
Joshua, s. [Joshua & Sarah], b. Oct. 16, 1775	2	228
Joshua, d. Mar. 14, 1776	2	228
Joshua, m. Marcy ROOTS, Oct. 14, 1793, by Rev. Joel Bardwell	2	228
Julius, s. [Joshua & Mercy], b. May 24, 1796	2	217*
Lima, d. [Joshua & Mercy], b. Dec. 11, 1801	2	217*
Lima, m. Simeon KINGSLEY, Nov. 16, 1820, by Rev. Asa Blair	2	53
Maryette, d. [John & Eliza], b. Jan. 10, 1816	2	217*
Mercy, w. Joshua, d. Aug. 1, 1813	2	217*
Polly, d. [Joshua & Mercy], b. Nov. 20, 1803; d. Apr. 8, 1807	2	217*
Sarah, m. Ebenezer FOLKIN, Feb. 11, 1799, by Rev. Joel		

	Vol.	Page
STANTON, STAUNTON, (cont.)		
Bordwell	2	38
Simeon, m. Mary Ann **BRADLEY**, Nov. 4, 1828, by Birdseye Beardsley	2	30
Truman, s. [Joshua & Mercy], b. Nov. 27, 1805	2	217*
William, s. [Joshua & Mercy], b. Aug. 3, 1798	2	217*
STARKWEATHER, Lucy, d. [Stephen & Hannah], b. Dec. 28, 1769	1	165
Mary, d. Stephen & Hannah, b. Mar. 13, 1764	1	165
Stephen, s. [Stephen & Hannah], b. July 13, 1767	1	165
STARR, Abigail, d. [Platt & Lucinda], b. Aug. 17, 1786	2	170
Eunice, m. Eleazer **CURTIS**, Nov. 7, 1782, by Rev. Samuel Camp	2	169
Peter, Rev., m. Sarah **ROBBINS**, Dec. 24, 1772, by Philemon Robbins	2	47
Philemon Robbins, s. [Rev. Peter & Sarah], b. Jan. 9, 1774	2	47
Platt, m. Lucinda **FINNEY**, Nov. 23, 1782, by Rev. Peter Starr	2	170
STEVENS, Roswell, s. [Thomas & Judeth], b. Aug. 10, 1776; d. Oct. 6, 1777	2	146
Roswell, s. [Thomas & Judeth], b. Oct. 3, 1779	2	146
Thomas, m. Judeth **JUDD**, Mar. 14, 1775, by Rev. Joel Bordwell	2	146
Timothy, m. Prudence **ROWLEY**, Feb. 4, 1779, by Rev. Joel Bordwell	2	133
STEVENSON, Ezekiel, m. Asenath **SMITH**, Sept. 4, 1794, by Jedidiah Hubbell, J. P.	2	227*
Jane, of Kent, m. Joseph **TRISK***, of New York, Nov. 4, 1827, by Alpheas Fuller, J. P. *(Perhaps "**FISK**"?)	2	50
Martha, d. [Ezekiel & Asenath], b. July 12, 1796	2	227*
Mary, m. Robert **STUART**, Mar. 5, 1789, by Rev. Joel Bordwell	2	197
Phebe Ann, of Kent, m. Joel N. **STONE**, of New Milford, Jan. 14, 1833, by Vernon D. Taylor	2	148*
Seymour, s. [Ezekiel & Asenath], b. June 15, 1795	2	227*
STEWART, [see also **STUART**], Hannah, d. [Nathan & Hannah], b. Sept. 10, 1771	1	127
Jesse, s. [Nathan & Hannah], b. Oct. 14, 1764	1	127
Nathan, m. Hannah **FREEMAN**, [ ], 176[ ], by Rev. Joel Bardwell	1	127
Nathan, d. Aug. 27, 1776	1	127
Sam[ue]ll, s. [Nathan & Hannah], b. June 1, 1767	1	127
Sarah, d. [Nathan & Hannah], b. May 20, 1774	1	127
STOCKWELL, Anna, d. [Stephen & Hannah], b. [ ]	LR1	4
Bettey, d. Stephen & Hannah, b. Feb. 4, 1746/7	LR1	4
STODDARD, Jedidiah, s. [Stephen & Sarah], b. Feb. 25, 1771	2	36
Rhoda, d. Stephen & Sarah, b. Dec. 6, 1769	2	36
William, s. [Stephen & Sarah], b. Mar. 25, 1773	2	36
STONE, Apollos, m. Pamelia **ROOTS**, Nov. 11, 1846, by Rev.		

STONE, (cont.)

	Vol.	Page
W. W. Andrews	3	5
Apollos, m. Lavinia R. **ROOTS**, Dec. 11, 1848, by Rev. W. W. Andrews	3	8-9
Betsey M., of Kent, m. Jacob **SHOE**(?), of Northampton, June 3, 1829, by Frederick Gridley	2	24
Daniel D., m. Sarah L. **MORGAN**, Dec. 12, 1839, by Rev. Jeremiah Fry	2	227*
Eliza, m. Lyman **ROBARDS**, b. of Kent, Feb. 13, 1823, by Rev. Andrew Eliot, of New Milford	2	62
Emily, m. Hiram **HUBBEL**, Aug. 9, 1832, by Birdsey Beardsley, J. P.	2	222
Heman, m. Mary **CHURCH**, Mar. 30, 1829, by Rev. L. P. Hickok	2	247
Jerusha, m. Botsford **FULLER**, Jan. 31, 1832, by Frederick Gridley	2	87
Joel N., of New Milford, m. Phebe Ann **STEVENSON**, of Kent, Jan. 14, 1833, by Vernon D. Taylor	2	148*
Levi W., m. Lucy **STONE**, Mar. 18, 1840, by Rev. William W. Andrews	2	205
Lucy, m. Levi W. **STONE**, Mar. 18, 1840, by Rev. William W. Andrews	2	205
Martha, m. Bradock **CARTER**, July 10, 1783	2	180
Mary Ann, of Kent, m. Norman S. **HALL**, of Warren, Nov. 24, 1830, by Frederick Gridley	2	251
Nancy, m. William J. **BALDWIN**, Feb. 15, 1849, by Rev. W. W. Andrews	3	5
Normond, m. Maximalia **WHITEHEAD**, Dec. 22, 1825, by Rev. Eleazer Beecher, of New Milford	2	118
Phebe, of Kent, m. Noah T. **CALKINS**, of West Cornwall, Feb. 10, 1850, by Rev. Jno Greenwood	3	8-9
Polly, m. John T. **ST. JOHN**, Jan. 6, 1841, by Rev. William W. Andrews	2	122
Sabra, m. Barzilai **THOMPSON**, Nov. 10, 1791, by Rev. Judah Champion	2	225
Susannah, m. John **STUART**, Jan. 4, 1802, by Julius Converse, J. P.	2	157

STRAIGHT

Olive, of Kent, m. William D. **HOAG**, of Dover, Dutchess Cty., N. Y., Jan. 1, 1839, by Lewis B. Sherwood, J. P.	2	197

STRONG

Abigail, m. Samuel **FAIRCHILD**, May 25, 1784, by Rev. Cotton Mather Smith	2	191
Caverly, s. [Phillip & Rhoda], b. Jan. 27, 1764	1	69
Phillip, m. Rhoda **PAIN**, June 13, 1759, by Timothy Hatch, J. P.	1	69
Phillip, s. [Phillip & Rhoda], b. Jan. 21, 1762	1	69

STUART, [see also STEWART]

Abia, m. Nathaniel **CAHOON**, Dec. 29, 1774, by Zachariah Winegar, J. P.	2	89

	Vol.	Page
STUART, (cont.)		
Abigail, d. [Luke & Abigail], b. Mar. 17, 1773	1	183
Anna, m. Elvers **PETERS**, [ ], 1836	3	4
Arila, d. [Robert & Mary], b. Dec. 4, 1789	2	197
Aretee, d. [James, Jr. & Sarah], b. Aug. 13, 1781	1	129
Aritta, m. Jerome **CHAFFEE**, Oct. 24, 1839, by Rev. William W. Andrews	2	205
Belinda F., m. Daniel **CLARK**, Oct. 17, 1842, by Rev. William W. Andrews	2	122
Benjamin, s. [Luke & Abigail], b. Oct. 31, 1774	1	183
Chapman, s. Stephen & Elizabeth, b. June 9, 1789	2	60
Charles, s. Stephen & Elizabeth, b. June 7, 1785	2	60
Eleanor, d. [James, Jr. & Sarah], b. Oct. 30, 1767	1	129
Eleanor, m. George **BROWN**, Dec. 20, 1796, by Rev. Joel Bordwell	2	164
Elijah, s. [Ezra & Sarah], d. Jan. 12, 1770	2	34
Elijah, m. Anna **LAINE**, June 1, 1830	3	4
Elijah, d. Jan. 21, 1835	3	4
Eliza, m. John **WILSON**, Mar. 20, 1832, by Nathaniel P. Perry, J. P.	2	220
Elizaan Jerusha, [twin with John Lyman], d. [James, Jr. Melinda], b. May 16, 1807	2	242
Elizabeth, d. [Luke & Abiggal], b. May 17, 1770	1	183
Emeline, m. Ambrose **WILSON**, Nov. 23, 1825, by Nathaniel P. Perry, J. P.	2	212
Ezra, d. Aug. 17, 1773	2	34
James, Jr., m. Sarah **BERRY**, Sept. 20, 1764, by Rev. Joel Bardwell	1	129
James, s. [James, Jr. & Sarah], b. May 5, 1772	1	129
James, d. Jan. 31, 1776	1	127
James, Jr., m. Melinda **BERRY**, Sept. 1, 1803, by Rev. Joel Bardwell	2	242
James, m. Abba **MILLER**, Feb. 14, 1836, by William W. Andrews	2	171
Jemima, w. James, d. Dec. 24, 1775	1	127
John, m. Susannah **STONE**, Jan. 4, 1802, by Julius Converse, J. P.	2	157
John Lyman, [twin with Elizaan Jerusha], s. [James, Jr. & Melinda], b. May 16, 1807	2	242
Joseph, s. [James, Jr. & Sarah], b. June 24, 1774	1	129
Judson, s. [James, Jr. & Melinda], b. May 24, 1804	2	242
Lewis L., m. Emeline **HALL**, Oct. 27, 1825, by Nathaniel P. Perry, J. P.	2	211
Luke, m. Abiggal **FORSTER**, June 13, 1769, by Rev. Hezekiah Gold	1	183
Luke, s. [Luke & Abigail], b. June 15, 1781	1	183
Luke, d. May 25, 1784	1	183
Lurana, d. Ezra & Sarah, d. Jan. 12, 1770	2	34

	Vol.	Page
STUART, (cont.)		
Martha, b. July 30, 1771; m. Ezekiel Payne **BEARDSLEY**, May 19, 1791, by Rev. Judah Champion	2	88
Mary, [d. James, Jr. & Sarah], b. Dec. 10, 1769	1	129
Miles, of Sherman, m. Henrietta M. **BULL**, of Kent, Apr. 2, 1851, by Rev. Benjamin Redford	3	13-14
Nathan, s. [James, Jr. & Sarah], b. June 10, 1776	1	129
Rebecca, d. [Luke & Abigail], b. Nov. 16, 1771	1	183
Rebeckah, had s. Hiram Jonathan **DUNHAM**, b. Nov. 7, 1797; f. Jonathan **DUNHAM**	2	207
Robert, s. [James, Jr. & Sarah], b. Aug. 4, 1765	1	129
Robert, m. Mary **STEVENSON**, Mar. 5, 1789, by Rev. Joel Bordwell	2	197
Sarah, d. [Ezra & Sarah], d. Jan. 19, 1770	2	34
Sarah, d. [Ezra & Sarah], b. Dec. 22, 1770	2	34
Sarah, d. [James, Jr. & Sarah], b. Sept. 10, 1778	1	129
Sarah, w. James, d. Mar. 20, 1794	1	129
Smith, of Monroe, Mich., m. Mary **CHAMBERLAIN**, of Kent, 30 days from date, [Apr. 3, 1838], by George A. Sterling	2	48
STURTEVANT, Abia, b. Nov. 28, 1748	LR1	6
Abigail, d. [Perez & Rhoda], b. Apr. 1, 1769	1	134
Fear, b. Dec. 6, 1745	LR1	6
Fear, w. Nehemiah, d. May 29, 1760	1	62
Fear, m. Abijah **HUBBELL**, Feb. 4, 1768, by Rev. Joel Bordwell	1	189
Fear, d. [Peleg & Abigail], b. May 10, 1773	1	138
Isaac, s. [Peleg & Abigal], b. Apr. 27, 1776	1	138
Juanna*, d. [Perez & Rhoda], b. Dec. 23, 1766 *(Perhaps "Joanna" or "Luanna")	1	134
Lovice, d. [Perez & Rhoda], b. Dec. 27, 1764	1	134
Lucy, b. Oct. 6, 1752	LR1	6
Lucy, d. [Perez & Rhoda], b. Jan. 30, 1774; d. Oct. 24, 1774	1	134
Marcy, w. Perez, d. Feb. 22, 1785	1	134
Nehemiah, s. [Perez & Rhoda], b. May 24, 1771	1	134
Nehemiah, d. Apr. 18, 1774	1	62
Paris, b. Nov. 15, 1737	LR1	6
Peleg, b. Apr. 25, 1735	LR1	6
Peleg, m. Abigail **SWIFT**, Oct. 29, 1765, by Silvenus Osborn	1	138
Perez, m. Rhoda **BARNUM**, Feb. 23, 1764	1	134
Perez, m. Marcy **CHASE**, Oct. 10, 1776, by Conerad Winegar, J. P.	1	134
Remember Marcy, b. Oct. 6, 1740	LR1	6
Reme[m]ber Mercy, m. Asahel **BRUNTSON**, Dec. 7, 1757, by John Ransom, J. P.	LR1	9
Rhoda, w. Perez, d. Mar. 2, 1775	1	134
Rhoda, d. [Perez & Marcy], b. Sept. 24, 1777	1	134
Ruth, b. Sept. 12, 1743	LR1	6

	Vol.	Page
STURTEVANT, (cont.)		
Sarah, m. John **WILLCOX**, Nov. 23, 1769, by Rev. Joel Bordwell	1	209
Sarah, m. Freeman **BLACKNEY**, May 17, 1806, by Julius Caswell, J. P.	2	70
Warrin, s. [Peleg & Abigail], b. July 17, 1779	1	138
SUMMERS, Philip W., m. Sabrarett **SCHERMEHORN**, Feb. 4, 1844, by Rev. William W. Andrews	2	122
SWAN, Amos, m. Loes **WEDGE**, June 7, 1769, by Rev. Silvanus Osborn	2	9
Benjamin, s. [Amos & Loes], b. Mar. 13, 1774	2	9
Daniel, s. Isaac & Elizabeth, b. July 17, 1754	1	60
Daniel, m. Huldah **PALMERLEE**, Feb. 17, 1775, by Rev. Peter Starr	2	57
Hannah, d. [Isaac & Elizabeth], b. Nov. 19, 1755	1	60
John, m. Sally **HUBBARD**, b. of Kent, Oct. 31, 1824, by Alpheas Fuller, J. P.	2	101
Jonathan, s. [Daniel & Huldah], b. Sept. 20, 1782	2	57
Levi, s. [Isaac & Elizabeth], b. May 16, 1757	1	60
Levi, s. [Daniel & Huldah], b. May 9, 1780	2	57
Lucinda Maria, of Washington, m. Silas **NICHOLS**, of Litchfield, July 19, 1840, by Benjamin B. Parsons	1	191
Lyman, s. [Amos & Loes], b. Dec. 22, 1771	2	9
Molly, d. [Amos & Loes], b. Feb. 25, 1777	2	9
Sarah, d. [Isaac & Elizabeth], b. May 19, 1758	1	60
Sheldin, s. [Amos & Loes], b. Jan. 12, 1776	2	9
SWEET, Hiram, of Litchfield, m. Betsey **CROFOOT**, of Kent, last evening, [Nov. 21, 1841], by B. B. Parsons	2	253
SWETLAND, SWEATLAND, SWEETLAND, Ambrose, s. William & Sarah, b. Dec. 22, 1758	1	2
Artemus, s. [Luke & Hannah], b. June 16, 1769	1	107
Belding, s. Luke & Hannah, b. Jan. 14, 1763	1	107
Bettey, d. [William & Mary], b. July 11, 1762	1	2
Caleb, s. Caleb & Mary, d. Oct. 26, 1749	LR1	11
Caleb, s. [Caleb & Mary], b. Nov. 27, 1749	LR1	11
Caleb, s. [Lewis & Thankfull], b. June 25, 1777; d. Apr. 25, 1778	2	56
Caleb, s. [Lewis & Thankfull], b. Mar. 24, 1784	2	56
Cloe, d. [William & Mary], b. Feb. 4, 1768	1	2
Dan, s. [Luke & Hannah], b. Sept. 6, 1764	1	107
Daurias, d. Mar. 6, 1773	1	2
David, s. [Joseph & Salome], b. July 3, 1787	2	194
Eli, s. [Luke & Hannah], b. Mar. 24, 1770	1	107
Filetus, s. [Lewis & Thankfull], b. Nov. 1, 1776; d. May 1, 1778	2	56
Filetus, s. [Lewis & Thankfull], b. July 19, 1780	2	56
Jerusha, d. Will[ia]m [& Mary], b. Oct. 11, 1764	1	2
Joseph, s. [Luke & Hannah], b. May 22, 1767	1	107

	Vol.	Page
SWETLAND, SWEATLAND, SWEETLAND, (cont.)		
Joseph, m. Salome **HALL**, Sept. 27, 1786, by Jethro Hatch, J. P.	2	194
Lewis, m. Thankfull **BLISS**, Sept. 29, 1774, by Rev. Peter Starr	2	56
Luke, m. Hannah **TIFFANY**, Apr. 22, 1762, by Rev. Silvanus Osborn	1	107
Lydia, d. [Lewis & Thankfull], b. Apr. 21, 1782	2	56
Sarah, w. William, d. Feb. 1, 1761, in the 35th y. of her age	1	2
Sir Lewis, s. [Caleb & Mary], d. Dec. 27, 1749	LR1	11
Surlewis*, s. [Caleb & Mary], b. May 23, 1751 *(In a later hand "Zeruiah")	LR1	11
William, m. Mary **CHAPMAN**, Oct. 5, 1751, by Rev. Silvanus Osborn	1	2
Zeruiah, see under Surlewis	LR1	11
SWIFT, Abigal, d. Jabez & Abigal, b. Dec. 1, 1740	LR1	16
Abigail, d. Nathaniel & Abiah, b. Nov. 12, 1748	1	46
Abigail, m. Peleg **CHAMBERLAIN**, Jr., Oct. 4, 1759, by Rev. Joel Bardwell	1	32
Abigail, m. Peleg **STURTEVANT**, Oct. 29, 1765, by Silvenus Osborn	1	138
Alden, s. [Asaph & Theodosia], b. July 23, 1793	2	209
Alice, d. [Elisha & Mary], b. July 19, 1765	1	30
Alice, m. Zachariah **BLACKMAN**, June 15, 1782, by Rev. Joel Bordwell	2	168
Ann M., [d. Alden & Lucinda], b. July 6, 1817	2	252*
Ann Maria, m. Buel **JUDD**, Sept. 19, 1840, in St. Andrew Church, by Rev. George L. Foote	1	155
Anson Pope, 2nd s. [Jirah & Sarah], b. July 25, 1769	1	31
Anson Pope, m. Hannah **BERRY**, July 23, 1792, by Jedidiah Hubbell, J. P.	2	217*
Armin Berry, s. Hannah **BERRY**, b. Dec. 1, 1790	2	217*
Aseph, s. [Ruben & Hannah], b. Mar. 24, 1763	LR1	8
Asaph, m. Theodosia **HOPSON**, [ ]	2	209
Barshua, d. Jabez & Abigail, b. July 28, 1747	LR1	12
Birzillai, s. Ruben & Hannah], b. Sept. 21, 1745	LR1	8
Barzillai, m. Prudence **HOPSON**, Mar. 22, 1770, by Cyrus Marsh, J. P.	1	195
Charles A., [s. Alden & Lucinda], b. Nov. 4, 1825	2	252*
Charles Wells, s. [Moses & Sally], b. Feb. 14, 1811	2	182
Chloe, d. Ruben & Hannah], b. Feb. 6, 1751	LR1	8
Cloe, d. [Barzillai & Prudence], b. Apr. 3, 1780	1	195
Elisha, s. Jabez & Abigal, b. May 16, 1731	LR1	16
Elisha, m. Mary **RAMSOM**, [ ]y 30, 1750*, by Timothy Hatch, J. P. *("1756"?)	LR1	1
Elisha, m. Mary **RANSOM**, Dec. 30, 1756, by Timothy Hatch, J. P.	1	30
Elizabeth, d. Ruben & Hannah, b. Mar. 18, 1749	LR1	8

	Vol.	Page
SWIFT, (cont.)		
Elizabeth, had s. Ira **COMER**, b. Oct. 26, 1767; f. John **COMER**	1	123
Elizabeth, m. Samuel **JARVIS**, Sept. 4, 1774, b. of Amenia, N. Y., by Rev. Joel Bordwell	2	15
Elizabeth, m. Asa **HALL**, Nov. 24, 1774, by Ephraim Hubbell, J. P.	2	113
George Williams, s. [Moses & Sally], b. Nov. 5, 1812	2	182
Hannah, d. Jabez & Abagail, b. Aug. 31, 1745	LR1	12
Hannah, d. Ruben & Hannah, b. Mar. 26, 1753	LR1	8
Hannah, m. Amos **BIRD**, Feb. 10, 1770, by Rev. Joel Bardwell	2	200
Hannah, d. [Barzillai & Prudence], b. May 21, 1776	1	195
Hannah, m. John **SMITH**, Oct. 15, 1794	2	197
Hannah, m. Day **CHAMBERLAIN**, Sept. 28, 1831, by Lewis Mills, J. P.	2	79
Hannah D., [d. Alden & Lucinda], b. June 25, 1827	2	252*
Hannah Dexter, [d. Asaph & Theodosia], b. Dec. 5, 1794	2	209
Hannah Dexter, of Kent, m. Orin Gilbert **BUCKINGHAM**, of Great Bend, Pa., Mar. 8, 1853, by Rev. Ezra Jones	2	18-19
Harriet, d. Reuben & Lucinda, b. Jan. 15, 1798	2	114
Harriet, d. [Asaph & Theodosia], b. Feb. 2, 1798	2	209
Harriet Lewis, [d. Alden & Lucinda], b. July 6, 1833	2	252*
Hebart, s. [Jirah & Sarah], b. May 1, 1771	1	31
Heman, s. Jabez & Abigail, b. Oct. 14, 1733	LR1	16
Heman, s. Elisha & Mary, b. Nov. 15, 1757	1	30
Heman, Lieut., m. Mary **SKIFF**, Feb. last day, 1760, by Rev. Joel Bordwell	1	66
Homer, s. [Asaph & Theodosia], b. Mar. 15, 1787	2	209
Homer, [s. Alden & Lucinda], b. Aug. 9, 1822	2	252*
Huldah, d. [Nathaniel, Jr. & Sarah], b. Aug. 29, 1780	1	196
Huldah, [d. Nathaniel, Jr. & Sarah], d. June 29, 1783	1	196
Isaac, s. [Nathaniel & Abiah], b. Feb. 27, 1753	1	46
Isaac, Dr., m. Patience **CASE**, Jan. 3, 1774, by Rev. Peter Starr	2	90
Jabez, s. Jabez & Abigail, b. May 14, 1736	LR1	16
Jabez, d. Nov. 1, 1767	1	145
Jabez, s. [Elisha & Mary], b. July 20, 1769	1	30
Jabez, s. [Jirah & Sarah], b. June 10, 1775	1	31
Jabez, m. Hepsabeth **NORTON**, Nov. 16, 1791, by Jedidiah Hubbel, J. P.	2	206
Jirah, s. Jabez & Abigail, b. Aug. 20, 1738	LR1	16
Jirah, m. Sarah **DELANO**, Oct. 4, 1749*, by Rev. Joel Bardwell *("1759"?)	1	31
Jirah, s. [Jirah & Sarah], b. May 15, 1773	1	31
Jairah, Capt., d. July 28, 1777	1	31
Joanna, d. Reuben & Hannah, b. Nov. 8, 1743	LR1	8
Joanna, had s. John **MILLS**, b. Nov. 1, 1762; f. John		

	Vol.	Page
SWIFT, (cont.)		
MILLS, Jr., decd.	1	123
Joanna, m. Daniel **PAIN**, Apr. 15, 1767, by Cyrus Marsh, J. P.	1	156
Joanna, d. [Nathaniel, Jr. & Sarah], b. Aug. 30, 1770	1	196
Job, s. Jabez & Abigal, b. June 15, 1743	LR1	16
John, s. [Elisha & Mary], b. June 17, 1761	1	30
John, s. [Barzillai & Prudence], b. Jan. 28, 1771	1	195
Leman, s. Elisha & Mary, b. Nov. 15, 1757	LR1	1
Levinia S., [d. Alden & Lucinda], b. Oct. 23, 1818	2	252*
Lewis, [s. Alden & Lucinda], b. Jan. 17, 1830	2	252*
Lucindah, d. [Nathaniel, Jr. & Sarah], b. Apr. 20, 1779	1	196
Lucinda, w. Alden, b. Feb. 24, 1790	2	252*
Lucy M., [d. Alden & Lucinda], b. Nov. 4, 1815	2	252*
Lucy Marsh, m. Agur Curtiss **NORTHROP**, b. of Kent, Jan. 22, 1839, by Rev. Henry B. Sherman, of New Preston	2	114
Lusannah, d. [Jirah & Sarah], b. Nov. 12, 1767	1	31
Lydia, d. [Ruben & Hannah], b. Mar. 31, 1759	LR1	8
Martha Clark, d. [Moses & Sally], b. June 10, 1821	2	182
Mary Hopson, d. [Asaph & Theodosia], b. Oct. 30, 1782	2	209
Mary Hopson, m. Lewis **ST. JOHN**, Nov. 10, 1805, by Barzillai Hopson	2	247
Moses, s. Nathaniel & Abiah, b. Aug. 2, 1743	LR1	8
Moses, s. [Ruben & Hannah], b. Apr. 1, 1757	LR1	8
Moses, s. [Asaph & Theodosia], b. Dec. 12, 1784	2	209
Moses, m. Sally **BEARDSLEY**, Mar. 20, 1810, by Rev. Joel Bordwell	2	182
Moses, 2nd, m. Hannah **UNDERWOOD**, July 4, 1813, by Rev. Sturges Gilbert	2	209
Moses Hatch, s. [Rueben & Lucinda], b. Feb. 7, 1800	2	114
Nathaniel, s. [Nathaniel & Abiah], b. Sept. 18, 1749	1	46
Nathaniel, Jr., m. Sarah **THOMAS**, Dec. 21, 1769, by Heman Swift, J. P.	1	196
Nathaniel, s. [Nathaniel, Jr. & Sarah], b. Feb. 8, 1783	1	196
Philetus, s. [Elisha & Mary], b. June 26, 1763	1	30
Phyle, d. [Elisha & Mary], b. Aug. 1, 1767	1	30
Pope, s. [Jirah & Sarah], b. Jan. 4, 1764; d. Mar. 21, 1768	1	31
Presenda, d. [Jirah & Sarah], b. Feb. 8, 1762	1	31
Presinda, m. Barnabus **BERRY**, June 14, 1781, by Rev. Joel Bordwell	2	150
Prudence Abigail, d. [Jirah & Sarah], b. Oct. 27, 1765	1	31
Prudence Abigail, m. John **FULLERTON**, Sept. 2, 1793, by Jedidiah Hubbell, J. P.	2	219
Reuben, s. [Barzillai & Prudence], b. Oct. 9, 1772	1	195
Reuben, d. Mar. 2, 1773	1	123
Reuben Asaph, s. [Moses, 2nd & Hannah], b. Sept. 10, 1814	2	209
Rockeelane, d. Elisha & Mary, b. Aug. 24, 1759	1	30
Rockeelane, d. [Elisha & Mary], d. Feb. 5, 1761	1	30
Rufus, s. [Lieut. Heman & Mary], b. Jan. 15, 1761	1	66

	Vol.	Page
SWIFT, (cont.)		
Rufus, s. [Nathaniel, Jr. & Sarah], b. Feb. 5, 1774	1	196
Rupert, d. Dec. 16, 1760	1	47
Ruth, d. Ruben & Hannah, b. June 30, 1747	LR1	8
Salema, d. [Jirah & Sarah], b. Aug. 1, 1760	1	31
Sally, w. Moses, d. Nov. 21, 1847	2	182
Sarah, d. Ruben [& Hannah], b. Feb. 18, 1755	LR1	8
Sarah, d. [Nathaniel, Jr. & Sarah], b. July 8, 1776	1	196
Sarah, m. Asa **PARRISH**, Jan. 10, 1783, by Rev. Joel Bardswell	1	6
Seth, s. Jabez & Abigall, b. Nov. 14, 1749	LR1	12
Sophia, d. [Asaph & Theodosia], b. Oct. 2, 1789	2	209
Susan, d. Charles Wells & Anne, b. Mar. 25, 1848	2	182
Susan, d. Charles Wells & Anne, d. Sept. 2, 1850, at Stanhope, Sussux Cty., N. J.	2	182
Theodateus, s. [Barzillai & Prudence], b. Jan. 30, 1778	1	195
William, m. Mary N. **PAYNE**, Sept. 29, 1836, by W. W. Andrews	2	191
TANNER, Cyrus, s. [Ephraim & Huldah], b. Mar. 4, 1778	2	132
Ebenezer, m. Lydia **HATCH**, Feb. 20, 1782, by Rev. Joel Bordwell	2	156
Ephraim, m. Huldah **MUNSON**, Nov. 27, 1766, by Rev. Thomas Brooks	2	132
Harvey, s. [Ebenezer & Lydia], b. Mar. 30, 1784; d. Jan. 25, 1785	2	156
Harvey, s. [Ebenezer & Lydia], b. Oct. 10, 1785; d. Mar. 22, 1786	2	156
Lucy, d. [Ephraim & Huldah], b. Jan. 2, 1783	2	132
Mervin, s. [Ephraim & Huldah], b. Jan. 6, 1785	2	132
TASKER, Susannah, m. Ebenezer **PECK**, Nov. [ ], 1771, by Rev. Nathaniel Tayler	1	70
TAYLOR, Anna, d. [John & Judeth], b. Oct. 23, 1773	2	20
David, m. Olive **PALMER**, Aug. 18, 1774	2	84
Edward, s. [John & Judeth], b. Aug. 3, 1774	2	20
Elizabeth, m. David **HUBBEL**, Mar. 2, 1783, by Rev. Jeremiah Day	2	189
Harvey, s. [David & Olive], b. Apr. 18, 1781	2	84
Isabella, d. Hugh & Content, b. June 29, 1783	2	177
Israel, s. Lamuell & Bathaba, b. June 29, 1748	LR1	14
Jenet, d. [Hugh & Content], b. Apr. 10, 1785	2	177
Jerusha, d. [David & Olive], b. Apr. 25, 1779	2	84
Joannah, m. Samuel **WHITLOCK**, Jr., May 28, 1778, by [ ]	2	134
John, m. Judeth **COMSTOCK**, Feb. 6, 1772, by Daniel Lee, J. P.	2	20
Reuben, s. [David & Olive], b. Oct. 7, 1776	2	84
Samuel, s. [Hugh & Content], b. May 29, 1787	2	177
Sarah, d. [Lamuell & Bathaba], b. Apr. 13, 1750	LR1	14
Zuba, d. [David & Olive], b. Feb. 14, 1775	2	84

	Vol.	Page
TEENY(?), Lois, m. Stephen **JONES**, Nov. 13, 1795, by Jedidiah Hubbell	2	18
TERRILL, TERRIL, TURRELL, TURRIL, Abel, m. Jerusha **PEET**, Mar. 24, 1774, by Rev. Jeremiah Day	2	102
Abel, s. [Abel & Jerusha], b. Nov. 28, 1774	2	102
Caroline, m. John **CHACE**, May 26, 1851, by Rev. Jeremiah Fry	3	13-14
Esther, d. [Joel & Olive], b. Feb. 20, 1774	2	101
Fanny, m. Ira **JUDD**, May [ ], 1827, by Rev. L. P. Hickox	2	175
Jane, d. Daniel & Mary, b. Feb. 11, 1768	2	14
Jane, m. Jonah **DATON**, Apr. 6, 1774, by Rev. Jeremiah Day	2	103
Joel, m. Olive **DIBBLE**, Oct. 3, 1773, by Rev. Jeremiah Day	2	101
Joel, d. Nov. 14, 1776	2	101
Joel, s. [Abel & Jerusha], b. July 16, 1778	2	102
Lucy, d. [Abel & Jerusha], b. June 1, 1776	2	102
Lyman, s. [Abel & Jerusha], b. June 4, 1780	2	102
Mary, d. [Daniel & Mary], b. Apr. 4, 1771	2	14
Nathan, s. [Abel & Jerusha], b. June 9, 1782	2	102
Phebe, d. [Joel & Olive], b. Mar. 4, 1776	2	101
THAYER, Almira, m. Isaac F. **DABALL**, Jan. 3, 1843, by Rev. William W. Andrews	2	122
Evaline M., of Kent, m. Charles A. **BRAY**, of Fair Haven, Nov. 28, 1850, by Rev. John Reynolds	3	11-12
Phebe, m. Allen **CALDWELL**, Jan. 2, 1842, by Rev. Willian W. Andrews	2	122
THOMAS, Ann, d. Josiah & Mary, d. Dec. 5, 1750	LR1	12
Aner, d. Josiah & Sarah, b. Sept. 14, 1749	LR1	15
Aner, m. Martin **CURTIS**, June 8, 1768, by Rev. Silvenus Osborn	1	173*
Anna, m. Silvenus **DELENO**, June [ ], 1780, by Rev. Joel Bordwell	2	68
Benjamin, m. Ann **BENTON**, Aug. 5, 1773, by Ephraim Hubbell, Jr. J. P.	2	68
Benjamin, d. Apr. [ ], 1776	2	68
John, s. Josiah & Mary, d. Sept. 17, 1750	LR1	12
John, s. Josiah, Jr. & Sarah, b. Oct. 20, 1753	1	93
John, m. Rebecca **CARTER**, Nov. 19, 1781, by Rev. Peter Starr	2	162
Josiah, Jr., m. Sarah **JUDD**, b. of Kent, Oct. 12, 1748, by Rev. Cyrus Marsh	LR1	15
Josiah, Jr., d. Aug. 13, 1757	1	93
Josiah, d. June 14, 1764	1	24
Josiah, s. [John & Rebecca], b. Dec. 15, 1782	2	162
Mary, w. Josiah, d. Mar. 18, 1772	1	24
Sarah, d. [Josiah & Sarah], b. Nov. 20, 1751	LR1	15
Sarah, m. Nathaniel **SWIFT**, Jr., Dec. 21, 1769, by Heman Swift, J. P.	1	196
Sarah, d. [Benjamin & Ann], b. May 22, 1774; d. Oct. 12,		

	Vol.	Page
THOMAS, (cont.)		
1777	2	68
Sarah, d. [John & Rebecca], b. Sept. 15, 1784	2	162
THOMPSON, THOMSON, Abbey, d. [Daniel & Lydia], b. Nov. 6, 1791	2	147*
Anna, d. [Daniel & Lydia], b. Jan. 7, 1797	2	147*
Anthy, d. [Barzilai & Sabra], b. Mar. 1, 1798	2	225
Berzillai, s. [Eleizur & Esther], b. Oct. 29, 1767	1	142
Barzilai, m. Sabra **STONE**, Nov. 10, 1791, by Rev. Judah Champion	2	225
Bradley, s. [Daniel & Lydia], b. Mar. 24, 1779	2	147*
Catharine, m. Benajah **FULLER**, Dec. 24, 1777, by Wales Porter	2	159
Cloe, d. [Elizur & Esther], b. Nov. 24, 1762	1	142
Comfort, s. [Eleizur & Esther], b. Dec. 30, 1765	1	142
Comfort, [s. Eleizer & Esther], d. May 11, 1786	1	142
Damon, s. [Eleizur & Esther], b. May 10, 1772	1	142
Daniel, s. [Eleizur & Esther], b. Jan. 28, 1758	1	142
Daniel, m. Lydia **MILLS**, May 24, 1778, by Rev. Joel Bordwell	2	147*
Daniel, s. [Daniel & Lydia], b. May 19, 1799	2	147*
David, s. [Eleizur & Esther], b. Jan. 18, 1771	1	142
Eleizur, m. Esther **HAMILTON**, June 8, 1750, by Timothy Hatch, J. P.	1	142
Eli Clark, s. [Barzilai & Sabra], b. June 13, 1794	2	225
Elizabeth, d. [Eleizur & Esther], b. June 27, 1769	1	142
Esther, d. [Eleizur & Esther], b. Mar. 20, 1764	1	142
Eudecia, m. Daniel **BOOTH**, Sept. 23, 1800, by Julius Caswell, J. P.	2	169
Eunice, d. [Elizur & Esther], b. Jan. 28, 1761	1	142
Eunice, [d. Eleizur & Esther], & [w. [ ] **DATON**], d. May 13, 1786	1	142
Eunice, m. Daniel H. **MORGAN**, Jan. 3, 1821, by Rev. Asa Blair	2	71
George, d. Feb. 10, 1772	2	5
George, Jr., m. Jerusha **BLISS**, Mar. 12, 1772, by Daniel Lee, J. P.	2	6
Gillam, m. Mary Ann **WALDRON**, Feb. 11, 1836, by Hiram Converse, J. P.	2	27
Hannah, d. [Daniel & Lydia], b. Apr. 16, 1789	2	147*
John Westly, s. [Barzilai & Sabra], b. May 9, 1800	2	225
Lewis, s. [Daniel & Lydia], b. Jan. 1, 1787	2	147*
Noah Stone, s. [Barzilai & Sabra], b. June 18, 1792	2	225
Polly, m. Simeon **CURTIS**, July 10, 1831, by Birdsey Beardsley, J. P.	2	142
Reuben, s. [Daniel & Lydia], b. Feb. 22, 1794	2	147*
Robert L., m. Jane **CHAMBERS**, Sept. 30, 1847, by Rev. W. W. Andrews	3	6-7

	Vol.	Page
THOMPSON, THOMSON, (cont.)		
Sally, m. Frederick **NODINE**, b. of Kent, Aug. 8, 1834, by Frederick Chettenden, J. P.	2	57
Samuel Keeler, s. [Barzilai & Sabra], b. Nov. 26, 1804	2	225
Sarah, m. John **BEEMAN**, b. of Kent, Nov. 5, 1746, by Rev. Cyrus Marsh	LR1	14
Sarah, d. [Eleizur & Esther], b. Apr. 20, 1756	1	142
Sibbel, d. [Eleizur & Esther], b. Mar. 4, 1753	1	142
Sebbel, m. Benjamin **DENSLOW**, Nov. 22, 1771, by John Ransom, J. P.	2	10
Theodosia, d. [Daniel & Lydia], b. Apr. 6, 1781	2	147*
Truman Stone, s. [Barzilai & Sabra], b. Feb. 14, 1796	2	225
William Fletcher, s. [Barzilai & Sabra], b. Aug. 5, 1802	2	225
TIBBETS, TIBBITTS, TIBITS, John, of Brown, Schorie Cty., N. Y., m. Tamar **ANDERSON**, Oct. 20, 1823, by Alpheas Fuller, J. P.	2	127
Mary, d. [Nathan & Sibbel], b. Sept. 16, 1767	1	54
Nathan, s. [Nathan & Sibbel], b. Mar. 7, 1758	1	54
Nathaniel, s. Nathan & Sibbel, b. Feb. 5, 1756	1	54
Solomon, s. [Nathan & Sibbel], b. Sept. 9, 1760	1	54
TICKNOR, Isaac, m. Mary **MARTIN,** Apr. 1, 1756, by Rev. Mr. White, of Windsor	LR1	1
Isaac, Jr., s. [Isaac & Mary], b. Feb. 8, 1757	LR1	1
TIFFANY, Bathiah, m. John **CARTER,** b. of Kent, Feb. 7, 1759, by Rev. Silvanus Osborn	1	3
Hannah, m. Luke **SWEETLAND,** Apr. 22, 1762, by Rev. Silvanus Osborn	1	107
TIMMONS(?), Armilla, m. Hiram **MERRILS,** Jan. 4, 1822, by Nathaniel P. Perry, J. P.	2	81
TITUS, Esther, m. Garner **GEER,** Feb. 25, 1795, by David Whittlesey, J. P.	2	5
TOMPKINS, Emeline, of Kent, m. Luke S. **PUTNAM,** of Montpelier, Vt., Dec. 29, 1845, by Rev. Hollis Read, of New Preston	2	229
Martha E., of Kent, m. Rufus **LAVITT,** of Washington, May 15, 1854, by Rev. Ephraim Lyman	3	20
TRACY, TRACEY, Esther, d. [John & Marcy], b. June 13, 1769	1	216
John, m. Marcy **CLARK,** Feb. 11, 1768, by Rev. Noah Wadham	1	216
Rachail, m. Eben[eze]r **BEMAN,** b. of Preston, Feb. 25, 1741/2, by Hezekiah Parke, J. P.	LR1	10
Rachal, d. [John & Marcy], b. Apr. 10, 1771	1	216
Sarah, m. Samuel **MALLORY,** Nov. 18, 1762, by Rev. Noah Wadham	1	201
TRISK*, Joseph, of New York, m. Jane **STEVENSON,** of Kent, Nov. 4, 1827, by Alpheas Fuller, J. P. *(Perhaps "FISK"?)	2	50
TROOP, Samuel, s. Joseph & Sarah, b. Apr. 2, 1772	1	90

	Vol.	Page
TUCKER, Lowis, m. Daniel **OWEN**, 2nd, [ ], 1779	2	227
Reuben, s. [Uriah & Eunice], b. Sept. 1, 1771	1	204
Uriah, s. Uriah & Eunice, b. Apr 19, 1769	1	204
TUPPER, Elisha, s. Nathaniell & Elizabeth, b. Sept. 22, 1749	LR1	14
Elisha, s. Nathaniel & Elizabeth, b. Sept. 22, 1749	1	90
Elizabeth, d. [Nathaniel & Elizabeth], b. Mar. 6, 1755	1	90
Will[ia]m, s. [Nathaniel & Elizabeth], b. Feb. 8, 1751	1	90
TURRELL, [see under **TERRILL**]		
TUTTLE, Amy, m. Seth **HALL**, Mar. 1, 1791, by Rev. [ ] Fuller	2	220
Martha, m. Gillum **BLISS**, May 22, 1761, by Rev. Joel Bordwell	2	153
TYLER, Anne, d. Solomon & Rebeckah, b. Mar. 23, 1760	1	24
Sally, m. Silas **BROWNSON**, Sept. 6, 1782, by [ ] Nash, J. P.	2	192
Solomon, m. Rebecca **WALLER**, Apr. 9, 1759, by Timothy Hatch, J. P.	1	24
UNDERWOOD, Hannah, m. Moses **SWIFT**, 2nd, July 4, 1813, by Rev. Sturges Gilbert	2	209
Paulina, m. James **BLODGETT**, Sept. 14, 1840, by Rev. William W. Andrews	2	205
VANA YORK, Anna, m. Javon **WILSON**, Oct. [ ], 1791, by Ezra Lathrop, J. P.	2	227*
VINCENT, David, m. Rebecca **CHAMBERLAIN**, June 14, 1848, by Rev. W. W. Andrews	3	6-7
WAHYFOOD(?), Joseph, m. Elizabeth **WALLER**, May 31, 1775, by Rev. Joel Bordwell	2	123
Joseph, s. [Joseph & Elizabeth], b. May 27, 1776	2	123
Waller, s. [Joseph & Elizabeth], b. Nov. 28, 1777	2	123
WALDRON, Mary Ann, m. Gillam **THOMPSON**, Feb. 11, 1836, by Hiram Converse, J. P.	2	27
William, m. Fanny **BARTON**, Apr. 9, 1848, by Rev. William H. Kirk	3	18-19
WALKER, Ezra, of Danbury, m. Laura **LEONARD**, of Kent, Apr. 8, 1829, by Rev. L. P. Hickox	2	204
WALLER, [see also **WALLING**], Comfort, d. Samueli & Joanna, b. Oct. 31, 1751	LR1	14
Elijah, m. Susannah **HENDERSON**, July 9, 1763, by Rev. Noah Wadhams	1	125
Elizabeth, m. Joseph **WAHYFOOD**(?), May 31, 1775, by Rev. Joel Bordwell	2	123
Esther, d. [Elijah & Susannah], b. Sept. 11, 1766	1	125
Esther, w. Samuel, Jr., d. Mar. 27, 1773	1	220
Joanna, w. Samuel, d. Nov. 15, 1768	1	233
Love, d. Samuell & Joanna, b. Oct. 24, 1753	LR1	14
Lydia Bristol, d. Samuel, Jr. & Esther, b. Apr. 17, 1771; d. Mar. 30, 1773	1	220
Martha, d. Sarah **HALL**, b. June 17, 1786	2	104

	Vol.	Page
WALLER, (cont.)		
Mary, m. Jonathan **CARVER**, Nov. 5, 1768, by Rev. Joel Bordwell	1	175
Peter, m. Hannah **BALDWINE**, Dec. 28, 1774, by Rev. Elijah Sill	2	85
Pinina, d. [Peter & Hannah], b. Sept. 21, 1774; d. Oct. 9, 1777	2	85
Pininah, d. [Peter & Hannah], b. Apr. 11, 1777	2	85
Rebecca, m. Solomon **TYLER**, Apr. 9, 1759, by Timothy Hatch, J. P.	1	24
Samuel, m. Elizabeth **REED**, July 12, 1769, by Daniel Sherman, J. P.	1	233
Samuel, s. [Elijah & Susannah], b. Sept. 9, 1771	1	125
Urenia, d. [Elijah & Susannah], b. Aug. 14, 1765	1	125
WALLING, WALEN, [see also **WALLER**], James, m. Hannah **PRATT**, b. of Kent, Feb. 22, 1749/50, by Rev. Cyrus Marsh	LR1	15
James, s. James & Hannah, b. Dec. 24, 1750	LR1	15
Joseph, [s. James & Hannah], b. Oct. 4, 1756	LR1	15
Martin, m. Phebe A. **MARVIN**, Dec. 9, 1844, by Rev. Jeremiah Day	2	131
Uariah, s. James & Hannah, b. June 28, 1753	LR1	15
WALSH, Clark, m. Polly **CAMP**, Sept. 9, 1789, by Rev. Amos Chase	2	199
David Camp, s. [Clark & Polly], b. May 8, 1791	2	199
Jonson Clark, s. [Clark & Polly], b. Sept. 20, 1792	2	199
WARD, Henry O., m. Huldah **PAINE**, June 17, 1847, by Rev. W. W. Andrews	3	5
Mary A., m. Oliver W. **ROOT**, Feb. 7, 1843, by Rev. William W. Andrews	2	122
Sarah A., of Kent, m. Huggins **WOLF**, of Amenia, N. Y., Sept. 10, 1850, by Rev. Jno Greenwood	3	10
WARNER, Amasa, s. Israel & Luse, b. Jan. 10, 1759	1	42
Harmoine, of Kent, m. Frederick A. **HOLMES**, of Sherman, Jan. 9, 1823, by Rev. C. A. Boardman, [of Preston]	2	21
WARREN, Rachal, m. Issacher **ROWLEE**, Feb. 2, 1769, by Thomas Landon, J. P.	1	188
WASHBURN, Mary, m. Jacob **BULL**, Nov. 17, 1762, by John Ransom, J. P.	2	29
Mercy, m. Jacob **BULL**, Nov. 17, 1762	1	172
[**WATROUS**], **WARTROUS**, Elihu, s. Sam[ue]ll & Jemima, b. July 2, 1761	1	77
WEDGE, Asel, m. Hannah **WHITE**, Nov. 1, 1770	2	23
Asahel, s. [Asel & Hannah], b. May 12, 1782	2	23
Dotha, m. Harrison **HARRINGTON**, [Sept. 18, 1854], by Rev. Jeremiah Fry	3	21
Ira, s. [Asel & Hannah], b. Nov. 12, 1771	2	23
Isaac, m. Ruth **PARMELEE**, Oct. 10, 1774, by Increase Mosley, J. P.	2	58

	Vol.	Page
WEDGE, (cont.)		
John, m. Annah **BROWN**, Jan. 26, 1768, by Daniel Lee, J. P.	1	198
John, s. [John & Annah], b. Dec. 31, 1771	1	198
Loes, m. Amos **SWAN**, June 7, 1769, by Rev. Silvanus Osborn	2	9
Marindia, d. [Stephen & Temperance], b. Dec. 22, 1780	2	140
Orange, s. [Isaac & Ruth], b. Oct. 3, 1775	2	58
Orange, m. Polly M. **BRADSEY**, Aug. 22, 1839, by Henderson Benedict	2	45
Rachal, d. [Asel & Hannah], b. Feb. 22, 1778	2	23
Ruhannah, d. [John & Annah], b. Jan. 8, 1770	1	198
Salmon, s. [Asel & Hannah], b. Dec. 17, 1773	2	23
Samuel, s. [Isaac & Ruth], b. Feb. 16, 1777	2	58
Sarah A., m. Willard W. **DAY**, Sept. 18, 1854, by Rev. Jeremiah Fry	3	21
Silas, s. [Isaac & Ruth], b. June 5, 1779	2	58
Stephen, m. Temperance **ALGER**, Mar. 23, 1780, by Rev. Peter Starr	2	140
WELCH, Noah, m. Harrietta **GIBBS**, July 11, 1845, by Rev. William W. Andrews	2	122
WESTCOTT, Isaac, s. Joseph & Hannah, b. Dec. 30, 1787	2	154
WESTON, Elijah, s. [Zachariah & Mary], b. Sept. 7, 1775	2	78
Roswell, s. [Zachariah & Mary], b. Feb. 22, 1772	2	78
Zachariah, m. Mary **LATHROP**, May 23, 1773, by Rev. Ebenezer Niblow	2	78
WHEATON, Lydia, d. Joseph & Esther, b. Apr. 23, 1769	2	28
Silve, d. [Joseph & Esther], b. Jan. 17, 1771	2	28
WHEELER, Elijah, m. Sarah **MARSH**, Nov. 27, 1760, by Rev. Joel Bordwell	1	47
Richard N., of Sharon, m. Lucy T. **WILSON**, of Kent, Mar. 30, 1851, by Rev. Jno Greenwood	3	13-14
WHITE, Almon B., of Sharon, m. Eliza **HOWLAND**, of Kent, Oct. 14, 1834, by Nathan Slosson, J. P.	1	232
Hannah, m. Asel **WEDGE**, Nov. 1, 1770	2	23
Hugh, of Chitteninge, N. Y., m. Maria M. **MANSFIELD**, of Kent, Apr. 10, 1828, by Rev. L. P. Hickox	2	209
John & Prudence had twins, 7th & 8th child, b. Nov. 14, 1761; d. same day	1	76
Mary, m. Josiah **BROWN**, Oct. 29, 1767, by Rev. Silvenus Osborn	1	164
Nelson L., m. Sarah **BOOTH**, July 5, 1836, by W. W. Andrews	2	172
WHITEHEAD, Maximalia, m. Normond **STONE**, Dec. 22, 1825, by Rev. Eleazer Beecher, of New Milford	2	118
WHITFORD, Charles, of Sharon, m. Mary **CHAMBERLAIN**, of Kent, Aug. 30, 1826, by John Mills, J. P.	2	215
WHITLOCK, Anna, m. Isaac **HEWS**, May 14, 1772, by Daniel Lee, J. P.	2	15

	Vol.	Page
WHITLOCK, (cont.)		
Annis, [twin with Sam[ue]ll], d. [Samuel & Experience], b. May 17, 1752, at Danbury	1	122
Jemima, d. [Samuel, Jr. & Joannah], b. Dec. [ ], 1780	2	134
Joel, s. Samuel & Experience, b. Nov. 22, 1749, at Danbury	1	122
Joseph, s. [Samuel, Jr. & Joannah], b. May 24, 1783	2	134
Julius, s. [Samuel, Jr. & Joannah], b. Feb. 24, 1785	2	134
Sam[ue]ll, [twin with Annis], s. [Samuel & Experience], b. May 17, 1752, at Danbury	1	122
Samuel, Jr., m. Joannah **TAYLOR**, May 28, 1778, by [ ]	2	134
Sarah, d. [Samuel, Jr. & Joannah], b. July 4, 1779	2	134
WHITNEY, Joseph, s. Enoch & Thankfull, b. June 18, 1753	1	75
Sarah, d. [Enoch & Thankfull], b. June 18, 1756	1	75
WHITTLESEY, Chester, s. [John & Mary], b. Nov. 25, 1773	1	171
Dorothy, d. [Martin & Sarah], b. Sept. 5, 1774	2	82
Eliphalet, s. [John & Mary], b. Sept. 21, 1776	1	171
Elizabeth, d. [Martin & Sarah], b. Apr. 8, 1772	2	82
Jemima, d. [Martin & Sarah], b. Feb. 17, 1766	2	82
John, m. Mary **BEAL**, Nov. 14, 1765, by Rev. Noah Wadman	1	171
John, s. [John & Mary], b. Jan. 4, 1769	1	171
Joseph, s. [Martin & Sarah], b. Mar. 20, 1764	2	82
Martin, s. [Martin & Sarah], b. Mar. 2, 1770	2	82
Mary, d. [Martin & Sarah], b. Dec. 20, 1768	2	82
Mary, d. [John & Mary], b. June 13, 1771	1	171
Matthew Beale, s. [John & Mary], b. Oct. 13, 1766	1	171
Sarah, d. Martin & Sarah, b. Mar. 25, 1762	2	82
WICKHAM, Ahira, of Canaan, m. Mary Ann **DAYTON**, of Kent, Mar. 7, 1836, by Rev. Elijah Baldwin, of New Milford	2	26
WICKWIRE, WICKWARE, Caroline, of Warren, m. Ezekiel **HAZARD**, of Kent, Feb. 27, 1845, by Hubbell Miller, J. P.	1	138
Newton C., of North Canaan, m. Hannah **DAYTON**, of Kent, Sept. 28, 1840, by Rev. Elijah Baldwin	2	253
WILBUR, Stephen V., m. Polly **CAMPBELL**, Oct. 16, 1822, by Birdsey Beardsley, J. P.	2	146*
WILCOX, WILLCOX, Jerusha, d. [John & Sarah], b. Aug. 21, 1770	1	209
John, m. Sarah **STURTEVANT**, Nov. 23, 1769, by Rev. Joel Bordwell	1	209
Ruth, m. Willis **MERWIN**, Nov. 9, 1826, by Rev. L. P. Hickox	2	133
WILLIAMS, David, m. Sally **BENEDICT**, July 16, 1820, by Nathaniel P. Perry, J. P.	2	41
Hannah, m. Silas **GEER**, Jan. 1, 1751, by Samuel Gaite, J. P.	2	3
WILSON, WILLSON, Ambrose, [s. Ambrose & Abigail], b. Aug. 22, 1804	2	198
Ambrose, m. Emeline **STUART**, Nov. 23, 1825, by Nathaniel P. Perry, J. P.	2	212

	Vol.	Page
WILSON, WILLSON, (cont.)		
Charlotte Vana, d. [Javon & Anna], b. June 13, 1792	2	227*
Elan, [child of Ambrose & Abigail], b. Mar. 22, 1801	2	198
Eliel, s. [Javon & Anna], b. Jan. 20, 1794	2	227*
Javon*, m. Anna Vana **YORK**, Oct. [ ], 1791, by Ezra Lathrop, J. P. *("Jason"?)	2	227*
John, [s. Ambrose & Abigail], b. Dec. 8, 1798	2	198
John, m. Eliza **STUART**, Mar. 20, 1832, by Nathaniel P. Perry, J. P.	2	220
Lamuel, s. [Parker & Elizabeth], b. Jan. 8, 1773	1	227
Lucy, [d. Ambrose & Abigail], b. Feb. 18, 1791	2	198
Lucy T., of Kent, m. Richard N. **WHEELER**, of Sharon, Mar. 30, 1851, by Rev. Jno Greenwood	3	13-14
Parker, m. Elizabeth **EATON**, Jan. 1, 1772, by Rev. Joel Bordwell	1	227
Polly, d. [Ambrose & Abigail], b. Aug. 31, 1793	2	198
Robert, s. [Ambrose & Abigail], b. Apr. 7, 1796	2	198
Suzina, m. Ambrose **HOOFULT**, b. of Kent, Jan. 17, 1851, by Rev. Jno Greenwood	3	11-12
WINEGAR, Almira, m. Charles A. **CHITTENDEN**, Jan. 28, 1822, by Nathaniel P. Perry, J. P.	2	96
Harriet, of Kent, m. Samuel Eben **PETERS**, of Litchfield, Feb. 8, 1824, in St. John's Church, by Rev. George B. Andrews	2	117
Henry, s. Henry **WINEGAR**, Jr. & Dimis **CAHOON**, b. June 12, 1782	2	178
Henry, Jr., m. Dimmis **CAHOON**, Feb. 26, 1785, by Jedidiah Hubbell, J. P.	2	178
Robert, of Amenia, m. Caroline **CHAMBERLAIN**, of Kent, Dec. 17, 1821, by Daniel Brayton, Elder. Int. Pub.	2	61
WINN, James, s. James & Dinah, b. Jan. 25, 1743/4	LR1	4
WOLCOTT, John, of Dover, N. Y., m. Sarah **LAIN**, of Kent, Jan. 20, 1844, by Epaphras B. Goodsell, J. P.	2	193
Jonathan, m. Henrietta E. **MILLS**, Nov. 21, 1838, by W. W. Andrews	2	192
WOLF, Huggins, of Amenia, N. Y., m. Sarah A. **WARD**, of Kent, Sept. 10, 1850, by Rev. Jno Greenwood	3	10
WOOD, Harry, s. [John & Tasta], b. Dec. 1, 1793	2	236
John, m. Tasta **COON**, Mar. 11, 1792, by Rev. Waldo [ ]	2	236
Sally, d. [John & Tasta], b. May 10, 1795	2	236
WOODWARD, Abigail, d. John & Sintha, d. Feb. 9, 1760	1	105
Hannah, d. [Thomas, Jr. & Joanna], b. June 25, 1751	LR1	10
Hannah, m. Elijah **BENIT**, Dec. 25, 1769, by Rev. Joel Bordwell	1	200
Joanna, d. [Thomas, Jr. & Joanna], b. June 16, 1753	LR1	10
Loiess, d. Thomas, Jr. & Joanna, b. May 24, 1749	LR1	10
Lois, m. Ebenezer **HOIT**, Jr., Aug. 18, 1767, by Rev. Joel		

	Vol.	Page
WOODWARD, (cont.)		
Bordwell	1	157
Martha, d. Thomas & Joanner, b. May 30, 1759	1	35
Theodore, s. [John & Sintha], b. Dec. 20, 1761	1	105
Triphena, d. [John & Sintha], d. Feb. 14, 1760	1	105
WORDEN, Lydia, m. Benjamin **CARPENTER**, Mar. 28, 1802, by Julius Caswell, J. P.	2	108
Mary, m. Robert **OGDEN**, Dec. 26, 1799, by Julius Caswell, J. P.	2	240
WRIGHT, Deborah, d. Jonathan & Mary, b. Apr. 23, 1776	2	94
Jonathan, m. Mary **LUCK***, Oct. 6, 1775, by Paul Welch. J. P *(Perhaps LAKE" or "LEECH"?)	2	94
Sarah, m. Sam[uel]ll **LATHOM**, Apr. 7, 1736	LR1	4
William, of Fishkill, N. Y., m. Catharine **PHELPS**, of Kent, Dec. 25, 1825, by Rev. Epaphras Goodman	2	135
YOUNG, YOUNGS, Abia, m. Curtis **BARNUM**, Oct. 18, 1827, by Lewis Mills, J. P.	2	237
Anna, m. Joseph B. **BURROUGHS**, Sept. 24, 1837, by Jeremiah Kent	2	154
Horace B., m. Eliza **BROWN**, Dec. 19, 1824, by Lewis Mills, J. P.	2	150
Kerene(?), m. Elisha L. **HAYDEN**, Dec. 26, 1839, by Rev. Jeremiah Fry	2	228*
Maria, m. Jarvis **NOBLE**, b. of Kent, July 4, 1848, by Rev. Ira Morgan	3	3
Mary Ann, m. Harley **BEEMAN**, b. of Kent, Oct. 3, 1826, by Ensign Bushnell, J. P.	2	144
Phebe, m. Asa **BUTLER**, b. of Kent, Feb. 4, 1827, by Nathan Slosson, J. P.	2	196
Samuel, Jr., m. Caroline **BARNUM**, b. of Kent, Oct. 1, 1826, by Stephen Strong, J. P.	2	138
NO SURNAME		
Amelia, m. Cuff **FREEMAN**, Mar.[ ], 1789, by Jedidiah Hubbell, J. P.	2	207

KILLINGLY VITAL RECORDS
1708 - 1850

	Vol.	Page
ABBE, Sarah, m. Michael ADAMS, b. of Killingly, [ ], by Marcen Cabot, Clerk	1	76
ABBOTT, Benjamin, m. Naoma HORTON, b. of Killingly, Oct. 19, 1828, by Elisha Atkins	1	100
Laura H., of Hampton, m. Geo[rge] E. HOLT, of Killingly, [ ] 22, 1851, by Thomas O. Rice	2	65
ADAMS, Abner, s. Joseph & Dorothy, b. June 27, 1762	1	240
Amey Ann, m. Nathaniel M. PIERCE, b. of Killingly, Mar. 7, 1847, by Rev. Geo[rge] W. Greenslitt	2	39
Anna B., of Cumberland, m. Michael STEARNS, of Smithfield, R. I., Sept. 26, 1852, by Rev. Isaac H. Coe	2	73
Asa, [s. Joseph & Hannah], b. July 8, 1782	1	323
Augustus, [s. Joseph & Hannah], b. July 20, 1799	1	323
Benjamin, [twin with Joseph], s. Joseph & Dorothy, b. Sept. 1, 1760	1	240
David, m. Mary MOFFETT, July 19, 1829, by Elder George W. Appleton	1	123
David, Jr., m. Lucy Ann BENNETT, b. of Killingly, July 10, 1851, by Rev. Geo[rge] W. Greenslitt	2	64
David O., m. Mary A. PLACE, Jan. 9, 1853, by Rev. J. C. Dow	2	80
David Sabins, s. James & Polly, b. Aug. 2, 1802	1	323
Dexter, m. Olive VALLETT, of Glocester, R. I., Sept. 11, 1842, by Rev. Geo[rge] May	2	14
Dexter, m. Mary PARKER, b. of Gloucester, R. I., June 4, 1848, by Rev. Daniel Williams	2	47
Ebenezer, m. Ruth MERREL, Sept. 6, 1748	1	65
Ebenezer, Jr., s. Ebenezer & Ruth, b. Nov. 23, 1751	1	51
Edward, adm. fr. Apr. 7, 1760	1	57
Elijah, m. Amy CLARK, b. of Killingly, Dec. 1, 1828, by Elder G. W. Appleton	1	121
Eliza, [d. Joseph & Hannah], b. Oct. 12, 1801	1	323
Eliza E., m. John H. PAYSON, b. of Killingly, Jan. 1, 1850, by Rev. Roswell Whitmore	2	54a
Eliz[abeth], d. Edward & Eliz[abeth], b. Feb. 24, 1759	1	279
Elisabeth H., m. Frederick A. ADAMS, b. of Killingly, Jan. 1, 1850, by Rev. Roswell Whitmore	2	54a
Frederick A., m. Elisabeth H. ADAMS, b. of Killingly, Jan. 1, 1850, by Rev. Roswell Whitmore	2	54a
George, m. Rosannah WILLCOX, Sept. 21, 1823, by Calvin Cooper	1	113

	Vol.	Page
ADAMS, (cont.)		
George, m. Rosanah **WILCOX**, Sept. 27, 1823, by Calvin Cooper	1	101
George, m. Polly **FULLER**, b. of Killingly, Mar. 23, 1828, by Rev. Roswell Whitmore	1	120
George Washington, s. James & Polly, b. Sept. 26, 1799	1	323
Green, m. Alvira **DURFEE**, Oct. 9, 1842, by William K. Durfee, J. P.	2	14a
Han[n]ah, d. Michael & Sarah, b. Jan. 9, 1747/8	1	35
Han[n]ah, d. Michael & Sarah, d. Mar. 4, 1747/8	1	75
Hannah, d. Michael & Sarah, b. Jan. 26, 1749/50	1	39
Hannah, d. Michael, d. Oct. 8, 1750	1	72
Hannah, d. Joseph & Dorothy, b. July 18, 1768	1	239
Harley Henry, s. Shubael & Lydia, b. Nov. 23, 1828	2	2
Harriet Maria, m. Benjamin **FRANKLIN**, b. of Killingly, July 4, 1846, by Rev. Joseph B. Daman	2	43
Henry, [s. Joseph & Hannah], b. Oct. 5, 1793	1	323
Horace, [s. Joseph & Hannah], b. Mar. 25, 1787	1	323
James, s. Ebenezer & Ruth, b. Oct. 12, 1749	1	51
James, s. [Joseph & Hannah], b. July 4, 1780	1	323
James, m. Mary **WILCOX**, Apr. 8, 1825, by Calvin Cooper	1	107
Jason B., m. Julia **SALISBURY**, of Foster, R. I., Oct. 15, 1842, by Rev. Daniel Williams	2	17
Jesse, s. Michael & Sarah, b. Mar. 7, 1736/7	1	19
John, s. Michael & Sarah, b. July 24, 1734	1	14
John, Rev., of Killingly, m. Est[h]er **JONES**, of Foster, Sept. 4, 1825, by Calvin Cooper	1	108
Joseph, s. Michael & Sarah, b. Nov. 18, 1751	1	44
Joseph, s. Edward & Eliz[abeth], b. Dec. 19, 1757	1	279
Joseph, [twin with Benjamin], s. Joseph & Dorothy, b. Sept. 1, 1760	1	240
Joseph, [s. Joseph & Hannah], b. July 4, 1796	1	323
Joseph H., m. Almira C. **CADY**, b. of Killingly, Dec. 5, 1841, by Calvin Cooper, Elder	2	12
Joshua, m. Mary **HARRINGTON**, b. of Killingly, July 16, 1837, by Calvin Cooper	2	2a
Livina, m. Cyrus **BURROUGHS**, Aug. 29, 1830, by Elder G. W. Appleton	1	133
Lodeme, d. Ebenezer & Ruth, b. Sept. 12, 1757	1	218
Lucy J., m. Samuel **HULET**, b. of Killingly, Jan. 24, 1843, by Rev. Daniel Williams	2	21
Lydia, m. Seth **SHORT**, Nov. 19, 1832, by John N. Whipple	1	83
Mary, d. Michael & Sarah, b. Apr. 3, 1732	1	13
Mary, m. Joseph **JOSELEN**, b. of Thomson, Apr. 18, 1754	1	70
Mary, d. Ebenezer & Ruth, b. July 27, 1754	1	53
Mary Lydia Catharine, d. Shubael & Lydia, b. Nov. 14, 1840	2	2
Mary M., m. Lorenzo **LILLIBRIDGE**, b. of Killingly, Feb. 20, 1848, by Rev. T. O. Rice	2	46a

	Vol.	Page
ADAMS, (cont.)		
Mehetabel, d. Michael & Sarah, b. Oct. 26, 1739	1	24
Mehetable, d. Beniah & Hannah, b. Jan. 28, 1748/9	1	36
Michael, m. Sarah **ABBE**, b. of Killingly, [ ], by Marcen Cabot, Clerk	1	76
Nancy, m. Thomas **MOFFETT**, Jan. 5, 1831, by Albert Cole, Elder	1	127
Parker, s. Michael & Sarah, b. June 30, 1759	1	241
Rachael M., m. William S. **BLACKMAR**, b. of Scituate, R. I., July 1, 1847, in Danielsonville, West Killingly, by Rev. J. Levesy, Jr.	2	40a
Sabin, m. Mary A. **LUTHER**, of Glocester, Sept. 11, 1842, by Rev. Geo[rge] May	2	14
Samuel, s. Michael & Sarah, b. Jan. 28, 1744/5	1	30
Samuel, m. Lucinda **RUSSELL**, Jan. 1, 1834, by Dan[ie]l Williams	1	89
Samuel J., m. Hannah L. **NEWELL**, b. of Boston, July 20, 1847, in Danielsonville, West Killingly, by Rev. J. Livesy, Jr.	2	40a
Sarah, w. Michael, d. Jan. 27, 1747/8	1	75
Sarah, m. Elisha **SMITH**, b. of Killingly, Nov. 7, 1850, by Rev. Daniel Williams	2	62
Sarah, d. Michael & Sarah, b. Apr. 4, [ ]	1	27
Seba, of Killingly, m. Ama Ann **GOODSPEED**, of Providence, R. I., Mar. 19, 1835, by Rev. Roswell Whitmore	1	94
Shubael, s. James & Rachal, b. Mar. 8, 1794	2	2
Shubael, m. Lydia **MOFFITT**, b. of Killingly, July 1, 1818, by Rev. Calvin Cooper	1	97
Shubael B., m. Lydia F. **WITHEY**, b. of Killingly, Jan. 1, 1846, by Rev. G. W. Greenslit	2	31a
Shubael Benjamin, s. Shubael & Lydia, b. May 9, 1822	2	2
Silas, m. Mary Ann **ARMINGTON**, b. of Killingly, June 20, 1852, by Rev. Geo[rge] W. Greenslitt	2	72
William H., m. Caroline **HARRINGTON**, May 1, 1847, by Rev. L. W. Wheeler	2	39a
AILSWORTH, [see under **AYLESWORTH**]		
ALDEN, Zachariah W., m. Mercy **CHASE**, b. of Fall River, Mass., Sept. 11, 1845, by Rev. Benjamin C. Phelps, of West Killingly. Witness: Abby S. Buckminster	2	30a
ALDRICH, Amanda, of Glocester, R. I., m. Duty **PLACE**, June 19, 1853, by Rev. J. C. Dow	2	78
Content, of Foster, R. I., m. Benjamin **BURLINGHAM**, of Killingly, Dec. 14, 1826, by Rev. Calvin Cooper	1	117
Daniel, m. Hannah **FOSTER**, b. of Thompson, Oct. 19, 1845, by Rev. Benjamin C. Phelps, of West Killingly. Witness: N. G. Lippitt	2	32
Harris W., m. Eliza **STEERE**, b. of Glocester, R. I., Dec.		

	Vol.	Page

ALDRICH, (cont.)
    21, 1845, by Rev. Daniel Williams — 2, 35
    Julia Ann, of Killingly, m. Sanuel **SMITH**, of Foster, R. I.,
      Mar. 14, 1829, by Elder George W. Appleton — 1, 121
    Lavina, m. Henry **ASYSONES**, b. of Killingly, Sept. 15,
      1852, by Rev. Isaac H. Coe — 2, 73
    Louisa C., m. Henry **DOTY**, 2d, b. of Bristol, R. I., Oct.
      11, 1851, by Rev. Daniel Williams — 2, 67
    Lydia Ann, of Smithfield, R. I., m. Levi M. **SNOW**, of
      Cumberland, R. I., Nov. 25, 1832, by W[illia]m Bushnall — 1, 84
    Lydia Ann, of Smithfield, R. I., m. Levy M. **SNOW**, of
      Cumberland, R. I., Nov. 25, 1832, by W[illia]m Bushnal — 1, 131
    Lydia Ann, m. Henry **SPARKS**, b. of Killingly, June 3, 1838,
      by Rev. Epaphras Goodman — 2, 4a
    Mary M., of Killingly, m. David T. **POTTER**, of Brooklyn,
      Aug. 17, 1845, by Tho[ma]s Dike, J. P. — 2, 28
    William, m. Abby S. **CARPENTER**, Sept. 19, 1848, by
      Mowry Amsbury, J. P. Witnesses: Betsey W. Amsbury,
      Sarah J. Bullock — 2, 48

ALEXANDER, Charlotte, m. William **SPINK**, b. of Killingly,
    July 18, 1830, by William Alexander, J. P. — 1, 124
    Harriet, of Killingly, m. Patrick **DAILEY**, of New Halifax,
      Sept. 19, 1839, by Rev. Henry Robinson — 2, 6a
    Lydia S., m. Russell E. **DAY**, b. of Killingly, Jan. 26, 1841,
      by Rev. John N. Whipple — 2, 10
    Marsela, m. Henry **CHASE**, Sept. [ ], 1832, by Rev.
      Elisha Atkins — 1, 133
    Mary C., m. John A. **PRAY**, b. of Boston, Mass., Oct. 13,
      1843, by Rev. Daniel Williams — 2, 22
    Neel*, d. Oct. 4, 1738   *(Nell?) — 1, 73
    Nell, s. Nell & Prudence, b. Oct. 22, 1757 — 1, 218
    Prosper, of Killingly, m. Mrs. Juliette E. **HOPKINS**, of
      Lockport, N. Y., Mar. 30, 1852, by Rev. Roswell
      Whitmore — 2, 71
    Prudence, d. Nell & [Prudence], b. Oct. 9, 1761 — 1, 218
    Susannah, d. Neil & Prudence], b. Dec. 17, 1745 — 1, 49
    Susanna, d. Nell & Prudence, b. Dec. 17, 1745 — 1, 218
    William S., m. Harriet A. **FIELD**, b. of Killingly, May
      8, 1837, by Roswell Whitmore — 2, 2

ALGER, Aaron, s. Nath[anie]l & Margaret, b. Mar. 5, 1755 — 1, 255
    Asa, s. Nath[anie]l & [Margaret], b. Apr. 4, 1758 — 1, 255
    John, m. Sarah **CHAMBERLAIN**, Aug. 17, 1752, by
      W[illia]m Chandler, Esq. — 1, 69
    Marg[a]rate, d. Nath[anie]l & Marg[a]rate, b. Apr. 3, 1760 — 1, 255
    Ruth, d. Nath[anie]l & Ruth, b. Aug. 11, 1751 — 1, 255

ALLEN, ALLYN, ALLYEN, ALEN, [see also **ALLING**], Abigail,
    d. Caleb & Lidia, b. Dec. 17, 1769, in Rehoboth — 1, 269
    Amey, m. Charles H. **WHITMAN**, b. of Killingly, Dec. 30,

KILLINGLY VITAL RECORDS 161

	Vol.	Page
ALLEN, ALLY, ALLYEN, ALEN, (cont.)		
1838, by Rev. Henry Robinson	2	5a
Amy R., m. Asahel HOWLAND, b. of Killingly, Oct. 28, 1832, by Albert Cole	1	83
Anna, m. Nath[anie]ll BARNES, Nov. 18, 175[ ]	1	264
Anna, d. Jabez & Mary, b. July 18, 1760	1	257
An[n]e, d. Samuel & Ruth, b. June 3, 1757	1	56
Cynthy, d. Esack & Eliz[abeth], b. Sept. 11, 1771	1	172
Esek, m. Eliz[abeth] RUSSEL[L], Nov. 23, 1769	1	176
Jabez A., of Brooklyn, m. Sarah BROWN, of Killingly, Nov. 27, 1823, by Rev. Roswell Whitmore	1	113
Jared, of Canterbury, m. Abilena BRACKETT, of Pomfret, Mar. 14, 1847, by Rev. G. W. Greenslitt	2	39
Jedediah Sabin, s. Nathan, b. Aug. 21, 1795	1	236
Mary, d. Jabez & Mehetabel, b. Nov. 16, 1722	1	25
Mary, m. George BLANCHARD, Nov. 27, 1760, by Esq. Wallis	1	181
Nancy, m. Elisha SALSBURY, b. of Smithfield, R. I., Nov. 30, 1846, by Rev. Daniel Williams	2	38a
Nathan, s. Caleb & Lidia, b. Nov. 1, 1771	1	269
Olive W., m. Gideon JENCKES, Nov. 2, 1843, by Harris Arnold, J. P.	2	20
Sarah, d. Matthew & Sarah, b. Sept. 24, 1711	1	17
Thomas, Jr., s. Tho[ma]s, b. May 1, 1753	1	48
ALLING, [see also ALLEN], Samuel S., m. Loretta W. ESSEX, of Cornwall, Conn., Nov. 28, 1850, by Rev. Norris G. Lippitt	2	59
ALTON, ALLTON, Abel, [twin with James, s. William & Sarah], b. May 20, 1767	1	227
Abigail, [twin with Mary], d. William & Sarah, b. May 10, 1749	1	227
Asa, s. David & Rebeck[a], b. July 9, 1749	1	206
Asa, m. Prissilla JEFFERDS, Dec. 21, 1775	1	177
Barshua, d. John & Elisabeth, b. Mar. 25, 1744	1	29
Bathshewa, d. Dec. 4, 1754	1	71
Bathshewa, d. John & Elisabeth, b. Oct. 15, 1755	1	53
Charles, s. John & Ama, b. Aug. 11, 1779	1	253
Daniel, of Thompson, m. Wealthy WARREN, of Killingly, Nov. 5, 1844, by Rev. Henry Robinson	2	25a
David, m. Rebeccah GOULD, Sept. 14, 1743	1	176
David, s. David, b. Sept. 22, 1754	1	206
David, m. Kesiah DAVIS, May 17, 1775	1	177
Dolle, [d. William & Sarah], b. Mar. 14, 1759	1	227
Elisabeth, d. John & Elisabeth, b. Feb. 7, 1752	1	45
Elizabeth, d. David, b. Dec. 21, 1775	1	202
Easther, d. David, b. June 23, 175[ ]	1	206
James, [twin with Abel], [s. William & Sarah], b. May 20. 1767	1	227

	Vol.	Page
ALTON, ALLTON, (cont.)		
James, s. W[illia]m & Sarah, d. Oct. 11, 1773	1	157
John, s. John & Elisabeth, b. Oct. 6, 1746	1	33
John, s. John, d. Jan. 23, 1751	1	71
John, Jr., s. John, d. Jan. 23, 1750/51	1	72
John, s. John & Elizabeth, b. Nov. 10, 1755	1	199
John, Lieut., d. May 7, 1780	1	160
John, Jr., s. John & Ama, b. June 29, 1781	1	253
John W., m. Ann **SADLON**, May 17, 1840, by Rev. Daniel Williams	2	8a
Martha, d. William & Sarah, b. Jan. 27, 1752	1	227
Mary, [twin with Abigail], d. William & Sarah, b. May 10, 1749	1	227
Mary, d. William & Sarah, b. Apr. 28, 1754	1	227
Rachel, d. John & Elizabeth, b. Mar. 9, 1760	1	199
Rachel, m. Asahel **TAFT**, Apr. 27, 1780, by Rev. Noadiah Russell	1	183
Rebeckah, d. Asa & Prisilee, b. Nov. 21, 1773	1	202
Sarah, d. William & Sarah, b. Sept. 10, 1746	1	33
Sarah, d. William & Sarah, b. Sept. 10, 1746	1	227
Sarah, m. Lemuel **BARRETT**, July 15, 1773, by Rev. Noadiah Russell	1	179
Sarah, d. David & Keziah, b. Oct. 16, 1777	1	266
Sibbel, d. David, b. Mar. 6, 1761	1	206
Susannah, [d. William & Sarah], b. May 6, 1761	1	227
Thomas, s. John & Elisabeth, b. June 4, 1749	1	39
Thomas, s. John, d. Sept. 12, 1754	1	71
William, m. Sarah **CUMMINS**, Dec. 19, 1745	1	180
William, s. William & Sarah, b. July 19, 1756	1	227
AMES, [see also **EAMES**], Almond, m. Elysa Ann **EATON**, b. of Killingly, Apr. 8, 1832, by Roswell Whitmore	1	82
Anthony, m. Abby M. **WHEATON**, b. of Killingly, Jan. 10, 1853, by Rev. Roswell Whitmore	2	79
Edna, m. John **MASON**, July 15, 1795, by Rev. Elisha Atkins	2	81
Emily R., m. Richmond H. **JEWELL**, b. of Webster, Mass., July 13, 1845, by Rev. George W. Greenslit	2	28
Lyman, m. Amanda **WHEELOCK**, Oct. 28, 1832, by Rev. John N. Whipple	1	83
Mowry, m. Harriet **FIELD**, of Providence, R. I., Jan. 12, 1845, by Rev. Daniel Williams	2	28
Nancy, of Killingly, m. John F. **RUSS**, of Chaplin, Apr. 11, 1841, by Rev. Henry Robinson	2	9
Olney, m. Claris[s]a **CHASE**, b. of Killingly, Mar. 29, 1829, by Elder George W. Appleton	1	123
Sally, of Killingly, m. William S. **WILLIAMS**, of Saco, Me., Sept. 24, 1820, by Rev. Israel Day	1	188
Sarah, of Providence, m. Stephen **SPALDING**, of Killingly, Apr. 3, 1750, by Joseph Snow., J. P.	1	76

	Vol.	Page

AMES, (cont.)
   Willys, of Providence, R. I., m. Lucy P. **ROOD**, of Killingly,
      Nov. 29, 1827, by Rev. Roswell Whitmore — 1 — 120

ANDERSON, ANDSSON, Elizabeth, m. Robert **HENNEREY**,
      Mar. 20, 1762, by Rev. Edwin Burroughs — 1 — 181
   Nancy, [d. Samuel & Sarah], b. Mar. 27, 1782 — 1 — 245
   Sarah, m. David **RUSSELL**, Mar. 11, 1762 — 1 — 175
   William, [s. Samuel & Sarah], b. Mar. 12, 1784 — 1 — 245

ANDREWS, Bashuba, of Gloucester, R. I., m. John S. **DURFEE**,
      Oct. 2, 1842, by Rev. Daniel Williams — 2 — 16a
   Cynthia S., of Killingly, m. Edward J. **BOWEN**, of Thompson,
      Jan. 10, 1853, by Rev. Benj[amin] B. Hopkinson — 2 — 80
   Denison D., of Killingly, m. Lucinda **INMAN**, of Johnson,
      Sept. 5, 1824, by Calvin Cooper — 1 — 109
   Mary A., m. John T. **JAQUES**, b. of Smithfield, R. I.,
      Oct. 19, 1846, by Rev. Daniel Williams — 2 — 37a
   Molly, m. David **JOY**, Oct. 21, 1773 — 1 — 183
   Rachal, m. Nelson **GORDON**, b. of Killingly, Mar. 9, 1841,
      by Rev. Daniel Williams — 2 — 11

ANDRUS, Samuel J., m. Ann **RILEY**, b. of Providence, R. I., Oct.
      2, 1848, by Rev. Isaac C. Day — 2 — 48

ANGELL, ANGEL, Abby A., m. Sylvester **PATTERSON**, b. of
      Scituate, R. I., Oct. 25, 1847, by Rev. Daniel Williams — 2 — 45a
   Abel, m. Phebe Ann **STANDISH**, of Scituate, Jan. 27, 1839,
      by Nicholas Branch — 2 — 6
   Amey A., of Gloucester, R. I., m. Roger W. **TURTLELOT**,
      of Scituate, R. I., Mar. 14, 1847, by Rev. Daniel
      Williams — 2 — 41
   Ann E., m. Joseph C. **AUSTIN**, b. of Scituate, R. I., Dec.
      11, 1848, at West Killingly, by Rev. J. Livesy, Jr. — 2 — 51a
   Daniel, m. Eliza **MOFFITT**, Nov. 2, 1840, by Rev. Daniel
      Williams — 2 — 11
   Edmund R., m. Eliza B. **RANDALL**, b. of Scituate, R. I.,
      Nov. 23, 1851, by Earl Martin, J. P. — 2 — 70
   Eliza, of Killingly, m. Charles **PHILLIPS**, of Foster, R. I.,
      Mar. 7, 1847, by Rev. Daniel Williams — 2 — 41
   Joseph, Jr., m. Ann **CRAWFORD**, b. of N. Providence, R. I.,
      Aug. 20, 1849, by Rev. Daniel Williams — 2 — 53a
   Joshua, of Pawtucket, m. Lucy Ann **MATHEWSON**, of
      Smithfield, R. I., Mar. 10, 1845, by Rev. Daniel Williams — 2 — 28a
   Julia, m. Willard **CARPENTER**, b. of Killingly, Apr. 1,
      1849, by Rev. George W. Greenslit — 2 — 51a
   Lucy, wid., m. Col. Israel **PHILLIPS**, b. of Scituate, R. I.,
      Sept. 30, 1827, by John Dixon, J. P. — 1 — 118
   Sarah Ann, m. Thomas **PRAY**, b. of Killingly, Jan. 3, 1832,
      by Albert Cole — 1 — 129
   Sarah L., of Yorstown, R. I., m. Hallam H. **HAWKINS**, of
      Glocester, R. I., Nov. 10, 1845, by Rev. Benjamin C.

	Vol.	Page
ANGELL, ANGEL, (cont.)		
Phelps, of West Killingly. Witness: E. Buckminster	2	32a
William A., m. Freelove S. **BARNET**, b. of Scituate, R. I., June 21, 1848, by Rev. John Livesy, Jr.	2	48a
William P., of Gloucester, R. I., m. Evertin **HAWKINS**, of Scituate, Dec. 15, 1850, by Rev. Daniel Williams	2	63
ANTHONY, Samuel, m. Charlotte M. **STREETER**, b. of Providence, R. I., Nov. 23, 1851, by Earl Martin, J. P.	2	69
APLIN, Harriet, of Hartwick, N. Y., m. Ira **FIELD**, of Scituate, R. I., Oct. 19, 1848, by Rev. Daniel Williams	2	50a
ARDEM, James, m. Hannah **PEMBLEY**, b. of Killingly, Jan. 18, 1843, by Rev. Daniel Williams	2	21
ARMINGTON, Joseph, of Seekank, Mass., m. Diana **HORTON**, of Providence, R. I., Sept. 13, 1841, by Rev. George Greenslitt	2	11a
Mary Ann, m. Silas **ADAMS**, b. of Killingly, June 20, 1852, by Rev. Geo[rge] W. Greenslitt	2	72
ARMSBURY, [see also **ORMSBEE**], Ama Ann, of Killingly, m. Abel B. **WILLIAMS**, of Thompson, Sept. 27, 1830, by Elisha Atkins	1	127
ARNOLD, Abbie T., m. Eleazer **WIGHT**, Nov. 17, 1844, by Rev. Geo[rge] W. Greenslit	2	25a
Adney, m. Lucy M. **PARKIS**, b. of Woodstock, June 10, 1849, by Rev. George W. Greenslitt	2	52a
Anna, m. Henry F. **FASSOM**, b. of Scituate, R. I., Nov. 24, 1844, by Rev. Daniel Williams	2	26
Betsey, m. Asa **HARRIS**, b. of Killingly, Oct. 17, 1848, by Rev. John Livesy, Jr.	2	48a
Dennis H., m. Mary E. **WILBUR**, May 19, 1850, by Lowell Graves, J. P.	2	55
Dorothy, m. Benjamin **JACOBS**, Dec. 27, 1750 (Perhaps "**ARONAL**")	1	71
Eliza, m. Aaron **ROBERTS**, b. of Johnston, R. I., Jan. 1, 1853, by Earl Martin, J. P.	2	78
Elisabeth, m. Benoni **MATHEWSON**, b. of Providence, R. I., May 29, 1849, by Rev. Samuel W. Coggeshall	2	52a
Elisabeth M., m. Job **RANDALL**, Jr., b. of Scituate, R. I., Aug. 24, 1848, by Rev. Daniel Williams	2	47a
Freelove O., of Scituate, m. John **WALKER**, of Foster, R. I., Aug. 30, 1852, by Rev. Daniel Williams	2	74
Henry, m. Betsey **HALL**, b. of Killingly, Jan. 27, 1839, by Rev. Daniel Williams	2	7a
Henry J., m. Lydia W. **MOWRY**, b. of Killingly, Aug. 19, 1850, by Rev. Daniel Williams	2	56
John A., m. Emma A. **TITUS**, b. of Killingly, Dec. 8, 1845, by Rev. Benjamin C. Phelps, of West Killingly. Witnesses: Elisha P. Hale	2	33
Jonathan H., of Scituate, m. Minarvia **ARNOLD**, of		

	Vol.	Page
ARNOLD, (cont.)		
Smithfield, Sept. 1, 1844, by Rev. Daniel Williams	2	25
Joseph, m. Hannah **HORTON**, b. of Killingly, Apr. 12, 1824, by Calvin Cooper	1	103
Julia A., of Woonsocket, R. I., m. Elias H. **FISHER**, of Milford, Mass., Jan. 23, 1846, by Rev. Joseph B. Daman	2	43a
Lucy, of Foster, R. I., m. Jeremiah P. **WEST**, of Scituate, R. I., Oct. 9, 1847, in Danielsonville, West Killingly, by Rev. John Livesey, Jr.	2	44a
Lucy Ann B., of Glocester, R. I., m. Cyrus P. **BURLINGAME**, of Scituate, R. I., Feb. 5, 1846, by Rev. Benjamin C. Phelps, of West Killington. Witness: Ellis Buckminster	2	33a
Lydia M., of Thompson, m. Alexander **BUCK**, of Pomfret, Apr. 16, 1846, by Rev. I. J. Burgess, of Pomfret	2	35a
Mary, m. Harvey **WHITE**, June 27, 1843, by George W. Greenslit	2	19
Merrom, m. John **CHAPELL**, b. of North Providence, R. I., Sept. 24, 1845, by Rev. Daniel Williams	2	34a
Minarvia, of Smithfield, m. Jonathan H. **ARNOLD**, of Scituate, Sept. 1, 1844, by Rev. Daniel Williams	2	25
Robert, of Thompson, m. Catharine **LIPPITT**, of Killingly, Feb. 7, 1814, by John Nichols, Elder	1	187
Sarah E., m. D. C. **CRAPON**, Nov. 17, 1844, by Rev. Geo[rge] W. Greenslit	2	25a
Zerniah P., of Ashford, m. Hannah H. **LIPPET**, of Killingly, [Feb.] 18, 1824, Pomfret, by Rev. James Porter, of Pomfret	1	104
ARTHERTON, George, of Brooklyn, m. Adaline **SPALDING**, of Killingly, Mar. 13, 1839, by Rev. L. Robbins	2	6
ASHLEY, Orrin, of Hampton, m. Laura **BADGER**, of Killingly, Apr. 29, 1851, by Thomas O. Rice	2	60
ASYSONES, Henry, m. Lavina **ALDRICH**, b. of Killingly, Sept. 15, 1852, by Rev. Isaac H. Coe	2	73
ATKINS, Alisha, [s. Rev. Elisha], b. Apr. 2, 1788	1	326
Holley, s. Rev. Elisha, b. June 22, 1785	1	326
ATWELL, Pheebe, m. Timothy **GREEN**, b. of Thomson Parish, Oct. 27, 1743, by Marston Cabot, Clerk	1	69
Thankfull, of New London, m. Ebenezer **WILLSON**, of Killingly, May 25, 1749, by Rev. David Jewett, of New London	1	76
ATWOOD, Christopher, of Providence, R. I., m. Hannah **BURRELL**, of North Providence, R. I., Aug. 29, 1847, at Danielsonville, West Killingly, by Rev. J. Livesey, Jr.	2	42
Ebenezer, [twin with Leah], s. Ebenezer & Leah, b. Aug. 14, 1765	1	292
Ebenezer, m. Abiga[i]l **YOUN[G]LOVE**, Sept. 13, 1770, by Elder Noadiah Russell	1	176

	Vol.	Page
ATWOOD, (cont.)		
Geo[rge] A., m. Harriet **MUNROE**, b. of Scituate, R. I., May 13, 1846, by Rev. Benjamin C. Phelps, of West Killingly. Witness: E. Buckminster	2	36
Laodceia, d. Timothy, b. June 11, 1762	1	266
Leah, [twin with Ebenezer], d. Ebenezer & Leah, b. Aug. 14, 1765	1	292
Leah, w. Eben, d. Aug. 12, 1769	1	157
Leah, m. Ephraim **CUTLER**, Apr. 8, 1787, by Rev. Elisha Atkins	1	185
Mary, d. Ebenezer & Leah, b. Nov. 29, 1763	1	292
Mary, of Johnson, R. I., m. Richard **GRASON**, of Scituate, R. I., Nov. 14, 1840, by Rev. Daniel Williams	2	11
Nath[anie]ll, s. Eben[eze]r & Leah, b. July 28, 1769	1	292
Rebeckah, d. Eben[eze]r & Leah, b. Sept. 6, 1767	1	292
AUSTIN, Albert E., m. Rosanner **HARGRAVES**, b. of Killingly, Dec. 12, 1852, by Tho[ma]s O. Rice	2	76
Amey, m. Joseph L. **POTTER**, Dec. 8, 1843, by Rev. George W. Greenslit	2	20a
Ananias, m. Alethea **DAY**, b. of Killingly, June 13, 1831, by Rev. Roswell Whitmore	1	126
Dutee, m. [ ] **TANNER**, b. of Killingly, Feb. 10, 1828, by Rev. Roswell Whitmore	1	120
Harriet, of Pomfret, m. Dexter **BURDICK**, of Killingly, Aug. 25, 1844, by Rev. John Howson	2	24
Harriet Newell, [d. Joseph], b. Aug. 31, 1825	1	294
Henry, m. Betsey **YOUNG**, b. of Killingly, May 21, 1829, by Daniel Chase, J. P.	1	122
Joseph C., m. Ann E. **ANGELL**, b. of Scituate, R. I., Dec. 11, 1848, at West Killingly, by Rev. J. Livesy, Jr.	2	51a
Joseph D., of Charlestown, R. I., m. Mary Ann E. **BUCK**, of Killingly, Dec. 22, 1850, by Shubael Adams, J. P.	2	57
Leonard N., m. Lucyne T. **COOLEY**, b. of Providence, R. I., Nov. 26, 1848, by Rev. Daniel Williams	2	51
Lydia M., of Killingly, m. Geo[rge] L. **BARRETT**, of Thompson, May 9, 1852, by Rev. Thomas O. Rice	2	71
Mary, m. Philip **AYLESWORTH**, Dec. 23, 1843, by Harris Arnold, J. P.	2	21
Olney H., m. Marietta M. **BISHOP**, b. of Scituate, R. I., May 5, 1845, by [Rev. Tho[ma]s O. Rice]	2	27a
Rebecca Putnam, [d. Joseph], b. Nov. 1, 1822	1	294
Samuel W., m. Abby J. **RANDALL**, b. of Scituate, R. I., Dec. 12, 1848, at West Killingly, by Rev. J. Livesy, Jr.	2	51a
Sarah Ann, of Attleborough, Mass., m. William **BURGESS**, of Smithfield, R. I., July 4, 1846, by Rev. Joseph B. Daman	2	43
Silas, m. Susan **CLARK**, b. of Killingly, Feb. 25, 1827, by Daniel Williams. Elder	1	112

	Vol.	Page
AVERDON, William, s. Walter & Abigail, b. July 14, 1779	1	258
AVERILL, AVERELL, Dudley, s. Joseph & Sarah, b. Dec. 5, 1746	1	38
Hipsaba, d. Joseph & Sarah, b. July 19, 1750	1	40
Joseph, s. Joseph & Sarah, b. Dec. 23, 1752	1	47
Mary, d. Joseph & Sarah, b. Apr. 4, 1749	1	38
Nathaniel, s. Joseph & Sarah, b. Feb. 5, 1748	1	38
Warren H., of Pomfret, m. Mary D. **PAUL**, of Providence, R. I., May 26, 1847, by Rev. Isaac C. Day, South Killingly	2	39a
AVERSON, Joseph, m. Lucy **BASSETT**, b. of Killingly, Feb. 14, 1830, by Rev. Roswell Whitmore	1	123
AVERY, Elizabeth, of Killingly, m. Ezra **PENERY**, of Canterbury, Nov. 4, 1837, by Nicholas Branch	2	3
Est[h]er, m. Nathan **WARREN**, b. of Killingly, Aug. 18, 1839, by Rev. Daniel Williams	2	8
Lafayette, of Dupage Co., Ill., m. Urina S. **WILKINSON**, of Cumberland, R. I., Oct. 21, 1847, in Danielsonville, West Killingly, by Rev. John Livesey, Jr.	2	44a
Lucy C., m. Arba C. **SLATER**, b. of Killingly, Aug. 25, 1844, by Rev. John Howson	2	24
AYER, Cha[rle]s, of Killingly, m. Mary **BISHOP**, of Lisbon, Nov. 27, 1849, by Rev. Joseph Ayer, South Killingly	2	53a
AYLESWORTH, AILSWORTH, Arthur, m. Phebe **FISK**, b. of Killingly, Feb. 15, 1836, by Rev. Roswell Whitmore	1	96
Eli, of Scituate, R. I., m. Mary Maria **FAIRMAN**, of Killingly, Jan. 1, 1841, by Rev. Nicholas Branch	2	10a
John, m. Patience S. **LUTHER**, b. of Gloucester, R. I., Oct. 18, 1846, by Rev. Daniel Williams	2	37a
Philip, m. Mary **AUSTIN**, Dec. 23, 1843, by Harris Arnold, J. P.	2	21
Thomas, of Providence, R. I., m. Betsey **MOFFETT**, of Killingly, Nov. 21, 1830, by Daniel Brown, J. P.	1	127
BABBITT, BABETT, BABBETT, Edward, Jr., m. Sally **EASTON**, b. of Killingly, Jan. 7, 1825, by Calvin Cooper	1	114
Giaus, of Killingly, m. Mary **THORNSTON**, of Glocester, R. I., May 21, 1840, by Rev. Daniel Williams	2	8a
Rachal, m. Calvin **DAY**, b. of Killingly, Apr. 3, 1836, by Rev. Daniel Williams	1	142
BABCOCK, Hannah Ann, m. Erastus S. **YOUNG**, b. of Sterling, Oct. 29, 1848, by Rev. Isaac C. Day	2	48a
BACON, Abel, s. Benj[ami]n & Mary, b. Oct. 27, 1750	1	202
Abner F., m. Ann **BLAKE**, Mar. 20, 1832, by Roswell Whitmore	1	82
Benja[min], m. Rebeckah **CARPENTER**, Dec. 2, 1753	1	178
Eliza, m. Samuel **DAVIS**, b. of Killingly, Nov. 30, [1820], by Rev. Roswell Whitmore	1	190
Hannah, m. Aholiab **JOHNSON**, Sept. 22, 1785, by Rev. Enoch Huntington	1	184
Lucius H., of Dudley, Mass., m. Roxana **BASSETT**, of		

	Vol.	Page
BACON, (cont.)		
Killingly, Mar. 31, 1833, by Roswell Whitmore	1	135
Mol[l]e, d. Benj[ami]n & Rebeckah, b. Aug. 25, 1755	1	202
Nancy, of Warwick, R. I., m. James L. **JORDAN**, of North Providence, R. I., Sept. 26, 1846, by Rev. Daniel Williams	2	37
Philo, s. Benj[ami]n & Rebeckah, b. Mar. 17, 1758	1	202
Sarah E., of Killingly, m. Larnard M. **COREY**, of Thompson, June 4, 1850, by Rev. Joseph Ayer	2	56
W[illia]m C., m. Mary A. **MALBONE**, b. of Killingly, Nov. 17, 1829, by Rev. Roswell Whitmore	1	99
W[illia]m P., m. Ann **STEARNES**, b. of Killingly, June 27, 1825, by Rev. Roswell Whitmore	1	107
BADGER, Jane, of Killingly, m. O. **CURTIS**, of Genoa, Ohio, Sept. 3, 1851, by Rev. Joseph Ayer	2	65
Laura, of Killingly, m. Orrin **ASHLEY**, of Hampton, Apr. 29, 1851, by Thomas O. Rice	2	60
BAILEY, BALY, John J., of Boston, Mass., m. Sylvia **WILLIAMS**, of New York, Sept. 16, 1849, by Rev. S. W. Coggeshall	2	52a
Jonathan, s. John & Elisabeth, b. Nov. 15, 1749	1	39
Lucy C., m. Aaron **SLATER**, b. of Foster, R. I., Aug. 15, 1847, by Rev. Daniel Williams	2	41a
BAKER, Aaron, [s. Jonas], b. Jan. 15, 1784	1	256
Amos, [s. Jonas], b. Sept. 19, 1787	1	256
Ann, m. Warren **SHEPPERD**, b. of Killingly, Sept. 6, 1841, by Rev. Henry Robinson	2	11a
Anna, [d. Jonas], b. Feb. 25, 1782	1	256
Benjamin, m. Lucinda **POTTER**, b. of Killingly, Sept. 3, 1848, by Rev. John Livesy, Jr.	2	48a
Eleazer, m. Betsey **WHITE**, b. of Killingly, Mar. 28, 1824, by Penuel Hutching, J. P.	1	104
Elisha, [s. Jonas], b. Oct. 20, 1779	1	256
Elisha, m. Mary **RUSSELL**, b. of Killingly, Jan. 1, 1832, by Daniel Williams	1	129
Eliza, m. Hindman **YOUNG**, Jan. 9, 1820, by Calvin Cooper	1	190
Elisabeth, [d. Jonas], b. Apr. 21, 1796	1	256
Elisabeth, m. Erastus P. **BENNETT**, b. of Killingly, Aug. 13, 1850, by Rev. Geo[rge] W. Greenslitt	2	55a
Emily, m. Abner **YOUNG**, b. of Killingly, Sept. 5, [1842], by Rev. Geo[rge] May	2	14
Gideon*, w. John, d. Feb. 22, 1750/51 (*Probably Lydia?)	1	72
Gurdon, m. Ann **PARKER**, b. of Killingly, Oct. 29, 1848, by Rev. George W. Greenslitt	2	50
Hannah, [d. Jonas], b. Aug. 22, 1789	1	256
Hosea, [s. Jonas], b. Oct. 2, 1793	1	256
Huldah H., of Killingly, m. Daniel **CORNELL**, of Gloucester, R. I., Dec. 10, 1820, by David Chase, J. P.	1	189

	Vol.	Page
BAKER, (cont.)		
Joel, Jr., of Brooklyn, m. Adeline **DARBY**, of West Killingly, Sept. 15, 1845, by Rev. T. O. Rice	2	29
John, 3rd, s. John, Jr. & Lidea, b. Feb. 13, 1750/51	1	43
John, Jr., m. Mary **SAMRICK**, b. of Killingly, June 6, 1751, by Josiah Bennit, Clerk	1	69
Jonas, s. Thomas & Rebec[c]a, b. Aug. 29, 1751	1	48
Jonas, [s. Jonas], b. May 12, 1791	1	256
Lucinda, m. Herbert **YOUNG**, b. of Pomfret, Nov. 11, 1849, by Rev. Geo[rge] W. Greenslitt	2	53
Lydia*, w. John, d. Feb. 22, 1750/51 *(Arnold Copy has "Gideon")	1	72
Persi, [s. Jonas], b. Sept. 16, 1785	1	256
R[e]uben, s. Samuel & Hannah, b. June 17, 1753	1	70
Riel, m. Helena **GRAVES**, b. of Killingly, Oct. 12, 1823, by David Chase, J. P.	1	101
Roby, m. Caleb **MILLARD**, b. of Providence, R. I., Aug. 19, 1827, by David Chase, J. P.	1	118
Sally, of Killingly, m. George **YOUNG**, of Sterling, Nov. 21, 1841, by Rev. Daniel Williams	2	12a
Samuel, m. Hannah **MOFFETT**, b. of Killingly, Feb. 11, 1752	1	70
Samuel, m. Nancy **BARDIN**, b. of Scituate, R. I., Oct. 7, 1847, in Danielsonville, West Killingly, by Rev. John Livesy, Jr.	2	44a
Sarah, d. John, Jr. & Lidea, b. Feb. 25, 1747/8	1	43
Simeon, [s. Jonas], b. Aug. 5, 1798	1	256
Simon, m. Mary A. **SMITH**, b. of Killingly, Nov. 28, 1836, by Daniel Williams, Elder	2	1
Stephen A., of Pomfret, m. Abby H. **SHIPPEE**, of Killingly, July 4, 1847, by Rev. George W. Greenslitt	2	40
William, [s. Jonas], b. Oct. 13, 1780	1	256
----, [child of Jonas], b. May 7, 1800	1	256
BALCH, Sarah C., m. Asahel P. **CLARK**, Jan. 12, 1845, by Ephraim Bacon, J. P.	2	27
BALCOMB, Estus, m. Philena **WHITING**, b. of Douglass, Mass., June 26, 1837, by Rev. Sidney Holman	2	2
BALL, Ann, of Warren, R. I., m. Benjamin G. **KELLY**, Oct. 25, 1846, by Lowell Graves, J. P.	2	37a
BALLARD, Isaac B., m. Susan P. **SMITH**, b. of Killingly, Jan. 30, 1848, by Rev. Geo[rge] W. Greenslitt	2	44
Thelosha, of Killingly, m. Huzel* **CLARK**, of Glocester, R. I., Sept. 12, 1830, by Calvin Cooper *(Written "Hazard" in the Town Transcript)	1	124
BALLOU, Jesse P., m. Eliza A. **PLUMMER**, b. of Gloucester, R. I., July 6, 1848, by Rev. Daniel Williams	2	47
Lydia, of Killingly, m. John Bennet **YOUNG**, of New York City, June 6, 1842, by Rev. Henry Robinson	2	13a
BARBER, Charles W., m. Welthy A. **VICTORY**, b. of Warwick,		

	Vol.	Page

BARBER, (cont.)
    R. I., Nov. 3, 1846, by Rev. Daniel Williams — 2, 38

BARDEEN, BARDIN, BARDEN, Earl D., m. Lucinda **BOWEN,** b. of Scituate, R. I., Dec. 15, 1844, by Rev. Daniel Williams — 2, 26a

    Harley P., m. Autherlinda **LUTHER,** b. of Scituate, R. I., Oct. 7, 1847, in Danielsonville, West Killingly, by Rev. John Livesy, Jr. — 2, 44a

    Knight H., m. Luraney **HARRINGTON,** b. of Scituate, R. I., Feb. 26, 1846, by Rev. Benjamin C. Phelps, of West Killingly. Witness: Freeman James — 2, 34

    Nancy, m. Samuel **BAKER,** b. of Scituate, R. I., Oct. 7, 1847, in Danielsonville, West Killingly, by Rev. John Livesy, Jr. — 2, 44a

BARKER, Caroline M., m. James C. **SHERIDAN,** b. of Providence, R. I., Feb. 14, 1846, by Rev. F. Daman — 2, 44

    Enoch, of Ashford, m. Huldah **WOODARD,** of Pomfret, Oct. 29, 1807, by Rev. James Grow — 1, 186

    Geo[rge] P., m. Lydia **SAWLE**(?)*, Oct. 16, 1842, by Rev. Geo[rge] May   (***SEARLE**?) — 2, 14a

    Martha, m. Samuel **BLOSS,** Sept. 4, 1727 — 1, 78

    Nehemiah, Rev., of Killingly, m. Mrs. Elisabeth **CHANDLER,** of Woodstock, Oct. 16, 1746, by Rev. Abel Stiles, of Woodstock — 1, 78

    Thomas, Jr., m. Sarah Ann **YOUNG,** b. of Killingly, Nov. 29, 1829, by Rev. Roswell Whitmore — 1, 99

BARNARD, J. B. F., m. Abby **SIBLEY,** b. of Boston, Mass., Oct. 20, 1849, by Rev. S. W. Coggeshall — 2, 53

    Olney F., m. Emily A. **WHITE,** Sept. 15, 1850, by Norris G. Lippitt, Minister — 2, 56

BARNES, BARNS, Abaga[i]ll, of Groton, m. Ephraim **CADY,** of Killingly, Oct. 26, 1732, by Rev. Mr. Strobridg, of Groton — 1, 69

    Anne, d. Nath[anie]ll & Anne, b. July 2, 1768 — 1, 276

    Benoni, m. Sarah **CAMPBELL,** May 10, 1759 — 1, 175

    Billie, s. Nath[anie]ll & Anne, b. Aug. 1, 1771 — 1, 276

    David, s. Benoni & Sarah, b. Mar. 10, 1760 — 1, 257

    Dennis T., m. Emily **NANSCOWEN,** b. of Killington, Nov. 3, 1833, by W[illia]m Bushnall — 1, 87

    Elisha A., m. Lydia **WHITE,** b. of Killingly, Oct. 13, 1834, by W. Bushnell — 1, 92

    James, s. James & Elizabeth, b. Apr. 22, 1732 — 1, 10

    James, s. James, Jr. & Leadiah, b. Nov. 22, 1757 — 1, 247

    John, s. Robart & Hannah, b. Feb. 6, 1754 — 1, 52

    John Coon, s. James, Jr. & Lydia, b. Oct. 24, 1761 — 1, 247

    Judea, d. Nath[anie]ll & Ann, b. Oct. 26. 1763 — 1, 276

    Judeth, d. James & Elizabeth, b. Jan. 29, 1726/7 — 1, 2

    Leada, d. James & Leadiah, b. Sept. 11. 1763 — 1, 247

	Vol.	Page
BARNES, BARNS, (cont.)		
Lucy C., m, Harley A. **BRUMLEY**, b. of Preston, Conn., Nov. 17, 1851, by S. W. Coggeshall	2	58
Lydia C., of Killingly, m. Arnold **POOLER**, of Glocester, Oct. 9, 1827, by Elisha Atkins	1	119
Lyman, of Killingly, m. Patience **MOWRY**, of Burrillville, Oct. 22, 1827, by Elisha Atkins	1	119
Lyman, m. Loisa M. **REYNOLDS**, b. of Killingly, Sept. 2, 1835, by Elisha Atkins	1	95
Mary, d. Nathaniel & Anne, b. Apr. 29, 1753	1	52
Nathaniel, s. James & Elizabeth, b. July 23, 1728	1	2
Nath[anie]ll, m. Anna **ALLEN**, Nov. 18, 175[ ]	1	264
S. S., Mrs., of Killingly, m. A. M. **DORRANCE**, of N[ew] York, Feb. 16, 1851, by Rev. Roswell Whitmore	2	58
Tho[ma]s, s. Nath[anie]ll & Anne, b. Aug. 1, 1765	1	276
Zerviah, d. Nath[anie]ll & Ann, b. June 11, 1769	1	276
BARNET, Freelove S., m. William A. **ANGELL**, b. of Scituate, R. I., June 21, 1848, by Rev. John Livesy, Jr.	2	48a
BARRETT, BARRET, BARRIT, BARRITT, BARIT, A[a]ron, s. Oliver & Elisabeth, b. May 4, 1747	1	35
Abigail, d. John & Dorothy, b. Oct. 1, 1733	1	14
Abigail, d. David & Abigail, b. Mar. 10, 1734	1	15
Abaga[i]l, d. Benjamin & Thankful, b. May 5, 1752	1	46
Abigail Spaulding, d. Moses & Hannah, b. Aug. 17, 1775	1	320
Aldrich Wiley, s. Dan[ie]ll & Mary, b. Apr. 6, 1779	1	290
Almira, [d. John], b. Dec. 6, 1804	1	253
Amos, [s. Forthor & Sarah], b. May 1, 1751	1	277
Amos, s. Jonathan & Sarah, b. May 4, 1751	1	43
Amos, m. Olive **HURD**, of Voluntown, Dec. 7, 1780	1	179
Amos, s. Amos, b. June 30, 1788	1	267
Amos, s. [ ]	1	303
Annah had s. John **PARKHAS**, b. Oct. 28, 1748	1	38
Anna, d. Daniel & Hulda, b. Feb. 20, 1768	1	290
Arna, s. Amos, b. July 11, 1786	1	267
Asa, s. [David, Jr. & Bathsheba], b. July 27, 1759	1	201
Augustus, [s. John], b. Jan. 21, 1821	1	253
Baker, s. David & Bathsheba, b. Aug. 3, 1761	1	201
Benjamin, s. Benjamin & Mary, b. May 6, 1728	1	1
Benjamin, s. Joseph & Lydia, b. Mar. 12, 1730/31	1	5
Benony, twin with Moses, s. Moses & Sarah, b. Aug. 17, 1718	1	6
Benoni, s. David, Jr. & Bathshebe, b. Oct. 6, 1755	1	54
Benoni, s. David, Jr. & Bathsheba, b. Oct. 6, 1755	1	201
Betsey, [d. John], b. June 11, 1816	1	253
Chloe, d. Oliver & Elisabeth, b. July 13, 1749	1	40
C[h]loe, d. John & Luce, b. Mar. 28, 1754	1	52
Daniel, s. Dan[ie]ll & Huldah, b. Apr. 17, 1772	1	290
Darius, s. [Moses & Hannah], b. May 8, 1781	1	320
David, s. David & Abigail, b. Mar. 8, 1733	1	13

	Vol.	Page
BARRETT, BARRET, BARRIT, BARRITT, BARIT, (cont.)		
David, Jr., m. Bathshe **MACKINTIRE**, b. of Killingly, June 10, 1753, by Jacob Dresser, J. P.	1	54
David, s. Moses & Hannah, b. Feb. 21, 1777	1	320
Dorotha, m. Gideon **DRAPER**, Jr., b. of Killingly, Sept. 5, 1744, by Joseph Cady, J. P.	1	76
Dorothy, d. Joseph & Lidia, b. Mar. 30, 1726	1	1
Elisabeth, d. Oliver & Elisabeth, b. Oct. 19, 1742	1	28
Est[h]er, d. Jonathan & Sarah, b. Mar. [ ], 1758	1	203
Esther, [d. Forthor & Sarah], b. Mar. 5, 1758	1	277
Geo[rge] L., of Thompson, m. Lydia M. **AUSTIN**, of Killingly, May 9, 1852, by Rev. Thomas O. Rice	2	71
Hannah, d. John & Sarah, b. June 23, 1770	1	294
Hannah, d. Moses & Hannah, b. May 8, 1783	1	320
Hannah, d. Amos, b. May 28, 1783	1	267
Hannah, [d. John], b. Jan. 19, 1798	1	253
Hannah, m. Samuel **HUTCHENS**, b. of Killingly, Mar. 20, 1822, by Rev. Roswell Whitmore	1	193
Haseal, [s. Amos], b. Mar. 20, 1790	1	267
Huldah, d. David & Abigail, b. Apr. 25, 1748	1	36
Huldah, d. Lemuel & Sarah, b. Feb. 11, 1777	1	320
Isaac, s. Joseph, Jr. & Marcy, b. Aug. 1, 1751	1	44
Jacob, s. Oliver & Elisabeth, b. May 14, 1738	1	21
Jacob, [s. Forthor* & Sarah], b. Apr. 8, 1764 (*Jonathan)	1	277
James, s. Benjamin & Sarah, b. Feb. 17, 1761	1	274
Jedediah, s. Lemuel & Sarah, b. Dec. 9, 1776	1	320
Joanna, d. Joseph & Lidia, b. Jan. 24, 1727/8	1	1
Joazaniah, s. John & Luce, b. Jan. 10, 1752	1	44
Joel, s. Oliver & Elisabeth, b. Feb. 18, 1752	1	45
John, s. Benjamin & Mary, b. Feb. 26, 1729/30	1	5
John, s. Oliver & Elisabeth, b. Oct. 6, 1739	1	24
John, s. Benja[min], Jr. & Thankfull, b. Sept. 6, 1749	1	42
John, m. Anna **MILLARD**, June 11, 1778	1	181
John, [s. John], b. Nov. 29, 1800	1	253
Jonathan, s. John & Dorothy, b. July 6, 1731	1	8
Jonathan, Jr., [s. Forthor* & Sarah], b. Mar. 29, 1760 (*Jonathan)	1	277
Joseph, s. Joseph & Lidia, b. Jan. 16, 1723/4	1	1
Joseph, s. Benjamin & Mary, b. Nov. 21, 1734	1	14
Joseph, [s. Forthor* & Sarah], b. May 19, 1772 (*Jonathan?)	1	277
Joseph, s. John, b. Mar. 7, 1796	1	253
Joshua, s. Oliver & Elisabeth, b. [ ] 20, [ ]	1	27
Josiah, [s. Amos], b. May 13, 1794	1	267
Julianna, [d. Oliver & Clarissey], b. Sept. 26, 1799	1	315
Lamuel, s. David & Abaga[i]l, b. Aug. 15, 1749	1	40
Lemuel, m. Sarah **ALTON**, July 15, 1773, by Rev. Noadiah Russell	1	179
Lucinda, d. David, Jr., [b.] Nov. 16. 1770	1	201

	Vol.	Page
BARRETT, BARRET, BARRIT, BARRITT, BARIT, (cont.)		
Lucy, d. John & Sarah, b. Oct. 28, 1763	1	294
Lucy Ann, [d. John], b. Feb. 5, 1809	1	253
Lidia, d. Joseph & Lidia, b. Mar. 3, 1720/21	1	1
Martha, d. Benjamin & Mary, b. July 6, 1738	1	21
Martha, m. John HENDRICK, b. of Killingly, Jan. 2, 1754, by Nehemiah Barker, Clerk	1	65
Mary, d. David & Abigail, b. July 11, 1735	1	16
Mary, d. Oliver & Elisabeth, b. Jan. 12, 1736/7	1	19
Mary, d. Joseph & Marcy, b. Oct. 18, 1749	1	38
Mary, [d. Forthor & Sarah], b. Mar. 25, 1762	1	277
Millicent, d. Joseph & Lidia, b. Aug. 27, 1722	1	1
Malesent, d. Joseph, Jr. & Marcy, b. Sept. 25, 1747	1	34
Melecent, d. Daniel & Hulda, b. Feb. 2, 1770	1	278
Moses, twin with Benony, s. Moses & Sarah, b. Aug. 17, 1718	1	6
Moses, s. Oliver & Elisabeth, b. July 20, 1745	1	30
Moses, s. David & Abaga[i]l, b. Sept. 3, 1751	1	43
Moses, s. Oliver & Elisabeth, b. Oct. 7, 1753	1	50
Moses, m. Hannah FULLER, Nov. 24, 1774, by Rev. Noadiah Russell	1	179
Moses, s. [Moses & Hannah], b. Feb. 5, 1779	1	320
Nathan, [s. Forthor & Sarah], b. May 2, 1766	1	277
Persis, d. David & Abigail, b. Mar. 28, 1745	1	30
Peter, s. Joseph, Jr. & Thankfull, b. Oct. 19, 1747	1	34
Phebe, d. David & Abigail, b. Oct. 20, 1746	1	32
Rocksanna, d. David & Bathsheba, b. Aug. 26, 1766	1	201
Roxana, [d. John], b. Feb. 9, 1807	1	253
Rufus, s. Amos & Olive, b. Mar. 2, 1782	1	317
Ruth, [d. Forthor & Sarah], b. June 14, 1770	1	277
Samson, s. David & Abigail, b. Mar. 11, 1737/8	1	21
Samson, s. David, Jr. & [Bathsheba], b. Sept. 2, 1758	1	201
Samuel, [s. Forthor & Sarah], b. June 29, 1775	1	277
Samuel, [s. John], b. Aug. 12, 1811	1	253
Sarah, d. David & Abigail, b. Jan. 22, 1731\2	1	13
Sarah, d. Benja[min] & Mary, b. Nov. 12, 1740	1	46
Sarah, s. [sic] Oliver & Elisabeth, b. July 20, 1745	1	30
Sarah, d. Jonathan & Sarah, b. Nov. 5, 1755	1	203
Sarah, [d. Forthor & Sarah], b. Nov. 5, 1755	1	277
Sarah, d. Oliver & Clarissey, b. May 8, 1798	1	315
Silas, s. Amos, b. Nov. 28, 1784	1	267
Smith, s. Daniel & Hulda, b. July 2, 1766	1	290
Susan[n]a, d. Benjamin & Mary, b. Apr. 11, 1732	1	9
Susanna, d. David & Abigail, b. Sept. 8, 1739	1	24
Susannah, d. David & Abigail, b. Sept. 8, 1739	1	27
Susan[n]ah, d. David & Bathsheba, b. [ ] 29, 1764	1	201
Susan[n]a, d. John & Sarah, b. May 1, 1774	1	294
Taimasin, [s. Amos], b. Jan. 27, 1792	1	267
Thomas Manley, s. Daniel & Marcy, b. Mar. 20, 1776	1	290

	Vol.	Page

BARRETT, BARRET, BARRIT, BARRITT, BARIT, (cont.)

	Vol.	Page
Zeruah, d. David & Abigail, b. Mar. 3, 1744/5	1	29
Zerviah, d. Lemuel & Sarah, b. Dec. 22, 1782	1	320
Zillah, d. David & Abigail, b. Apr. 9, 1741	1	27
Ziporah, d. David & Abigail, b. Sept. 3, 1742	1	29
-----, d. Joseph & Lidia, b. Mar. 17, 1718/19	1	1

BARROWS, [see also **BURROUGHS**], Isaac, s. Noah & Martha,

	Vol.	Page
b. Feb. 28, 1753	1	57
Jemima, d. George & Patience, b. Mar. 28, 1759	1	211
Josiah, s. Noah & Martha, b. June 1, 1755	1	57
Keziah, d. George & Pashance, b. Sept. 7, 1757	1	224
Lazarous, s. George & Patience, b. Apr. 21, 1763	1	211
Susan[n]a, d. Noah & Martha, b. Dec. 6, 1757	1	57
Sylvester, Rev., of Willington, Conn., m. Amanda M. **WRIGHT**, of Killingly, Sept. 18, 1850, by S. W. Coggeshall	2	56
William, s. George & Patience, b. June 23, 1761	1	211
William, m. Elizabeth **BUCK**, b. of Killingly, Sept. 21, 1834, by Rev. Alvan Underwood	1	91

BARSTOW, [see also **BASTO**], Charlot[t]e, d. Asa & Lois, b.

	Vol.	Page
Mar. 1, 1767	1	291

BARTHOLOMEW, Ann Elisabeth, m. Daniel S. **KINGSBURY**, b.

	Vol.	Page
of Sturbridge, Mass., Dec. 22, 1844, by Rev. Daniel Williams	2	26a

BARTLETT, Almira, of Killingly, m. Aaron **WATSON**, of

	Vol.	Page
Spencer, Mass., Apr. 26, 1842, by Rev. Tubal Wakefield	2	13a
Bethiah, m. Shepard **STEARNS**, b. of Killingly, Nov. 11, 1827, by Calvin Cooper	1	259
Eleazer, m. Sabrina **DURFEE**, Nov. 20, 1830, by Daniel Williams, Elder	1	127
Ele[a]ser, m. Sarbrena **DURFEE**, Nov. 20, 1830, by Daniel Williams	1	260
Hannah, of Newtown, m. Samuel **CONVERSE**, of Killingly, Dec. 11, [ ]	1	2
Harriet, m. James F. **SEAMANS**, b. of Killingly, Feb. 10, 1850, by Rev. Isaac H. Coe	2	54a
Israel, of Killingly, m. Mary **GROVER**, of Coventry, Feb. 18, 1821, by Rev. Israel Day	1	191
John, m. Patty **SMITH**, b. of Killingly, Nov. 26, 1820, by Calvin Cooper, Elder	1	190
Laura, m. Shubael **DAY**, Sept. 23, 1830, by Elder G. W. Appleton	1	133
Lillis, m. Samson B. **COVAL**, Oct. 20, [1831], by Albert Cole	1	98
Marinda, m. James **WESTCOTT**, b. of Killingly, Nov. 24, 1836, by Erastus Doty	2	1
Mary, of Killingly, m. Pashall **WITHEY**, of Brooklyn, Dec. 28, 1820, by Rev. Israel Day	1	190
Melora, of Killingly, m. Elijah **WILHEY***, of Brooklyn,		

	Vol.	Page
BARTLETT, (cont.)		
Mar. 20, 1827, by Calvin Cooper *(**WITHEY**?)	1	117
Minervy, m. Welcome S. **FISHER**, June 9, 1825, by Calvin Cooper	1	108
Reuben, m. Polly **BURGESS**, June 7, 1803	2	81
Richard, m. Christina **FISHER**, b. of Killingly, Apr. 7, 1831, by Rev. Roswell Whitmore	1	126
Waldo, m. Maryan **COVAL**, b. of Killingly, Apr. 13, 1832, by Albert Cole, Elder	1	131
BASS, [see also **BOSS**], Angell P., of Providence, R. I., m. Asha **LAW**, of Gloucester, R. I., Nov. 25, 1847, in Danielsonville, West Killingly, by Rev. John Livesy, Jr.	2	45
BASSETT, **BASSET**, Almira, m. Samuel **HUTCHINS**, b. of Killingly, May 10, 1829, by Rev. Roswell Whitmore	1	99
Betsey, m. Abel B. **WILLIAMS**, b. of Killingly, Apr. 27, 1840, by Rev. Roswell Whitmore	2	8
Cyrus, of Thompson, m. Jane **KELLEY**, [Jan.] 6, [1834], by Roswell Whitmore	1	88
Henry, m. Eliza **EVES**, b. of Providence, R. I., Oct. 27, 1848, by Rev. Daniel Williams	2	50a
Lucy, m. Joseph **AVERSON**, b. of Killingly, Feb. 14, 1830, by Rev. Roswell Whitmore	1	123
Mary, of Thompson, m. Edmund W. **SPALDING**, of Killingly, Sept. 10, 1848, by Rev. John D. Baldwin	2	52
Penuel, m. Clarissa M. **JOSLIN**, b. of Killingly, Feb. 27, 1826, by Rev. Elisha Atkins	1	110
Roxana, of Killingly, m. Lucius H. **BACON**, of Dudley, Mass., Mar. 31, 1833, by Roswell Whitmore	1	135
Sally, of Killingly, m. Philip **TANNER**, of Brooklyn, Mar. 18, 1821, by Rev. Israel Day	1	191
BASTO, [see also **BARSTOW**], Harriet, m. W[illia]m G. **CONGDON**, Feb. 17, 1833, by Rev. Elisha Atkins	1	134
Julia A., m. Daniel P. **SPENCER**, b. of Killingly, Nov. 25, [probably 1852], by Rev. Eben[eze]r Loomis	2	76
Laura, m. William M. **VALETTE**, b. of Killingly, Apr. 6, 1846, by Rev. Joseph B. Daman	2	43
Mary A., m. William A. **PIERCE**, May 1, 1847, by Rev. L. W. Wheeler	2	39a
Otis, m. Susan **SLATER**, Nov. 7, 1824, by Calvin Cooper	1	106
Patience M., m. Albert W. **GREENSLITT**, Mar. 27, 1848, by Rev. George W. Greenslitt	2	45
Susannah, m. Ezekiel **BROWN**, Nov. 13, 1796, by Samson Howe, J. P.	1	185
BATCHELLOR, Caroline A., m. John **ROBBINS**, b. of Douglass, Mass., Nov. 18, 1836, by Rev. Sidney Holman	2	1
BATEMAN, **BATMAN**, **BUTMAN**, Calvin, s. Thomas & Persillah, b. Oct. 15, 1746	1	33
Ebenezer, s. Thomas & Pressiller, b. Apr. 22, 1756	1	66

	Vol.	Page
BATEMAN, BATMAN, BUTMAN, (cont.)		
Eleazer, s. Joseph & Allis, b. Mar. 17, 1731/2	1	11
Eleazer, Dea., d. Dec. 31, 1751	1	72
Eleazer, Jr., Dea., d. Mar. 13, 1753	1	67
Eleazer, s. Eleazer & Sarah, b. Sept. 20, 1760	1	243
Elizabeth, d. Thomas & Elisabeth, b. July 28, 1730	1	8
Elizabeth, m. Tho[ma]s **MOFFITT**, Jan. 14, 1742, by Joseph Leavens, J. P.	1	264
Hannah, d. Eleazer & Sarah, b. Jan. 16, 1770	1	243
Isaac, s. Thomas & Pressilla, b. Aug. 6, 1753	1	48
Job, s. Peter & Sarah, b. Dec. 9, 1748	1	53
Jonathan, s. Thomas & Johannah, b. Apr. 20, 1762	1	283
Joseph, s. Joseph & Allis, b. Oct. 12, 1730	1	11
Joseph, s. Eleazer & Sarah, b. Dec. 20, 1758	1	243
Luther, s. Tho[mas] & Preseiller, b. Mar. 11, 1750	1	39
Martha, d. Thomas & Allis, b. Sept. 29, 1745	1	31
Mary, d. Thomas & Persillah, b. Dec. 19, 1742	1	29
Mary, d. Setephen & Evenus, b. Aug. 20, 1769	1	204
Matthew, s. Thomas & Priscilla, b. Jan. 4, 1737/8	1	20
Peter, s. Tho[ma]s & Johannah, b. June 6, 1768	1	283
Presilla, d. Thomas & Prescilla, b. Mar. 9, 1734	1	17
Presil[l]a, m. Oliver **STARNS**, b. of Killingly, Jan. 10, 1754	1	70
Ruth, d. Tho[ma]s & Johannah, b. Dec. 7, 1770	1	283
Sarah, d. Eleazer & Sarah, b. July 25, 1766	1	243
Sarah, b. Aug. 15, 1766 (d. Tho[ma]s & Johannah was crossed out in original manuscript)	1	283
Stephen, s. Thomas & Priscilla, b. Jan. 13, 1739/40	1	24
Stephen, m. Eunice **CUSTESS**, Sept. 26, 1768, by Rev. Mr. Willman	1	177
Susannah, d. Eleazer & Sarah, b. Oct. 26, 1768	1	243
Susannah, b. Oct. 26, 1768 (d. Tho[ma]s & Johannah was crossed out in original manuscript)	1	283
Thomas, s. Thomas & Priscilla, b. Jan. 7, 1736	1	17
Thomas, m. Johannah **PATTON**, June 24, 1761	1	175
Truman, s. Thomas & Johannah, b. July 8, 1765	1	283
Urany, b. July 25, 1764 (d. Tho[ma]s & Johannah was crossed out in original manuscript)	1	283
Vivarane, d. Eleazer & Sarah, b. July 15, 1764	1	243
Zadock, s. Eleazer & Sarah, b. Aug. 17, 1762	1	243
BATES, Almy, of Killingly, m. Seth **CHASE**, of Pomfret, May 27, 1829, by Rev. Roswell Whitmore	1	99
Asa A., m. Jane Ann **CLARK**, b. of Killingly, Mar. 7, 1852, by Henry B. Lock, Elder	2	71
George, of Thom[p]son, m. Julia Ann **MATTHEWS**, of Killingly, Apr. 3, 1843, by Rev. Tubal Wakefield	2	18a
Gustavus D., m. Nancy D. **FINNEY**, b. of Plymouth, Mass., Nov. 28, 1848, by Rev. George W. Greenslit	2	50
Harriet, m. Philip **MOWRY**, b. of Scituate, R. I.,		

	Vol.	Page
BATES, (cont.)		
Jan. 4, 1846, by Rev. Daniel Williams	2	35
Harriet B., m. Joseph **CLIVERLY**, Jr., b. of Abington, Mass., Sept. 19, 1847, by Rev. Isaac C. Day	2	42
John, s. John & C[h]loey, b. Oct. 9, 1779	1	240
Joseph D., m. Adaline A. **DAY**, b. of Killingly, Sept. 24, 1844, by Rev. Henry Robinson	2	25
Mary Ann, Mrs., m. Joseph **MITCHELL**, b. of Killingly, Nov. 17, 1841, by Rev. Mr. Robinson, Thompson. Intention published.	2	12
Oliver(?) W., m. Arba C. **TUCKER**, b. of Killingly, Feb. 15, 1841, by Rev. Henry Robinson	2	10a
Roba, of Killingly, m. Joseph **SLATER**, of Foster, R. I., Jan. 25, 1821, by David Chase, J. P.	1	190
Sheldon, of R. I., m. Esther **BUSSELL**, of Killingly, Mar. 16, 1823, by David Chase, J. P.	1	198
Sheldon, Jr., m. Lorana **HARRINGTON**, b. of Killingly, Sept. 18, 1842, by Rev. Daniel Williams	2	16a
Sheldon, Jr., m. Phebe **SHARP**, b. of Killingly, Jan. 1, 1850, by Henry B. Lock, Elder	2	54
Sibbel, d. John & C[h]loey, b. Sept. 11, 1782	1	240
Susan, m. Leonard **BOWEN**, b. of Killingly, Aug. 8, 1852, by Rev. Daniel Williams	2	74
Susan, m. Leonard **BOWEN**, b. of Killingly, Aug. 8, 1852, by Rev. Daniel Williams. Recorded Jan. 24, 1898	2	83
BATTEY, BATTY, Charles, of Providence, R. I., m. Julia **HANDAL**, of Killingly, May 10, 1831, by Rev. Roswell Whitmore	1	126
Fanny M., of Brooklyn, m. George A. **BURGESS**, of Providence, R. I., Dec. 10, 1848, by Rev. Isaac C. Day	2	49a
Stephen H., m. Mary M. **DAVIS**, of Scituate, R. I., July 11, 1847, by Rev. B. M. Walker	2	40a
BECK, Catharine, of Hebron, m. Michael **FELSHAW**, of Killingly, Jan. 14, 1773, by Rev. Mr. Pomroy	1	180
BELLASES, Isaac, m. Sally **FULLER**, b. of Killingly, Jan. 16, 1804, by Rev. Elisha Atkins	2	81
BELLOWS, William, m. Emeline **WHITE**, b. of Gloucester, R. I., May 4, 1845, by Rev. Daniel Williams	2	28a
BENEDICT, Hannah Mariah, m. Simon J. **WHITE**, b. of Killingly, Dec. 6, 1846, by Rev. Geo[rge] W. Greenslitt	2	38a
BENNETT, BENNET, BENNIT, Betsey, of Sterling, m. Comfort **WALKER**, of Killingly, June 1, 1834, by Calvin Cooper	1	90
Betsey, of Foster, R. I., m. Bradford W. **JOHNSON**, of Scituate, R. I., Apr. 2, 1840, by Rev. Nicholas Branch	2	9a
Celia A., m. Amos C. **PALMER**, June 4, 1843, by Rev. Geo[rge] Greenslit. Intention published	2	19
Cyrus, of Pomfret, m. Elisabeth **YOUNG**, of Killingly, Mar. 29, 1841, by Rev. George W. Greenslit	2	10a

BENNETT, BENNET, BENNIT, (cont.)

	Vol.	Page
Daniel, s. Jedediah & Lydia, b. May 29, 1776	1	305
Dolly, m. George A. **NILES**, b. of Killingly, [ ], by Rev. Samuel Backus	1	118
Dorcas, of Johnston, R. I., m. William Henry **HICKS**, of Gloucester, R. I., Sept. 12, 1846, by Rev. Joseph B. Daman	2	43a
Eliza A., m. John E. **JOHNSON**, b. of Foster, R. I., Mar. 23, 1845, by Rev. Nicholas Branch	2	27a
Elisabeth, m. John **MOFFIT**, of Killingly, Aug. 31, 1753	1	65
Erastus P., m. Elisabeth **BAKER**, b. of Killingly, Aug. 13, 1850, by Rev. Geo[rge] W. Greenslitt	2	55a
Harriet A., m. Ebenezer B. **WHITE**, b. of Providence, R. I., Dec. 29, 1840, by Rev. Daniel Williams	2	11
Israel, m. Phebe A. **BOSS**, of Cranston, R. I., Nov. 21, 1846, by Lowell Graves, J. P.	2	38a
Jedediah, m. Lydia **BENNIT**, Sept. 26, 1775	1	180
Lucy Ann, m. David **ADAMS**, Jr., b. of Killingly, July 10, 1851, by Rev. Geo[rge] W. Greenslitt	2	64
Lydia, m. Jedediah **BENNIT**, Sept. 26, 1775	1	180
Mahala, of Killingly, m. Mathewson **HOPKINS**, Jr., of Foster, R. I., Dec. 17, 1820, by Anthony Brown, J. P.	1	189
Marvin, m. Martha **VINSON**, b. of Killingly, Oct. 6, 1833, by Daniel Williams, Elder	1	86
Mary, of Attleborough, Mass., m. William J. **THORNTON**, of Scituate, R. I., July 6, 1848, by Rev. Daniel Williams	2	47
Orrin, m. Emma **SEAMONS**, Jan. 24, 1847, by Rev. Joseph B. Daman	2	43a
Rebeckah, m. Luther **EATON**, Sept. 11, 1783, by Rev. Eliphalet Dwight	1	179
Roxanna, m. Edwin **SPRAGUE**, b. of Killingly, Sept. 12, 1841, by Rev. Daniel Williams	2	12a
Ruth, d. Benjamin & Marg[a]ret, b. Apr. 10, 1771	1	210
Samson, of Brooklyn, m. Abby **KELLEY**, of Killingly, Mar. 10, 1840, by Rev. Roswell Whitmore	2	8
Sarah, of Sterling, m. Alonzo **CHASE**, of Killingly, July 6, 1834, by Ella Dunham, Elder	1	90
Sarah, m. Cyrus S. **SWEET**, Sept. [ ], 1843, by Harris Arnold, J. P.	2	20
Wheaton A., m. Hipsabeth A. **LAW**, b. of Killingly, Sept. 14, 1846, by Rev. Benjamin C. Phelps	2	39a
William G., m. Harriet **SMITH**, b. of Smithfield, R. I., Nov. 11, 1847, in Danielsonville, West Killingly, by Rev. John Livesy, Jr.	2	45

BENSON, Andrew, m. Susan W. **CARDER**, b. of Killingly, Dec. 5, 1841, by Rev. Daniel Williams — 2, 12a

Jane, m. James A. **CARDER**, b. of Providence, R. I., Nov. 27, 1851, by Rev. Isaac C. Day — 2, 67

	Vol.	Page
BICKFORD, BISFORD, Almira, m. Alfred **MASON,** Oct. 20, 1830, by Daniel Williams, Elder	1	127
Hannah, m. Levi **FESSENDEN,** b. of Woodstock, Oct. 5, 1842, by Rev. Henry Robinson	2	14
Joseph, m. Ires **EDSON,** b. of Killingly, Aug. 31, 1834, by W. Bushnell	1	91
Thomas J., m. Fanny **WHEELER,** July 4, 1830, by Elder George W. Appleton	1	133
BICKNELL, Charlot[t]a, d. Peter & Hannah, b. Dec. 4, 1775	1	210
Hezekiah, s. Peter & Hannah, b. Mar. 9, 1785	1	210
John Pain, s. Peter & Hannah, b. Oct. 1, 1780	1	210
Lucy, d. Peter & Hannah, b. Sept. 22, 1777	1	210
[BIGELOW], BIGLOW, BIGGELOW, Mariet, of Scituate, m. Alfred B. **MOWRY,** Oct. 16, 1842, by Rev. Daniel Williams	2	17
Patience, m. Samuel **LAWRENCE,** b. of Killingly, Jan. 24, 1733/4	1	78
BILLINGS, Esther, m. Alvie J. **GRIFFIN,** b. of Lowell, Mass., Mar. 22, 1846, by Rev. Benjamin C. Phelps, of West Killingly. Witness: E. Buckminster	2	34
BINGHAM, Mary, of Plainfield, m. Borack **THAYER,** Apr. 17, 1783	1	183
BISFORD, [see under **BICKFORD**]		
BISHOP, Hannah, m. Jonathan **OATLEY,** Jr., Apr. 3, 1849, by Jonathan Oatley, Elder	2	52
Jarid Warren, s. Dr. Jon[atha]n P. & Hannah, b. Dec. 27, 1787	1	312
Jonathan P., m. Hannah **TORREY,** Mar. 1, 1787, by Rev. Elisha Atkins	1	178
Lavanie, m. Smith B. W. **DAVIS,** b. of Scituate, R. I., Dec. 15, 1844, by Rev. Daniel Williams	2	26a
Lydia, m. Asia **HARRIS,** b. of Killingly, May 24, 1845, by Rev. Daniel Williams	2	28a
Marietta M., m. Olney H. **AUSTIN,** b. of Scituate, R. I., May 5, 1845, by [Rev. Tho[ma]s O. Rice]	2	27a
Mary, of Lisbon, m. Cha[rle]s L. **AYER,** of Killingly, Nov. 27, 1849, by Rev. Joseph Ayer, South Killingly	2	53a
Mary R., m. James C. **PRAY,** [b.] of Scituate, R. I., Mar. 10, 1844, by Rev. Geo[rge] W. Greenslit	2	22a
Moses B. H., of Medfield, Mass., m. Abigail **TORREY,** of Killingly, June 4, 1843, by Rev. Henry Robinson	2	18a
Moses B. H., of Mansfield, Mass., m. Eliza H. **LEAVENS,** of North Killingly, May 1, 1853, by Benj[amin] B. Hopkinson	2	79
Richard, m. Sophia **HARRIS,** b. of Killingly, Feb. 5, 1843, by Rev. Daniel Williams	2	21a
Sukey, d. Dr. [Jonathan P.] & Hannah, b. Mar. 4, 1790	1	312
Susan T., m. Daniel D. **TORREY,** Feb. 13, 1831, by Elisha Atkins	1	128

	Vol.	Page

BISHOP, (cont.)
Warner, s. Dr. Jonath[an] P. & Hannah, b. Dec. 27, 1787
(Entry crossed out) — 1, 313
W[illia]m A., m. Sarah OWEN, b. of Scituate, R. I., May 13, 1846, by Rev. Benjamin C. Phelps, of West Killingly. Witness: E. Buckminster — 2, 36

BITGOOD, Mary Ann Elisabeth, of Voluntown, Conn., m. John Tillinghast **STRAIT**, of Sterling, Conn., Oct. 26, 1845, by Rev. G. W. Greenslit — 2, 31

BIXBY, Aaron, s. Mary, b. Dec. 23, 1761 — 1, 209
Abiga[i]l, d. Abijah & Anna, b. Sept. 25, 1752 — 1, 47
Amos, m. Elisabeth **SABIN**, b. of Thomson Parish, Jan. 18, 1750 — 1, 65
Ame, d. Solomon & Abiga[i]l, b. Nov. 14, 1754 — 1, 53
Anna, d. Abijah & Anna, b. Aug. 20, 1756 — 1, 208
Benjamin, s. Richard & Hester, b. Nov. 6, 1743 — 1, 29
Caleb, d. July 12, 1754 — 1, 67
Daniel, s. Jacob & Sarah, b. Sept. 25, 1762 — 1, 203
Elisabeth, d. Jacob & Elisabeth, b. May 16, 1744 — 1, 30
Eliz[abeth], d. Jonathan & Eliz[abeth], b. Sept. 2, 1762 — 1, 272
George, s. John, b. Feb. 8, 1746 — 1, 39
Hannah, d. Jacob & Sarah, b. May 26, 1771 — 1, 273
Jacob, s. Jacob & Elisabeth, b. Apr. 11, 1742 — 1, 30
Jacob, s. Jonathan & Eliz[abeth], b. July 11, 1756 — 1, 272
Jacob, s. Jacob & Sarah, b. Nov. 29, 1758 — 1, 203
Jemima, d. John & Jemima, b. Oct. 21, 1736 — 1, 21
Jemimah, d. John & Jemimah, d. Oct. 4, 1741 — 1, 74
Jemimah, d. John & Jemimah, b. June 15, 1743 — 1, 28
Jemima, d. Mary, b. May 2, 1756 — 1, 209
Jemima, d. Jacob & Sarah, b. Apr. 30, 1772 — 1, 273
Jesse, [s.] Mary, b. Dec. 27, 1758 — 1, 209
John, m. Mrs. Jemima **GREEN**, Dec. 4, 1735, by M. Cabot — 1, 78
John, s. John & Jemima, b. Jan. 28, 1738/9 — 1, 21
John, s. John & Jemimah, d. Sept. 26, 1741 — 1, 74
Jonathan, adm. fr. Apr. 7, 1760 — 1, 57
Jonathan, s. Jonathan & Eliz[abeth], b. Apr. 24, 1760 — 1, 272
Mathar, d. Jonathan & Eliz[abeth], b. June 5, 1758 — 1, 272
Mary, d. Amos & Elisabeth, b. Oct. 17, 1750 — 1, 41
Matthew, s. John, b. July 28, 1748 — 1, 39
Molly, [d.] Mary, b. Aug. 4, 1764 — 1, 209
Moses, s. Jacob & Sarah, b. Apr. 18, 1765 — 1, 203
Nathan, adm. fr. [   ] — 1, 57
Patty, d. John & Jemimah, b. Apr. 29, 1743 — 1, 28
Samuel, s. Jonathan & Eliz[abeth], b. May 30, 1754 — 1, 272
Samuel, s. [Jacob & Sarah], b. May 5, 1767 — 1, 203
Solomon, m. Abaga[i]l **NUEL**, Apr. 7, 1754 — 1, 70
Tamer, d. John & Jemima, b. Mar. 18, 1750/51 — 1, 43
Younglove, s. [Jacob & Sarah], b. Sept. 5, 1768 — 1, 203

	Vol.	Page
BLACK, Joseph, s. James **BLACK** & Hann[ah] **HENRY**, b. June 24, 1762	1	283
BLACKMAR, BLACKMER, BLACKMORE, Charles P., m. Harriet **CLARK**, b. of Killingly, Oct. 5, 1851, by Rev. Sidney Dean	2	66
Eliza, m. Allen **SALSBURY**, b. of Foster, R. I., Dec. 18, 1848, by Rev. Daniel Williams	2	51
Marcy, m. Lewis **JOSLIN**, b. of Killingly, Feb. 28, 1841, by John N. Whipple	2	9
Martha Ann, m. Rufus **KINGSBURY**, b. of Providence, R. I., Feb. 7, 1847, by Lewell Graves, J. P.	2	39
Susan, m. John **WEAVER**, b. of Woodstock, Conn., Aug. 22, 1852, by Rev. Geo[rge] W. Greenslitt	2	72
Welcome, of Foster, R. I., m. Catharine **HANDY**, of Warren, Mass., Sept. 2, 1849, by Rev. Daniel Williams	2	53a
William S., m. Rachael M. **ADAMS**, b. of Scituate, R. I., July 1, 1847, by Rev. J. Levesy, Jr., in Danielsonville, West Killingly	2	40a
BLACKSLAW, Amanda M., of Smithfield, R. I., m. James **MILLER**, of Sutton, Mass., Aug. 20, 1849, by Rev. Daniel Williams	2	53a
BLAISDELL, Clarrisa, of Windham, N. H., m. Benjamin G. **BROOKS**, of Lowell, Mass., Nov. 28, 1845, by Ephraim Bacon, J. P.	2	31a
BLAKE, Alano A., m. Alfred A. **VICORY**, b. of Scituate, R. I., Aug. 4, 1833, by Rev. W[illia]m Bushnall	1	84
Ann, m. Abner F. **BACON**, Mar. 20, 1832, by Roswell Whitmore	1	82
Benjamin, s. David, b. Feb. 27, 1794	1	244
Betsey, d. David, b. June 16, 1792	1	244
William B., m. Lydia **CLARK**, b. of Rentham, Mass., Nov. 21, 1841, by Rev. Daniel Williams	2	12a
BLANCHARD, Abiather, s. William & Thankful, b. May 11, 1739	1	22
Abiel, s. William & Thankfull, b. Oct. 4, 1748	1	36
Abiel, m. Elizabeth **CHURCH**, Mar. 15, 1770	1	177
Abner, s. William & Thankful, b. Mar. 26, 1737	1	19
Adonijah, s. William & Thankfull, b. Aug. 23, 1741	1	30
Alexander, m. Deborah **MOFFETT**, b. of Killingly, Mar. 22, 1846, by Rev. Benjamin C. Phelps, of West Killingly. Witness: E. Buckminster	2	34a
Amariah, s. William & Thankful, b. June 6, 1734	1	14
Asahel, s. William & Thankful, b. Dec. 3, 1732	1	11
Asahel, m. Prisciler **BROOKS**, Apr. 26, 1760, by Rev. Mr. Aaron Brown	1	264
Azriel, s. William & Thankful, b. June 13, 1741	1	25
Caleb, m. Roxan[n]a **YOUNG**, b. of Killingly, Apr. 8, 1838, by Nicholas Branch	2	4
Ebenezer, s. Nathaniel & Katharine, b. Apr. 8, 1745	1	30

	Vol.	Page
BLANCHARD, (cont.)		
Elisabeth, d. William & Thankfull, b. July [ ]	1	28
George, s. Nathaniel & Catharine, b. July 3, 1738	1	21
George, d. May 20, 1746	1	75
George, Jr., d. June 14, 1747	1	75
George, m. Mary **ALLEN**, Nov. 27, 1760, by Esq. Wallis	1	181
Jane, m. George **BURLINGAME**, b. of Glocester, R. I., Oct. 27, 1839, by Nicholas Branch	2	7
Joseph, m. Mary **PATTEN**, b. of Killingly, Nov. 26, 1752	1	70
Katharine, d. Nathaniel & Katharine, b. May 10, 1741	1	30
Nathaniel, m. Catharine **BRYANT**, b. of Killingly, Feb. 15, 1722/3	1	78
Nathaniel, s. Nathaniel & Catharine, b. Mar. 17, 1732/3	1	10
Nath[anie]ll, Jr., s. Nathaniel & Catharine, d. Sept. 24, 1749	1	68
Percey, m. Elias **DAY**, Jan. 23, 1781	1	175
Sarah, d. Nathaniel & Katharine, b. Dec. 31, 1730	1	5
Sarah, d. Joseph & Mary, b. Aug. 23, 1752	1	53
Simeon, d. Oct. 22, 1755, at Oblong on his march to the Camp at Lake George	1	71
Simon, s. Nathaniel & Katharine, b. May 26, 1735	1	16
Susan, m. Amos C. **PALMER**, Jan. [ ], 1847, by George Warren, J. P.	2	39
Susan E., m. George **BURROUGHS**, b. of Smithfield, R. I., Sept. 15, 1844, by Rev. Daniel Williams	2	25a
Timothy, s. Nathaniel & Katharine, b. Apr. 2, 1743	1	30
William, m. Thankfull **WEBSTER**, b. of Killingly, Feb. 15, 1731/2	1	78
William, s. Nath[anie]ll & Catharine, b. Nov. 30, 1747	1	34
William, [s. Nathaniel & Catharine], d. Oct. 5, 1749	1	68
William, Jr., s. William & Thankfull, b. Jan. 12, 1750/51	1	41
BLANDON, Martha, m. Putnam **WILLIAMS**, b. of Worcester, Mass., Apr. 24, 1851, by Earl Martin, J. P.	2	61
BLISS, Bishop, m. Julia **SPALDING**, b. of Killingly, Sept. 15, 1844, by Rev. John Howson	2	25
Hiram, m. Amanda M. **PLACE**, b. of North Providence, R. I., Aug. 16, 1851, by Earl Martin, J. P.	2	65
Lorena, Mrs., m. Amory **WEEKS**, b. of Brooklyn, Nov. 7, 1852, by Rev. Roswell Whitmore	2	75
BLOSS, Alitha, d. Richard & Sarah, b. Mar. 24, 1761	1	218
Amasa, s. Sam[ue]ll & Ma[r]tha, b. Feb. 25, 1745	1	37
Benjamin, s. Richard & Sarah, b. July 10, 1770	1	218
Elizabeth, d. James & Eliz[abeth], b. Sept. 24, 1757	1	234
Frances, [child of Samuel & Martha], b. Mar. 6, 1742/3	1	29
Hannah, [d. Samuel & Martha], b. Feb. 13, 1741/2	1	29
Jude, d. Richard & Sara[h], b. Mar. 19, 1759	1	218
Martha, d. Samuel & Martha, b. Mar. 12. 1733	1	18
Priseeler, d. Sam[ue]ll & Ma[r]thar, b. Jan. 20. 1746/7	1	37
Reubin, s. Richard & Sarah, b. July 20. 1765	1	218

	Vol.	Page
BLOSS, (cont.)		
Richard, [s. Samuel & Martha], b. Apr. 19, 1739	1	29
Samuel, m. Martha **BARKER**, Sept. 4, 1727	1	78
Samuel, s. Samuel & Martha, b. Apr. 7, 1731	1	18
Samuel, Jr., m. Mary **WINTER**, b. of Killingly, Apr. 25, 1758	1	262
Sarah, d. Richard & Sarah, b. Nov. 25, 1773	1	218
Simeon, s. Samuel & Martha, b. Nov. 22, 1728	1	18
Simeon, s. Sam[ue]ll & Martha, d. Nov. 11, 1736	1	73
Simeon, s. Samuel & Martha, b. June 8, 1737	1	19
Simeon, s. Samuel & Martha, b. June 8, 1737	1	29
Simeon, s. Richard & Sarah, b. Jan. 11, 1768	1	218
Walter, s. Samuel & Mary, b. July 20, 1760	1	269
Zadock, s. Samuel, Jr. & Mary, b. Oct. 24, 1758	1	269
Zerviah, d. Samuel & Martha, b. Feb. 26, 1735	1	18
Zerviah, d. Richard & Sarah, b. May 22, 1763	1	218
BLUE, Frances, m. Charlotte M. **COOKE**, b. of Killingly, Oct. 15, 1838, by Daniel Williams, Elder	2	5
BLY, Eliza, m. Samuel **EDDY**, b. of Killingly, Mar. 22, 1837, by Rev. Daniel Williams	2	3a
BONN, Germman, m. Elisabeth **MORSE**, b. of Killingly, Mar. 23, 1824, by David Chase, J. P.	1	104
BOSS, [see also **BASS**], Daniel, of Scituate, R. I., m. Lucretia Ann **MATTERSON**, of Coventry, R. I., May 7, 1848, by Rev. Isaac C. Day	2	46
Daniel, of Scituate, R. I., m. Lucretia **MATTERSON**, of Coventry, R. I., May 7, 1848, by Rev. Isaac C. Day	2	48
Edward T., of Providence, R. I., m. Lydia **MATHEWSON**, of Scituate, R. I., May 31, 1851, by Earl Martin, J. P.	2	61
Otis, of Scituate, R. I., m. Nancy T. **YOUNG**, of Glocester, R. I., Mar. 2, 1845, by Rev. John Howson	2	27
Phebe A., of Cranston, R. I., m. Israel **BENNETT**, Nov. 21, 1846, by Lowell Graves, J. P.	2	38a
Stephen, m. Abby P. **LEACH**, b. of Scituate, R. I., Feb. 4, 1852, by Earl Martin, J. P.	2	70
BOSWORTH, Charles H., of Providence, R. I., m. Sarah Ann **YOUNG**, of Fall River, R. I., July 3, 1850, by Earl Martin, J. P.	2	55a
Huldah, m. Benjamin **JACOBS**, Nov. 24, 1748; d. Oct. 9,1749	1	71
Persillia, d. David & Persillia, b. Apr. 9, 1731	1	6
Sarah H., m. Harley P. **HOPKINS**, b. of Providence, R. I., Nov. 3, 1846, by Rev. Daniel Williams	2	38
BOWEN, BOWIN, BOWING, Almira, of Glocester, R. I., m. Thomas **HARRINGTON**, of Killingly, Jan. 22, 1835, by Jona Oatley, Elder	1	94
Almira, m. Barnice **CARDER**, b. of Killingly, May 2, 1841, by Rev. Calvin Cooper	2	11
Almira, m. Olney C. **COLE**, b. of Foster, R. I., Sept. 5, 1847, by Rev. Daniel Williams	2	45a

	Vol.	Page
BOWEN, BOWIN, BOWING, (cont.)		
Ann Maria, of Killingly, m. Columbus **RYAN**, of Charlton, Mass., Mar. 23, 1845, by Rev. Geo[rge] W. Greenslit	2	27a
Bardwell, m. Mary **OAKES**, b. of Sturbridge, Mass., Aug. 19, 1838, by Nicholas Branch	2	4a
Benajah, s. John & Zeruiah, b. Dec. [ ] (Corrected to Benajah **BOWERS**, by L. B. B.)	1	27
Celia, d. Isaac & Jerusha, b. Feb. 10, 1750	1	42
Charles, s. Isaac & Jerusha, b. Mar. 27, 1746	1	32
Cyrus, of Providence, R. I., m. Rhodia D. **COLE**, of Killingly, June 6, 1847, by Rev. Daniel Williams	2	41a
Edward J., of Thompson, m. Cynthia S. **ANDREWS**, of Killingly, Jan. 10, 1853, by Rev. Benj[amin] B. Hopkinson	2	80
Elizabeth, m. Harley **PLACE**, b. of Gloucester, R. I., Aug. 14, 1852, by Rev. Daniel Williams	2	74
George H., m. Ann **CHACE**, b. of Killingly, Oct. 31, 1841, by Rev. Roswell Whitmore	2	11a
George T., m. Elisabeth R. **GUILD**, b. of Killingly, Apr. 23, 1843, by Rev. Tubal Wakefield	2	18a
Heneretty, of Killingly, m. James **EASTWOOD**, of Butterments, N. Y., Sept. 15, 1839, by Rev. Daniel Williams	2	7a
Henry, of Foster, R. I., m. Elcey A. **COLE**, of Killingly, Dec. 15, 1844, by Rev. Daniel Williams	2	26a
James B., of Killingly, m. Susan **TUCKER**, of Thompson, Apr. 3, 1837, by Rev. Sidney Holman	2	1a
Jerusha, d. Isaac [& Jerusha], b. Apr. 16, 1744	1	32
Jerushah, d. Isaac, d. Aug. 5, 1751	1	72
John, m. Sabra **WHEATON**, b. of Killingly, Sept. 3, 1827, by Elisha Atkins	1	119
John H., m. Mary L. **COOLEY**, of Warren, R. I., June 21, 1846, by Lowell Graves, J. P.	2	35a
Leonard, m. Ann **KNIGHT**, b. of Killingly, Apr. 26, 1831, by Geo[rge] W. Appleton	1	131
Leonard, m. Susan **BATES**, b. of Killingly, Aug. 8, 1852, by Rev. Daniel Williams	2	74
Leonard, m. Susan **BATES**, b. of Killingly, Aug. 8, 1852, by Rev. Daniel Williams. Recorded Jan. 24, 1898	2	83
Lucinda, m. Earl D. **BARDEN**, b. of Scituate, R. I., Dec. 15, 1844, by Rev. Daniel Williams	2	26a
Lucius, m. Almira **KELLEY**, b. of Killingly, Dec. 18, [1831], by Rev. Albert Cole	1	129
Lucy Ann, of Killingly, m. Waldo **LYON**, of Mansfield, Conn., June 29, 1851, by Rev. Sidney Dean	2	66
Maranda, of Glocester, R. I., m. Stephen **WALLEN**, of Killingly, Jan. 26, [1826], by Thomas Durfee	1	110
Nelson W., m. Olive **GREEN**, b. of Foster, Nov. 21, 1832, by		

	Vol.	Page
BOWEN, BOWIN, BOWING, (cont.)		
Daniel Williams	1	132
Olive, m. Colwell **MOWRY**, b. of Glocester, R. I., June 26, 1834, by Daniel Williams	1	89
Prentice, s. Isaac & Jerusha, b. Mar. 10, 1742/3	1	32
Ransalaer, m. Caroline **HETH**, Feb. 14, 1826, by Rev. Elisha Atkins	1	110
Samuel, s. John & Zerviah, b. Nov. [ ] (Corrected to Samuel **BOWERS**, by L. B. B.)	1	27
Sarah, d. Isaac & Jerushah, b. Apr. 24, 1748	1	38
Sarah, of Killingly, m. Lucius **HORTON**, of Grafton, N. H., Feb. 25, 1838, by Rev. Sidney Holman	2	3a
Sophia, m. Joseph Keach **DEAN**, b. of Killingly, [Sept.] 13, 1831, by Rev. Albert Cole	1	125
William, m. Luce **STARKWEATHER**, Sept. 16, 1824, by Elisha Atkins	1	115
William, m. Prudence **PORTER**, b. of Killingly, Mar. 27, 1825, by Calvin Cooper	1	114
BOWERS, Benajah, s. John & Zeruiah, b. Dec. [ ] (Arnold Copy has Benajah **BOWEN**, Corrected by L. B. B.)	1	27
John, s. John & Zerviah, b. June 16, 1732	1	20
Maria G., of Providence, R. I., m. Harmanus **KURSEBOOM**, of Amsterdam, Holland, Aug. 27, 1846, by Rev. Joseph B. Daman	2	43
Samuel, s. John & Zerviah, b. Oct. 29, 1738	1	23
Samuel, s. John & Zerviah, b. Nov. [ ] (Arnold Copy has Samuel **BOWEN**. Corrected by L. B. B.)	1	27
Sarah, d. John & Zerviah, b. May 16, 1736	1	20
Zerviah, d. John & Zerviah, b. Apr. 30, 1734	1	20
BOWKER, Deborah, d. Elias & Deborah, b. Mar. 19, 1763	1	280
BOWTELL, Sophia, of Providence, R. I., m. William **HOWS**, July 4, 1844, by Rev. Geo[rge] W. Greenslit	2	23a
BOYD, Samuel, m. Sarah R. **WOOD**, May 9, 1847, by Lowell Graves, J. P.	2	40
BOYDEN, BIYDEN, Abigail, d. Elhanan & Mary, b. Dec. 12, 1776	1	243
Calvin, s. Elhanan & Mary, b. Mar. 30, 1770	1	243
Calvin, s. Elhanan, d. Oct. 5, 1770	1	171
Calvin, s. Elhean & Mary, d. Oct. 15, 1770	1	157
Erastus, m. S. Augusta **HOLBROOK**, of Lowell, Mass., Nov. 21, 1849, by Norris G. Lippitt, J. P.	2	54
Godfree, s. Elhanan & Mary, b. June 30, 1779	1	243
Henry, s. Elhanan & Mary, b. June 30, 1783	1	243
Luther E., m. Celia **HOOD**, b. of Twiston, R. I., Nov. 21, 1846, by Rev. Daniel Williams	2	38
Marsylvia, d. Elhanan & Mary, b. Oct. 14, 1771	1	243
Marsylvia, d. Elhean & Mary, b. Oct. 14, 1771	1	251
Mary Minerva, m. Thomas **TRUESDELL**, b. of Killingly, Jan.		

	Vol.	Page
BOYDEN, BIYDEN, (cont.)		
1, 1837, by Rev. Sidney Holman	2	1
Nell, s. Elhanan & Mary, b. Jan. 21, 1774	1	243
BRACKETT, Abilena, of Pomfret, m. Jared **ALLEN,** of Canterbury, Mar. 14, 1847, by Rev. G. W. Greenslitt	2	39
Calvin R., of Thompson, m. Mary A. **CORBIN,** of Lisbon, Sept. 10, 1848, by Rev. Geo[rge] W. Greenslitt	2	47a
Lurania, m. Eden **SEAMONS,** b. of Killingly, Jan. 14, 1839, by Rev. Henry Robinson	2	5a
BRADY, George, m. Sarah M. **SMITH,** b. of Lynn, Mass., Jan. 9, 1846, by Rev. Benjamin C. Phelps, of West Killingly. Witness: Freeman James	2	33a
Mary, m. Horace **SHIPPEE,** July 16, 1844, by Rev. Geo[rge] W. Greenslit	2	23a
BRAGG, Henry, of Cumberland, R. I., m. Rachael **PETERS,** of Smithfield, R. I., June 14, 1847, by Rev. J. Livesy, Jr.	2	40
Herman W., m. Oliver A. **MITCHELL,** b. of Attleborough, Mass., Aug. 13, 1844, by Rev. Geo[rge] W. Greenslit	2	23a
BRAINARD, Calvin W., m. Almira **MITCHELL,** b. of Killingly, May 11, 1846, by Rev. Joseph B. Daman	2	43
BRAMAN, Mary A., of Killingly, m. George C. **SMART,** of Seekank, Mass., Mar. 11, 1839, by Rev. Daniel Williams	2	7a
BRAMLY, [see also **BRUMLEY**], Mary, of Voluntown, m. Nathan **HULET,** of Killingly, Apr. 1, 1827, by Penuel Hutchins, J. P.	1	112
BRANCH, Geo[rge], m. Susan **MONROE,** b. of Providence, R. I., Sept. 7, 1848, by Rev. Isaac C. Day	2	48
Howard J., of Killingly, m. Sophia S. **KEACH,** of Brooklyn, Nov. 17, 1851, by Rev. Sidney Dean	2	69
Lydia M., of Thompson, m. Israel **PLUMMER,** Dec. 4, 1842, by Geo[rge] May	2	17a
BRAYTON, Benjamin, m. Almira **TORREY,** b. of Killingly, Sept. 21, 1835, by Elisha Atkins	1	95
Olive, of Killingly, m. W[illia]m **FISHER,** of Plainfield, Oct. 12, 1834, by W. Bushnell	1	92
BREWSTER, Anna, d. Nathan & Elisabeth, b. Mar. 29, 1768	1	296
Elisabeth, d. N[athan] & [Elisabeth], b. Apr. 10, 1773	1	296
Francis A., of Hampton, m. Abby **FISHER,** of Killingly, Sept. 27, 1838, by Roswell Whitmore	2	4a
Lusene, d. Nathan & Elisabeth, b. Dec. 27, 1770	1	296
Lucy M., of Killingly, m. Joseph **SOUTHARD,** of Augusta, Me., Mar. 6, 1848, by Rev. T. O. Rice	2	46a
Mary E., Mrs., of Killingly, m. Amary I. **WEEKS,** of Warwick, Mass., Mar. 3, 1850, by Rev. Roswell Whitmore	2	54a
Sarah, d. Nathan & Elisabeth, b. May 10, 1775	1	296
BRIDGE, Betsey, m. David **JOHNSON,** Nov. 9, 1834, by Rev. Alvan Underwood	1	92

	Vol.	Page
BRIGGS, BRIGS, Geo[rge], m. Amy **HOWARD**, of Foster, R. I., July 4, 1847, by Rev. Isaac C. Day	2	40a
John, of Gloucester, R. I., m. Betsey **JOHNSON**, of Killingly, June 15, 1846, by Rev. Daniel Williams	2	36a
John H., m. Amey N. **HALL**, b. of Warwick, R. I., Oct. 24, 1847, in Danielsonville, West Killingly, by Rev. John Livesy, Jr.	2	45
W[illia]m M., b. Aug. 18, 1823	1	290
BRIGHTMAN, Catharine, m. Jason **WOODARD**, of Ashford, Sept. 6, 1831, by George W. Appleton	1	131
BROOKS, Abiga[i]l, d. John & Abiga[i]l, b. Mar. 4, 1754	1	224
Abigail, d. John & Abigail, b. Mar. 4, 1754	1	238
Abijah, s. John & Abigail, b. June 5, 1767	1	238
Adonijah, s. Eleazer & Hannah, b. Sept. 3, 1739	1	23
Benajah, s. Jabez & Mary, b. Nov. 8, 1734	1	15
Benja[min], s. Jabes, Jr. & Sarah, b. Feb. 22, 1747	1	37
Benj[ami]n, s. Ebenezer & Mary, b. May 16, 1764	1	299
Benjamin G., of Lowell, Mass., m. Clarrisa **BLAISDELL**, of Windham, N. H., Nov. 28, 1845, by Ephraim Bacon, J. P.	2	31a
Charles W., of East Haddam, m. Esther C. **GROVER**, of Killingly, Apr. 30, 1848, by Rev. T. O. Rice	2	46a
David, s. Jabez & Sarah, b. Oct. 22, 1754	1	57
David M., m. Belinda B. **HARTWELL**, b. of New Boston, N. H., Jan. 31, 1850, by Rev. S. W. Coggeshall	2	55
[Ebe]n[e]zer, twin with [ ], s. Ebenezer & Sarah, b. Jan. 9, 1722/3	1	1
Ebenezer, s. Ebenezer & Mary, b. Mar. 21, 1767	1	299
Elizabeth, d. Jan. 29, 1722/3	1	3
Elizabeth, d. Jabez & Mary, b. Nov. 22, 1731	1	13
Elizett, d. Ebenezer & Mary, b. Aug. 27, 1758	1	299
Hannah, d. Eleazer & Hannah, b. Mar. 23, 1729/30	1	8
Ichabod, s. John & Abigail, b. June 22, 1763	1	238
Isaac, s. John & Abigail, b. Apr. 23, 1761	1	238
Isaac, s. John & Abigail, b. Apr. 23, 1761	1	240
Jabez, s. Jabez & Mary, b. Nov. 21, 1722	1	13
Jacob, s. John & Abigail, b. Aug. 8, 1765	1	238
Jehiel, s. Eleazer & Hannah, b. Jan. 31, 1737/8	1	23
Jerusha, d. Eleazer & Hannah, b. Oct. 18, 1732	1	9
John, s. John & Abiga[i]l, b. Apr. 13, 1759	1	224
John, s. John & Abigail, b. Apr. 13, 1759	1	238
Leadah, d. Jabez & Sarah, b. June 16, 1757	1	57
Martha, d. Jabez & Mary, b. June 16, 1729	1	13
Martha, d. John & Abiga[i]l, b. Nov. 3, 1756	1	224
Ma[r]tha, d. John & Abigail, b. Nov. 3, 1756	1	238
Mary, d. Jabez & Mary, b. May 7, 1726	1	13
Mary, d. Ebenezer & Hannah, b. Mar. 8, 1727/8	1	3
Phebe, d. Jabez & Mary, b. Dec. 21, 1736	1	21

	Vol.	Page
BROOKS, (cont.)		
Priscil[l]er, m. Asahel **BLANCHARD**, Apr. 26, 1760, by Rev. Mr. Aaron Brown	1	264
Pris[c]ellar, d. Ebenezer & Mary, b. June 13, 1762	1	299
Samuel, s. John & Abaga[i]l, b. Sept. 13, 1749	1	40
Samuel, s. John & Abaga[i]l, b. Sept. 13, 1749	1	224
Sam[ue]ll, s. John & Abigail, b. Sept. 13, 174[ ]	1	238
Sam[ue]ll, s. Ebenezer & Mary, b. Mar. 27, 1769	1	299
Sarah, d. John & Abigail, b. Nov. 19, 1747	1	36
Sarah, d. John & Abiga[i]l, b. Nov. 19, 1747	1	224
Sarah, d. John & Abigail, b. Nov. 19, 1747	1	238
Shubael, s. John & Abigail, b. Oct. 11, 1770	1	238
Shu[ba]el, s. John & Abaga[i]l, b. Oct. 11, 1770	1	224
Zilpha, d. Jabez, Jr. & Sarah, b. May 10, 1752	1	45
Zilpha, d. Ebenezer & Mary, b. Mar. 12, 1760	1	299
-----, d. Ebenezer & Sarah, b. [ ] 4, 1718	1	1
-----, d. Ebenezer & Sarah, b. Jan. 24, 1719/20	1	1
-----, [child of] Ebenezer & Sarah, b. [ ], 1721	1	1
-----, twin with Ebe[n]e]zer, d. Ebenezer & Sarah, b. Jan. 9, 1722/3	1	1
-----, d. Ebenezer & Sarah, b. Dec. 28, 1828* *(Probably 1728)	1	1
BROWN, Aaron, Rev., m. Mrs. Damaris **HOWE**, Nov. 21, 1754	1	71
Abilene, d. Rev. Aaron & Damaras, b. Aug. 28, 1755	1	54
Almira, m. Henry **WESTCOAT**, Feb. 10, 1825, by Elisha Atkins	1	115
Andraw, s. Stephen & Sarah, b. July 1, 1745	1	210
Ann, m. Silas **SMITH**, b. of Killingly, Dec. 12, 1846, by Rev. Thomas O. Rice	2	38a
Anne Elizabeth, m. Darius **GILMAN**, b. of Killingly, May 4, 1851, by Rev. Sidney Dean	2	60
Asa W., m. Lucy M. **PRAY**, b. of Killingly, Apr. 9, 1837, by Rev. Erastus Doty	2	2
Asa W., m. Maria **KIES**, b. of Killingly, Apr. 24, 1842, by Rev. Henry Robinson	2	13
Barziler, s. Jacob & Luce, b. July 1, 1766	1	281
Benjamin, m. [ ] **TUCKER**, Mar. 20, 1840, by Rev. Nicholas Branch	2	9a
Betsey, m. William **PERREY**, July 28, 1822, by Elisha Atkins	1	194
Briant, [s. Briant & Hephzibah], b. Feb. 7, 1744/5	1	37
Celinda, see under Selinda		
Charlotte A., of Lancaster, Mass., m. George W. **WAGNER**, of Clappville, Mass., Oct. 21, 1845, by Rev. Benjamin C. Phelps, of West Killingly. Witness: W[illia][m S. Stone	2	32
Chole, d. Briant & Hephzibah, b. May 25, 1759	1	206
Cretia, m. Asahel **CHASE**, Mar. 3, 1822, by Calvin Cooper	1	193
David, m. Mariah Angenath **FROST**, b. of Killingly. Oct. 9, 1842, by Rev. Tubal Wakefield	2	14a

	Vol.	Page
BROWN, (cont.)		
Deborah, d. Nathaniel & Deborah, b. Sept. 9, 1732	1	21
Deborah, [d. Briant & Hephzibah], b. Feb. 9, 1746/7	1	37
Dwight C., m. Betsey **JACOBS**, b. of Killingly, Nov. 30, 1848, by Rev. J. Livesy, Jr.	2	51a
Elijah, s. Nathaniel [& Abi], b. Apr. 8, 1773	1	312
Elisabeth, d. Stephen & Sarah, b. Feb. 12, 1737	1	30
Elizabeth, [twin with John], d. Jesse & Experience, b. May 20, 1782	1	302
Ephraim, of Thompson, m. Mary **MITCHELL**, of Killingly, Sept. 27, 1846, by George Warren, J. P.	2	37
Ezekiel, m. Susannah **BASTO**, Nov. 13, 1796, by Samson Howe, J. P.	1	185
Frances H., m. Jarvis E. **GLADDING**, b. of Providence, R. I., Apr. 27, 1845, by [Rev. Tho[ma]s O. Rice]	2	27a
Hannah, d. Nathaniel & Deborah, b. Mar. 23, 1726/7	1	21
Han[n]ah, d. Nath[anie]ll & Alice, b. Apr. 28, 1748	1	36
Hannah, m. Henry **BROWN**, Mar. 13, 1782, by Rev. Charles Gleason	1	183
Hansey, of Glocester, R. I., d. of Olney, m. Dorman **BURRELL**, of Killingly, s. of Eben[eze]r, Sept. 4, 1819, by John Westcoat, Elder	1	188
Henry, m. Hannah **BROWN**, Mar. 13, 1782, by Rev. Charles Gleason	1	183
Huldah, m. Elisha **TUCKER**, Oct. 8, 1815, by Rev. Calvin Cooper	2	81
Jacob, s. Nathaniel & Alice, b. Dec. 23, 1741	1	25
Jacob, m. Lua **RUSSELL**, Jan. [ ], 1763	1	264
Jane, of Fall River, m. Samuel **MURGETRAYD**, Mar. 2, 1845, by Rev. Nicholas Branch	2	27a
Jeremiah, s. Jeremiah & Lidiah, b. Aug. 12, 1751	1	43
Jerusha, of Killingly, m. John W. **FIELD**, of Providence, R. I., [ ], by Roswell Whitmore	2	1a
Jesse, m. Experience Mary **HUGHES**, June 29, 1775, by Rev. Noadiah Russell	1	182
Jesse, s. Jesse & Experience, b. Apr. 20, 1785	1	302
Joanna, m. Penuel **LEAVENS**, May 17, 1778, by George Robinson, Clerk	1	178
John, s. John & Mary, b. Nov. 16, 1728	1	3
John, s. Nathaniel & Deborah, b. June 8, 1738	1	21
John, s. Nath[anie]ll, Jr. & Abi, b. May 7, 1758	1	218
John, [twin with Elizabeth], s. Jesse & Experience, b. May 20, 1782	1	302
John, m. Lucy A. **WARD**, b. of Burrillville, R. I., Sept. 17, 1837, by Rev. Sidney Holman	2	2a
John, m. Juliann **SMITH**, b. of Killingly, Jan. 29, 1843, by Rev. Henry Robinson	2	18
John Y., m. Amanda **PETTEPLACE**, b. of Gloucester, R. I.,		

	Vol.	Page

BROWN, (cont.)
- Feb. 14, 1847, by Rev. Daniel Williams — 2 — 41
- Joseph, [s. Briant & Hephzibah], b. Mar. 3, 1748/9 — 1 — 37
- Joseph, m. Elizabeth **GARY**, Mar. 3, 1774, by Rev. Mr. Putnam — 1 — 184
- Joseph, s. Joseph & Elisabeth, b. Jan. 22, 1775 — 1 — 307
- Joseph, s. Joseph & Elizabeth, d. Nov. 15, 1775 — 1 — 173
- Joseph D., m. Abby M. **PAINE**, b. of North Providence, R. I., Dec. 13, 1849, by Rev. S. W. Coggeshall — 2 — 54
- Josiah, s. Josiah & Caziah, b. Mar. 24, 1742 — 1 — 27
- Lemuel, m. Amey **MATHEWSON**, b. of Killingly, Sept. 21, 1820, by Rev. Calvin Cooper — 1 — 188
- Levine, d. Nathaniel [& Abi], b. Feb. 21, 1775 — 1 — 312
- Lity, of Killingly, m. H. W. **PHILLIPS**, of Foster, R. I., Apr. 30, 1853, by Rev. J. C. Dow — 2 — 79
- Lucius B., m. Charlotte **TRUESDELL**, b. of Killingly, Oct. 9, 1842, by Rev. Henry Robinson — 2 — 14
- Lydia, of Foster, m. Richard **BROWN**, of Killingly, Apr. 26, 1823, by Calvin Cooper — 1 — 114
- Lydia, of Foster, m. Richard **BROWN**, of Killingly, Apr. 20, 1823, by Calvin Cooper — 1 — 198
- Lydia, of Killingly, m. Bussel* **SMITH**, of Glocester, R. I., Oct. 13, 1839, by Rev. Daniel Williams *(Russel[l]?) — 2 — 8
- Margaret, of Killingly, m. John **CHEESBROW**, of Stonington, Nov. 29, 1827, by Calvin Cooper — 1 — 119
- Mariah, of Scituate, R. I., m. Atwell A. **TUCKER**, of Killingly, Dec. 10, 1835, by Daniel Williams, Elder — 1 — 153
- Mary, [d. Briant & Hephzibah], b. Aug. 4, 1743 — 1 — 37
- Mary, d. Stephen, Jr. & Mary, b. Sept. 11, 1751 — 1 — 47
- Mehetabel, d. Nathaniel & Deborah, b. Feb. 14, 1729/30 — 1 — 21
- Mercy, [d. Jesse & Experience], b. Jan. 31, 1780 — 1 — 302
- Molly, d. Jesse & Experience, b. June 12, 1776 — 1 — 302
- Nathaniel, s. Nathaniel & Deborah, b. Mar. 1, 1734/5 — 1 — 21
- Nath[anie]ll, s. Jacob & Luce, b. Oct. 26, 1763 — 1 — 281
- Nathaniel, s. Nathaniel [& Abi], b. Dec. 24, 1770 — 1 — 312
- Paul, s. Stephen & Sarah, b. May 12, 1742 — 1 — 210
- Paul, s. Stephen & Sarah, b. May 15, 1742 — 1 — 30
- Peter, s. Briant & Hephzibah, b. Mar. 24, 1751 — 1 — 44
- Peter, s. Briant & Hephzebah, b. May 4, 1757 — 1 — 206
- Peter, s. Jesse, b. Aug. 1, 1787 — 1 — 302
- Phebe, m. William B. **WILBOUR**, b. of Providence, R. I., Feb. 7, 1847, by Lowell Graves, J. P. — 2 — 39
- Randolph, s. Joseph & Elisabeth, b. Apr. 10, 1777 — 1 — 307
- Randolph, s. Jos[eph] & Elizabeth, d. Nov. 25, 1777 — 1 — 173
- Randolf, s. Joseph & Elisabeth, b. Jan. 9, 1779 — 1 — 307
- Randolph, s. Joseph & Eliz[abeth], d. Aug. 22. 1779 — 1 — 173
- Rebeckah, d. Nathaniel & Abi, b. Aug. 13. 1768 — 1 — 312
- R[h]oda, d. Stephen & Sarah, b. June 2. 1754 — 1 — 210

	Vol.	Page

BROWN, (cont.)

Richard, of Killingly, m. Lydia **BROWN**, of Foster, Apr. 20, 1823, by Calvin Cooper	1	198
Richard, of Killingly, m. Lydia **BROWN**, of Foster, Apr. 26, 1823, by Calvin Cooper	1	114
Russell, m. Emily **FOLLETT**, b. of Smithfield, R. I., Aug. 18, 1844, by Rev. Daniel Williams	2	24a
Ruth A., of Worcester, Mass., m. William C. **STEDMAN**, [ ], by Norris C. Lippitt, J. P.	2	46
Samuel J., m. Phebe Ann **DAVIS**, b. of Killingly, Feb. 11, 1838, by Rev. Sidney Holman	2	3a
Samuel T., of Pomfret, m. Arthusa **CORBIN**, of Thompson, Dec. 19, 1842, by Rev. Daniel Williams	2	17
Sarah, d. Stephen & Sarah, b. Jan. 9, 1733	1	30
Sarah, [d. Jesse & Experience], b. Mar. 2, 1778	1	302
Sarah, of Killingly, m. Jabez A. **ALLEN**, of Brooklyn, Nov. 27, 1823, by Rev. Roswell Whitmore	1	113
Sarah, m. Lucius H. **KEACH**, b. of Brooklyn, Nov. 17, 1851, by Rev. Sidney Dean	2	69
Sarah S., of Killingly, m. Edwin **SMITH**, of Thompson, Apr. 1, 1841, by Rev. Daniel Dow, of Thompson	2	10a
Selinda A., m. Dr. Charles **DEAN**, July 9, 1820, by Rev. Elisha Atkins	1	188
Silas, s. Stephen & Sarah, b. Feb. 28, 1748	1	210
Simon, Jr., m. Mary **BURGESS**, b. of Killingly, Nov. 11, 1833, by Rev. Edward Lippit	1	86
Sophia L., of Pawtucket, Mass., m. Israel **WILKINSON**, of Boston, Mass., Oct. 21, 1847, in Danielsonville, West Killingly, by Rev. John Livesy, Jr.	2	44a
Stephen, s. Stephen & Sarah, b. Apr. 15, 1735	1	30
Stephen, of Killingly, m. Mary **LYON**, of Pomfrett, Oct. 17, 1748	1	65
Stephen, s. Stephen, Jr. & Mary, b. May 18, 1749	1	47
Stephen, m. Harriet A. **KEACH**, b. of Killingly, Dec. 21, 1851, by Rev. E. Loomis	2	67
Susan, m. John A. **RANDALL**, b. of Killingly, Oct. 31, 1830, by Calvin Cooper	1	125
Thomas, s. Roxana **COLLINS**, b. of Killingly, Jan. 17, 1847, by Rev. G. W. Greenslitt	2	38a
Waitey, m. William **HOYLE**, May 25, 1831, by Penuel Hutchens, J. P.	1	127
Washington, s. Nathaniel [& Abi], b. Feb. 2, 1777	1	312
William, s. Joseph & Eliz[abeth], b. Mar. 24, 1780	1	307
William, m. Sally **DAY**, b. of Killingly, Sept. 18, 1837, by Rev. Sidney Holman	2	2a
W[illia]m, m. Lite **TAYLOR**, b. of Killingly, Nov. 8, 1846, by Rev. Daniel Williams	2	38
W[illia]m C., of Concord, Mass., m. Susan E. **RUNNELLS**, of		

	Vol.	Page
BROWN, (cont.)		
Conway, N. H., Sept. 12, 1845, by Rev. Benjamin C. Phelps, of West Killingly. Witness: Abby S. Buckminster	2	30a
Zaccheas, s. Nathaniel & Allis, b. Oct. 23, 1744	1	30
Zilysha, d. Henry & Hannah, b. Dec. 25, 1782	1	292
------, s. Briant & Hysabeth, b. July 17, 1741	1	28
------, s. Nath[anie]ll & Deborah, b. Sept. 10, 1742	1	28
BROWNELL, George, s. Ezra & Hope, b. Apr. 13, 1774	1	241
Mary W., of Tivaton, R. I., m. James D. **TAYLOR**, of Hansom, Mass., May 29, 1845, by Rev. John Howson	2	28
Richard, s. Ezra & Hope, b. Jan. 19, 1772	1	258
BROWNING, Susan A., m. Samuel B. S. **HARRIS**, b. of Providence, R. I., Oct. 20, 1850, by Rev. Daniel Williams	2	57
BRUCE, Benjamin, s. James & Elis[abeth], b. Oct. 26, 1760	1	287
Elisabeth, d. Benjamin & Abigail, b. Sept. 25, 1735	1	16
Martha, d. James & Eliz[abeth], b. July 13, 1762	1	287
Mary, d. James & Eliz[abeth], b. Oct. 27, 1758	1	287
BRUMLEY, [see also **BRAMLY**], Harley A., m. Lucy C. **BARNES**, b. of Preston, Conn., Nov. 17, 1851, by S. W. Coggeshall	2	58
BRYANT, Catharine, m. Nathaniel **BLANCHARD**, b. of Killingly, Feb. 15, 1722/3	1	78
Mehetable, d. Samuel, d. Nov. 22, 1729	1	4
Simon, d. Sept. 28, 1748	1	75
BUCHANAN, Polly, of West Killingly, m. Robert M. **WILSON**, of Brooklyn, Feb. 9, 1851, by Rev. T. O. Rice	2	59
BUCK, Aaron, s. David & Anna, b. Nov. 2, 1768	1	223
Abelena, d. David & Anna, b. Aug. 30, 1773	1	223
Abelena, m. Anson **PERRY**, b. of Killingly, Sept. 20, 1798, by Rev. Elisha Atkins	2	81
Abigail, d. Joseph & Dorcas, b. May 8, 1798	1	305
Alexander, of Pomfret, m. Lydia M. **ARNOLD**, of Thompson, Apr. 16, 1846, by Rev. I. J., Burgess, of Pomfret	2	35a
Anna, d. David & Anna, b. May 30, 1760	1	223
Anna, m. Josiah **DEAN**, Mar. 25, 1779, by Rev. Emerson Forster	1	182
Annis, d. Joseph & Dorcas, b. Jan. 14, 1801	1	305
Arethusa, d. David, Jr. & Lucretia, b. Apr. 1, 1793	1	233
Arthusa Howe, d. Elisha & Sybel, b. Aug. 16, 1832	2	2
Augustus, [s. Aaron & Anne], b. July 9, 1804	1	316
Augustus Howe, s. Elisha & Sybel, b. Dec. 9, 1825	2	2
Benj[amin], on Sept. 15, 1767, forbade any person trading with his wife Alles **BUCK**	1	60
Charles, s. David, Jr., & Lucretia, b. Jan. 19, 1788	1	233
Chloe, d. Joseph & Dorcas, b. June 26, 1793	1	305
David, s. David & Anna, b. Apr. 4, 1763	1	223
Dexter B., m. Sarah A. P. **COOKE**, b. of Killingly, Feb.		

	Vol.	Page

BUCK, (cont.)

7, 1841, by Calvin Cooper, Elder	2	10a
Dorcas Caroline, [d. Joseph & Dorcas], b. Dec. 2, 1813	1	305
Elisha, [s. Aaron & Anne], b. May 5, 1802	1	316
Elisha, m. Sibel **KENNEY**, Feb. 20, 1825, by Elisha Atkins	1	115
Elisha Atkins, s. Elisha & Sybel, b. Feb. 23, 1837	2	2
Elisha Fairbanks, [twin with Eliza Watson], s. [Joseph & Dorcas], b. Apr. 9, 1811	1	305
Eliza, m. George **PERRY**, Feb. 2, 1835, by Rev. H. Brownson, Thompson	1	92
Eliza Watson, [twin with Elisha Fairbanks], d. [Joseph & Dorcas], b. Apr. 9, 1811	1	305
Elisabeth, d. Reuben & Elisabeth, b. Aug. 18, 1775	1	314
Elizabeth, m. William **BARROWS**, b. of Killingly, Sept. 21, 1834, by Rev. Alvan Underwood	1	91
Erastus, s. Aaron & Anne, b. Apr. 28, 1800	1	316
Freelove, m. Mervin **KIES**, b. of Killingly, Feb. 23, 1823, by Israel Day	1	197
George, [s. Aaron & Anne], b. Oct. 13, 1809	1	316
Hannah, d. [Sam[ue]ll & Martha], b. Dec. 14, 1761	1	299
Han[n]ah, d. Sam[ue]ll & Martha, b. Dec. 15, 1761	1	161
Joanna, [d. Aaron & Anne], b. Apr. 27, 1807	1	316
Joanna, of Killingly, m. Caleb **HOWE**, of Oxford, Mass., Oct. 1, 1827, by Elisha Atkins	1	119
Jonathan, s. David & Anna, b. Nov. 11, 1764	1	223
Jonathan, m. Sarah **CLARK**, b. of Killingly, May 26, 1828, by Rev. Calvin Cooper	1	100
Joseph, Jr., [s. Joseph & Dorcas], b. Jan. 4, 1803	1	305
Lucretia, alias Lucretia **DAVIS**, of Killingly, m. Charles **SPENCER**, of East Greenwich, R. I., Apr. 24, [1836], by Sidney Holman	1	142
Lucy, d. Aaron & Anne, b. Aug. 22, 1791	1	316
Marg[a]rat, d. R[e]uben & Eliz[abeth], b. Feb. 5, 1761	1	277
Marthar Ann, d. Capt. Joseph & Dorcas, b. July 5, 1807	1	305
Mary, d. Sam[ue]ll & Martha, b. Sept. 28, 1760	1	161
Mary, d. Sam[ue]ll & Martha, b. Sept. 28, 1760	1	299
Mary, d. Joseph & Dorcas, b. June 7, 1805	1	305
Mary, of Killingly, m. George **RICKARD**, of Pomfret, Apr. 10, 1828, by Rev. Heman Perry	1	121
Mary Ann, m. David A. **DEAN**, b. of Killingly, July 3, 1842, by Rev. Roswell Whitmore	2	13a
Mary Ann E., of Killingly, m. Joseph D. **AUSTIN**, of Charlestown, R. I., Dec. 22, 1850, by Shubael Adams, J. P.	2	57
Mary Larned, d. Elisha & Sybel, b. Jan. 13, 1842	2	2
Obediah, s. David & Anna, b. Dec. 14, [ ]	1	223
Olive, d. David & Anna, b. Mar. 22, 1766	1	223
Parley, [s. R[e]uben & Eliz[abeth], b. Dec. 2, 1763	1	277

	Vol.	Page

BUCK, (cont.)
Polly, d. Aaron & Anne, b. Feb. 27, 1798	1	316
Rachal, d. Samuel & Rachal, b. Oct. 14, 1751	1	45
Reuben, s. Reuben & Elisabeth, b. Jan. 4, 1769	1	314
Richard R., m. Tamor M. **DAVISON**, Apr. 11, 1852, by Rev. Thomas O. Rice	2	71
Rozamond, d. Aaron & Anne, b. Jan. 7, 1796	1	316
Sabra, d. David & Anna, b. Dec. 16, 1777	1	223
Sam[ue]ll, s. Sam[ue]ll L. & Martha, b. Nov. 7, 1764	1	161
Samuel, s. Sam[ue]ll & Martha, b. Nov. 7, 1764	1	299
Samuel, 3rd, s. Samuel, Jr. & Lydia, b. June 8, 1787	1	230
Sarah, d. Sam[ue]ll, Jr. & Lydia, b. Nov. 15, 1789	1	230
Simon, s. Joseph & Dorcas, b. Sept. 3, 1795	1	305
Susannah, d. Sam[ue]ll & Martha, b. June 17, 1763	1	161
Susannah, [d. Sam[ue]ll & Martha], b. June 17, 1763	1	299
Tamor, d. R[e]uben & Eliz[abeth], b. Jan. 4, 1765	1	277
Walter, s. Reuben & Elisabeth, b. Dec. 23, 1771	1	314
William, s. Reuben & Elisabeth, b. Nov. 2, 1779	1	314
Zerviah, d. Reuben & Elisabeth, b. Feb. 28, 1767	1	314
Zerviah, d. David & Anna, b. May 15, 1767	1	223

BUCKLAND, Jane, of Pawtucket, Mass., m. Daniel **HOWARD**, of Burrellville, R. I., Feb. 14, 1847, by Rev. F. Daman — 2, 44

BUCKLIN, Abby Ann, m. George A. **COLE**, b. of Foster, R. I., Sept. 3, 1848, by Rev. Daniel Williams — 2, 47a

Samuel, S. F., m. Mary K. **RICHARDS**, b. of Warren, R. I., June 18, 1848, by Franklin Clarke — 2, 46a

BUCKMINSTER, Abby S., m. Freeman **JAMES**, b. of Killingly, July 29, 1853, by Rev. Roswell Whitmore — 2, 77

BUFFINTON, BUFINTON, Benjamin, s. Thomas & Sarah, b. Aug. 29, 1745 — 1, 35
Dorothy, d. Thomas & Sarah, b. June 9, 1748	1	36
John, s. Thomas & Sarah, b. Feb. 26, 1742	1	35
Sarah, d. Thomas & Sarah, b. June 17, 1743	1	35
Thomas, s. Thomas & Sarah, b. Mar. 29, 1746	1	35

BUGBEE, Joseph, of Thompson, m. Adaline **MATTHEWES**, of Killingly, Apr. 3, 1843, by Rev. Henry Robinson — 2, 18

BUMP, Isaiah B., of Middleburrow, Mass., m. Matilda B. **SAMPSON**, of North Providence, R. I., Oct. 3, 1847, by Rev. Daniel Williams — 2, 45a

Joseph G., m. Eliza **KIES**, b. of Killingly, Dec. 9, 1830, by Elisha Atkins — 1, 127

BURBANK, David, of Worcester, Mass., m. Elizabeth A. **BURT**, of Millbury, Mass., Mar. 6, 1852, by Earl Martin, J. P. — 2, 70

BURCH, Bathsheba, m. David **DAY**, b. of Killingly, Mar. 28, 1734 — 1, 76
Betsey, d. Robert & Mary, b. Nov. 2, 1786	1	320
Damaris, m. Isaac Cady **HOWE**, Sept. 12, 1765	1	156
Damaris, m. Isaac Cady **HOWE**, Sept. 12, 1765, by Aaron Brown	1	261

	Vol.	Page
BURCH, (cont.)		
Elizabeth, d. Robert & Elizabeth, b. July 18, 1731	1	6
Elizabeth, d. Robert & Damras, b. Mar. 9, 1760	1	271
Marcy, Mrs., m. James **MIGHELL**, b. of Killingly, [ ], by Joseph Leavens, J. P.	1	76
Robert, s. Robert & Elisabeth, b. Aug. 3, 1734	1	14
Robert, s. Robert & Damras, b. Sept. 15, 1762	1	271
Robert, m. Mary **FELSHAW**, Feb. 12, 1786, by Rev. Elisha Atkins	1	184
Thomas, s. Robert & Damas, b. Dec. 15, 1757	1	271
BURDICK, BURDICT, Artamissa, m. Charles A. **JOSLIN**, b. of Killingly, Feb. 11, 1838, by Rev. Sidney Holman	2	3a
Caroline S., of Plainfield, m. Flavell W. **RANDALL**, of Foster, R. I., May 7, 1850, by Earl Martin, J. P.	2	55
Dexter, of Killingly, m. Harriet **AUSTIN**, of Pomfret, Aug. 25, 1844, by Rev. John Howson	2	24
Julia Ann, of Hampton, m. James **WRIGHT**, of Brooklyn, July 4, 1845, by Ephraim Bacon, J. P.	2	28
BURGESS, Abby R., m. Reuben **HARRINGTON**, b. of Killingly, July 4, 1844, by Rev. G. W. Greenslit	2	23a
Amanda, of Killingly, m. Asa **EGGLESTON**, of Smithfield, R. I., July 6, 1840, by Rev. Daniel Williams	2	9
Arnold, m. Orinda **TEWGOOD**, b. of Foster, R. I., Aug. 22, 1844, by Rev. Daniel Williams	2	25
Charlotte, m. Aluil* **CHASE**, Nov. 15, 1829, by Elder George W. Appleton (*Abiel?)	1	124
George, m. Sarah A. **LIVSEY**, b. of Providence, R. I., Oct. 8, 1845, by Ephraim Bacon, J. P.	2	31a
George A., of Providence, R. I., m. Fanny M. **BATTEY**, of Brooklyn, Dec. 10, 1848, by Rev. Isaac C. Day	2	49a
Hannah, m. William H. **HALL**, b. of Providence, R. I., Aug. 23, 1846, by Rev. Daniel Williams	2	37
Henry, of Cranston, R. I., m. Olive **PATTEN**, of Providence, R. I., [ ], by Daniel Williams, Elder	2	5
Horace, of Foster, m. Olive L. **JEFFERSON**, of Sterling, Nov. 29, 1852, by Rev. Daniel Williams	2	77
James E., of Canterbury, m. Ludencia A. **RICKARD**, of Killingly, May 25, 1847, by Rev. T. O. Rice	2	39a
Laura A., of Foster, R. I., m. Ezra **YOUNG**, of Sterling, Dec. 24, 1843, by Rev. Daniel Williams	2	22
Laura A., m. Thomas **ECKLES**, b. of Smithfield, R. I., Sept. 21, 1845, by Rev. Daniel Williams	2	34a
Leonard, of Foster, R. I., m. Mrs. Anna **WILLIAMS**, of Foster, R. I., Apr. 1, 1831, by George W. Appleton	1	130
Mary, m. Simon **BROWN**, Jr., b. of Killingly, Nov. 11, 1833, by Rev. Edward Lippit	1	86
Mary E., of Killingly, m. Isaac **MELLEN**, of Prescott, Mass., May 18, 1852, by Rev. Tho[ma]s O. Rice	2	71

	Vol.	Page
BURGESS, (cont.)		
Miranda, of Smithfield, R. I., m. Aldrich **PAINE**, Apr. 4, 1846, by Rev. Joseph B. Daman	2	43a
Polly, m. Reuben **BARTLETT**, June 7, 1803	2	81
W[illia]m, m. Julia Ann **YOUNG**, Nov. 18, 1833, by John N. Whipple	1	87
William, of Smithfield, R. I., m. Sarah Ann **AUSTIN**, of Attleborough, Mass., July 4, 1846, by Rev. Joseph B. Daman	2	43
BURLINGAME, BURLINGHAM, Benjamin, of Killingly, m. Content **ALDRICH**, of Foster, R. I., Dec. 14, 1826, by Rev. Calvin Cooper	1	117
Clarinda, of Killingly, m. Darius **WOOD**, of Canterbury, Mar. 19, 1838, by Rev. Sidney Holman	2	4
Cyrus P., of Scituate, R. I., m. Lucy Ann B. **ARNOLD**, of Glocester, R. I., Feb. 5, 1846, by Rev. Benjamin C. Phelps, of West Killingly. Witness: Ellis Buckminster	2	33a
Ebenezer, m. Sophia **WARREN**, b. of Killingly, Mar. 26, 1837, by Rev. Erastus Doty	2	1a
Eunice, m. William **JOHNSON**, b. of Killingly, Sept. 15, 1822, by Joseph Adams, J. P.	1	195
George, m. Jane **BLANCHARD**, b. of Glocester, R. I., Oct. 27, 1839, by Nicholas Branch	2	7
Harris, m. Sarah A. **WARREN**, b. of Killingly, Nov. 28, 1839, by Nicholas Branch	2	7
Henry C., m. Mary C. **STONE**, b. of Providence, R. I., July 28, 1850, by Earl Martin, J. P.	2	55a
Lewis, of Killingly, m. Eliza **ROBBINS**, of Thompson, Sept. 26, 1842, by Rev. Daniel Williams	2	16a
Lurana, Mrs., m. Stephen **CONVERSE**, Jr., b. of Killingly, Dec. 3, 1820, by David Chase, J. P.	1	189
Maria, m. W[illia]m W. **KIES**, b. of Killingly, Nov. 10, 1833, by Rev. Otis Lane	1	87
Mary M., m. Samuel C. **CHASE**, b. of Killingly, Aug. 27, 1851, by Rev. Sidney Dean	2	66
Owen A., m. Mary J. **STANLEY**, b. of Providence, R. I., July 28, 1850, by Earl Martin, J. P.	2	55a
Phebe R., of Coventry, R. I., m. Daniel **MATTESON**, of Scituate, R. I., Oct. 5, 1847, by Rev. T. O. Rice	2	42a
Ruth, of Killingly, m. Daniel **FISKE**, of Scituate, July 3, 1842, by Rev. Tubal Wakefield	2	13a
Waldow, m. Henrietty **TOWNE***, b. of Killingly, Sept. 29, 1825, by Calvin Cooper (*Perhaps " **YOUNE**")	1	109
William, [of] Glocester, m. [ ] **TORREY**, of Killingly, Jan. 1, 1828, by Elisha Atkins	1	119
W[illia]m B., m. Zilpha **HAMMOND**, b. of Killingly, Sept. 8, 1845, by Rev. Benjamin C. Phelps, of West Killingly	2	30
BURR, Mary Anna, m. George W. **CADY**, b. of Providence, R. I.,		

	Vol.	Page
BURR, (cont.)		
July 20, 1846, by Rev. Daniel Williams	2	36a
BURRELL, BURRILL, Delight, of Killingly, m. James **TOURTELLOT,** of Leroy, Genesee County, N. Y., Apr. 9, 1833, by Arba Covel, J. P.	1	135
Dorman, of Killingly, s. Eben[eze]r, m. Hansey **BROWN,** of Glocester, R. I., d. of Olney, Sept. 4, 1819, by John Westcoat, Elder	1	188
Eben[eze]r, m. Delighty **MOFFETT,** b. of Killingly, July 22, 1821, by Calvin Cooper, Elder	1	192
Hannah, of North Providence, R. I., m. Christopher **ATWOOD,** of Providence, R., I., Aug. 29, 1847, at Danielsonville, West Killingly, by Rev. J. Livesy, Jr.	2	42
Matilda, m. Samuel **REYNOLDS,** b. of Killingly, Dec. 17, 1820, by Calvin Cooper, Elder	1	190
BURRINGTON, Joseph B., m. Sarah H. **WOOD,** b. of Smithfield, R. I., Aug. 18, 1844, by Rev. Daniel Williams	2	24a
BURROUGHS, BURROWS, BURROUGH, [see also **BARROWS**], Albert H., m. Laura **WATSON,** of East Killingly, Sept. 5, 1852, by Rev. J. C. Dow	2	73
Betsey, m. Lewis **OWEN,** Sept. 11, 1836, by Lowell Graves, J. P.	1	138
Cyrus, m. Livina **ADAMS,** Aug. 29, 1830, by Elder G. W. Appleton	1	133
Elizabeth, d. John & Joanna, b. June 20, 1767	1	213
George, m. Susan E. **BLANCHARD,** b. of Smithfield, R. I., Sept. 15, 1844, by Rev. Daniel Williams	2	25a
Harriet, m. James B. **TAYLOR,** b. of Pawtucket, R. I., Jan. 19, 1845, by Rev. Daniel Williams	2	28a
Horace, of Brooklyn, m. Henrietta **SPAULDING,** of Killingly, Mar. 28, 1824, by Rev. Roswell Whitmore	1	102
Joanna, d. John & Joanna, b. Sept. 15, 1769	1	213
William, m. Esther **OWEN,** b. of Killingly, Oct. 14, [1827], by Anthony Brown, J. P.	1	118
BURT, Benjamin, s. John, b. Apr. 29, 1746	1	200
Ele[a]zer, s. John, b. Mar. 14, 1748	1	200
Elizabeth A., of Millbury, Mass., m. David **BURBANK,** of Worcester, Mass., Mar. 6, 1852, by Earl Martin, J. P.	2	70
Eunice, d. John, b. Jan. 23, 175[ ]	1	200
George, m. Ruby **CASE,** of Plainfield, Oct. 3, 1842, by Rev. Geo[rge] May	2	14
John, s. John, b. Aug. 19, 1743	1	200
Joseph, s. John, b. Oct. 23, 1749	1	200
Joseph D., of Lindon, Vt., m. Almirah A. **SMITH,** of Killingly, Nov. 11, 1839, by Rev. Daniel Williams	2	8
Reuben, s. John, b. Mar. 14, 1751	1	200
BURTON, Susan, m. Timothy **KIES,** b. of Northbridge, Mass., [July] 17, 1836, by Sidney Holman	1	154

	Vol.	Page
BUSH, Mary Ann, of the South of Ireland, m. Barned **MULIN**, of the North of Ireland, Oct. 6, 1833, by Daniel Williams, Elder	1	86
BUSHEE, [see also **BUSSEY**], Alethear, d. Jonathan & Anstiss, b. Jan. 31, 1800	1	246
Henry Sisson, s. Jonathan & Anstess, b. May 12, 1797	1	246
BUSHNELL, Abby F., of Killingly, m. Jeremiah **HILL**, of Plainfield, May 14, 1851, by Rev. Joseph Ayer	2	60
BUSSELL, [see also **RUSSELL**], Esther, of Killingly, m. Sheldon **BATES**, of R. I., Mar. 16, 1823, by David Chase, J. P.	1	198
BUSSEY, [see also **BUSHEE**], Maria, m. Edwin **STONE**, b. of Killingly, Sept. 29, 1844, by Rev. John Howson	2	25
Mary, m. Charles H. **DAVIS**, b. of Killingly, Nov. 28, 1839, by Roswell Whitmore	2	7
BUTLER, William, of Voluntown, m. Betsey **ROBBINS**, of Killingly, May 13, 1838, by Harris Arnold, J. P.	2	4a
BUTMAN, [see under **BATEMAN**]		
BUTTON, Prentice, m. Abby M. **KNOWLES**, of Providence, R. I., Sept. 20, 1846, by Lowell Graves, J. P.	2	37a
BUTTS, Henry, of Brooklyn, m. Rebecca **HOPKINS**, of Foster, R. I., July 8, 1848, by Rev. Isaac C. Day	2	48
CABOT, Abel, s. Sebastian & Alis, b. May 30, 1773	1	291
Abigail, d. Nov. 22, 1740	1	26
Abagail, d. Nov. 22, 1740	1	73
Abigail, d. Nov. 22, 1740	1	159
Abigail, d. M[ ] & Mary, b. June 13, 1741	1	26
Abigail, d. Maston & Mary, b. June 13, 1741	1	222
Abagail, m. John **CORBIN**, Feb. 9, 1761, by Rev. Noadiah Russell	1	182
Anna, d. Marston & Mary, b. Oct. [17*], 1750 (*Handwritten in)	1	222
Francis*, d. Apr. 25, 1752 *(Corrected in margin)	1	159
George, s. Maston & Mary, b. Jan. 10, 1733	1	222
George, d. Nov. 17, 1740	1	26
George, d. Nov. 17, 1740	1	73
George, d. Nov. 17, 174[ ]	1	159
George, s. Maston & Mary, b. Mar. 28, 1745	1	222
Justus, s. Sebastian & Alice, b. June 5, 1765	1	291
Maston, Rev., m. Mrs. Mary **DWIGHT**, July 22, 1731	1	178
Marston, s. Marston & Mary, b. Mar. 28, 1747	1	222
Maston, Rev., d. Apr. 8, 1756	1	66
Maston, Rev., of Thom[p]son, d. Apr. 8, 1756	1	159
Mary, b. July 31, 1735	1	26
Mary, d. Maston & Mary, b. July 31, 1735	1	222
Roger, s. Sebastian & Alice, b. May 11, 1771	1	291
Sabastian, b. May 26, 1737	1	26
Sabastian, s. Maston & Mary, b. May 26, 1737	1	222
Sabastian, m. Alice **CORBIN**, [ ], 1764	1	176

	Vol.	Page
CABOT, (cont.)		
Sebastain, s. Sebastian & Alice, b. May 31, 1769	1	291
Susannah, d. Maston & Mary, b. May 10, 1739	1	222
Susannah, d. Nov. 11, 1740	1	26
Susannah, d. Nov. 11, 1740	1	73
Susannah, d. Nov. 11, 1740	1	159
Susannah, d. Maston & Mary, b. Mar. 6, 1743	1	222
Sylvanus, s. Marston & Mary, b. Oct. 14, 1748	1	222
Sylvanus, s. Marston & Mary, b. [ ] 16, 1752	1	222
Abigail*, d. Maston & Mary, b. Apr. 24, 1732 *(Handwritten in margin of original manuscript)	1	222
Sophia*, d. Marston & [Mary], b. July 20, 1756 *(Handwritten in margin of original manuscript)	1	222
CADY, Abel, s. Jonathan & Elisabeth, b. Aug. 24, 1735	1	16
Abigail, d. Samuel & Eliz[abeth], b. Jan. 4, 1756	1	237
Abiga[i]l, d. Isaiah & Mary, b. Mar. 14, 1759	1	300
Abigail, d. Baraibiah & Eliz[abeth], b. Apr. 26, 1759	1	243
Abigail, w. Stephen, d. Oct. 18, 1782, in the 79th y. of her age	1	168
Abeline, d. Jonathan & Betty, b. Feb. 26, 1739/40	1	23
Abilene, d. Joseph & Elisabeth, d. June 30, 1741	1	26
Abilene, d. Joseph & Eliz[abe]th, d. June 30, 1741	1	73
Alba, s. Joseph & Zerviah, b. Dec. 10, 1769	1	284
Allis, d. David & Hannah, b. Nov. 17, 1734	1	26
Alice, d. [Joseph & Zerviah], b. Dec. 21, 1764	1	209
Alice, d. Joseph & Zerviah, b. Dec. 21, 1764	1	284
Almira, of Killingly, m. Wheeler **HILL**, of Pomfret, Sept. 30, 1823, by Rev. Roswell Whitmore	1	102
Almira C., m. Joseph H. **ADAMS**, b. of Killingly, Dec. 5, 1841, by Calvin Cooper, Elder	2	12
Anna, d. Isaiah & Mary, b. Mar. 21, 1763	1	300
Anna Frances, of Glocester, R. I., m. George M. **SHELDON**, of Burrillville, R. I., Feb. 7, 1841, by Rev. Nicholas Branch	2	10a
Asa, s. Isaiah & Mary, d. June 18, 1776	1	168
Asanda, d. Isaiah & Mary, b. Sept. 27, 1777	1	300
Aseneth, d. Jonathan & Rebecca, b. Feb. 19, 1772	1	298
Barachiah, s. Ephraim & Abigail, b. May 14, 1734	1	15
Barachiah, m. Eliz[abeth] **COVEL**, Nov. 18, 1756	1	175
Benjamin, s. Benj[amin] & Elisabeth, b. Nov. 24, 1738	1	21
Benjamin, s. [Benjamin] & Elizabeth, b. Nov. 24, 1738	1	254
Benjamin, [s. Col. Joseph & Lucy], b. July 20, 1795	1	325
Bersheba, [d. Joseph & Susannah], b. Feb. 11, 1768	1	325
Betty, d. Jonathan & Elisabeth, b. Mar. 16, 1729/30	1	7
Batty, [twin with Prudence], d. Jonathan & Betty, b. Apr. 20, 1750	1	40
Betty, m. Nathaniel **GROW**, b. of Killingly, Nov. 9, 1769, by Rev. Aaron Brown	1	184

	Vol.	Page
CADY, (cont.)		
Calvin, s. Jonathan & Elisabeth, b. Jan. 6, 1747/8	1	35
Caroline, m. Winsor **WADE**, b. of Killingly, Oct. 10, 1831, by George W. Appleton	1	130
Cate, [d. Capt. David & Lyd[i]a], b. Nov. 15, 1795	1	326
Charles, s. Isaiah & Mary, b. Aug. 19, 1765	1	300
Charles Edwin, [s. Jonathan & Jerusha], b. June 3, 1804	1	233
C[h]loe, d. Barakiah & Eliz[abeth], b. Sept. 22, 1765	1	257
Damris, d. Benjamin & Elizabeth, b. Sept. 21, 1740	1	254
David, s. David & Hannah, b. Feb. 10, 1742/3	1	26
David, m. Mary **SPRAGUE**, Mar. 24, 1763	1	175
David, s. Jonathan & Rebeckah, b. Dec. 12, 1767	1	298
David, Capt., m. Lydia **YOUNG**, Jan. 23, 1791, by Rev. Israel Day	1	261
David, Capt., d. Apr. 17, 1807, in the 64th y. of his age	1	79
David Abbe, [s. Jonathan & Jerusha], b. June 15, 1806	1	233
Dorcas, [s.] Jos[eph] & Zerviah, b. Aug. 2, 1756	1	209
Dorcas, d. Joseph & Zerviah, b. Aug. 2, 1756	1	284
Dorothy, [d. Joseph & Susannah], b. Apr. [ ], 1769	1	325
Edwin, of Brooklyn, m. Mariah **WHEATON**, of Killingly, June 23, 1825, by Rev. Roswell Whitmore	1	107
Elisabeth, d. Joseph, Jr. & Zerviah, b. Dec. 17, 1753	1	51
Elizabeth, d. Joseph & Zerviah, b. Dec. 17, 1753	1	209
Elisabeth, d. Samuel & Elisabeth, b. July 25, 1754	1	51
Elizabeth, d. Samuel & Eliz[abeth], b. July 25, 1754	1	237
Elizabeth, m. William **PEARSE**, May 6, 1777	1	182
Elizabeth, [d. Col. Joseph & Lucy], b. Apr. 11, 1789	1	325
Ephraim, s. Daniel & Abaga[i]l, b. Feb. 19, 1705, in Plainfield	1	42
Ephraim, of Killingly, m. Abaga[i]l **BARNES**, of Groton, Oct. 26, 1732, by Rev. Mr. Strobridg, of Groton	1	69
Ephraim, s. Ephraim & Abaga[i]l, b. July 2, 1750	1	41
Everett S., [s. Jonathan & Jerusha], b. July 21, 1801	1	233
Everett Sprague, d. July 6, 1803, in the 2nd y. of his age	1	79
Garner, s. Isaac & Sabra, b. Apr. 10, 1774	1	209
George W., m. Mary Anna **BURR**, b. of Providence, R. I., July 20, 1846, by Rev. Daniel Williams	2	36a
Hannah, d. David & Hannah, b. July 2, 1725	1	26
Hannah, m. Luther **GAY**, b. of Killingly, June 22, 1748, by Rev. Mr. Perley Howe	1	77
Harriet F., d. Jonathan & Jerusha, b. Feb. 13, 1797	1	233
Henry, s. Isaac & Sabra, b. July 31, 1767	1	209
Hezekiah, [s. Col. Joseph & Lucy], b. July 17, 1785	1	325
Isaac, s. Joseph & Elisabeth, d. Jan. 30, 1738/9	1	26
Isaac, s. Joseph & Eliz[abe]th, d. Jan. 30, 1738/9	1	73
Isaac, s. David & Hannah, b. Jan. 28, 1741	1	26
Isaac, m. Sabia **GREEN**, Nov. 16, 1766	1	176
Isaac H., of Providence, R. I., m. Maria L. **HUTCHENS**, of Killingly, Jan. 31, 1827, by Rev. A. Edson, of		

	Vol.	Page
CADY, (cont.)		
Brooklyn	1	112
Isaiah, [s. Stephen & Abaga[i]l], b. Apr. 22, 1732	1	49
Isaiah, of Killingly, m. Mary **NELSON**, of Woodstock,		
June 10, 1755	1	262
James, s. Jonathan & Betty, b. Feb. 17, 1733/4	1	13
James, [s. Joseph & Susannah], b. Aug. 4, 1775	1	325
Jason, s. Sam[ue]ll & Elisabeth, b. May 3, 1750	1	44
Jason, s. Samuel & Eliz[abeth], b. May 3, 1750	1	237
Jeremiah, s. Samuel & Eliz[abeth], b. July 17, 1752	1	237
Jeremiah, s. Isaiah & Mary, b. Mar. 21, 1770	1	300
Jerusha, d. David & Hannah, b. Oct. 3, 1736	1	26
Jerusha, d. Barachiah, b. Apr. 22, 1771	1	257
Jesse, [twin with Marg[a]ret], s. Barnabus & Marg[a]ret, b.		
Apr. 10, 1752	1	53
Joanna, d. Ephraim & Abigail, b. Sept. 28, 1736	1	18
John, s. Benjamin & Elizabeth, b. Nov. 23, 1736 (Entry		
crossed out)	1	19
John, s. Benjamin & Elisabeth, b. Nov. 28, 1736	1	18
John, s. Benj[ami]n & Elizabeth, b. Nov. 28, 1736	1	254
Jonathan, s. David & Han[n]ah, b. June 3, 1746	1	32
Jonathan, m. Rebeccah **CADY**, Nov. 20, 1766	1	175
Jonathan, m. Mrs. Jerusha **MESSENGER**, of Wrentham, Jan.		
24, 1796, by Rev. George Mowry	1	261
Joseph, s. David & Hannah, b. June 25, 1727	1	26
Joseph, s. Oliver & Elisabeth, b. Oct. 7, 1735	1	18
Joseph, d. Feb. 7, 1742. "Was the first Capt. of the town		
of Killingly" (Entry crossed out)	1	74
Joseph, 1st Capt. of Killingly, d. Dec. 29, 1742	1	75
Joseph, s. Benjamin & Elizabeth, b. Jan. 22, 1743	1	254
Joseph, [s. Joseph & Susannah], b. July 18, 1771	1	325
Joseph, Jr., s. Joseph & Zerviah, b. Aug. 12, 1772	1	284
Justin, s. Ephraim & Abigail, b. Nov. 13, 1740	1	24
Keziah, m. Moses **WINTER**, Nov. 22, 1750, by Mr. Lord,		
Clerk	1	69
Lemuel, s. Jonathan & Elizabeth, b. Sept. 24, 1745	1	32
Lois, [d. Capt. David & Lyd[i]a], b. Dec. 7, 1792	1	326
Luce, d. Barakiah & Eliz[abeth], b. June 15, 1763	1	257
Luce, d. David, Jr. & Mary, b. Jan. 29, 1765	1	278
Lucy, [d. Col. Joseph & Lucy], b. Mar. 20, 1787	1	325
Lurana, d. Sam[ue]ll & Elisabeth, b. Feb. 12, 1747/8	1	44
Lurana, d. Samuel & Eliz[abeth], b. Feb. 12, 1747/8	1	237
Lusha, d. Charles & Sarah, b. July 28, 1793	1	248
Luther, s. Jonathan & Elisabeth, b. Apr. 2, 1741	1	33
Lyd[i]a, [d. Capt. David & Lyd[i]a], b. Apr. 14, 1793	1	326
Lydia, of Killingly, m. Elisha **POTTER**, of Scituate, R. I.,		
Nov. 8, 1823, by Israel Day	1	197
Manassa, s. Jonathan & Elisabeth, b. Apr. 26, 1732	1	9

CADY, (cont.)

	Vol.	Page
Manas[s]a, m. Elisabeth **EARL**, Mar. 14, 1749/50, by Joseph Holland, J. P.	1	69
Manassah, s. Jos[eph] & Zerviah, b. June 21, 1758	1	209
Manassah, s. Joseph & Zerviah, b. June 21, 1758	1	284
Marcy, [d. Stephen & Abigal], b. Aug. 23, 1729	1	49
Marg[a]ret, [twin with Jesse], d. Barnabus & Marg[a]ret, b. Apr. 10, 1752	1	53
Marg[a]rat, d. Isaiah & Mary, b. June 10, 1755	1	300
Martha, [d. Stephen & Abaga[i]l], b. Oct. 14, 1725	1	49
Ma[r]thar, d. Isaiah & Mary, b. Dec. 31, 1768	1	300
Mary, m. Asa **CUTLER**, b. of Killingly, Apr. 23, 1752	1	65
Mary, d. Isaiah & Mary, b. Feb. 26, 1756	1	300
Matilda, d. Jonathan & Rebecca, b. Mar. 25, 1774	1	298
Metilda, d. Charles & Sarah, b. Sept. 29, 1791	1	248
Mercy, d. David & Hannah, b. Dec. 15, 1731	1	26
Meriam, d. Jonathan & Elizabeth, b. July 10, 1728	1	7
Mira, [d. Capt. David & Lyd[i]a], b. Apr. 7, 1802	1	326
Nancy, [d. Col. Joseph & Lucy], b. Aug. 14, 1783	1	325
Nedabiah, s. Benj[ami]n & Elisabeth, b. Dec. 7, 1751	1	46
Nell, [s. Joseph & Susannah], b. July 9, 1773	1	325
Nell, [s. Col. Joseph & Lucy], b. Oct. 22, 1793	1	325
Nell D., m. Susan **GLEASON**, b. of Glocester, R. I., Dec. 23, 1845, by Rev. Benjamin C. Phelps, of West Killingly. Witness: Jared Coller	2	33
Noah, s. Jonathan & Betty, b. Jan. 2, 1737/8	1	20
Olive, d. Isaiah & Mary, b. Mar. 30, 1761	1	300
Oraget, d. David & Hannah, b. Dec. 10, 1729	1	26
Parley, s. Benjamin & Elizabeth, b. Oct. 3, 1754	1	254
Penewell, s. James & Abigail, b. Oct. 1, 1732	1	9
Penuel, s. Benjamin & Elizabeth, b. Aug. 5, [ ]	1	254
Poley, d. Isaac & Sabra, b. July 23, 1769	1	209
Polly, [d. Col. Joseph & Lucy], b. Mar. 29, 1791	1	325
Prudence, [twin with Batty], d. Jonathan & Betty, b. Apr. 20, 1750	1	40
Prudence, [d. Joseph & Susannah], b. Mar. 26, 1780	1	325
Rachel, d. Jonathan & Elisabeth, b. Mar. 14, 1743/4	1	33
Rebecca, d. Benjamin & Elizabeth, b. Feb. 27, 1748	1	254
Rebecca, d. Benja[min] & Elisabeth, b. Feb. 27, 1748/9 (Error)	1	39
Rebeccah, m. Jonathan **CADY**, Nov. 20, 1766	1	175
Rebecca, of Killingly, m. Israel **SMITH**, of Thompson, May 7, 1843, by Rev. Henry Robinson	2	18a
Repta, d. Parley & Hannah, b. Feb. 19, 1781	1	254
Rhoda, [d. Stephen & Abaga[i]l], b. May 15, 1739	1	49
Sabra, d. Joseph, Jr. & Zerviah, b. Sept. 1, 1749	1	41
Sabra, d. Joseph & Zerviah, b. Sept. 1, 1749	1	209
Sabra, d. Joseph, Jr. & Zerviah, b. Sept. 7, 1749	1	45
Samuel, [s. Stephen & Abaga[i]l], b. Feb. 28, 1724	1	49

	Vol.	Page
CADY, (cont.)		
Samuel, m. Elisabeth **WINTER**, b. of Killingly, Jan. 1, 1746/7, by Perley Howe, Clerk	1	77
Samuel, s. Samuel & Eliz[abeth], b. Nov. 20, 1759	1	237
Sarah, d. David & Hannah, b. Jan. 9, 1723 or 1728	1	26
Sarah, [d. Stephen & Abaga[i]l], b. July 4, 1737	1	49
Sarah, d. Ephraim & Abigail, b. Feb. 26, 1745/6	1	32
Sarah, d. Barnabus & Marg[a]ret, b. Oct. 7, 1754	1	53
Sarah, d. Isaiah & Mary, b. Nov. 28, 1774	1	300
Sarah Church, d. Benjamin & Elizabeth, b. Dec. 8, 1759	1	254
Shubael, s. Jonathan & Rebecca, b. May 6, 1770	1	298
Solomon, s. Joseph, Jr. & Zerviah, b. Sept. 25, 1751	1	45
Solomon, s. Joseph & Zerviah, b. Sept. 25, 1751	1	209
Stephen, d. June 21, 1785, in the 85th y. of his age	1	168
Susannah, [d. Joseph & Susannah], b. Dec. [ ], 1770	1	325
Tamer, d. Sam[ue]ll & Eliz[abeth], b. July 16, 1762	1	237
Tamer, d. Isaac & Sabra, b. Jan. 13, 1772	1	209
Thankful, d. David & Hannah, b. Mar. 4, 1739	1	26
Thomas, s. Joseph & Zerviah, b. Apr. 22, 1760	1	284
Thomas Hosmer, s. [Jos[eph] & Zerviah], b. Apr. 22, 1760	1	209
Timothy, s. Bareck & Eliz[abeth], b. July 10, 1768	1	236
Timothy, s. Barakiah & Eliz[abeth], b. July 10, 1768	1	257
Washington, [s. Joseph & Susannah], b. Oct. 28, 1777	1	325
Willard, s. Joseph & Zerviah, b. July 30, 1762	1	209
Willard, s. Joseph & Zerviah, b. July 30, 1762	1	284
William, m. Abigail **MADISON**, b. of Killingly, Feb. 15, 1835, by Calvin Cooper	1	93
Zadock, s. David, Jr. & Mary, b. Jan. 14, 1764	1	278
Zeblon, s. Joseph & Zerviah, b. Nov. 21, 1767	1	284
Zerviah, d. Benjamin & Elisabeth, b. Sept. 21, 1734	1	15
Zerviah, d. Benjamin & Elisabeth, b. Sept. 21, 1734	1	254
Zerviah, m. Cyrian **MORSE**, b. of the Parish of Thompson, June 27, 1737, by Rev. M. Cabot	1	78
Zaviah, m. Eleazer **MIGHILL**, Sept. 14, 1752	1	156
CAHOON, CAHOONE, Aloyaely, m. Darius A. **HOPKINS**, b. of Foster, Aug. 11, 1844, by Daniel Williams	2	24a
George, m. Prudence **RANDALL**, b. of Scituate, R. I., Oct. 11, 1840, by Rev. Nicholas Branch	2	9a
Horace, of Providence, m. Sarah A. **NICHOLS**, of Scituate, R. I., Aug. 19, 1844, by Rev. John Howson	2	24
CALAPIAN, Frances, m. Marcella A. **COOPER**, b. of Burrillville, R. I., Oct. 13, 1842, by Rev. Daniel Williams	2	17
CALL, Sarah, d. James & Sarah, b. Mar. 11, 1754	1	51
CALVIN, Mary, Mrs., m. Col. Caleb **FENNER**, b. of Killingly, Dec. 5, 1825, by Elisha Atkins	1	109
CAMPBELL, Francis P., m. Amanda **McBRIDE**, b. of Gloucester, R. I., Sept. 1, 1850, by Rev. Daniel Williams	2	56
Maria Eliza, d. Stearnes & Prudence, b. May 25, 1818	1	289

	Vol.	Page
CAMPBELL, (cont.)		
Sarah, m. Benoni **BARNS**, May 10, 1759	1	175
CAPRON, Orville M., m. Charlotte T. **DANIELSON**, May 18, 1852, by Rev. Tho[ma]s O. Rice	2	72
CARD, Arba, m. Nabby **MOFFET**, b. of Killingly, Mar. 26, 1835, by Daniel Williams, Elder	1	93
Charles, m. Sabra A. **POTTER**, b. of Killingly, Apr. 28, 1850, by Nelson Jordan, Licentiate	2	55
Henry S., of Windham, m. Sally A. **DEAN**, of Killingly, Oct. 8, 1843, by Rev. John Howson, West Killingly	2	20
Henry S., m. Abby A. **MATTHEWS**, Jan. 18, 1852, by Rev. Isaac H. Coe. Intention published	2	68
Simeon, m. Celinda **VAUGHN**, b. of Killingly, Dec. 4, 1825, Plainfield, by Nathaniel Cole, Elder in Plainfield	1	109
CARDER, Barnice, m. Almira **BOWEN**, b. of Killingly, May 2, 1841, by Rev. Calvin Cooper	2	11
Barton, m. Melora **CARPENTER**, Feb. 20, 1827, by Elisha Akins	1	112
Esther, m. Calvin G. **KELLEY**, b. of Killingly, Nov. 8, 1846, by Rev. John D. Baldwin	2	49
Henrietta, Mrs., m. Jedediah **SABINS**, b. of Killingly, Nov. 7, 1821, by Rev. Roswell Whitmore	1	192
James A., m. Jane **BENSON**, b. of Providence, R. I., Nov. 27, 1851, by Rev. Isaac C. Day	2	67
Mary, m. Philip **RICHMOND**, b. of Killingly, May 24, 1847, by Rev. John D. Baldwin	2	49
Sarah, d. John & Hannah, b. June 1, 1775	1	240
Susan W., m. Andrew **BENSON**, b. of Killingly, Dec. 5, 1841, by Rev. Daniel Williams	2	12a
CAREY, [see under **CARY**]		
CARLEY, Lorenzo, m. Ruth Ann **DEARTH**, b. of Shumbern, Mass., Aug. 23, 1842, by Rev. Daniel Williams	2	16a
CARPENTER, Abby S., m. William **ALDRICH**, Sept. 19, 1848, by Mowry Amsbury, J. P. Witnesses: Betsey W. Amsbury & Sarah J. Bullock	2	48
Abraham, s. Abraham & Eliz[abeth], b. July 11, 1768	1	288
Amasa, [s. Oliver & Prudence], b. Oct. 17, 1782	1	248
Amos, s. Libeas & Marcy, b. Aug. 12, 1751	1	53
Ann, m. John **WHELDON**, b. of Killingly, Apr. 27, 1826, by Elisha Atkins	1	111
Anna, m. David **RUSSEL[L]**, Jr., b. of Killingly, Jan. 28, 1735/6	1	78
Asa, [s. Oliver & Prudence], b. Oct. 4, 1797	1	248
Aserell, s. Henry & Phebe, b. Apr. 13, 1767 (Averell?)	1	270
Bathena, m. Josiah **DEAN**, Jr., b. of Killingly, Mar. 17, 1822, by Elisha Atkins	1	193
Benjamin, s. Henry & Phebe, b. Oct. 9, 1762	1	270
Betsey A., m. Daniel B. **HIMES**, b. of Warwick, R. I., June		

	Vol.	Page
CARPENTER, (cont.)		
15, 1843, by Ephraim Bacon, J. P.	2	19
Caroline, of Scituate, R. I., m. Joseph W. **COLE**, of Providence, May 4, 1851, by Rev. Daniel Williams	2	63
Cyrel, s. Abraham & Eliz[abeth], b. Jan. 3, 1766	1	288
Daniel, m. Lydia W. **COOK**, b. of Smithfield, R. I., Nov. 25, 1832, by W[illia]m Bushnall	1	84
Elias, m. Ann Eliza **PRAY**, b. of Glocester, R. I., June 27, 1852, by Earl Martin, J. P.	2	78
Elisha, [s. Oliver & Prudence], b. May 15, 1789	1	248
Eliza, [d. Oliver & Prudence], b. Jan. 18, 1808	1	248
Eliz[abeth], d. Henry & Phebe, b. July 18, 1770	1	270
Eliz[a]beth, d. Abraham & Eliz[abeth], b. Nov. 20, 1770	1	288
Emily H., of Providence, R. I., m. Allen **TILLINGHAST**, Aug. 5, 1846, by Rev. Joseph B. Daman	2	43a
Freelove, see under Telove		
Hannah, m. Thomas **ORMSBEE**, Nov. 23, 1752, by Maston Cabot, Clerk	1	65
Hannah, m. Thomas **ORMSBEE**, Nov. 23, 1752	1	181
Hiram, [s. Oliver & Prudence], b. June 23, 1802	1	248
Jerusha, [d. Oliver & Prudence], b. Mar. 17, 1791	1	248
Jesse, m. Hannah **COOMER**, b. of Killingly, Nov. 25, 1827, by Elisha Atkins	1	119
Joseph, of Stonington, m. Elisabeth T. **WHIPPLE**, of Killingly, Oct. 31, 1842, by Rev. Henry Robinson	2	15
Kingsley, m. Huldah Ann **LUKE**, Aug. 5, 1838, by Daniel Williams, Elder	2	5
Libeas, m. Marcy **MIGHEL**, b. of Killingly, May 29, 1750	1	70
Losa, [d. Oliver & Prudence], b. Jan. 12, 1800	1	248
Mary P., of Providence, R. I., m. Joshua **NANSCOWIN**, of Killingly, Jan. 21, 1839, by Rev. Henry Robinson	2	5a
Melora, m. Barton **CARDER**, Feb. 20, 1827, by Elisha Atkins	1	112
Moseley, [s. Oliver & Prudence], b. Mar. 29, 1786	1	248
Nancy, m. Charles **DAY**, b. of Killingly, Mar. 20, 1833, by [ ]	1	135
Nancy M., m. Charles **WARREN**, b. of Killingly, Apr. 7, 1839, by Rev. Daniel Williams	2	7a
Olive, d. Henry & Phebe, b. May 5, 1765	1	270
Oliver, [s. Oliver & Prudence], b. Feb. 6, 1793	1	248
Oliver, Jr., m. Anna **SMITH**, Dec. 9, 1822, by Elisha Atkins	1	196
Pardon, [s. Oliver & Prudence], b. Apr. 29, 1781	1	248
Polly, m. Dexter **HOWLAND**, Dec. 31, 1843, by Rev. G. W. Greenslit	2	21
Rebeckah, m. Benja[min] **BACON**, Dec. 2, 1753	1	178
Rowlen, s. Henry & Pheby, b. Apr. 25, 1757	1	57
Simon, [s. Oliver & Prudence], b. Jan. 26, 1795	1	248
Susannah, [d. Oliver & Prudence], b. June 17, 1784	1	248
Telove, of Killingly, m. Elias **WHITNEY**, of Milford, Mass.,		

	Vol.	Page
CARPENTER, (cont.)		
Mar. 17, 1833, by Rev. W. Bushnell	1	134
Thomas O. H., m. Almira **PHILLIPS**, b. of Foster, R. I., Feb. 23, 1848, by Rev. Daniel Williams	2	46
Willard, m. Julia **ANGELL**, b. of Killingly, Apr. 1, 1849, by Rev. George W. Greenslit	2	51a
Willis, s. Henry & Phebe, b. Apr. 4, 1773	1	270
Woodbery, s. Henry & Phebe, b. Jan. 9, 1759	1	270
CARR, CAR, Alzada D., of Cumberland, m. Wil F. **CHASE**, of Woonsocket, Nov. 10, 1844, by Rev. Daniel Williams	2	26
Bradford, of Coventry, m. Zilphy **RUSSELL**, of Killingly, Dec. 28, 1845, by Calvin Cooper, Elder	2	31a
[**CARROLL**], CAROLL, Hannah, m. Stephen **CROSBY**, b. of Killingly, Feb. 16, 1755	1	262
CARTER, Demise, m. [ ] Mount, [ ] 17, 1763	1	176
Lucy, m. Stephen **RUSSEL[L]**, b. of Killingly, Nov. 19, 1735	1	78
CARTWRIGHT, Joseph, m. Marcia **CHASE**, b. of Killingly, Jan. 8, 1847, by Rev. G. W. Greenslitt	2	38a
CARY, CAREY, CARRY, Abbey T., m. Leonard **THOMPSON**, Oct. 17, 1831, by George J. Tillotson	1	128
Charles B., m. Emily A. **CHILD**, July 14, 1831, by Elisha Atkins	1	98
Elizabeth, of Killingly, m. Charles **HIBBARD**, of Woodstock, May 25, 1834, by William Bushnall	1	90
Jerusha, d. Experience **MECAB**, d. Sept. 10, 1745	1	74
Lydia, of Killingly, m. Charles S. **HAWKINS**, of Brooklyn, Mar. 5, 1851, by Rev. T. O. Rice	2	59
Nathan, m. Mary **EASTON**, Aug. 1, 1824, by Calvin Cooper	1	105
Susan, of Killingly, m. William **WALKER**, of Woodstock, May 15, 1836, by Rev. Sidney Holman	1	142
CASE, Eliza P., of Smithfield, R. I., m. Benjamin **CHASE**, of Cumberland, [Oct.] 26, [1845], by Rev. Marvin Root	2	31
Ruby, of Plainfield, m. George **BURT**, Oct. 3, 1842, by Rev. Geo[rge] May	2	14
CASTIN, James H., of Fall River, Mass., m. Susan C. **FRENCH**, of Burkley, Mass., Apr. 3, 1846, by Rev. Benjamin C. Phelps, of West Killingly. Witness: E. Buckminster	2	36
CASWELL, Otis, m. Barbara **REYNOLDS**, b. of Scituate, R. I., June 30, 1847, by Rev. Daniel Williams	2	41a
CEASER, Nancy, of Johnston, R. I., m. Benjamin **LIPPITT**, Dec. 6, 1846, by Rev. Joseph B. Daman	2	43
CEGRAVES, [see under **SEAGRAVES**]		
CHACE, [see under **CHASE**]		
CHAFFEE, CHAFEE, Amanda A. E., m. Nathan W. **JACKSON**, Nov. 6, 1845, by Thomas Dike, J. P.	2	31
Dema, d. Henry & Rachal, b. Sept. 26, 1774	1	313
George E., m. Eliza E. **THOMAS**, b. of Thompson, Apr. 29, 1849, by Rev. Isaac H. Coe	2	52

	Vol.	Page
CHAFFEE, CHAFEE, (cont.)		
Henry, s. Henry & Rachal, b. Jan. 6, 1771	1	313
Levi, s. Thomas & Mary, b. Nov. 23, 1781	1	318
Lucius, of Brooklyn, m. Mary **DAVIS**, of Killingly, Aug. 8, 1847, by Rev. Isaac C. Day	2	42
Luce, d. Henry & Rebeckah, b. Mar. 16, 1782	1	313
Michael, s. Henry & Rachal, b. Jan. 30, 1780	1	313
Phebe A., m. Paris P. **CHASE**, b. of Killingly, Nov. 24, 1844, by Rev. Daniel Williams	2	26
Rachal, d. Henry & Rachal, b. July 27, 1778	1	313
Sam[ue]ll, s. Sam[ue]ll & Sarah, b. Mar. 15, 1783	1	318
Susanna, d. Henry & Rachal, b. Sept. 29, 1768	1	313
Zerviah Leon, d. Henry & Rachal, b. May 3, 1773	1	313
CHALLEN, Jared, m. Esther D. **TITUS**, b. of Killingly, Oct. 9, 1842, by Rev. Tubal Wakefield	2	14a
CHAMBERLIN, CHAMBERLAIN, CHAMBERLANE, Aaron, [s. Aaron & Surviah], b. July 29, 1808	1	248
Abigail C., [d. Aaron & Surviah], b. Aug. 2, 1813	1	248
Amey Ann, of Killingly, m. Nehemiah A. **POTTER**, of Plainfield, Dec. 31, 1843, by Rev. John Howson	2	23
Anne, [d. Aaron & Surviah], b. Mar. 9, 1796	1	248
Calvin, [s. Aaron & Surviah], b. Jan. 25, 1798	1	248
Cordelia, m. Sanford D. **GLEASON**, b. of Killingly, Mar. 23, 1851, by Abieel Converse, J. P. Recorded Jan. 19, 1863	2	82
Eliza, m. George **YOUNG**, of Killingly, July 4, 1837, by Rev. Sidney Holman	2	2a
Francis, m. Emily M. **PARKHURST**, [ ], by Harris Arnold, J. P.	2	19
Hannah, [d. Aaron & Surviah], b. Dec. 28, 1805	1	248
Joseph, m. Elisabeth **TORRIET**, b. of Boston, Mass., Oct. 16, 1845, by Rev. Benjamin C. **PHELPS**, of West Killingly. Witness: Freeman James	2	32
Luther, [s. Aaron & Surviah], b. Sept. 9, 1794	1	248
Lydia, [d. Aaron & Surviah], b. Mar. 16, 1800	1	248
Miranda, [d. Aaron & Surviah], b. Feb. 23, 1802	1	248
Ruth L., [d. Aaron & Surviah], b. May 7, 1811	1	248
Sarah, m. John **ALGER**, Aug. 17, 1752, by W[illia]m Chandler, Esq.	1	69
Surviah, see under Zurviah		
William H., m. Olive Y. **RATHBONE**, b. of Killingly, Oct. 9, 1842, by Rev. Geo[rge] May	2	14a
Surviah, [d. Aaron & Surviah], b. May 21, 1804	1	248
CHAMPLAIN, Mary S., m. Vine H. **FITCH**, b. of Providence, R. I., May 8, 1842, by Rev. Tubal Wakefield	2	13a
Noyes, of Windham, m. Abby **WARREN**, of Killingly, Dec. 23, 1844, by Rev. Geo[rge] W. Greenslit	2	25a
CHANDLER, Elisabeth, Mrs., of Woodstock, m. Rev. Nehemiah		

	Vol.	Page
CHANDLER, (cont.)		
Barker, of Killingly, Oct. 16, 1746, by Rev. Abel Stiles, of Woodstock	1	78
Elisabeth, d. Lemewell & Damaris, b. Jan. 22, 1756	1	66
Hannah, m.Isaac **PARKS**, Dec. 9, 1773,by Rev. Aaron Putnam	1	182
Lemuel, m. Damares **FALSHAR**, Jan. 1, 1755	1	65
Lemewell, d. July 17, 1756	1	66
Sarah Ann, m. John **CROCKER**, of Springfield, Mass., [ ], by Rev. Sam[ue]l Backus, of Westfield, Parish	2	19a
CHANEY, [see also **CHENEY**], Rebekah, d. Daniel & Zerviah, b. Aug. 4, 1773	1	215
CHAPIN, Samuel J., of Uxbridge, Mass., m. Comfort A. **TUCKER**, of Thompson, Conn., Nov. 1, 1837, by Rev. Sidney Holman	2	3
CHAPMAN, Benjamin F., m. Ruth L. **FIELD**, b. of Killingly, Apr. 6, 1842, by Rev. Henry Robinson	2	13
Lewis, of Providence, m. Almira D. **CORBIN**, of Scituate, R. I., May 4, 1845, by [Rev. Tho[ma]s O. Rice]	2	27a
Samuel, of Ludlow, m. Mira **RICHMOND**, of Springfield, Mass., Nov. 28, 1844, by Rev. Daniel Williams	2	26
Sarah, of Killingly, m. John **GODARD**, of Stonington, Nov. 23, 1838, by Daniel Williams, Elder	2	5
CHAPPELL, CHAPELL, Edward, m. Betsey Ann **PHINNEY**, b. of North Providence, R. I., Dec. 10, 1842, by Rev. Daniel Williams	2	17
John, m. Merrom **ARNOLD**, b. of North Providence, R. I., Sept. 24, 1845, by Rev. Daniel Williams	2	34a
CHAPWELL, William, m. Jane Elisabeth **PLACE**, b. of Gloucester, R. I., Sept. 3, 1848, by Rev. Daniel Williams	2	47a
CHASE, CHACE, Abiel, see under Aluil		
Almira, of Killingly, m. William **GLEASON**, of Thompson, Dec. 5, 1841, by Rev. Daniel Williams	2	12a
Alonzo, of Killingly, m. Sarah **BENNET**, of Sterling, July 6, 1834, by Ella Dunham, Elder	1	90
Aluil, m. Charlotte **BURGESS**, Nov. 15, 1829, by Elder George W. Appleton	1	124
Ann, m. George H. **BOWEN**, b. of Killingly, Oct. 31, 1841, by Rev. Roswell Whitmore	2	11a
Asahel, m. Cretia **BROWN**, Mar. 3, 1822, by Calvin Cooper	1	193
Asahel E., m. Hannah H. **OATLEY**, b. of Killingly, Sept. 30, 1849, by Rev. Daniel Williams	2	53a
Aurana, of Killingly, m. Benjamin **KINGSLEY**, of Johnston, R. I., Jan. 21, 1844, by Rev. Daniel Williams	2	22a
Benjamin, of Cumberland, m. Eliza P. **CASE**, of Smithfield, R. I., [Oct.] 26, [1845], by Rev. Marvin Root	2	31
Chloe B., m. Welcome T. **MILLER**, Sept. 6, 1829, by Calvin Cooper	1	122
Claris[s]a, m. Olney **AMES**, b. of Killingly, Mar. 29, 1829, by		

	Vol.	Page
CHASE, CHACE, (cont.)		
by Elder George W. Appleton	1	123
Cromwell, m. Mariah **MATTHEWS**, b. of Killingly, Sept. 11, 1838, by Nicholas Branch	2	4a
Edward, Jr., m. Rabecka **HORTEN**, Nov. 23, 1829, by Thomas Durfee, J. P.	1	122
Elisha, of Grafton, Mass., m. Clarissa **MORSE**, of Webster, Mass., Sept. 24, 1849, by Rev. S. W. Coggeshall	2	53
Esther G., m. William **MASON**, b. of Killingly, Apr. 17, 1842, by Rev. Daniel Williams	2	16
George W., m. Mary M. **WATSON**, b. of Killingly, May 1, 1838, by Nicholas Branch	2	4
Giles, m. Orpah D. **SPALDING**, b. of Killingly, May 1, 1842, by Rev. Daniel Williams	2	16
Hannah, m. Jonathan **DROWN**, b. of Killingly, Apr. 20, 1840, by Rev. Daniel Williams	2	8a
Harty, of Killingly, m. Joseph A. **CUTTING**, of Princeton, Mass., May 17, 1851, by Rev. Daniel Williams	2	63
Henry, m. Marsela **ALEXANDER**, Sept. [ ], 1832, by Rev. Elisha Atkins	1	133
Israel, Jr., of Killingly, m. Harriet **FRANKLIN**, of Coventry, R. I., July 12, 1846, by Rev. James Mather	2	36a
Jacob, m. Rachal **PLANK**, Dec. 17, 1767	1	181
Jacob, m. Sarah **HULETT**, b. of Killingly, Mar. 18, 1850, by Rev. Geo[rge] W. Greenslitt	2	54a
Jarvice, m. Harriet S. **GILBERT**, Dec.30, 1833, by John N. Whipple	1	88
Julia A., m. William A. **PARKIS**, b. of Killingly, July 13, 1846, by Rev. G. W. Greenslitt	2	35a
Lucy M., m. Charles **YOUNG**, b. of Killingly, May 3, 1847, by Rev. Geo[rge] W. Greenslitt	2	39a
Marcia, m. Joseph **CARTWRIGHT**, b. of Killingly, Jan. 8, 1847, by Rev. G. W. Greenslitt	2	18a
Mary B., of Killingly, m. Lowell H. **GROVER**, of Sutton, Mass., May 22, 1843, by Rev. Henry Robinson	2	38a
Mercy, m. Zachariah W. **ALDEN**, b. of Fall River, Mass., Sept. 11, 1845, by Rev. Benjamin C. Phelps, of West Killingly. Witness: Abby S. Buckminster	2	30a
Naomi, m.Leonard **LOGER***, b. of Killingly, Feb. 6, 1853, by Earl Martin, J. P. *(LOGEE?)	2	78
Orila, m. Jabish **KING**, b. of Killingly, Nov. 20, 1846, by Rev. Geo[rge] W. Greenslitt	1	38a
Paris P., m. Phebe A. **CHAFFEE**, b. of Killingly, Nov. 24, 1844, by Rev. Daniel Williams	1	26
Robert E., s. Sanford & Eliza W., b. Jan. 23, 1847	1	3
Roxanna, m. Uriah **COMAN**, b. of Killingly, May 23, 1824, by Anthony Brown, J. P.	2	105
Sampson, Jr., m. Susan **ROUND**, of Cumberland, R. I.,	1	

	Vol.	Page

CHASE, CHACE, (cont.)

	Vol.	Page
Apr. 4, 1844, by Rev. Daniel Williams	2	24
Samuel, m. Emely **FULLER**, b. of Killingly, Sept. 18, 1830, by Sidney Holman	1	138
Samuel C., m. Mary M. **BURLINGGAME**, b. of Killingly, Aug. 27, 1851, by Rev. Sidney Dean	2	66
Sanford P., s. Sanford & Eliza W., b. May 17, 1842	2	3
Sarah Ann, Mrs., m. Thomas **SLATER**, b. of Killingly, Apr. 15, 1832, by Geo[rge] W. Appleton	1	130
Seth, of Pomfret, m. Almy **BATES**, of Killingly, May 27, 1829, by Rev. Roswell Whitmore	1	99
Serena W., m. Mason P. **STONE**, b. of Coventry, R. I., Apr. 23, 1848, by Rev. Edward Pratt	2	46
Solomon F., s. Sanford & Eliza W., b. Jan. 23, 1844	2	3
Wil F., of Woonsocket, m. Alzada D. **CARR**, of Cumberland, Nov. 10, 1844, by Rev. Daniel Williams	2	26
William A., of Killingly, m. Amada M. **FULLER**, d. of Obed, of Killingly, Aug. 31, 1851, by Rev. Henry Bromley	2	65
William M., of Killingly, m. Sarah M. **GRAVES**, of R. I., Feb. 16, 1851, by Nelson Jordon, Licentiate	2	58

CHENEY, [see also **CHANEY**], Abigail, d. Joseph & Abigail, b. July 25, 1740 — 1 24

CHESEBOROUGH, CHEESBROW, John, of Stonington, m. Margaret **BROWN**, of Killingly, Nov. 29, 1827, by Calvin Cooper — 1 119

Thomas B., m. Palima **HARRINGTON**, b. of Killingly, Nov. 21, 1830, by Calvin Cooper — 1 125

CHICKERING, Asa, s. Jeremiah & Elisabeth, b. Jan. 10, 1739/40 — 1 25
Elisebeth, d. Jeremiah & Elisabeth, b. Dec. 13, 1741 — 1 29
Jeremiah, s. Jeremiah & Elisabeth, b. Sept. 20, 1736; d. June 2, 1737 — 1 20
Jeremiah, s. Jeremiah & Elisabeth, b. Mar. 28, 1738 — 1 20
Patience, d. Jeremiah & Elisabeth, b. Feb. 6, 1743/4 — 1 29

CHILD, CHILDS, Abner, [s. Elijah & Rachel], b. Apr. 13, 1772 — 1 254
Asa, s. Nath[anie]ll & Dorothy, b. Apr. 17, 1735 — 1 19
Asa, s. Elijah & Rachel, b. Jan. 7, 1760 — 1 254
Barnabus, Jr., of East Falmouth, m. Patience **POTTER**, of Westport, Mass., Dec. 1, 1846, by Rev. Daniel Williams — 2 40a
Benjamin, of Pomfret, m. Mary **FOOT**, of Killingly, Jan. 28, 1828, by Rev. Roswell Whitmore — 1 120
David, [s. Elijah & Rachel], b. July 25, 1764 — 1 254
Dorothy, d. Nathaniel & Dorothy, b. Apr. 13, 1730 — 1 6
Dorothy, d. Penewell & Dorothy, b. Mar. 26, 1742 — 1 29
Eliezer, s. Penuel & Dorothy, b. Oct. 2, 1737 — 1 20
Elijah, s. Nath[anie]ll & Dorothy, b. Apr. 11, 1737 — 1 19
Elijah, m. Rachal **PA[L]MER**, Mar. 29, 1759 — 1 177
Emily A., m. Charles B. **CARY**, July 14, 1831, by Elisha

KILLINGLY VITAL RECORDS 211

	Vol.	Page
CHILD, CHILDS, (cont.)		
Atkins	1	98
Eunice, d. Penuel & Dorothy, b. Oct. 7, 1728	1	14
Eunes, d. Richard & Abagale, b. July 10, 1764	1	272
Grace, d. Penuel & Dorothy, b. Aug. 8, 1739	1	23
Hannah, d. Richard & Abaga[i]l, b. July 14, 1762	1	272
Jesse, s. Nath[anie]ll, Jr. & Susannah, b. May 9, 1762	1	170
Jesse, s. Josiah & Sarah, b. Aug. 18, 1767	1	201
Josiah, m. Sarah **GREEN**, Feb. 5, 1745/6	1	262
Josiah Dwight, s. Josiah & Sarah, b. June 4, 1765	1	201
Judith, d. Josiah & Sarah, b. Feb. 23, 1759	1	201
Louis, d. Penuel & Dorothy, b. Apr. 26, 1730	1	14
Lois, d. Penewell & Dorothy, d. Oct. 24, 1740	1	74
Maria, of Sterling, m. Samuel **KENNEN**, of Killingly, May 10, 1835, by Roswell Whitmore	1	95
Mary, [d. Elijah & Rachel], b. Mar. 24, 1767	1	254
Nabbe, d. Josiah & Sarah, b. Dec. 8, 1773	1	298
Nathaniel, s. Nath[anie]ll & Dorothy, b. Apr. 25, 1733	1	19
Penuel, s. Josiah & Sarah, b. Feb. 21, 1757	1	201
Richard, s. Penuel & Dorothy, b. Mar. 8, 1733/4	1	14
Ruth, d. Nathaniel & Dorothy, b. Dec. 27, 1728	1	3
Sarah, d. Josiah & Sarah, b. Feb. 26, 1771	1	201
Silas, of Thompson, m. Lucina **LEAVENS**, of Killingly, Jan. 1, 1839, by Rev. Henry Robinson	2	5a
Silence, d. Penuel & Dorothy, b. May 31, 1735	1	16
Silence, d. Penuel & Dorothy, b. May 31, 1735	1	20
Silance, d. Penewell & Dorothy, d. Nov. 5, 1740	1	74
Silence, d. Josiah & Sarah, b. Jan. 9, 1747/8	1	201
Silence, d. Josiah & Sarah, d. Nov. 14, 1751	1	160
Silence, d. Josiah & Sarah, b. Nov. 3, 1754	1	201
Simeon, [s. Elijah & Rachel], b. Oct. 31, 1769	1	254
Stephen, [s. Elijah & Rachel], b. Apr. 5, 1762	1	254
Susanna, d. Nath[anie]ll & Dorothy, b. Feb. 14, 1731/2	1	19
Theodore, s. Josiah & Sarah, b. Oct. 14, 1769	1	201
Timothy, s. Penuel & Dorothy, b. Dec. 15, 1731	1	14
Timothy, s. Richard & Abiga[i]l, b. Mar. 17, 1760	1	272
Waldo, of Thompson, m. Ersula **YOUNG**, of Killingly, Dec. 24, 1848, by Rev. Isaac C. Day	2	49a
William, s. Josiah & Sarah, b. Nov. 5, 1752	1	201
Zerviah, d. Josiah & Sarah, b. Apr. 15, 1749	1	201
Zerviah, d. Josiah & Sarah, d. Dec. 6, 1754	1	160
CHILLSON, CHILSON, Abigail, d. Benjamin & Sarah, b. Oct. 9, 1746	1	34
Benj[ami]n, s. Benj[ami]n & Sarah, b. Jan. 27, 1752	1	255
Benj[ami]n, m. Lydia **CONVERS[E]**, Apr. 24, 1776	1	180
David, s. Benjamin & Sarah, b. Apr. 15, 1745	1	31
David, s. Benj[ami]n & Lydia, b. Sept. 15, 1776	1	305
Sarah, d. Benjamin & Sarah, b. Mar. 10, 1750	1	255

	Vol.	Page
CHILLSON, CHILSON, (cont.)		
Waters, s. Benj[ami]n & Sarah, b. Oct. 3, 1748	1	39
CHOLLAR, CHOLLER, [see under **COLLER**]		
CHURCH, Abner, s. John & Susanna, b. June 8, 1738	1	21
Amy, d. John, Jr. & Amy, b. Sept. 23, 1740	1	24
Anna, d. John & Susanna, b. Aug. 26, 1740	1	25
Asa, s. John, Jr. & Amy, b. June 14, 1738	1	23
Caleb, s. Daniel & Eunice, b. Sept. 8, 1733	1	13
Elias, s. Daniel & Eunice, b. July 2, 1732	1	9
Elisabeth, d. John & Amey, b. Apr. 23, 1744	1	35
Elizabeth, m. Abiel **BLANCHARD**, Mar. 15, 1770	1	177
Isaac, s. John, Jr. & Amey, b. Jan. 31, 1742	1	29
John, s. John & Ame, b. May 9, 1753	1	50
Mary, d. John & Ame, b. Mar. 30, 1750	1	41
Mary, wid. David, d. Dec. 7, 1751	1	72
Rachel, d. Daniel & Eunice, b. May 28, 1731	1	7
Zerviah, d. John & Amey, b. Aug. 30, 1747	1	35
CLARK, Allen, of Thompson, m. Angeline **MATTHEWS**, of Killingly, Apr. 3, 1843, by Rev. Henry Robinson	2	18
Almira, m. Harvey **FAIRMAN**, Feb. 19, 1822, by Israel Day	1	193
Amy, m. Elijah **ADAMS**, b. of Killingly, Dec. 1, 1828, by Elder G. W. Appleton	1	121
Amey E., m. John **HARRINGTON**, b. of Killingly, Nov. 27, 1845, by Rev. G. W. Greenslit	2	31a
Asahel P., m. Sarah C. **BALCH**, Jan. 12, 1845, by Ephraim Bacon, J. P.	2	27
Beriah, s. Nehemiah & Abag[i]l, b. Nov. 13, 1749	1	39
Betsey, m. Amherst **KIMBALL**, b. of Killingly, Apr. 28, 1823, by Calvin Cooper	1	114
Betsey, m. Amasa **KIMBALL**, Jr., b. of Killingly, Apr. 28, 1823, by Calvin Cooper	1	198
Chloe, m. Lebeas **TALBUT**, b. of Killingly, July 28, 1822, by Calvin Cooper	1	194
Coson, of North Providence, R. I., m. Alvian **ELDREDGE**, of Scituate, R. I., Aug. 12, 1846, by Rev. Daniel Williams	2	36a
Edward, m. Rachal **SHORT**, b. of Providence, R. I., July 12, 1848, by Rev. Isaac C. Day	2	48
Hanial, s. Nehemiah & Abigail, b. Dec. 16, 1747	1	36
Hannah, m. Isaac **WHITMORE**, b. of Killingly, Dec. 10, 1741, by Mr. Marston Cabbot, Clerk	1	77
Han[n]ah, d. Nehemiah & Abigail, b. Mar. 5, 1745/6	1	33
Harriet, m. Charles P. **BLACKMAR**, b. of Killingly, Oct. 5, 1851, by Rev. Sidney Dean	2	66
Huzel*, of Glocester, R. I., m. Thelosha **BALLARD**, of Killingly, Sept. 12, 1830, by Calvin Cooper (*Written "Hazard" in the Town Transcript)	1	124
Jane Ann, m. Asa A. **BATES**, b. of Killingly, Mar. 7, 1852,		

	Vol.	Page

CLARK, (cont.)
    by Henry B. Lock, Elder — 2, 71
    Jane S., of Thompson, m. Charles G. **FRANKLIN**, of Killingly, Oct. 31, [1852], by B. B. Hopkinson — 2, 75
    Joseph, m. Phebe Ann **SLATER**, Apr. 5, 1835, by W. Bushnell — 1, 93
    Josiah, s. Hanniel & Tabatha, b. Oct. 6, 1731 — 1, 40
    Lydia, m. William B. **BLAKE**, b. of Rentham, Mass., Nov. 21, 1841, by Rev. Daniel Williams — 2, 12a
    Mary, m. George W. **RANDALL**, b. of Killingly, Sept. 21, 1834, by Rev. Roswell Whitmore — 1, 91
    Miranda, m. Bradford S. **LADD**, b. of Killingly, Nov. 2, 1851, by Rev. Isaac H. Coe. Intention published — 2, 66
    Sarah, m. Jonathan **BUCK**, b. of Killingly, May 26, 1828, by Rev. Calvin Cooper — 1, 100
    Susan, m. Silas **AUSTIN**, b. of Killingly, Feb. 25, 1827, by Daniel Williams, Elder — 1, 112
    Susan[n]ah, m. Hezekiah **CUTLER**, b. of Killingly, [ ] — 1, 77
    Tabatha, d. Nehemiah & Abaga[i]l, b. July 5, 1752 — 1, 46
    Thankful, of Smithfield, R. I., m. Daniel **HARRIS**, Sept. 10, 1837, by Rev. Sidney Holman — 2, 2a
    William E., m. Welthey L. **WHITEMORE**, b. of Pawtucket, R. I., Feb. 19, 1837, by Thomas Durfee, J. P. — 2, 1a
    William E., of Pawtucket, Mass., m. Thirza Ann **DAGGET**, of Wrentham, Mass., Aug. 18, 1844, by Rev. G. W. Greenslit — 2, 23a
    W[illia]m Henry, of Thompson, m. Mary **MATHERS**, of Killingly, Dec. 20, 1846, by Rev. John D. Baldwin — 2, 49
    ------, m. Rebeccah **WAKEFIELD**, May 26, 1757 — 1, 176

CLEMMONS, John, m. Betsey **MOFFETT**, Sept. 19, 1830, by Calvin Cooper — 1, 124
    Mary Ann, m. John **HOPKINS**, b. of Killingly, Feb. 2, 1851, by Nelson Jordan, Licentiate — 2, 57

CLEVELAND, CLEAVELAND, CLAVELAND, Ann, of Killingly, m. Allen P. **WOOD**, of Burrillville, R. I., Oct. 3, 1831, by Rev. Albert Cole — 1, 128
    Betsey, m. Andrew **MARTIN**, b. of Killingly, Sept. 12, 1822, by Calvin Cooper — 1, 195
    Edan, s. Isaac & Sarah, b. Apr. 3, 1764 — 1, 255
    Jacob, s. Isaac & Sarah, b. May 31, 1760 — 1, 255
    Theofant, m. William **HOPKINS**, b. of Killingly, Aug. 31, [1851], by Rev. Geo[rge] W. Greenslitt — 2, 64

CLIVERLY, Joseph, Jr., m. Harriet B. **BATES**, b. of Abington, Mass., Sept. 19, 1847, by Rev. Isaac C. Day — 2, 42

CLOUGH, Aaron, [s. Obediah & Betty], b. Mar. 9, 1765 — 1, 311
    David, [s. Obediah & Betty], b. Sept. 14, 1771 — 1, 311
    Ebenezer, s. Obediah & Elizabeth, b. Nov. 23, 1755 — 1, 210
    Elisabeth, d. Jonathan & Mary, b. Nov. 11, 1731 — 1, 13

	Vol.	Page
CLOUGH, (cont.)		
John, s. Jonathan & Mary, b. Nov. 11, 1727	1	3
Jonathan, s. Obediah & Betty, b. May 9, 1760	1	311
Martha, of Salsbury, m. Thomas **CONNERS**, of Killingly, Apr. 11, 1723	1	78
Mary, [d. Obediah & Betty], b. Mar. 9, 1767	1	311
Obadiah, s. Jonathan & Mary, b. Feb. 18, 1731	1	13
Ruth, d. Jonathan & Mary, b. Aug. 23, 1730	1	7
Sarah, [d. Obediah & Betty], b. Sept. 10, 1769	1	311
Tamson, d. Obediah & Elizabeth, b. Feb. 11, 1757	1	210
Williard, [s. Obediah & Betty], b. Feb. 22, 1762	1	311
Willard, s. Obediah & Betty, d. June 14, 1776	1	170
COATS, COATTS, Azubah, d. Eliph[a]let & Susannah, b. Aug. 24, 1767	1	275
Azubah, 2d, d. Eliphalet, b. Sept. 30, 1769	1	275
Benjamin, s. James & Marthar, b. Jan. 17, 1744	1	55
Eliphalet, s. James & Ma[r]thar, b. July 25, 1734	1	55
Eliphalet, s. Eliphalet, b. Feb. 19, 1774	1	275
Esther, d. Benj[ami]n & Esther, b. Mar. 22, 1771	1	313
Hannah, d. James & Marthar, b. Apr. 25, 1737	1	55
Hannah, d. Eliph[a]let & Susannah, b. Sept. 14, 1764	1	275
Hezekiah, s. James & Martha, b. Feb. 8, 1747	1	56
James, s. James & Mathar, b. Mar. 21, 1731	1	55
James, s. Benj[ami]n & Esther, b. Jan. 17, 1778	1	313
John, s. Eliphalet, b. Mar. 3, 1776	1	275
Lydia, d. Eliphalet, b. Sept. 22, 1771	1	275
Lydia, d. Benj[ami]n & Esther, b. Sept. 19, 1772	1	313
Mary, d. James & Marthar, b. July 31, [17]39	1	55
Nancy, d. Eliphalet, b. July 8, 1778	1	275
Rachel, d. Benj[ami]n & Esther, b. May 11, 1776	1	313
Susannah, d. Eliph[a]let & Susannah, b. Aug. 30, 1762	1	275
COBB, Amey, m. Joel **INMAN**, b. of Gloucester, R. I., Jan. 3, 1823, by Rev. Roswell Whitmore	1	196
Manassah D., of Providence, R. I., m. Mary E. **RANDALL**, of Scituate, R. I., Oct. 7, 1850, by Earl Martin, J. P.	2	61
Walter, m. Caroline **PETTEYS**, of Fall River, Mass., July 5, 1845, by Ephraim Bacon, J. P.	2	28
---alture, b. Feb. 4, 1755	1	224
COGSWELL, COGGSWELL, Louisa, m. Lewis E. **SIMMONS**, b. of Providence, R. I., Dec. 6, 1845, by Rev. Benjamin C. Phelps, of West Killingly. Witness: Sarah P. Phelps	2	32a
Lydia Ann, m. Leonard **SMITH**, b. of Killingly, Aug. 24, 1848, by Rev. John D. Baldwin	2	51a
Sarah, of Brooklyn, m. Daniel C. **DOANE**, of Essix, July 5, 1847, in Danielsonville, West Killingly, by Rev. J. Livesy, Jr.	2	40a
COLE, Betsey Ann, of Brooklyn, m. Jabez **MILLER**, of Thompson, Aug. 20, 1848, by Rev. John Livesy, Jr.	2	48a

	Vol.	Page
COLE, (cont.)		
Charles, of Sterling, m. Susan **THOMAS**, of Killingly, June 10, 1841, by Rev. Roswell Whitmore	2	11a
Charles G., m. Phebe D. **TILLINGHAST**, of Warwick, R. I., July 5, 1846, by Lowell Graves, J. P.	2	35a
Elcey A., of Killingly, m. Henry **BOWEN**, of Foster, R. I., Dec. 15, 1844, by Rev. Daniel Williams	2	26a
George A., m. Abby Ann **BUCKLIN**, b. of Foster, R. I., Sept. 3, 1848, by Rev. Daniel Williams	2	47a
Gideon P., m. Charlotte **HARRINGTON**, b. of Smithfield, R. I., June 29, 1845, by Rev. Daniel Williams	2	28a
Jeremiah, of Scituate, R. I., m. Abby **CUTLER**, of Killingly, Nov. 26, 1839, by Roswell Whitmore	2	7
Jonathan D., m. Sally C. **EDDY**, b. of Killingly, Jan. 15, 1824, by Rev. Roswell Whitmore	1	102
Joseph, of Pawtucket, R. I., m. Loiza **SMITH**, of Cumberland, Sept. 21, 1844, by Rev. Daniel Williams	2	25a
Joseph, m. Harriet **LEWIS**, b. of Cumberland, R. I., July 2, 1847, by Rev. Daniel Williams	2	41a
Joseph W., of Providence, m. Caroline **CARPENTER**, of Scituate, R. I., May 4, 1851, by Rev. Daniel Williams	2	63
Lydia M., m. Randall H. **STONE**, b. of Foster, R. I., Jan. 1, 1848, by Rev. Daniel Williams	2	45a
Mary Ann, of Foster, R. I., m. Hardin W. **WHITMAN**, of Scituate, Mar. 14, 1847, by Rev. Daniel Williams	2	41
Nancy, m. Job **SHIPPEE**, June 4, 1843, by George Greenslit. Intention published	2	19
Olney C., m. Almira **BOWEN**, b. of Foster, R. I., Sept. 5, 1847, by Rev. Daniel Williams	2	45a
Phebe A., of Killingly, m. Charles **WOOD**, of Warwick, R. I., Nov. 20, 1842, by Rev. Henry Robinson	2	15a
Rhodia D., of Killingly, m. Cyrus **BOWEN**, of Providence, R. I., June 6, 1847, by Rev. Daniel Williams	2	41a
Samuel D., m. Sarah Ann **SIMMONS**, b. of Foster, R. I., Nov. 15, 1840, by Rev. John N. Whipple	2	9a
COLLER, CHOLLAR, CHOLLER, Elisabeth, d. James & Huldah, b. June 16, 1758	1	231
Hannah, d. Nath[anie]ll & Meriam, b. Oct. 2, 1762	1	201
Isaac, s. Nathaniel & Perselia, b. Dec. 30, 1729	1	4
James, s. Nathaniel & Abigail, b. Sept. 8, 1731	1	13
John, s. Nathaniel & Abigail, b. Apr. 24, 1731	1	13
Jonathan, s. Nathaniel & Jerusha, b. Oct. 5, 1728	1	2
Joseph, s. Nathaniel & Abigail, b. June 14, 1741	1	25
Joseph, s. Nath[anie]ll & Abigail, d. Apr. 23, 1762	1	158
Justus, m. Caroline **TITUS**, b. of Killingly, Feb. 15, 1830, by Rev. Roswell Whitmore	1	123
Lucy, of Killingly, m. Allen **POTTER**, of Southbridge, Mass., Jan. 8, 1839, by Rev. Henry Robinson	2	5a

	Vol.	Page
COLLER, CHOLLAR, CHOLLER, (cont.)		
Mary, d. Nathaniel & Abigail, b. Aug. 23, 1738	1	22
Nathaniel, s. Nathaniel & Abigail, b. May 15, 1736	1	18
Nathaniel, m. Merian **DICKMAN**, b. of Killingly, Mar. 4, 1757	1	262
Tamor, d. Nath[anie]ll & Marian, b. Sept. 27, 1758	1	268
COLLINS, Abby, m. W[illia]m **TALBUT**, b. of Killingly, Aug. 25, 1833, by Rev. Ella Dunham	1	98
Eunice, m. Increase **HANDALE**, b. of Killingly, Sept. 11, 1825, by David Chase, J. P.	1	108
Mary, of Killingly, m. Stephen **PARKER**, of Russell, Mass., Jan. 16, 1840, by Rev. Henry Robinson	2	7a
Maryan, of Killingly, m. Nathan W. **HALE**, of Foster, R. I., May 9, 1833, by Daniel Willimas	1	135
Roxana, m. Thomas **BROWN**, b. of Killingly, Jan. 17, 1847, by Rev. G. W. Greenslitt	2	38a
COLTON, Abigail, d. Nathaniel & Sarah, b. Oct. 14, 1731	1	17
Alies, d. Nathaniel & Sarah, b. Oct. 7, 1740	1	24
Deborah, d. Nathaniel & Sarah, b. Sept. 4, 1737	1	20
Job, s. Nathaniel & Sarah, b. Mar. 4, 1734/5	1	17
Rhoda, d. Nathaniel & Sarah, b. Sept. 16, 1729	1	17
Ruth, d. Nathaniel & Sarah, b. July, 2, 1736	1	18
Tryfose, d. Nathaniel & Sarah, b. Mar. 18, 1742	1	35
COLUMBUS, Keziah Jane, of Thompson, m. Gardiner **SMITH**, of Worcester, Mass., May 16, 1853, by Elisha Carpenter, J. P.	2	80
COLVIN, John, m. Eunice A. **POTTER**, of Scituate, R. I., Jan. 25, 1852, by Rev. Daniel Williams	2	72
Lucretia, m. Prentice **KIES**, b. of Killingly, Mar. 10, 1831, by George W. Appleton	1	129
Mary, m. Jonah S. **YOUNG**, Oct. 25, 1830, by Elder G. W. Appleton	1	133
Nathan Dennis, of Scituate, R. I., m. Mary Ann **HATHAWAY**, of Coventry, R. I., Oct. 15, 1846, by Rev. Benjamin C. Phelps. Witness: Ellis Buckminster	2	83
Seth, of Sterling, m. Jeronia **LEWIS**, of Killingly, d. of Samuel, Apr. 5, 1821, by Anthony Brown, J. P.	1	191
COLWELL, Daniel, m. Azubah A. **SMITH**, of Millbury, Mass., Aug. 7, 1848, by Rev. Daniel Williams	2	47a
COMAN, George, m. Polly **DEXTER**, b. of Killingly, Apr. 13, 1823, by David Chase, J. P.	1	198
Uriah, m. Roxanna **CHASE**, b. of Killingly, May 23, 1824, by Anthony Brown, J. P.	1	105
COMINGS, [see under **CUMMINGS**]		
COMSTOCK, Emer B., m. Lucy **KANNEDY**, Mar. 4, 1843, by Rev. Daniel Williams	2	21a
CONGDON, Peleg K., m. Ruth **WELLS**, b. of Providence, R. I., Nov. 20, 1842, by Rev. Daniel Williams	2	17

	Vol.	Page
CONGDON, (cont.)		
W[illia]m G., m. Harriet **BASTO**, Feb. 17, 1833, by Rev. Elisha Atkins	1	134
CONNERS, Thomas, of Killingly, m. Martha **CLOUGH**, of Salsbury, Apr. 11, 1723	1	78
CONVERSE, CONVERS, Abial, of Killingly, Conn., m. Matilda **SLY**, of Douglass, Mass., Nov. 17, 1842, by Rev. Hezekiah L. Ramsdell	2	15a
Abigail, d. Thomas & Abigail, b. Nov. 18, 1744	1	33
Abiga[i]l, d. Edward, Jr. & Mary, b. Aug. 23, 1756	1	285
Aimwell, d. Samuel & Hannah, b. June 20, 1722	1	2
Alfred, s. Pain & Mary, b. May 25, 1772	1	251
Allis, [d. Jonath[an] & Zerviah], b. Feb. 11, 1746/7	1	41
Alpheas, m. Jerusha **ELLIOTT**, Mar. 17, 1774, by Rev. Noadiah Russell	1	317
Alpheas, [s. Alpheas & Jerusha], b. Feb. 27, 1783	1	317
Amasa, s. Edward, Jr. & Mary, b. Jan. 8, 175[ ]	1	285
An[n]a, d. Jacob & An[n]a, b. Mar. 2, 1758	1	280
Asa, s. Edward & Elizabeth, b. Sept. 30, 1730	1	13
Asa, s. Abaga[i][l **TORREY**, b. Mar. 10, 1750	1	42
Bathshua, d. Pain & Mercy, b. Dec. 8, 1741	1	30
Benjamin, [twin with Mary], [s. Josiah & Mary], b. Aug. 28, 1751	1	49
Benjamin, [s. Alpheas & Jerusha], b. Mar. 9, 1779	1	317
Bernard, s. Pain, Jr. & Mary, b. Jan. 25, 1764	1	251
Charles, [s. Alpheas & Jerusha], b. Feb. 21, 1781	1	317
Chester, s. Jacob & An[n]a, b. July 7, 1755	1	280
David, s. Thomas & Abigail, b. July 2, 1746	1	33
Dorcas, [twin with Hannah], d. Samuel & Hannah, b. Apr. 12, 1724	1	2
Dorcas, [d. Josiah & Mary], b. Mar. 10, 1749	1	49
Dorcas, [d. Josiah & Mary], d. Nov. 5, 1750	1	67
Ebenezer, s. Thomas & Abagail, d. May 8, 1742	1	75
Edward, s. Edward, Jr. & Mary, b. June 10, 1744	1	31
Edward, s. Edward, Jr. & Mary, b. June 6, 1747	1	285
Eliab, s. Jonath[an & Zerviah, b. June 20, 1745	1	41
Elias, [twin with Humblen], s. Pain, Jr. & Mary, b. Oct. 15, 1767	1	251
Elijah, s. Elijah & Experience, b. Apr. 10, 1777	1	317
Elisha, s. Jona[than] & Zerviah, b. Apr. 4, 1750	1	41
Elisha, s. Jonathan & Zu[rvia]h, b. Mar. 13, 1758	1	297
Elisabeth, d. Edward & Elisabeth, b. Apr. 4, 1736	1	18
Elisabeth, twin with Zacharias, d. Edward & Elisabeth, b. Mar. 29, 1738	1	20
Ephraim, s. John & Zerviah, b. May 27, 1730	1	5
Erastress, s. Capt. Pain & Mary, b. Oct. 5, 1780	1	251
Esther, d. Josiah & Mary, b. July 25, 1739	1	23
Esther, [d. Josiah & Mary], d. Sept. 2, 1742	1	67

	Vol.	Page
CONVERSE, CONVERS, (cont.)		
Esther, [d. Josiah & Mary], b. Aug. 24, 1744	1	49
Esther, [d. Josiah & Mary], d. Nov. 7, 1750	1	67
Easther, [d. Jonathan & Zerviah], b. Oct. 29, 1752	1	52
Gardner, s. Capt. [Pain] & Mary, b. Apr. 7, 1782	1	251
Hannah, [twin with Dorcas], d. Samuel & Hannah, b. Apr. 12, 1724	1	2
Hannah, d. Nov. 22, 1728	1	2
Humblen, [twin with Elias], s. Pain, Jr. & Mary, b. Oct. 15, 1767	1	251
Jacob, s. Edward & Elizabeth, b. Feb. 8, 1726/7	1	13
Jeremiah, s. Pain, Jr. & Mary, b. Aug. 4, 1761	1	251
Jesse, s. Edward & Elizabeth, b. Nov. 30, 1732	1	13
Joel, s. Thomas & Abaga[i]l, b. Sept. 11, 1750	1	40
Joel, m. Damaris **WILDER**, Sept. 10, 1773, by Rev. Noadiah Russell	1	181
John, [s. Josiah & Mary], b. Jan. 9, 1746	1	49
Jonathan, Jr., [s. Jonathan & Zerviah], b. Nov. 25, 1754	1	52
Jonathan, s. [Jonathan & Zerviah], b. Jan. 27, 1759	1	297
Jonathan, s. Jonathan & Zerviah, d. May 9, 1761	1	157
Joseph, [s. Alpheas & Jerusha], b. Jan. 21, 1777	1	317
Josiah, of Killingly, m. Mary **SABIN**, of Pomfret, Dec. 7, 1739	1	65
Josiah, [s. Josiah & Mary], b. July 15, 1742	1	49
Josiah, d. June 6, 1750	1	72
Levine, d. Pain, Jr. & Mary, b. Aug. 8, 1769	1	251
Lois, d. Jonathan & Zerviah, b. May 29, 1751	1	52
Lydia, m. Benj[ami]n **CHILLSON**, Apr. 24, 1776	1	180
Lyman, s. Joel & Damaris, b. July 3, 1779	1	267
Martha, w. Thomas, d. Jan. 18, 1735/6	1	75
Mary, d. Pain & Mary, b. Aug. 1, 1734	1	14
Mary, [d. Josiah & Mary], b. Nov. 24, 1741	1	49
Mary, [d. Josiah & Mary], d. Sept. 13, 1742	1	67
Mary, [twin with Benjamin], [d. Josiah & Mary], b. Aug. 27, 1751	1	49
Mary, m. Nic[h]olas **PARKER**, May 28, 1752	1	70
Mary, d. Edward, Jr. & Mary, b. Mar. 1, 1753	1	285
Mary Bourges, d. John & Zerviah, b. July 7, 1728	1	5
Pain, s. Pain & Mary, b. Oct. 28, 1739	1	23
Pain, Jr., m. Marcy **LEWAS**, Dec. 11, 1760	1	175
Pain, s. Capt. Pain & Mary, b. Jan. 4, 1777	1	251
Rhoda, d. Jonathan & Zerviah, b. Mar. 11, 1747/8	1	41
R[h]oda, d. Jonathan & Zerviah, b. Aug. 23, 1756	1	297
Riel, s. Elijah & Experience, b. Feb. 24, 1782	1	317
Rosanna, [d. Alpheas & Jerusha], b. May 30, 1775; d. May 3, 1778	1	317
Ruth, d. Samuel & Hannah, b. May 28, 1718	1	2
Samuel, s. Thomas & Abigail, b. Aug. 7, 1740	1	25

	Vol.	Page
CONVERSE, CONVERS, (cont.)		
Samuel, of Killingly, m. [Hannah] **BARTLETT**, of Newtown, Dec. 11, [ ]	1	2
Sophronia S., m. Joseph **KEECH**, b. of Thompson, Aug. 13, 1843, by Rev. Daniel Williams	2	22
Stephen, s. Pain & Mercy, b. Aug. 5, 1745	1	30
Stephen, Jr., m. Mrs. Lurana **BURLINGHAM**, b. of Killingly, Dec. 3, 1820, by David Chase, J. P.	1	189
Susannah, d. Edward & Elisabeth, b. Oct. 28, 1741	1	33
Tabitha, d. Thomas & Martha, b. Jan. 4, 1732	1	9
Tabathy, d. Thomas & Martha, d. Mar. 5, 1741	1	75
Tabathy, d. Tho[mas] & Abaga[i]l, b. Mar. 5, 1748/9	1	39
Thomas, of Killingly, m. Abaga[i]l **FAY**, of Westbury, Nov. 2, 1737	1	78
Thomas, s. Thomas & Abigail, b. Nov. 1, 1738	1	21
Zacharias, twin with Elisabeth, s. Edward & Elizabeth, b. Mar. 29, 1738	1	20
COOK, COOKE, Charlotte M., m. Frances **BLUE**, b. of Killingly, Oct. 15, 1838, by Daniel Williams, Elder	2	5
Christopher, m. Lucy **SEAMANS**, late of Foster, R. I., now of Killingly, [Apr.] 21, [1844], by George Pray, J. P.	2	23
Joseph C., of Glocester, R. I., m. Amey **WADE**, of Killingly, Sept. 29, 1841, by Rev. Roswell Whitmore	2	11a
Lydia W., m. Daniel **CARPENTER**, b. of Smithfield, R. I., Nov. 25, 1832, by W[illia]m Bushnall	1	84
Sarah A. P., m. Dexter B. **BUCK**, b. of Killingly, Feb. 7, 1841, by Calvin Cooper, Elder	2	10a
COOLEY, Lucyne T., m. Leonard N. **AUSTIN**, b. of Providence, R. I., Nov. 26, 1848, by Rev. Daniel Williams	2	51
Mary L., of Warren, R. I., m. John H. **BOWEN**, June 21, 1846, by Lowell Graves, J. P.	2	35a
COMMER, Hannah, m. Jesse **CARPENTER**, b. of Killingly, Nov. 25, 1827, by Elisha Atkins	1	119
Jane, m. Henry **GRINSHAW**, [ ], by Harris Arnold, J. P.	2	19
COON, Lucy, m. Ephraim **KEACH**, Jr., b. of Killingly, Jan. 12, 1845, by Rev. Anthony Palmer	2	27
COOPER, COWPER, Aaron, s. John & Phebe, b. June 15, 1780	1	229
Abigail, d. Timothy & Sarah, b. Mar. 13, 1730/31	1	16
Abaga[i]l had s. Comfort **EATON**, b. June 22, 1750	1	41
Ammi, s. Joshua & Elisabeth, b. Oct. 10, 1735	1	18
Ann R., m. Sylvanus **GLEASON**, b. of Killingly, May 17, 1853, by Rev. Sidney Dean	2	79
Calvin, Jr., m. Harriet **KIES**, Aug. 26, 1833, by Rev. John Whipple	1	85
Charles, s. Joshua & Hannah, b. May 4, 1747	1	35
Deborah, d. Joshua & Elisabeth, b. Sept. 2, 1738	1	25
Deborah, d. Abraham & Elisebeth, b. Aug. 16, 1757	1	219
Ebenezer, s. Abraham & Elisabeth, b. Dec. 12, 1747	1	41

	Vol.	Page
COOPER, COWPER, (cont.)		
Elisabeth, w. Joshua, d. June 30, 1741	1	73
Elizabeth, d. Abraham & Elisebeth, b. Feb. 27, 1755	1	219
Esther, d. Abraham & Elisabeth, b. Dec. 20, 1749	1	41
John, s. Joshua & Elisabeth, b. Oct. 23, 1731	1	14
John, s. Abraham & Elisebeth, b. Feb. 17, 1753	1	219
Judeth, d. Timothy & Sarah, b. Feb. 14, 1736/7	1	21
Louisana, m. Othniel **RUSSELL**, b. of Killingly, Apr. 5, 1846, by Calvin Cooper, Elder	2	35
Marcella A., m. Frances **CALAPIAN**, b. of Burrillville, R. I., Oct. 13, 1842, by Rev. Daniel Williams	2	17
Mary, d. Abraham & Elise[b]eth, b. May 15, 1751	1	219
Susee, d. Mary **LOCK**, b. Apr. 26, 1719, at Lexington	1	1
COPELAND, COOPLAND, Daniel, s. William & Sarah, b. Oct. 28, 1779	1	214
Ebenezer, s. William & Sarah, b. May 12, 1777	1	214
Phineas, m. Rachell **PRINCE**, Apr. 27, 1780, by Rev. Noadiah Russell	1	183
Thankfull, d. William & Sarah, b. Apr. 17, 1760	1	236
Thankful, m. John **YOUNGLOVE**, Dec. 17, 1778, by Rev. Noadiah Russell	1	178
COPP, David, m. Mary **SPALDING**, June 9, 1776, by Eliphalet Wright	1	184
David, m. Elisabeth **TORREY**, Dec. 22, 1793, by Rev. Elisha Atkins	1	184
Elisabeth, d. David & Elisabeth, b. Oct. 2, 1797	1	308
Lucy, d. David & Mary, b. Oct. 24, 1786	1	308
Mary, d. David & Mary, b. May 31, 1779	1	308
Mary, w. David, d. June 26, 1792	1	162
Mary, m. Aaron B. **HOWE**, Jan. 17, 1798, by Rev. Elisha Atkins	1	186
Sarah, d. David & Elisabeth, b. Oct. 9, 1794	1	308
Sarah, d. David & Elisabeth, d. Oct. 29, 1796	1	162
Simon, s. David & Mary, b. Apr. 23, 1781	1	308
William, s. David & Mary, b. May 20, 1777	1	308
CORBIN, CORBEN, COBIN, Alice, m. Sabastian **CABOT**, [ ], 1764	1	176
Almira D., of Scituate, R. I., m. Lewis **CHAPMAN**, of Providence, May 4, 1845, by [Rev. Tho[ma]s O. Rice]	2	27a
Amisa, [twin with Asa], s. John & Martha, b. Mar. 6, 1741/2	1	34
Arthusa, of Thompson, m. Samuel T. **BROWN**, of Pomfret, Dec. 19, 1842, by Rev. Daniel Williams	2	17
Asa, s. John & Martha, b. Apr. 6, 1735	1	15
Asa, s. John & Martha, d. Sept. 4, 1740	1	25
Asa, s. John & Martha, d. Sept. 4, 1740	1	73
Asa, s. John & Martha, d. Sept. 9, 1740	1	26
Asa, [twin with Amisa], s. John & Martha, b. Mar. 6, 1741/2	1	34
Betty, d. Elijah & Elisabeth, b. May 31, 1774	1	304

	Vol.	Page
CORBIN, CORBEN, COBIN, (cont.)		
Charrety, d. John & Abigail, b. June 25, 1762	1	302
C[h]loe, d. Moses & Elisabeth, b. June 16, 1782	1	319
Clement, s. Clement & Rachel, b. Feb. 15, 1764	1	304
Daniel, s. Elijah & Elisabeth, b. Sept. 22, 1771	1	304
Darius, s. John & Martha, b. May 15, 1737	1	25
Darius, s. Asa & Mercy, b. Sept. 30, 1780	1	306
Dorcas, d. John & Martha, b. Dec. 4, 1730	1	6
Dorcas, d. Ezra & Hannah, b. Aug. 22, 1765	1	212
Ebenezer, s. Clement & Rachel, b. Jan. 5, 1766	1	304
Elijah, s. Elijah & Elisabeth, b. June 28, 1767	1	304
George N., m. Annis **LYON**, Nov. 26, 1843, by Rev. G. W. Greenslit	2	20a
Hannah, d. [Ezra & Hannah], b. Mar. 31, 1769	1	212
Hittee, d. Sam[ue]ll & Lucy, b. Apr. 7, 1783	1	319
Ira, s. Elkanah & Hannah, b. Nov. 19, 1776	1	316
Isabel, d. Clement & Mary, b. June 15, 1771	1	304
Jane, twin with Mary, d. Clement & Rachel, b. May 13, 1759	1	304
John, s. John & Martha, b. July 11, 1729	1	6
John, m. Abagail **CABBOT**, Feb. 9, 1761, by Rev. Noadiah Russell	1	182
John, s. Lieut. Asa & Mercy, b. July 28, 1782	1	316
Joseph, s. John & Martha, b. Aug. 17, 1747	1	34
Joseph, s. John & Martha, b. Mar. 30, 1751	1	42
Larned, s. Sam[ue]ll & Lucy, b. Oct. 19, 1781	1	319
Lois, d. John & Martha, b. Mar. 3, 1733/4	1	15
Louis, d. John & Martha, d. Apr. 26, 1735	1	73
Marthar, d. John & Abigail, b. Aug. 24, 1764	1	302
Mary, twin with Jane, d. Clement & Rachel, b. May 13, 1759	1	304
Mary A., of Lisbon, m. Calvin R. **BRACKETT**, of Thompson, Sept. 10, 1848, by Rev. Geo[rge] W. Greenslitt	2	47a
Mehitable, d. Clement & Rachel, b. Dec. 10, 1767	1	304
Mercy, d. Elkanah & Hannah, b. Apr. 24, 1778	1	316
Nancy B., m. George G. **CUTLER**, b. of Killingly, Dec. 25, 1839, by Rev. Henry Robinson	2	7
Otis, Jr., m. Nancy H. **MUNRO**, [ ], by Harris Arnold, J. P.	2	19a
Parley, s. Elijah & Elisabeth, b. May 22, 1769	1	304
Payson, s. Clement & Mary, b. Oct. 6, 1774	1	304
Polle, d. [Ezra & Hannah], b. Mar. 20, 1771	1	212
Rachel, d. Clement, Jr. & Rachel, b. Sept. 20, 1756	1	304
Royall, s. John & Abigail, b. June 12, 1766	1	302
Sarah, d. Asa & Mercy, b. Mar. 22, 1779	1	316
Sybil, d. John & Martha, b. Aug. 8, 1732	1	13
Thomas, s. Clement & Mary, b. Aug. 12, 1772	1	304
William, s. John & Martha, b. Apr. 6, 1744	1	34
COREY, [see also **CAREY**], Eunice, m. James **FARMAN**, Jan. 4, 1759	1	262

	Vol.	Page

COREY, (cont.)

Fenette, of Killingly, m. Nathan H. **LAW**, of Pomfret, Jan. 13, 1804, by Rev. Roswell Whitmore	2	8
Larnard M., of Thompson, m. Sarah E. **BACON**, of Killingly, June 4, 1850, by Rev. Joseph Ayer	2	56

CORFEE, William, m. Mary **PALMER**, of Woodstock, Dec. 6, 1846, by Rev. Joseph B. Daman — 2, 43a

CORNELL, Daniel, of Gloucester, R. I., m. Mrs. Huldah H. **BAKER**, of Killingly, Dec. 10, 1820, by David Chase, J. P. — 1, 189

Emely, of Killingly, m. Jonas **McKENZIE**, of Glocester, R. I., Oct. 16, 1831, by George W. Appleton	1	128
James, Jr., m. Mercy A. **POTTER**, of Scituate, R. I., June 22, 1846, by Rev. Joseph B. Daman	2	43a
James, of Warren, m. Phebe **CORNELL**, of Swanzey, R. I., [Mass.], May 9, 1847, by Rev. Daniel Williams	2	41
Phebe, of Swanzey, R. I., [Mass.], m. James **CORNELL**, of Warren, May 9, 1847, by Rev. Daniel William	2	41
Zilpha, m. Lorenzo D. **MORSE**, June 12, 1843, by Harris Arnold, J. P. Intention published	2	19

CORP, Lyman W. C., m. Susan **MITCHELL**, b. of Killingly, May 1, 1842, by Rev. Daniel Williams — 2, 16

COSTELE, Roby Ann, m. Nelson **JORDAN**, b. of Killingly, Feb. 23, 1851, by Elder Daniel Williams — 2, 58

COTE, Horace S., m. Sophia Ann **HARRINGTON**, b. of Foster, R. I., Dec. 18, 1836, by Daniel Williams, Elder — 2, 1

COVELL, COVEL, COVAL, COVIL, COVILL, Abigail, d. Joseph & Hannah, b. May 17, 1730 — 1, 4

Abigail, d. Stephen & Elisabeth, b. Mar. 1, 1757	1	248
Adeline, of Killingly, m. Reuben S. **ELLIOTT**, of Thompson, Mar. 5, 1849, by Rev. John D. Baldwin	2	52
Amanda, of Thompson, m. James M. **LONGSTED**, of Killingly, Apr. 15, 1849, by Rev. I. M. Bidwell	2	52
Benjamin, s. Stephen & Elisabeth, b. Aug. 3, 1755	1	248
Cilus, see under Silas		
Elisabeth, twin with Sarah, d. Joseph & Hannah, b. Jan. 18, 1738/9	1	21
Elisabeth, d. James & Sarah, b. Feb. 19, 1752	1	46
Eliz[abeth], m. Barachiah **CADY**, Nov. 18, 1756	1	175
Esther P. m. George W. **EDDY**, b. of Killingly, May 27, 1842, by Rev. Tubal Wakefield	2	13a
James, m. Louisa **ELLIOTT**, b. of Killingly, Mar. 18, 1840, by Rev. Nicholas Branch	2	9a
Johnathan, s. James & Sarah, b. Feb. 14, 1749/50	1	40
Joseph S., of Providence, R. I., m. Joannah **LOND**, of Foxborough, Mass., Feb. 11, [1843], by Nicholas Branch	2	22a
Lucy, m. Reuben S. **ROUSE**, b. of Thompson, June 13, 1847, by Rev. J. Livesy, Jr.	2	40

	Vol.	Page
COVELL, COVEL, COVAL, COVIL, COVILL, (cont.)		
Lydia, d. Joseph & Hannah, b. Aug. 14, 1736	1	18
Mariah, d. Joseph & Hannah, b. Apr. 24, 1741	1	27
Mary Y., d. of Parley, of Killingly, m. John W. **ELLIOTT**, of Thompson, July 1, 1851, by Rev. Henry Bromley	2	62
Maryan, m. Waldo **BARTLETT**, b. of Killingly, Apr. 13, 1832, by Albert Cole, Elder	1	131
Micajah, s. James & Sarah, b. Sept. 9, 1746	1	35
Oliver, m. Candace **MARTIN**, Apr. 13, 1825, by Calvin Cooper	1	107
Oliver S., of Killingly, Conn., m. Mary A. W. **REYNOLDS**, of Glocester, R. I., Sept. 8, 1852, by Rev. Daniel Williams	2	74
Peter, s. Stephen & Mary, b. Aug. 24, 1742	1	26
Samson, s. Ebenezer & Martha, b. Mar. 24, 1754	1	55
Samson B., m. Lillis **BARTLETT**, Oct. 20, [1831], by Albert Cole	1	98
Samuel, s. Ebenezer & Martha, b. Jan. 13, 1752	1	55
Sarah, twin with Elisabeth, d. Joseph & Hannah, b. Jan. 18, 1738/9	1	21
Cilus, s. Stephen & Elisabeth, b. Dec. 7, 1753 (Silas)	1	248
Sophia, m. Luther **MOFFIT**, b. of Killingly, Mar. 1, 1835, by Elisha Atkins	1	93
Stephen, s. Stephen & Abigail, b. Apr. 5, 1729	1	11
Tamar, d. James & Sarah, b. Mar. 29, 1745	1	35
Zerviah, d. Joseph & Hannah, b. Mar. 26, 1733	1	11
COWPER, [see under **COOPER**]		
CRANDALL, Caroline F., m. Alpheas W. **RANDALL**, b. of Killingly, July 20, 1845, by Rev. Benjamin C. Phelps	2	29a
Eunice E., of Killingly, m. Daniel C. **HULL**, of Plainfield, Nov. 19, 1840, by Rev. John N. Whipple	2	9a
Mary T., of West Killingly, m. Edwin S. **HULL**, of Alton, Ill., Mar. 14, 1849, by Rev. T. O. Rice	2	51
CRANSTON, Ray, of Clinton Co., of Madison, N. Y., m. Lydia Edwards, of Killingly, May 4, 1831, by John Dixon, J. P	1	98
CRAPON, D. C., m. Sarah E. **ARNOLD**, Nov. 17, 1844, by Rev. Geo[rge] W. Greenslit	2	25a
CRAWFORD, Ann, m. Joseph **ANGELL**, Jr., b. of North Providence, R. I., Aug. 20, 1849, by Rev. Daniel Williams	2	53a
CROCKER, John, of Springfield, Mass., m. Sarah Ann **CHANDLER,** [ ], by Rev. Sam[ue]l Backus, of Westfield Parish	2	19a
CROSBY, CROSBE, Elijah, s. Stephen & Hannah, b. May 19, 1756	1	270
Elijah, s. Stephen & Hannah, d. Dec. 24, 1758	1	170
Hephzibah, d. Oct. 30, 1771	1	156
Jonathan, s. Nath[anie]ll & Hepsibah, b. May 1, 1737	1	19

	Vol.	Page
CROSBY, CROSBE, (cont.)		
Jonathan, s. Nath[anie]ll & Hepsebeth, d. Sept. 13, 1742	1	74
Nathaniel, s. Nathaniel & Hepsebeth, b. June 6, 1729	1	4
Nath[anie]ll, Sr., d. Aug. 24, 1770	1	156
Nath[anie]ll, Jr., d. Oct. 22, 1774	1	156
Pearson, [s.] Stephen & Hannah, b. Jan. 14, 1763	1	199
Richard, s. Nathaniel & Hepzabah, b. Mar. 9, 1730/31	1	6
Richard, s. Natha[nie]ll, d. Sept. 10, 1736	1	78
Richard, s. Nathaniel & Hepsey, d. Dec. 10, 1736	1	74
Richard, s. Nath[anie]ll & Hepsaba, b. July 22, 1740	1	27
Richard, s. Nath[anie]ll & Hepsey, d. Sept. 7, 1742	1	74
Sarah, d. Stephen & Hannah, b. Dec. 4, 1758	1	270
Sibel, [d. Stephen & Hannah], b. Mar. 8, 1760	1	270
Stephen, s. Nathaniel & Hepsibah, b. Jan. 5, 1733/4	1	13
Stephen, m. Hannah **CAR[R]OLL**, b. of Killingly, Feb. 16, 1755	1	262
Stephen, adm, fr. [ ]	1	57
CROSSMAN, Jonathan, m. Hannah **CULLY**, Mar. 3, 1833, by Rev. John N. Whipple	1	134
CROWELL, Richard B., of Horwick, Ms., m. Mary A. **SUNDERLAND**, of Pawtucket, R. I., Feb. 3, 1848, by Geo[rge] Warren, J. P.	2	44
CULLY, Hannah, m. Jonathan **CROSSMAN**, Mar. 3, 1833, by Rev. John N. Whipple	1	134
Thomas S., m. Nancy J. **NILES**, Feb. 6, 1853, by Mowry Amsbury, J. P.	2	78
CUMMINGS, COMINGS, CUMMINS, COMINS, Abigail, d. Jacob & Abigail, b. Feb. 17, 1721/22; d. Sept. 26, 1730	1	19
Abigail, w. Jacob, d. Aug. 30, 1730	1	17
Abigail, d. Jacob & Eleanor, b. Feb. 24, 1735/6	1	19
Abraham, s. Jacob & Eleanor, b. Aug. 29, 1733	1	19
Ann, of Killingly, m. James H. **WARD**, of Patterson, N. J., Apr. 14, 1850, by Rev. S. W. Coggeshall	2	55
Avis, of Killingly, m. John B. **GREENSLITT**, of Hampton, Jan. 10, 1847, by Rev. T. O. Rice	2	39
Benjamin, m. Sarah **GROVER**, b. of Killingly, Nov. 21, 1743, by John Walton, J. P.	1	65
Elizabeth, m. Hiram E. **MURDICK**, Sept. 22, 1833, by John N. Whipple	1	85
Isaac, s. Jacob & Eleanor, b. June 27, 1739	1	23
James, s. Jacob & Abigail, b. Feb. 12, 1725/6	1	19
John P., m. Sarah Ann **MOORE**, Mar. 26, 1838, by Rev. Sidney Holman	2	4
Joseph, s. Josiah & Mehetable, b. Aug. 27, 1746	1	42
Joseph, s. Benj[ami]n & Sary, b. Apr. 8, 1753	1	47
Kezia, d. Stephen & Mary, b. Feb. 7, 1730/31	1	20
Lettice, d. Josiah & Milesent, b. Oct. [ ], 1759	1	248
Lucy, m. Eleazer **MOFFETT**, Dec. 23, 1767, by Rev. Aaron		

	Vol.	Page
CUMMINGS, COMINGS, CUMMINS, COMINS, (cont.)		
Brown	1	177
Martha, d. Jacob & Abigail, b. Nov. 12, 1727	1	19
Martha, d. Stephen & Mary, b. Apr. 1, 1735	1	20
Marthew, d. Benj[ami]n & Sarah, b. Nov. 7, 1749	1	39
Mary, d. Jacob & Abigail, b. Aug. 3, 1729	1	19
Mary, d. Stephen & Mary, b. Apr. 27, 1733	1	20
Mary S., of Killingly, m. Frederick H. **LILLIBRIDGE**, of Brooklyn, Apr. 8, 1832, by Roswell Whitmore	1	82
Mehetabel, d. Josiah & Mehetabel, b. Mar. 17, 1751	1	42
Sarah, d. Jacob & Abigail, b. Oct. 5, 1723	1	19
Sarah, d. Stephen & Mary, b. Aug. 27, 1729	1	20
Sarah, m. William **ALTON**, Dec. 19, 1745	1	180
Sarah, d. Benjamin & Sarah, b. Mar. 13, 1745/6, in Glocester	1	41
Simeon, s. Benjamin & Sarah, b. Nov. 1, 1747, in Glocester	1	41
Stephen, s. Stephen & Mary, b. June 20, 1737	1	20
Stephen, s. Josiah & Mehetabel, b. Mar. 9, 1744	1	42
CUNNINGHAM, Lydia, m. Henry **HALL**, b. of Shrewsbury, Mass., Jan. 1, 1852, by Earl Martin, J. P.	2	70
CURTIS, O., of Genoa, Ohio, m. Jane **BADGER**, of Killingly, Sept. 3, 1851, by Rev. Joseph Ayer	2	65
Rebecca, d. Sam[ue]ll & Mary, b. July 20, 1754	1	55
Samuel, s. Samuel & Mary, b. Nov. 20, 1756	1	64
CUSTESS, Eunise, m. Stephen **BATEMAN**, Sept. 26, 1768, by Rev. Mr. Willman	1	177
CUTLER, Abby, of Killingly, m. Jeremiah **COLE**, of Scituate, R. I., Nov. 26, 1839, by Roswell Whitmore	2	7
Abel, m. Hannah **MOFFITT**, [Jan.] 12, [1834], by W. Bushnall	1	88
Abigail, d. Isaac & Sarah, b. Mar. 4, 1716/17	1	15
Abaga[i]l, m. Wiman **HUCHINS**, Jan. 1, 1738/9, by Rev. Mr. John Fisk	1	37
Abaga[i]l, d. Beach & Abaga[i]l, b. Aug. 6, 1750	1	41
Abiga[i]l, d. John & Abiga[i]l, b. Apr. 27, 1755	1	53
Abigail, 2d, w. Hezekiah, d. [ ]	1	80
Amos, s. Zac[ha]riah & Hannah, b. May 6, 1741	1	34
Anna, d. Peter & Rebeckah, b. June 11, 1761	1	250
Asa, s. Isaac & Sarah, b. Jan. 22, 1727/28	1	15
Asa, m. Mary **CADY**, b. of Killingly, Apr. 23, 1752	1	65
Asa, s. David & Experience, b. July 16, 1811	1	317
Benona, s. Elisabeth **LEAVENS**, b. Aug. 17, 1737	1	39
Benoni, m. Susanna **LEAVENS**, Dec. 22, 1763	1	176
Benoni, m. Lurana **LEAVENS**, Dec. 22, 1763	1	180
Caroline Maria, of Killingly, m. Daniel **HARRIS**, of Burrillville, R. I., May 22, 1837, by Rev. Sidney Holman	2	2
Charles, s. David & Dewalh(?)*, b. Feb. 25, 1741/2 (*Desiah?)	1	36
Charles, s. Benoni & Lurana, b. May 7, 1765	1	208

CULTLER, (cont.)

	Vol.	Page
Charles, [s. Benoni & Lurana], b. May 7, 1765	1	246
Charles, s. Ephraim & Leah, b. Mar. 30, 1792	1	254
Daniel, s. Isaac & Dorcas, b. Mar. 28, 1751	1	45
Daniel, s. Isaac & Dorcas, d. Aug. 4, 1751	1	67
David, s. Isaac & Sarah, b. Jan. 18, 1725/6	1	15
David, adm.. fr. Apr. 7, 1760	1	57
Dorcas, d. Isaac, Jr. & Marg[a]ret, b. Mar. 14, 1741	1	36
Dorcas, d. Isaac & Dorcas, b. Oct. 20, 1746	1	45
Dorcas, d. Isaac, Jr., d. Dec. 9, 1746	1	67
Edward Adams, [s. Asa & Sarah], b. Mar. 21, 1820	1	251
Elisabeth, d. Samuel & Sarah, b. Jan. 17, 1722	1	36
Elisabeth, m. Samuel **WINTER**, Jr., b. of Killingly, Apr. 12, 1744, by Joseph Leavens, J. P.	1	77
Elizabeth, d. Ezekiel & Catron, b. June 20, 1756	1	216
Ephraim, s. Hezekiah & Susannah, b. Nov. 13, 1744	1	36
Ephraim, m. Leah **ATWOOD**, Apr. 8, 1787, by Rev. Elisha Atkins	1	185
Ezeki[e]l, s. Ezekiel & Catron, b. Aug. 11, 1757	1	216
Ezeriah, s. Joseph & Mary, b. Feb. 1, 1744/5	1	32
George, s. David & Experience, b. Aug. 30, 1813	1	317
George G., m. Nancy B. **CORBIN**, b. of Killingly, Dec. 25, 1839, by Rev. Henry Robinson	2	7
Hannah, d. Isaac & Sarah, b. Apr. 14, 1715	1	15
Hannah, d. Zac[h]riah & Hannah, b. July 12, 1739	1	34
Han[n]ah, [w. Zac[ha]riah], d. Sept. 3, 1742	1	75
Han[n]ah, d. Zac[ha]riah & Hannah, b. Jan. 14, 1746	1	34
Hannah, d. Hez[ekiah] & Susannah, b. Dec. 5, 1747	1	36
Hez[ekiah], d. Oct. [ ], 1792	1	80
Hezekiah, s. Ephraim & Leah, b. Mar. 13, 1794	1	254
Hezekiah, m. Susan[n]ah **CLARK**, b. of Killingly, [ ]	1	77
Hobart Copp, [s. Asa & Sarah], b. Dec. 27, 1815	1	251
Isaac, s. Isaac & Sarah, b. Jan. 5, 1718/19	1	15
Isaac, m. Dorcas **WHITMORE**, June 26, 1744	1	69
Isaac, s. Peter & Rebec[c]a, b. Mar. 21, 1755	1	55
Jacob, s. Samuel & Sarah, b. Mar. 15, 1730	1	45
James, s. John & Abiga[i]l, b. July 30, 1752	1	47
James, s. John & Abiga[i]l, b. July 30, 1752 (Entry crossed out)	1	47
Jesse, s. Isaac & Sarah, b. Oct. 10, 1722	1	15
John, s. Isaac & Sarah, b. Aug. 15, 1729	1	15
Joseph, s. Isaac & Sarah, b. Mar. 18, 1720/21	1	15
Joseph, Jr., s. Joseph & Mary, b. Dec. 16, 1748	1	40
Joseph, [s. Benoni & Lurana], b. Mar. 18, 1772	1	246
Judeth, d. Samuel & Sarah, b. Sept. 15, 1731	1	36
Levina, d. Asa & Mary, b. Sept. 8, 1755	1	53
Ledeame, d. Asa & Mary, b. Mar. 25, 1753	1	49
Leada, d. Ezekiel & Martha, b. Dec. 22, 1757	1	216

	Vol.	Page
CUTLER, (cont.)		
Lodema, m. William **PEACK**, Feb. 1, 1775	1	181
Lucrecy, d. Sept. 30, 1751	1	72
Lucrecy, d. Samuel & Sarah, b. Jan. 19, 1751/2	1	44
Luce, d. Ezekiel & Catron, b. Apr. 17, 1749	1	216
Lucy T., of Killingly, m. Thomas **DIKE**, of Thompson, [ ], by Elisha Atkins	2	4a
Lucy Torrey, d. Asa & Sarah, b. July 3, 1814	1	251
Manassah, s. Hez[ekiah] & Susannah, b. May 28, 1742	1	36
Mary, d. Ezekiel & Catron, b. Feb. 14, 1745	1	216
Mary, [d. Joseph & Mary], b. Feb. 12, 1745/6	1	32
Mary, of Marthlick, m. Ebenezer **FULLER**, of Killingly, Dec. 21, 1747	1	76
Mary, m. Isaac **HUTCHENS**, Feb. 1, 1775	1	261
Mary A., of Killingly, m. Joseph **ROBINSON**, of Thompson, Nov. 30, 1826, by Elisha Atkins	1	111
Mehetable, d. Hezekiah & Susannah, b. Apr. 1, 1737	1	36
Meriah, d. Zac[ha]riah & Sarah, b. May 11, 1753	1	48
Nancy, d. Ephraim & Leah, b. Feb. 25, 1790	1	254
Peter, s. Isaac & Sarah, b. Mar. 5, 1734/5	1	15
Polly, d. Ephraim & Leah, b. May 11, 1786	1	254
Sarah, d. Jesse & Patience, b. Nov. 29, 1745	1	36
Sarah, d. Peter & Rebec[c]ah, b. May 18, 1759	1	250
Sarah, of Killingly, m. Zephaniah **HILL**, of Sterling, Jan. 8, 1826, by Calvin Cooper	1	109
Silence, d. Jesse & Mary, b. Aug. 11, 1757	1	212
Susan Davis, [d. Asa & Sarah], b. Mar. 31, 1822	1	251
Susan[n]ah, w. [Hez[ekiah], d. Apr. 8, 1774	1	80
Tamer Davis, [d. Asa & Sarah], b. Oct. 24, 1817	1	251
Theophilus, s. Benoni & Lurana], b. Oct. 9, 1767	1	208
Theophilus, [s. Benoni & Lurana], b. Oct. 9, 1767	1	246
Thomas, s. John & Abagal, b. Jan. 14, 1750/51	1	41
William, s. Benoni & Lurana, b. Apr. 13, 1770	1	208
William, [s. Benoni & Lurana], b. Apr. 13, 1770	1	246
Younglove, s. Jesse & Patience, b. Apr. 12, 1748	1	36
Zac[ha]riah, s. Zac[ha]riah & Han[n]ah, b. Apr. 29, 1737	1	34
Zac[ha]riah, s. Zac[ha]riah & Han[n]ah, d. Sept. 5, 1742	1	75
Zachariah, s. Zachariah & Hannah, b. Oct. 28, 1751	1	46
Zach[ar]riah, s. Zach[a]riah & Sarah, b. Jan. 20, 1756	1	237
CUTTEN, Sarah had d. Mary **FLING**, b. Sept. 18, 1752	1	64
CUTTER, Hannah, d. Hez[ekiah] & Susannah, d. Dec. 25, 1753	1	67
CUTTING, CUTING, Azariah, s. Zac[ha]riah & Sarah, b. Jan. 21, 1756	1	54
David, s. David & Elizabeth, b. June 16, 1718	1	7
David, d. Oct. [ ], 1724	1	7
Elizabeth, d. David & Elizabeth, b. Aug. 4, 1714, at Lexington	1	6
Hannah, d. David & Elizabeth, b. Mar. 17, 1719/20	1	7

	Vol.	Page
CUTTING, CUTING, (cont.)		
Joseph A., of Princeton, Mass., m. Harty **CHASE**, of Killingly, May 17, 1851, by Rev. Daniel Williams	2	63
Sarah, d. David & Elizabeth, b. June 27, 1724	1	7
Thankfull, d. David & Elizabeth, b. July 25, 1716, at Lexington	1	6
Zachariah, s. David & Elizabeth, b. July 29, 1722	1	7
Zach[a]riah, m. Sariah* **WHITNEY**, b. of Killingly, June 12, 1750, by Sam[ue]ll Danielson, J. P. (*Perhaps Saviah)	1	69
DAGGETT, DAGGET, Harriet, m. John V. **HANDALL**, b. of Killingly, June 1, 1853, by Rev. E. Loomis	2	77
Thirza Ann, of Wrentham, Mass., m. William E. **CLARK**, of Pawtucket, Mass., Aug. 18, 1844, by Rev. G. W. Greenslit	2	23a
DAILEY, DAYLY, Abraham, s. Samuel & Sarah, b. June 19, 1738	1	23
Catharine, m. Daniel **JAMES**, b. of Providence, R. I., Sept. 7, 1845, by Rev. Benjamin C. Phelps, of West Killingly. Witness: Charles Kelley	2	30
Celinda, m. Christopher **VICKUS**, b. of Thompson, Jan. 30, 1852, by Rev. Benj[amin] B. Hopkinson	2	80
Harriet, Mrs., m. George R. **SMITH**, b. of Killingly, Apr. 4, 1852, by Rev. Roswell Whitmore	2	71
Jacob, s. Samuel & Sarah, b. Dec. 17, 1733	1	23
Jesse, s. Samuel & Sarah, b. Apr. 29, 1731	1	23
Patrick, of New Halifax, m. Harriet **ALEXANDER**, of Killingly, Sept. 19, 1839, by Henry Robinson	2	6a
Samuel, s. Samuel & Sarah, b. June 29, 1726	1	23
Sarah, d. Samuel & Sarah, b. Aug. 5, 1728	1	23
Sylvester K., of Coventry, m. Levina **JENERSON**, of Gloucester, R. I., Jan. 4, 1843, by Rev. Daniel Williams	2	21
DAMON, James S., m. Mary E. **GILMAN**, Dec. 31, 1843, by Harris Arnold, J. P.	2	21
DANA, Jeremiah, of Oxford, Mass., m. Susan **TORREY**, of Killingly, Apr. 4, 1843, by Rev. Henry Robinson	2	18a
DANIELL, Daniel, s. Nath[anie]ll & Sibel, b. Apr. 30, 1765	1	283
Gad, s. Nath[anie]ll & Sibble, b. Jan. 27, 1764	1	283
DANIELSON, Adam B., m. Malancy W. **ROBINSON**, b. of Killingly, Jan. 1, 1828, by Rev. Roswell Whitmore	1	120
Charlotte T., m. Orville M. **CAPRON**, May 18, 1852, by Rev. Tho[ma]s O. Rice	2	72
Elisabeth, d. Sam[ue]ll & Sarah, b. Mar. 25, 1734/5	1	16
George, m. Harty **DEXTER**, b. of Killingly, Dec. 9, 1824, by Rev. Roswell Whitmore	1	106
James, s. W[illia]m & Sarah, b. Jan. 18, 1761	1	268
Lucy, d. William & Sarah, b. Oct. 11, 1764	1	268
Lucy, of Killingly, m. Rev. Daniel G. **SPRAGUE**, of Hampton, Jan. 4, 1826, by Rev. Roswell Whitmore	1	109

	Vol.	Page
DANIELSON, (cont.)		
Mary, d. William & Sarah, b. Jan. 24, 1770	1	268
Mary D., m. James E. **JAQUES**, b. of Killingly, Mar. 3, 1851, by Rev., T. O. Rice	2	59
Prissilla, d. Samuel & Sarah, b. Feb. 12, 1737	1	19
Samuel, s. Samuel & Sarah, b. Mar. 27, 1741/2	1	28
Samuel, s. Samuel & Sarah, b. Mar. 27, 1742	1	30
Sanford S., m. Esther **WILLIAMS**, b. of Killingly, Oct. 22, 1833, by Rev. Roswell Whitmore	1	86
Sarah, d. Samuel & Sarah, b. Feb. 22, 1730/31	1	5
Sarah, d. Samuel & Sarah, b. Mar. 19, 1745	1	30
Sarah, d. W[illia]m & Sarah, b. Nov. 14, 1759	1	268
Susan[na, d. Samuel & Sarah, b. Oct. 1, 1732	1	10
Sybil, d. Samuel & Sarah, b. Feb. 8, 1738/9	1	21
Willard, m. Sarah **GROSVENOR**, Feb. 13, 1834, by Rev. W. Bushnell	1	260
William, s. Samuel & Sarah, b. Aug. 11, 1729	1	4
William, m. Sarah **WILLIAMS**, Dec. 29, 1758, by Rev. Josiah Whitey	1	177
William, s. William & Sarah, b. Mar. 4, 1768	1	268
DANTON, Abiga[i]l, d. Samuel & Lois, b. July 27, 1747	1	48
Abiga[i]l, d. Feb. 25, 1751	1	69
Lois, d. Samuel & Lois, b. July 6, 1745	1	48
Rebec[c]a, d. Samuel & Lois, b. Apr. 12, 1751	1	48
Robert, d. Apr. 30, 1751	1	69
Samuel, d. Mar. 23, 1753	1	69
DARBY, DARBEY, Adeline, of West Killingly, m. Joel **BAKER**, Jr., of Brooklyn, Sept. 15, 1845, by Rev. T. O. Rice	2	29
David P., m. Rebeckah F. **LAW**, b. of Killingly, Jan. 3, 1841, by Rev. Roswell Whitmore	2	10
William P., of Killingly, m. Elen **RANDALL**, of Scituate, R. I., Apr. 15, 1844, by Rev. Daniel Williams	2	24a
DARLING, John, m. Rosella **SEARS**, b. of Killingly, Mar. 14, 1824, by Elisha Atkins	1	103
Mary E., m. Arthur **MORSE**, b. of Gloucester, Aug. 16, 1846, by Rev. Daniel Williams	2	36a
DAUGAN, Bridget, m. Charles **REYNOLDS**, b. of Pomfret, May 18, 1851, by Rev. Sidney Dean	2	60
DAVENPORT, DEAVENPORT, Elisabeth, of Woodstock, m. Nathaniel **WILLIAMS**, of Killingly, Nov. 15, 1753, by Stephen Williams, Clerk	1	70
Noah, of Pomfret, m. Eunice B. **DURFEE**, of Killingly, Apr. 23, 1826, by Calvin Cooper	1	110
DAVIS, DAVIES, DAVICE, Anne, b. Apr. 25, 1753	1	298
Asa, [s. Daniel & Elizabeth], b. Sept. 20, 1780	1	318
Asahel H., m. Asia M. D. **DAVIS**, b. of Killingly, Apr. 14, 1839, by Rev. Daniel Williams	2	7a
Asia M. D., m. Asahel H. **DAVIS**, b. of Killingly, Apr.		

	Vol.	Page

DAVIS, DAVIES, DAVICE, (cont.)

	Vol.	Page
14, 1839, by Rev. Daniel Williams	2	7a
Betsey, of Thompson, m. Andrew **LEAVENS**, of Killingly, Apr. 9, 1797, by Rev. Daniel Dow	1	185
Celia E. M., of Killingly, m. Giles M. **NICHOLS**, of Coventry, R. I., Oct. 15, 1840, by Rev. Roswell Whitmore	2	10
Charles H., m. Mary **BUSSEY**, b. of Killingly, Nov. 28, 1839, by Roswell Whitmore	2	7
Daniel, m. Elizabeth **WHITMORE**, Dec. 2, 1762	1	264
Daniel, [s. Daniel & Elizabeth], b. Nov. 30, 1774	1	318
Edmund, of Pawtucket, Mass., m. Elisabeth A. **PETERS**, of Attleborough, Mass., May 29, 1847, by Rev. Daniel Williams	2	41
Eliza, of Killingly, m. Noah **TAFT**, of Griswold, Apr. 13, 1829, by Rev. Roswell Whitmore	1	99
Eliza A., of Killingly, m. Philetus **KINGSLEY**, of Brooklyn, Dec. 21, 1852, by Rev. Tho[ma]s O. Rice	2	77
Elizabeth, d. Daniel & Tamer, b. Apr. 16, 1758	1	215
Eliz[abet]h, d. Daniel & Eliz[abeth], b. May 21, 1771; d. Sept. 16, 1771	1	284
Elizabeth, [d. Daniel & Elizabeth], b. Oct. 15, 1784	1	318
Elizabeth, w. Dea. Daniel, d. Feb. 25, 1785	1	169
Hannah, d. Daniel, b. Jan. 22, 1756	1	54
Harris C., m. Phebe M. **REYNOLDS**, b. of Killingly, Mar. 7, 1836, by Rev. Roswell Whitmore	1	97
Hezekiah, [s. Daniel & Elizabeth], b. Sept. 15, 1776	1	318
Hezekiah, s. Daniel & Tamor, d. Oct. 4, 1776	1	169
Huldah, d. David & Tamar, b. May 9, 1754	1	51
Huldah, m. Samson **HOWE**, Mar. 31, 1774, by Rev. Noadiah Russell	1	184
Jacob, m. Elisabeth **GORY**, b. of Glocester, R. I., Oct. 18, 1840, by Rev. Daniel Williams	2	11
Jemima A., of Gloucester, R. I., m. Edward P. **PLACE**, Aug. 26, 1849, by Rev. Daniel Williams	2	53a
Jesse, [s. Daniel & Elizabeth], b. July 23, 1778	1	318
John, s. Joseph & Deborah, b. Feb. 25, 1762	1	253
Keziah, b. Jan. 31, 1755	1	298
Kesiah, m. David **ALTON**, May 17, 1775	1	177
Lucena, [d. Daniel & Elizabeth], b. Sept. 7, 1782	1	318
Lucretia, alias Lucretia **BUCK**, of Killingly, m. Charles **SPENCER**, of East Greenwich, R. I., Apr. 24, [1836], by Sidney Holman	1	142
Lucy, d. Simon & Zerviah, b. July 18, 1770	1	271
Maranda, of Grafton, Mass., m. Daniel F. **FULLER**, of Killingly, July 12, 1840, by Rev. Daniel Williams	2	9
Mary, m. Alpheas **JOHN**, Mar. 22, 1763	1	176
Mary, Mrs., m. Oliver **FISKE**, b. of Killingly, Aug. 28, 1836,		

	Vol.	Page
DAVIS, DAVIES, DAVICE, (cont.)		
by Sidney Holman	1	154
Mary, of Killingly, m. Lucius **CHAFFEE**, of Brooklyn, Aug. 8, 1847, by Rev. Isaac C. Day	2	42
Mary M., of Scituate, R. I., m. Stephen H. **BATTEY**, July 11, 1847, by Rev. B. M. Walker	2	40a
Phebe Ann, m. Samuel J. **BROWN**, b. of Killingly, Feb. 11, 1838, by Rev. Sidney Holman	2	3a
Rhoda, b. May 9, 1751	1	298
Samuel, s. Edward, Jr. & Mary, b. Feb. 1, 1741/2	1	31
Samuel, m. Eliza **BACON**, b. of Killingly, Nov. 30, [1820], by Rev. Roswell Whitmore	1	190
Sanford, of Foster, s. of Benjamin, m. Delana **SMITH**, of Foster, d. of Samuel, Dec. 26, 1816, by John Paine, J. P.	2	81
Sarah, d. Daniel & Tamar, b. Sept. 4, 1752, O. S.	1	46
Simon, m. Zerviah **KNIGHT**, Sept. 28, 1769, by Rev. Eden Burroughs	1	264
Smith B. W., m. Lavanie **BISHOP**, b. of Scituate, R. I., Dec. 15, 1844, by Rev. Daniel Williams	2	26a
Susan M., m. Geo[rge] S. **TRUESDALL**, b. of Killingly, Nov. 25, 1847, by Rev. T. O. Rice	2	46
Tamor, w. Dea. Daniel, d. Aug. 10, 1761	1	169
Tamer, m. Parley **HOWE**, Jan. 12, 1764	1	264
Tamor, m. Oliver **TORREY**, Sept. 23, 1784, by Rev. Elisha Atkins	1	186
Thomas, b. Jan. 31, 1757	1	298
Walter, s. Daniel & Eliz[abeth], b. Nov. 4, 1768; d. Sept. 16, 1772	1	284
Williard, s. Daniel, Jr. & Eliz[abeth], b. Oct. 13, 1764	1	285
William, s. Daniel & Elizabeth, b. Nov. 12, 1764	1	202
William, s. Daniel & Elizabeth, b. Oct. 30, 1772	1	318
William H., m. Anne M. **FISK**, of Worcester, Mass., Nov. 22, 1847, in Danielsonville, West Killingly, by Rev. John Livesy, Jr.	2	45
DAVISON, DAVERSON, Dorothy, m. Thomas **DIKE**, Dec. 11, 1770	1	261
Elisha Howe, s. Rufus & [Elizabeth], b. Feb. 10, 1822	1	243
Elisabeth, d. Rufus & Elizabeth, b. Dec. 6, 1814	1	243
Hezekiah W[illia]m, s. Rufus [& Elizabeth], b. Aug. 19, 1816	1	243
Hezekiah William, d. Mar. 25, 1821	1	166
Homer, s. Rufus & [Elizabeth], b. June 11, 1820	1	243
Peter, m. Emily **MOFFETT**, b. of Killingly, Sept. 9, 1849, by Rev. S. W. Coggeshall	2	52a
Susan **TORREY**, d. Rufus & [Elizabeth], b. Feb. 4, 1818	1	243
Susan Torrey, d. Apr. 1, 1821	1	166
Tamor M., m. Richard R. **BUCK**, Apr. 11, 1852, by Rev. Thomas O. Rice	2	71
DAY, Abna, d. Abner, b. May 3, 1794	1	215

	Vol.	Page
DAY, (cont.)		
Abner, m. Lois **WILSON**, Dec. 1, 1774	1	179
Abner, m. Mary **WILSON**, Sep. 16, 1779	1	179
Abner, d. June 15, 1794	1	156
Adaline A., m. Joseph D. **BATES**, b. of Killingly, Sept. 24, 1844, by Rev. Henry Robinson	2	25
Alethea, m. Ananias **AUSTIN**, b. of Killingly, June 13, 1831, by Rev. Roswell Whitmore	1	126
Amos, s. David & Bathsheba, b. June 4, 1749	1	39
Amy Frances, d. William S. & Amy, b. Dec. 12, 1828	2	3
Asa, s. David & Bathsheba, b. July 20, 1737	1	19
Asa, s. James & Mary, b. July 23, 1760	1	291
Asa, s. James & Mary, b. July 23, 1760	1	293
Asa, s. Elias & Percey, b. May 28, 1786	1	291
Asa, [s. Joel & Sarah], b. June 20, 1791	1	307
Asa, s. Joel, d. July 25, 1795	1	163
Asa, s. Capt. Joel, d. July [ ], 1795	1	156
Asa, [s. Joel & Sarah], b. Sept. 26, 1798	1	307
Bathsheba, d. David & Bathsheba, b. Aug. 13, 1739	1	23
Benj[ami]n, s. Abner & Lois, b. Apr. 2, 1777	1	321
Betsey, d. Abner & Mary, b. Feb. 21, 1784	1	321
Betsey, [d. Capt. John & Annes], b. Sept. 12, 1787	1	252
Bezeleel, s. Jonathan & Miriam, b. Mar. 8, 1774	1	321
Billy, s. Abner, b. Jan. 1, 1791	1	215
Calvin, [s. Capt. John & Annes], b. Dec. 16, 1789	1	252
Calvin, [s. Joel & Sarah], b. Oct. 20, 1807	1	307
Calvin, Col., of Pomfret, m. Marinda **MILLER**, of Killingly, June 1, 1826, by Calvin Cooper	1	259
Calvin, m. Rachal **BABETT**, b. of Killingly, Apr. 3, 1836, by Rev. Daniel Williams	1	142
Charles, [s. Joel & Sarah], b. May 14, 1794	1	307
Charles, m. Nancy **CARPENTER**, b. of Killingly, Mar. 20, 1833, by [ ]	1	135
Claris[s]a, [d. Rev. Israel], b. Oct. 18, 1789	1	321
Clarissa, m. Elisha L. **SPRAGUE**, Mar. 29, 1812, by Rev. Israel Day	1	110
Cyrus, m. Sibbel **ELLIS**, Apr. 3, 1803, by Rev. Tho[ma]s Manchester, of West Greenwich, R. I.	1	187
Darius, of Pomfret, m. Abby P. **FIELD**, of Killingly, Nov. 30, 1843, by Rev. Henry Robinson	2	21
David, m. Bathsheba **BURCH**, b. of Killingly, Mar. 28, 1734	1	76
David, s. James & Mary, b. July 20, 1761	1	293
David, s. James & Mary, b. July 20, 1762	1	291
David, [s. Tho[ma]s & Susannah], b. June 12, 1792	1	257
David C., m. Mary **HULET**, Sept. 10, 1843, by Rev. Geo[rge] W. Greenslit	2	19a
Elial, s. James & Mary, b. Sept. 25, 1750	1	42
Elias, m. Percey **BLANCHARD**, Jan. 23, 1781	1	175

DAY, (cont.)

	Vol.	Page
Eliphalet, s. Abner & Lois, b. Dec. 1, 1775	1	321
Eliphalet Wright, [s. Joel & Sarah], b. Aug. 6, 1784	1	307
Elisha, s. Elias & Percey, b. July 25, 1781	1	291
Elisabeth, d. David & Bathsheba, b. July 24, 1735	1	18
Elisabeth, m. Jeremiah SPAULDING, b. of Killingly, Nov. 15, 1754	1	70
Elisabeth, d. Nathan & Hannah, b. Mar. 6, 1775	1	305
Eunice, [d. Capt. John & Annes], b. Sept. 12, 1783	1	252
George, [s. Joel & Sarah], b. May 14, 1796	1	307
George, s. Elisha & Mary, b. Aug. 5, 1803	1	163
Hannah, d. David & Bathsheba, b. Sept. 5, 1746	1	39
Henry, s. Rev. Israel, b. May 13, 1780	1	321
Horace, m. Annis ROOD, May 21, 1833, by Rev. John Whipple	1	84
Israel, [s. Rev. Israel], b. May 29, 1783	1	321
James, s. James & Mary, b. Apr. 23, 1748 (Entry Crossed out)	1	75
James, s. James & Mary, b. Apr. 23, 174[ ]	1	35
James, [s. Tho[ma]s & Susannah], b. Aug. 3, 1785	1	257
Joel, m. Sarah WILSON, Oct. 16, 1783	1	185
John, [s. Capt. John & Annes], b. Feb. 16, 1792	1	252
Jonathan, s. Robert & Elizabeth, d. July 16, 1745	1	74
Jonathan, s. James & Mary, b. Mar. 12, 1745/6	1	32
Jonathan, m. Meriam GROVER, June 2, 1773	1	180
Jonathan, s. Jonathan & Miriam, b. Aug. 14, 1777	1	321
Joseph, s. Jonathan & Meriam, b. Oct. 3, 1788	1	226
Joseph, s. Jonathan & Miriam, b. Oct. 3, 1788	1	321
Keziah, m. Caleb W. KNIGHT, b. of Killingly, Dec. 13, 1847, by Rev. Isaac C. Day	2	44a
Leonard, [twin with Shubael], s. Cyrus & Sibbel, b. Oct. 19, 1804	1	245
Lester, s. Elias & Percey, b. Oct. 7, 1782	1	291
Lois, w. Abner, d. Oct. 20, 1778, in the 29th y. of her age	1	160
Lois, d. Abner & Mary, b. July 9, 1780	1	321
Louisa A., m. Benjamin S. WAIT, b. of Killingly, Sept. 24, 1838, by Roswell Whitmore	2	4a
Lucina, m. Peras PARKS, Mar. 1, 1810, by Rev. Israel Day	1	187
Lucy, d. Capt. John & Annes, b. July 15, 1782	1	252
Lucy, [d. Joel & Sarah], b. Apr. 20, 1805	1	307
Luther, [s. Capt. John & Annes], b. Apr. 9, 1801	1	252
Luther, m. Julian SABIN, Jan. 1, 1824, by Elisha Atkins	1	106
Luther, m. Emily FISHER, b. of Killingly, Nov. 11, 1840, by Rev. Roswell Whitmore	2	10
Mary, d. James & Mary, b. Mar. 21, 1753	1	48
Mary, d. Nathan & Hannah, b. Mar. 1, 1773	1	305
Melita, d. [Jonathan & Miriam], b. Jan. 31, 1780	1	321
Olive, d. Jonathan & Olive, b. Sept. 13, 1745	1	31
Olive, m. Erastus SHORT, b. of Killingly, Feb. 12, 1828,		

	Vol.	Page
DAY, (cont.)		
by Rev. Roswell Whitmore	1	120
Orringe D., s. William S. & Amy, b. Mar. 27, 1827	2	3
Perley Wilson, s. Abner & Mary, b. Mar. 10, 1782	1	321
Philo, [s. Capt. John & Annes], b. Apr. 24, 1794	1	252
Polly, [d. Capt. John & Annes], b. Aug. 2, 1785	1	252
Putnam, m. Caroline **HARRINGTON**, b. of Killingly, Jan. 4, 1847, by Rev. John D. Baldwin	2	49
Robert, s. David & Bathsheba, b. Feb. 15, 1754	1	50
Roxana, [d. Joel & Sarah], b. Nov. 22, 1786	1	307
Russell E., m. Lydia S. **ALEXANDER**, b. of Killingly, Jan. 26, 1841, by Rev. John N. Whipple	2	10
Sally, [d. Capt. John & Annes], b. Dec. 8, 1798	1	252
Sally, [d. Joel & Sarah], b. Jan. 26, 1801	1	307
Sally, m. George **WARREN**, b. of Killingly, Feb. 8, 1821, by Rev. Roswell Whitmore	1	192
Sally, m. William **BROWN**, b. of Killingly, Sept. 18, 1837, by Rev. Sidney Holman	2	2a
Samuel, s. Abner, b. May 18, 1788	1	215
Sarah, d. David & Bathsheba, b. Jan. 16, 1743/4	1	31
Shubael, [twin with Leonard], s. Cyrus & Sibbel, b. Oct. 20, 1804	1	245
Shubael, m. Laura **BARTLETT**, Sept. 23, 1830, by Elder G. W. Appleton	1	133
Sophia, [d. Joel & Sarah], b. Jan. 16, 1788	1	307
Sukey, [child of Capt. John & Annes], b. June 27, 1796	1	252
Thomas, [s. Tho[ma]s & Susannah], b. June 14, 1790	1	257
Timothy, s. Jonathan & Miriam, b. Jan. 27, 1784	1	321
Walter Eugene, [s. Leonard & Olive W.], b. June 19, 1841	2	1
We[a]lthy, [d. Capt. John & Annes], b. June 28, 1804	1	252
Wealthy, m. James **WARREN**, b. of Killingly, Jan. 18, 1830, by Rev. Roswell Whitmore	1	122
Weighty, d. Tho[ma]s & Susannah, b. Apr. 19, 1784	1	257
William, [s. Tho[ma]s & Susannah], b. Dec. 29, 1786	1	257
W[illia]m, m. Ama **PECKHAM**, Mar. 15, 1824, by Calvin Cooper	1	103
William H., s. William S. & Amy, b. June 13, 1825	2	3
William S., s. David & Sarah, b. Aug. 18, 1804	2	3
Zadoc, s. Nathan & Hannah, b. Oct. 25, 1771	1	305
DAYLY, [see under **DAILEY**]		
DEAN, Allen, m. Olive **GREEN**, Jan. 30, 1793	1	261
Anne, d. Josiah & Anne, b. Feb. 17, 1780	1	237
Caroline, d. Philip & Lucretia, b. Dec. 21, 1809	1	214
Caroline, d. Philip & Lucretia, b. Dec. 21, 1809	1	242
Charles, Dr., m. Selinda A. **BROWN**, July 9, 1820, by Rev. Elisha Atkins	1	188
Coranda, [d. Allen & Olive], b. Apr. 22, 1802	1	257
Cornelia, m. Cyrus **REYNOLDS**, Nov. 23, 1822, by Elisha		

	Vol.	Page
DEAN, (cont.)		
Atkins	1	196
David, s. Josiah & Anne, b. Sept. 4, 1784	1	237
David A., m. Mary Ann **BUCK**, b. of Killingly, July 3, 1842, by Rev. Roswell Whitmore	2	13a
Edmund A., m. Clarissa A. **MITCHELL**, b. of Killingly, Nov. 2, 1852, by Rev. Thomas O. Rice	2	75
Elizabeth, d. Josiah & Anne, b. Feb. 13, 1787	1	237
Ezra, [s. Allen & Olive], b. July 8, 1798	1	257
Ezra, s. Philip & Lucretia, b. Aug. 31, 1813	1	214
Ezra, [s. Philip & Lucretia], b. Aug. 31, 1813	1	242
Hannah Allen, [d. Philip & Lucretia], b. July 6, 1820	1	242
Harriet, [d. Allen & Olive], b. Apr. 22, 1800	1	257
Joseph Keach, m. Sophia **BOWEN**, b. of Killingly, [Sept.] 13, 1831, by Rev. Albert Cole	1	125
Josiah, m. Anna **BUCK**, Mar. 25, 1779, by Rev. Emerson Forster	1	182
Josiah, s. Josiah & Anne, b. Jan. 29, 1782	1	237
Josiah, Jr., m. Bathena **CARPENTER**, b. of Killingly, Mar. 17, 1822, by Elisha Atkins	1	193
Leonard Mason, s. Philip & Lucretia, b. Oct. 22, 1811	1	214
Leonard Mason, [s. Philip & Lucretia], b. Oct. 22, 1811	1	242
Lucretia Mason, [d. Philip & Lucretia], b. July 17, 1816	1	242
Noah, s. Josiah & Anne, b. Feb. 22, 1796	1	237
Noah, s. Josiah & Anne, d. Oct. 13, 1800	1	156
Polly, [d. Allen & Olive], b. May 11, 1794	1	257
Rachel, d. Josiah & Anne, b. Sept. 26, 1788	1	237
Rachall, d. Josiah & Anne, d. Aug. 19, 1790	1	156
Rachel, d. Josiah & Anne, b. June 17, 1791	1	237
Sally, [d. Allen & Olive], b. May 31, 1796	1	257
Sally A., of Killingly, m. Henry S. **CARD**, of Windham, Oct. 8, 1843, by Rev. John Howson, West Killingly	2	20
Sarah, d. Josiah & Anne, b. Apr. 28, 1783	1	237
DEARTH, Ruth Ann, m. Lorenzo **CARLEY**, b. of Shumbern, Mass., Aug. 23, 1842, by Rev. Daniel Williams	2	16A
DENISS, Ann E., of Smithfield, R. I., m. Edwin C. **PATT**, of Pawtucket, Oct. 1, 1848, by Rev. Daniel Williams	2	50
DENISON, Priscilla, m. William **DIXSON**, Sept. 10, 1772	1	180
Sarah, m. Davis **SPAULDING**, Dec. 22, 1765	1	175
[**DENNIS**], [see under **DENISS**]		
DeWOLF, Abigail, m. Perley **HOWE**, Jan. 29, 1775, by Rev. Aaron Brown	1	182
DEXTER, Abby, [d. Marvin A. & Mary Ann], b. July 16, 1831	2	1
Edward, [s. Jonathan & Sophia], b. Aug. 22, 1831	2	1
Harty, m. George **DANIELSON**, b. of Killingly, Dec. 9, 1824, by Rev. Roswell Whitmore	1	106
John, [s. Marvin A. & Mary Ann], b. Jan. 4, 1833	2	1
Lydia A., m. Miles O. **PRAY**, b. of Cituate, R. I., Dec.		

	Vol.	Page
DEXTER, (cont.)		
24, 1838, by Daniel Williams, Elder	2	5
Mary, [d. Jonathan & Sophia], b. Sept. 9, 1828	2	1
Polly, of Killingly, m. Thomas **ELLIOTT**, Jr., of Thompson, Oct. 9, 1821, by Rev. Roswell Whitmore	1	192
Polly, m. George **COMAN**, b. of Killingly, Apr. 13, 1823, by David Chase, J. P.	1	198
Susan, of Killingly, m. Oliver **LEACH**, of Thompson, Mar. 22, 1832, by Rev. Robert Goold	1	263
DICKERMAN, Jesaniah, s. Jesaniah & Abiah, b. Aug. 31, 1775	1	308
DICKMAN, Merian, m. Nathaniel **COLLER**, b. of Killingly, Mar. 4, 1757	1	262
DIKE, Hannah, d. Nath[anie]ll & Est[h]er, b. Apr. 10, 1773	1	288
Isaac, s. Nath[anie]ll & Easter, b. Nov. 10, 1770	1	288
Joseph, s. Thomas & Dorothy, b. Apr. 19, 1778	1	322
Joseph, s. James, b. Dec. 15, 1823	1	326
Lois, d. Tho[ma]s & Dorothy, b. May 22, 1784	1	322
Lucy, d. Thomas & Dorothy, b. Mar. 1, 1774	1	322
Lydia, [d. James & Mary], b. July 30, 1753	1	50
Lyd[i]a, d. Thomas & Dorothy, b. Sept. 7, 1772	1	322
Mary, [d. James & Mary], b. Mar. 15, 1751	1	50
Mary, d. Thomas & Dorothy, b. Feb. 7, 1782	1	322
Nathaniel, [s. James & Mary], b. Mar. 28, 1747	1	50
Rachal, [s. James & Mary], b. Dec. 30, 1749	1	50
Samuel, s. James & Mary, b. Feb. 17, 1757	1	271
Sam[ue]ll, s. Thomas & Dorothy, b. Aug. 15, 1779	1	322
Thomas, [s. James & Marv], b. July 28, 1744	1	50
Thomas, m. Dorothy **DAVISON**, Dec. 11, 1770	1	261
Thomas, m. Nancy **JOHNSON**, Sept. 17, 1818, by Rev. Eliphalet Lyman, in Woodstock	1	194
Thomas, of Thompson, m. Lucy T. **CUTLER**, of Killingly, [ ], by Elisha Atkins	2	4a
DIXON, DIXSON, Caroline, m. W[illia]m A. **HIBBARD**, Nov. 29, 1832, by John N. Whipple	1	83
John, m. Phebe **STONE**, b. of Killingly, Aug. 12, 1821, by Elisha Atkins	1	192
Mary A. m. Obadiah **TRIPE**, b. of Gloucester, R. I., Feb. 26, 1849, by Rev. Daniel Williams	2	51
William, m. Priscilla **DENISON**, Sept. 10, 1772	1	180
DOANE, Daniel C., of Essix, m. Sarah **COGSWELL**, of Brooklyn, July 5, 1847, in Danielsonville, West Killingly, by Rev. J. Livesy, Jr.	2	40a
DODGE, David, s. Mark & Susannah, b. Jan. 5, 177[ ]	1	296
Mark, s. Mark & Sarah, b. Dec. 23, 1769	1	296
Mary E., m. Dexter **MOORE**, b. of Webster, Mass., Oct. 8, 1849, by Rev. S. W. Coggeshall	2	53
DONALLY, Mary, m. Michael **HARTNAT**, foreigners, Apr. 26, 1840, by Rev. Henry Robinson	2	9a

	Vol.	Page
DORE, John C., m. Ann B. MOULTON, b. of Boston, Mass., Jan. 1, 1850, by Rev. S. W. Coggeshall	2	54
DORRANCE, DORANCE, A. M., of N[ew] York, m. Mrs. S. S. BARNES, of Killingly, Feb. 16, 1851, by Rev. Roswell Whitmore	2	58
John, a foreigner, m. Topsey STEER, Nov. 10, [1822], by David Chase, J. P.	1	195
John H., of Providence, R. I., m. Rhoda S. WOOD, of Killingly, Sept. 29, 1839, by Rev. Henry Robinson	2	6a
DOTY, Henry, 2d, m. Louisa C. ALDRICH, b. of Bristol, R. I., Oct. 11, 1851, by Rev. Daniel Williams	2	67
DOUGLASS, DUGLES, Peggy, m. John PREST, Nov. 5, 1734, by Tim[othy] Pearin, J. P.	1	78
Samuel, m. Laura STARKWEATHER, b. of Killingly, Mar. 24, 1822, by Calvin Cooper	1	193
DOW, Eliza A., of Sommersville, Mass., m. Leroy HACKETT, of Boston, Mass., Dec. 30, 1845, by Rev. Benjamin C. Phelps, of West Killingly. Witness: William A. Stone	2	33
DRAPER, Abigail, d. Dec. 4, 1729	1	4
Albert, [s. Stephen], b. Nov. 29, 1808	1	266
Daniel Fisher, [s. Stephen], b. Oct. 25, 1813	1	266
Ebenezer, s. Gideon & Abigail, b. Feb. 4, 1728/9	1	1
Ebenezer, s. Gideon & Abagail, d. Nov. 3, 1744	1	74
Ebenezer, s. Gideon, Jr. & Dorothy, b. Jan. 21, 1746/7	1	33
Edwin, [s. Stephen], b. Oct. 14, 1806	1	266
Eliza, d. Stephen, b. Nov. 10, 1802	1	266
Ezekiel, s. Gideon & Dorotha, b. Mar. 31, 1753	1	48
Gideon, Jr., m. Dorotha BARRET, b. of Killingly, Sept. 5, 1744, by Joseph Cady, J. P.	1	76
Gideon, 3rd, s. Gideon, Jr. & Dorothy, b. Jan. 5, 1748/9	1	40
Gideon, s. Nathan & Johannah, b. Oct. 20, 1762	1	225
Henry Capron, b. May 16, 1817	1	266
James, m. Hannah [ ], June 12, 1746	1	69
James, s. Nathan & Johannah, b. July 9, 1758	1	225
James, s. Reuben & Susannah, b. Apr. 18, 1775	1	215
James, s. Nathan, [ ], (Entry crossed out)	1	207
Johannah, d. Nathan & Johannah, b. Apr. 2, 1756	1	55
Johanna, m. Sam[ue]ll HARNDON, Feb. 15, 1776	1	180
John, Jr., s. Gideon & Dorotha, b. Jan. 12, 1750/51	1	41
John, s. Nathan & Johannah, b. May 15, 1765	1	225
Jonathan, s. James & Hannah, b. Feb. 28, 1757	1	298
Joseph, s. Gideon & Dorothy, b. Apr. 19, 1758	1	207
Milisent, d. Gideon & Milisent, b. May 27, 1755	1	53
Moses, s. Gideon & Abigail, b. Nov. 30, 1731; d. Dec. 21, 1731	1	9
Nathan, m. Johan[n]ah ROBARTS, b. of Killingly, Jan. 18, 1748/9	1	76
Nathan, Jr., s. Nathan & Johan[n]ah, b. Dec. 26, 1749	1	39

	Vol.	Page
DRAPER, (cont.)		
Nathaniel, s. Jonathan & Joanna, b. Nov. 19, 1753	1	50
Olive, d. Reuben & Susannah, b. Dec. 18, 1773	1	215
R[e]uben, s. Nathan & Johanna, b. May 11, 1751	1	42
Reuben, m. Susannah **HANDALE**, Feb. 18, 1773	1	264
Ruhamah, d. James & Hannah, b. Feb. 3, 1755	1	52
Sarah, w. James, d. July 3, 174[ ]	1	75
Sarah, d. Nathan & Johannah, b. Nov. 6, 1760	1	225
Seth, [s. Stephen], b. Nov. 9, 1804	1	266
Stephen, [s. Stephen], b. Mar. 19, 1811	1	266
William, s. Gideon & Abagail, d. Sept. 25, 1744	1	74
William, s. Gideon, Jr. & Dorothy, b. Sept. 15, 1745	1	33
DRESSER, Abel, s. Jacob & Elisabeth, b. Mar. 7, 1741	1	27
Amos, s. Jacob & Elizabeth, b. Aug. 3, 1734	1	18
Amos, s. Jacob & Elizabeth, d. Jan. 14, 1741/2	1	73
Amos, s. Jacob & Elisabeth, b. Jan. 27, 1744/5	1	30
Amos, s. Jacob & Elisabeth, d. Sept. 29, 1756	1	56
Ase, d. May 24, 1746	1	74
Asa, s. Jacob & Elisabeth, d. Sept. 22, 1750	1	67
Asa, s. Jacob, Jr. & Est[h]er, b. Dec. 6, 1767	1	279
Benjamin, s. Jacob & Elizabeth, b. July 8, 1749	1	38
Benjamin, s. Jacob, d. Sept. 2, 1750	1	72
Benja[min], s. Richard & Marcy, d. July 10, 1753	1	67
Gideon, d. Sept. 19, 1750	1	72
Isaac, s. Jacob & Elisabeth, b. Jan. 28, 1753	1	50
Isaac, s. Jacob & Elisabeth, d. Sept. 26, 1756	1	56
Jacob, m. Elisabeth **MARTIN**, b. of Killingly, May 28, 1733	1	78
Jacob, s. Jacob & Elisabeth, b. Aug. 18, 1736	1	18
Jacob, s. Jacob & Elisabeth, d. Jan. 14, 1741/2	1	73
Jacob, s. Jacob & Elisabeth, b. Apr. 1, 1743	1	30
Jacob, Jr., m. Esther **JOHNSON**, Nov. 27, 1766	1	175
Jacob, m. Mrs. Sarah **DYER**, Apr. 15, 1767	1	175
Jacob, s. Jacob, Jr. & [Esther], b. May 17, 1772	1	279
Jacob, s. Jacob, Jr. & Esther, d. July 11, 1773, ae 1 y. 1 m. 5 d.	1	79
Jacob, s. Jacob, Jr. & Esther, b. Apr. 26, 1781	1	280
Jacob, d. Apr. 7, 1783, in the 73rd y. of his age	1	79
John, s. John & Sarah, b. Oct. 19, 1767	1	285
Joseph, m. Marcy **JACOBS**, Dec. 12, 1751	1	71
Joseph, s. Jacob, Jr. & Est[h]er, b. July 11, 1769	1	279
Marcy, d. Jacob & Elisabeth, d. Jan. 1, 1741	1	73
Marcy, m. Daniel **PERRIN**, Dec. 22, 1768	1	180
Mary, d. Jacob & Elisabeth, b. Dec. 6, 1738	1	21
Mary, d. Jacob, Jr. & Esther, b. Oct. 22, 1776	1	280
Sarah, d. Jacob, Jr. & Esther, b. Jan. 19, 1779	1	280
Stephen Johnson, s. Jacob, Jr. & Esther, b. Oct. 22, 1774	1	280
----, s. Jacob, Jr. & Esther, b. Mar. 23, 1771; d. in infancy	1	279
DREW, DRUE, Benjamin, of Brooklyn, m. Emily **MASON**, of		

	Vol.	Page
DREW, DRUE, (cont.)		
Killingly, Nov. 13, 1842, by Rev. Henry Robinson	2	15
William, s. William & Aneby, b. Nov. 6, 1762	1	235
DROWN, Jonathan, m. Hannah **CHASE,** b. of Killingly, Apr. 20, 1840, by Rev. Daniel Williams	2	8a
William, m. Mary **SPRAGUE,** Oct. 10, 1832, by Rev. John N. Whipple. Intention published	1	83
DRUE, [see under **DREW**]		
DUDLEY, Noah D., of Burrillville, R. I., m. Phebe **TOURTELLOT,** of Thompson, Feb. 13, 1845, by Rev. John Howson	2	27
DUNKIN, Maria, of Providence, R. I., m. Nelson **TAYLOR,** of Dennis, Mass., Nov. 19, 1842, by Harris Aronold, J. P.	2	15a
DUNLAP, Phebe, m. Isaac **HINDE,** Nov. 14, 1781, by Rev. Eliphalet Wright	1	187
DURFEE, DURFEY, Alvira, m. Green **ADAMS,** Oct. 9, 1842, by William K. Durfee, J. P.	2	14a
Bishe, [d. Thomas & Sarah], b. Sept. 12, 1798	1	273
Esther, [d. Thomas & Sarah], b. Apr. 3, 1802	1	273
Est[h]er, of Killingly, m. Ethimer **MAY,** of Pomfret, Aug. 22, 1822, by Calvin Cooper	1	194
Eunice B., [d. Thomas & Sarah], b. Feb. 12, 1804	1	273
Eunice B., of Killingly, m. Noah **DAVENPORT,** of Pomfret, Apr. 23, 1826, by Calvin Cooper	1	110
George W., [s. Thomas & Sarah], b. June 18, 1800	1	273
George W., s. Thomas & Sarah, d. Jan. 24, 1801	1	169
George W., [s. Thomas & Sarah], b. Mar. 27, 1819	1	273
George W., of Killingly, m. Mary P. **SLATER,** of Pomfret, June 8, 1851, by Rev. Sidney Dean	2	60
Harriet, [d. Thomas & Sarah], b. Sept. 23, 1810	1	273
Henry, m. Lucy **WILLIAMS,** Dec. 10, 1826, by Daniel Williams	1	111
Henry, m. Mary **WILSON,** Aug. 19, 1843, by Rev. Geo[rge] W. Greenslit	2	19a
John, [s. Thomas & Sarah], b. Aug. 17, 1808	1	273
John S., m. Bashuba **ANDREWS,** of Gloucester, R. I., Oct. 2, 1842, by Rev. Daniel Williams	2	16a
Joseph, s. Joseph & Abaga[i]l, b. Dec. 5, 1755	1	54
Julian, [s. Thomas & Sarah], b. Sept. 24, 1806	1	273
Julia Ann, m. Henry B. **RANDALE,** b. of Killingly, Mar. 17, 1829, by Elder George W. Appleton	1	121
Learned, m. Mary E. **LAWRENCE,** b. of Killingly, Nov. 29, 1849, by Rev. Geo[rge] W. Greenslitt	2	53a
Lucina, d. Thomas & Sarah, b. Jan. 14, 1797	1	273
Nicholas A., m. Betsey **STOYLLS,** b. of Killingly, Nov. 14, 1830, by Calvin Cooper	1	125
Sabrina, m. Eleazer **BARTLETT,** Nov. 20, 1830, by Daniel Williams, Elder	1	127

	Vol.	Page
DURFEE, DURFEY, (cont.)		
Sarbrena, m. Elea[a]ser **BARTLETT**, Nov. 20, 1830 by Daniel Williams	1	260
Sarah, [d. Thomas & Sarah], b. Nov. 1, 1812	1	273
Thomas, s. Capt. W[illia]m & Eunice, b. June 21, 1771	1	240
Thomas, [s. Thomas & Sarah], b. Dec. 12, 1815	1	273
Thomas, Jr., m. Adah C. **LAW**, b. of Killingly, Nov. 28, 1844, by Rev. H. Slade	2	25
W[illia]m R., m. Mary Ann **KELLEY**, Nov. 28, 1830, by Elder G. W. Appleton	1	132
DUVALL, Ephraim, m. Elisabeth E. **READ**, b. of Lewiston, Mass., Aug. 31, 1845, by Rev. Benjamin C. Phelps, of West Killingly. Witness: Freeman James	2	30
DWIGHT, Elijah, s. John & Sibbel, b. Nov. 24, 1728	1	1
Josiah, s. Josiah & Sarah, b. June 14, 1765	1	200
Martha, m. Ebenezer **HOWE**, Sept. 21, 1755, by Mr. Maston Cabot, Clerk	1	70
Mary, Mrs., m. Rev. Maston **CABOT**, July 22, 1731	1	178
DYER, Sarah, Mrs., m. Jacob **DRESSER**, Apr. 15, 1767	1	175
EAMES, [see also **AMES**], Eliz[abeth], m. Jacob **WADE**, Feb. 11, 1779, by Jere Dixon, Esq.	1	181
Margaret, m. Obed **SPAULDING**, Dec. 30, 1784, by Rev. Micaiah Porter	1	183
EARL, Elisabeth, m. Manas[s]a **CADY**, Mar. 14, 1749/50, by Joseph Holland, J. P.	1	69
Sylvester, s. Benj[ami]n & Mary, b. Dec. [ ], 1773	1	239
EASTERBROOKS, Nathaniel, of Thompson, m. Ann **JACKSON**, of Woodstock, Aug. 23, 1851, by Earl Martin, J. P.	2	65
William, of Bristol, R. I., m. Lucy A. **LAMB**, of West Killingly, Aug. 26, 1846, by Rev. T. O. Rice	2	37a
EASTON, EASTING, EASTIN, Katharine, of Killingly, m. John **RANDALL**, of Foster, Sept. 7, 1835, by Erastus Doty	1	96
Maria, m. Davis **SPAULDING**, b. of Killingly, Jan. 18, 1824, by Rev. Roswell Whitmore	1	102
Mary, m. Nathan **CARY**, Aug. 1, 1824, by Calvin Cooper	1	105
Sally, m. Edward **BABBITT**, Jr., b. of Killingly, Jan. 7, 1825, by Calvin Cooper	1	114
Susan, of Foster, R. I., m. Joel **WILBOUR**, of Cituate, R. I., Oct. 4, 1840, by Rev. Daniel Williams	2	9
EASTWOOD, James, of Butterments, N. Y., m. Heneretty **BOWEN**, of Killingly, Sept. 15, 1839, by Rev. Daniel Williams	2	7a
EATON, Abner, s. Jona & Sarah, b. Apr. 16, 1751	1	42
Anna, d. John & Rachel, b. Apr. 27, 1735	1	16
Artemus, [s. Luther & Rebeckah], b. Nov. 10, 1791	1	228
Benjamin, [s. Joshua & Phebe], b. Dec. 12, 1743	1	43
Brigham, s. Joshua & Phebe, b. Aug. 1, 1753	1	51
Comfort, s. Abaga[i]l **COOPER**, b. June 22, 1750	1	41

	Vol.	Page
EATON, (cont.)		
Sinthy, d. Timothy & Martha, b. May 10, 1769 (Cynthia)	1	211
Ebenezer, [s. Joshua & Phebe], b. Sept. 16, 1750	1	43
Elisha, s. John & Hannah, b. Mar. 2, 1765	1	223
Elisha, [s. Timothy & Martha], b. Mar. 2, 1765	1	228
Eliz[abeth], d. Marson & Eliz[abeth], b. May 20, 1769	1	287
Elysa Ann, m. Almond **AMES**, b. of Killingly, Apr. 8, 1832, by Roswell Whitmore	1	82
Eunice, d. John & Eunice, b. July 9, 1757	1	236
Eunice, m. Ezekiel **LITTLE**, Jr., b. of Killingly, Mar. 2, 1775	1	177
Eunice, [d. Luther & Rebeckah], b. Nov. 19, 1788	1	228
Han[n]ah, m. Seth **JOHNSON**, b. of the Parish of Thomson, Oct. 13, 1743	1	78
John, s. John & Rachel, b. July 29, 1733	1	13
John, Jr., m. Eunies **GOULD**, Oct. 10, 1754	1	54
John, s. John & Hannah, b. Feb. 14, 1761	1	223
John, [s. Timothy & Martha], b. Feb. 14, 1761	1	228
John, [s. Luther & Rebeckah], b. Oct. 9, 1784	1	228
Jonathan, d. June 25, 1748, in the 67th y. of his age "One of the first Deacons of Thompson Church"	1	75
Joshua, [d. Joshua & Phebe], b. Apr. 5, 1746	1	43
Joshua, s. Timothy & Martha, b. Mar. 14, 1771	1	211
Leada, d. John & Mary, b. Aug. 7, 1756	1	57
Lucy, d. John & Eunice, b. Sept. 11, 1767	1	308
Luther, s. John & Eunice, b. Sept. 15, 1762	1	308
Luther, m. Rebeckah **BENNIT**, Sept. 11, 1783, by Rev. Eliphalet Dwight	1	179
Lydia, w. Jonathan, d. Mar. 4, 1751, in the 63rd y. of her age	1	72
Marson, s. Marson & Elisabeth, b. Apr. 13, 1767	1	287
Mary, [d. Joshua & Phebe], b. July 28, 1748	1	43
Mahatebel, d. John & Hannah, b. Feb. 14, 1763	1	223
Mehitable, [d. Timothy & Martha], b. Feb. 14, 1763	1	228
Mehitibel, [twin with Selah], d. Timothy & Martha, b. Jan. 17, 1767	1	228
Penelope, d. Jona & Sarah, b. Mar. 7, 1748/9	1	42
Polly, [d. Luther & Rebeckah], b. May 31, 1786	1	228
Rachal, [d. John, Jr. & Eunies], b. Aug. 21, 1755	1	54
Rebecca Brown, m. John D. **ROOD**, b. of Killingly, Dec. 3, 1843, by Nicholas Branch	2	22a
Ruby, d. Timothy & Martha, b. Jan. 16, 1773	1	211
Rufus, s. Mason & Eliz[abeth], b. Mar. 6, 1765	1	287
Sarah, d. Jonathan & Sarah, b. Apr. 14, 1754	1	51
Selah, [twin with Mehitibel], b. d. Timothy & Martha, b. Jan. 17, 1767	1	228
Sinthy, see under Cynthia		
Timothy, s. John & Rachel, b. July 25, 1737	1	19
Timothy, m. M[ar]tha **GOULD**, Mar. 20, 1766, by Rev. Mr. Brown	1	262

	Vol.	Page
EATON, (cont.)		
Walter, s. Marson & Eliz[abeth], b. May 9, 1763	1	287
Wyman, s. John & Hannah, b. Mar. 20, 1768	1	223
Zadock, s. John & Eunice, b. Dec. 11, 1769	1	308
-----, d. John & Hannah, b. Nov. [ ], 1758	1	223
ECCLESTON, [see also **EGGLESTON**], Henry S., m. Hannah R. SMITH, Feb. 19, 1843, by Rev. Daniel Williams	2	21a
ECKLES, Thomas, m. Laura A. **BURGESS**, b. of Smithfield, R. I., Sept. 21, 1845, by Rev. Daniel Williams	2	34a
EDDY, Ceruah M., m. Henry **KEACH**, b. of Burrillville, R. I., Sept. 14, 1851, by Rev. Isaac H. Coe. Intention published	2	66
George W., m. Esther P. **COVEL**, b. of Killingly, May 27, 1842, by Rev. Tubal Wakefield	2	13a
Orry, m. Horace **PHILLIPS**, b. of Foster, R. I., [ ], in Danielsonville, West Killingly, by Rev. J. Livesy, Jr.	2	42a
Raymond P., of Warwick, R. I., m. Eliza **SMITH**, of Johnston, R. I., Nov. 26, 1846, by Rev. Geo[rge] W. Greenslitt	2	38a
Sally C., m. Jonathan D. **COLE**, b. of Killingly, Jan. 15, 1824, by Rev. Roswell Whitmore	1	102
Samuel, m. Eliza **BLY**, b. of Killingly, Mar. 22, 1837, by Rev. Daniel Williams	2	3a
Sesalla, m. Lorenzo **WARD**, b. of Burrillville, R. I., Nov. 12, 1843, by Rev. Daniel Williams	2	22
EDMONDS, EDMOND, John, m. Harriette **WHITE**, b. of Killingly, Apr. 18, 1841, by Rev. Daniel Williams	2	10a
Joseph A., of Lisbon, m. Eliza C. **SPALDING**, of Killingly, Nov. 23, 1852, by Rev. Roswell Whitmore	2	76
Lemuel Lyman, s. Lemuel & Hannah, b. Oct. 2, 1780. Recorded Feb. 28, 1816	1	317
Nath[anie]ll, s. William & Lucy, b. May 28, 1778	1	317
Samuell, m. Hannah **PEAKE**, Dec. 1, 1779, by Rev. Charles Gleason	1	178
EDSON, Eliza, m. John A. **OATLEY**, b. of Killingly, Mar. 19, 1837, by Rev. Daniel Williams	2	3a
Emely, m. Charles **PURSE**, Feb. 12, 1823, by Penuel Hutchens, J. P.	1	197
Harriet J., m. Luther **WARREN**, b. of Killingly, Feb. 27, 1845, by Rev. Henry Robinson	2	27
Ira, m. Nancy **OATLEY**, b. of Killingly, Feb. 5, 1837, by Daniel Williams, Elder	2	1a
Ires, m. Joseph **BICKFORD**, b. of Killingly, Aug. 31, 1834, by W. Bushnell	1	91
Sarah, m. Palmer **HILL**, Aug. 22, 1832, by Rev. Elisha Atkins	1	133
EDWARDS, Lydia, of Killingly, m. Ray **CRANSTON**, of Clinton, Co. of Madison, N. Y., May 4, 1831, by John Dixon, J. P.	1	98
Mary A., of Millbury, Mass., m. William K. **MEADERAS**, of Worcester, Mass., Mar. 6, 1852, by Earl Martin, J. P.	2	70

	Vol.	Page
EEALS, Catherine, of Smithfield, R. I., m. John LEBRA, of Richmond, R. I., Aug. 17, 1847, at Danielsonville, West Killingly, by Rev. J. Livesy, Jr.	2	42
EGGLESTON, [see also ECCLESTON], Asa, of Smithfield, R. I., m. Amanda BURGESS, of Killingly, July 6, 1840, by Rev. Daniel Williams	2	9
ELDRED, Lucinda W., of Warwick, R. I., m. David A. YOUNG, of Scituate, R. I., Aug. 15, 1850, by Earl Martin, J. P.	2	55a
ELDREDGE, ELDRIDGE, Aaron W., of Killingly, m. Lucinda B. WITHEY, of Thompson, Oct. 18, 1844, by Abiel Converse, J. P.	2	82
Adelaide E., of New York, m. Daniel J. WHITMAN, of Killingly, Feb. 22, 1846, by Rev. Benjamin C. Phelps, of West Killingly	2	34
Alvian, of Scituate, R. I., m. Coson CLARK, of North Providence, R. I., Aug. 12, 1846, by Rev. Daniel Williams	2	36a
Elisabeth A., m. Daniel KENNEDY, b. of Killingly, Mar. 19, 1843, by Rev. Henry Robinson	2	18
Lois E., m. William T. WARD, b. of Burrillville, R. I., Sept. 17, 1837, by Rev. Sidney Holman	2	2a
ELI, [see under ELY]		
ELLIOTT, ELLIOT, Jerusha, m. Alpheas CONVERSE, Mar. 17, 1774, by Rev. Noadiah Russell	1	317
John W., of Thompson, m. Mary Y. COVILL, d. Parley, of Killingly, July 1, 1851, by Rev. Henry Bromley	2	62
Louisa, m. James COVEL, b. of Killingly, Mar. 18, 1840, by Rev. Nicholas Branch	2	9a
Mary, m. Samuel PRINCE, Dec. 5, 1771, by Rev. Noadiah Russell	1	182
Reuben S., of Thompson, m. Adeline COVELL, of Killingly, Mar. 5, 1849, by Rev. John D. Baldwin	2	52
Thomas, Jr., of Thompson, m. Polly DEXTER, of Killingly, Oct. 9, 1821, by Rev. Roswell Whitmore	1	192
W[illia]m D., of Thompson, m. Emily KELLEY, of Killingly, Mar. 31, 1834, Thompson, by Rev. Daniel Dow, of Thompson	1	89
ELLIS, Betsey, m. Ebenezer PARSONS, Apr. 8, 1842, by Rev. Daniel Williams	2	15a
Jonathan, s. Jonathan & Rhoda, b. Aug. 7, 1769	1	258
Joseph, s. Joseph, b. Sept. 1, 172[ ]	1	2
Sibbel, m. Cyrus DAY, Apr. 3, 1803, by Rev. Tho[ma]s Manchester, of West Greenwich, R. I.	1	187
ELLITHORPE, ELLITHORP, Annah, d. John & Eliz[abeth], b. Oct. 24, 1760	1	273
Elisabeth, d. Henry & Mehetabel, b. Apr. 11, 1736	1	18
Easter, [d. Henry], b. Apr. 13, 1751	1	48
Est[h]er, d. Nath[anie]ll & Jemima, b. Sept. 29, 1764	1	250

	Vol.	Page
ELLITHORPE, ELLITHROP, (cont.)		
Eunies, d. John & Elisabeth, b. June 28, 1751	1	48
Huldah, d. Henry & Mehetabel, b. Mar. 18, 1738/9	1	23
Isaac, s. Henry & Mehetable, b. Mar. 8, 1733/4	1	13
Isaac, [s. Henry], b. Jan. 15, 1748/9	1	48
Jacob, s. Henry & Mehetabel, b. Dec. 30, [ ]	1	27
Jemima, d. Nath[anie]ll & Jemima, b. Sept. 22, 1766	1	250
John Younglove, [s. Nath[anie]ll & Sarah], b. Sept. 4, 1775	1	250
Martha, d. Henry & Mehetable, b. June 7, 1732	1	10
Martha, [d. Henry], b. July 27, 1747	1	48
Martha, [d. Henry], b. July 23, 1753	1	48
Melleson, d. John & Eliz[abeth], b. Mar. 15, 1758	1	273
Nath[anie]ll, s. Nath[anie]ll & Sarah, b. June 23, 1771	1	250
Phebe, d. Nath[anie]ll & Jemima, b. Apr. 21, 1768	1	250
Samuel, s. John & Elisabeth, b. May 20, 1753	1	48
Sarah, d. Nath[anie]ll & Sarah, b. June 9, 1773	1	250
Sibbel, d. John & Eliz[abeth], b. June July 1, 1755 [sic] (So written in the text)	1	273
ELLSWORTH, Charles W., m. Affy **GREENE,** July 7, 1844, by Rev. Daniel Williams	2	24a
ELWOOD, Martha E., m. Joseph H. **STRAITE,** b. of Smithfield, R. I., Oct. 1, 1848, by Rev. Daniel Williams	2	50a
ELY, ELI, Edwin Sanford, [s. Jesse S. & Harriet], b. June 17, 1841	2	1
Jesse S., m. Harriet **GROSVENOR,** b. of Killingly, May 4, 1835, by Elisha Atkins	1	95
William Grosvenor, [s. Jesse S. & Harriet], b. Dec. 12, 1836	2	1
ESSEX, Joseph, m. Mary **LEFFINGWELL,** Oct. 6, 1833, by Rev. Ella Dunham	1	85
Loretta W., of Cornwall, Conn., m. Samuel S. **ALLING,** Nov. 28, 1850, by Rev. Norris G. Lippitt	2	59
ESTERBROOKS, [see under **EASTERBROOKS**]		
EVANS, EVENS, EVINS, Cotton, s. John & Mary, b. Feb. 22, 1752	1	45
Elisabeth, d. John & Hannah, b. Aug. 14, 1741	1	27
Mary, d. John & Hannah, b. Aug. 9, 1738	1	21
Susannah, d. Simon & Sarah, b. June 16, 1769	1	205
Thomas J., of Brooklyn, m. Eliza **KENNEDY,** of Killingly, Oct. 14, 1850, by Rev. Isaac H. Coe. Intention published	2	57
EVES, Eliza, m. Henry **BASSETT,** b. of Providence, R. I., Oct. 27, 1848, by Rev. Daniel Williams	2	50a
FAIRBANK, Martha, m. Darius **LEAVENS,** Nov. 26, 1761	1	177
FAIRFIELD, FARFIELD, Angeline C., of Woodstock, m. John F. **LAWRENCE,** of Killingly, Oct. 10, 1852, by Rev. Benjamin B. Hopkinson	2	75
Joel, of Belchertown, Mass., m. Harriet **HART,** of Killingly, Dec. 4, 1828, by Rev. Roswell Whitmore	1	121
Remember, d. Nathaniel & Zerviah, b. May 11, 1759	1	251
Walter, s. Nathaniel & Priseller, b. Aug. 16, 1756	1	251

	Vol.	Page
FAIRMAN, [see also **FARMAN, FORMAN** and **FIRMAN**],		
Anson, [s. Bonel (?)], b. Feb. 20, 1798	1	309
Cyril, see under Scyral		
Elisabeth, [d. Bonel (?)], b. Nov. 8, 1796	1	309
Flora, [d. Bonel (?)], b. Dec. 19, 1800	1	309
Harvey, m. Almira **CLARK**, Feb. 19, 1822, by Israel Day	1	193
Jesse, s. Eleazer, b. Sept. 12, 1791	1	217
Jesse, s. Eleazer, d. Sept. 29, 1813	1	174
Lucy, [d. Bonel (?)], b. Jan. 22, 1794	1	309
Lydia, d. Eleazer, d. Aug. 27, 1792	1	174
Mary, m. Aaron **HINDS**, Mar. 17, 1805	1	186
Mary Maria, of Killingly, m. Eli **AILSWORTH**, of Scituate, R. I., Jan. 1, 1841, by Rev. Nicholas Branch	2	10a
Orin, [s. Bonel (?)], b. Nov. 26, 1791	1	309
Scyral, [child of Bonel (?)], b. Mar. 12, 1788 (Cyril?)	1	309
William, [s. Bonal (?)], b. Dec. 30, 1789	1	309
FALSHAW, [see under **FELSHAW**]		
FARMAN, [see also **FAIRMAN, FORMAN** and **FIRMAN**],		
Anna, d. Eleazer & Abigail, b. May 8, 1777	1	217
Anna, d. Eleazer, d. Mar. 2, 1779	1	174
Aseneth, d. Eleazer & Abigail, b. Jan. 7, 1780	1	217
Daniel, s. James & Eunice, b. Sept. 29, 1759	1	243
Eleazer, m. Abigail **HULET**, Dec. 28, 1775	1	177
Elisabeth, d. John & Elisabeth, b. July 9, 1746	1	35
Elizabeth, w. John, d. Nov. 1, 1787	1	174
Hannah, d. Eleazer & Abigail, b. Feb. 20, 1786	1	217
Hazel, s. James & Eunice, b. Aug. 6, 1762	1	243
James, m. Eunice **COREY**, Jan. 4, 1759	1	262
Jerusha, d. James & Eunes, b. June 6, 1765	1	222
Jerusha, d. Jonathan & Jerusha, b. Aug. 19, 1770	1	270
John, Jr., d. July 31, 1777	1	174
John, Sr., d. Mar. 22, 1778	1	174
Jonathan, s. John & Hannah, b. Mar. 15, 1721; d. Dec. 20, 1745	1	297
Jonathan, m. Jerusha **MORSE**, Oct. 15, 1764	1	176
Lucretia, d. Eleazer & Abigail, b. Jan. 12, 1784	1	217
Lydia, d. Eleazer & Abigail, b. July 18, 1788	1	217
Mary, d. Jonathan & Jerusha, b. Aug. 14, 1768	1	270
Mary, d. Eleazer & Abigail, b. Dec. 26, 1781	1	217
Simon, s. Jonathan & Jerusha, b. Aug. 1, 1766	1	270
FARMER, Joseph, d. Jan. 16, 1762, ae about 40 years	1	157
FARNUM, Clarissa, of Killingly, m. Lewis W. **FORBES**, of Millbury, Mass., Nov. 19, 1850, by S. W. Coggeshall	2	57
John, of Johnston, m. Martha **MANN**, of Gloucester, R. I., Sept. 2, 1846, by Rev. Daniel Williams	2	37
FARRAR, Rebecca, d. Timothy & Jerushah, b. May 15, 1751	1	49
FARRES, Lydia W., m. Thomas **WOOD**, b. of Mendon, Mass., Feb 18, 1840, by Rev. Daniel Williams	2	8

	Vol.	Page
FARRETT, Elihu, Jr., s. Elihu & Surviah, b. Dec. 23, 1811	1	255
Marian, d. Elihu & Surviah, b. Oct. 12, 1813	1	255
FARROWS, Almira, of Killingly, m. William **GAYLOR**, of Scituate, R. I., Oct. 29, 1848, by Rev. Daniel Williams	2	50a
FASSOM, Henry F., m. Anna **ARNOLD**, b. of Scituate, R. I., Nov. 24, 1844, by Rev. Daniel Williams	2	26
FAY, Amasa, [s. Sam[ue]ll & Mary], b. Jan. 11, 1781	1	319
Bettee, [d. Sam[ue]ll & Mary], b. Mar. 20, 1768	1	319
Hannah, m. Joel **LEE**, July [ ], 1773	1	181
Hannah, [d. Sam[ue]ll & Mary], b. May 28, 1774	1	319
Libeas, [s. Sam[ue]ll & Mary], b. July 12, 1772	1	319
Lucy, [d. Sam[ue]ll & Mary], b. July 23, 1776	1	319
Nehemiah, s. Samuell & Bettee, b. Nov. 16, 1762	1	319
Perley, s. Sam[ue]ll & Mary, b. Oct. 9, 1765	1	319
Polly, [d. Sam[ue]ll & Mary], b. Jan. 10, 1770	1	319
Samuell, [s. Sam[ue]ll & Mary], b. Nov. 12, 1778	1	319
FELSHAW, FALSHAR, FALSHAW, Charles, s. Mic[h]ael & Rebeckah, b. Mar. 15, 1760	1	225
Demares, d. John & Elizabeth, b. June 19, 1732	1	12
Damares, m. Lemuel **CHANDLER**, Jan. 1, 1755	1	65
Daniel, s. John, Jr. & Mary, b. Oct. 4, 1771	1	276
Elisha, s. Lemuel & Sarah, b. July 17, 1796	1	276
Elizabeth, d. John, Jr. & Mary, b. Mar. 2, 1764	1	276
Elisabeth, w. John, d. May 30, 1766	1	80
Garner, s. John, Jr. & Phebe, b. July 25, 1795	1	276
John, s. John & Elisabeth, b. Nov. 17, 1737	1	21
John, s. John, Jr. & Mary, b. July 23, 1772	1	276
John, d. Mar. 16, 1783	1	80
Lemewell, s. John, Jr. & Mary, b. Nov. 12, 1769	1	276
Mary, d. John, Jr. & Mary, b. Dec. 3, 1767	1	276
Mary, m. Robert **BURCH**, Feb. 12, 1786, by Rev. Elisha Atkins	1	184
Mary, d. Lemuel & Sarah, b. Apr. 5, 1794	1	276
Michael, s. John & Elisabeth, b. Aug. 4, 1734	1	21
Micha[e]l, adm. fr. Apr. 7, 1760	1	57
Michael, of Killingly, m. Catharine **BECK**, of Hebron, Jan. 14, 1773, by Rev. Mr. Pomroy	1	180
Samuel, s. John & Elisabeth, b. Mar. 20, 1740/41	1	26
Sam[ue]ll, s. John, Jr. & Mary, b. Aug. 28, 1765	1	276
Sarah, d. Micha[e]l & Rebecca, b. Sept. 19, 1756	1	66
Zerviah, d. Mic[h]ael & Rebeckah, b. Sept. 19, 1756	1	225
-----, d. Mic[h]ael & Rebeckah, b. June 9, 1758	1	225
FELT, Cyndia, [twin with Cynthia], d. Jacob & Polly, b. Aug. 22, 1795	1	224
Cynthia, [twin with Cyndia], d. Jacob & Polly, b. Aug. 22, 1795	1	224
FENNER, Caleb, Col., m. Mrs. Mary **CALVIN**, b. of Killingly, Dec. 5, 1825, by Elisha Atkins	1	109

	Vol.	Page
FENNER, (cont.)		
Maria Marcia, m. Chauncey **HAMMETT**, Aug. 3, 1826, by C. B. Kellogg	1	100
FERNANDS, Jane N., m. George **WEBBER**, b. of Killingly, Apr. 29, 1838, by Nicholas Branch	2	4
FESSENDEN, Levi, m. Hannah **BICKFORD**, b. of Woodstock, Oct. 5, 1842, by Rev. Henry Robinson	2	14
FIELD, Abby P., of Killingly, m. Darius **DAY**, of Pomfret, Nov. 30, 1843, by Rev. Henry Robinson	2	21
Frances C., of Killingly, m. W[illia]m **WOODWORTH**, of North Providence, R. I., July 19, 1835, by Roswell Whitmore	1	95
Hannah, of West Killingly, m. Othniel **PRAY**, of Ashford, Dec. 25, 1845, by Rev. T. O. Rice	2	32
Han[n]ah Maria, m. George **KINGSBURY**, b. of Killingly, Dec. 21, 1829, by Rev. George W. Appleton	1	99
Harriet, of Providence, R. I., m. Mowry **AMES**, Jan. 12, 1845, by Rev. Daniel Williams	2	28
Harriet A., m. William S. **ALEXANDER**, b. of Killingly, May 8, 1837, by Roswell Whitmore	2	2
Horatio W., m. Nancy A. **ROUND**, b. of Taunton, Mass., July 4, 1845, by Rev. Daniel Williams	2	29
Ira, of Scituate, R. I., m. Harriet **APLIN**, of Hartwick, N. Y., Oct. 19, 1848, by Rev. Daniel Williams	2	50a
John W., of Providence, R. I., m. Jerusha **BROWN**, of Killingly, [ ], by Roswell Whitmore	2	1a
Julia, m. James H. **HOLDING**, b. of Killingly, Feb. 22, 1831, by Rev. Roswell Whitmore	1	126
Meriam, of Killingly, m. Nathaniel **IDE**, of Attleborough, Mass., Dec. 29, 1840, by Rev. Roswell Whitmore	2	10
Ruth L., m. Benjamin F. **CHAPMAN**, b. of Killingly, Apr. 6, 1842, by Rev. Henry Robinson	2	13
Sarah J., of R. I., m. Benjamin E. **PERRIN**, of Washington, North Carolina, Oct. 24, 1846, by Rev. Daniel Williams	2	38
FINNEY, [see also **PHINNEY**], Nancy D., m. Gustavus D. **BATES**, b. of Plymouth, Mass., Nov. 28, 1848, by Rev. George W. Greenslit	2	50
FIRMAN, [see also **FAIRMAN**, **FARMAN** and **FORMAN**], Abraham, m. Sarah **SABIN**, b. of Killingly, July 9, 1752, by Perley Howe, Clerk	1	65
Abraham, d. Mar. 19, 1753	1	67
Abraham, s. Abraham & Sarah, b. June 29, 1753	1	48
Ebenezer, s. [William & Abiga[i]l], b. Nov. 29, 1747	1	50
Eleazer, s. John, Jr. & Elisabeth, b. Mar. 29, 1748/9	1	38
Jacob, [s. William & Abaga[i]l], b. Mar. 28, 1751	1	50
Jerushua, [d. William & Abaga[i]l], b. Mar. 25, 1754	1	50
John, m. Hannah **SPAULDING**, Feb. 8, 1715	1	178
John, Jr., m. Elisabeth **HUGHES**, b. of Killingly, Mar. 11, 1736	1	70

	Vol.	Page
FIRMAN, (cont.)		
John, d. May 27, 1753	1	67
Jonathan, m. Mary **MARCY**, Nov. 5, 1743	1	180
Jonathan, s. Jonathan & Mary, b. July 10, 1749	1	36
Sarah, d. John & Elisabeth, b. Oct. 24, 1753	1	51
William, m. Abiga[i]l **GAY**, Dec. 2, 1744	1	70
William, s. William & Abiga[i]l, b. Aug. 29, 1746	1	50
FISHER, Abby, of Killingly, m. Francis A. **BREWSTER**, of Hampton, Sept. 27, 1838, by Roswell Whitmore	2	4a
Christina, m. Richard **BARTLETT**, b. of Killingly, Apr. 7, 1831, by Rev. Roswell Whitmore	1	126
David, [s. John & Elisabeth], b. May 18, 1788	1	224
Elias H., of Milford, Mass., m. Julia A. **ARNOLD**, of Woonsocket, R. I., Jan. 23, 1846, by Rev. Joseph B. Daman	2	43a
Elisabeth, [d. John & Elisabeth], b. Sept. 8, 1793	1	224
Emily, m. Luther **DAY**, b. of Killingly, Nov. 11, 1840, by Rev. Roswell Whitmore	2	10
Erastus B., s. Welcome S. & Minerva, b. Dec. 4, 1825	2	2
Harriet, of Killingly, m. Anson **MARTIN**, of Kingston, Penn., Aug. 21, 1837, by Roswell Whitmore	2	2a
James, [s. John & Elisabeth], b. July 11, 1785	1	224
John, s. Lieut. John & Elisabeth, b. Sept. 17, 1780	1	224
Nathan, [s. John & Elisabeth], b. June 27, 1791	1	224
Nicholas S., of Thompson, m. Emily **WARREN**, of Killingly, Sept. 1, 1834, by W. Bushnell	1	91
Saban, s. John & Elisabeth, b. Jan. 1, 1783	1	224
Sarah, [d. John & Elisabeth], b. Sept. 16, 1797	1	224
Welcome S., m. Minervy **BARTLETT**, June 9, 1825, by Calvin Cooper	1	108
W[illia]m, m. Laura **WILLIAMS**, b. of Killingly, June 13, 1822, by Elisha Atkins	1	194
W[illia]m, of Plainfield, m. Olive **BRAYTON**, of Killingly, Oct. 12, 1834, by W. Bushnell	1	92
FISK, FISKE, Anne M., of Worcester, Mass., m. William H. **DAVIS**, Nov. 22, 1847, in Danielsonville, West Killingly, by Rev. John Livesy, Jr.	2	45
Catharine, m. Arnold **SHIPPEE**, July 4, 1837, by Roswell Whitmore	2	2a
Daniel, of Scituate, m. Ruth **BURLINGAME**, of Killingly, July 3, 1842, by Rev. Tubal Wakefield	2	13a
Oliver, m. Mrs. Mary **DAVIS**, b. of Killingly, Aug. 28, 1836, by Sidney Holman	1	154
Phebe, m. Arthur **AYLESWORTH**, b. of Killingly, Feb. 15, 1836, by Rev. Roswell Whitmore	1	96
William O., of Killingly, m. Diana F. **WILCOX**, of Foster, R. I., Jan. 13, 1839, by Daniel Williams, Elder	2	5a
FITCH, Vine H., m. Mary S. **CHAMPLAIN**, b. of Providence,		

	Vol.	Page

FITCH, (cont.)
R. I., May 8, 1842, by Rev. Tubal Wakefield	2	13a
FLING, Mary, d. Sarah **CUTTEN**, b. Sept. 18, 1752	1	64
FLINT, FLYNT, Aaron, s. John & Martha, b. Apr. 7, 1744	1	29
Aaron, s. John & Martha, b. Sept. 20, 1754	1	52
Davis, s. John & Martha, b. July 22, 1739	1	23
Davis, s. John & Marthar, b. Mar. 10, 1748	1	43
John, s. John & Martha, b. July 23, 1741	1	25
John, s. John & Martha, b. July 10, 1752	1	52
Joseph, s. John & Martha, b. June 9, 1758	1	199
Marthar, d. John & Marthar, b. Sept. 21, 1746	1	43
FOLEN, Malachi, m. Ann T. **KENDALL**, of Pawtucket, Mass., Aug. 4, 1844, by Rev. Daniel Williams	2	24a
FOLLETT, Emily, m. Russell **BROWN**, b. of Smithfield, R. I., Aug. 18, 1844, by Rev. Daniel Williams	2	24a
FOOT, Mary, of Killingly, m. Benjamin **CHILD**, of Pomfret, Jan. 28, 1828, by Rev. Roswell Whitmore	1	120
FORBES, Lewis W., of Millbury, Mass., m. Clarissa **FARNUM**, of Killingly, Nov. 19, 1850, by S. W. Coggeshall	2	57
FORD, W[illia]m H., m. Electa A. M. **PEIRCE**, b. of Providence, R. I., Oct. 12, 1844, by Rev. John Howson	2	25
FORMAN, [see also **FAIRMAN, FARMAN, FIRMAN**], Cynthia, m. Charles **SHELDON**, b. of Killingly, Apr. 24, 1842, by Calvin Cooper, Elder	2	13a
Han[n]ah, d. William & Abiga[i]l, b. Apr. 23, 1756	1	66
James, [twin with John], s. John, Jr. & Elisabeth, b. July 22, 1738	1	24
John, [twin with James], s. John, Jr. & Elisabeth, b. July 22, 1738	1	24
FOSTER, Eunice, m. James **SIMMONS**, July 1, 1824, by Israel Day	1	114
George S., of Little Falls, N. Y., m. Abby W. **JAMES**, of Killingly, Nov. 18, 1852, by Rev. Tho[ma]s O. Rice	2	76
Hannah, m. Daniel **ALDRICH**, b. of Thompson, Oct. 19, 1845, by Rev. Benjamin C. Phelps, of West Killingly. Witness: N. G. Lippitt	2	32
Philena A., m. Hezekiah M. **LOOMIS**, Feb. 15, 1839, by Rev. L. Robbins	2	6
Samantha, of Thompson, m. George **WILLIAMS**, of Killingly, Aug. 25, 1844, by Rev. Henry Robinson	2	24
FRANKLIN, Benjamin, m. Harriet Maria **ADAMS**, b. of Killingly, July 4, 1846, by Rev. Joseph B. Daman	2	43
Charles G., of Killingly, m. Jane S. **CLARK**, of Thompson, Oct. 31, [1852], by B. B. Hopkinson	2	75
Cibel A., m. Martin L. **SMITH**, b. of Killingly, [Mar.] 19, 1843, by Rev. George Greenslit. Intention published	2	17a
Edmund, m. Maria D. **TALBUTT**, Oct. 3, 1852, by Mowry Amsbury, J. P.	2	73

	Vol.	Page
FRANKLIN, (cont.)		
Harriet, of Coventry, R. I., m. Israel **CHASE**, Jr., of Killingly, July 12, 1846, by Rev. James Mather	2	36a
Sybil, see under Cibel		
FREIND, Anstress, of Killingly, m. Nore S. **WICKES**, of Providence, Apr. 21, 1844, by Rev. John Howson	2	23
FRENCH, Susan C., of Burkley, Mass., m. James H. **CASTIN**, of Fall River, Mass., Apr. 3, 1846, by Rev. Benjamin C. Phelps, of West Killingly. Witness: E. Buckminster	2	36
FRETSON, Sarah, m. Jasper **JORDAN**, b. of Killingly, Sept. 8, 1839, by Nicholas Branch	2	6a
FRISSEL, Naomi, m. Calvin **GAY**, Nov. 10, 1768	1	262
FROST, Enoch M., m. Elizabeth **OLNEY**, b. of Killingly, Sept. 15, 1844, by Rev. John Howson	2	25
Mariah Angenath, m. David **BROWN**, b. of Killingly, Oct. 9, 1842, by Rev. Tubal Wakefield	2	14a
FULLER, Abal, s. James & Abaga[i]l, b. June 2, 1750	1	45
Abby M., of Thompson, m. Albert S. **GRANGER**, of Suffield, Oct. 25, 1847, by Geo[rge] Warren, J. P.	2	44
Abigail, d. James & Abigail, b. Aug. 7, 1744	1	29
Abaga[i]l, [twin with Bethiah], d. Ebenezer & Marcy, b. Aug. 2, 1748	1	37
Abaga[i]l, twin with Bethyah, d. Ebenezer & Marcy, d. Nov. 28, 1749	1	68
Abiga[i]l, d. Ebenezer & Marcy, b. May 11, 1758	1	249
Albert, m. Caroline R. **JENCKES**, b. of North Providence, R. I., Sept. 27, 1838, by Daniel Williams, Elder	2	5
Amanda, m. Milton A. **CEGRAVES**, b. of Killingly, Jan. 1, 1844, by Rev. Daniel Williams	2	22a
Amanda M., d. of Obed, of Killingly, m. William A. **CHASE**, of Killingly, Aug. 31, 1851, by Rev. Henry Bromley	2	65
Anna, m. Manchester B. **TAYLOR**, b. of Killingly, Mar. 1, 1827, by Roswell Whitmore	1	116
Benjamin, s. Samuel & Mary, b. Sept. 22, 1732	1	12
Bethiah, [twin with Abaga[i]l], d. Ebenezer & Marcy, b. Aug. 2, 1748	1	37
Bethyah, twin with Abaga[i]l, d. Ebenezer & Marcy, d. Nov. 26, 1749	1	68
Bethiah, d. Ebenezer & Marcy, b. Feb. 10, 1752	1	47
Daniel F., of Killingly, m. Maranda **DAVIS**, of Grafton, Mass., July 12, 1840, by Rev. Daniel Williams	2	9
Ebenezer, s. John & Bethiah, b. Mar. 17, 1727, at Roxbury, Mass.	1	31
Ebenezer, of Killingly, m. Mary **CUTLER**, of Marthlick, Dec. 21, 1747	1	76
Ebenezer, Jr., s. Ebenezer & Marcy, b. Apr. 10, 1750	1	46
Emely, m. Samuel **CHASE**, b. of Killingly, Sept. 18, 1830, by Sidney Holman	1	138

	Vol.	Page

FULLER, (cont.)

	Vol.	Page
Hannah, d. Samuel, Jr. & Sarah, b. June 9, 1754	1	53
Hannah, m. Moses **BARRETT**, Nov. 24, 1774, by Rev. Noadiah Russell	1	179
James, b. Sept. 1, 1756	1	202
James, s. James & Abigail, b. Sept. 1, 1760	1	207
John, s. Ebenezer & Marcy, b. Mar. 3, 1754	1	51
John, s. John, b. Sept. 17, 1770	1	233
Jonathan, s. Ebenezer & Marcy, b. Apr. 21, 1756	1	249
Jonathan H., m. Lyddia **HERRICKS**, b. of Killingly, Mar. 4, 1827, by Roswell Whitmore	1	116
Joseph, s. James & Abigail, b. June 37[sic], 1742	1	29
Lyman, of Thompson, m. Tamer **GRAVES**, of Killingly, Aug. 22, 1822, by David Chase, J. P.	1	195
Manchester, of Sterling, m. Abby **SWEET**, of Foster, R. I., Feb. 22, 1852, by Rev. Daniel Williams	2	72
Marcy, d. Ebenezer & Marcy, b. Mar. 27, 1760	1	249
Mary, m. Levi **PRESTON**, b. of Killingly, July 7, 1742	1	78
Mary, d. James & Abaga[i]l, b. Mar. 4, 1748	1	45
Matilda, m. Woodbury **HOWARD**, b. of Killingly, Jan. 1, 1839, by Daniel Williams, Elder	2	5a
Nathan, s. John, b. July 18, 1773	1	233
Nathan, m. Lucia **WHITE**, b. of Killingly, Feb. 8, 1841, by Rev. Roswell Whitemore	2	10a
Palaemon, s. Dr. Comfort & Amey, b. Jan. 27, 1782	1	322
Peter, s. Sam[ue]ll & Sarah, b. Mar. 20, 1752	1	51
Polly, m. George **ADAMS**, b. of Killingly, Mar. 23, 1828, by Rev. Roswell Whitmore	1	120
Rebeckah, d. John, b. May 3, 1779	1	233
Rufus, m. Margaret **HANSCOMB**, b. of Boston, Feb. 26, 1843, by Harris Arnold, J. P.	2	17a
Ruth, d. John & Sibbel, b. May 3, 1785	1	233
Sally, m. Isaac **BELLASES**, b. of Killingly, Jan. 16, 1804, by Rev. Elisha Atkins	2	81
Samuel, s. Sam[ue]ll & Sarah, b. June 9, 1750	1	51
Sarah, d. Samuel & Sarah, b. Oct. 24, 1746	1	51
Seriptha, d. John, b. Oct. 31, 1782	1	233
Sibbel, d. [ ], b. Nov. 1, 1756	1	202
Sibbel, d. James & Abega[i]ll, b. Nov. (1), 1756	1	207
Zerviah, d. James & Abigail, b. July 7, 1746	1	32
GAGE, Isaac G., m. Nancy J. **STREETER**, b. of Providence, R. I., July 23, 1848, by Rev. Geo[rge] W. Greenslitt	2	47
GALLUP, John, of Sterlin[g], m. Margaret **GALLUP**, of Plainfield, Jan. 26, 1825, by Rev. Roswell Whitmore	1	107
Lydia, m. Amasa **OLNEY**, b. of Killingly, Nov. 29, 1827, by David Chase, J. P.	1	119
Margaret, of Plainfield, m. John **GALLUP**, of Sterlin[g], Jan. 26, 1825, by Rev. Roswell Whitmore	1	107

	Vol.	Page

GALLUP, (cont.)

Nathaniel S., of Voluntown, m. Abby **WHITE**, July 21, 1851, by Rev. Geo[rge] W. Greenslitt	2	64

GARDINER, Joseph M., m. Juliet M. **WARREN**, b. of Providence, Apr. 1, 1844, by Rev. John Howson — 2, 23

GARLAND, Mary O., of Methewen, Mass., m. Elbridge S. **MOWRY**, of Andover, Dec. 1, 1851, by Rev. Daniel Williams — 2, 68

GARY, Elizabeth, m. Joseph **BROWN**, Mar. 3, 1774, by Rev. Mr. Putnam — 1, 184

GAVITT, GAVVIT, Christopher, moulder, ae 21, b. in Keysville, N. Y., s. of John & Margaret (**THDRAULT**), b. in Canada, m. Louisa **MONTVILLE**, Feb. 10, 1853, by Rev. Brewster. Witnesses: George Harvey & Susan Gavitt. Affidavit made by Christopher Gavitt, Feb. 2, 1904 — 2, 64

Sarah, of South Kingstown, R. I., m. William H. **LOCK**, of Killingly, Nov. 8, 1848, by Rev. Daniel Williams — 2, 50a

GAY, Abaga[i]l, m. William **FIRMAN**, Dec. 2, 1744 — 1, 70

Alphias, s. Hez[ekiah] & Eliz[abeth], b. Jan. 25, 1774 — 1, 207

Calvin, s. Luther* & Mary, b. May 10, 1746 (*Perhaps Lusher?) — 1, 31

Calvin, m. Naomi **FRISSEL**, Nov. 10, 1768 — 1, 262

David, s. Luther & Han[n]ah, b. Aug. 26, 1756 — 1, 56

David, d. Sept. 20, 1756 — 1, 56

Dol[l]y, d. Ebenezer & Eliz[abeth], b. Dec. 11, 1773 — 1, 230

Ebenezer, s. Luther & Hannah, b. May 12, 1749 — 1, 37

Ebenezer, m. Eliz[abeth] **LEAVENS**, Mar. 4, 1773 — 1, 178

George, m. Alvira J. **SIMMONS**, b. of Killingly, Feb. 4, 1849, by Rev. George W. Greenslitt — 2, 50

Hadassah, d. Hez[ekiah], & Eliz[abeth], b. Nov. 23, 1768 — 1, 207

Harriet A., of Killingly, m. W[illia]m **SMITH**, of Thompson, Dec. 29, 1833, by Rev. James Grow, of Thompson — 1, 88

Joseph, s. Luther* & Hannah, b. June 26, 1754 (*Perhaps Lusher?) — 1, 52

Joseph, d. Sept. 26, 1756 — 1, 56

Joseph, s. Luther & Hannah, b. Feb. 2, 1759 — 1, 240

Luther, s. Luther & Mary, b. Mar. 21, 1739/40 — 1, 23

Luther, m. Hannah **CADY**, b. of Killingly, June 22, 1748, by Rev. Mr. Perley Howe — 1, 77

Luther, Jr., m. Judeth **GREEN**, Apr. 30, 1761 — 1, 175

Lydia, d. Luther & Mary, b. July 29, 1741 — 1, 26

Mary, w. Luther, d. June 13, 1741 — 1, 74

Mary, d. Luther* & Mary, b. Dec. 25, 1743 (*Perhaps Lusher?) — 1, 21

Rufus, s. Calvin & Naomi, b. Dec. 15, 1769 — 1, 258

Sephiah, d. Luther & Hannah, b. June 11, 1763 — 1, 240

Theodah, s. Luther & Hannah, b. Apr. 13, 1762 — 1, 240

	Vol.	Page
GAY, (cont.)		
Willard, s. Luther, Jr. & Judeth, b. Nov. 30, 1761	1	256
W[illia]m, of Thompson, m. Lucy Ann **HORTON**, of Killingly, Mar. 3, 1833, by Albert Cole	1	134
William H., m. Emeline **REYNOLDS**, June 17, 1838, by Daniel Williams, Elder	2	5
GAYLOR, William, of Scituate, R. I., m. Almira **FARROWS**, of Killingly, Oct. 29, 1848, by Rev. Daniel Williams	2	50a
GEE, Benjamin, m. Eliza Ann **SMITH**, b. of Scituate, R. I., Oct. 23, 1851, by Earl Martin, J. P.	2	69
GEER, Lucy Ann, m. George W. **LOCK**, b. of Killingly, Nov. 30, 1851, by Rev. Daniel Williams	2	68
GIBBS, Jackson, m. Hannah **JONES**, b. of Hopkinton, Mass., Jan. 20, 1848, in Danielsonville, West Killingly, by Rev. John Livesy, Jr.	2	45
GILBERT, Harriet S., m. Jarvice **CHASE**, Dec. 30, 1833, by John N. Whipple	1	88
GILES, Maria, of Providence, R. I., m. James **MACANNING**, of Barrinton, Sept. 20, 1845, by Ephraim Bacon, J. P.	2	31
GILMAN, Darius, m. Anne Elizabeth **BROWN**, b. of Killingly, May 4, 1851, by Rev. Sidney Dean	2	60
Mary E., m. James S. **DAMON**, Dec. 31, 1843, by Harris Arnold, J. P.	2	21
GIVENS, Resolved, s. W[illia]m & Mary, b. Jan. 16, 1766	1	265
William, s. John & Mary, b. May 6, 1742	1	265
GLADDING, Jarvis E., m. Frances H. **BROWN**, b. of Providence, R. I., Apr. 27, 1845, by [Rev. Tho[ma]s O. Rice]	2	27a
GLEASON, Sanford D., m. Cordelia **CHAMBERLAIN**, b. of Killingly, Mar. 23, 1851, by Abieel Converse, J. P. Recorded Jan. 19, 1863	2	82
Susan, m. Nell D. **CADY**, b. of Glocester, R. I., Dec. 23, 1845, by Rev. Benjamin C. Phelps, of West Killingly. Witness: Jared Coller	2	33
Sylvanus, m. Ann R. **COOPER**, b. of Killingly, May 17, 1853, by Rev. Sidney Dean	2	79
William, of Thompson, m. Almira **CHASE**, of Killingly, Dec. 5, 1841, by Rev. Daniel Williams	2	12a
GODARD, John, of Stonington, m. Sarah **CHAPMAN**, of Killingly, Nov. 23, 1838, by Daniel Williams, Elder	2	5
GOLF, Asa, s. Hezekiah & Bethyah, b. Mar. 10, 1745	1	30
GOODSPEED, Ama Ann, of Providence, R. I., m. Seba **ADAMS**, of Killingly, Mar. 19, 1835, by Rev. Roswell Whitmore	1	94
Claris[s]a, m. Lot **HAWKINS**, b. of Killingly, about Feb. 1, 1822, by Elisha Atkins	1	193
GOODWIN, Sherman, of Hartford, m. Mary S. **WITHEY**, of Killingly, May 30, 1853, by Rev. Roswell Whitmore	2	79
GORDON, Nelson, m. Rachal **ANDREWS**, b. of Killingly, Mar. 9, 1841, by Rev. Daniel Williams	2	11

	Vol.	Page
GORTON, Esther, of Killingly, m. W[illia]m R. **PATTEN**, of Providence, R. I., Mar. 17, 1830, by Elder George W. Appleton	1	124
Esther, of Killingly, m. William R. **POTTER**, of Providence, R. I., Mar. 17, 1830, by Elder George W. Appleton	1	126
GORY, Elisabeth, m. Jacob **DAVIS**, b. of Glocester, R. I., Oct. 18, 1840, by Rev. Daniel Williams	2	11
GOULD, Abigail, d. Thomas & Eunice, b. Dec. 14, 1734	1	18
Daniel, s. Samuel & Martha, b. Aug. 8, 1754	1	203
Daniel, s. Jeremiah & Elisabeth, b. Apr. 8, 1757	1	56
Ebenezer, s. Thomas & Persillia, b. Dec. 20, 1724	1	2
Ebenezer, s. Samuel & Martha, b. Aug. 1, 1755	1	203
Elizabeth, d. Jeremiah & Eliz[abeth], b. July 11, 1762	1	244
Eunice, d. Thomas & Eunice, b. Apr. 13, 1731	1	12
Eunies, m. John **EATON**, Jr., Oct. 10, 1754	1	54
Jabez, s. Jeremiah & Eliz[abeth], b. July 22, 1759	1	244
Martha, d. Thomas & Eunice, b. Apr. 4, 1733	1	12
M[ar]tha, m. Timothy **EATON**, Mar. 20, 1766, by Rev. Mr. Brown	1	262
Mehetabel, d. Thomas & Eunice, b. May 31, 1738	1	21
Persillia, [w. Thomas], d. [ ]	1	2
Rebeccah, m. David **ALTON**, Sept. 14, 1743	1	176
Reuhama, d. Thomas & Eunice, b. July 12, 1745	1	31
Samuel, s. Thomas & Presillia, b. Nov. 10, 1726	1	2
Thomas, s. Thomas & Eunice, b. June 23, 1736	1	18
Williard, s. Jeremiah & Elisabeth, b. Mar. 22, 1755	1	56
GOUND, Narria, m. Lib[b]ius **GRAVES**, b. of Killingly, Conn., Dec. 3, 1837, by Rev. Daniel Williams	2	3a
GOUSS, Sabrina, m. Calvin G. **WHITE**, b. of Killingly, Oct. 28, 1842, by Rev. Tubal Wakefield	2	15
GRANGER, Albert S., of Suffield, m. Abby M. **FULLER**, of Thompson, Oct. 25, 1847, by Geo[rge] Warren, J. P.	2	44
GRANT, Elias, m. Sarah Ann **WHIPPLE**, Nov. 27, 1848, by Mowry Amsbury, J. P. Witnesses: Louisa A. Clark & Elisha Waterman	2	49a
Joseph, of Woodstock, m. Martha **MASON**, of Killingly, Jan. 7, 1844, by Rev. Daniel Williams	2	22a
GRASON, Richard, of Scituate, R. I., m. Mary **ATWOOD**, of Johnson, R. I., Nov. 14, 1840, by Rev. Daniel Williams	2	11
Sarah, m. James **STONE**, b. of Foster, R. I., July 2, 1843, by Rev. Daniel Williams	2	22
Susan, of Killingly, m. John B. **STONE**, of Foster, R. I., Sept. 22, 1844, by Rev. Daniel Williams	2	26
Thomas, m. Abby **PAYTON**, b. of Providence, R. I., June 11, 1848, by Rev. Geo[rge] W. Greenslitt	2	46a
GRAVES, Amity, d. Lybias & Amity, b. July 7, 1734	1	14
Amity, [d. Issacher & Jemima], b. Feb. 1, 1785	1	244
Anna, [d. Issacher & Jemima], b. Feb. 2, 1791	1	2

	Vol.	Page
GRAVES, (cont.)		
Artemus, [s. Issacher & Jemima], b. July 20, 1789	1	244
Daniel, [s. Issacher & Jemima], b. Jan. 20, 1783	1	244
David, [s. Issacher & Jemima], b. Oct. 16, 1786	1	244
Edwin P., m. Harty **GRAVES**, Apr. 22, 1832, by David Chase, J. P.	1	130
Elijah, [s. Isaacher & Jemima], b. Feb. 16, 1800	1	244
Elijah, m. Lucretia **TRIPE**, b. of Killingly, July 3, 1836, by Rev. Daniel Williams	1	154
Elisabeth, d. Libbeus & Amaty, b. June 18, 1748	1	43
Esther, 2d, m. John **WHITNEY**, b. of Killingly, Apr. 15, 1825, by David Chase, J. P.	1	108
Experience, w. Richard, d. June 30, 1745	1	74
Grosvenor, s. Lebbeus & Amaty, b. June 8, 1755	1	258
Harty, m. Edwin P. **GRAVES**, Apr. 22, 1832, by David Chase, J. P.	1	130
Helena, m. Riel **BAKER**, b. of Killingly, Oct. 12, 1823, by David Chase, J. P.	1	101
Hepsebeth, d. Lebbeas & Amity, b. Jan. 19, 1744/5	1	30
Issaihar, s. Lebbeus & Amity, b. June 8, 1755	1	64
Issacher, [s. Issacher & Jemima], b. Apr. 20, 1795	1	244
Jemima, [d. Issacher & Jemima], b. Mar. 7, 1793	1	244
John, s. Richard & Experience, b. Mar. 24, 1744	1	31
Lib[b]ius, m. Narria **GOUND**, b. of Killingly, Ct., Dec. 3, 1837, by Rev. Daniel Williams	2	3a
Lowell, m. Martha M. **YOUNG**, Oct. 9, [1831], by Albert Cole	1	98
Reuben, s. Lybias & Amity, b. Apr. 15, 1737	1	21
Reuben, [s. Issacher & Jemima], b. Aug. 16, 1781	1	244
Richard, [s. Issacher & Jemima], b. Apr. 14, 1780	1	244
Sarah Ann, m. John **MASON**, Mar. 18, 1838, by Lowell Graves, J. P.	2	4
Sarah M., of R. I., m. William M. **CHASE**, of Killingly, Feb. 16, 1851, by Nelson Jordan, Licentiate	2	58
Sophrona, of Killingly, m. Charles **SHELDON**, of Windham, Mar. 20, 1827, by David Chase, J. P.	1	112
Tamer, of Killingly, m. Lyman **FULLER**, of Thompson, Aug. 22, 1822, by David Chase, J. P.	1	195
Whitney, s. Leb[b]eas & Ameley*, b. Nov. 22, 1751 (*Amity)	1	43
GREEN, GREENE, Abigail, d. Henry, Jr. & Judeth, b. Apr. 20, 1738	1	22
Abigail, d. John & Ableana, b. Oct. 18, 1759	1	282
Affy, m. Charles W. **ELLSWORTH**, July 7, 1844, by Rev. Daniel Williams	2	24a
Alice, [d. Hezekiah & Alice], b. Dec. 5, 1777	1	310
Amos, [s. Amos & Lidea], b. July 19, 1746	1	45
Benjamin, s. John & Abelena, b. Mar. 11, 1766	1	282
Bradley, s. John & Ablena, b. Nov. 28, 1769	1	282

	Vol.	Page
GREEN, GREENE, (cont.)		
David, s. Timothy & Phebe, b. June 10, 1745	1	31
David, s. Timothy, d. Jan. 17, 1751	1	72
David, s. Timothy & Phebe, b. [ ]	1	41
Doratha, [d. Seath & Dorotha], b. Aug. 15, 1731	1	38
Ebenezer, of Killingly, m. Mary W. **WAK[E]FIELD**, of Dudley, Sept. 27, 1750, by Richard Mo[o]re, J. P.	1	69
Elisabth, d. Phinehas & Elisabeth, b. Aug. 29, 1742	1	37
Elisabeth, [d. Seath & Dorotha], b. Nov. 28, 1748	1	38
Ephraim, s. John & Ableana, b. July 27, 1764	1	282
Ephraim, s. John & Abelena, b. June 14, 1775	1	282
Esther, d. Henry, Jr. & Judeth, b. July 12, 1731	1	22
Esther, d. Hezekiah & Alice, b. Sept. 20, 1756	1	310
Flay, s. Timothy & Pheebe, b. June 30, 1747	1	37
Hannah, [d. Seath & Dorotha], b. June 2, 1738	1	38
Hannah, [d. Amos & Lidea], b. May 22, 1745	1	45
Henry, [s. Amos & Lidea], b. Feb. 6, 1748/9	1	45
Henry, [s. Hezekiah & Alice], b. Aug. 8, 1762	1	310
Hezekiah, d. Henry, Jr. & Judeth, b. Oct. 13, 1733	1	22
Hezekiah, m. Alice **LEAVENS**, Dec. 11, 1755	1	180
Hez[ekiah], adm. fr. Apr. 7, 1760	1	57
Hezekiah, [s. Hezekiah & Alice], b. Aug. 23, 1764	1	310
Jacob, [s. Amos & Lidea], b. June 4, 1741	1	45
Jacob, of Thompson, m. Esther B. **PECK**, of Killingly, Mar. 28, 1824, by Elisha Atkins	1	103
James, [s. Seath & Dorotha], b. Sept. 1, 1745	1	38
Jemima, Mrs., m. John **BIXBY**, Dec. 4, 1735, by M. Cabot	1	78
John, s. Henry, Jr. & Judeth, b. May 12, 1736	1	22
John, d. Phinehas & Elisabeth, b. July 24, 1746	1	37
Jonathan, [s. Seath & Dorotha], b. Sept. 9, 1743	1	38
Joseph, s. Timothy & Pheeby, b. May 10, 1749	1	37
Joseph, s. Timothy, d. May 28, 1751	1	72
Joseph, [s. Hezekiah & Alice], b. Feb. 10, 1759	1	310
Judeth, d. Henry, Jr. & Judeth, b. May 4, 1740	1	24
Judeth, m. Luther **GAY**, Jr., Apr. 30, 1761	1	175
Lidah, [d. Seath & Dorotha], b. May 6, 1741	1	38
Lidea, [d. Amos & Lidea], b. Jan. 25, 1750/51	1	45
Luce, [d. Amos & Lidea], b. Jan. 17, 1744/5	1	45
Lydia, see under Lidah and Lideah		
Mary, d. Henry, Jr. & Judeth, b. Mar. 20, 1728/9	1	22
Mary, d. John & Abelena, b. Jan. 23, 1768	1	282
Nathan, [s. Seath & Dorotha], b. Sept. 1, 1733	1	38
Noah, [s. Hezekiah & Alice], b. Aug. 20, 1761	1	310
Olive, m. Allen **DEAN**, Jan. 30, 1793	1	261
Olive, m. Nelson W. **BOWEN**, b. of Foster, Nov. 21, 1832, by by Daniel Williams	1	132
Patia, m. William **IRONS**, b. of Gloucester, Aug. 16, 1846, by Rev. Daniel Williams	2	36a

	Vol.	Page
GREEN, GREENE, (cont.)		
Phebe, w. Timothy, d. June 14, 1751	1	72
Pliney L., of Thompson, Conn., m. Ruana **MOWRY**, of Killingly, Conn., Nov. 9, 1837, by Rev. Daniel Williams	2	3
Rachel, m. Samuel **LEARNED**, b. of the Parish of Thomson, Dec. 29, 1742, by Marston Cabot	1	78
Ray W., m. Sarah **SHIPPEE**, b. of Warwick, R. I., [ ], at Danielsonville, West Killingly, by Rev. John Livesy, Jr.	2	42a
Robe, m. Daniel **WHITMORE**, Dec. 16, 1784	1	179
Sabia, m. Isaac **CADY**, Nov. 16, 1766	1	176
Saloma, of Foster, R. I., m. George W. **PRAY**, of Killingly, Dec. 23, 1831, by Daniel Williams	1	129
Sarah, d. Henry, Jr. & Judeth, b. Nov. 30, 1725	1	22
Sarah, m. Josiah **CHILD**, Feb. 5, 1745/6	1	262
Sarah, [d. Hezekiah & Alice], b. Nov. 28, 1766	1	310
Sarah, d. Hezekiah & Olive*, d. Nov. 24, 1767 (*Probably Alice)	1	170
Sarah, [d. Hezekiah & Alice], b. Oct. 24, 1772	1	310
Sarah A., of Scituate, R. I., m. Henry **MARTIN**, of Pawtucket, R. I., May 3, 1846, by Rev. Benjamin C. Phelps. of West Killingly. Witness: E. Buckminster	2	36
Seth, [s. Seath & Dorotha], b. May 4, 1746	1	38
Thankful, d. Phinehas & Elisabeth, b. June 5, 1740	1	37
Timothy, m. Pheebe **ATWELL**, b. of Thomson Parish, Oct. 27, 1743, by Marston Cabot, Clerk	1	69
Timothy, m. Anne **GROVER**, b. of Thomson Parish, Dec. 25, 1751, by Rev. Mr. Perley Howe	1	69
GREENNMAN, Sarah, d. George & Susannah, b. Apr. 29, 1777	1	314
Susannah, d. George & Susannah, b. Oct. 5, 1780	1	314
W[illia]m, of Southbridge, m. Rhoda E. **HILL**, of Killingly, Aug. 11, 1844, by Rev. John Howson	2	24
GREENSLITT, Albert W., m. Patience M. **BASTO**, Mar. 27, 1848, by Rev. George W. Greenslitt	2	45
John B., of Hampton, m. Avis **CUMMINGS**, of Killingly, Jan. 10, 1847, by Rev. T. O. Rice	2	39
GREGORY, David, s. Nath[anie]ll & Rhoda, b. Jan. 29, 1782	1	253
Joseph, s. Nath[anie]ll & Rhoda, b. Apr. 16, 1778	1	253
William, s. Nath[anie]ll & Rhoda, b. Feb. 24, 1780	1	253
GRIFFIN, Alvie J., m. Esther **BILLINGS**, b. of Lowell, Mass., Mar. 22, 1846, by Rev. Benjamin C. Phelps, of West Killingly. Witness: E. Buckminster	2	34
GRINSHAW, Henry, m. Jane **COOMER**, [ ], by Harris Arnold, J. P.	2	19
GROSVENOR, Abelene, w. Dr. Robert, d. Aug. 10, 1796	1	79
Abelene H., m. Isaac T. **HUTCHINS**, b. of Killingly, Apr. 20, 1826, by Elisha Atkins	1	110
Harriet, m. Jesse S. **ELI**, b. of Killingly, May 4, 1835,		

	Vol.	Page
GROSVENOR, (cont.)		
by Elisha Atkins	1	95
Robert, m. Abelene **HOWE**, June 25, 1785, by Rev. Elisha Atkins	1	185
Robert Howe, s. Dr. Robert, b. Apr. 26, 1796	1	326
Sarah, m. Willard **DANIELSON**, Feb. 13, 1834, by Rev. W. Bushnall	1	260
Thomas, of Pomfret, m. Ruth **HUTCHENS**, of Killingly, Mar. 6, 1837, by Roswell Whitmore	2	1a
GROVER, Abelene, d. Jonathan & Mellesent, b. Oct. 28, 1745	1	32
Anne, m. Timothy **GREEN**, b. of Thomson Parish, Dec. 25, 1751, by Rev. Mr. Perley Howe	1	69
Briah, s. Stephen & Elisabeth, b. May 11, 1730	1	7
Doraty, d. Amasa & Eliz[abeth], b. Feb. 5, 1766	1	287
Eleazer, s. Stephen & Elisabeth, b. Jan. 31, 1728	1	7
Eleazer, d. Dec. 15, 1728/9	1	3
Esther C., of Killingly, m. Charles W. **BROOKS**, of East Haddam, Apr. 30, 1848, by Rev. T. O. Rice	2	46a
Isaac, s. Stephen & Elizabeth, b. July 17, 1726	1	7
Jacob, s. Eleazer, b. Aug. 28, 1745	1	211
John, s. John, Jr. & Mary, b. Dec. 7, 1736	1	22
John, s. John & Mary, b. Sept. 29, 1741	1	28
Liddy, [d. John & Mary], b. Apr. 3, 1750	1	42
Lowell H., of Sutton, Mass., m. Mary B. **CHASE**, of Killingly, May 22, 1843, by Rev. Henry Robinson	2	18a
Lowruame, d. Jonathan & Milliscent, b. Mar. 22, 1749	1	50
Luther, s. Amasa & Eliz[abeth], b. Aug. 12, 1764	1	287
Mary, [d. John & Mary], b. July 24, 1747	1	42
Mary, of Coventry, m. Israel **BARTLETT**, of Killingly, Feb. 18, 1821, by Rev. Israel Day	1	191
Meriam, m. Jonathan **DAY**, June 2, 1773	1	180
Penuel, s. John, Jr. & Mary, b. Mar. 4, 1738/9	1	22
Peter, s. John & Allis, b. Feb. 28, 1721/2	1	12
Peter, [s. John & Mary], b. Apr. 19, 1744	1	42
Priseller, d. Eleazer, b. Apr. 2, 1757	1	211
Samuel, s. Jonathan & Milliscent, b. Feb. 26, 1752	1	50
Sarah, d. John & Allis, b. Mar. 25, 1724	1	12
Sarah, m. Benjamin **CUMMINGS**, b. of Killingly, Nov. 21, 1743, by John Walton, J. P.	1	65
Stephen, s. John & Allis, b. Sept. 15, 1726	1	12
Stephen, s. Jonathan & Millesent, b. Apr. 3, 1747	1	34
Tho[ma]s, s. Amasa & Eliz[abeth], b. Apr. 13, 1768	1	287
Zeurah, d. Eleazer & Eliz[abeth], b. Sept. 23, 1752	1	211
GROW, Bettey, d. Nathaniel & Bettey, b. Dec. 5, 1779	1	309
Danforth, s. Nathaniel & Bettey, b. Apr. 27, 1775	1	309
Hannah, d. Nathaniel & Bettey, b. Oct. 29, 1772	1	309
John, s. Nathaniel & Bettey, b. June 24, 1788	1	309
John, s. Nathaniel & Betty, d. July 24, 1789	1	171

	Vol.	Page
GROW, (cont.)		
Nathaniel, m. Betty **CADY**, b. of Killingly, Nov. 9, 1769, by Rev. Aaron Brown	1	184
Nathaniel, s. Nathaniel & Bettey, b. Jan. 30, 1778	1	309
Pinda, d. Nath[anie]ll & Bettey, b. Sept. 3, 1785	1	309
Rebeckah, d. Nathaniel & Bettey, b. June 27, 1782	1	309
Sarah, d. Nathaniel & Betty, b. Sept. 3, 1770	1	309
GUILD, Elisabeth R., of Killingly, m. George T. **BOWEN**, of Killingly, Apr. 23, 1843, by Rev. Tubal Wakefield	2	18a
GUILE, Abigail, d. Ephraim & Abigail, b. Jan. 5, 1734/5	1	16
Abagail, d. Ephraim & Abagail, d. Aug. 27, 1741	1	73
Abilene, d. Ephraim & Abigail, b. Sept. 9, 1741	1	27
HACKETT, Leroy, of Boston, Mass., m. Eliza A. **DOW**, of Sommersville, Mass., Dec. 30, 1845, by Rev. Benjamin C. Phelps, of West Killingly. Witness: William A. Stone	2	33
HALE, Elsey J., m. Caleb S. **SNOW**, Aug. 21, 1843, by Nicholas Branch	2	22a
Nathan W., of Foster, R. I., m. Maryan **COLLINS**, of Killingly, May 9, 1833, by Rev. Daniel Williams	1	135
HALL, Abelene, m. Caleb **WILLIAMS**, May 5, 1833, by Rev. W[illia]m Bushnall	1	84
Amey N., m. John H. **BRIGGS**, b. of Warwick, R. I., Oct. 24, 1847, in Danielsonville, West Killingly, by Rev. John Livesy, Jr.	2	45
Betsey, m. Henry **ARNOLD**, b. of Killingly, Jan. 27, 1839, by Rev. Daniel Williams	2	7a
Caleb, s. Caleb & Ame, b. Oct. 2, 1758	1	231
Ebenezer, of Plainfield, m. Hannah **SHIPPEE**, of Killingly, Dec. 26, 1841, by Rev. Daniel Williams	2	13
Henry, m. Lydia **CUNNINGHAM**, b. of Shrewsbury, Mass., Jan. 1, 1852, by Earl Martin, J. P.	2	70
Jeremiah, m. Harriet **SHIPPEE**, b. of Killingly, Jan. 9, 1852, by Thomas Pray, J. P.	2	67
Mary, d. Caleb & Ame, b. May 14, 1756	1	231
Mary Ann, of Killingly, m. Caleb **MORY**, of Plainfield, Nov. 3, 1847, by Rev. Geo[rge] W. Greenslitt	2	44
Mary Ann, m. Francis **TALBOT**, b. of Boston, Mass., Nov. 29, 1848, by Rev. George W. Greenslitt	2	50
Phebe L., m. Thomas **MONTGOMERY**, b. of Killingly, Mar. 18, 1838, by Nicholas Branch	2	4
Sarah, m. Thomas **ORMSBEE**, July 13, 1774	1	181
William H., m. Hannah **BURGESS**, b. of Providence, R. I., Aug. 23, 1846, by Rev. Daniel Williams	2	37
HALLOWELL, HOLLOWELL, Aholiah, s. John & Marcy, b. Mar. 11, 1726/7	1	3
Bazaleel, s. John & Mehetabel, b. Oct. 20, 1732	1	24
Calvin, s. John & Mehetabel, b. Sept. 27, 1737	1	24

	Vol.	Page
HALLOWELL, HOLLOWELL, (cont.)		
Luther, s. John & Mehetabel, b. Aug. 5, 1740	1	24
Marcy, d. John & Marcy, b. Jan. 17, 1728/9	1	3
Marcy, m. Nehemiah **MERRELL**, b. of Killingly, June 29, 1749, by Marston Cabot, Clerk	1	76
Sabra, d. John & Mehetabel, b. Mar. 8, 1734/5	1	24
Theophilus, s. John & Mehetabel, b. Mar. 22, 1730	1	24
HAMMETT, HAMMET, Chauncey, m. Maria Marcia **FENNER**, Aug. 3, 1826, by C. B. Kellogg	1	100
Erastus, Jr., of Plainfield, m. Mary **PIKE**, of Killingly, Nov. 8, 1846, by Rev. John D. Baldwin	2	49
Theodore, of Plainfield, m. Philena L. **HUBBARD**, of Killingly, Jan. 1, 1850, by Rev. Joseph Ayer	2	54
HAMMOND, Jeremiah, m. Adaline **WEAVER**, b. of Killingly, July 27, 1841, by Rev. Daniel Williams	2	12
Justin, Dr., m. Susan **PECKHAM**, b. of Killingly, Nov. 24, 1831, by Roswell Whitmore	1	129
Lewis K., of Pomfret, m. Phebe E. **WARREN**, of Killingly, Nov. 2, 1845, by Rev. Benjamin C. Phelps, of West Killingly. Witness: Ezra Hammond	2	32a
Louisa, m. Anthony **PLACE**, Jr., b. of Glocester, R. I., July 5, 1840, by Rev. Daniel Williams	2	9
Moses, m. Matilda **WARREN**, b. of Killingly, Jan. 5, 1834, by Daniel Williams	1	89
Phebe, m. Orrin D. **MITCHELL**, b. of Killingly, May 12, 1845, by Rev. John Howson	2	28
Susan, of Killingly, m. Thomas **ROBBINS**, of Thompson, Nov. 5, 1849, by Rev. S. W. Coggeshall	2	53
Theodore D. F., m. Abigail W. **HENDRICK**, Jan. 4, 1835, by W. Bushnell	1	92
Zilpha, m. W[illia]m B. **BURLINGAME**, b. of Killingly, Sept. 8, 1845, by Rev. Benjamin C. **PHELPS**, of West Killingly	2	30
HANDALE, [see under **HANDELL**]		
HANDELL, HANDALE, HARNDALL, HORNDAL, Abigail, m. Lawton **WADE**, Sept. 22, 1833, by Ella Dunham	1	85
Allena, m. Adden S. **SHIIPPEA**, b. of Killingly, Mar. 31, 1825, by David Chase, J. P.	1	115
Betsey, of Killingly, m. Warner **HERRINGTON**, of Foster, Mar. 24, 1833, by Rev. Albert Cole	1	134
Increase, m. Eunice **COLLINS**, b. of Killingly, Sept. 11, 1825, by David Chase, J. P.	1	108
John V., m. Harriet **DAGGETT**, b. of Killingly, June 1, 1853, by Rev. E. Loomis	2	77
Jonathan, m. Mary **KIES**, b. of Killingly, [ ], by Chester Tilden	2	2
Julia, of Killingly, m. Charles **BATTY**, of Providence, R. I., May 10, 1831, by Rev. Roswell Whitmore	1	126

	Vol.	Page
HANDELL, HANDALE, HARNDALL, HORNDAL, (cont.)		
Mary, m. James **TUCKER**, b. of Killingly, June 30, 1823, by Ezra Hutchens, J. P.	1	197
Mary Ann, m. Artemas **TRIP**, b. of Killingly, Nov. 15, 1835, by Roswell Whitmore	1	153
Susannah, m. Reuben **DRAPER**, Feb. 18, 1773	1	264
Truman, m. Malinda **MITCHELL**, b. of Killingly, Oct. 13, 1844, by Rev. John Howson	2	25
HANDY, Catharine, of Warren, Mass., m. Welcome **BLACKMER**, of Foster, R. I., Sept. 2, 1849, by Rev. Daniel Williams	2	53a
HANES, William, m. Lovina **SHAW**, b. of Pawtucket, R. I., Apr. 12, 1840, by Rev. Daniel Williams	2	8a
HANSCOMB, Margaret, m. Rufus **FULLER**, b. of Boston, Feb. 26, 1843, by Harris Arnold, J. P.	2	17a
HARENDEEN, HERENDEAN, Almanson, m. Harriet E. **TRUESDALL**, b. of Killingly, Jan. 26, 1847, by Rev. John D. Baldwin	2	49
James T., of Killingly, m. Mary M. **MOFFETT**, of Glocester, R. I., Jan. 17, 1841, by Rev. Henry Robinson	2	10
HARGRAVES, Rosanner, m. Albert E. **AUSTIN**, b. of Killingly, Dec. 12, 1852, by Tho[ma]s O. Rice	2	76
HARNDALL, [see under **HANDELL**]		
HARNDON, Sam[ue]ll, m. Johanna **DRAPER**, Feb. 15, 1776	1	180
HARRINGTON, Abby Ann O., of Providence, R. I., m. David A. **HOLMES**, Aug. 17, 1845, by Rev. Daniel Williams	2	29
Caroline, m. Putnam **DAY**, b. of Killingly, Jan. 4, 1847, by Rev. John D. Baldwin	2	49
Caroline, m. William H. **ADAMS**, May 1, 1847, by Rev. L. W. Wheeler	2	39a
Charlotte, m. Gideon P. **COLE**, b. of Smithfield, R. I., June 29, 1845, by Rev. Daniel Williams	2	28a
Cordelia, m. Nathaniel **JENCKES**, Mar. 29, 1835, by W. Bushnell	1	94
Eliza, m. George **JOHNSON**, Jan. 28, 1831, by George W. Appleton	1	128
Elisabeth, m. Olney **SOULE**, b. of Killingly, Oct. 18, 1840, by Rev. Daniel Williams	2	11
George, m. Emeline **MOFFITT**, b. of Killingly, Sept. 8, 1845, by Rev. Benjamin C. Phelps, of West Killingly. Witness: S. P. Phelps	2	30a
John, m. Amey E. **CLARK**, b. of Killingly, Nov. 27, 1845, by Rev. G. W. Greenslit	2	31a
Lorana, m. Sheldon **BATES**, Jr., b. of Killingly, Sept. 18, 1842, by Rev. Daniel Williams	2	16a
Louisa, m. Jordon A. L. **SMITH**, b. of Killingly, July 2, 1848, by Rev. Geo[rge] W. Greenslitt	2	46a
Luraney, m. Knight H. **BARDEEN**, b. of Scituate, R. I., Feb. 26, 1846, by Rev. Benjamin C. Phelps, of West	2	34

	Vol.	Page
HARRINGTON, (cont.)		
Killingly. Witness: Freeman James	2	34
Mary, m. Joshua **ADAMS**, b. of Killingly, July 16, 1837, by Calvin Cooper	2	2a
Moran, m. Mariah **HOPKINS**, b. of Foster, R. I., Dec. 5, 1841, by Rev. Daniel Williams	2	12a
Palima, m. Thomas B. **CHESEBOROUGH**, b. of Killingly, Nov. 21, 1830, by Calvin Cooper	1	125
Patience, of Killingly, m. Samuel **WHITMORE**, of Plainfield, Oct. 9, 1842, by Rev. Daniel Williams	2	17
Reuben, m. Abby R. **BURGESS**, b. of Killingly, July 4, 1844, by Rev. G. W. Greenslit	2	23a
Sophia Ann, m. Horace S. **COTE**, b. of Foster, R. I., Dec. 18, 1836, by Daniel Williams, Elder	2	1
Thomas, of Killingly, m. Almira **BOWEN**, of Glocester, R, I., Jan. 22, 1835, by Jona Oatley, Elder	1	94
Thomas, of Thompson, m. Rhoda **TRUESDELL**, of Killingly, Apr. 29, 1839, by Rev. Henry Robinson	2	6
HARRIS, Albert G., of Scituate, R. I., m. Mary E. **PARKER**, of Foster, R. I., Mar. 23, 1846, by Ephraim Bacon, J. P.	2	34a
Asa, m. Betsey **ARNOLD**, b. of Killingly, Oct. 17, 1848, by Rev. John Livesy, Jr.	2	48a
Asia, m. Lydia **BISHOP**, b. of Killingly, May 24, 1845, by Rev. Daniel Williams	2	28a
Betsey, m. Nathaniel **SHELDON**, b. of Killingly, Nov. 10, 1839, by Nicholas Branch	2	7
Betsey Ann, m. Horatio **HARRIS**, b. of Killingly, Conn., Nov. 19, 1837, by Rev. Daniel Williams	2	3a
Daniel, of Burrillville, R. I., m. Caroline Maria **CUTLER**, of Killingly, May 22, 1837, by Rev. Sidney Holman	2	2
Daniel, m. Thankful **CLARK**, of Smithfield, R. I., Sept. 10, 1837, by Rev. Sidney Holman	2	2a
Elisha, m. Betsey **SHEPARDSON**, of Franklin, Mar. 3, 1844, by Rev. Daniel Williams	2	24
Frederick W., of Lancaster, Mass., m. Sarah F. **NEWELL**, of Lowell, Mass., Sept. 10, 1845, by Rev. Benjamin C. Phelps, of West Killingly. Witness: Jared Choller	2	30a
Horatio, m. Betsey Ann **HARRIS**, b. of Killingly, Conn., Nov. 19, 1837, by Rev. Daniel Williams	2	3a
Jenckes, Jr., m. Mary Ann **WHITE**, b. of Cumberland, R. I., Jan. 14, 1849, by Rev. Daniel Williams	2	51
Phebe, d. Thomas, Jr. & Mary, b. Feb. 14, 1739/40	1	24
Samuel B. S., m. Susan A. **BROWNING**, b. of Providence, R. I., Oct. 20, 1850, by Rev. Daniel Williams	2	57
Sophia, m. Richard **BISHOP**, b. of Killingly, Feb. 5, 1843, by Rev. Daniel Williams	2	21a
William, m. Zilpah **TORREY**, b. of Killingly, June 11, 1834, by W. Bushnall	1	91

	Vol.	Page
HART, Amanda H., m. Jerome **UNDERWOOD**, of Pomfret, May 20, 1839, by Roswell Whitmore	2	6a
Harriet, of Killingly, m. Joel **FAIRFIELD**, of Belchertown, Mass., Dec. 4, 1828, by Rev. Roswell Whitmore	1	121
HARTNAT, Michael, m. Mary **DONALLY**, foreigners, Apr. 26, 1840, by Rev. Henry Robinson	2	9a
HARTWELL, Belinda B., m. David M. **BROOKS**, b. of New Boston, N. H., Jan. 31, 1850, by Rev. S. W. Coggeshall	2	55
Sally Ripley, d. Nathan, Jr. & Sally, b. Jan. 11, 1796	1	229
HASCALL, HASCAL, HASKELL, HASKILL, HASKIEL, HASCELL, Abigail, d. John & Mary, b. Feb. 25, 1724/5	1	29
Abaga[i]l, d. Joseph & Katharine, b. Feb. 25, 1752	1	44
Abiga[i]l, d. Joseph & Katharine, b. Feb. 25, 1753	1	48
Benjamin, s. Joseph & Catharine, b. Apr. 4, 1747	1	35
David, s. Squire & Elizabeth, b. Apr. 24, 1759	1	246
Elisabeth, d. Squire & Elisabeth, b. July 1, 1738	1	22
Eliz[abeth], m. Jacob **LEAVENS**, Nov. 17, 1768	1	177
[E]unice, d. Squire & Elisabeth, b. Mar. 14, 1745/6	1	35
Hannah, d. Jonathan & Tamer, b. Mar. 17, 1759	1	242
Jacob, s. Joseph & Katharine, b. Nov. 19, 1749	1	38
Jeremiah, s. Squire & Elisabeth, b. May 22, 1751	1	44
John, s. Joseph & Catharine, b. June 15, 1744	1	29
John, s. Squier & Elisabeth, b. Jan. 9, 1754	1	50
John, s. Jonathan & Tamer, b. Jan. 3, 1763	1	242
Jonathan, s. Squire & Elisabeth, b. Apr. 13, 1735	1	22
Jonathan, m. Anna **LOTHROP**, Oct. 13, 1766	1	175
Jonathan, m. Tamer **MOFFETT**, June 8, 1768	1	262
Jonathan, s. Jonathan & Anna, b. Aug. 28, 1768	1	242
Joseph, s. Joseph & Katharine, b. Aug. 21, 1735	1	16
Joseph, s. Joseph & Catharine, b. June 16, 1741	1	28
Lidea, d. Joseph & Katharine, b. Oct. 23, 1754	1	52
Lothrop, s. Jonathan & Anna, b. July 10, 1767	1	242
Mary, d. Squire & Elisabeth, b. Nov. 23, 1740	1	28
Sarah, d. Squire & Elisabeth, b. June 18, 1733	1	22
Squire, Jr., s. Squire & Elisabeth, b. Sept. 30, 1748	1	37
Susannah, d. John & Mary, b. June 20, 1720	1	29
Susannah, d. Squire & Elisabeth, b. Jan. 11, 1743/4	1	29
Tamar, w. Jonathan, d. Aug. 28, 1765	1	157
William, s. John & Mary, b. Aug. 20, 1722	1	28
HASEHAL, Tamor, reputed d. Jonathan **HASEHAL**, & Elisabeth **TREMBAL**, b. June 29, 1758	1	271
HATCH, Polly, m. Joshua **WHITTIMORE**, Jr., Apr. 28, 1805, by Rev. Josiah Bennet	1	186
HATHAWAY, Mary Ann, of Coventry, R. I., m. Nathan Dennis **COLVIN**, of Scituate, R. I., Oct. 15, 1846, by Rev. Benjamin C. Phelps. Witness: Ellis Buckminster	2	83
Thomas, of North Providence, R. I., m. Phebe **JAMES**, of Hopkinton, R. I., Sept. 7, 1845, by Rev. Benj[ami]n C.		

	Vol.	Page

HATHAWAY, (cont.)
    Phelps, of West Killingly. Witness: Charles Kelley   2   30
HAVENS, Anna F., m. Joseph E. **JENCKES**, b. of North
    Providence, R. I., Aug. 16, 1847, by Rev. Daniel
    Williams   2   41a
HAWKES, Isaac S., of Providence, R. I., m. Lilis R. **HOPKINS**,
    of North Providence, R. I., Feb. 5, 1842, by Rev. Daniel
    Williams   2   13
HAWKINS, Charles S., of Brooklyn, m. Lydia **CAREY**, of
    Killingly, Mar. 5, 1851, by Rev. T. O. Rice   2   59
    Evertin, of Scituate, m. William P. **ANGELL**, of Gloucester,
    R. I., Dec. 15, 1850, by Rev. Daniel Williams   2   63
    Hallam H., of Glocester, R. I., m. Sarah L. **ANGELL**, of
    Yorstown, R. I., Nov. 10, 1845, by Rev. Benjamin C.
    Phelps, of West Killingly. Witness: E. Buckminster   2   32a
    Lot, m. Claris[s]a **GOODSPEED**, b. of Killingly, about
    Feb. 1, 1822, by Elisha Atkins   1   193
    Stephen, of Killingly, m. Rhoda **HOPKINS**, of Foster, Mar.
    21, 1824, by Rev. Roswell Whitmore   1   103
    Thomas, m. Lucinda **SIMMONS**, b. of Glocester, R. I., July
    8, 1839, by Rev. Daniel Williams   2   7a
HAYWARD, Sophia, m. Dudley **PLANK**, Sept. 11, 1823, by Elisha
    Atkins   1   106
HAYWOOD, Matilda, of North Providence, R. I., m. Stephen B
    JENCKES, Aug. 22, 1847, by Rev. Daniel Williams   2   45a
HEBBARD, [see under **HIBBARD**]
HEFFERNON, Mary had d. Susannah **HEFFERNON** alias
    RUSSEL[L], b. Feb. 25, 1729/30   1   4
    Susannah alias **RUSSEL[L]**, d. Mary **HEFFERNON**, b. Feb.
    25, 1729/30   1   4
HENDRICKS, HENDRICK, HINDRICK, Abigail W., m.
    Theodore D. F. **HAMMOND**, Jan. 4, 1835, by W.
    Bushnell   1   92
    James, s. Israel & Rachel, b. Feb. 6, 1758   1   230
    John, m. Martha **BARRIT**, b. of Killingly, Jan. 2, 1754,
    by Nehemiah Barker, Clerk   1   65
    Mary, d. John & Marthaw, b.Dec. 15, 1754   1   52
    Reachel, d. Israel & Rachel, b. Aug. 25, 1761   1   230
    Sarrey, d. John & Marthar, b. Apr. 30, 1757   1   57
    Sarah, d. Israel & Rachel, b. Feb. 28, 1765   1   230
    Sarah, m. Horace **LUKE**, Aug. 5, 1838, by Daniel
    Williams, Elder   2   5
    Zerviah, d. Israel & Rachel, b. Nov. 10, 1766   1   230
HENRY, HENNERREY, Annah, of Laydon, Mass., m. Eben
    RIPLEY, of Shutesbury, Mass., Apr. 2, 1848, by Rev.
    John Livesy, Jr.   2   48a
    Hann[ah] had s. Joseph **BLACK**, b. June 24, 1762. Father
    James **BLACK**   1   283

	Vol.	Page
HENRY, HENNERREY, (cont.)		
Lyman, of Killingly, m. Philura **PARKER**, of Brooklyn, Mar. 1, 1840, by Rev. Roswell Whitmore	2	8
Maryan, of East Greenwich, m. Nathan **TIFT**, of Foster, Jan. 16, 1826, by Calvin Cooper	1	109
Polly, m. W[illia]m A. **LAWS**, b. of Killingly, Sept. 8, 1834, by W. Bushnell	1	91
Robert, m. Elizabeth **ANDERSON**, Mar. 20, 1762, by Rev. Edwin Burroughs	1	181
HERENDEAN, [see under **HERENDEEN**]		
HERENTON, HERINTON, [see also **HERRINGTON** and **HARRINGTON**], David [s. Jonathan & Zerviah], b. Feb. 30 (sic), 1755	1	204
James, [s. Jonathan & Zerviah], b. June 20, 1761	1	204
Jeremiah, [s. Jonathan & Zerviah], b. May 31, 1756	1	204
John, [s. Jonathan & Zerviah], b. Sept. 4, 1766	1	204
Jonathan, s. Abaga[i]l **ROBBINS**, b. July 10, 1731	1	38
Jonathan, [s. Jonathan & Zerviah], b. Oct. 11, 1753	1	204
Joseph, s. Jonathan & Zerviah, b. Mar. 8, 1751	1	204
Parley, [s. Jonathan & Zerviah], b. Nov. 3, 1764	1	204
Patience, m. Eben **TALBERT**, b. of Killingly, May 18, 1823, by Calvin Cooper	1	113
Peter, [s. Jonathan & Zerviah], b. Mar. 4, 1755	1	204
Samuel, [s. Jonathan & Zerviah], b. May 11, 1771	1	204
William, [s. Jonathan & Zerviah], b. Feb. 3, 1769	1	204
HERRICK, HERRICKS, Alethea, of South Killingly, m. Meshack **POTTER**, of Plainfield, May 19, 1847, by Rev. Isaac C. Day	2	39a
Asher R., m. Sally C. **WEAVER**, of Plainfield, Oct. 10, 1842, by Rev. Geo[rge] May	2	14a
Lyddia, m. Jonathan H. **FULLER**, b. of Killingly, Mar. 4, 1827, by Roswell Whitmore	1	116
HERRINGTON, [see also **HARRINGTON** and **HERENTON**], Samuel, s. Peter & Dorothy, b. Feb. 7, 1734/5	1	15
Thomas, m. Esther M. **PRAY**, Oct. 13, 1833, by Rev. Ella Dunham	1	85
Warner, of Foster, m. Betsey **HARNDALL**, of Killingly, Mar. 24, 1833, by Rev. Albert Cole	1	134
William, m. Abby **INMAN**, b. of Killingly, June 13, 1841, by Rev. Daniel Williams	2	12
HETH, Caroline, m. Ransa[l]laer **BOWEN**, Feb. 14, 1826, by Rev. Elisha Atkins	1	110
HIBBARD, HEBBARD, [see also **HUBBARD**], Aaron, s. Seth & Eunice, b. Jan. 17, 1761	1	266
Charles, of Woodstock, m. Elizabeth **CARY**, of Killingly, May 25, 1834, by William Bushnall	1	90
Elihu, s. Seth & Eunice, b. Jan. 11, 1759	1	266
Mariah, m. Shub[a]el **YOUNG**, July 20, 1834, by Rev.		

	Vol.	Page

HIBBARD, HEBBARD, (cont.)
    Charles S. Weaver, of Plainfield — 1 — 90
    Timothy, s. Seth & Eun[i]ce, b. Feb. 20, 1757 — 1 — 56
    W[illia]m A., m. Caroline **DIXON**, Nov. 29, 1832, by John N. Whipple — 1 — 83
    Zerver, d. [E]unis, b. [   ] — 1 — 55
    Zerviah, d. Seth & Eunies, b. Apr. 10, 1755 — 1 — 54
    Zerviah, d. Seth & Eunes, b. Apr. 10, 1755 — 1 — 56

HICKS, Arnold, m. Charlotte **MATHEWSON**, Oct. 8, 1842, by William K. Durfee, J. P. — 2 — 14a
    Daniel, m. Lovisa **POLER**, of Glocester, R. I., Aug. 21, 1842, by Rev. Daniel Williams — 2 — 16a
    William Henry, of Gloucester, R. I., m. Dorcas **BENNETT**, of Johnston, R. I., Sept. 12, 1846, by Rev. Joseph B. Daman — 2 — 43a

[HIGGINS], HIGGENS, HIGINS, Joseph, of North Providence, R. I., m. Sarah A. **WILLIAMS**, of Johnston, R. I., July 12, 1846, by Rev. James Mather — 2 — 36a
    Rufus, m. Ann E. **JOHNSON**, b. of Pawtucket, R. I., Dec. 2, 1848, by Rev. Daniel Williams — 2 — 51

HILL, Ann, m. Jesse **IRONS**, b. of Gloucester, R. I., Aug. 22, 1852, by Rev. Daniel Williams — 2 — 74
    Cromwell, m. Phebe **PRESTON**, July 10, [1833], by Thomas Durfee, J. P. — 1 — 87
    Daniel C., of Plainfield, m. Eunice E. **CRANDALL**, of Killingly, Nov. 19, 1840, by Rev. John N. Whipple — 2 — 9a
    Dorothy, d. Isaac & Ruth, b. Aug. 11, 1755 — 1 — 54
    Dorothy, d. Isaac & Ruth, d. Oct. 29, 1756 — 1 — 66
    Elisabeth, d. Isaac & Ruth, b. Aug. 23, 1749, in Mansfield — 1 — 39
    George, of Scituate, R. I., m. Rosilla A. **HILL**, of Foster, R. I., Jan. 28, 1849, at West Killingly, by Rev. J. Livesy, Jr. — 2 — 51a
    Han[n]ah, d. Isaac & Ruth, b. [   ] 9, 1747 — 1 — 33
    Hannah M., of Foster, R. I., m. W[illia]m B. **MATHEWSON**, of Scituate, Oct. 23, 1842, by Geo[rge] May — 2 — 17a
    Ira, of Sterling, m. Mahala **OWENS**, of Killingly, Jan. 10, 1828, by Anthony Brown, J. P. — 1 — 120
    Jeremiah, of Plainfield, m. Abby F. **BUSHNELL**, of Killingly, May 14, 1851, by Rev. Joseph Ayer — 2 — 60
    Jonathan, s. Isaac & Ruth, b. Apr. 16, 1752 — 1 — 46
    Jonathan, s. Isaac & Ruth, d. Oct. 18, 1756 — 1 — 66
    Jonathan, s. Isaac & Ruth, b. Sept. 16, 1757 — 1 — 201
    Mary Ann, m. Avila **MOFFETT**, b. of Killingly, Oct. 3, 1847, by Rev. George W. Greenslett — 2 — 42a
    Nancy M., m. Thomas **JAQUES**, b. of Sterling, Aug. 9, 1851, by Rev. Geo[rge] W. Greenslitt, at Kingsbury's Hotel — 2 — 64
    Palmer, m. Freelove **PERKINS**, Oct. 6, 1829, by Elder George W. Appleton — 1 — 123

	Vol.	Page
HILL, (cont.)		
Palmer, m. Sarah EDSON, Aug. 22, 1832, by Rev. Elisha Atkins	1	133
Rhoda E., of Killingly, m. W[illia]m GREENMAN, of Southbridge, Aug. 11, 1844, by Rev. John Howson	2	24
Rosilla A., of Foster, R. I., m. George HILL, of Scituate, R. I., Jan. 28, 1849, at West Killingly, by Rev. J. Livesy, Jr.	2	51a
Samuel, of Warwick, R. I., m. Mary M. WHITMO, of Smithfield, R. I., Nov. [ ], 1839, by Rev. Calvin Cooper	2	7
Sarah, d. Isaac & Ruth, b. May 22, 1745	1	31
Smith, of Gloucester, R. I., m. Clarissa WILBUR, of Scituate, R. I., Feb. 21, 1847, by Rev. Daniel Williams	2	41
Wheeler, of Pomfret, m. Almira CADY, of Killingly, Sept. 30, 1823, by Rev. Roswell Whitmore	1	102
Zephaniah, of Sterling, m. Sarah CUTLER, of Killingly, Jan. 8, 1826, by Calvin Cooper	1	109
HILLMAN, Henry, of Killingly, m. Mary SCRIBNER, of Woonsocket, R. I., Nov. 5, 1842, by Rev. Henry Robinson	2	15
HIMES, Daniel B., m. Betsey A. CARPENTER, b. of Warwick, R. I., June 15, 1843, by Ephraim Bacon, J. P.	2	19
HINDS, HINDE, Aaron, m. Mary FAIRMAN, Mar. 17, 1805	1	186
Isaac, m. Phebe DUNLAP, Nov. 14, 1781, by Rev. Eliphalet Wright	1	187
HODGIN, W[illia]m H., m. Almirah H. LINCOLN, b. of Providence, R. I., July 20, 1845, by Rev. Benjamin C. Phelps, of West Killingly	2	29a
HOEL, Harley, m. Lydia MOFFITT, b. of Johnston, R. I., Nov. 21, 1846, by Rev. Daniel Williams	2	38
HOLBROOK, Hannah, d. Job & Irena, b. May 20, 1771	1	274
Mary, d. Job & Irena, b. Mar. 8, 1770	1	274
S. Augusta, of Lowell, Mass., m. Erastus BOYDEN, Nov. 21, 1849, by Norris G. Lippett, J. P.	2	54
Sarah, d. Job & Irena, b. Feb. 11, 1769	1	274
HOLDING, James H., m. Julia FIELD, b. of Killingly, Feb. 22, 1831, by Rev. Roswell Whitmore	1	126
HOLICE, Hannah B., m. Charles F. RANDALL, b. of Providence, R. I., Apr. 2, 1848, by Rev. Daniel Williams	2	46
HOLLOWELL, [see under HALLOWELL]		
HOLMES, HOLMS, David A., m. Abby Ann O. HARRINGTON, of Providence, R. I., Aug. 17, 1845, by Rev. Daniel Williams	2	29
Jason T., of Clemsford, Mass., m. Hannah L. ROUND, of Foster, R. I., Sept. 4, 1846, by Rev. Daniel Williams	2	37
Lois, m. Israel RICHARDS, Feb. 11, 1766	1	183
Simeon, s. John & Mary, b. July 15, 1752	1	46
HOLT, A. L., of Ware, Mass., m. Mary L. MARBLE, of Sutton, Mass., July 4, 1846, by Rev. Benjamin C. Phelps, of		

	Vol.	Page
HOLT, (cont.)		
West Killingly. Witness: E. Buckminster	2	36
Geo[rge] E., of Killingly, m. Laura H. **ABBOTT**, of Hampton, [ ] 22, 1851, by Thomas O. Rice	2	65
William, m. Emily M. **PILLSBURY**, Oct. 9, 1842, by Rev. Daniel Williams	2	16a
HOOD, Celia, m. Luther E. **BOYDEN**, b. of Twiston, R. I., Nov. 21, 1846, by Rev. Daniel Williams	2	38
George G., of Attleboro, Mass., m. Sarah **LEAVENS**, of Killingly, Oct. 31, 1852, by Rev. Roswell Whitmore	2	75
HOOPER, David, m. Deborah **TAFT**, June 3, 1777, by Rev. Mr. Russell	1	183
John, [s. David & Deborah], b. Mar. 7, 1783	1	319
Polley, [d. David & Deborah], b. Jan. 2, 1778	1	319
Sally, [d. David & Deborah], b. Sept. 29, 1780	1	319
HOPKINS, Albro, m. Elsie **RANDALL**, Oct. 20, [1831], by Albert Cole	1	98
Asa, s. Elisha & Martha, b. Aug. 23, 1749	1	50
Catharine, of Foster, R. I., m. Stephen D. **SEAMONS**, of Burrillville, June 26, 1853, by Elisha Carpenter, J. P.	2	78
Claris[s]a J., m. Stephen S. **HOPKINS**, b. of Foster, R. I., July 16, 1843, by Rev. Daniel Williams	2	21a
Darius A., m. Aloyaely **CAHOON**, b. of Foster, Aug. 11, 1844, by Daniel Williams	2	24a
Edmund G., m. Amey **HOWARD**, b. of North Providence, R. I., Nov. 19, 1848, by Rev. Daniel Williams	2	50a
Emory C., m. Emily M. **WALKER**, b. of Foster, R. I., Nov. 13, 1848, by Rev. Daniel Williams	2	50a
George S., m. Alpha **MOWRY**, b. of Killingly, Feb. [ ], by Rev. Daniel Williams	2	21a
George T., of Sciutuate, R. I., m. Clarissa D. **SMITH**, of Gloster, R.I., Jan. 24, 1853, by Rev. Daniel Williams	2	80
Hannah, m. Smith B. **ROUNDS**, b. of Johnston, R. I., July 29, 1849, by Rev. Henry B. Lock	2	52a
Harley H., m. Eliza A. **RANDALL**, b. of Foster, R. I., Feb. 2, 1846, by Rev. Benjamin C. Phelps, of West Killingly. Witness: Ellis Buckminster	2	33a
Harley P., m. Sarah H. **BOSWORTH**, b. of Providence, R. I., Nov. 3, 1846, by Rev. Daniel Williams	2	38
Henry H., of Foster, R. I., m. Maria F. **WILDER**, of Glocester, R. I., Mar. 13, 1839, by Nicholas Branch	2	6
John, m. Mary Ann **CLEMMONS**, b. of Killingly, Feb. 2, 1851, by Nelson Jordan, Licentiate	2	57
Juliette E., Mrs., of Lockport, N. Y., m. Prosper **ALEXANDER**, of Killingly, Mar. 30, 1852, by Rev. Roswell Whitmore	2	71
Lemuel, m. Susan **HOPKINS**, b. of Foster, R. I., Oct. 22, 1851, by Rev. Daniel Williams	2	

	Vol.	Page
HOPKINS, (cont.)		
Leonard, of Providence, m. Hannah **MILLS**, of Foster, R. I., Nov. 6, 1844, by Rev. Daniel Williams	2	26
Lilis R., of North Providence, R. I., m. Isaac S. **HAWKES**, of Providence, R. I., Feb. 5, 1842, by Rev. Daniel Williams	2	13
Lovina, m. Samuel D. **HOPKINS**, b. of Foster, R. I., July 16, 1843, by Rev. Daniel Williams	2	21a
Lucy J., m. Alfred H. **WELLS**, b. of Foster, R. I., Sept. 4, 1848, by Rev. Daniel Williams	2	50
Marcelia, m. Jeremiah R. **WALKER**, b. of Foster, R. I., Aug. 18, 1844, by Rev. Daniel Williams	2	24a
Mariah, m. Moran **HARRINGTON**, b. of Foster, R. I., Dec. 5, 1841, by Rev. Daniel Williams	2	12a
Mariva D., of Foster, R. I., m. W[illia]m R. **PAGE**, of Glocester, Apr. 19, 1840, by Rev. Daniel Williams	2	8a
Martha, d. Elisha & Martha, b. July 11, 1747	1	50
Mathewson, Jr., of Foster, R. I., m. Mahala **BENNETT**, of Killingly, Dec. 17, 1820, by Anthony Brown, J. P.	1	189
Rebecca, of Foster, R. I., m. Henry **BUTTS**, of Brooklyn, July 8, 1848, by Rev. Isaac C. Day	2	48
Recbecker C., of Foster, R. I., m. Israel A. **YOUNG**, of Scituate, May 2, 1847, by Rev. Daniel Williams	2	41
Rhoda, d. Elisha & Martha, b. May 7, 1752	1	50
Rhoda, of Foster, m. Stephen **HAWKINS**, of Killingly, Mar. 21, 1824, by Rev. Roswell Whitmore	1	103
Richmond, m. Phebe **SMITH**, b. of Scituate, R. I., Apr. 18, 1850, by Rev. Daniel Williams	2	56
Samuel D., m. Lovina **HOPKINS**, b. of Foster, R. I., July 16, 1843, by Rev. Daniel Williams	2	21a
Simon H., of Foster, R. I., m. Mary A. **MASON**, of Killingly, Apr. 7, 1850, by Rev. Daniel Williams	2	55a
Stephen S., m. Claris[s]a J. **HOPKINS**, b. of Foster, R. I., July 16, 1843, by Rev. Daniel Williams	2	21a
Susan, m. Lemuel **HOPKINS**, b. of Foster, R. I., Oct. 22, 1851, by Rev. Daniel Williams	2	67
William, m. Theofant **CLEVELAND**, b. of Killingly, Aug. 31, [1851], by Rev. Geo[rge] W. Greenslitt	2	64
HORNDAL, [see under **HANDELL**]		
HORSMER, HORSMORE, HOSMER, HORMER, Chloe, d. Jazariah* & Rachel, b. Sept. 10, 1740 (*Jeremiah)	1	30
C[h]loe, d. Jeremiah & Rachel, d. Feb. 3, 1744	1	74
David, s. David & Elisabeth, b. Mar. 31, 1781	1	319
Hannah, d. Urian & Elizabeth, b. Dec. 21, 1730	1	5
James, s. Jeremiah & Rachel, b. Sept. 10, 1733	1	13
Jesaniah*, s. Jesaniah* & Rachel, b. Oct. 8, 1737 *(Jeremiah?)	1	20
Lucee, d. Jeremiah & Rachel, b. July 16, 1728	1	4
Martha, d. Jeremiah & Rachel, b. Mar. 19, 1730/31	1	8

	Vol.	Page
HORSMER, HORSMORE, HOSMER, HORMER, (cont.)		
Mary, wid. Joseph, d. Jan. 22, 1762, ae about 39 y.	1	157
Sybil, d. Urian & Elisabeth, b. Jan. 21, 1734/5	1	15
Uriah, Jr., s. Uran, d. Dec. 18, 1756	1	66
Wiman, s. Jazariah* & Rachel, b. Dec. 10, 1743 (*Jeremiah?)	1	30
HORTON, HORTEN, Abigail, m. Handall **McDONALD,** July 19, 1826, by Rev. Elisha Atkins	1	116
Beniah, m. Pelian **HORTON,** Aug. 8, 1843, by Harris Arnold, J. P.	2	19a
Diana, of Providence, R. I., m. Joseph **ARMINGTON,** of Seekank, Mass., Sept. 13, 1841, by Rev. George W. Greenslitt	2	11a
Hannah, m. Joseph **ARNOLD,** b. of Killingly, Apr. 12, 1824, by Calvin Cooper	1	103
Lucius, of Grafton, N. H., m. Sarah **BOWEN,** of Killingly, Feb. 25, 1838, by Rev. Sidney Holman	2	3a
Lucy Ann, of Killingly, m. W[illia]m **GAY,** of Thompson, Mar. 3, 1833, by Albert Cole	1	134
Naoma, m. Benjamin **ABBOTT,** b. of Killingly, Oct. 19, 1828, by Elisha Atkins	1	100
Pelian, m. Beniah **HORTON,** Aug. 8, 1843, by Harris Arnold, J. P.	2	19a
Rabecka, m. Edward **CHASE,** Jr., Nov. 23, 1829, by Thomas Durfee, J. P.	1	122
Sarah Mariah, m. James W. **WHITE,** b. of Killingly, May 8, 1836, by Daniel Williams	1	142
HOUGHTON, Elias, s. Edward & Alice, b. Oct. 9, 1774	1	295
Molly, d. Edward & Alice, b. Jan. [ ], 1773	1	295
Olive, d. Edward & Alice, b. Aug. 27, 1777	1	295
HOVEY, Daniel M., M. D., of South Killingly, m. Mary **WOOD,** of East Killingly, July 4, 1847, by Rev. Isaac C. Day	2	40a
HOWARD, Amy, of Foster, R. I., m. Geo[rge] **BRIGGS,** July 4, 1847, by Rev. Isaac C. Day	2	40a
Amey, m. Edmund G. **HOPKINS,** b. of North Providence, R. I., Nov. 19, 1848, by Rev. Daniel Williams	2	50a
Charles, m. Mary Jane **WETHERLY,** Mar. 1, 1843, by Harris Arnold, J. P.	2	17a
Daniel, of Burrellville, R. I., m. Jane **BUCKLAND,** of Pawtucket, Mass., Feb. 14, 1847, by Rev. F. Daman	2	44
Dolle, d. Ebenezer & Mary, b. Apr. 7, 1750	1	44
Ebenezer, s. Ebenezer & Mary, b. July 30, 1751	1	44
John, m. Hannah P. **PHILLIPS,** b. of Foster, R. I., Mar. 4, 1849, by Rev. Daniel Williams	2	51
Mary, d. Ebenezer & Mary, b. Aug. 5, 1757	1	219
Mary, of Sterling, m. Edmund **WALKER,** of Foster, R. I., July 4, 1848, by Rev. Daniel Williams	2	47
Orrin, m. Orrilla **ROUNDS,** b. of Foster, R. I., Dec. 19, 1841, by Rev. Daniel Williams	2	13

	Vol.	Page
HOWARD, (cont.)		
Silas, s. Simeon & Huldah, b. Jan. 10, 1772	1	283
Simeon, s. Ebenezer & Mary, b. Nov. 22, 1748	1	38
Woodbury, m. Matilda **FULLER,** b. of Killingly, Jan. 1, 1839, by Daniel Williams, Elder	2	5a
HOWE, HOW, HOWS, Aaron, s. Isaac Cady, Damaras, b. Dec. 22, 1770	1	239
Aaron B., m. Mary **COPP,** Jan. 17, 1798, by Rev. Elisha Atkins	1	186
Aaron Brown, s. Samson & Huldah, b. Dec. 2, 1776	1	315
Abigail, d. Perley & Abigail, b. Oct. 17, 1775	1	232
Abilene, d. Samson & Huldah, b. Mar. 25, 1775	1	315
Abelene, m. Robert **GROSVENOR,** June 25, 1785, by Rev. Elisha Atkins	1	185
Alis, d. Samson & Sarah, b. June 29, 1745	1	31
Ales, d. Isaac Cady & Dam[a]ras, b. Apr. 12, 1766	1	239
Alice, m. Perley **PHILLIPS,** Oct. 9, 1785, by Rev. Elisha Atkins	1	261
Augustus, s. Sampson & Huldah, b. Feb. 11, 1790	1	315
Caleb, of Oxford, Mass., m. Joanna **BUCK,** of Killingly, Oct. 1, 1827, by Elisha Atkins	1	119
Damaris, Mrs., m. Rev. Aaron **BROWN,** Nov. 21, 1754	1	71
David, s. Aaron B. & Mary, b. Jan. 13, 1800	1	247
Ebenezer, m. Martha **DWIGHT,** Sept. 21, 1755, by Mr. Maston Cabot, Clerk	1	70
Elisha, s. Samson & Huldah, b. Sept. 3, 1787	1	315
Elisabeth, d. Samson & Huldah, b. May 19, 1785	1	315
Erastus, s. Samson & Huldah, b. June 17, 1781	1	315
George, s. Aaron B. & Mary, b. Oct. 19, 1802	1	247
Hezekiah, s. Samson & Sarah, b. Aug. 28, 1741	1	26
Hezekiah, s. Samson & Huldah, b. July 9, 1783	1	315
Huldah, d. Aaron B. & Mary, b. Feb. 22, 1801	1	247
Huldah, m. Elisha **LEAVENS,** b. of Killingly, Nov. 30, 1820, by Elisha Atkins	1	189
Isaac, s. Isaac Cady & Damaras, b. Aug. 16, 1773	1	239
Isaac Cady, m. Damaris **BURCH,** Sept. 12, 1765	1	156
Isaac Cady, m. Damaris **BURCH,** Sept. 12, 1765, by Aaron Brown	1	261
James, s. Perley, b. May 2, 1781	1	232
James, m. Mary **TORREY,** b. of Killingly, Nov. 19, 1847, by Rev. John D. Baldwin	2	49a
James B., of Monson, Mass., m. Elisabeth **PLACE,** of Killingly, Apr. 7, 1835, by Jonathan Oatley, Elder	1	94
John, s. Perley, b. July 6, 1783	1	232
Joseph, s. Perley & Damaris, b. Jan. 14, 1746/7	1	33
Joseph, s. Perley, b. Sept. 10, 1766	1	232
Mark Anthony DeWolfe, s. Perley, b. Apr. 29, 1777	1	232
Orinda, d. I[saac] Cady & Dam[a]ras, b. June 3, 1768	1	239

	Vol.	Page

HOWE, HOW, HOWS, (cont.)

	Vol.	Page
Perley, pastor of Church of Christ in Middle Society, d. Mar. 10, 1753, in the 43rd y. of his age	1	67
Perley, m. Abigail DeWOLF, Jan. 29, 1775, by Rev. Aaron Brown	1	182
Parley, m. Tamer DAVIS, Jan. 12, 1764	1	264
Perley, s. Perley, b. May 14, 1768	1	232
Polly, d. Samson & Huldah, b. Jan. 14, 1795	1	315
Rebecca, d. Peleg & Damaris, b. May 30, 1749	1	37
Rebecca, d. Perley, b. June 15, 1770	1	232
Samson, s. Samson & Sarah, b. Oct. 12, 1739	1	23
Samson, s. Samson & Sarah, b. Oct. 12, 1739	1	26
Samson, s. Rev. Perley & Damaras, b. July 26, 1751	1	54
Samson, m. Huldah DAVIS, Mar. 31, 1774, by Rev. Noadiah Russell	1	184
Samson, s. Samson & Huldah, b. Feb. 21, 1779	1	315
Samson, s. Samson & Huldah, d. Mar. 9, 1780	1	79
Samson, s. Sampson & Huldah, b. Aug. 13, 1792	1	315
Sarah, d. Samson & Sarah, b. Sept. 12, 1743	1	31
Sarah, d. Perley & Tamer, b. Nov. 9, 1764	1	232
Sarah, m. Luther WARREN, Oct. 5, 1788, by Rev. E. Atkins	1	183
Tamor, w. Perley, d. Dec. 31, 1771	1	167
William, s. Perley, b. Nov. 4, 1778	1	232
William, m. Sophia BOWTELL, of Providence, R. I., July 4, 1844, by Rev. Geo[rge] W. Greenslit	2	23a
Zarah D., s. Perley, b. Dec. 20, 1771	1	232

HOWLAND, Asahel, m. Amy R. ALLEN, b. of Killingly, Oct. 28, 1832, by Albert Cole | 1 | 83 |
Dexter, m. Polly CARPENTER, Dec. 31, 1843, by Rev. G. W. Greenslit	2	21
James, m. Prissillah PLACE, b. of Killingly, May 23, 1836, by Rev. Daniel Williams	1	142
Thomas G., m. Phebe W. RUSSELL, b. of Killingly, Apr. 2, 1842, by Rev. Daniel Williams	2	15a

HOWLITT, John, of Killingly, m. Sarah SEARLS, of Ashford, Dec. 4, 1746, by John Barss, Clerk | 1 | 77 |

HOXIE, Joseph, of Greenwich, R. I., m. Mary E. LOCK, of Killingly, Jan. 6, 1846, by Rev. T. O. Rice | 2 | 32 |

HOYLE, HOILE, Sarah, m. Wilson KIES, Sept. 30, 1832, by Rev. John N. Whipple. Intention published | 1 | 83 |
| William, m. Waitey BROWN, May 25, 1831, by Penuel Hutchens, J. P. | 1 | 127 |

HUBBARD, [see also **HIBBARD**], George C., of Killingly, m. Mary Ann YOUNG, of Sterling, Mar. 7, 1841, by John N. Whipple | 2 | 9 |
| Jeremiah H., m. Rebec[ca] J. YOUNG, Jan. 28, 1831, by Rev. Albert Cole | 1 | 132 |
| Philena L., of Killingly, m. Theodore HAMMETT, of

	Vol.	Page
HUBBARD, (cont.)		
Plainfield, Jan. 1, 1850, by Rev. Joseph Ayer	2	54
Susannah, m. Epariam **WARREN**, Jan. 4, 1761	1	264
HUGHES, Ame, d. Edmund & Elisabeth, b. Mar. 17, 1741	1	32
Dails, s. Jonathan & Eunice, b. Mar. 8, 1772	1	301
Edmund, s. Jonathan & Elisabeth, b. Sept. 16, 1712	1	21
Elisabeth, m. John **FIRMAN**, Jr., b. of Killingly, Mar. 11, 1736	1	70
Elisabeth, d. Edmund & Elisabeth, b. Mar. 25, 1746	1	32
Experience Marcy, d. Jonas & Experience, b. June 21, 1750	1	46
Experience Mary, m. Jesse **BROWN**, June 29, 1775, by Rev. Noadiah	1	182
Jacob, s. Edmund & Elisabeth, b. Mar. 23, 1743	1	32
Jonas, d. Sept. 10, 1752, O. S.	1	68
Jonathan, s. Edmon & Elisabeth, b. Sept. 14, 1749	1	40
Mary, d. Jonathan & Mary, b. Sept. 22, 1722	1	21
Sarah, d. Jonas & Experience, b. Nov. 20, 1752	1	46
HULET, HULETT, HULIT, HULITT, Abaga[i]l, d. Josiah & Lidea, b. June 19, 1751	1	46
Abigail, m. Eleazer **FARMAN**, Dec. 28, 1775	1	177
Alpheas, s. Seth & Mary, b. Jan. 11, 1765	1	294
Amy, m. Dyer **MARTIN**, b. of Killingly, Feb. 13, 1821, by Calvin Cooper	1	191
Asa, s. John & Sarah, b. Feb. 20, 1763	1	295
Clem, Jr., m. Elisham **TAYLOR**, b. of Killingly, Aug. 31, 1823, by David Chase, J. P.	1	101
Daniel, s. Josiah & Lidea, b. May 11, 1748	1	46
Daniel, Jr., m. Abiga[i]l **PAUL**, Aug. 3, 1774	1	182
Daniel, s. Daniel & Abigail, b. Feb. 19, 1778	1	314
David, s. Oliver & Sarah, b. Feb. 22, 1758	1	229
Elim, s. Josiah & Lydia, b. July 16, 1758	1	207
Elisabeth, [twin with Mary], d. Oliver & Eliz[abeth], b. Apr. 18, 1768	1	231
Eunes, d. Josiah & Leada, b. Dec. 31, 1755	1	207
Experience, d. Josiah & Lydia, b. Nov. 8, 1740	1	25
Experience, d. Oliver & Sarah, b. Oct. 21, 1751	1	43
Experience, d. John & Sarah, b. Feb. 12, 1754	1	211
Hannah, d. Oliver & Sarah, b. Dec. 17, 1754	1	54
Hezekiah, m. Eliza **RUSSEL[L]**, b. of Killingly, Oct. 19, 1828, by Daniel Williams, Elder	1	100
Jacob, s. Josiah & Lydia, b. Sept. 23, 1738	1	24
Joel, of Killingly, m. Catharine **JOHNSON**, of Thompson, Apr. 19, 1835, by Roswell Whitmore	1	94
John, s. Josiah & Lidia, b. May 10, 1745	1	32
John, [twin with Sarah], s. John & Sarah, b. Jan. 16, 1749/50	1	40
John, s. John, d. Sept. 14, 1750	1	72
John, s. John & Sarah, b. Mar. 20, 1756	1	211
Josiah, s. Josiah & Lydia, b. Mar. 13, 1743	1	28

	Vol.	Page

HULET, HULETT, HULIT, HULITT, (cont.)
Josiah, m. Elizabeth **WHITEMORE**, b. of Killingly, Feb.
  16, 1769, by Rev. Noadiah Russel[l] — 1 — 177
Lydia, d. Josiah & Lydia, b. Feb. 18, 1731/2 — 1 — 16
Mary, d. John & Sarah, b. Dec. 14, 1747 — 1 — 35
Mary, m. Seth **HULET**, b. of Killingly, June 19, 1764,
  by Rev. Noadiah Russell — 1 — 177
Mary, [twin with Elisabeth], d. Oliver & Eliz[abeth],
  b. Apr. 18, 1768 — 1 — 231
Mary, m. David C. **DAY**, Sept. 10, 1843, by Rev. Geo[rge] W.
  Greenslit — 2 — 19a
Michael, s. Josiah & Lydia, b. Apr. 20, 1734 — 1 — 16
Nathan, of Killingly, m. Mary **BRAMLY**, of Voluntown, Apr.
  1, 1827, by Penuel Hutchins, J. P. — 1 — 112
Nehemiah, s. Oliver & Sarah, b. Jan. 18, 1747/8 — 1 — 35
Obadiah, s. Josiah & Lydia, b. May 14, 1736 — 1 — 19
Obediah, s. Josiah & Elisabeth, b. June 14, 1774 — 1 — 303
Oliver, s. Michael & Experience, b. Jan. 15, 1718/19 — 1 — 13
Oliver, s. Oliver & Eliz[abeth], b. Mar. 4, 1765 — 1 — 231
Paul, s. Daniel & Abigail, b. Jan. 2, 1776 — 1 — 314
Phebe, d. Josiah & Elisabeth, b. June 10, 1772 — 1 — 303
Rachel, d. Nathaniel & Susanna, b. Feb. 12, 1744/5 — 1 — 30
Sabra, d. Daniel & Abigail, b. Apr. 10, 1738 — 1 — 22
Sally, m. Noah **WARREN**, Apr. 1, 1832, by Daniel Williams — 1 — 263
Sam[ue]ll, s. Oliver & Eliz[abeth], b. Aug. 8, 1760 — 1 — 231
Samuel, s. John & Sarah, b. Mar. 10, 1761 — 1 — 295
Samuel, m. Lucy J. **ADAMS**, b. of Killingly, Jan. 24, 1843, by
  Rev. Daniel Williams — 2 — 21
Sarah, [twin with John], d. John & Sarah, b. Jan. 16, 1749/50 — 1 — 40
Sarah, w. Oliver, d. Feb. 3, 1759 — 1 — 164
Sarah, d. Oliver & Eliz[abeth], b. Feb. 15, 1763 — 1 — 231
Sarah, m. Jacob **CHASE**, b. of Killingly, Mar. 18, 1850,
  by Rev. Geo[rge] W. Greenslitt — 2 — 54a
Selah, d. Josiah & Elisabeth, b. Mar. 31, 1770 — 1 — 303
Seth, s. Oliver & Sarah, b. Dec. 12, 1745 — 1 — 32
Seth, m. Mary **HULET**, b. of Killingly, June 19, 1764,
  by Rev. Noadiah Russell — 1 — 177
Sibbel, d. Seth & Mary, b. Aug. 16, 1767 — 1 — 294
Silvanus, s. John & Sarah, b. Nov. 7, 1758 — 1 — 211
Wyman, s. Seth & Mary, b. Jan. 26, 1770 — 1 — 294

HULL, Edwin S., of Alton, Ill., m. Mary T. **CRANDALL**, of West
  Killingly, Mar. 14, 1849, by Rev. T. O. Rice — 2 — 51

HUMES, Caroline, of Killingly, m. Daniel **MADISON**, of
  Burrillville, R. I., Apr. 13, 1851, by Rev. Sidney Dean — 2 — 60
Sarah M., m. John R. **TRASK**, June 15, 1851, by Jeremiah
  Law, J. P. — 2 — 62
William H., m. Harriet A. **ROSS**, June 15, 1851, by Jeremiah
  Law, J. P. — 2 — 62

	Vol.	Page
HUNT, Ann, d. John & Noamy, b. June 25, 1740	1	26
Erastus Miller, s. James L. & Betsey, b. Jan. 3, 1837	2	1
HUNTER, Andrew, m. Martha **MITCHELL**, b. of Killingly, Feb. 12, 1839, by Rev. L. Robbins	2	6
HURD, Olive, of Voluntown, m. Amos **BARRETT**, Dec. 7, 1780	1	179
HUTCHENS, HUCHENS, HUCHINS, HUTCHINS, HUCHINGS, Abigail, d. Ezra & Abigail, b. Jan. 15, 1748/9	1	37
Abigail, m. Daniel **KEY**, Dec. 5, 1779	1	185
Abigail, w. Ezra, d. Jan. 2, 1801	1	81
Amasa, s. Joseph & Zerviah, b. Sept. 6, 1747	1	35
Ame, d. Wyman & Abaga[i]l, b. Nov. 17, 1754	1	53
Anna, m. Nathaniel **PATTEN**, b. of Killingly, Oct. [ ], 1732	1	70
Anna, [d. Ezra, Jr. & Anna], b. May 28, 1792	1	217
Anna, w. Ezra, d. Jan. 7, 1798	1	81
Chester, s. John & Anna, b. Apr. 17, 1780	1	305
Chloe, d. Wyman & Abiga[i]l, b. Dec. 26, 1749	1	39
Chloe, d. Isaac & Mary, b. Mar. 15, 1776	1	315
Cyrus, [s. Ezra, Jr. & Anna], b. Apr. 30, 1788	1	217
Cyrus, s. John & Anna, b. Aug. 3, 1795	1	305
Darius, s. Ezra & Abiga[i]l, b. Mar. 24, 1757	1	57
Darius, [s. Ezra, Jr. & Anna], b. Jan. 24, 1779	1	217
Eliphalet Wright, s. Ezra & Anna, d. Aug. 10, 1781	1	160
Eliphalet Wright, [s. Ezra, Jr. & Anna], b. May 25, 1784	1	217
Elisha Perkins, [s. Dr. Penuel & Mary], b. Dec. 28, 1799	1	229
Elisabeth, d. Ezra & Abigail, b. May 31, 1744	1	34
Elisabeth, d. Azara, d. Nov. 27, 1750	1	67
Elizabeth, [d. Ezra, Jr. & Anna], b. Sept. 3, 1794	1	217
Evens, d. Joseph & Zerviah, b. Nov. 18, 1758	1	229
Ezra, Jr., m. Anna **STEARNS**, Nov. 13, 1777	1	261
Ezra, [s. Dr. Penuel & Mary], b. Nov. 22, 1791	1	229
Ezra, d. Apr. 23, 1794	1	81
Ezra, m. Hannah **MORS[E]**, Sept. 6, 1798	1	186
Ezra, d. June 10, 1802	1	81
Ezra, m. Nancy **STONE**, Sept. 19, 1814	1	186
Ezra Lincoln, [s.] Ezra & Hannah, b. Apr. 3, 1800	1	217
Francis W., of New York, m. Frances **WILLIAMS**, of Killingly, Sept. 25, 1854, by Rev. Roswell Whitmore	2	79
George, s. John & Anna, b. Feb. 6, 1789	1	305
George Briant, s. Dr. Penuel & Mary, b. Feb. 1, 1788	1	229
Hannah, d. Ezra & Abigail, b. June 11, 1742	1	34
Han[n]ah, d. Silas & Han[n]ah, b. Feb. 1, 1745/6	1	31
Han[n]ah, w. Silas, d. Feb. 1, 1745/6	1	74
Hannah, [d. Ezra, Jr. & Anna], b. July 1, 1790	1	217
Hannah, w. Ezra, d. Feb. 3, 1814	1	81
Harriet H., m. James H. **HUTCHINS**, b. of Killingly, Mar. 28, 1827, by Elisha Atkins	1	117
Harriet Thindat(?), d. [Ezra & Hannah], b. Oct. 13, 1802	1	217
Harry, [s. Silas & Ruth], b. Aug. 6, 1797	1	246

HUTCHENS, HUCHENS, HUCHINS, HUTCHINS, HUCHINGS, (cont.)

	Vol.	Page
Harvey, s. John & Anna, b. Mar. 13, 1786	1	305
Ira, [s. Dr. Penual & Mary], b. Feb. 21, 1803	1	229
Ira, s. Dr. Penuel & Mary, d. Mar. 9, 1803	1	81
Isaac, s. Wiman & Abagi[i]l, b. Oct. 30, 1746	1	37
Isaac, m. Mary **CUTLER**, Feb. 1, 1775	1	261
Isaac T., m. Abelene H. **GROSVENOR**, b. of Killingly, Apr. 20, 1826, by Elisha Atkins	1	110
Isaac Thompson, [s. Dr. Penuel & Mary], b. Feb. 15, 1796	1	229
James H., m. Harriet H. **HUTCHENS**, b. of Killingly, Mar. 28, 1827, by Elisha Atkins	1	117
Joanna, [d. Dr. Penuel & Mary], b. Jan. 26, 1798	1	229
Joanna, of Killingly, m. W[illia]m B. **SPRAGUE**, of Windham, Apr. 20, 1831, by Rev. Roswell Whitmore	1	126
John, s. Joseph & Zerviah, b. Oct. 26, 1744	1	31
John, d. Mar. 20, 1756	1	71
John, s. John & Anna, b. Feb. 16, 1782	1	305
Joseph, m. Zerviah **LEAVENS**, b. of Killingly, Jan. 22, 1735/6, by Rev. John Fisk	1	76
Joseph, Jr., s. Joseph & Zerviah, b. Feb. 24, 1749/50	1	40
Judea, d. Joseph & Zevera, b. Sept. 16, 1751	1	43
Judiah, d. Benja[min] & Judiah, b. Jan. 23, 1750/51	1	41
Kezia, [d. Dr. Penuel & Mary], b. Jan. 18, 1794	1	229
Leavens, s. Benjamin & Judah, b. Jan. 8, 1749	1	38
Lucy, [d. Silas & Ruth], b. July 22, 1793	1	246
Maria L., of Killingly, m. Isaac H. **CADY**, of Providence, R.I., Jan. 31, 1827, by Rev. A. Edson, of Brooklyn	1	112
Mary, 2d w. John, d. Feb. 15, 1738	1	68
Mary, w. John, d. Feb. 15, 1738/9	1	73
Mary, d. Wyman & Abigail, b. Dec. 10, 1739	1	25
Mehetabel, d. Joseph & Zeruiah, b. Dec. 25, 1740	1	25
Nancy, d. John & Anna, b. Feb. 12, 1784	1	305
Nancy, m. Penuel **HUTCHENS**, Jan. 30, 1832, by Roswell Whitmore	1	263
Noah, s. Silas & Sarah, b. Feb. 8, 1752	1	44
Olive, d. Isaac & Mary, b. Jan. 4, 1778	1	315
Patience, d. Wiman & Abaga[i]l, b. July 7, 1752	1	45
Penuel, m. Nancy **HUTCHENS**, Jan. 30, 1832, by Roswell Whitmore	1	263
Prudence, d. Benjamin & Judah, b. Apr. 1, 1753	1	47
Rebec[c]ah, d. Wiman & Abigail, b. Mar. 30, 1742	1	27
Roxanna, of Killingly, m. George **PARKE**, of Southgreen (?), Pa., Oct. 27, 1828, by Rev. Roswell Whitmore	1	121
Ruth, d. John & Mary, d. Feb. 18, 1744	1	74
Ruth, d. Silas & Sarah, b. Mar. 25, 1749	1	37
Ruth, [d. Dr. Penuel & Mary], b. Apr. 20, 1801	1	229
Ruth, of Killingly, m. Thomas **GROSVENOR**, of Pomfret,		

HUTCHENS, HUCHENS, HUCHINS, HUTCHINS, HUCHINGS, (cont.)

	Vol.	Page
Mar. 6, 1837, by Roswell Whitmore	2	1a
Ruth, of Thompson, m. Zadock **SPAULDING**, of Killingly, [ ], by Rev. Roswell Whitmore	1	107
Samuel, [s. Ezra, Jr. & Anna], b. July 13, 1782	1	217
Samuel, s. Ezra, d. Feb. 12, 1816	1	81
Samuel, m. Hannah **BARRETT**, b. of Killingly, Mar. 20, 1822, by Rev. Roswell Whitmore	1	193
Samuel, m. Almira **BASSETT**, b. of Killingly, May 10, 1829, by Rev. Roswell Whitmore	1	99
Samuel, Dr., m. Ellen M. **WEATHERHEAD**, b. of Killingly, [ ], by Rev. Roswell Whitmore	2	63
Sarah, d. Joseph & Zeruiah, b. Aug. 31, 1738	1	25
Sarah, d. Wiman & Elisabeth, b. June 5, 1744	1	30
Sarah, d. Wyman & Abiga[i]l, b. Mar. 18, 1756	1	56
Sarah, d. Wyman & Abiga[i]l, d. May 18, 1757	1	56
Sarah, of Killingly, m. Perley **KENNEY**, of Southgreen(?), Pa., Dec. 27, 1824, by Rev. Roswell Whitmore	1	106
Shubael, s. Ezra & Abiga[i]l, b. July 22, 1759	1	203
Silas, m. Sarah **LEAVENS**, b. of Killingly, Jan. 14, 1747/8, by Rev. Nehemiah Barker, of the South Society	1	77
Silas, s. Silas & Sarah, b. Mar. 21, 1753	1	47
Silas, m. Ruth **SPALDING**, Apr. 20, 1788	1	261
Silas, [s. Silas & Ruth], b. June 29, 1791	1	246
Simon, [s. Ezra, Jr. & Anna], b. Feb. 4, 1786	1	217
Simon Spaulding, s. Silas & Ruth, b. Aug. 24, 1789	1	246
Susannah, d. Isaac & Mary, b. Oct. 10, 1781	1	315
Sybel, d. Ezera & Abaga[i]l, b. May 27, 1751	1	43
Sybil, m. Daniel **SPRAGUE**, May 9, 1780, by Rev. Eliphalet Wright	1	186
Tabitha, d. Silas & Sarah, b. Oct. 16, 1758	1	227
Theophilus, [s. Ezra, Jr. & Anna], b. May 14, 1780	1	217
Thomas, [s. Silas & Ruth], b. Aug. 2, 1795	1	246
Waldo, [s. Dr. Penuel & Mary], b. Nov. 30, 1789	1	229
William, [s. Dr. Penuel & Mary], b. Aug. 27, 1804	1	229
Wiman, m. Abaga[i]l **CUTLER**, Jan. 1, 1738/9, by Rev. Mr. John Fisk	1	37
Wyman, s. Isaac & Mary, b. Dec. 25, 1779	1	315
Zadock, s. Silas & Sarah, b. Mar. 5, 1755	1	53
Zerviah, d. Ezra & Abigail, b. May 7, 1746	1	34
Zerviah, d. Joseph & Zerviah, b. Feb. 1, 1751	1	50
HYDE, Henry W., m. Harriet **YOUNG**, Apr. 7, 1833, by John Whipple	1	135
James, of Brooklyn, m. Charlotte T. **SLATER**, of Killingly, Sept. 8, 1839, by Nicholas Branch	2	6a
Loisa Ann, of Killingly, m. Eliphiel **TARBOX**, of Brooklyn, June 26, 1825, by Rev. Roswell Whitmore	1	107

	Vol.	Page
HYDE, (cont.)		
Marcia A., m. James B. **SHERMAN**, b. of Killingly, Jan. 24, 1847, by Rev. T. O. Rice	2	39
IDE, Nathaniel, of Attleborough, Mass., m. Meriam **FIELD**, of Killingly, Dec. 29, 1840, by Rev. Roswell Whitmore	2	10
Russell, m. Lucy Ann **MANCHESTER**, b. of Foster, R. I., Nov. 12, 1852, by Rev. Daniel Williams	2	77
INGALS, Mary, of Pomfret, m. Eleazer **WILLIAMS**, of Killingly, Dec. 2, 1790, by Rev. Mr. Walter Lyon	1	185
INGRAHAM, Joseph, m. Delila **SHIPPEE**, Dec. 17, 1843, by Rev. Geo[rge] W. Greenslit	2	20a
INMAN, Abby, m. William **HERRINGTON**, b. of Killingly, June 13, 1841, by Rev. Daniel Williams	2	12
Israel, s. Elijah & Susan[n]a, b. Nov. 11, 1753	1	49
Joel, m. Amey **COBB**, b. of Gloucester, R. I., Jan. 3, 1823, by Rev. Roswell Whitmore	1	196
Lucinda, of Johnson, m. Denison D. **ANDREWS**, of Killingly, Sept. 5, 1824, by Calvin Cooper	1	109
Thomas E., of Glocester, R. I., m. Susan **REYNOLDS**, of Killingly, July 11, 1841, by Rev. Henry Robinson	2	11a
IRONS, Jesse, m. Ann **HILL**, b. of Gloucester, R. I., Aug. 22, 1852, by Rev. Daniel Williams	2	74
Lucinda F., m. Benjamin H. **SPALDING**, of Plainfield, Oct. 1, 1843, by Shubael Adams, J. P. Intention Published at Plainfield	2	19a
Salem, of Providence, m. Harriet **YAW**, of Scituate, July 5, 1846, by Lowell Graves, J. P.	2	35a
Sarah B., of Gloucester, R. I., m. Albert **KEACH**, Dec. 7, 1851, by Rev. Isaac H. Coe	2	68
William, m. Patia **GREEN**, b. of Gloucester, Aug. 16, 1846, by Rev. Daniel Williams	2	36a
JACKSON, Ann, of Woodstock, m. Nathaniel **EASTERBROOKS**, of Thompson, Aug. 23, 1851, by Earl Martin, J. P.	2	65
Nathan W., m. Amanda A. E. **CHAFFEE**, Nov. 6, 1845, by Thomas Dike, J. P.	2	31
JACOBS, Abel, s. John & Sarah, b. Apr. 11, 1762	1	274
Asa, s. John & Sarah, b. Apr. 18, 1758	1	274
Benjamin, m. Huldah **BOSWORTH**, Nov. 24, 1748	1	71
Benjamin, m. Dorothy **ARNOLD***, Dec. 27, 1750 (***ARONAL** overwritten this name)	1	71
Betsey, m. Dwight C. **BROWN**, b. of Killingly, Nov. 30, 1848, by Rev. J. Livesy, Jr.	2	51a
Dorothy, d. Benjamin & Dorothy, b. Nov. 23, 1753	1	71
Huldah, w. Benjamin, d. Oct. 9, 1749	1	71
Huldah, d. Benjamin & Dorothy, b. Oct. 7, 1755	1	71
Jesse, s. John & Sarah, b. Nov. 23, 1752	1	52
Jesse, s. John & Sarah, b. Sept. [ ], 1756	1	274
John, s. John & Sarah, b. Sept. 12, 1754	1	52

	Vol.	Page
JACOBS, (cont.)		
John, s. John & Sarah, b. Sept. 12, 1754	1	274
Joseph, s. Benjamin & Dorothy, b. Sept. 22, 1751	1	71
Marcy, m. Joseph **DRESSER**, Dec. 12, 1751	1	71
Marcy, d. John & Sarah, b. Apr. 26, 1760	1	274
Peter, s. Benjamin & Dorot[h]y, b. Mar. 7, 1758	1	253
Sarah, d. John & Sarah, b. Feb. 10, 1764	1	274
William, s. Benjamin & Huldah, b. Sept. 17, 1749	1	71
JAMES, Abby W., of Killingly, m. George S. **FOSTER**, of Little Falls, N. Y., Nov. 18, 1852, by Rev. Tho[ma]s O. Rice	2	76
Daniel, m. Catharine **DAILEY**, b. of Providence, R. I., Sept. 7, 1845, by Rev. Benj[ami]n C. Phelps, of West Killingly, Witness: Charles Kelley	2	30
Freeman, m. Abby S. **BUCKMINSTER**, b. of Killingly, July 29, 1853, by Rev. Roswell Whitmore	2	77
Lydia M., of Plainfield, m. Benjamin **LEWIS**, of Sterling, Aug. 16, 1835, by Elisha Atkins	1	96
Phebe, of Hopkinton, R. I., m. Thomas **HATHAWAY**, of North Providence, R. I., Sept. 7, 1845, by Rev. Benj[ami]n C. Phelps, of West Killingly. Witness: Charles Kelley	2	30
JAQUES, James E., m. Mary D. **DANIELSON**, b. of Killingly, Mar. 3, 1851, by Rev. T. O. Rice	2	59
John T., m. Mary A. **ANDREWS**, b. of Smithfield, R. I., Oct. 19, 1846, by Rev. Daniel Williams	2	37a
Thomas, of Sterling, m. Nancy M. **HILL**, of Sterling, Aug. 9, 1851, at Kingsbury Hotel, by Rev. Geo[rge] W. Greenslitt	2	64
JEFFERDS, JEFFARDS, Dorothy, d. William & Abigail, b. Sept. 9, 1736	1	19
Elisabeth, d. William & Abigail, b. Mar. 2, 1733/4	1	19
Eliz[abeth] had 3rd s. Ephraim **WARREN**, b. Aug. 7, 1756	1	287
John, s. John & Hannah, b. July 13, 1776	1	214
Prissilla, m. Asa **ALTON**, Dec. 21, 1775	1	177
JEFFERSON, Olive L., of Sterling, m. Horace **BURGESS**, of Foster, Nov. 29, 1852, by Rev. Daniel Williams	2	77
JENCKES, Abby, m. Marcus **WILMARTH**, b. of Smithfield, R. I., Feb. 1, 1845, by Rev. Daniel Williams	2	28a
Caroline R., m. Albert **FULLER**, b. of North Providence, R. I., Sept. 27, 1838, by Daniel Williams, Elder	2	5
Eathan A., of Foster, R. I., m. Annah Frances **MATHEWSON**, of Cranston, R. I., Sept. 4, 1848, by Rev. John Livesy, Jr.	2	48a
Eliza, m. Joseph **PRAY**, Oct. 22, [1837], by Nicholas Branch	2	3
Gideon, m. Olive W. **ALLEN**, Nov. 2, 1843, by Harris Arnold, J. P.	2	20
Hiram, m. Sally Ann **PRAY**, b. of Killingly, [Mar.] 11, [1832], by Eld[er] Albert Cole	1	263

	Page	Page
JENCKES, (cont.)		
James H., m. Emily **WILLIAMS**, b. of Killingly, Feb. 12, 1832, by Albert Cole	1	263
Joseph E., m. Anna F. **HAVENS**, b. of North Providence, R. I., Aug. 16, 1847, by Rev. Daniel Williams	2	41a
Leavens, m. Esther **KELLY**, Sept. 26, 1831, by Elisha Atkins	1	98
Maria B., m. Norman **KELLEY**, Mar. 8, 1830, by Elder George W. Appleton	1	124
Nancy, of Killingly, m. W[illia]m S. **SHARPE**, of Norwich, Sept. 29, 1828, by Rev. Elisha Atkins	1	100
Nathaniel, m. Cordelia **HARRINGTON**, Mar. 29, 1835, by W. Bushnell	1	94
Sally, m. W[illia]m **STARKWEATHER**, b. of Killingly, May 10, 1829, by Elder George W. Appleton	1	123
Stephen B., m. Matilda **HAYWOOD**, of North Providence, R. I., Aug. 22, 1847, by Rev. Daniel Williams	2	45a
JENERSON, Levina, of Gloucester, R. I., m. Sylvester K. **DAILEY**, of Coventry, Jan. 4, 1843, by Rev. Daniel Williams	2	21
JENKINS, Caroline, m. Nathan **YOUNG**, b. of Killingly, Mar. 18, 1832, by Roswell Whitmore	1	82
JENNEY, Beulah, d. Samuell & Rebeckah, b. Sept. 11, 1771	1	208
JENNINGS, Ezra C., of Thompson, m. Abby W. **WARREN**, of Killingly, Feb. 14, 1841, by Rev. Henry Robinson	2	10
JEWELL, Richmond H., m. Emily R. **AMES**, b. of Webster, Mass., July 13, 1845, by Rev. George W. Greenslit	2	28
JEWETT, JEWITT, JEWET, Abigail, d. Isaac, Jr. & Anne, b. Dec. 4, 1726	1	20
Dorcas, d. Isaac, Jr. & Anne, b. May 21, 1732	1	20
Easther, d. Joseph & Rachal, b. Mar. 1, 1769	1	320
Elijah, [s. Joseph & Rachal], b. Feb. 8, 1782	1	320
Isaac, s. Isaac, Jr. & Anne, b. July 22, 1736	1	20
Jacob, s. David & Eliz[abeth], b. June 13, 1767	1	290
John, s. Isaac, Jr. & Anne, b. Sept. 16, 1730	1	20
John, [s. Joseph & Rachal], b. Aug. 6, 1773	1	320
Pheby, [d. Joseph & Rachal], b. Apr. 13, 1776	1	320
Polley, [d. Joseph & Rachal], b. Apr. 10, 1771	1	320
Sibbel, d. David, Jr. & Eliz[abeth], b. Mar. 17, 1764	1	290
Sibble, [d. Joseph & Rachal], b. Aug. 6, 1779	1	320
Susannah, m. William **MOWRY**, Jan. 6, 1763, by Rev. Noadiah Russel[l]	1	178
Sybil, see under Sibbel and Sibble		
JILLSON, Dorcas B., m. John D. **PHINNEY**, b. of Cumberland, R. I., July 31, 1848, by Rev. Daniel Williams	2	47
Eunice W., m. William H. **STAPLES**, b. of Cumberland, R. I., Aug. 15, 1847, by Rev. Daniel Williams	2	41a
Julia Ann, m. George H. **PHILLIPS**, b. of Killingly, Nov. 8, 1841, by Rev. Henry Robinson	2	11a

	Vol.	Page
JOHN, Alpheas, m. Mary **DAVICE**, Mar. 22, 1763	1	176
JOHNSON, Abaga[i]l, d. [Noah & Huldea], b. Oct. 30, 1742	1	45
Abner, s. Seth & Han[n]ah, b. July 14, 1744	1	30
Aholiab, m. Hannah **BACON**, Sept. 22, 1785, by Rev. Enoch Huntington	1	184
Aholiab, s. John & Elizabeth, b. Mar. [ ]	1	200
Alice, see under Ellis		
Ann E., m. Rufus **HIG[G]INS**, b. of Pawtucket, R. I., Dec. 2, 1848, by Rev. Daniel Williams	2	51
Betsey, d. Aholiab & Hannah, b. June 12, 1788	1	322
Betsey, of Killingly, m. John **BRIG[G]S**, of Gloucester, R. I., June 15, 1846, by Rev. Daniel Williams	2	36a
Bradford W., of Scituate, R. I., m. Betsey **BENNETT**, of Foster, R. I., Apr. 2, 1840, by Rev. Nicholas Branch	2	9a
Catharine, of Thompson, m. Joel **HULET**, of Killingly, Apr. 19, 1835, by Roswell Whitmore	1	94
Damaris, d. John, 3rd & Elisabeth, b. Feb. 24, 1750/51	1	42
Daniel, s. Oriah* & Huldy, b. Mar. 10, 1753 (*Noah Corrected by L. B. B.)	1	48
David, [s. Noah & Huldea], b. Mar. 9, 1749	1	45
David, m. Betsey **BRIDGE**, Nov. 9, 1834, by Rev. Alvan Underwood	1	92
Elisabeth, m. Samuel **LEAVENS**, b. of Killingly, Jan. 6, 1751, by Marsdens Cabot, Clerk	1	71
Ellis, d. Jeremiah & Abigail, b. Jan. 30, 1739/40; d. Oct. 9, 1740	1	25
Esther, m. Jacob **DRESSER**, Jr., Nov. 27, 1766	1	175
George, m. Eliza **HARRINGTON**, Jan. 28, 1831, by George W. Appleton	1	128
Hannah, d. Nathaniel & Mehetable, b. Mar. 23, 1732/3	1	11
Irenee, d. John, Jr. & Elisabeth, b. Nov. 22, 1745	1	38
Jabez, s. Jeremiah & Abigail, b. July 30, 1741	1	26
James, m. Rosannah **ROBINSON**, Dec. 30, 1842, by Harris Arnold, J. P.	2	17a
James, m. Mary **McKELORE**, of Pawtucket, Jan. 27, 1844, by Rev. Daniel Williams	2	24
John, Jr., m. Elisabeth **WHITMORE**, b. of Killingly, May 17, 1748, by Rev. Mr. Perley Howe	1	77
John, d. Sept. 27, 1787	1	80
John, s. Aholiab & Hannah, b. Oct. 5, 1790	1	322
John E., m. Eliza **BENNETT**, b. of Foster, R. I., Mar. 23, 1845, by Rev. Nicholas Branch	2	27a
Jonathan, s. Seth & Hannah, b. Sept. 16, 1748	1	36
Lucy, d. Jotham & Lucy, b. June 19, 1754	1	52
Mary, d. Nathan & Mary, b. Feb. 21, 1746/7	1	33
Mary, wid., d. May 15, 1766	1	75
Mary E., of Coventry, m. Smith **WILLIAMS**, of Bellingham, Mass., [Oct.] 15, [1843], by Rev. Erastus Preston	2	19a

	Vol.	Page
JOHNSON, (cont.)		
Mehetobel, d. Seth & Han[n]ah, b. July 25, 1746	1	32
Moses, s. Nathan & Mary, b. Feb. 23, 1740/41	1	29
Nancy, m. Thomas **DIKE**, Sept. 17, 1818, in Woodstock, by Rev. Eliphalet Lyman	1	194
Nathan, m. Mary **RUSSEL[L]**, b. of Killingly, Apr. 24, 1740, by Rev. Marston Cabot, of Thomson Parish	1	77
Nathaniel, s. Nathaniel & Merebeth, b. Feb. 12, 1728/9	1	3
Polly, d. Aholiab & Hannah, b. July 14, 1786	1	322
Rachel, d. Nathan & Mary, b. May 11, 1744	1	29
Rachal, [d. Noah & Huldea], b. Nov. 27, 1746	1	45
Resolved, s. John & Elisabeth, b. May 13, 1752	1	45
Rufus, m. Lillias **SANDERS**, Nov. 15, 1845, by Thomas Dike, J. P.	2	31
Sarah, d. Nathaniel & Mehetabel, b. Nov. 3, 1736	1	18
Sarah, d. Jotham & Lucy, b. July 3, 1747	1	34
Sarah, [d. Noah & Huldea], b. Jan. 22, 1751	1	45
Sarah, w. William, d. Apr. 4, 1753	1	67
Seth, m. Han[n]ah **EATON**, b. of the Parish of Thomson, Oct. 13, 1743	1	78
Timothy, [s. Noah & Huldea], b. Sept. 21, 1744	1	45
Uriah, m. Huldah **SABIN**, Jan. 22, 1741/2	1	69
William, s. Jotham & Lucy, b. Aug. 10, 1749	1	38
William, m. Eunice **BURLINGHAM**, b. of Killingly, Sept. 15, 1822, by Joseph Adams, J. P.	1	195
JONES, Est[h]er, of Foster, m. John **ADAMS**, Pastor, of Killingly, Sept. 4, 1825, by Calvin Cooper	1	108
Hannah, m. Jackson **GIBBS**, b. of Hopkinton, Mass., Jan. 20, 1848, in Danielsonville, West Killingly, by Rev. John Livesy, Jr.	2	45
Sarah, m. James **SAWYER**, Feb. 26, 1771	1	180
JORDAN, Clarrissa, m. James D. **SADLER**, b. of Warren, R. I., Nov. 17, 1845, by Rev. Daniel Williams	2	35
James L., of North Providence, R. I., m. Nancy **BACON**, of Warwick, R. I., Sept. 26, 1846, by Rev. Daniel Williams	2	37
Jasper, m. Sarah **FRETSON**, b. of Killingly, Sept. 8, 1839, by Nicholas Branch	2	6a
Nelson, m. Roby Ann **COSTELE**, b. of Killingly, Feb. 23, 1851, by Elder Daniel Williams	2	58
JOSLIN, JOSELEN, JOSLEN, JOSLING, Abega[i]l, d. Benj[ami]n & Abiga[i]l, b. Mar. 6, 1761	1	281
Ab[i]gail, d. Benj[ami]n & Abigail, b. Mar. 6, 1761	1	286
Asa, s. Gideon & Sarah, b. Dec. 13, 1749	1	40
Asa, b. Dec. 13, 1749	1	283
Benjamin, s. Israel & Sarah, b. July 31, 1728	1	22
Benj[ami]n, s. Israel & Mary, b. June 22, 1753	1	54
Charles A., m. Artamissa **BURDICK**, b. of Killingly, Feb.11, 1838, by Rev. Sidney Holman	2	3a

	Vol.	Page
JOSLIN, JOSELEN, JOSLEN, JOSLING, (cont.)		
Clarissa M., m. Penuel **BASSET**, b. of Killingly, Feb. 27, 1826, by Rev. Elisha Atkins	1	110
Daniel, s. Gideon & Sarah, b. Aug. 22, 1751	1	45
Darius, b. Aug. 22, 1751	1	283
David, s. Benj[ami]n & Abigail, b. July 1, 1768	1	286
Diadamia, d. Benj[ami]n & Susannah, b. Apr. 5, 1775	1	311
Dorothy, [twin with Sarah], d. Benj[ami]n & Abigail, b. Oct. 7, 1765	1	286
Edward, s. Israel & Sarah, b. Jan. 30, 1734	1	22
Edward, s. Israel & Sarah, d. Feb. 22, 1744/5	1	74
Edward, s. Israel & Mary, b. Dec. 4, 1746	1	37
Elizabeth, d. Benj[ami]n & Abigail, b. Mar. 2, 1763	1	286
Esther, d. Israel & Mary, b. Feb. 27, 1751	1	54
Esther, d. Benjamin & Abaga[i]l, b. Jan. 24, 1755	1	52
Esther, d. Benjamin & Abiga[i]l, b. Jan. 24, 1755	1	281
Est[h]er, d. Israel, d. Sept. [ ], 1756	1	64
Easter, d. Israel & Mary, b. Nov. 4, 1759	1	206
Frances, m. Lucy M. **SMITH**, b. of Killingly, Dec. 21, 1845, by Rev. Benjamin C. Phelps, of West Killingly	2	33
Gideon, s. Israel & Sarah, b. Mar. 1, 1724	1	22
Hannah, d. Israel & Sarah, b. Dec. 21, 1731	1	22
Hannah, m. Obadiah **MERRELL**, Dec. 28, 1749, by Marston Cabot, Clerk	1	70
Herziah Brown, m. Robard **PLANK**, Dec. 26, 1766	1	176
Herziah Brown, see also Zerviah Brown **JOSLIN**		
Hezekiah, b. Feb. 18, 1757	1	283
Israel, s. Israel & Sarah, b. Sept. 30, 1719	1	22
Israel, s. Israel & Mary, b. Mar. 9, 1749	1	37
Israel, s. Benj[ami]n & Abigail, b. Feb. 22, 1770	1	286
Israel, s. Benj[ami]n & Susannah, b. Aug. 26, 1776	1	311
Jacob, s. Benjamin & Abiga[i]l, b. Oct. 12, 1758	1	281
Jesse, s. Joseph & Mary, b. Mar. 2, 1755	1	53
John, s. Israel & Sarah, b. May 6, 1736	1	22
John, s. Benjamin & Abaga[i]l, b. Nov. 21, 1753	1	49
John, s. Benj[ami]n & Abaga[i]l, b. Nov. 21, 1753	1	281
John, s. Joseph & Mary, b. Feb. 9, 1757	1	206
Joseph, s. Israel & Sarah, b. May 14, 1726	1	22
Joseph, m. Mary **ADAMS**, b. of Thomson, Apr. 18, 1754	1	70
Lewis, m. Marcy **BLACKMORE**, b. of Killingly, Feb. 28, 1841, by John N. Whipple	2	9
Luranah, of Killingly, m. Tho[ma]s **UNDERWOOD**, of Woodstock, Nov. 30, 1843, by Rev. John Howson	2	20a
Mary, d. Israel, Jr. & Mary, b. May 12, 1741	1	30
Mary, d. Benj[ami]n & Susannah, b. Jan. 20, 1778	1	311
Samuel, s. Israel, Jr. & Mary, b. Mar. 14, 1743	1	30
Sarah, d. Israel & Sarah, b. Feb. 8, 1722	1	22
Sarah, b. Feb. 18, 1755	1	283

	Vol.	Page
JOSLIN, JOSELEN, JOSLEN, JOSLING, (cont.)		
Sarah, [twin with Dorothy], d. Benj[ami]n & Abigail, b. Oct. 7, 1765	1	286
Sibbel, d. Gideon & Sarah, b. May 28, 1753	1	50
Sybbill, b. May 28, 1753	1	283
Willard, b. July 3, 1760	1	283
Zerviah Brown, d. Israel, Jr. & Mary, b. Dec. 15, 1744	1	30
Zerviah Brown, see also Herziah Brown **JOSLIN**		
JOY, Asenath, d. David & Molly, b. Sept. 25, 1781	1	252
Benjamin, adm. fr. Apr. 7, 1760	1	57
David, m. Molly **ANDREWS**, Oct. 21, 1773	1	183
David, s. David & Molly, b. Jan. 13, 1780	1	252
Molly, d. David & Molly, b. June 10, 1776	1	252
Sarah, d. David & Molly, b. Oct. 21, 1774	1	252
William, s. David & Molly, b. Mar. [ ], 1778	1	252
KEACH, KEECH, Albert, m. Sarah B. **IRONS**, of Gloucester, R. I., Dec. 7, 1851, by Rev. Isaac H. Coe	2	68
Ephraim, Jr., m. Lucy **COON**, b. of Killingly, Jan. 12, 1845, by Rev. Anthony Palmer	2	27
Harriet A., m. Stephen **BROWN**, b. of Killingly, Dec. 21, 1851, by Rev. E. Loomis	2	67
Henry, m. Ceruah M. **EDDY**, b. of Burrillville, R. I., Sept. 14, 1851, by Rev. Isaac H. Coe. Intention published	2	66
Joseph, m. Sophronia S. **CONVERSE**, b. of Thompson, Aug. 13, 1843, by Rev. Daniel Williams	2	22
Lucius H., m. Sarah **BROWN**, b. of Brooklyn, Nov. 17, 1851, by Rev. Sidney Dean	2	69
Sophia S., of Brooklyn, m. Howard J. **BRANCH**, of Killingly, Nov. 17, 1851, by Rev. Sidney Dean	2	69
KEE, [see under **KEY**]		
KELLEY, KELLY, Abby, of Killingly, m. Samson **BENNETT**, of Brooklyn, Mar. 10, 1840, by Rev. Roswell Whitmore	2	8
Almira, m. Lucius **BOWEN**, b. of Killingly, Dec. 18, [1831], by Rev. Albert Cole	1	129
Benjamin G., m. Ann **BALL**, of Warren, R. I., Oct. 25, 1846, by Lowell Graves, J. P.	2	37a
Calvin G., m. Cindrella **POTTER**, Feb. 8, 1843, by Rev. George Greenslit. Intention published	2	17a
Calvin G., m. Esther **CARDER**, b. of Killingly, Nov. 8, 1846, by Rev. John D. Baldwin	2	49
Charles Hall, m. Mary J. C. **SHEPERD**, b. of Exeter, N. H., Jan. 28, 1848, by Geo[rge] Warren, J. P.	2	44
Emily, m. Nelson **MATTHEWS**, b. of Killingly, Dec. 16, 1833, by Rev. W[illia]m Bushnall	1	87
Emily, of Killingly, m. W[illia]m D. **ELLIOT**, of Thompson, Mar. 31, 1834, Thompson, by Rev. Daniel Dow, of Thompson	1	89
Esther, m. Leavens **JENCKES**, Sept. 26, 1831, by Elisha		

	Vol.	Page
KELLEY, KELLY, (cont.)		
Atkins	1	98
Jane, m. Cyrus **BASSETT**, of Thompson, [Jan.] 6, [1834], by Roswell Whitmore	1	88
Joseph, of Brooklyn, m. Olive **WHITMORE**, of Killingly, Nov. 30, 1843, by Rev. John Howson	2	20a
Mary Ann, m. W[illia]m R. **DURFEE**, Nov. 28, 1830, by Elder G. W. Appleton	1	132
Mary Ann, m. James C. **NEAL**, b. of Killingly, June 9, 1850, by Rev. Lyman Leffengwell	2	55
Norman, m. Maria B. **JENCKES**, Mar. 8, 1830, by Elder George W. Appleton	1	124
KEMP, Eliza, of Killingly, m. Darius **SHIPPEE**, of Brooklyn, May 8, 1849, by Rev. Samuel W. Coggeshall	2	52a
Mary, m. Albert **SHIPPEE**, b. of Brooklyn, Mar. 23, 1851, by Rev. Henry Bromley	2	59
KENDALL, Ann T., of Pawtucket, Mass., m. Malachi **FOLEN**, Aug. 4, 1844, by Rev. Daniel Williams	2	24a
KENNEDY, KANNEDY, Albert, of Plainfield, m. Joanna **WEST**, of Killingly, Oct. 31, 1836, by Chester Tilden	2	1
Catharine A., m. Warren W. **WHITE**, b. of Killingly, Apr. 17, 1843, by Rev. Henry Robinson	2	18a
Daniel, m. Elizabeth A. **ELDREDGE**, b. of Killingly, Mar. 19, 1843, by Rev. Henry Robinson	2	18
Eliza, of Killingly, m. Thomas J. **EVANS**, of Brooklyn, Oct. 14, 1850, by Rev. Isaac H. Coe, Intention published	2	57
Lorenzo M., m. Jane M. **KIES**, Mar. 3, 1851, by Rev. Norris G. Lippitt	2	59
Lucy, m. Emer B. **COMSTOCK**, Mar. 14, 1843, by Rev. Daniel Williams	2	21a
KENNEN, Samuel, of Killingly, m. Maria **CHILD**, of Sterling, May 10, 1835, by Roswell Whitmore	1	95
KENNEY, Ann Mary, of Plainfield, m. Isaac **RUDE**, of Killingly, Nov. 11, 1813, by Rev. Joel Benedict	1	178
Daniel Larned, m. Polly **WHITE**, Mar. 6, 1825, by Elisha Atkins	1	115
Perley, of Southgreen(?), Pa., m. Sarah **HUCHENS**, of Killingly, Dec. 27, 1824, by Rev. Roswell Whitmore	1	106
Sibel, m. Elisha **BUCK**, Feb. 20, 1825, by Elisha Atkins	1	115
KENYON, Joseph B., of Sterling, m. Sarah **SHELDON**, of Coventry, R. I., Dec. 11, 1848, by Rev. Isaac C. Day	2	49a
KERSHAW, Edward, m. Harriet N. **SHAW**, b. of Fall River, Jan. 30, 1841, by Rev. John N. Whipple	2	10
KETTLE, [see under **KITTLE**]		
KEY, KEE, Anna, w. Nath[anie]ll, b. Mar. 21, 1758	1	323
Archaball, [s. Nathaniel & Anna], b. Apr. 9, 1788	1	323
Clarissa, d. Daniel & Abigail, b. Sept. 27, 1785	1	230
Daniel, s. Start, b. Aug. 14, 1755	1	199

	Vol.	Page
KEY, KEE, (cont.)		
Daniel, m. Abigail **HUTCHENS**, Dec. 5, 1779	1	185
Ebenezer, s. Start & Hannah, b. May [ ], 1751	1	199
Ezra, s. Daniel & Abigail, b. Dec. 27, 1781	1	230
Hannah, d. Daniel & Abigail, b. Oct. 2, 1780	1	230
Harding, [s. Nathaniel & Anna], b. Feb. 6, 1793	1	323
John Hutchinson, s. Nathaniel & Anna, b. Mar. 5, 1781	1	323
Joseph Lyman, [s. Nathaniel & Anna], b. Aug. 29, 1797	1	323
Lucy, [d. Nathaniel & Anna], b. Oct. 20, 1783	1	323
Nath[anie]ll, b. May 7, 1759	1	323
Nath[anie]ll, [s. Nathaniel & Anna], b. May 21, 1795	1	323
Pardon, s. Daniel & Abigail, b. May 22, 1783	1	230
Rouitoma, [d. Nathaniel & Anna], b. Jan. 16, 1799	1	323
Shubael, s. Daniel & Abigail, b. May 2, 1789	1	230
Start, s. Start, b. June 14, 1753	1	199
Susanna, m. Benj[ami]n **REYNOLDS**, b. of Killingly, Feb. 22, 1757, by Benj[ami]n Wheeler	1	262
KEYES, KIES, Edwin K., of Eastford, m. Louisa J. **SUMNER,** of Killingly, Nov. 26, 1851, by Rev. Sidney Dean	2	69
Eliza, m. Joseph G. **BUMP,** b. of Killingly, Dec. 9, 1830, by Elisha Atkins	1	127
Harriet, m. Calvin **COOPER,** Jr., Aug. 26, 1833, by Rev. John Whipple	1	85
Jane M., m. Lorenzo M. **KENNEDY,** Mar. 3, 1851, by Rev. Norris G. Lippitt	2	59
Lemuel H., of Plainfield, m. Catharine **MOFFAT,** of Killingly, Aug. 22, 1847, at Danielsonville, West Killingly, by Rev. J. Livesy, Jr.	2	42
Maria, m. Asa W. **BROWN,** b. of Killingly, Apr. 24, 1842, by Rev. Henry Robinson	2	13
Mary, of Killingly, m. Pardon **PHILLIPS,** of Foster, R. I., Jan. 31, 1830, by Rev. Roswell Whitmore	1	122
Mary, m. Jonathan **HANDEL,** b. of Killingly, [ ], by Chester Tilden	2	2
Mervin, m. Freelove **BUCK,** b. of Killingly, Feb. 23, 1823, by Israel Day	1	197
Prentice, m. Lucretia **COLVIN,** b. of Killingly, Mar. 10, 1831, by George W. Appleton	1	129
Timothy, m. Susan **BURTON,** b. of Northbridge, Mass., [July] 17, 1836, by Sidney Holman	1	154
W[illia]m W., m. Maria **BURLINGAME,** b. of Killingly, Nov. 10, 1833, by Rev. Otis Lane	1	87
Wilson, m. Sarah **HOILE,** Sept. 30, 1832, by Rev. John N. Whipple. Intention published	1	83
KIBBIE, Harris, m. Susan **STONE,** Sept. 18, 1836, by Daniel Williams, Elder	2	1
KIES, [see under **KEYES**]		
KIMBALL, Amasa, Jr., m. Betsey **CLARK,** b. of Killingly, Apr.		

	Vol.	Page

KIMBALL, (cont.)
    28, 1823, by Calvin Cooper — 1, 198
    Amherst, m. Betsey **CLARK**, b. of Killingly, Apr. 28, 1823, by Calvin Cooper — 1, 114
    Jane, of Killingly, m. Elisha P. **SPALDING**, of Southbridge, Mass., Mar. 31, 1824, by Rev. Roswell Whitmore — 1, 103
    Phebe Ann, of Scituate, R. I., m. Benjamin **ROSS**, of Providence, July 6, 1851, by Rev. Henry Bromley — 2, 62
KING, Jabish, m. Orila **CHASE**, b. of Killingly, Nov. 22, 1846, by Rev. Geo[rge] W. Greenslitt — 2, 38a
KINGSBURY, Daniel S., m. Ann Elisabeth **BARTHOLOMEW**, b. of Sturbridge, Mass., Dec. 22, 1844, by Rev. Daniel Williams — 2, 26a
    George, m. Han[n]ah Maria **FIELD**, b. of Killingly, Dec. 21, 1829, by Rev. George W. Appleton — 1, 99
    Hannah D., m. Nathan R. **WILCOX**, b. of Killingly, Mar. 22, 1835, by Isaac T. Hutchens — 1, 93
    John, m. Dorittey **LEAVENS**, Jan. 15, 1792 — 1, 185
    Loysa, [d. John & Dorothy], b. Dec. [ ], 1795 — 1, 326
    Lydia, [d. John & Dorothy], b. Dec. 27, 1792 — 1, 326
    Rufus, m. Martha Ann **BLACKMAR**, b. of Providence, R. I., Feb. 7, 1847, by Lowell Graves, J. P. — 2, 39
KINGSLEY, Benjamin, of Johnston, R. I., m. Aurana **CHASE**, of Killingly, Jan. 21, 1844, by Rev. Daniel Williams — 2, 22a
    Philetus, of Brooklyn, m. Eliza A. **DAVIS**, of Killingly, Dec. 21, 1852, by Rev. Tho[ma]s O. Rice — 2, 77
KITTLE, KETTLE, Albert, m. Sarah J. **SMITH**, b. of Smithfield, R. I., Oct. 1, 1848, by Rev. Daniel Williams — 2, 50a
    Lois, m. Robert H. **PEIRCE**, July 11, 1848, by Rev. Geo[rge] W. Greenslitt — 2, 46a
    Lydia, of Plainfield, m. Isaac B. **PECK**, of Coventry, R. I., Oct. 18, 1846, by Lowell Graves, J. P. — 2, 37a
KNEAL, Deborah H., m. Artemas **WARREN**, b. of Killingly, Mar. 21, 1847, by Rev. G. W. Greenslitt — 2, 39a
KNIGHT, Abaga[i]l, w. John, d. Aug. 6, 1752 — 1, 67
    Ann, m. Leonard **BOWEN**, b. of Killingly, Apr. 26, 1831, by Geo[rge] W. Appleton — 1, 131
    Betsey, m. Luis **LEACH**, Nov. 18, 1824, by Calvin Cooper — 1, 106
    Caleb W., m. Keziah **DAY**, b. of Killingly, Dec. 13, 1847, by Rev. Isaac C. Day — 2, 44a
    Ebenezer, s. Samuel & Rachel, b. Mar. 7, 1739/40 — 1, 23
    Elisabeth, d. John & Susanna, b. Dec. 22, 1737 — 1, 20
    Elisabeth, d. Samuel & Rachal, b. Jan. 14, 1755 — 1, 53
    Hannah, d. Sam[ue]ll & Rachel, b. June 7, 1752 — 1, 45
    Isaac, s. Samuel & Zerviah, b. May 14, 1745 — 1, 30
    John, s. John & Susanna, b. May 24, 1740 — 1, 24
    John, Jr., m. Elisabeth **WILLSON**, b. of Killingly, Feb. 23, 1748/9, by Rev. Mr. Perley Howe — 1, 77

	Vol.	Page
KNIGHT, (cont.)		
John, d. Mar. 11, 1753	1	67
Lydia, twin with Mary, d. John & Susan[n]er, b. May 1, 1733	1	13
Lydia, d. Samuel & Rachel, b. Nov. 14, 1737	1	23
Mary, twin with Lydia, d. John & Susan[n]er, b. May 1, 1733	1	13
Mary, d. Sam[ue]ll, Jr. & Mary, b. Oct. 22, 1760	1	235
Rachel, d. Samuel & Rachel, b. July 25, 1749	1	38
Rebecca, d. John, Jr. & Elisabeth, b. Aug. 2, 1752	1	46
Ruhamah, d. Jno. Jr. & Susannah, b. Oct. 24, 1735	1	17
Samuel, s. Samuel & Rachel, b. Apr. 21, 1757	1	230
Sarah, d. Samuel & Rachel, b. Nov. 14, 1746	1	40
Sarah, d. John, Jr. & Elisabeth, b. Jan. 20, 1749/50	1	39
Theophilus, s. Sam[ue]ll & Rachal, b. Dec. 19, 1763	1	230
Zerviah, d. Sam[ue]ll & Rachel, b. Oct. 30, 1742	1	28
Zerviah, m. Simon **DAVIS**, Sept. 28, 1769, by Rev. Eden Burroughs	1	264
KNOWLES, Abby M., of Providence, R. I., m. Prentice **BUTTON**, Sept. 20, 1846, by Lowell Graves, J. P.	2	37a
KNOWLTON, Ephraim, m. Maria A. **OLNEY**, of Providence, R. I., Dec. 12, 1841, by Rev. Daniel Williams	2	13
KNOX, Nancy A., of Plainfield, m. Willard **TITUS**, of Killingly, Aug. 22, 1847, by Rev. Isaac C. Day	2	42
KURSEBOOM, Harmanus, of Amsterdam, Holland, m. Maria G. **BOWERS**, of Providence, R. I., Aug. 27, 1846, by Rev. Joseph B. Daman	2	43
LACKEY, John M., m. Alice M. **SMITH**, b. of Burrillville, June 17, 1851, by Rev. Geo[rge] W. Greenslitt	2	64
Sophronia S., of Burrillville, R. I., m. Smith **PECKHAM**, of Killingly, Dec. 30, 1838, by Rev. Henry Robinson	2	5a
LADD, Bradford S., m. Miranda **CLARK**, b. of Killingly, Nov. 2, 1851, by Rev. Isaac H. Coe. Intention published	2	66
LAKE, Marian, of Foster, R. I., m. Almon **STONE**, Feb. 28, 1836, by Daniel Williams	1	142
LAMB, Lucy A.,of West Killingly, m. William **EASTERBROOKS**, of Bristol, R. I., Aug. 26, 1846, by Rev. T. O. Rice	2	37a
LAMSON, Stephen, m. Frances E. **PEARSON**, b. of Newburyport, Mass., May 24, 1849, by Rev. George W. Greenslitt	2	52a
LANE, Asaph, s. Benj[ami]n & Mary, b. Mar. 3, 1767	1	244
Delanah, m. Benjamin **TANNER**, b. of Killingly, Oct. 22, 1826, by Roswell Hutchens	1	116
Sarepta, m. Henry C. **TANNER**, Nov. 18, 1833, by Rev. W[illia]m Bushnall	1	87
Zuba, d. Benjamin & Mary, b. Dec. 2, 1767	1	244
LANG, Thomas E., m. Emma **WRIGHT**, of Mason, N. H., June 16, 1847, by Lowell Graves, J. P.	2	40
LARNED, LEARNED LERNED, Abijah, s. William & Hannah, b. Apr. 26, 1729	1	16
Abijah, s. James & Sibbel, b. May 17, 1777	1	289

	Vol.	Page
LARNED, LEARNED, LERNED, (cont.)		
Amasa, s. Ebenezer & Keziah, b. Nov. 15, 1750	1	40
Asa, s. William & Hannah, b. Mar. 29, 1736	1	17
Augustus, s. Daniel & Rebeckah, b. Feb. 23, 1774	1	220
Benjamin, s. Samuel & Rachal, b. Feb. 25, 1754	1	50
C[h]loe, d. Ebenezer & Kesiah, b. June 14, 1764	1	297
Daniel, s. Samuel & Rachel, b. Nov. 16, 1743	1	28
Daniel, Jr., s. Daniel & Rebeckah, b. Feb. 11, 1780	1	220
Davis, s. Simon & Rebekah, b. Sept. 24, 1760	1	200
Davis, s. Henry & Rachael, b. Nov. 30, 1777	1	313
Ebenezer, s. William & Hannah, b. Mar. 11, 1722/3	1	16
Ebenezer, m. Keziah **LEAVENS**, b. of Killngly, Dec. 28, 1749, by Perley Howe, Clerk	1	76
Ebenezer, s. Ebenezer & Kesiah, b. Aug. 12, 1756	1	297
Ebenezer, [s. Theophilus & Patience], b. July 18, 1787	1	324
Erastus, s. James & Sibbel, b. Jan. 4, 1775	1	289
Erastus, [s. Theophilus & Patience], b. May 10, 1783	1	289
Erastes, [s. Theophilus & Patience], b. May 10, 1783	1	324
Est[h]er, d. Samuel & Rachel, b. Aug. 28, 1760	1	256
Fanny, d. Hennery, b. Oct. 25, 1782	1	313
Fanny, [d. Theophilus & Patience], b. May 26, 1785	1	289
Fanny, [d. Theophilus & Patience], b. May 26, 1785	1	324
George, s. Daniel & Rebeckah, b. Mar. 13, 1776	1	220
Hannah, d. William & Hannah, d. Nov. 17, 1735	1	73
Hannah, d. Sam[ue]ll & Rachal, b. July 25, 1750	1	40
Hannah, d. Sam[ue]ll & Rachal, d. July 3, 1751	1	67
Hannah, d. Simon & Rebecca, b. Nov. 14, 1751	1	44
Hannah, Mrs., m. Joseph **LEAVENS**, b. of Killingly, Dec. 17, 1755	1	70
Hannah, d. Samuel & Rachal, b. Sept. 4, 1756	1	64
Hannah, m. Zadock **SPAULDING**, Feb. 16, 1771, by Rev. Noadiah Russell	1	181
Henry, s. Samuel & Rachel, b. Apr. 13, 1745	1	30
Henry, s. Samuel & Rachel, b. Apr. 13, 1745	1	33
Henry, m. Rachael **LOW**, Mar. 13, 1777, by Rev. Eliphalet Wright	1	182
James, s. William & Hannah, b. Dec. 4, 1733	1	16
James, s. James & Sibbel, b. Mar. 3, 1768	1	289
James, Jr., m. Sally **WILKINSON**, Oct. 6, 1789, by Rev. Mr. Hinds	1	185
Jesse, s. Simon & Rebacah, b. Feb. 16, 1746/7	1	33
Jesse, d. Sept. 15, 1776	1	162
John, s. Simeon & Rebeckah, b. Jan. 8, 1748/9	1	36
John, m. Eliz[abeth] **SPAULDING**, June 23, 1774, by Eliph[a]let Wright	1	176
John, s. John & Elisabeth, b. Mar. 17, 1775	1	308
John, d. June 8, 1775	1	162
Joseph, s. Ebenezer & Keziah, b. Aug. 28, 1754	1	52

	Vol.	Page

LARNED, LEARNED, LERND, (cont.)

	Vol.	Page
Joseph, s. Ebenezer & Kesiah, d. Oct. 1, 1756	1	157
Judeth, d. Ebenezer & Kesiah, b. Apr. 30, 1762	1	297
Kesiah, d. Ebenezer & Kesiah, b. Mar. 8, 1767	1	297
Lucretia, d. James & Sibbel, b. June 9, 1765	1	289
Lydia, d. Hennery, b. Jan. 7, 1780	1	313
Mary, d. Daniel & Rebeckah, b. Mar. 9, 1772	1	220
Noah, s. Ebenezer & Keziah, b. Oct. 20, 1752	1	46
Noah, s. Ebenezer & Kesiah, d. Oct. 5, 1756	1	157
Osendy, d. W[illia]m & Leadah, b. Sept. 26, 1770	1	219
Otis, s. Daniel & Rebeckah, b. Feb. 10, 1778	1	220
Polly, [d. Theophilus & Patience], b. July 9, 1781	1	289
Polly, [d. Theophilus & Patience], b. July 9, 1781	1	324
Rachel, d. Samuel & Rachel, b. Dec. 14, 1765	1	256
Rebekah, d. Simon & Rebekah, b. Oct. 14, 1758	1	200
Samuel, m. Rachel **GREEN**, b. of the Parish of Thomson, Dec. 29, 1742, by Marston Cabot	1	78
Samuel, s. Samuel & Rachel, b. Feb. 12, 1763	1	256
Samuel, s. Daniel & Rebeckah, b. Mar. 29, 1785	1	220
Simon, s. Simon & Rebecca, b. Aug. 31, 1753	1	49
Thaddeas, s. Simon & Rebeckah, b. Oct. 26, 1756	1	66
Theophilus, m. Patience **WHIPPLE**, June 4, 1780	1	182
William, s. William & Hannah, b. Apr. 15, 1725	1	16
William, Dea., d. June 11, 1747	1	67
William, s. Sam[ue]ll & Rachel, b. Oct. 19, 1747	1	34
William, s. Samuel & Rachel, d. Feb. 1, 1749/50	1	68
William, s. Sam[ue]ll & Rachal, b. Apr. 1, 1752	1	46
William, s. Daniel & Rebeckah, b. Feb. 6, 1782	1	220

LAW, LAWS, Adah C., m. Thomas **DURFEE**, Jr., b. of Killingly,

	Vol.	Page
Nov. 28, 1844, by Rev. H. Slade	2	25
Asha, of Gloucester, R. I., m. Angell P. **BASS**, of Providence, R. I., Nov. 25, 1847, in Danielsonville, West Killingly, by Rev. John Livesy, Jr.	2	45
Eliza M., m. Rev. Michael M. **PRESTON**, b. of East Killingly, Oct. 9, 1843, by Rev. R. O. Williams, of Norwich	2	20
Hipsabeth A., m. Wheaton A. **BENNETT**, b. of Killingly, Sept. 14, 1846, by Rev. Benjamin C. Phelps	2	39a
Nathan H., of Pomfret, m. Fenette **COREY**, of Killingly, Jan. 13, 1840, by Rev. Roswell Whitmore	2	8
Paris M., m. Jemima B. **SMITH**, b. of Killingly, May 23, 1841, by Rev. Henry Robinson	2	11
Rebeckah F., m. David P. **DARBY**, b. of Killingly, Jan. 3, 1841, by Rev. Roswell Whitmore	2	10
W[illia]m A., m. Polly **HENRY**, b. of Killingly, Sept. 8, 1834, by W. Bushnell	1	91

LAWRENCE, LARRENCE, LORRENCE, Aden, s. John & Phebe, b. Nov. 22, 1795 — 1, 281

	Vol.	Page
LAWRENCE, LARRENCE, LORRENCE, (cont.)		
Betsey, d. Elihu & Phebe, b. Jan. 31, 1777	1	312
Bigelow, s. Sam[ue]ll & Patience, b. May 27, 1741	1	28
Daniel, d. Apr. 8, 1747	1	75
Elihu, s. Dan[ie]ll & Mercy, b. Sept. 6, 1737	1	19
Elihu, m. Phebe **WILLSON**, Mar. 3, 1756	1	175
Elihu, s. Elihu & Phebe, b. June 16, 1758	1	275
Elihu, s. Elihu & Phebe, d. Nov. 28, 1773	1	164
Elihu, Jr., s. Elihu & Phebe, b. Nov. 4, 1779	1	312
Elizabeth, d. Nov. 16, 1730	1	5
Elizabeth, d. Elihu & Phebe, b. Mar. 5, 1767	1	275
Elizabeth, [d. Elihu & Phebe], d. [Nov.] 30, [1773]	1	164
James Augustus, s. Elihu & Phebe, b. Sept. 24, 1771	1	275
Joanna, m. Alba **MOFFITT**, b. of Killingly, Mar. 10, 1845, by Rev. Henry Robinson	2	27a
John, s. Daniel & Mercy, b. Aug. 22, 1735	1	16
John, s. Samuel & Patience, b. Mar. 29, 1737	1	20
John, s. Daniel & Marcy, d. Dec. 2, 1747	1	75
John, s. Elihu & Phebe, b. Oct. 27, 1756	1	275
John, m. Phebe **RUSSELL**, Nov. 11, 1783	1	183
John F., of Killingly, m. Angeline C. **FAIRFIELD**, of Woodstock, Oct. 10, 1852, by Rev. Benjamin B. Hopkinson	2	75
Marcy, d. Daniel & Marcy, b. Apr. 22, 1733	1	11
Mary, m. Stephen **SPAULDING**, b. of Plainfield, Nov. [ ], 1731, by Rev. Joseph Coyt, of Plainfield	1	77
Mary E., m. Learned **DURFEE**, b. of Killingly, Nov. 29, 1849, by Rev. Geo[rge] W. Greenslitt	2	53a
Mercy, d. Samuel & Patience, b. June 22, 1735	1	16
Mol[l]e, d. Elihu & Phebe, b. Oct. 17, 1762	1	275
Molle, [d. Elihu & Phebe], d. [Nov.] 21, [1773]	1	164
Molle, d. Elihu & Phebe, b. Mar. 1, 1774	1	312
Noel, s. Capt. John & Phebe, b. Jan. 6, 1794	1	281
Penewell, s. Elihu & Phebe, b. Dec. 7, 1760	1	275
Penuel, [s. Elihu & Phebe], d. [Nov.] 27, [1773]	1	164
Polly, d. [John & Phebe], b. Mar. 5, 1797	1	281
Samuel, m. Patience **BIGGELOW**, b. of Killingly, Jan. 24, 1733/4	1	78
Samuel, s. Samuel & Patience, b. Apr. 2, 1748	1	38
Sarah, d. Samuel & Patience, b. Sept. 12, 1745	1	32
Sinea, d. John & Phebe, b. Oct. 14, 1785	1	281
Susanna, d. Samuel & Patience, b. Apr. 4, 1739	1	23
Tamson, d. Elihu & [Phebe], b. Dec. 15, 1764	1	275
Tilda, d. John & Phebe, b. July 3, 1791	1	281
Zelinda, d. Elihu & Phebe, b. May 10, 1769	1	275
------, s. Daniel & Marcy, b. Jan. 20, 1742/3	1	28
------, d. Samuel & Patience, b. June 21, 1743	1	28
LAWTON, Louisa M., m. Nathaniel W. **STETSON**, Oct. 30, 1842,		

	Vol.	Page
LAWTON, (cont.)		
by Rev. Tubal Wakefield	2	15
LEACH, Abby P., m. Stephen **BOSS**, b. of Scituate, R. I., Feb. 4, 1852, by Earl Martin, J. P.	2	70
Elisha, s. Jabez & Sarah, b. June 12, 1772	1	301
Ephraim, s. Jabez & Sarah, b. Mar. 29, 1771	1	301
George, m. Mernerva Ann **TUGOOD**, b. of Thompson, Aug. 15, 1841, by Rev. Daniel Williams	2	12a
James B., of Warwick, R., I., m. Susan L. **MILLARD**, of Windham, Jan. 24, 1841, by Rev. John N. Whipple	2	10
Luis, m. Betsey **KNIGHT**, Nov. 18, 1824, by Calvin Cooper	1	106
Niles L., m. Mary Ann **WOODARD**, b. of Thompson, Dec. 1, 1844, by Rev. Nicholas Branch	2	27a
Oliver, of Thompson, m. Susan **DEXTER**, of Killingly, Mar. 22, 1832, by Rev. Robert Goold	1	263
LEARNED, [see under [**LARNED**]		
LEAVENS, Abel, s. Noah & Mary, b. Jan. 14, 1741/2	1	28
Abel, s. Darius & Martha, b. Aug. 22, 1776	1	234
Abiga[i]l, d. James & Bathsheba, b. Apr. 22, 1754	1	51
Allis, d. Joseph & Judeth, b. Aug. 13, 1732	1	9
Alice, m. Hezekiah **GREEN**, Dec. 11, 1755	1	180
Allis, [twin with Willard], d. Sam[ue]ll & Elizabeth, b. Aug. 3, 1759	1	200
Allis, [triplet with Willard & Eunice], s. Samuel & Elisabeth, b. Aug. 3, 1759	1	239
Alice, d. Darius & Martha, b. Apr. 28, 1763	1	234
Amasa, s. James & Barsheba, b. Sept. 30, 1741	1	34
Andrew, s. Jacob & Elizabeth, b. Feb. 11, 1770	1	234
Andrew, of Killingly, m. Betsey **DAVIS**, of Thompson, Apr. 9, 1797, by Rev. Daniel Dow	1	185
Andrew K., m. Lois H. **TORREY**, b. of Killingly, Oct. 15, 1839, by Rev. Henry Robinson	2	6a
Andrew Knight, b. July 16, 1819	1	326
Anna, m. Joseph **LEAVENS**, Feb. 2, 1823, by Roswell Whitmore	1	197
Benjamin, s. John & Mary, b. Mar. 8, 1742/3	1	29
Benjamin, s. Benjamin & Dorothy, b. July [ ], 1763	1	267
Benjamin, s. Benjamin & Sibbell, b. Aug. 4, 1798	1	285
Betsey, d. John & Master, b. Sept. 28, 1775	1	302
Betsey, m. Lot **MITCHELL**, Jan. 27, 1830, by Elder George W. Appleton	1	132
Calvin, s. Josiah*, Jr. & Alice, b. Oct. 13, 1741 *(Joseph. Corrected by L. B. B.)	1	26
Charles, s. Joseph, Jr. & Alis, b. Aug. 26, 1746	1	34
Darius, s. Joseph, Jr. & Alice, b. Mar. 28, 1738/9	1	22
Darius, m. Martha **FAIRBANK**, Nov. 26, 1761	1	177
Darius, d. July 12, 1785	1	168
Dorot[h]y, d. Benj[ami]n & Dorot[h]y, b. Jan. 21, 1766	1	267

LEAVENS, (cont.)

	Vol.	Page
Dorittey, m. John **KINGSBURY**, Jan. 15, 1792	1	185
Edan, s. Benj[ami]n & Dorothy, b. Nov. 21, 1772	1	267
Elijah, s. Noah & Mary, b. Aug. 1, 1746	1	35
Elisha, s. Andrew & Elisabeth, b. Feb. 28, 1798	1	326
Elisha, m. Hudah **HOWE**, b. of Killingly, Nov. 30, 1820, by Elisha Atkins	1	189
Eliza H., of North Killingly, m. Moses B. H. **BISHOP**, of Mansfield, Mass., May 1, 1853, by Benj[amin] B. Hopkinson	2	79
Elisabeth had s. Benona **CUTLER**, b. Aug. 17, 1737	1	39
Elisabeth, d. Benjamin & Elisabeth, b. Feb. 27, 1752	1	44
Elizabeth, d. Benjamin & Elizabeth, b. Feb. 27, 1752	1	267
Elisabeth, w. Benjamin, d. Mar. 4, 1752	1	68
Elizabeth, w. Benjamin, d. Mar. 4, 1752	1	179
Elizabeth, d. Sam[ue]ll & Elizabeth, b. Mar. 31, 1762	1	200
Eliz[abeth], m. Ebenezer **GAY**, Mar. 4, 1773	1	178
Elisabett, d. Jacob & Elisabeth, b. July 4, 1774	1	234
Elisabeth, d. Andrew & Elisabeth, b. Jan. 9, 1804	1	326
Ellin, d. Darius & Martha, b. Mar. 3, 1767	1	234
Esther, [d. John & Esther], b. July 25, 1779	1	302
Eunice, [triplet with Willard & Allis], d. Samuel & Eliz[abeth], b. Aug. 3, 1759	1	239
Eunice, d. Jacob & Elisabeth, b. Sept. 28, 1779	1	234
Frances, [s. John & Esther], b. Sept. 24, 1769	1	302
George Larned, s. Benjamin & Sibbel, b. Apr. 30, 1796	1	285
Hannah, d. Joseph, Jr. & Allice, b. July 4, 1753	1	48
Hannah, wid. Joseph, d. Apr. 12, 1781	1	162
Hannah Rawson, [d. John & Esther], b. Sept. 5, 1773	1	302
Harriet Frances, of Killingly, m. Prescott **MAY**, of Pomfret, Jan. 31, 1847, by Rev. John D. Baldwin	2	49
Hezekiah, s. Benjamin & Dorothy, b. Sept. 12, 1760	1	267
Isaac, s. John & Mary, b. May 18, 1735	1	15
Jacob, s. Joseph, Jr. & Alice, b. Oct. 25, 1736	1	20
Jacob, m. Eliz[abeth] **HASCALL**, Nov. 17, 1768	1	177
Jacob, [twin with Mary], s. Jacob & Elisabeth, b. Oct. 14, 1781	1	234
Jacob, d. Jan. 4, 1787	1	168
Jacob, s. Andrew & Elisabeth, b. June 3, 1802	1	326
James, s. James, Jr. & Barthsheba, b. July 19, 1745	1	31
James, d. May 9, 1746	1	75
James, s. Benj[ami]n & Dorithy, b. July 6, 1775	1	267
Jed[e]diah, s. Benjamin & Dorothy, b. Aug. 19, 1755	1	267
Jedediah, s. Benj[ami]n & Doroth[y], b. Aug. 20, 1755	1	53
Jerusha, d. John & Mary, b. Jan. 5, 1738/9	1	21
Jesse, [s. Penuel & Joanna], b. Oct. 2, 1778	1	212
John, m. Mary **WINTER**, b. of Killingly, Nov. 6, 1730, by Joseph Leavens, J. P.	1	78

LEAVENS, (cont.)

	Vol.	Page
John, s. John & Mary, b. Feb. 15, 1733/4	1	13
John, s. Joseph & Judeth, b. Sept. 23, 1734	1	14
John, m. Easther WILLIAMS, Mar. 25, 1762	1	264
John, s. John & Esther, b. Oct. 2, 1781	1	302
Joseph, s. Noah & Mary, b. Aug. 8, 1749; d. Aug. 19, [1749]	1	46
Joseph, s. Noah & Mary, b. Mar. 29, 1751	1	42
Joseph, s. Noah & Mary, d. June 8, 1752	1	67
Joseph, m. Mrs. Hannah LEARNED, b. of Killingly, Dec. 17, 1755	1	70
Joseph, [twin with Mary], s. Sam[ue]ll & Elizabeth, b. Jan. 12, 1757	1	200
Joseph, s. John & Esther, b. Sept. 21, 1763	1	302
Joseph, d. Nov. 5, 1773	1	168
Joseph, d. Apr. 7, 1779	1	158
Joseph, [s. Penuel & Joanna], b. Jan. 11, 1785	1	212
Joseph, m. Anna LEAVENS, Feb. 2, 1823, by Roswell Whitmore	1	197
Joseph, m. Louisa PIERCE, b. of Killingly, Sept. 23, 1831, by Albert Cole	1	131
Judea, w. Joseph, d. Dec. 11, 1751	1	72
Judeth Ch[a]rlot[t]e, [d. John & Esther], b. May 21, 1765	1	302
Keziah, d. Joseph & Judeth, b. Mar. 8, 1729/30	1	4
Keziah, m. Ebenezer LEARNED, b. of Killingly, Dec. 28, 1749, by Perley Howe, Clerk	1	76
Loring, s. Benjamin & Sibbel, b. Aug. 17, 1794	1	285
Louisa W., of Killingly, m. Silas RICHMOND, of Richmond, R. I., June 18, 1843, by Rev. Henry Robinson	2	19
Lucina, of Killingly, m. Silas CHILD, of Thompson, Jan. 1, 1839, by Rev. Henry Robinson	2	5a
Lucy, d. Benja[min] & Dorot[h]y, b. Dec. 30, 1756	1	64
Lucy, d. Benjamin & Dorothy, b. Dec. 30, 1756	1	267
Lurana, d. Joseph, Jr. & Alis, b. Nov. 18, 1743	1	34
Lurana, m. Benoni CUTLER, Dec. 22, 1763	1	180
Lurana, d. Jacob & Elisabeth, b. July 2, 1769	1	234
Maria G., m. Stephen SMITH, Oct. 10, 1832, by Rev. John N. Whipple. Intention published	1	83
Martha, w. Darius, d. Mar. 12, 1783	1	168
Mary, d. James & Bathsheba, b. June 25, 1752	1	47
Mary, [twin with Joseph], d. Sam[ue]ll & Elizabeth, b. Jan. 12, 1757	1	200
Mary, w. John, d. Nov. 21, 1764	1	57
Mary, [twin with Jacob], d. Jacob & Elisabeth, b. Oct. 14, 1781	1	234
Mary, d. Jacob & Elizabeth, d. Dec. 12, 1782	1	168
Mary Ann, of Killingly, m. Joseph PEIRCE, of Enfield, Conn., Nov. 14, 1841, by Rev. George Greenslitt	2	12
Matilda, d. John & Esther, b. Nov. 28, 1783	1	302

	Vol.	Page
LEAVENS, (cont.)		
Noah, d. Sept. 21, 1751	1	72
Noah, s. Isaac, b. May 25, 1770	1	290
Olive, d. Darius & Martha, b. June 7, 1765	1	234
Oliver, s. Benj[ami]n & Dorot[h]y, b. Nov. 16, 1767	1	267
Oliver, [s. Penuel & Joanna], b. June 18, 1789	1	212
Penuel, s. John & Mary, b. Mar. 3, 1736/7	1	19
Penuel, m. Joanna **BROWN**, May 17, 1778, by George Robinson, Clerk	1	178
Peter, s. John & Mary, b. Sept. 14, 1732	1	10
Prudence, d. James, Jr. & Bathsheba, b. June 6, 1746	1	28
Rachal, d. Andrew, b. Oct. 13, 1809	1	326
Rebeccah, d. Noah & Marcy, b. June 29, 1743	1	28
Rhoda, [d. Penuel & Joanna], b. Oct. 26, 1779	1	212
Rolan, s. Benjamin & Dorothy, b. Sept. 7, 1758	1	267
Rhoswell, s. Isaac & Mehet[a]b[l]e, b. Jan. 18, 1767	1	290
Royal, s. Benj[ami]n & Dorot[h]y, b. June 9, 1769	1	267
Rufuss, s. Darius & Martha, b. Apr. 22, 1769	1	234
Samuel, s. John & Mary, b. July 3, 1731	1	8
Samuel, m. Elisabeth **JOHNSON**, b. of Killingly, Jan. 6, 1751, by Marsdens Cabot, Clerk	1	71
Samuel, s. Sam[ue]ll & Elizabeth, b. June 18, 1765	1	200
Sarah, m. Silas **HUCHINS**, b. of Killingly, Jan. 14, 1747/8, by Rev. Nehemiah Barker, of the South Society	1	77
Sarah, d. Jacob & Elisabeth, b. June 2, 1777	1	234
Sarah, [d. Penuel & Joanna], b. Dec. 25, 1782	1	212
Sarah, d. Andrew & Elisabeth, b. Sept. 23, 1805	1	326
Sarah, of Killingly, m. George G. **HOOD**, of Attleboro, Mass., Oct. 31, 1852, by Rev. Roswell Whitmore	2	75
Simeon, s. John & Mary, b. June 4, 1740	1	24
Simon Davis, s. Andrew & Elisabeth, b. Aug. 12, 1799	1	326
Stephen, [s. Penuel & Joanna], b. Feb. 26, 1781	1	212
Susanna, m. Benoni **CUTLER**, Dec. 22, 1763	1	176
Susannah, d. Jacob & Elisabeth, b. Nov. 7, 1775	1	234
Thorlow, s. Darius & Ma[r]tha, b. Feb. 18, 1774	1	234
Vine, [s. John & Esther], b. Aug. 5, 1767	1	302
Willard, [twin with Allis], s. Sam[ue]ll & Elizabeth, b. Aug. 3, 1759	1	200
Willard, [triplet with Allis & Eunice], s. Samuel & Elisabeth, b. Aug. 3, 1759	1	239
Willard, s. Samuel & Elizabeth, d. Dec. 21, 1759	1	169
Willard, s. Darius & Ma[r]tha, b. Sept. 5, 1771	1	234
William, [s. John & Esther], b. Sept. 17, 1771; d. June 21, 1773	1	302
William, [s. John & Easter], b. Sept. 24, 1777	1	302
Zerviah, m. Joseph **HUCHENS**, b. of Killingly, Jan. 22, 1735/6, by Rev. John Fisk	1	76
Zerviah, d. Noah & Mary, b. June 11, 1745	1	31

	Vol.	Page
LEAVENS, (cont.)		
Zerviah, d. Isaac & Mehetebel, b. Oct. 31, 1764	1	290
------, m. Esther **WILLIAMS**, Mar. 25, 1762, by Rev. Aaron Putnam	1	176
LEBRA, John, of Richmond, R. I., m. Catharine **EEALS**, of Smithfield, R. I., Aug. 17, 1847, at Danielsonville, West Killingly, by Rev. J. Livesy, Jr.	2	42
LEE, Abigail, d. Phinehas & Jemima, b. June 28, 1737	1	21
Abigail Bond, d. Solomon & Sillah, b. May 2, 1778	1	311
Benjamin, s. John & Marg[a]ret, b. July 7, 1746	1	33
Danforth, m. Elisabeth **STONE**, b. of Norton, Mass., Mar. 6, 1846, by Rev. Benjamin C. Phelps, of West Killingly. Witness: C. A. Atkins	2	34
Daniel, s. Phinehas & Jemima, b. Aug. 26, 1744	1	30
Darius, [s. Joel & Hannah], b. Sept. 19, 1776	1	312
Elijah, s. Phinehas & Jemima, b. Jan. 12, 1742/3	1	31
Elijah, s. Elijah & Losana, b. June 25, 1768	1	265
Elisabeth, d. Phinehas & Jemima, b. Mar. 27, 1739	1	21
Esther, d. Solomon & Sillah, b. June 27, 1776	1	311
Hannah, d. John & Marg[a]ret, b. Feb. 5, 1743/4	1	33
Hannah, d. Isaac & Abiga[i]l, b. May 26, 1769	1	310
Huldah, d. Phinehas & Jemima, b. Jan. 12, 1740/41	1	25
Jacob, s. Isaac & Abigail, b. Nov. 11, 1767	1	310
James, s. John & Margarett, b. Sept. 12, 1739	1	25
Jemima, d. Phineas & Jemima, b. Oct. 28, 1734	1	14
Jemima, d. Elijah & Lusana, b. Sept. 13, 1766	1	265
Jesse, s. John & Marg[a]ret, b. Aug. 18, 1741	1	33
Job, s. John & Margarett, b. Oct. 26, 1734; d. same day	1	25
Joel, s. Phineas & Jemimah, b. Dec. 28, 1747	1	35
Joel, m. Lydah **PARKS**, Feb. 18, 1773	1	264
Joel, m. Hannah **FAY**, July [ ], 1773	1	181
Johannah, d. Ebenezer & Susannah, b. Nov. 3, 1730	1	6
John, s. John & Marg[a]ret, b. Oct. 8, 1732	1	11
Jonathan, s. John & Margarett, b. Oct. 31, 1737	1	25
Joseph Jewell, s. Isaac & Abiga[i]l, b. Mar. 19, 1771	1	310
Kiziah, d. Phinehas & Jemima, b. Aug. 13, 1754	1	51
Leada, m. Jacob **SPAULDING**, Apr. 11, 1775	1	180
Lodema, d. Seth & Mol[l]e, b. Nov. 3, 1757	1	209
Lydia, d. Joel & Hannah, b. May 6, 1774	1	312
Lydia, d. Joel & Hannah, d. Mar. 11, 1776	1	164
Lydah, w. Joel, d. [ ], in the 32nd y. of her age	1	156
Marg[a]ret, d. John & Marg[a]ret, b. June 18, 1728	1	11
Mary Anna, of Boston, Mass., m. John **McCARTY**, of West Boston, Mass., Jan. 14, 1846, by Rev. Benjamin C. Phelps, of West Killingly. Witness: Ellis Buckminster	2	33a
Nehemiah, s. Joel & Hannah, b. May 29, 1775	1	312
Phebe, d. John & Marg[a]ret, b. Aug. 28, 1730	1	11
Phineas, s. Phineas & Jemima, b. Mar. 9, 1732/3	1	11

	Vol.	Page
LEE, (cont.)		
Rachal, d. Phinehas & Jemima, b. May 27, 1750	1	40
Rachal, d. Phinehas & Jemima, b. May 27, 1750	1	43
Rozzel, s. Isaac & Abiga[i]l, b. Aug. 17, 1773	1	310
Sabra, s. Phinehas & Jemima, b. Feb. 23, 1745/6	1	31
Samuel, s. John & Marg[a]ret, b. July 3, 1726	1	11
Samuel, s. Phinies & Jemima, b. June 4, 1730	1	9
Silas, s. Phineas & Jemima, b. Sept. 26, 1731	1	9
Simeon, s. John & Margarett, b. Nov. 24, 1735	1	25
Steward, s. Ebenezer & Susannah, b. Oct. 6, 1728	1	3
Susannah, [d. Joel & Hannah], b. Nov. 14, 1777	1	312
Walter, s. Isaac & Abiga[i]l, b. Jan. 7, 1776	1	310
LEEBRET, Charles, s. Charles & Martha, b. June 17, 1755	1	54
LEFFINGWELL, LEFFENWELL, Ann, m. Anson **STEER,** b. of Killingly, July 4, 1836, by Sidney Holman	1	154
Calvin Myron, [s. Calvin & Lucy], b. [ ]	1	287
Eliza Marsylvia, [d. Calvin & Lucy], b. Oct. 20, 1819	1	287
Harriet Melissa, [d. Calvin & Lucy], b. [ ]	1	287
Lucy Ann, d. Calvin & Lucy, b. July 29, 1814	1	287
Lucy Ann, m. John B. **TRUESDELL,** b. of Killingly, May 14, 1837, by Rev. Sidney Holman	2	2
Mary, m. Joseph **ESSEX,** Oct. 6, 1833, by Rev. Ella Dunham	1	85
LENERD, Jesse, m. Deborah **PLANK,** May 30, 1756, by Rev. Mr. Aaron Brown	1	55
LEVENSDER, Henry, m. Betsey Ann **RICE,** b. of Killingly, Sept. 22, 1847, by Abiel Converse, J. P.	2	82
LEWIN, Hannah, of Providence, R. I., m. Benjamin A. **NEWHALL,** Sept. 30, 1844, by Rev. Daniel Williams	2	25a
LEWIS, LEWAS, Benjamin, of Sterling, m. Lydia M. **JAMES,** of Plainfield, Aug. 16, 1835, by Elisha Atkins	1	96
Burrell, m. Mary Jane **THOMPSON,** b. of Providence, R. I., Aug. 22, 1850, by Earl Martin, J. P.	2	55a
Harriet, m. Joseph **COLE,** b. of Cumberland, R. I., July 2, 1847, by Rev. Daniel Williams	2	41a
Jeronia, of Killingly, d. of Samuel, m. Seth **COLVIN,** of Sterling, Apr. 5, 1821, by Anthony Brown, J. P.	1	191
Lucy, of Killingly, m. William **SMITH,** of Brooklyn, Jan. 2, 1831, by Elder George W. Appleton	1	132
Marcy, m. Pain **CONVERS[E],** Jr., Dec. 11, 1760	1	175
Orrin J., m. Hannah R. **SEARS,** b. of Killingly, Aug. 17, 1840, by Rev. Daniel Williams	2	9
Thankful, of Killingly, d. of Samuel, m. Ithamer **WELLS,** of Foster, R. I., Mar. 4, 1821, by Anthony Brown, J. P.	1	191
LILLEY, LILLY, John, s. Richard & Mary, b. May 19, 1732	1	9
Lucy, d. Richard & Mary, b. Feb. 6, 1735/6	1	18
Phillip, s. Richard & Mary, b. Jan. 15, 1733/4	1	16
LILLIBRIDGE, Frederick H., of Brooklyn, m. Mary S. **CUMMINGS,** of Killingly, Apr. 8, 1832, by Roswell		

	Vol.	Page
LILLIBRIDGE, (cont.)		
Whitmore	1	82
Loiza, m. Alexander **MITCHELL,** b. of Killingly, Aug. 12, 1844, by Rev. G. W. Greenslit	2	23a
Lorenzo, m. Mary M. **ADAMS,** b. of Killingly, Feb. 20, 1848, by Rev. T. O. Rice	2	46a
LINCOLN, Almirah H., m. W[illia]m H. **HODGIN,** b. of Providence R. I., July 20, 1845, by Rev. Benjamin C. Phelps, of West Killingly	2	29a
LINDALL, Mary, m. David **STONE,** b. of Killingly, Aug. 14, 1842, by Rev. Tubal Wakefield	2	14
LIPPENWELL, Eliza M., m. Norris G. **LIPPETT,** b. of Killingly, Apr. 29, 1839, by Rev. Henry Robinson	2	6
LIPPITT, LIPPETT, LIPPET, Benjamin, m. Nancy **CEASER,** of Johnston, R. I., Dec. 6, 1846, by Rev. Joseph B. Daman	2	43
Catharine, of Killingly, m. Robert **ARNOLD,** of Thompson, Feb. 7, 1814, by John Nichols, Elder	1	187
Hannah H., of Killingly, m. Zerniah P. **ARNOLD,** of Ashford, [Feb.] 18, 1824, Pomfret, by Rev. James Porter, of Pomfret	1	104
Nancy, of Killingly, m. Comstock **PAIN,** of Smithfield, R. I., Jan. 17, 1833, by Rev. Albert Cole	1	132
Norris G., m. Eliza M. **LIPPENWELL,** b. of Killingly, Apr. 29, 1839, by Rev. Henry Robinson	2	6
LITTLE, David, s. Ez[e]k[iel] & Margaret, b. June 22, 1765	1	208
Ednor, d. Ez[e]ki[e]l & Marga[re]te, b. May 27, 1755	1	208
Ezekiel, Jr., m. Eunice **EATON,** b. of Killingly, Mar. 2, 1775	1	177
George, s. Ezeki[e]l & Marg[a]rat, b. Mar. 18, 1759	1	208
Hannah, d. Ez[e]ki[e]l & Marg[a]rate, b. Apr. 14, 1761	1	208
Leada, d. Ez[e]ki[e]l & Marg[ar]et, b. Apr. 5, 1757	1	208
Samuel, s. Ezekiel & Margaret, b. Apr. 27, 1763	1	208
LITTLEJOHN, Harrison G., m. Susan T. **WEAVER,** b. of Smithfield, R.I., May 17, 1840, by Rev. Daniel Williams	2	8a
LIVSEY, Sarah A., m. George **BURGESS,** b. of Providence, R. I., Oct. 8, 1845, by Ephraim Bacon, J. P.	2	31a
LOCK, Eodward, m. Louis **WATKINS,** b. of Killingly, Sept. 8, 1848, by Rev. Daniel Williams	2	50
George W., m. Lucy Ann **GEER,** b. of Killingly, Nov. 30, 1851, by Rev. Daniel Williams	2	68
Mary had d. Susee **COWPER,** b. Apr. 26, 1719, at Lexington	1	1
Mary E., of Killingly, m. Joseph **HOXIE,** of Greenwich, R. I., Jan. 6, 1846, by Rev. T. O. Rice	2	32
William H., of Killingly, m. Sarah **GAVVIT,** of South Kingstown, R. I., Nov. 8, 1848, by Rev. Daniel Williams	2	50a
LOGER*, Leonard, m. Naomi **CHASE,** b. of Killingly, Feb. 6, 1853, by Earl Martin, J. P. (***LOGEE**?)	2	78
LOND, Joannah, of Foxborough, Mass., m. Joseph S. **COVEL,** of Providence, R. I., Feb. 11, [1843], by Nicholas Branch	2	22a

	Vol.	Page
LONGLEY, James R., m. Ele[a]nor **WILBOUR**, b. of Fall River, Mass., Jan. 1, 1846, by Rev. Benjamin C. Phelps, of West Killingly. Witness: Ellis Buckminster	2	33a
LONGSTED, James M., of Killingly, m. Amanda **COVIL**, of Thompson, Apr. 15, 1849, by Rev. I. M. Bidwell	2	52
LOOMIS, Hezekiah M., m. Philena A. **FOSTER**, Feb. 15, 1839, by Rev. L. Robbins	2	6
LORRENCE, [see under **LAWRENCE**]		
LORTON, Hannah, w. John, d. Sept. 20, 1727	1	73
LOTHROP, Anna, m. Jonathan **HASCALL**, Oct. 13, 1766	1	175
LOVELAND, John, of Westerly, R. I., m. Sarah **SHELDON**, of Glocester, R. I., Jan. 28, 1850, by Rev. S. W. Coggeshall	2	54a
LOW, Rachael, m. Henry **LEARNED**, Mar. 13, 1777, by Rev. Eliphalet Wright	1	182
LUCAS, Catharine A., of Plymouth, Mass., m. William H. **SAVORY**, of Boston, Mass., Oct. 16, 1848, by Rev. Geo[rge] W. Greenslitt	2	48
LUKE, Horace, m. Sarah **HENDRICKS**, Aug. 5, 1838, by Daniel Williams, Elder	2	5
Huldah Ann, m. Kingsley **CARPENTER**, Aug. 5, 1838, by Daniel Williams, Elder	2	5
LUTHER, Autherlinda, m. Harley P. **BARDEN**, b. of Scituate, R. I., Oct. 7, 1847, in Danielsonville, West Killingly, by Rev. John Livesy, Jr.	2	44a
Mary A., of Glocester, m. Sabin **ADAMS**, Sept. 11, 1842, by Rev. Geo[rge] May	2	14
Mina, of Glocester, R. I., m. John P. **MOFFITT**, of Killingly, Sept. 16, 1842, by Rev. Tubal Wakefield	2	14
Patience S., m. John **AYLESWORTH**, b. of Gloucester, R. I., Oct. 18, 1846, by Rev. Daniel Williams	2	37a
William Henry, of Scituate, R. I., m. Amey Jane **RANDALL**, of Foster, R. I., Nov. 1, 1849, by Rev. S. W. Coggeshall	2	53
LYON, Annis, m. George N. **CORBIN**, Nov. 26, 1843, by Rev. G. W. Greenslit	2	20a
Mary, of Pomfrett, m. Stephen **BROWN**, of Killingly, Oct. 17, 1748	1	65
Moses, of Woodstock, m. Sarah **WILLIAMS**, of Killingly, May 19, 1840, by Rev. Roswell Whitmore	2	9a
Waldo, of Mansfield, Conn., m. Lucy Ann **BOWEN**, of Killingly, June 29, 1851, by Rev. Sidney Dean	2	66
MACANNING, James, of Barrington, m. Maria **GILES**, of Providence, R. I., Sept. 20, 1845, by Ephraim Bacon, J. P.	2	31
MACKINTIRE, [see under **McINTIRE**]		
MADISON, Abigail, m. William **CADY**, b. of Killingly, Feb. 15, 1835, by Calvin Cooper	1	93
Daniel, of Burrillville, R. I., m. Caroline **HUMES**, of Killingly	2	60

	Vol.	Page

MADISON, (cont.)
    Apr. 13, 1851, by Rev. Sidney Dean — 2, 60

MAIN, Manerva, m. Ezekiel **MITCHELL**, b. of Killingly, Nov. 5, 1837, by David Chase, J. P. — 2, 3

MALBONE, Mary A., m. W[illia]m C. **BACON**, b. of Killingly, Nov. 17, 1829, by Rev. Roswell Whitmore — 1, 99

MANCHESTER, Cook, m. Caroline F. **SHERMAN**, b. of Providence, R. I., June 20, 1847, by Rev. J. Livesy, Jr. — 2, 40
    Lucy Ann, m. Russell **IDE**, b. of Foster, R. I., Nov. 12, 1852, by Rev. Daniel Williams — 2, 77
    Nathaniel, m. Elisabeth **WEAVER**, b. of Providence, R. I., Mar. 8, 1843, by Rev. Tubal Wakefield. Intention published — 2, 18

MANION, Han[n]ah, d. Joseph & Sarah, b. Jan. 13, 1742/3 — 1, 31
    Jonathan, s. Joseph & Sarah, b. Mar. 4, 1744/5 — 1, 31

MANN, Martha, of Gloucester, R. I., m. John **FARNUM**, of Johnston, Sept. 2, 1846, by Rev. Daniel Williams — 2, 37

MANSFIELD, Amos, s. Daniel & [E]unis, b. Sept. 12, 1774 — 1, 295
    Lissa, d. Daniel & [E]unis, b. Apr. 4, 1783 — 1, 295
    Sarah, d. Daniel & [E]unis, b. Apr. 17, 1779 — 1, 295

MARBLE, Mary L., of Sutton, Mass., m. A. L. **HOLT**, of Ware, Mass., July 4, 1846, by Rev. Benjamin C. Phelps, of West Killingly. Witness: E. Buckminster — 2, 36

MARCY, Mary, m. Jonathan **FIRMAN**, Nov. 5, 1743 — 1, 180

MARSH, Di[a]damia, d. W[illia]m & Reachel, b. Feb. 6, 1762 — 1, 215
    Elizabeth, d. Abner & Hannah, b. Feb. 26, 1767 — 1, 266
    George, m. Sarah [   ], b. of Killingly, Oct. 24, 1847, in Danielsonville, West Killingly, by Rev. John Livesy, Jr. — 2, 45
    Hannah, d. Samuel & Martha, b. Feb. 16, 1745 — 1, 34
    Joel, s. W[illia]m & Reachel, b. Nov. 14, 1767 — 1, 215
    John, s. Jonathan & Esther, b. Dec. 11, 1749 — 1, 213
    Lucretia, d. Zebediah & Mary, b. Oct. 23, 1764 — 1, 200
    Osborn, s. W[illia]m & Reachel, b. Nov. 27, 1765 — 1, 215
    Phildefe*, d. W[illia]m & Racheal, b. July 1, 1760 (*Philadelphia) — 1, 215
    Reachel, d. William & Reachel, b. Mar. 13, 1757 — 1, 215
    Rosina, d. Abner & Hannah, b. Sept. 6, 1765 — 1, 266
    Samuel, s. Zeb[edia]h & Mary, b. May 10, 1761 — 1, 200
    Sarah, d. Abner & Hannah, b. Oct. 25, 1768 — 1, 266
    Thankfull, d. William & Reachel, b. Nov. 23, 1758 — 1, 215
    W[illia]m, s. W[illia]m & Reachel, b. Nov. 7, 1763 — 1, 215
    Zebediah, s. Zebediah & Mary, b. Feb. 13, 1760 — 1, 200
    --------, d. Zeb[edia]h & Mary, b. Feb. 19, 1763 — 1, 200

MARTIN, MARTEN, MARTAIN, Andrew, m. Betsey **CLAVELAND**, b. of Killingly, Sept. 12, 1822, by Calvin Cooper — 1, 195
    Annah, d. Gideon & Rebec[c]a, b. Feb. 27, 1754 — 1, 51

	Vol.	Page
MARTIN, MARTEN, MARTAIN, (cont.)		
Anne, d. Gideon & Rebecka, b. Dec. 6, 1757	1	300
Anson, of Kingston, Penn., m. Harriet **FISHER**, of Killingly, Aug. 21, 1837, by Roswell Whitmore	2	2a
Candace, m. Oliver **COVEL**, Apr. 13, 1825, by Calvin Cooper	1	107
Dyer, m. Amy **HULET**, b. of Killingly, Feb. 13, 1821, by Calvin Cooper	1	191
Elisabeth, m. Jacob **DRESSER**, b. of Killingly, May 28, 1733	1	78
Henry, of Pawtucket, R. I., m. Sarah A. **GREEN**, of Scituate, R. I., May 3, 1846, by Rev. Benjamin C. Phelps, of West Killingly. Witness: E. Buckminster	2	36
John, of Plainfield, m. Sally **STRANAHAN**, of Killingly, Dec. 24, 1820, by Charles Stone, Elder	1	191
Mary C., m. Joshua **ROOD**, b. of Killingly, Nov. 14, 1847, by Rev. Isaac C. Day	2	44a
Sarah, d. Aaron & Sarah, b. Feb. 13, 1734/5	1	16
MASON, Alfred, m. Almira **BISFORD**, Oct. 20, 1830, by Daniel Williams, Elder	1	127
Amasa, s. John & Rose, b. Nov. 25, 1776	1	280
Caddy, of Killingly, m. William **POTTER**, of Foster, Apr. 2, 1826, by Calvin Cooper	1	116
Emily, of Killingly, m. Benjamin **DREW**, of Brooklyn, Nov. 13, 1842, by Rev. Henry Robinson	2	15
James, s. John, b. Jan. 28, 1775	1	280
James, m. Mary **WILLIAMS**, Feb.10, 1802, by Rev. Israel Day	2	81
John, s. John & Rose, b. Aug. 14, 1770	1	280
John, m. Edna **AMES**, July 15, 1795, by Rev. Elisha Atkins	2	81
John, m. Sarah Ann **GRAVES**, Mar. 18, 1838, by Lowell Graves, J. P.	2	4
Maria, m. Lysander **WARREN**, b. of Killingly, Oct. 7, 1844, by Rev. Daniel Williams	2	26
Martha, of Killingly, m. Joseph **GRANT**, of Woodstock, Jan. 7, 1844, by Rev. Daniel Williams	2	22a
Mary A., of Killingly, m. Simon H. **HOPKINS**, of Foster, R. I., Apr. 7, 1850, by Rev. Daniel Williams	2	55a
Nathan, s. Nathan & Candace, b. July 25, 1784	1	280
Sally, m. Cyrus **SMITH**, b. of Killingly, Dec. 26, 1830, by Rev. Calvin Cooper	1	125
Sanford, s. John & Rose, b. Nov. [ ], 1780	1	280
William, s. John & Rose, b. Oct. 29, 1778	1	280
William, m. Esther G. **CHASE**, b. of Killingly, Apr. 17, 1842, by Rev. Daniel Williams	2	16
Zerviah, d. John, b. Sept. 4, 1772	1	280
MATHERS, Mary, of Killingly, m. W[illia]m Henry **CLARK**, of Thompson, Dec. 20, 1846, by Rev. John D. Baldwin	2	49
MATHEWSON, Amey, m. Lemuel **BROWN**, b. of Killingly, Sept. 21, 1820	1	188

	Vol.	Page

MATHEWSON, (cont.)

Annah Frances, of Cranston, R. I., m. Eathan A. **JENCKES**, of Foster, R. I., Sept. 4, 1848, by Rev. John Livesy, Jr. — 2 — 48a

Benoni, m. Elisabeth **ARNOLD**, b. of Providence, R. I., May 29, 1849, by Rev. Samuel W. Coggeshall — 2 — 52a

Celia Ann, of Killingly, m. George W. **WADE**, of N. Scituate, R. I., Jan. 2, 1853, by Rev. Roswell Whitmore — 2 — 80

Charlotte, m. Arnold **HICKS**, Oct. 8, 1842, by William K. Durfee, J. P. — 2 — 14a

Elisabeth D., m. Albert H. **WIGHT**, b. of Killingly, Sept. 10, 1848, by Rev. Geo[rge] W. Greenslitt — 2 — 47a

James, m. Lucretia **MITCHELL**, b. of Killingly, Jan. 21, 1827, by Elisha Atkins — 1 — 111

Lucy Ann, of Smithfield, R. I., m. Joshua **ANGELL**, of Pawtucket, Mar. 10, 1845, by Rev. Daniel Williams — 2 — 28a

Lydia, of Scituate, R.I., m. Edward T. **BOSS**, of Providence, R. I., May 31, 1851, by Earl Martin, J. P. — 2 — 61

Margaret, of Killingly, m. Leonard A. **SLETLY**, of Providence, R. I., Sept. 9, 1843, by Rev. Daniel Williams — 2 — 22

Rachel, m. Daniel A. **SEAMONS**, b. of Scituate, R. I., Nov. 5, 1846, by Rev. Daniel Williams — 2 — 38

Susan Ann, of Johnson, R. I., m. Kingsley T. **SEARS**, of Providence, R. I., Apr. 2, 1846, by Rev. Joseph B. Daman — 2 — 43

W[illia]m B., of Scituate, m. Hannah M. **HILL**, of Foster, R. I., Oct. 23, 1842, by Geo[rge] May — 2 — 17a

MATTERSON, MATTESON, Daniel, of Scituate, R. I., m. Phebe R. **BURLINGAME**, of Coventry, R. I., Oct. 5, 1847, by Rev. T. O. Rice — 2 — 42a

Lucretia, of Coventry, R. I., m. Daniel **BOSS**, of Scituate, R. I., May 7, 1848, by Rev. Isaac C. Day — 2 — 48

Lucretia Ann, of Coventry, R. I., m. Daniel **BOSS**, of Scituate, R. I., May 7, 1848, by Rev. Isaac C. Day — 2 — 46

MATTHEWS, MATHEWS, MATTHEWES, Abby A., m. Henry S. **CARD**, Jan. 18, 1852, by Rev. Isaac H. Coe. Intention published — 2 — 68

Adaline, of Killingly, m. Joseph **BUGBEE**, of Thompson, Apr. 3, 1843, by Rev. Henry Robinson — 2 — 18

Angeline, of Killingly, m. Allen **CLARK**, of Thompson, Apr. 3, 1843, by Rev. Henry Robinson — 2 — 18

Isaac D., of Warren, Mass., m. Almira **REYNOLDS**, of Killingly, Sept. 5, 1841, by Rev. Henry Robinson — 2 — 11a

Jeremiah, s. Joseph & Rebecca, b. Nov. 4, 1795 — 1 — 231

John, s. Joseph & Rebecca, b. May 27, 1798 — 1 — 231

John, m. Elizabeth **MITCHELL**, b. of Killingly, on or about Oct. 15, 1820, by Elisha Atkins — 1 — 189

Julia Ann, of Killingly, m. George **BATES**, of Thom[p]son, Apr. 3, 1843, by Rev. Tubal Wakefield — 2 — 18a

	Vol.	Page
MATTHEWS, MATHEWS, MATTHEWES, (cont.)		
Mariah, m. Cromwell CHASE, b. of Killingly, Sept. 11, 1838, by Nicholas Branch	2	4a
Mary, d. Joseph & Amy, b. Dec. 7, 1793	1	231
Nelson, m. Emily KELLY, b. of Killingly, Dec. 16, 1833, by Rev. W[illia]m Bushnall	1	87
MAXSON, Mary S., of Paris, Me., m. Henry E. TOWN, of Andover, Vt., Dec. 14, 1852, by Earl Martin, J. P.	2	78
MAY, Ephraim, d. Apr. 3, 1755	1	156
Ethimer, of Pomfret, m. Est[h]er DURFEY, of Killingly, Aug. 22, 1822, by Calvin Cooper	1	194
Lows, d. Ephr[a]im & Patience, b. Dec. 16, 1757	1	213
Prescott, of Pomfret, m. Harriet Frances LEAVENS, of Killingly, Jan. 31, 1847, by Rev. John D. Baldwin	2	49
Sarah, d. Ephraim & Ruth, b. Apr. 3, 1752	1	46
W[illia]m H., m. Lucy S. WILLIAMS, b. of Providence, R. I., Aug. 31, 1845, by Rev. Benjamin C. Phelps, of West Killingly	2	30
McBRIDE, Amanda, m. Francis P. CAMPBELL, b. of Gloucester, R. I., Sept. 1, 1850, by Rev. Daniel Williams	2	56
McCARTY, John, of West Boston, Mass., m. Mary Anna LEE, of Boston, Mass., Jan. 14, 1846, by Rev. Benjamin C. Phelps, of West Killingly. Witness: Ellis Buckminster	2	33a
McDONALD, Handall, m. Abigail HORTON, July 19, 1826, by Rev. Elisha Atkins	1	116
Harley, of Providence, m. Betsey M. SAMPSON, of North Providence, R. I., Sept. 5, 1847, by Rev. Daniel Williams	2	45a
McINTIRE, MACKINTIRE, Bathshe, m. David BARRIT, Jr., b. of Killingly, June 10, 1753, by Jacob Dresser, J. P.	1	54
Peggy, m. Ellis THAYER, b. of Charlton, Mass., June 18, 1837, by Rev. Sidney Holman	2	2
McKEE, Rachal, m. James RAY, b. of Killingly, May 12, 1843, by Rev. Tubal Wakefield	2	18a
McKELORE, Mary, of Pawtucket, m. James JOHNSON, Jan. 27, 1844, by Rev. Daniel Williams	2	24
McKENZIE, Jonas, of Glocester, R. I., m. Emely CORNELL, of Killingly, Oct. 16, 1831, by George W. Appleton	1	128
MEADERAS, William K., of Worcester, Mass., m. Mary A. EDWARDS, of Millbury, Mass., Mar. 6, 1852, by Earl Martin, J. P.	2	70
MECAB, Experience, had d. Hannah, b. July 31, 1740	1	31
Experience had d. Jerusha CAREY, d. Sept. 10, 1745	1	74
Hannah, d. Experience, b. July 31, 1740	1	31
MELLEN, Isaac, of Prescott, Mass., m. Mary E. BURGESS, of Killingly, May 18, 1852, by Rev. Tho[ma]s O. Rice	2	71
MERRARTY, Mary A., of Norwich, Conn., m. Thomas W. TILLINGHAST, of Warwick, R. I., Mar. 15, 1853, by Earl Martin, J. P.	2	78

	Vol.	Page
MERRELL, MERRILL, MERREL, Aholiab, s. Nehemiah & Marcy, b. June 15, 1750	1	42
Elisabeth, d. Nathaniel & Mary, b. June 8, 1732	1	10
Hallowell, s. Nehemiah & Marcy, b. Oct. 25, 1754	1	70
Hannah, d. Obadiah & Hannah, b. Oct. 15, 1753	1	48
John, s. Obadiah & Hannah, b. Nov. 15, 1756	1	205
Levine, d. Obadiah & Hannah, b. Dec. 17, 1754	1	70
Mary, d. Obediah & Hannah, b. Nov. 7, 1758	1	228
Nathaniel, d. Apr. 3, 1749	1	67
Nehemiah, s. Nath[anie]ll & Mary, b. Aug. 17, 1724	1	42
Nehemiah, m. Marcy **HALLOWELL**, b. of Killingly, June 29, 1749, by Marston Cabot, Clerk	1	76
Obadiah, m. Hannah **JOSELEN**, Dec. 28, 1749, by Marston Cabot, Clerk	1	70
Reuben, s. Nathaniel & Mary, b. June 28, 1734	1	14
Ruth, m. Ebenezer **ADAMS**, Sept. 6, 1748	1	65
Sarah, d. Nathaniel & Mary, b. June 6, 1730	1	5
Sybil, d. Nath[anie]ll & Mary, b. Feb. 21, 1741/2	1	27
Zillah, d. Nathaniel & Mary, b. July 1, 1739	1	22
MESERVEY, Nathaniel, m. Hannah **SNOW**, b. of Thompson, Dec. 13, 1835, by Calvin Cooper, Elder	1	96
MESSENGER, Jerusha, Mrs., of Wrentham, m. Jonathan **CADY**, Jan. 24, 1796, by Rev. George Mowry	1	261
MESSER, Thomas M., m. Abby L. **TUELL**, b. of Newport, R. I., Sept. 14, 1850, by Earl Martin, J. P.	2	61
MIGHEL, MIGHAL, MIGHILL, MIGHIL, MIGHALL, MIGHELL, Abner, s. James & Mercy, b. Mar. 23, 1744	1	39
Abner, s. James & Marcy, d. Oct. 22, 1749	1	68
Eleazer, s. Thomas & Mary, b. Aug. 12, 1730	1	5
Eleazer, m. Zaviah **CADY**, Sept. 14, 1752	1	156
Elijah, s. Samuel & Hannah, b. Aug. 14, 1736	1	18
Elisabeth, d. Apr. 3, 1753	1	67
Ezekiel, s. Thomas, Jr. & Mary, b. Dec. 21, 1732	1	10
Ezekiel, m. Margaret **WILLSON**, b. of Killingly, May 23, 1754	1	65
James, m. Mrs. Marcy **BURCH**, b. of Killingly, [ ], by Joseph Leavens, J. P.	1	76
John, d. Nov. 13, 1743	1	74
John, s. Ezekiel & Marg[a]rate, b. June 26, 1758	1	241
John, s. Ezekiel & Marg[a]ret, d. Apr. 10, 1760	1	170
Marcy, m. Libeas **CARPENTER**, b. of Killingly, May 29, 1750	1	70
Thomas, s. Tho[ma]s, Jr. & Mary, b. Dec. 15, 1734	1	14
MILLARD, Anna, m. John **BARRIT**, June 11, 1778	1	181
Caleb, m. Roby **BAKER**, b. of Providence, R. I., Aug. 19, 1827, by David Chase, J. P.	1	118
Susan L., of Windham, m. James B. **LEACH**, of Warwick, R. I., Jan. 24, 1841, by Rev. John N. Whipple	2	10

	Vol.	Page
MILLER, Adam W., m. Phebe Ann **MOFFETT**, Oct. 8, 1831, by Rev. Daniel Williams	1	128
Esquare B., m. Mary H. **WARREN**, b. of Killingly, Mar. 24, 1846, by Rev. George W. Greenslit	2	34a
George, s. Squire & Mary, b. July 8, 1781	1	225
Jabez, of Thompson, m. Betsey Ann **COLE**, of Brooklyn, Aug. 20, 1848, by Rev. John Livesy, Jr.	2	48a
James, of Plainfield, m. Susan **TITUS**, of Killingly, Sept. 19, 1847, by Rev. Isaac C. Day	2	42
James, of Sutton, Mass., m. Amanda M. **BLACKSLAW**, of Smithfield, R. I., Aug. 20, 1849, by Rev. Daniel Williams	2	53a
Marinda, of Killingly, m. Col. Calvin **DAY**, of Pomfret, June 1, 1826, by Calvin Cooper	1	259
Mary, d. Squire, b. June 18, 1784	1	225
Mary B., m. David **PEIRCE**, b. of Providence, R. I., Mar. 23, 1846, by Rev. Benjamin C. Phelps, of West Killingly. Witness: E. Buckminster	2	34
Squire, s. Squire & Mary, b. Oct. 1, 1778	1	225
Welcome T., m. Chloe B. **CHASE**, Sept. 6, 1829, by Calvin Cooper	1	122
MILLS, Abel, s. Josiah & Sarah, b. Jan. 22, 1743/4	1	32
Benjamin, s. Josiah & Sarah, b. Oct. 14, 1739	1	23
Elisabeth, d. Nathaniel & Sarah, b. Feb. 17, 1747/8	1	35
Hannah, of Foster, R. I., m. Leonard **HOPKINS**, of Providence, Nov. 6, 1844, by Rev. Daniel Williams	2	26
John, s. Josiah & Sarah, b. July 5, 1751	1	43
John, s. Nathaniel & Sarah, b. Mar. 6, 1770	1	303
Mary, d. Josiah & Sarah, b. May 1, 1749	1	37
Molly, d. Nathaniel & Sarah, b. Mar. 2, 1768	1	303
Nath[anie]ll, s. Nath[anie]ll & Sarah, b. July 27, 1743	1	29
Nathaniel, s. Nathaniel & Sarah, b. Jan. 23, 1774	1	303
Sarah, d. Nathaniel & Sarah, b. Oct. 4, 1744	1	29
Sarah, d. Josiah & Sarah, b. Aug. 9, 1746	1	32
Sarah, d. Josiah & Sarah, b. Sept. 23, 1753	1	48
Sarah, d. Nathaniel & Sarah, b. Aug. 6, 1765	1	303
Sarah, w. Nathaniel, Jr., d. Mar. 30, 1777	1	160
MITCHELL, Alexander, m. Loiza **LILLIBRIDGE**, b. of Killingly, Aug. 12, 1844, by Rev. G. W. Greenslit	2	23a
Almira, m. Calvin W. **BRAINARD**, b. of Killingly, May 11, 1846, by Rev. Joseph B. Daman	2	43
Aminda, d. Jarius & Jane, b. Mar. 16, 1831	1	172
Anna, m. James **PLACE**, b. of Killingly, Jan. 21, 1827, by Calvin Cooper	1	117
Anthony, m. Susan **WIGHT**, b. of Killingly, Oct. 9, 1845, by Rev. Geo[rge] W. Greenslit	2	31
Ariadna, of Killingly, m. William **WHITMAN**, of Ashford, Jan. 18, 1846, by Abiel Converse, J. P.	2	31a
Clarissa A., m. Edmund A. **DEAN**, b. of Killingly, Nov. 2,		

	Vol.	Page

MITCHELL, (cont.)
    1852, by Rev. Thomas O. Rice — 2, 75
    Daniel, m. Lucy **NILES**, b. of Killingly, Aug. 1, 1852, by Justin Hammond, J. P. — 2, 72
    Elizabeth, m. John **MATHEWS**, b. of Killingly, on or about Oct. 15, 1820, by Elisha Atkins — 1, 189
    Ezekiel, m. Manerva **MAIN**, b. of Killingly, Nov. 5, 1837, by David Chase, J. P. — 2, 3
    Joseph, m. Selinda **SPAULDING**, b. of Killingly, June 2, 1822, by Andrew Stone, Elder, Burrellville — 1, 194
    Joseph, m. Mrs. Mary Ann **BATES**, b. of Killingly, Nov. 17, 1841, by Rev. Mr. Robinson, Thompson. Intention published — 2, 12
    Lot, m. Betsey **LEAVENS**, Jan. 27, 1830, by Elder George W. Appleton — 1, 132
    Lucretia, m. James **MATHEWSON**, b. of Killingly, Jan. 21, 1827, by Elisha Atkins — 1, 111
    Lucy, d. Will[ia]m & Mary, b. Dec. 19, 1771 — 1, 318
    Malinda, m. Truman **HARNDELL**, b. of Killingly, Oct. 13, 1844, by Rev. John Howson — 2, 25
    Martha, m. Andrew **HUNTER**, b. of Killingly, Feb. 12, 1839, by Rev. L. Robbins — 2, 6
    Mary, [d. Jarius & Jane], b. May 15, 1831 — 1, 172
    Mary, of Killingly, m. Ephraim **BROWN**, of Thompson, Sept. 27, 1846, by George Warren, J. P. — 2, 37
    Olive A., m. Herman W. **BRAGG**, b. of Attleborough, Mass., Aug. 13, 1844, by Rev. Geo[rge] W. Greenslit — 2, 23a
    Orrin D., m. Phebe **HAMMOND**, b. of Killingly, May 12, 1845, by Rev. John Howson — 2, 28
    Susan, m. Lyman W. C. **CORP**, b. of Killingly, May 1, 1842, by Rev. Daniel Williams — 2, 16
    William, Jr., m. Charlotte **WADE**, b. of Killingly, Nov. 19, 1840, by Rev. Henry Robinson — 2, 9a

MOFFITT, MOFFETT, MOFFET, MAFFETT, MOFFAT, MOFFIT, Abaga[i]l, [twin with Bezaliel], d. Enoch & Elisabeth], b. July 17, 1745 — 1, 37
    Alba, m. Joannah **LAWRENCE**, b. of Killingly, Mar. 10, 1845, by Rev. Henry Robinson — 2, 27a
    Alethea, d. Enoch & Elisabeth, b. Feb. 19, 1742/3 — 1, 37
    Andrew, s. John & Elisabeth, b. Mar. 24, 1748 — 1, 35
    Andrew, s. Andrew & Hannah, b. Dec. 22, 1772 — 1, 296
    Avila, m. Mary Ann **HILL**, b. of Killingly, Oct. 3, 1847, by Rev. George W. Greenslett — 2, 42a
    Betsey, m. John **CLEMMONS**, Sept. 19, 1830, by Calvin Cooper — 1, 124
    Betsey, of Killingly, m. Thomas **AYLESWORTH**, of Providence, R. I., Nov. 21, 1830, by Daniel Brown, J. P. — 1, 127
    Bezaliel, [twin with Abaga[i]l], s. Enoch [& Elisabeth],

	Vol.	Page
MOFFITT, MOFFETT, MOFFET, MAFFETT, MOFFAT, MOFFIT, (cont.)		
b. July 17, 1745	1	37
Caleb, s. Joseph & An[n]a, b. Sept. 30, 1761	1	297
Catharine, of Killingly, m. Lemuel H. **KIES**, of Plainfield, Aug. 22, 1847, at Danielsonville, West Killingly, by Rev. J. Livesy, Jr.	2	42
Cibila, d. William & Deliverance, b. Apr. 18, 1726	1	8
David, m. Catharine **WALLIN**, July 17, 1831, by Penuel Hutchens, J. P.	1	127
Deborah, m. Alexander **BLANCHARD**, b. of Killingly, Mar. 22, 1846, by Rev. Benjamin C. Phelps, of West Killingly. Witness: E. Buckminster	2	34a
Delighty, [d. Godfrey & Delight], b. Sept. 8, 1811	1	249
Delighty, m. Eben[eze]r **BURRELL**, b. of Killingly, July 22, 1821, by Calvin Cooper, Elder	1	192
Deliverance, d. William & Deliverance, b. Dec. 31, 1724	1	8
Eber, s. Thomas & Elisabeth, b. Dec. 24, 1751	1	55
Eber, s. Tho[ma]s & Eliz[abeth], b. Dec. 24, 1751	1	289
Eleazer, s. Thomas & Elisabeth, b. Jan. 4, 1743/4	1	32
Eleazer, s. Tho[ma]s & Eliz[abeth], b. Jan. 4, 1744	1	289
Eleazer, m. Lucy **CUMINS**, Dec. 23, 1767, by Rev. Aaron Brown	1	177
Eleazer, s. Godfree & Delighty, b. Apr. 23, 1795	1	249
Eli, s. Joseph & An[n]a, b. Oct. 15, 1763	1	297
Eliza, m. Daniel **ANGELL**, Nov. 2, 1840, by Rev. Daniel Williams	2	11
Elizabeth, d. John & Elizabeth, b. Aug. 4, 1731	1	7
Elisabeth, d. John & Elisa[beth], b. Apr. 22, 1760	1	221
Emeline, m. George **HARRINGTON**, b. of Killingly, Sept. 8, 1845, by Rev. Benjamin C. Phelps, of West Killingly. Witness: S. P. Phelps	2	30a
Emily, m. Peter **DAVERSON**, b. of Killingly, Sept. 9, 1849, by Rev. S. W. Coggeshall	2	52a
Enoch, s. Enoch & Hannah, b. May 7, 1755	1	217
Erastus Howe, [s. Godfrey & Delight], b. Jan. 22, 1803	1	249
Godfrey, s. Eleazer & Lucy, b. Feb. 6, 1771	1	289
Godfrey, m. Delight **WARREN**, Jan. 16, 1793, by Rev. Elisha Atkins	1	185
Hannah, d. John & Elisabeth, b. June 7, 1734	1	14
Hannah, m. Samuel **BAKER**, b. of Killingly, Feb. 11, 1752	1	70
Hannah, d. John & Lydia, b. Aug. 1, 1765	1	221
Hannah, m. Abel **CUTLER**, [Jan.] 12, [1834], by W. Bushnall	1	88
Hizekiah, m. Delighty **TAYLOR**, Aug. 30, 1822, by David Chase, J. P.	1	195
Hosea, s. Tho[ma]s & Eliz[abeth], b. Nov. 17, 1757, n. s.	1	289
Isaac, s. Enoch & Elisabeth, b. Sept. 4, 1739	1	37
Isaac R., of Killingly, m. Marcelia W. **SMITH**, of		

MOFFITT, MOFFETT, MOFFET, MAFFETT, MOFFAT, MOFFIT, (cont.)

	Vol.	Page
Gloucester, R. I., Mar. 30, 1845, by [Rev. Tho[ma]s O. Rice]	2	27a
Ishmad, s. John & Elisabeth, b. June 17, 1753	1	221
Ishmael, s. John & Elisabeth, b. June 28, 1753	1	49
John, s. John & Elizabeth, b. May 14, 1729	1	3
John, of Killingly, m. Elisabeth **BENNIT**, Aug. 31, 1753	1	65
John, s. John & Elisabeth, b. July 27, 1755	1	221
John P., of Killingly, m. Mina **LUTHER**, of Glocester, R. I., Sept. 16, 1842, by Rev. Tubal Wakefield	2	14
Lemuel, s. Enoch & Elisabeth, b. June 25, 1735	1	16
Leonard T., m. Mary E. **MUNROE**, b. of Warwick, R.I., July 7, 1853, by Earl Martin, J. P.	2	82
Lucilla, d. Thomas & Elisabeth, b. June 28, 1748	1	36
Luella, d. Tho[ma]s & Eliz[abeth], b. June 28, 1748	1	289
Lualla, d. Oct. 19, 1756	1	173
Luther, m. Sophia **COVAL**, b. of Killingly, Mar. 1, 1835, by Elisha Atkins	1	93
Lyd[i]a, d. John & Lyd[i]a, b. Oct. 11, 1771	1	221
Lydia, d. William & Sarah, b. Apr. 3, 1800	2	2
Lydia, m. Shubael **ADAMS**, b. of Killingly, July 1, 1818, by Rev. Calvin Cooper	1	97
Lydia, m. Harley **HOEL**, b. of Johnston, R. I., Nov. 21, 1846, by Rev. Daniel Williams	2	38
Mary, d. John & Elisabeth, b. Mar. 17, 1744	1	31
Mary, m. David **ADAMS**, July 19, 1829, by Elder George W. Appleton	1	123
Mary M., of Glocester, R.I., m. James T. **HERENDEAN**, of Killingly, Jan. 17, 1841, by Rev. Henry Robinson	2	10
Ma[t]thew, s. John & Elisabeth, b. Sept. 8, 1757	1	221
Mehetable, d. Enoch & Elisabeth, b. May 3, 1733	1	12
Mellesent, d. John & Elisabeth, b. Oct. 11, 1739, at Mart Lake	1	27
Merian, d. John & Elizabeth, b. Mar. [ ], at Marth Lake	1	27
Nabby, m. Arba **CARD**, b. of Killingly, Mar. 26, 1835, by Daniel Williams, Elder	1	93
Parks, s. William & Deliverance, b. Nov. 24, 1730	1	9
Phebe Ann, m. Adam W. **MILLER**, Oct. 8, 1831, by Rev. Daniel Williams	1	128
Rachel A., of Brooklyn, m. Benjamin N. **WITHEY**, of Killingly, Sept. 1, 1845, by Rev. Daniel Williams	2	29
Ralph. s. Godfrey & Delight, b. Mar. 18, 1797	1	249
Ransom, s. Eleaz[e]r & Lucy, b. Oct. 30, 1768	1	289
Ransom, s. Eleazer & Lucy, b. Apr. 21, 1773	1	289
Sabra, d. Tho[ma]s & Eliz[abeth], b. Nov. 14, 1742	1	289
Sarah, d. John & Elisabeth, b. Feb. 1, 1726/7	1	8
Sarah, m. Henry **YOUNG**, b. of Killingly, Oct. 29, 1843, by Rev. Henry Robinson	2	20

	Vol.	Page
MOFFITT, MOFFETT, MOFFET, MAFFETT, MOFFAT, MOFFIT, (cont.)		
Simon, s. Godfrey & Delight, b. Mar. 14, 1800	1	249
Simon, m. Ruth **SMITH**, b. of Killingly, Mar. 12, 1822, by Elisha Atkins	1	193
Tamer, m. Jonathan **HASCALL**, June 8, 1768	1	262
Tho[ma]s, m. Elizabeth **BATEMAN**, Jan. 14, 1742, by Joseph Leavens, J. P.	1	264
Thomas, m. Nancy **ADAMS**, Jan. 5, 1831, by Albert Cole, Elder	1	127
William, d. Jan. 16, 1747/8	1	75
William, s. John & Lydia, b. July 2, 1768	1	221
------, d. Thomas & Elisabeth, b. Nov. 14, 1742	1	28
MONEY, Benjamin K., m. Mary E. **TAYLOR**, b. of Killingly, Feb. 6, 1853, by Rev. E. Loomis	2	80
MONROE, MONRO, MUNROE, Harriet, m. Geo[rge] A. **ATWOOD**, b. of Scituate, R. I., May 13, 1846, by Rev. Benjamin C. Phelps, of West Killingly. Witness: E. Buckminster	2	36
Mary E., m. Leonard T. **MOFFITT**, b. of Warwick, R. I., July 7, 1853, by Earl Martin, J. P.	2	82
Nancy H., m. Otis **CORBIN**, Jr., [ ], by Harris Arnold, J. P.	2	19a
Susan, m. Geo[rge] **BRANCH**, b. of Providence, R. I., Sept. 7, 1848, by Rev. Isaac C. Day	2	48
MONTGOMERY, Thomas, m. Phebe L. **HALL**, b. of Killingly, Mar. 18, 1838, by Nicholas Branch	2	4
MONTVILLE, Louisa, ae 13, b. in Canada, d. William & Mary (**CASEY**) **MONTVILLE**, of Canada, m. Christopher **GAVITT**, moulder, Feb. 10, 1853, by Rev. Geo[rge] Brewster. Witnesses: George Harvey & Susan Gavitt. Affidavit made by Christopher Gavit Feb. 2, 1904	2	84
MOORE, Dexter, m. Mary E. **DODGE**, b. of Webster, Mass., Oct. 8, 1849, by Rev. S. W. Coggeshall	2	53
Sarah Ann, m. John P. **CUMMINGS**, Mar. 26, 1838, by Rev. Sidney Holman	2	4
MOREY, [see under **MOWRY**]		
[**MORRIS**], **MORRISS, MORRISE, MORRICE**, Benjamin, s. Benjamin & Marg[a]rat, b. Sept. 24, 1758	1	199
Benjamin, s. Benjamin & Marg[a]rat, b. [ ] 26, 1762	1	199
Hallowell, s. Benj[ami]n & Margaret, b. Feb. [ ], 1764	1	199
John Hollowell, s. Benjamin & Margaret, b. Jan. 1, 1757	1	199
John Hallowell, s. Benjamin & Marg[a]ret, d. Mar. 19, 1758	1	156
Lemuel, m. Lydia **WILKINSON**, Jan. 14, 1762	1	264
Rebecca, d. Benj[ami]n & Margaret, b. Oct. 23, 1769	1	199
Susannah, d. Benj[ami]n & Margaret, b. Mar. 3, 1768	1	199
Thomas, s. Benj[ami]n & Marg[a]rat, b. Jan. 28, 1760	1	199
---rin, s. Benja[mi]n & Margaret, b. Feb. 26, [ ]	1	199

	Vol.	Page
MORRISON, John, of Lowell, Mass., m. Parmelia **PARK**, of Dracut, Mass., Aug. 6, 1845, by Rev. Benjamin C. Phelps, of West Killingly	2	29a
MORSE, MORS, Arthur, m. Mary E. **DARLING**, b. of Gloucester, Aug. 16, 1846, by Rev. Daniel Williams	2	36a
Chester, s. Cyrian & Zerviah, b. Jan. 14, 1750/51	1	41
Clarrissa, of Webster, Mass., m. Elisha **CHASE**, of Grafton, Mass., Sept. 24, 1849, by Rev. S. W. Coggeshall	2	53
Cyrian, m. Zerviah **CADY**, b. of the Parish of Thompson, June 27, 1737, by Rev. M. Cabot	1	78
Daniel, s. Cyrian & Zerviah, b. Dec. 28, 1739	1	23
Daniel, m. Jerusha **UTLEY**, May 30, 1757	1	175
Elisabeth, m. Gemman **BONN**, b. of Killingly, Mar. 23, 1824, by David Chase, J. P.	1	104
Hannah, m. Ezra **HUTCHENS**, Sept. 6, 1798	1	186
James, s. Cyrian & Jerusha, b. Feb. 6, 1735/6	1	17
James, s. Cyrian & Jerusha, d. May 10, 1741	1	73
James, s. Cyrian & Zerviah, b. Sept. 22, 1746	1	32
Jerusha, w. Cyrian, d. July 25, 1736	1	73
Jerusha, d. Cyrian & Zerviah, b. Oct. 25, 1747	1	34
Jerusha, m. Jonathan **FARMAN**, Oct. 15, 1764	1	176
Lorenzo D., m. Zilpha **CORNELL**, June 12, 1843, by Harris Arnold, J. P. Intention published	2	19
Marcy, d. Cyrian & Zeruiah, b. [ ]	1	27
Mary, d. Cyrian & Zerviah, b. Jan. 31, 1737/8	1	20
Mary, d. Cyrian & Zerviah, d. Apr. 17, 1741	1	73
Mary, d. Cyrian & Zerviah, b. Mar. 13, 1745	1	30
Nathan B., of Brookline, N. Y., m. Eliza **TIFFENY**, of Killingly, May 16, 1827, by Roswell Whitmore	1	117
Noah, s. Cyrian & Jerusha, b. Feb. 21, 1733/4	1	14
Noah, s. Cyrian & Jerusha, d. May 13, 1741	1	73
Thomas J., of Troy, Mass., m. Sarah **PRATT**, of Killingly, Mar. 23, 1828, by Rev. Roswell Whitmore	1	120
Zerviah, d. Daniel & Jerusha, b. Aug. 26, 1757	1	202
MOSES, [see also **MOYSES**], Mary Jane, m. John **SLOATH**, b. of Killingly, July 31, 1853, by Rev. Roswell Whitmore	2	77
MOULTON, Ann B., m. John C. **DORE**, b. of Boston, Mass., Jan. 1, 1850, by Rev. S. W. Coggeshall	2	54
Richard O., m. Ashuen **WILLIAMS**, b. of Providence, R. I., Sept. 3, 1844, by Rev. Daniel Williams	2	25
MOUNT, Asa, s. Cape & Demis, b. Mar. [ ], 1774	1	223
Deane, d. Cap & Damise, b. Sept. 25, 1767	1	273
Diana, d. Cape & Damae, b. Sept. 25, 1767	1	294
Prince, s. Cap & Damise, b. Apr. 26, 1765	1	273
-----, m. Demise **CARTER**, [ ], 17, 1763	1	176
MOWRY, MOREY, MORY, Abel, s. William & Susannah, b. Feb. 1, 1775	1	301
Alfred B., m. Mariet **BIG[E]LOW**, of Scituate, Oct. 16,		

	Vol.	Page
MOWRY, MOREY, MORY, (cont.)		
1842, by Rev. Daniel Williams	2	17
Alpha, m. George S. **HOPKINS**, b. of Killingly, Feb. [ ], by Rev. Daniel Williams	2	21a
Ann Frances, m. Phillip **POTTER**, b. of Gloucester, R. I., Jan. 28, 1850, by Rev. S. W. Coggeshall	2	54a
Arminda, m. Zadock C. **SPAULDING**, b. of Scituate, R. I., Aug. 10, 1845, by Rev. Benjamin C. Phelps, of West Killingly. Witness: Olney Morey	2	29a
Asha, of Glocester, m. Anthony **TUCKER**, of Killingly, July 6, 1823, by Calvin Cooper	1	101
Asia, of Glocester, m. Anthony **TUCKER**, of Killingly, July 6, 1823, by Calvin Cooper	1	113
Bathsheba, d. William & Susannah, b. July 26, 1768	1	301
Caleb, of Plainfield, m. Mary Ann **HALL**, of Killingly, Nov. 3, 1847, by Rev. Geo[rge] W. Greenslitt	2	44
Colwell, m. Olive **BOWEN**, b. of Glocester, R. I., June 26, 1834, by Daniel Williams	1	89
Daniel, m. Susan A. **TAYLOR**, b. of Smithfield, R.I., [ ], in Danielsonville, West Killingly, by Rev. J. Livesy, Jr.	2	42a
Elbridge S., of Andover, m. Mary O. **GARLAND**, of Methewen, Mass., Dec. 1, 1851, by Rev. Daniel Williams	2	68
Franklin B., m. Mary Eliza **SMITH**, b. of Glocester, R. I., Feb. 28, 1840, by Rev. Daniel Williams	2	8a
Isaac, s. William & Susannah, b. June 20, 1765	1	301
Lydia W., m. Henry J. **ARNOLD**, b. of Killingly, Aug. 19, 1850, by Rev. Daniel Williams	2	56
Patience, of Burrillville, m. Lyman **BARNS**, of Killingly, Oct. 22, 1827, by Elisha Atkins	1	119
Philip, m. Harriet **BATES**, b. of Scituate, R. I., Jan. 4, 1846, by Rev. Daniel Williams	2	35
Rosanna, d. William & Susannah, b. June 22, 1770	1	301
Ruana, of Killingly, Conn., m. Pliney L. **GREEN**, of Thompson, Conn., Nov. 9, 1837, by Rev. Daniel Williams	2	3
Samuel, s. William & Bashabe, b. Mar. 1, 1758	1	200
Silence, d. William & Susannah, b. Aug. 22, 1763	1	301
Susannah, d. William & Susannah, b. Nov. 5, 1777	1	301
William, m. Susannah **JEWET[T]**, Jan. 6, 1763, by Rev. Noadiah Russel[l]	1	178
MOYSES, [see also **MOSES**], Joseph F., of Brooklyn, m. Elisabeth A. **WOODWORTH**, of West Killingly, Nov. 20, 1845, by Rev. T. O. Rice	2	31a
MULIN, Barned, of the North of Ireland, m. Mary Ann **BUSH**, of the South of Ireland, Oct. 6, 1833, by Daniel Williams, Elder	1	86
MUNROE, [see under **MONROE**]		
MUNYON, MUNION, Charles, of Thompson, m. Juliann		

	Vol.	Page
MUNYON, MUNION, (cont.)		
WARREN, of Killingly, Mar. 12, 1843, by Rev. Henry Robinson. Intention published	2	18
Edward, d. Jan. 26, 1747/8	1	75
Joseph, s. Joseph & Sarah, b. July 10, 1747	1	35
Leadiah, d. Jonathan & Phebe, b. Aug. 20, 1768	1	231
Rachel, d. [Jonathan & Phebe], b. Oct. 28, 1770	1	231
MURDICK, Hiram E., m. Elizabeth **CUMMINS**, Sept. 22, 1833, by John N. Whipple	1	85
MURGETRAYD, Samuel, m. Jane **BROWN**, of Fall River, Mar. 2, 1845, by Rev. Nicholas Branch	2	27a
MURRAY, Sally, of Pawtucket, R. I., m. Henry **PADELFORD**, of Providence, R. I., June 5, 1842, by Rev. Daniel Williams	2	16
Stephen, m. Sarah Ann **WRIGHT**, b. of Killingly, Nov. 2, 1823, by Joseph Adams, J. P.	1	102
NANSCOWEN, NANSCOWIN, Emily, m. Dennis T. **BARNES**, b. of Killingly, Nov. 3, 1833, by W[illia]m Bushnall	1	87
Joshua, of Killingly, m. Mary P. **CARPENTER,** of Providence, R. I., Jan. 21, 1839, by Rev. Henry Robinson	2	5a
NARRAMORE, NARAMORE, NARAMOR, NORRAMER,		
Elisabeth, d. Samuell & Didborah, b. June 15, 1756	1	55
Jason, s. Thomas, Jr. & Lydia, b. June 18, 1732	1	14
John, s. Samuel, Jr. & Lydia, b. May 26, 1735	1	23
Joseph, s. Sam[ue]ll, Jr. & Deborah, b. Aug. 22, 1760	1	228
Lydia, d. Samuel, Jr. & Lydia, b. May 3, 1739	1	23
Samuel, s. Thomas, Jr. & Lydia, b. Apr. 10, 1730	1	14
Thad[d]eus, s. Sam[ue]ll, Jr. & Deborah, b. July 30, 1762	1	228
NEAL, James C., m. Mary Ann **KELLEY**, b. of Killingly, June 9, 1850, by Rev. Lyman Leffengwell	2	55
NELSON, Mary, of Woodstock, m. Isaiah **CADY**, of Killingly, June 10, 1755	1	262
NEWELL, NUAL, Abaga[i]l, m. Solomon **BIXBY**, Apr. 7, 1754	1	70
Hannah L., m. Samuel J. **ADAMS**, b. of Boston, July 20, 1847, in Danielsonville, West Killingly, by Rev. J. Livesy, Jr.	2	40a
Harriet, m. Milton A. **SEAGRAVES**, b. of Killingly, Feb. 1, 1849, by Rev. George W. Greenslitt	2	50
Lucy Ann, m. James **POTTER**, Jan. 29, 1845, by Rev. G. W. Greenslit	2	27
Mary Ann, m. Darius **SHIPPEE**, b. of Brooklyn, Apr. 16, 1846, by Rev. T. O. Rice	2	35a
Sarah F., of Lowell, Mass., m. Frederick W. **HARRIS**, of Lancaster, Mass., Sept. 10, 1845, by Rev. Benjamin C. Phelps, of West Killingly. Witness: Jared Choller	2	30a
NEWHALL, Ann Maria, of Killingly, m. Oliver **WHEELER**, Jr., of Stoneham, Mass., July 11, 1847, by Rev. John D. Baldwin	2	49

KILLINGLY VITAL RECORDS

	Vol.	Page
NEWHALL, (cont.)		
Benjamin A., m. Hannah **LEWIN**, of Providence, R. I., Sept. 30, 1844, by Rev. Daniel Williams	2	25a
NEWMAN, NUMAN, Elisabeth, d. John & Dorcas, b. May 9, 1734	1	15
Elisabeth, d. Feb. 7, 1752	1	72
Sylvanus C., m. Sophronia **WHITE**, Aug. 5, 1838, by Rev. Epaphras Goodman	2	4a
NICHOLAS, Clarissa J., of Coventry, R. I., m. Amasa **YEAW**, of Scituate, Aug. 25, 1845, by Ephraim Bacon, J. P.	2	29
Giles M., of Coventry, R. I., m. Celia E. M. **DAVIS**, of Killingly, Oct. 15, 1840, by Rev. Roswell Whitmore	2	10
Sarah A., of Scituate, R. I., m. Horace **CAHOONE**, of Providence, Aug. 19, 1844, by Rev. John Howson	2	24
NILES, George A., m. Dolly **BENNETT**, b. of Killingly, [ ], by Rev. Samuel Backus	1	118
Lucy, m. Daniel **MITCHELL**, b. of Killingly, Aug. 1, 1852, by Justin Hammond, J. P.	2	72
Nancy J., m. Thomas S. **CULLY**, Feb. 6, 1853, by Mowry Amsbury, J. P.	2	78
NORRAMER, [see under **NARRAMORE**]		
NORTHUP, Sarah G., m. Thomas T. **VAUG[H]N**, b. of Providence, R. I., July 18, 1845, by Rev. Benjamin C. Phelps, of West Killingly	2	29a
NORTON, Eben, of Providence, R. I., m. Esther Ann **SIMMONS**, of Foster, R. I., Nov. 7, 1841, by Rev. Daniel Williams	2	12a
NOTTAGE, Edward W., m. Dorcas J. **WEEDEN**, b. of Killingly, Dec. 5, 1841, by Rev. Daniel Williams	2	13
NUAL, [see under **NEWELL**]		
NUMAN, [see under **NEWMAN**]		
OAKES, Mary, m. Bardwell **BOWEN**, b. of Sturbridge, Mass. [Aug. 19, 1838], by Nicholas Branch	2	4a
OATLEY, Hannah H., m. Asahel E. **CHASE**, b. of Killingly, Sept. 30, 1849, by Rev. Daniel Williams	2	53a
John A., m. Eliza **EDSON**, b. of Killingly, Mar. 19, 1837, by Rev. Daniel Williams	2	3a
Jonathan, Jr., m. Hannah **BISHOP**, Apr. 3, 1849, by Jonathan Oatly, Elder	2	52
Lorenzo, m. Elisabeth A. **WEATHERHEAD**, b. of East Killingly, Mar. 24, 1844, by Rev. Nicholas Branch	2	27a
Mary E., m. Earl W. **PRAY**, Apr. 3, 1849, by Jonathan Oatley, Elder	2	52
Nancy, m. Ira **EDSON**, b. of Killingly, Feb. 5, 1837, by Daniel Williams, Elder	2	1a
OLNEY, Amasa, m. Lydia **GALLUP**, b. of Killingly, Nov. 29, 1827, by David Chase, J. P.	1	119
Elizabeth, m. Enoch M. **FROST**, b. of Killingly, Sept. 15, 1844, by Rev. John Howson	2	25
George N., m. Margaret **PARKER**, b. of Providence, R. I.,		

	Vol.	Page
OLNEY, (cont.)		
Sept. 7, 1845, by Rev. Benjamin C. Phelps, of West Killingly. Witness: Charles H. Kelley	2	30
James, of Glocester, R. I., m. Eliza Ann **REYNOLDS**, of Killingly, Dec. 5, 1841, by Rev. Henry Robinson	2	12
Maria A., of Providence, R. I., m. Ephraim **KNOWLTON**, Dec. 12, 1841, by Rev. Daniel Williams	2	13
Maria J., m. Josephus S. **WOOD**, b. of Killingly, Nov. 21, 1837, by Rev. Sidney Holman	2	3
ORMSBEE, ORMSBY, [see also **ARMSBURY**], Anne, [twin with Tho[ma]s], d. Tho[ma]s & Hannah, b. June 9, 1762	1	307
Anne, w. Caleb, d. Sept. 17, 1773	1	159
Caleb, s. Thomas & Hannah, b. May 7, 1757	1	232
Caleb, s. Tho[ma]s & Hannah, b. May 7, 1757	1	307
Caleb, s. Thomas & Hannah, d. Dec. 5, 1759	1	159
Caleb, s. Tho[ma]s & Hannah, b. Apr. 5, 1760	1	307
Caleb, s. Thomas & Hannah, d. Oct. 19, 1773	1	159
Ebenezer, s. Tho[ma]s & Hannah, b. Mar. 17, 1764	1	307
Elijah, of Providence, m. Lucy Ann **PERRY**, of Killingly, Nov. 29, 1846, by Rev. W[illia]m Barnes, of Hampton	2	38a
Esther, d. Caleb, d. Dec. 27, 1744	1	75
Hannah, d. Thomas & Hannah, b. Aug. 7, 1753	1	48
Hannah, d. Thomas & Hannah, b. Aug. 7, 1753	1	307
Hannah, w. Thomas, d. Feb. 16, 1771	1	159
Hannah, d. Aug. [ ], 1773	1	159
Hannah, d. Tho[ma]s & Sarah, b. Sept. 23, 1775	1	307
Patience, d. Caleb & Joan, b. Sept. 25, 1744	1	33
Patience, d. Thomas & Hannah, b. June 29, 1755	1	66
Patience, d. Tho[ma]s & Hannah, b. June 29, 1755	1	307
Patience, d. Sept. 24, 1773	1	159
Sarah, w. Thomas, d. [ ] 25, 1773	1	159
Sarah, d. Tho[ma]s & Sarah, b. Apr. 29, 1777	1	307
Sarah, d. Thomas & Sarah, d. Jan. 18, 1778	1	159
Solomon, m. Mary **PRINCE**, Sept. 4, 1759	1	264
Thomas, m. Hannah **CARPENTER**, Nov. 23, 1752, by Maston Cabot, Clerk	1	65
Thomas, m. Hannah **CARPENTER**, Nov. 23, 1752	1	181
Tho[ma]s, [twin with Anne], s. Tho[ma]s & Hannah, b. June 9, 1762	1	307
Thomas, m. Sarah **TOWN**, Dec. 5, 1771	1	181
Thomas, m. Sarah **HALL**, July 13, 1774	1	181
OWEN, OWENS, Esther, m. William **BURROWS**, b. of Killingly, Oct. 14, [1827], by Anthony Brown, J. P.	1	118
Lewis, m. Betsey **BURROUGHS**, Sept. 11, 1836, by Lowell Graves, J. P.	1	138
Mahala, of Killingly, m. Ira **HILL**, of Sterling, Jan. 10, 1828, by Anthony Brown, J. P.	1	120
Sarah, m. W[illia]m A. **BISHOP**, b. of Scituate, R. I., May 13, 1846, by Rev. Benjamin C. Phelps, of West		

	Vol.	Page
OWEN, OWENS, (cont.)		
Killingly. Witness: E. Buckminster	2	36
PADELFORD, Henry, of Providence, R. I., m. Sally **MURRAY**, of Pawtucket, R. I., June 5, 1842, by Rev. Daniel Williams	2	16
PAGE, Albert F., of Killingly, m. Lucy M. **RANDALL**, of Thompson, Oct. 5, 1848, by Rev. John Livesy, Jr.	2	48a
W[illia]m R., of Glocester, m. Mariva D. **HOPKINS**, of Foster, R. I., Apr. 19, 1840, by Rev. Daniel Williams	2	8a
PAINE, PAIN, Abby M., m. Joseph D. **BROWN**, b. of North Providence, R. I., Dec. 13, 1849, by Rev. S. W. Coggeshall	2	54
Aldrich, m. Miranda **BURGESS**, of Smithfield, R. I., Apr. 4, 1846, by Rev. Joseph B. Daman	2	43a
Almond M., of Sterling, m. Phebe **SALSBURY**, of Foster, R. I., Nov. 22, 1847, by Rev. Daniel Williams	2	45a
Brayton A., m. Alfridia **WILLIAMS**, b. of Foster, R.I., Mar. 31, 1844, by Rev. Daniel Williams	2	23a
Comstock, of Smithfield, R. I., m. Nancy **LIPPETT**, of Killingly, Jan. 17, 1833, by Rev. Albert Cole	1	132
Han[n]ah, of Pomfritt, m. Simeon **SPAULDING**, of Killingly, Jan. 23, 1744/5, by Licester Grosvenor, J. P.	1	77
Hannah, of Pomfret, m. Simeon **SPAULDING**, of Killingly, Jan. 23, 1744/5, by Leicester Grosvenor, J. P.	1	262
PALMER, PAMER, Amos C., m. Celia A. **BENNET[T]**, June 4, 1843, by Rev. Geo[rge] Greenslit. Intention published	2	19
Amos C., m. Susan **BLANCHARD**, Jan. [ ], 1847, by George Warren, J. P.	2	39
Mary, of Woodstock, m. William **CORFEE**, Dec. 6, 1846, by Rev. Joseph B. Daman	2	43a
Rachal, m. Elijah **CHILD**, Mar. 29, 1759	1	177
Susan, of Killingly, m. James **PRESTON**, of Brooklyn, Mar. 11, 1832, by David Chase, J. P.	1	263
PARISH, [see under **PARRISH**]		
PARK, PARKE, PARKS, George, of Southgreen (?), Pa., m. Roxanna **HUTCHENS**, of Killingly, Oct. 27, 1828, by Rev. Roswell Whitmore	1	121
Isaac, m. Hannah **CHANDLER**, Dec. 9, 1773, by Rev. Aaron Putnam	1	182
Lurana, d. Parus & Lusina, b. Nov. 14, 1810	1	226
Lydah, m. Joel **LEE**, Feb. 18, 1773	1	264
Martin, of Killingly, m. Urrilla **WILSON**, of Warwick, Mar. 29, 1846, by Calvin Cooper, Elder	2	35
Mary, d. Isaac & Hannah, b. Apr. 13, 1779	1	293
Parmelia, of Dracut, Mass., m. John **MORRISON**, of Lowell, Mass., Aug. 6, 1845, by Rev. Benjamin C. Phelps, of West Killingly	2	29a
Peras, m. Lucina **DAY**, Mar. 1, 1810, by Rev. Israel Day	1	187
Perley, s. Isaac & Hannah, b. Dec. 28, 1774	1	293

	Vol.	Page
PARK, PARKE, PARKS, (cont.)		
Perley, d. *Isaac & Hannah, b. Oct. 15, 1781 *(Son?)	1	293
Rebeckah, d. Isaac & Hannah, b. Oct. 21, 1776	1	293
Ruffuss, s. Benjamin & Pashance, b. Feb. 14, 1757	1	238
Ruffus, s. Benjamin & Pashance, b. Feb. 14, 1757; d. May [ ], 1759	1	250
Ruffoss, s. Benjamin & Pashence, d. May [ ], 1759	1	167
Sally, d. Isaac & Hannah, b. Apr. 16, 1784	1	293
Sarah, m. Eleazer M. **SPAULDING**, Apr. 13, 1809, by Rev. Daniel Dow	1	187
PARKER, Ann, m. Gurdon **BAKER**, b. of Killingly, Oct. 29, 1848, by Rev. George W. Greenslitt	2	50
Darius, s. Nicklas & Mary, b. May 25, 1760	1	220
Jesse, s. Nicklas & Mary, b. July 27, 1758	1	220
Margaret, m. George N. **OLNEY**, b. of Providence, R. I., Sept. 7, 1845, by Rev. Benjamin C. Phelps, of West Killingly. Witness: Charles H. Kelley	2	30
Mary, m. Dexter **ADAMS**, b. of Gloucester, R.I., June 4, 1848, by Rev. Daniel Williams	2	47
Mary E., of Foster, R. I., m. Albert G. **HARRIS**, of Scituate, R. I., Mar. 23, 1846, by Ephraim Bacon, J. P.	2	34a
Mol[l]e, d. Nicklos & Mary, b. Mar. 14, 1756	1	220
Mol[l]e, d. Nicholas & Mary, d. Apr. 5, 1756	1	158
Nic[h]olas, m. Mary **CONVERS[E]**, May 28, 1752	1	70
Philura, of Brooklyn, m. Lyman **HENRY**, of Killingly, Mar. 1, 1840, by Rev. Roswell Whitmore	2	8
Roxy, m. Amos **STRAIT**, b. of Killingly, Jan. 2, 1827, by David Chase, J. P.	1	111
Stephen, of Russell, Mass., m. Mary **COLLINS**, of Killingly, Jan. 16, 1840, by Rev. Henry Robinson	2	7a
Thomas, m. Eliza A. **POTTER**, b. of Killingly, July 1, 1844, by Rev. John Howson	2	23a
William R., m. Elisabeth W. **PIERCE**, b. of Killingly, June 19, 1842, by Rev. Daniel Williams	2	16
Wyman, s. Nocalas & Mary, b. Nov. 9, 1753	1	49
PARKHURST, [see also **PARKIS**], Elisabeth, d. Timothy & Elisabeth, b. July 7, 1734	1	15
Emily M., m. Francis **CHAMBERLAIN**, [ ], by Harris Arnold, J. P.	2	19
Laura A. W., m. Charles P. **RATHBUN**, b. of W. Killingly, May 25, 1847, by Rev. T. O. Rice	2	42a
PARKIS, PARKHAS, [see also **PARKHURST**], George K., m. Mary A. **PLACE**, b. of Killingly, Aug. 16, 1846, by Rev. Daniel Williams	2	37
John, s. Annah **BARRIT**, b. Oct. 28, 1748	1	38
Lucy M., m. Adney **ARNOLD**, b. of Woodstock, June 10, 1849, by Rev. George W. Greenslitt	2	52a
William A., m. Julia A. **CHASE**, b. of Killingly, July		

	Vol.	Page
PARKIS, PARKHAS, (cont.)		
13, 1846, by Rev. G. W. Greenslitt	2	35a
PARKS, [see under **PARK**]		
[PARRISH], PARISH, W[illia]m Evan, of Canterbury, m. Elisa **PHILLIPS,** of Killingly, [Feb.] 20, 1831, by Rev. Albert Cole	1	125
PARSONS, Ebenezer, m. Betsey **ELLIS,** Apr. 8, 1842, by Rev. Daniel Williams	2	15a
PATT, Edwin C., of Pawtucket, m. Ann E. **DENISS,** of Smithfield, R. I., Oct. 1, 1848, by Rev. Daniel Williams	2	50
William W., of Scituate, m. Sophia **WILLCOCKS,** of North Providence, R. I., July 4, [probably 1848], by Rev. Daniel Williams	2	47
PATTEN, PATTIN, PATTON, Anna, d. Nathaniel & Anne, b. Nov. 1, 1735	1	29
Daniel, s. Nathaniel & Anne, b. Aug. 10, 1739	1	29
Deborah, d. Nathaniel & Anna, b. Sept. 7, 1732	1	9
Johannah, m. Thomas **BATEMAN,** June 24, 1761	1	175
Jonathan, s. Nathaniel & Anna, b. Nov. 18, 1733	1	13
Mary, d. Nathaniel & Anne, b. Mar. 19, 1742/3	1	29
Mary, m. Joseph **BLANCHARD,** b. of Killingly, Nov. 26, 1752	1	70
Nathaniel, m. Anna **HUCHENS,** b. of Killingly, Oct. [ ], 1732	1	70
Nathaniel, s. Nathaniel & Anna, b. Mar. 19, 1744	1	30
Nathaniel, s. Nath[anie]ll & Anna, b. Feb. 27, 1754	1	53
Olive, of Providence, R. I., m. Henry **BURGESS,** of Cranston, R. I., [ ], by Daniel Williams, Elder	2	5
Phebe, d. Nathaniel & Anne, b. Aug. 31, 1737	1	29
Silas, s. Nath[anie]ll & Anna, b. Dec. 24, 1747	1	36
Suze, d. Nath[anie]ll & Anna, b. June 19, 1751	1	43
W[illia]m R., of Providence, R. I., m. Esther **GORTON,** of Killingly, Mar. 17, 1830, by Elder George W. Appleton	1	124
PATTERSON, Sylvester, m. Abby A. **ANGELL,** b. of Sciutate, R. I., Oct. 25, 1847, by Rev. Daniel Williams	2	45a
PAUL, Abiga[i]l, m. Daniel **HULET,** Jr., Aug. 3, 1774	1	182
Damaris, [d. Edward & Elisabeth], b. Apr. 20, 1776	1	325
Edward, m. Elizabeth **SHORT,** Aug. 30, 1770	1	261
Edward, [s. Edward & Elisabeth], b. July 8, 1778	1	325
Elisabeth, [d. Edward & Elisabeth], b. Jan. 23, 1774	1	325
Hannah, [d. Edward & Elisabeth], b. Dec. 3, 1782	1	325
Hosea, [s. Edward & Elisabeth], b. Mar. 19, 1786	1	325
Mary D., of Providence, R. I., m. Warren H. **AVERELL,** of Pomfret, May 26, 1847, by Rev. Isaac C. Day, South Killingly	2	39a
Silas, [s. Edward & Elisabeth], b. Oct. 7, 1771	1	325
Simon, [s. Edward & Elisabeth], b. Sept. 1, 1788	1	325

	Vol.	Page
PAUL, (cont.)		
Simon, s. Edward, d. Apr. 2, 1790	1	160
William, [s. Edward & Elisabeth], b. Oct. 5, 1780	1	325
PAYSON, Asa, of Woodstock, m. Tamer H. **WARREN**, of		
Killingly, May 7, 1826, by Elisha Atkins	1	259
Ellen Mariah, d. Thomas & Lurania, b. Oct. 8, 1842	2	2
John H., m. Eliza E. **ADAMS**, b. of Killingly, Jan. 1, 1850, by		
Rev. Roswell Whitmore	2	54a
PAYTON, Abby, m. Thomas **GRASON**, b. of Providence, R. I.,		
June 11, 1848, by Rev. Geo[rge] W. Greenslitt	2	46a
[PEABODY], PEBODY, PEBODA, Est[h]e[r], d. Dec. 31, 1779	1	200
Mary, d. Feb. 15, 1772	1	200
PEAK, PEACK, PEAKE, [see also **PECK**], Alice, d. Christopher		
& Rebecca, b. Feb. 8, 1739/40	1	25
Anna, d. Christopher & Rebeckah, b. Dec. 26, 1728	1	2
Dorothy, d. Christopher & Rebecka, b. Apr. 3, 1726, at		
Woodstock	1	7
Eleanor, d. Christopher & Rebeckah, b. June 12, 1727	1	2
Eliah, s. Christopher & Rebeckah, b. Feb. 29, 1731/2	1	10
Hannah, m. Samuell **EDMONDS**, Dec. 1, 1779, by Rev.		
Charles Gleason	1	178
Mary, d. Christopher & Rebecka, b. Aug. 20, 1730	1	7
Moses, s. Christopher & Rebecca, b. Aug. 10, 1736	1	18
Rebecca, d. Christopher & Rebecca, b. Feb. 15, 1737/8	1	25
Samuel, s. Christopher & Rebecca, b. Jan. 8, 1733/4	1	13
Samuel, s. Christopher & Rebeckah, d. Apr. 5, 1734	1	73
Samuel, s. Christopher & Rebecca, b. Feb. 15, 1734/5	1	15
William, m. Lodema **CUTLER**, Feb. 1, 1775	1	181
PEARSON, Frances E., m. Stephen **LAMSON**, b. of Newburyport,		
Mass., May 24, 1849, by Rev. George W. Greenslitt	2	52a
PECK, [see also **PEAK**], Esther B., of Killingly, m. Jacob		
GREEN, of Thompson, Mar. 28, 1824, by Elisha Atkins	1	103
Isaac B., of Coventry, R. I., m. Lydia **KETTLE**, of Plainfield,		
Oct. 18, 1846, by Lowell Graves, J. P.	2	37a
Samuel, of Coventry, R. I., m. Hearty **YOUNG**, of Killingly,		
Mar. 12, 1843, by Rev. George Greenslit. Intention		
published	2	18
Welcome, m. Mary **TRIM**, b. of Killingly, Mar. 9, 1851,		
by Rev. Geo[rge] W. Greenslitt	2	64
PECKHAM, Ama, m. W[illia]m **DAY**, Mar. 15, 1824, by Calvin		
Cooper	1	103
Amey, d. Hazard & Susan[n]ah, b. Sept. 12, 1804	2	3
Fenner H., m. Catharine D. **TORREY**, b. of Killingly, July 23,		
1840, by Rev. Henry Robinson	2	8a
Hannah Emeline, m. Benj[ami]n G. **WHIPPLE**, b. of		
Providence, R. I., Nov. 25, 1849, by Rev. S. W.		
Coggeshall	2	54
Hazael, m. Susan **RANDALL**, Nov. 7, 1842, by Rev. Tubal		

KILLINGLY VITAL RECORDS 319

	Vol.	Page
PECK, (cont.)		
Wakefield	2	15
Sarah A., of Little Compton, R. I., m. Christopher **WHITE**, of Taunton, Mass., Dec. 17, 1845, by Rev. Benjamin C. Phelps, of West Killingly	2	33
Smith, of Killingly, m. Sophronia S. **LACKEY**, of Burrillville, R. I., Dec. 30, 1838, by Rev. Henry Robinson	2	5a
Susan, m. Dr. Justin **HAMMOND**, b. of Killingly, Nov. 24, 1831, by Roswell Whitmore	1	129
PEMBLEY, Hannah, m. James **ARDEM**, b. of Killingly, Jan. 18, 1843, by Rev. Daniel Williams	2	21
PENERY, Ezra, of Canterbury, m. Elizabeth **AVERY**, of Killingly, Nov. 4, 1837, by Nicholas Branch	2	3
PEPPER, Elisabeth, d. John & Hannah, b. Aug. 1, 1737	1	19
Jerusha, s. *John & Hannah, b. Aug. 3, 1731 (*Should be daughter)	1	10
Mehetable, d. John & Hannah, b. Mar. 23, 1728/9	1	4
Stephen, s. John & Hannah, b. Apr. 5, 1734	1	19
PERKINS, Freelove, m. Palmer **HILL**, Oct. 6, 1829, by Elder George W. Appleton	1	123
Harriet C., m. Albro W. A. **WINSOR**, July 9, 1843, by Geo[rge] W. Greenslit, Killingly Centre	2	19
PERRIN, PERREN, Abraham, s. Daniel & Mary, b. Mar. 16, 1780	1	282
Amasa, [s. Daniel & Mary], b. May 30, 1774	1	282
Amasa, s. Daniel & Mary, d. Nov. 7, 1775	1	171
Amasa, s. Daniel & Mary, b. Jan. 15, 1776	1	282
Benjamin E., of Washington, North Carolina, m. Sarah J. **FIELD**, of R. I., Oct. 24, 1846, by Rev. Daniel Williams	2	38
Daniel, m. Marcy **DRESSER**, Dec. 22, 1768	1	180
Doatha, [d. Daniel & Mary], b. Mar. 2, 1770	1	282
Hez[ekiah], [s. Daniel & Mary], b. Jan. 25, 1772	1	282
M. A., of Killingly, m. H. N. **WORK**, of Ashford, Dec. 6, 1847, by Rev. John D. Baldwin	2	49a
Williard, s. Daniel & Mary, b. May 1, 1778	1	282
PERRY, PERREY, PERRE, Ann, of Killingly, m. Jason **WAKEFIELD**, of T[h]ompson, Jan. 5, 1823, by Elisha Atkins	1	196
Anson, m. Abelena **BUCK**, b. of Killingly, Sept. 20, 1798, by Rev. Elisha Atkins	2	81
George, m. Eliza **BUCK**, Feb. 2, 1835, by Rev. H. Brownson, Thompson	1	92
Isaac, s. Jonathan & Hannah, b. Jan. 13, 1750/51	1	42
Keziah, m. James D. **YOUNG**, b. of Killingly, Oct. 19, 1828, by Elisha Atkins	1	100
Lucy Ann, of Killingly, m. Elijah **ORMSBY**, of Providence, Nov. 29, 1846, by Rev. W[illia]m Barnes, of Hampton	2	38a
Molle, d. Jona[than] & Hannah, b. Dec. 27, 1746	1	38
Ruth, d. Jona[than] & Hannah, b. Nov. 20, 1748	1	38

	Vol.	Page
PERRY, PERREY, PERRE, (cont.)		
Sarah, d. David & Anna, b. Oct. 20, 1765	1	252
Selvanus, s. David & Anna, b. Jan. 3, 1767	1	252
William, m. Betsey **BROWN**, July 28, 1822, by Elisha Atkins	1	194
PETERS, Elisabeth A., of Attleborough, Mass., m. Edmund **DAVIS**, of Pawtucket, Mass., May 29, 1847, by Rev. Daniel Williams	2	41
Lucinda, m. John R. **TYLER**, b. of Smithfield, R. I., Dec. 15, 1844, by Rev. Daniel Williams	2	26a
Rachael, of Smithfield, R. I., m. Henry **BRAGG**, of Cumberland, R. I., June 14, 1847, by Rev. J. Livesy, Jr.	2	40
PETTEPLACE, Amanda, m. John Y. **BROWN**, b. of Gloucester, R. I., Feb. 14, 1847, by Rev. Daniel Williams	2	41
PETTEYS, Caroline, of Fall River, Mass., m. Walter **COBB**, July 5, 1845, by Ephraim Bacon, J. P.	2	28
PETTINGALE, Abiga[i]le, [d. Nathaniel & Hannah], b. Feb. 18, 1792	1	269
Daniel, [s. Nathaniel & Hannah], b. June 29, 1797	1	269
Hannah, [d. Nathaniel & Hannah], b. May 22, 1795	1	269
John, [s. Nathaniel & Hannah], b. May 17, 1801	1	269
Lucy, [d. Nathaniel & Hannah], b. Feb. 25, 1786	1	269
Mary, [twin with Ruth, d. Nathaniel & Hannah], b. Nov. 25, 1788	1	269
Ruth, [twin with Mary, d. Nathaniel & Hannah], b. Nov. 25, 1788	1	269
PHILLIPS, Almira, m. Thomas O. H. **CARPENTER**, b. of Foster, R. I., Feb. 23, 1848, by Rev. Daniel Williams	2	46
Ann Eliza, m. John **SMITH**, b. of Killingly, Jan. 8, 1853, by Rev. Daniel Williams	2	80
Benjamin W., m. Hannah C. **WITHEY**, b. of Killingly, Sept. 1, 1845, by Rev. Daniel Williams	2	29
Cabra M., m. Isaac H. **SMITH**, Nov. 5, 1843, by Rev. Geo[rge] W. Greenslit	2	20
Charles, s. Perley & Alice, b. May 22, 1788	1	239
Charles, of Foster, R. I., m. Eliza **ANGELL**, of Killingly, Mar. 7, 1847, by Rev. Daniel Williams	2	41
Elisa, of Killingly, m. W[illia]m Evan **PARISH**, of Canterbury, [Feb.] 20, 1831, by Rev. Albert Cole	1	125
Elisabeth, w. Andrew, d. May 11, 1734	1	73
George H., m. Julia Ann **JILLSON**, b. of Killingly, Nov. 8, 1841, by Rev. Henry Robinson	2	11a
H. W., of Foster, R. I., m. Lity **BROWN**, of Killingly, Apr. 30, 1853, by Rev. J. C. Dow	2	79
Hannah P., m. John **HOWARD**, b. of Foster, R. I., Mar. 4, 1849, by Rev. Daniel Williams	2	51
Horace, m. Orry **EDDY**, b. of Foster, R. I., [ ], in Danielsonville, West Killingly, by Rev. J. Livesy, Jr.	2	42a
Israel, Col., m. Wid. Lucy **ANGEL**, b. of Scituate, R. I.,		

	Vol.	Page
PHILLIPS, (cont.)		
Sept. 30, 1827, by John Dixon, J. P.	1	118
Jonathan, s. Andrew, Jr. & Elisabeth, b. Aug. 14, 1734	1	15
Lucy, d. Perley & Alice, b. Aug. 15, 1786	1	239
Pardon, of Foster, R. I., m. Mary **KIES**, of Killingly, Jan. 31, 1830, by Rev. Roswell Whitmore	1	122
Perley, m. Alice **HOWE**, Oct. 9, 1785, by Rev. Elisha Atkins	1	261
Reuben, s. Andrew, Jr. & Elisabeth, b. July 6, 1737	1	20
Sabra M., [see under Cabra M.]		
William C., of Scituate, R. I., m. Emily J. **ROUNDS**, of Foster, June 5, 1851, by Rev. Daniel Williams, East Killingly	2	53
PHINNEY, [see also **FINNEY**], Betsey Ann, m. Edward **CHAPPELL**, b. of North Providence, R. I., Dec. 10, 1842, by Rev. Daniel Williams	2	17
John D., m. Dorcas B. **JILLSON**, b. of Cumberland, R. I., July 31, 1848, by Rev. Daniel Williams	2	47
PHIPPS, PHIPS, David, s. Jason & Rebeckah, b. Nov. 9, 1763	1	265
David, s. Jason & Rebeckah, d. Apr. 10, 1767	1	156
David, s. Jason & Rebeckah, b. Aug. 3, 1768	1	265
Jason, s. Jason & Rebeckah, b. July 23, 1758	1	265
Jason, d. Sept. 5, 1759	1	171
Jason, s. Jason & Rebeckah, b. June 23, 1760	1	265
Moses, s. Jason & Rebeckah, b. Nov. 29, 1761	1	265
PIERCE, PEIRCE, PEARSE, Abby, of Killingly, m. Truman **WHITE**, of Pomfret, Nov. 17, 1845, by Rev. G. W. Greenslitt	2	31
David, m. Mary B. **MILLER**, b. of Providence, R. I., Mar. 23, 1846, by Rev. Benjamin C. Phelps, of West Killingly. Witness: E. Buckminster	2	34
Electa A. M., m. W[illia]m H. **FORD**, b. of Providence, R. I., Oct. 12, 1844, by Rev. John Howson	2	25
Elisabeth, d. Capt. W[illia]m & Elisabeth, b. Mar. 15, 1788	1	301
Elisabeth W., m. William R. **PARKER**, b. of Killingly, June 19, 1842, by Rev. Daniel Williams	2	16
Emmaline, b. Mar. 2, 1824	1	155
George M., m. Mary A. **THORBER**, b. of Rehobath, Mass., Sept. 21, 1845, by Rev. Daniel Williams	2	34a
George W., b. Mar. 21, 1826	1	155
Harriet Newell, d. Preserved & Choloe, b. Aug. 8, 1822	1	265
Hezekiah F., of Woodstock, m. Julia R. **WILSON**, of Killingly, May 27, 1844, by Rev. Henry Robinson	2	23
Ichabod, s. Amos & Mary, b. Mar. 12, 1731	1	6
Joseph, of Enfield, Conn., m. Mary Ann **LEAVENS**, of Killingly, Nov. 14, 1841, by Rev. George Greenslitt	2	12
Louisa, m. Joseph **LEAVENS**, b. of Killingly, Sept. 23, 1831, by Albert Cole	1	131
Lucy, d. Amos & Mary, b. Sept. 12, 1735	1	16

	Vol.	Page
PIERCE, PEIRCE, PEARSE, (cont.)		
Mary, d. Amos & Mary, b. July 24, 1733	1	11
Mary Ardelia, m. William F. **WOOD**, June 11, 1848, by Rev. Geo[rge] W. Greenslett	2	46a
Nathaniel M., m. Amey Ann **ADAMS**, b. of Killingly, Mar. 7, 1847, by Rev. Geo[rge] W. Greenslitt	2	39
Robert H., m. Lois **KITTLE**, July 11, 1848, by Rev. Geo[rge] W. Greenslitt	2	46a
Royal, s. [William] & Elisabeth, b. Jan. 4, 1786	1	301
Ruth, d. Amos & Mary, b. July 15, 1737	1	19
Sally, d. Capt W[illia]m & Elisabeth, b. Apr. 22, 1790	1	301
Silas, s. Amos & Mary, b. Oct. 9, 1739	1	23
Thomas, s. Amos & Mary, b. July 12, 1729	1	3
Thomas, s. William & Elisabeth, b. Oct. 14, 1781	1	301
William, m. Elizabeth **CADY**, May 6, 1777	1	182
William, s. William & Elisabeth, b. June 16, 1779	1	301
William A., m. Mary A. **BASTO**, May 1, 1847, by Rev. L. W. Wheeler	2	39a
Zerviah, d. William & Elisabeth, b. Jan. 29, 1784	1	301
PIKE, Arvin, s. John & Sarah, b. Nov. 8, 1786	1	311
Cyrus, s. John & Sarah, b. July 3, 1788	1	311
John, s. John & Sarah, b. Nov. 27, 1781	1	311
Marsena, s. John & Sarah, b. Feb. 10, 1783	1	311
Mary, of Killingly, m. Erastus **HAMMET**, Jr., of Plainfield, Nov. 8, 1846, by Rev. John D. Baldwin	2	49
Sarah, d. John & Sarah, b. July 4, 1784	1.	311
PILLSBURY, Emily M., m. William **HOLT**, Oct. 9, 1842, by Rev. Daniel Williams	2	16a
PITTS, Sarah, of Ashford, m. Samuel **YOUNGLOVE**, of Killingly, Apr. 23, 1752, by Perly Howe, Clerk	1	65
PLACE, Amanda M., m. Hiram **BLISS**, b. of North Providence, R. I., Aug. 16, 1851, by Earl Martin, J. P.	2	65
Anthony, Jr., m. Louisa **HAMMOND**, b. of Glocester, R. I., July 5, 1840, by Rev. Daniel Williams	2	9
Duty, m. Amanda **ALDRICH**, of Glocester, R. I., June 19, 1853, by Rev. J. C. Dow	2	78
Edward P., m. Jemima A. **DAVIS**, of Gloucester, R. I., Aug. 26, 1849, by Rev. Daniel Williams	2	53a
Elisabeth, of Killingly, m. James B. **HOWE**, of Monson, Mass., Apr. 7, 1835, by Jonathan Oatley, Elder	1	94
Harley, m. Elizabeth **BOWEN**, b. of Gloucester, R. I., Aug. 14, 1852, by Rev. Daniel Williams	2	74
James, m. Anna **MITCHELL**, b. of Killingly, Jan. 21, 1827, by Calvin Cooper	1	117
Jane Elisabeth, m. William **CHAPWELL**, b. of Gloucester, R. I., Sept. 3, 1848, by Rev. Daniel Williams	2	47a
Mary A., m. George K. **PARKIS**, b. of Killingly, Aug. 16, 1846, by Rev. Daniel Williams	2	37

	Vol.	Page
PLACE, (cont.)		
Mary A., m. David O. **ADAMS**, Jan. 9, 1853, by Rev. J. C. Dow	2	80
Mary Ann, of Gloucester, R. I., m. Robert **SHIPPEE**, of Foster, Feb. 12, 1844, by Rev. Daniel Williams	2	24
Mary B., m. Francis **REYNOLDS**, [Oct.] 23, 1842, by Rev. Tubal Wakefield	2	14a
Prissillah, m. James **HOWLAND**, b. of Killingly, May 23, 1836, by Rev. Daniel Williams	1	142
Sarah, m. Reuben **RATHBONE**, b. of Killingly, July 7, 1822, by Calvin Cooper	1	194
PLANK, Aby, d. Robart & Kerziah, b. Sept. 28, 1767	1	279
Ann W., d. Alanson & Martha, b. June 27, 1816	1	322
Deborah, m. Jesse **LENERD**, May 30, 1756, by Rev. Mr. Aaron Brown	1	55
Dudley, m. Sophia **HAYWARD**, Sept. 11, 1823, by Elisha Atkins	1	106
Esther, [d. Robart & Kerziah], b. June 21, 1769	1	279
Hannah, [d. Robart & Kerziah], b. Feb. 23, 1771	1	279
Mol[l]e, d. William, b. June 12, 1762	1	282
Molly, [d. Robart & Kerziah], b. Jan. 9, 1773	1	279
Rachal, m. Jacob **CHASE**, Dec. 17, 1767	1	181
Robard, m. Hersiah Brown **JOSLIN**, Dec. 26, 1766	1	176
Robert, [s. Robart & Kersiah], b. Mar. 8, 1779	1	279
Sarah, [d. Robart & Kersiah], b. Mar. 24, 1777	1	279
Zabadiah, s. W[illia]m & Bathshebah, b. Oct. 23, 1758	1	282
Zerviah, [d. Robart & Kerziah], b. Apr. 21, 1775	1	279
PLASTRAGE, Caleb, s. Jonathan & Abaga[i]l, b. Feb. 8, 1752	1	47
PLUMMER, Abner, m. Louisa **ROUSE**, , b. of Thompson, Nov. 30, 1848, by Rev. J. Livesy, Jr.	2	51
Ebenezer, s. Ebenezer & Abigail, b. Feb. 2, 1745/6	1	33
Eliza A., m. Jesse P. **BALLOU**, b. of Gloucester, R. I., July 6, 1848, by Rev. Daniel Williams	2	47
Israel, m. Lydia M. **BRANCH**, of Thompson, Dec. 4, 1842, by Geo[rge] May	2	17a
John, s. Ebenezer & Abigail, b. July 24, 1740	1	33
POLER, [see also **POOLER**], Lovisa, of Glocester, R. I., m. Daniel **HICKS**, Aug. 21, 1842, by Rev. Daniel Williams	2	16a
POLSEY, Hanson, m. Mary A. C. **SMITH**, b. of Smithfield, R. I., Oct. 30, 1842, by Rev. Tubal Wakefield	2	15
POND, Theodore Dwight, m. Mary Ann **PRESTON**, of Brooklyn, Jan. 31, 1842, by Rev. Daniel Williams	2	13
POOLER, [see also **POLER**], Allyn, s. John & Sarah, b. Aug. 25, 1740	1	24
Amasah, s. John & Sarah, b. Aug. 22, 1748	1	71
Arnold, of Glocester, m. Lydia C. **BARNS**, of Killingly, Oct. 9, 1827, by Elisha Atkins	1	119
Isaac, s. John & Sarah, b. June 11, 1760	1	276

	Vol.	Page
POOLER, (cont.)		
John, s. John & Sarah, b. Nov. 14, 1738	1	21
Mat[t]hew, s. John & Sarah, b. Nov. 16, 1754	1	276
R[e]uben, s. John & Sarah, b. Oct. 8, 1742* (*1746)	1	71
Reuben, d. Oct. 14, 1748	1	65
Sarah, d. John & Sarah, b. [ ] 26, 1744	1	71
Zebulon, s. John & Sarah, b. Dec. 9, 1742	1	29
Zebbalon, d. Sept. 12, 1754	1	65
PORTER, Alise, d. Sam[ue]ll & Hanner, b. May 12, 1743	1	28
Ele[a]ner, d. Samuel & Hannah], b. Mar. 19, 1753	1	47
Emily E., m. Cyrus T. **WHITTIER**, b. of Boston, Mass., June 5, 1847, by Rev. J. Livesy, Jr.	2	40
Flint, s. Samuel & Hanner, b. July 10, 1747	1	34
Flint, s. Samuel & Hannah, d. July 22, 1747	1	75
Flynt, s. Samuel & Han[n]ah, b. Sept. 1, 1748	1	36
Hannah, d. Sam[ue]ll & Hannah, b. Mar. 11, 1750/51	1	43
Jonathan, s. Samuel & Hannah, b. Sept. 27, 1738	1	24
Prudence, m. William **BOWEN**, b. of Killingly, Mar. 27, 1825, by Calvin Cooper	1	114
Ruth, d. Samuel & Hannah, b. Oct. 9, 1755	1	54
Samuel, s. Samuel & Hannah. b. May 11, 1744	1	31
Sarah, d. Samuel & Hannah, b. July 24, 1740	1	24
POST, Elizabeth, d. John & Sarah, b. May 9, 1730	1	5
Easter, d. John & Sarah, b. Mar. 26, 1728	1	3
Sarah, d. John & Sarah, b. May 29, 1726	1	3
POTTER, Allen, of Southbridge, Mass., m. Lucy **CHOLLER**, of Killingly, Jan. 8, 1839, by Rev. Henry Robinson	2	5a
Alvin D., m. Hannah M. **SHIPPEE**, b. of Killingly, July 13, 1846, by Rev. G. W. Greenslitt	2	35a
Christopher, of Killingly, m. Maranda **WALLIN**, of Brooklyn, Jan. 5, 1845, by Rev. G. W. Greenslit	2	26a
Cindrella, m. Calvin G. **KELLEY**, Feb. 8, 1843, by Rev. George Greenslit. Intention published	2	17a
David T., of Brooklyn, m. Mary M. **ALDRICH**, of Killingly, Aug. 17, 1845, by Tho[ma]s Dike, J. P.	2	28
Elisha, of Scituate, R. I., m. Lydia **CADY**, of Killingly, Nov. 8, 1823, by Israel Day	1	197
Eliza A., m. Thomas **PARKER**, b. of Killingly, July 1, 1844, by Rev. John Howson	2	23a
Eunice A., of Scituate, R. I., m. John **COLVIN**, Jan. 25, 1852, by Rev. Daniel Williams	2	72
Harriet C., m. Warren **POTTER**, b. of Killingly, July 10, 1842, by Rev. Tubal Wakefield	2	13a
Henry B., of North Providence, R. I., m. Lucy E. **WADE**, of Gloucester, R. I., Oct. 31, 1845, by Rev. Benjamin C. Phelps, of West Killingly. Witness: Samuel E. Brown	2	32
James, m. Lucy Ann **NEWELL**, Jan. 29, 1845, by Rev. G. W. Greenslit	2	27

KILLINGLY VITAL RECORDS 325

	Vol.	Page
POTTER, (cont.)		
Joseph L., m. Amey AUSTIN, Dec. 8, 1843, by Rev. George W. Greenslit	2	20a
Lucinda, m. Benjamin BAKER, b. of Killingly, Sept. 3, 1848, by Rev. John Livesy, Jr.	2	48a
Mercy A., of Scituate, R. I., m. James CORNELL, Jr., June 22, 1846, by Rev. Joseph B. Daman	2	43a
Meshack, of Plainfield, m. Alethea HERRICK, of South Killingly, May 19, 1847, by Rev. Isaac C. Day	2	39a
Nehemiah A., of Plainfield, m. Amey Ann CHAMBERLIN, of Killingly, Dec. 31, 1843, by Rev. John Howson	2	23
Patience, of Westport, Mass., m. Barnabus CHILDS, Jr., of East Falmouth, Dec. 1, 1846, by Rev. Daniel Williams	2	40a
Phillip, m. Ann Frances MOWRY, b. of Gloucester, R. I., Jan. 28, 1850, by Rev. S. W. Coggeshall	2	54a
Sabra A., m. Charles CARD, b. of Killingly, Apr. 28, 1850, by Nelson Jordan, Licentiate	2	55
Warren, m. Harriet C. POTTER, b. of Killingly, July 10, 1842, by Rev. Tubal Wakefield	2	13a
William, of Foster, m. Caddy MASON, of Killingly, Apr. 2, 1826, by Calvin Cooper	1	116
William R., of Providence, R. I., m. Esther GORTON, of Killingly, Mar. 17, 1830, by Elder George W. Appleton	1	126
PRATT, Almira J., m. David B. WHEATON, b. of Killingly, Feb. 2, 1834, by Roswell Whitmore	1	88
Sarah, of Killingly, m. Thomas J. MORSE, of Troy, Mass., Mar. 23, 1828, by Rev. Roswell Whitmore	1	120
PRAY, Alfred, m. Perlina STONE, Feb. 26, 1836, by Daniel Williams	1	142
Ann Eliza, m. Elias CARPENTER, b. of Glocester, R. I., June 27, 1852, by Earl Martin, J. P.	2	78
Earl W., m. Mary E. OATLEY, Apr. 3, 1849, by Jonathan Oatley, Elder	2	52
Eliza, of Foster, R. I., m. Ahizah SLATER, Mar. 5, 1843, by Rev. Daniel Williams	2	21a
Esther M., m. Thomas HERRINGTON, Oct. 13, 1833, by Rev. Ella Dunham	1	85
George W., of Killingly, m. Saloma GREEN, of Foster, R. I., Dec. 23, 1831, by Daniel Williams	1	129
James C., m. Mary R. BISHOP, [b.] of Scituate, R. I., Mar. 10, 1844, by Rev. Geo[rge] W. Greenslit	2	22a
John A., m. Mary C. ALEXANDER, b. of Boston, Mass., Oct. 13, 1843, by Rev. Daniel Williams	2	22
Joseph, m. Eliza JENCKES, Oct. 22, [1837], by Nicholas Branch	2	3
Lucy M., m. Asa W. BROWN, b. of Killingly, Apr. 9, 1837, by Rev. Erastus Doty	2	2
Mary, m. William SAUNDERS, b. of Foster, R. I., Jan. 2,		

	Vol.	Page
PRAY, (cont.)		
1848, by Rev. Daniel Williams	2	46
Miles O., m. Lydia A. **DEXTER**, b. of [S]cituate, R. I., Dec. 24, 1838, by Daniel Williams, Elder	2	5
Othniel, of Ashford, m. Hannah **FIELD**, of West Killingly, Dec. 25, 1845, by Rev. T. O. Rice	2	32
Perlina S., m. Israel **SMITH**, b. of Killingly, Dec. [ ], 1843, by Rev. Daniel Williams	2	22
Sally Ann, m. Hiram **JENCKES**, b. of Killingly, [Mar.] 11, [1832], by Eld[er] Albert Cole	1	263
Thomas, m. Sarah Ann **ANGELL**, b. of Killingly, Jan. 3, 1832, by Albert Cole	1	129
William, m. Sarah R. **WOOD**, b. of Killingly, Oct. 9, 1836, by Rev. Roswell Whitmore	2	1
PRESTON, Benjamin, s. Levi & Elisabeth, b. July 12, 1724	1	27
Cordelia W., of Killingly, m. Stephen H. **WINDSOR**, of Burrillville, R. I., Aug. 3, 1841, by Rev. Roswell Whitmore	2	11a
David, s. Levi & Elisabeth, b. Sept. 14, 1728	1	27
Elisabeth, w. Levi, d. Apr. 3, 1742	1	73
Elisabeth, m. David J. **SALISBURY**, b. of Killingly, Dec. 22, 1847, by Rev. Daniel Williams	2	45a
Isaac, s. Levi & Elisabeth, b. Apr. 12, 1731	1	27
Israel, s. Levi & Elisabeth, b. June 26, 1733	1	27
James, of Brooklyn, m. Susan **PALMER**, of Killingly, Mar. 11, 1832, by David Chase, J. P.	1	263
Levi, s. Levi & Elisabeth, b. Sept. 6, 1736	1	27
Levi, m. Mary **FULLER**, b. of Killingly, July 7, 1742	1	78
Mary, d. Levi & Mary, b. Jan. 17, 1744/5	1	30
Mary, d. Levi & Mary, b. Jan. 17, 174[ ]	1	32
Mary Ann, of Brooklyn, m. Theodore Dwight **POND**, Jan. 31, 1842, by Rev. Daniel Williams	2	13
Michael M., Rev., m. Eliza M. **LAW**, b. of East Killingly, Oct. 9, 1843, by Rev. R. O. William, of Norwich	2	20
Phebe, m. Cromwell **HILL**, July 10, [1833], by Thomas Durfee, J. P.	1	87
Sarah, d. Levi & Elisabeth, b. June 28, 1726	1	27
-----, s. Levi & Marcy, b. Mar. 24, 1743	1	28
PRICE, Thomas C., m. Lucinda **ROUSE**, b. of Plainfield, May 2, 1842, by Rev. Henry Robinson	2	13
PRIEST, PREST, Clowe, s. John & Peggy, b. Nov. 29, 1750	1	43
Grace, d. John & Peggy, b. Jan. 20, 1747/8	1	35
John, m. Peggy **DUGLES**, Nov. 5, 1734, by Thom[othy] Pearin, J. P.	1	78
John, s. John & Peggy, b. July 24, 1736	1	28
John, s. John & Pegg, b. Aug. 18, 1736	1	18
John, d. Nov. 26, 1752	1	67
Thankfull, d. John & Beggy*, b. June 12, 1745 (*Peggy)	1	31

	Vol.	Page

PRIEST, PREST, (cont.)
-----, s. John & Peggy, b. Sept. 24, 1738 — 1 — 28
-----, d. John & Peggy, b. Apr. 3, 1740 — 1 — 28
-----, s. John & Peggy, b. Feb. 16, 1743/4 — 1 — 28
PRINCE, Aaron, s. Sam[ue]ll & Mary, b. Oct. 27, 1779 — 1 — 286
   Daniel, s. Samuel & Mary, b. Mar. 18, 1777 — 1 — 286
   Eunice, d. David & Eunice, b. Aug. 28, 1766 — 1 — 286
   Huldah, d. Sam[ue]ll & Mary, b. May 19, 1774 — 1 — 286
   Mary, m. Solomon **ORMSBY**, Sept. 4, 1759 — 1 — 264
   Molly, d. Sam[ue]ll & Mary, b. Aug. 5, 1775 — 1 — 286
   Rachall, d. Sam[ue]ll & Mary, b. Apr. 22, 1778 — 1 — 286
   Rachael, d. Sam[ue]ll & Mary, d. May 7, 1778 — 1 — 171
   Rachell, m. Phineas **COPELAND**, Apr. 27, 1780, by Rev. Noadiah Russell — 1 — 183
   Sam[ue]ll, s. David & Eunice, b. Nov. 24, 1764 — 1 — 286
   Samuel, m. Mary **ELLIOTT**, Dec. 5, 1771, by Rev. Noadiah Russell — 1 — 182
   Thomas, s. Samuel & Mary, b. Oct. 5, 1772 — 1 — 286
PROCTER, Israel, d. Mar. 1, 1759 — 1 — 165
PURINGTON, Elias, of Middlebury, Mass., m. Waitey **SMITH**, of Scituate, R. I., Mar. 13, 1845, by Ephraim Bacon, J. P. — 2 — 27a
PURSE, Charles, m. Emely **EDSON**, Feb. 12, 1823, by Penuel Hutchens, J. P. — 1 — 197
PUTNAM, Aseph, adm. fr. Apr. 7, 1760 — 1 — 57
RANDALL, RANDALE, Abby J., m. Samuel W. **AUSTIN**, b. of Scituate, R. I., Dec. 12, 1848, at West Killingly, by Rev. J. Livesy, Jr. — 2 — 51a
   Alpheas W., m. Caroline F. **CRANDALL**, b. of Killingly, July 20, 1845, by Rev. Benjamin C. Phelps — 2 — 29a
   Amey Jane, of Foster, R. I., m. William Henry **LUTHER**, of Scituate, R. I., Nov. 1, 1849, by Rev. S. W. Coggeshall — 2 — 53
   Caleb, m. Mary J. **THAYER**, b. of Scituate, R. I., [ ], in Danielsonville, West Killingly, by Rev. John Livesy, Jr. — 2 — 42a
   Charles F., m. Hannah B. **HOLICE**, b. of Providence, R. I., Apr. 2, 1848, by Rev. Daniel Williams — 2 — 46
   Eliza A., m. Harley H. **HOPKINS**, b. of Foster, R. I., Feb. 2, 1846, by Rev. Benjamin C. Phelps, of West Killingly. Witness: Ellis Buckminster — 2 — 33a
   Eliza B., m. Edmund R. **ANGELL**, b. of Scituate, R. I., Nov. 23, 1851, by Earl Martin, J. P. — 2 — 70
   El[l]en, of Scituate, R. I., m. William P. **DARBEY**, of Killingly, Apr. 15, 1844, by Rev. Daniel Williams — 2 — 24a
   Elsie, m. Albro **HOPKINS**, Oct. 20, [1831], by Albert Cole — 1 — 98
   Flavell W., of Foster, R. I., m. Caroline S. **BURDICK**, of Plainfield, May 7, 1850, by Earl Martin, J. P. — 2 — 55
   George, m. Delia **RUSSELL**, June 16, 1833, by Rev. Daniel Williams — 1 — 84

	Vol.	Page
RANDALL, RANDALE, (cont.)		
George, Jr., m. Sarah **SHARP**, b. of Pomfret, Mar. 6, 1837, by Rev. Nathan S. Hunt, of Pomfret	2	1a
George W., m. Mary **CLARK**, b. of Killingly, Sept. 21, 1834, by Rev. Roswell Whitmore	1	91
Henry B., m. Julia Ann **DURFEE**, b. of Killingly, Mar. 17, 1829, by Elder George W. Appleton	1	121
Job, Jr., m. Elisabeth M. **ARNOLD**, b. of Scituate, R. I., Aug. 24, 1848, by Rev. Daniel Williams	2	47a
John, of Foster, m. Katharine **EASTON**, of Killingly, Sept. 7, 1835, by Erastus Doty	1	96
John A., m. Susan **BROWN**, b. of Killingly, Oct. 31, 1830, by Calvin Cooper	1	125
Lucy M., of Thompson, m. Albert F. **PAGE**, of Killingly, Oct. 5, 1848, by Rev. John Livesy, Jr.	2	48a
Mary E., of Scituate, R. I., m. Manassah D. **COBB**, of Providence, R. I., Oct. 7, 1850, by Earl Martin, J. P.	2	61
Nehemiah, of Scituate, R. I., m. Orra **RUSSELL**, of Foster, R. I., Nov. 4, 1845, by Rev. Benjamin C. Phelps, of West Killingly	2	32a
Orinda, of Scituate, R. I., m. Edwin **TYLER**, of Thompson, Aug. 6, 1848, by Rev. Daniel Williams	2	47a
Peleg, m. Loiza J. **WILBOUR**, b. of Providence, R. I., Nov. 3, 1844, by Rev. Daniel Williams	2	26
Prudence, m. George **CAHOON**, b. of Scituate, R. I., Oct. 11, 1840, by Rev. Nicholas Branch	2	9a
Stephen B., m. Laura A. **SANDERS**, b. of Providence, R. I., Feb. 24, 1845, by Rev. John Howson	2	27
Susan, m. Hazael **PECKHAM**, Nov. 7, 1842, by Rev. Tubal Wakefield	2	15
William W., of Johnston, R. I., m. Orinda **TAYLOR**, of Scituate, R. I., Oct. 2, [1842], by Rev. Geo[rge] May	2	14
RANSOM, -----, m. Susan **STONE**, of Foster, R. I., Apr. 24, 1842, by Rev. Daniel Williams	2	16
RATHBONE, RATHBUN, Charles P., m. Laura A. W. **PARKHURST**, b. of W. Killingly, May 25, 1847, by Rev. T. O. Rice	2	42a
Olive Y., m. William H. **CHAMBERLANE**, b. of Killingly, Oct. 9, 1842, by Rev. Geo[rge] May	2	14a
Reuben, m. Sarah **PLACE**, b. of Killingly, July 7, 1822, by Calvin Cooper	1	194
RAY, James, m. Rachal **McKEE**, b. of Killingly, May 12, 1843, by Rev. Tubal Wakefield	2	18a
William N., of Burrillville, m. Julia **SIMMONS**, of Smithfield R. I., Feb. 28, 1848, by Rev. Daniel Williams	2	46
READ, [see under **REED**]		
RECORD, Stoughton, s. Joseph & Lidea, b. Sept. 16, 1751	1	49
REDWAY, Anna, [d. James & Ellithea], b. Sept. 10, 1783	1	316

	Vol.	Page
REDWAY, (cont.)		
Benj[ami]n, [s. James & Ellithea], b. July 4, 1785	1	316
James, s. James & Ellithea, b. Jan. 10, 1780	1	316
John, s. James & Ellithea, b. Nov. 24, 1781	1	316
Tho[ma]s, [s. James & Ellithea], b. Dec. 10, 1791	1	316
REED, READ, Betsey, [s. William & Sarah], b. July 22, 1745, at Rutland	1	47
Calvin, [s. William & Sarah], b. Mar. 21, 1751	1	47
Elisabeth E., m. Ephraim **DUVALL**, b. of Lewiston, Mass., Apr. 31, 1845, by Rev. Benjamin C. Phelps, of West Killingly. Witness: Freeman James	2	30
Levina, d. W[illia]m & Sarah, b. Dec. 16, 1754	1	53
Luther, [s. William & Sarah], b. Feb. 19, 1753	1	47
Olive, [d. William & Sarah], b. Feb. 28, 1747, at Rutland	1	47
R[e]uben, [s. William & Sarah], b. Sept. 23, 1743, at Rutland	1	47
Sarah, m. David **RUSSELL**, b. of Killingly, May 15, 1759	1	262
William, [s. William & Sarah], b. July 18, 1749	1	47
William, d. Jan. 19, 1755	1	67
REWE*, Thomas, s. Job & Mary, b. Feb. 5, 1752 (***REEVE**?)	1	45
REYNOLDS, RUNNELLS, Almira, of Killingly, m. Isaac D. **MATTHEWS**, of Warren, Mass., Sept. 5, 1841, by Rev. Henry Robinson	2	11a
Barbara, m. Otis **CASWELL**, b. of Scituate, R. I., June 30, 1847, by Rev. Daniel Williams	2	41a
Benj[ami]n, m. Susanna **KEE**, b. of Killingly, Feb. 22, 1757, by Benj[ami]n Wheeler	1	262
Betsey, m. Ira **REYNOLDS**, b. of Killingly, Oct. 7, 1839, by Rev. Henry Robinson	2	6a
Charles, m. Bridget **DAUGAN**, b. of Pomfret, May 18, 1851, by Rev. Sidney Dean	2	60
Cyrus, m. Cornelia **DEAN**, Nov. 23, 1822, by Elisha Atkins	1	196
Eliza Ann, of Killingly, m. James **OLNEY**, of Glocester, R. I., Dec. 5, 1841, by Rev. Henry Robinson	2	12
Elisabeth, d. Benj[ami]n & Su[s]anna, b. Feb. 23, 1758	1	297
Emeline, m. William H. **GAY**, June 17, 1838, by Daniel Williams, Elder	2	5
Francis, m. Mary B. **PLACE**, [Oct.] 23, 1842, by Rev. Tubal Wakefield	2	14a
Ira, m. Betsey **REYNOLDS**, b. of Killingly, Oct. 7, 1839, by Rev. Henry Robinson	2	6a
Loisa M., m. Lyman **BARNS**, b. of Killingly, Sept. 2, 1835, by Elisha Atkins	1	95
Lucinda, of Killingly, m. James **SPRAGUE**, of Glocester, R. I., May 2, 1824, by Calvin Cooper	1	104
Mary A. W., of Glocester, R. I., m. Oliver S. **COVILL**, of Killingly, Conn., Sept. 8, 1852, by Rev. Daniel Williams	2	74
Orrin, of Glocester, R. I., m. Lucinda **RUSSELL**, of Killingly, Nov. 20, 1825, by Calvin Cooper	1	115

	Vol.	Page
REYNOLDS, RUNNELLS, (cont.)		
Phebe M., m. Harris C. **DAVIS**, b. of Killingly, Mar. 7, 1836, by Rev. Roswell Whitmore	1	97
Samuel, m. Matilda **BURRELL**, b. of Killingly, Dec. 17, 1820, by Calvin Cooper, Elder	1	190
Susan, of Killingly, m. Thomas E. **INMAN**, of Glocester, R. I., July 11, 1841, by Rev. Henry Robinson	2	11a
Susan E., of Conway, N. H., m. W[illia]m C. **BROWN**, of Concord, Mass., Sept. 12, 1845, by Rev. Benjamin C. Phelps, of West Killingly. Witness: Abby S. Buckminster	2	30a
Wilbur T., m. Lucretia **SMITH**, of North Kingstown, R. I., Dec. 2, 1848, by Rev. John D. Baldwin	2	52
RHODES, Adaline Y., of Providence, R. I., m. Rufus A. **THAYER**, of Hopkinton, Aug. 7, 1848, by Rev. Daniel Williams	2	47a
RICARD, [see under **RICKARD**]		
RICE, Betsey Ann, m. Henry **LEVENSDER**, b. of Killingly, Sept. 22, 1847, by Abiel Converse, J. P.	2	82
RICHARDS, [see also **RICKARD**], Abigail, d. Israel & Hannah, b. Apr. 18, 1739	1	24
Abigail, [d. Israel & Lois], b. Aug. 22, 1772	1	245
Daniel, [s. Israel & Lois], b. Apr. 16, 1770	1	245
Hannah, d. Israel & Hannah, b. Oct. 7, 1740	1	24
Hannah, [d. Israel & Lois], b. Mar. 24, 1768	1	245
Israel, s. Israel & Susanna, b. July 21, 1730	1	16
Israel, s. Israel & Hannah, b. Mar. 15, 1742/3	1	29
Israel, m. Lois **HOLM[E]S**, Feb. 11, 1766	1	183
John, [s. Israel & Lois], b. Feb. 13, 1775	1	245
John W., of Ashford, m. Abby E. **STONE**, of Killingly, Nov. 19, 1840, by Rev. Daniel Williams	2	11
Joseph, [twin with Mary, s. Israel & Lois], b. Feb. 5, 1780	1	245
Loissay, [d. Israel & Lois], b. Sept. 21, 1777	1	245
Mary, [twin with Joseph, d. Israel & Lois], b. Feb. 5, 1780	1	245
Mary K., m. Samuel S. F. **BUCKLIN**, b. of Warren, R. I., June 18, 1848, by Franklin Clarke	2	46a
Rebeckah, [d. Israel & Lois], b. June 6, 1782	1	245
Susannah, d. Israel & Susanna, b. Apr. 16, 1728	1	16
William, adm. fr. Apr. 7, 1760	1	57
RICHARDSON, Nancy W., m. [ ] **SEWALL**, b. of Woburn, Mass., July 18, [1847], by Rev. Franklin Clarke, West Killingly	2	40a
RICHMOND, Abilene, [d. Philip & Abilene], b. Mar. 14, 1769	1	306
Chloe, d. Jonathan Cady & Sally, b. Oct. 21, 1788	1	306
Dorcas, [d. Philip & Abilene], b. Feb. 19, 1767	1	306
James, s. Jonath[an] Cady & Sally, b. Oct. 6, 1790	1	306
Jonathan Cady, [s. Philip & Abilene], b. Mar. 13, 1763	1	306
Mary, m. John C. **STOWELL**, of Pomfret, Mar. 28, 1833, by Rev. W. Bushnell	1	135

	Vol.	Page
RICHMOND, (cont.)		
Meriam, [d. Philip & Abilene], b. May 2, 1775	1	306
Mira, of Springfield, Mass., m. Samuel **CHAPMAN**, of Ludlow, Nov. 28, 1844, by Rev. Daniel Williams	2	26
Oliver, [s. Philip & Abilene], b. May 2, 1765	1	306
Phillip, s. Oliver & Ruth, b. Feb. 11, 1735, o. s., in Taunton	1	306
Philip, [s. Philip & Abilene], b. Apr. 8, 1771	1	306
Philip, m. Mary **CARDER**, b. of Killingly, May 24, 1847, by Rev. John D. Baldwin	2	49
Rachel, [d. Philip & Abilene], b. May 28, 1773	1	306
Repta, [d. Philip & Abilene], b. Oct. 25, 1778	1	306
Silas, of Richmond, R. I., m. Louisa W. **LEAVENS**, of Killingly, June 18, 1843, by Rev. Henry Robinson	2	19
Zeruah, [d. Philip & Abilene], b. Jan. 6, 1761	1	306
RICKARD, RICARD, RICCARD, [see also **RICHARDS**],		
Abaga[i]l, [d. Joseph & Liddy], b. Feb. 15, 1747	1	40
Alles, [d. Joseph & Liddy], b. Aug. 8, 1749	1	40
George, of Pomfret, m. Mary **BUCK**, of Killingly, Apr. 10, 1828, by Rev. Heman Perry	1	121
Hannah, [d. Joseph & Liddy], b. Jan. 12, 1745	1	40
Is[s]achar, [s. Joseph & Liddy], b. June 29, 1738, in Midelbery	1	40
John, s. Joseph, b. May 14, 1756	1	255
Joseph, [s. Joseph & Liddy], b. Dec. 3, 1742	1	40
Liddea, [d. Joseph & Liddy], b. Nov. 26, 1739, in Plimtown	1	40
Ludencia A., of Killingly, m. James E. **BURGESS**, of Canterbury, May 25, 1847, by Rev. T. O. Rice	2	39a
Lydia, see under Liddea		
Silas, s. Joseph & Lidea, b. Apr. 14, 1754	1	52
Stoughton, s. Joseph & Lidea, b. Sept. 16, 1752	1	52
RILEY, Ann, m. Samuel J. **ANDRUS**, b. of Providence, R. I., Oct. 2, 1848, by Rev. Isaac C. Day	2	48
RIPLEY, Eben, of Shutesbury, Mass., m. Annah **HENRY**, of Laydon, Mass., Apr. 2, 1848, by Rev. John Livesy, Jr.	2	48a
ROBBINS, ROBINS, ROBBENS, ROBENS, Abaga[i]l had s. Jonathan **HERENTON**, b. July 10, 1731	1	38
Abigail, d. John & Abigail, b. Aug. 18, [ ]	1	27
Amos, [s. Ephraim & Lidea], b. Aug. 24, 1744, at Rutland	1	52
Amos, s. Silas & Sarah, b. Apr. 28, 1774	1	276
Betsey, of Killingly, m. William **BUTLER**, of Voluntown, May 13, 1838, by Harris Arnold, J. P.	2	4a
Cate, [d. Ephraim & Lidea], b. Mar. 18, 1750	1	52
Eliza, of Thompson, m. Lewis **BURLINGAME**, of Killingly, Sept. 26, 1842, by Rev. Daniel Williams	2	16a
John, m. Caroline A. **BATCHELLOR**, b. of Douglass, Mass., Nov. 18, 1836, by Rev. Sidney Holman	2	1
Josiah, s. John & Abigail, b. Feb. 3, 1739/40	1	24
Lidea, [d. Ephraim & Lidea], b. Feb. 13, 1748	1	52
Marcy, d. John & Abigail, d. May 15, 1742	1	73

	Vol.	Page
ROBBINS, ROBINS, ROBBENS, ROBENS, (cont.)		
Mary, d. John & Abigail, b. Feb. 17, 1740/41	1	25
Mary, d. John & Abigail, b. Oct. 3, 1745	1	37
Mellecent, d. John & Abigail, b. Feb. 3, 1744	1	37
Rhoda, d. John & Abaga[i]l, b. June 1, 1749	1	37
Rhoda, d. John, d. Apr. 9, 1752	1	68
Rhoda, d. John & Abaga[i]ll, b. Mar. 30, 1755	1	54
Samuel, s. John & Abagail, b. May 9, 1747	1	37
Sarah, d. John & Abaga[i]ll, b. Mar. 18, 1751	1	42
Silas, [s. Ephraim & Lidea], b. Feb. 28, 1746, at Rutland	1	52
Thomas, of Thompson, m. Susan **HAMMOND**, of Killingly, Nov. 5, 1849, by Rev. S. W. Coggeshall	2	53
Willard, [s. Ephraim & Lidea], b. Dec. 16, 1752	1	52
Zerviah, d. John & Abaga[i]ll, b. May 23, 1753	1	48
ROBERTS, ROBARTS, ROBARDS, ROBUTS, ROBBARDS,		
Aaron, m. Eliza **ARNOLD**, b. of Johnston, R. I., Jan. 1, 1853, by Earl Martin, J. P.	2	78
Abiga[i]l, d. Abraham & Mary, b. Dec. 8, 1770	1	299
Abraham, adm. fr. Apr. 7, 1760	1	57
Absolom, s. John & Meriam, b. Aug. 13, 1752	1	47
Daniel, s. John & Meriam, b. Dec. 29, 1754	1	52
Dolly, d. Abraham & Mary, b. May 14, 1765	1	299
Dorcas, d. David & Marcy, b. Sept. 25, 1758	1	200
Ebenezer, s. Giles & Zerviah, b. Dec. 26, 1764	1	220
Elesath, d. Giles & Zerviah, b. Nov. 11, 1754	1	55
Elisabeth, d. Giles & Zerviah, b. Nov. 21, 1754	1	220
Eunes, [d. John & Loes], b. Mar. 1, 1747	1	39
Giles, s. Giles & Zerviah, b. May 1, 1756	1	55
Giles, s. Giles & Zerviah, b. May 1, 1756	1	220
Giles, adm. fr. Apr. 7, 1760	1	57
Hannah, d. David & Marcy, b. July 30, 1760	1	200
Isaac, s. David, Jr. & Marcy, b. Feb. 1, 1748	1	39
Jeduthan, s. Giles & Zerviah, b. July 6, 1758	1	220
John[n]ah, m. Nathan **DRAPER**, b. of Killingly, Jan. 18, 1748/9	1	76
John, [s. John & Loes], b. Nov. 4, 1748	1	39
John, d. Nov. 4, 1762	1	157
John, s. Giles & Zerviah, b. Dec. 11, 1766	1	220
Lowes, w. John, d. Feb. 9, 1749/50	1	72
Luce, [d. John & Loes], b. Feb. 26, 1749/50	1	39
Marcy, d. David, Jr. & Marcy, b. Feb. 27, 1741/2	1	27
Marcy, d. David & Marcy, b. Mar. 10, 1752	1	44
Marcy, d. Abraham & Mary, b. Dec. 28, 1761	1	299
Mariam, d. John & Marriam, b. Feb. 3, 1762	1	211
Ma[r]tha, d. Giles & Zerviah, b. Oct. 9, 1769	1	220
Mary, d. John & Merema, b. Sept. 14, 1759	1	204
Mercy, d. Sept. 11, 1756	1	56
Molly, d. Abraham & Mary, b. May 22, 1764	1	299

	Vol.	Page
ROBERTS, ROBARTS, ROBARDS, ROBUTS, ROBBARDS, (cont.)		
Nathan, s. David, Jr. & Marcy, b. June 19, 1754	1	51
Nathan, d. Sept. 6, 1756	1	56
Nathan, s. John & Merema, b. June 16, 1787	1	204
Pearley, d. Abraham & Mary, b. Nov. 10, 1757	1	299
Rachal, d. David & Marcy, b. May 16, 1750	1	40
Rachal, d. David, Jr. & Marcy, d. Jan. 24, 1754	1	67
Rachal, d. David & Marcy, b. Apr. 19, 1756	1	55
Sarah, d. David, Jr. & Marcy, b. June 10, 1743	1	28
Sarah, d. Giles & Zerviah, b. Mar. 24, 1762	1	220
Zerviah, d. Giles & Zerviah, b. June 16, 1760	1	220
Ziba, s. Abraham & Mary, b. Dec. 25, 1759	1	299
ROBINSON, ROBENSON, ROBESON, ROBISON, Abega[i]l, d. W[illia]m & Hannah, b. May 14, 1756	1	235
Alles, [d. Joseph & Alles], b. Feb. 14, 1745/6	1	39
Alass, d. Joseph & Alass, b. Aug. 16, 1754	1	241
Anne, d. Joseph & Alas, b. Feb. 22, 1761	1	241
Barthalet, s. Joseph & Alles, b. July 25, 1751	1	43
Benjamin, s. Joseph & Alice, b. Oct. 30, 1733	1	25
Benjamin, s. Joseph & Alass, b. Nov. 19, 1756 * d. Dec. 28, 1827 in N. Y. State (* added in hand printed in margin of original manuscript)	1	241
David, s. W[illia]m & Hannah, b. Sept. 11, 1753	1	235
Elisabeth, [d. William & Hannah], b. Feb. 10, 1748/9	1	41
George, [s. Joseph & Alles], b. Apr. 5, 1748	1	39
Hannah, [d. William & Hannah], b. Feb. 14, 1746/7	1	41
Isaac, s. Joseph & Alice, b. Mar. 15, 1731/2	1	25
Isaac, s. Isaac & Elizabeth **STEPHENS**, b. Aug. 28, 1760	1	292
Isaiah, s. John & Alether, b. Nov. 28, 1753	1	49
Joseph, s. Joseph & Alice, b. Dec. 3, 1735	1	25
Joseph, d. Nov. 30, 1760, in the 48th y. of his age	1	163
Joseph, of Thompson, m. Mary A. **CUTLER**, of Killingly, Nov. 30, 1826, by Elisha Atkins	1	111
Lucy, d. John & Alether, b. June 24, 1751	1	49
Malancy W., m. Adam B. **DANIELSON**, b. of Killingly, Jan. 1, 1828, by Rev. Roswell Whitmore	1	120
Mary, [d. Joseph & Alles], b. Mar. 25, 1742	1	39
Obadiah, s. Joseph & Alice, b. Nov. 19, 1738	1	25
Rosannah, m. James **JOHNSON**, Dec. 30, 1842, by Harris Arnold, J. P.	2	17a
Samuel, [s. Joseph & Alles], b. Apr. 1, 1744	1	39
Sarah, [d. William & Hannah], b. Jan. 27, 1742/3	1	41
Simeon, s. Isaac & Elizabeth **STEPHEN**, b. May 17, 1755	1	292
Solomon, [s. William & Hannah], b. Mar. 27, 1740/41	1	41
ROGERS, Mahalia, of Scituate, R. I., m. Amos J. **WELLS**, of Foster, May 29, 1847, by Rev. Daniel Williams	2	41a
ROOD, [see also **RUDE**], Alvah, m. Margaret A. **YOUNG**, b. of		

	Vol.	Page
ROOD, (cont.)		
Killingly, [Jan.] 1, [1834], by Roswell Whitmore	1	88
Annis, m. Horace **DAY**, May 21, 1833, by Rev. John Whipple	1	84
Augustus, [s. Stephen & Elizabeth], b. Aug. 16, 1791	1	299
Eliza, [d. Stephen & Elizabeth], b. July 21, 1793	1	299
Elisabeth, m. Rev. John N. **WHIPPLE**, b. of Killingly, Nov. 17, 1833, by Rev. Roswell Whitmore	1	86
Jesse, s. Aaron & Mary, b. July 1, 1819	1	300
John D., m. Rebecca Brown **EATON**, b. of Killingly, Dec. 3, 1843, by Nicholas Branch	2	22a
Joshua, m. Mary C. **MARTIN**, b. of Killingly, Nov. 14, 1847, by Rev. Isaac C. Day	2	44a
Lucy P., of Killingly, m. Willys **AMES**, of Providence, R. I., Nov. 29, 1827, by Rev. Roswell Whitmore	1	120
ROSS, [see also **ROUSE** and **RUSS**], Benjamin, of Providence, m. Phebe Ann **KIMBALL**, of Scituate, R. I., July 6, 1851, by Rev. Henry Bromley	2	62
Harriet A., m. William H. **HUMES**, June 15, 1851, by Jeremiah Law, J. P.	2	62
Joseph, s. David & Sarah, b. Sept. 23, 1733	1	12
William, s. David & Sarah, b. Mar. 26, 1730	1	12
ROUND, ROUNDS, Ann Elisabeth, of Foster, R. I., m. Preloit **WILBOUR**, of Providence, R. I., Dec. 10, 1842, by Rev. Daniel Williams	2	17
Caleb L., m. Rhoda **RUSSELL**, b. of Foster, R. I., Nov. 3, 1845, by Rev. Benjamin C. Phelps, of West Killingly	2	32a
Celinda, m. Lewis A. **ROUND**, b. of Foster, R. I., Feb. 12, 1846, by Rev. Daniel Williams	2	35
Elisabeth R. A., m. Lyman W. **WOOD**, b. of Coventry, R. I., July 9, 1848, by Henry B. Lock, Eld[er], East Killingly	2	48
Emily J., of Foster, m. William C. **PHILLIPS**, of Scituate, R. I., June 5, 1851, by Rev. Daniel Williams, East Killingly	2	63
George A., m. Mary Ann **WARREN**, b. of Foster, R. I., Aug. 1, 1842, by Rev. Daniel Williams	2	16
Hannah L., of Foster, R. I., m. Jason T. **HOLMES**, of Clemsford, Mass., Sept. 4, 1846, by Rev. Daniel Williams	2	37
Harriet M., of Foster, R. I., m. Walter **YOUNG**, of Killingly, Sept. 9, 1849, by Rev. Samuel W. Coggeshall	2	52a
Julia A., of Foster, R. I., m. Edmund **STONE**, of Sterling, Apr. 14, 1848, by Rev. Daniel Williams	2	47
Lewis A., m. Celinda **ROUND**, b. of Foster, R. I., Feb. 12, 1846, by Rev. Daniel Williams	2	35
Mercy L., m. Jonathan D. **SEAMONS**, b. of Foster, R. I., Jan. 1, 1844, by Rev. Daniel Williams	2	22a
Nancy A., m. Horatio W. **FIELD**, b. of Taunton, Mass., July 4, 1845, by Rev. Daniel Williams	2	29

	Vol.	Page
ROUND, ROUNDS, (cont.)		
Orrilla, m. Orrin **HOWARD**, b. of Foster, R. I., Dec. 19, 1841, by Rev. Daniel Williams	2	13
Peleg A., of Sciutate, R. I., m. Susan E. **YOUNG**, of Sterling, Conn., Sept. 4, 1852, by Rev. Daniel Williams	2	73
Philenda E., m. Angell **SWEET**, [ ], 1843, by Harris Arnold, J. P.	2	20
Smith B., m. Hannah **HOPKINS**, b. of Johnston, R. I., July 29, 1849, by Rev. Henry B. Lock	2	52a
Susan, of Cumberland, R. I., m. Sampson **CHASE**, Jr., Apr. 4, 1844, by Rev. Daniel Williams	2	24
William V., m. Phebe M. **SIMMONS**, b. of Brooklyn, Oct. 27, 1850, by Rev. Daniel Williams	2	57
ROUSE, [see also **ROSS** and **RUSS**], Huldah, m. John G. **VALLETT**, Dec. 7, 1835, by Rev. Erastus Doty	1	153
Louis, m. Daniel **TIFT**, b. of Killingly, Nov. 4, 1826, by Calvin Cooper	1	116
Louisa, m. Abner **PLUMMER**, b. of Thompson, Nov. 30, 1848, by Rev. J. Livesy, Jr.	2	51
Lucinda, m. Thomas C. **PRICE**, b. of Plainfield, May 2, 1842, by Rev. Henry Robinson	2	13
Reuben S., m. Lucy **COVELL**, b. of Thompson, June 13, 1847, by Rev. J. Livesy, Jr.	2	40
Rhoby, m. Granville **WOOD**, b. of Killingly, June 14, 1836, by Rev. Sidney Holman	1	142
RUDE, [see also **ROOD**], Aaron, s. Stephen & Elizabeth, b. Oct. 29, 1777	1	299
Alvah, [s. Aaron & Mary], b. Sept. 23, 1812	1	199
An[n]a, d. Stephen & Elizabeth, b. Nov. 3, 1772	1	210
Betsey, [d. Isaac & Phebe], b. Dec. 12, 1790	1	321
Cyrus, s. Isaac & Phebe, b. Oct. 21, 1782	1	321
[E]rastus, [s. Isaac & Phebe], b. Mar. 22, 1807	1	321
George, b. [ ] 29, 1813	1	232
Isaac, [s. Isaac & Phebe], b. Dec. 8, 1796	1	321
Isaac, Jr., s. Isaac & Phebe, d. July 25, 1812, in the 16th y. of his age	1	79
Isaac, of Killingly, m. Ann Mary **KENNEY**, of Plainfield, Nov. 11, 1813, by Rev. Joel Benedict	1	178
Jacob, s. Stephen & Mary, b. Aug. 28, 1761	1	249
Jacob, Jr., [s. Jacob & Eliza], b. Mar. 21, 1789	1	225
James, s. Stephen & Elizabeth, b. Aug. 31, 1760	1	299
James, [s. Aaron & Mary], b. Dec. 1, 1809	1	199
John, [s. Isaac & Phebe], b. July 2, 1784	1	321
John, s. Isaac & Phebe, d. Oct. 30, 1795, in the 12th y. of his age	1	79
John D., b. Jan. 23, 1821	1	232
Joshua, b. July 28, 1822	1	232
Judeth, [d. Aaron & Mary], b. Feb. 8, 1815	1	199

	Vol.	Page
RUDE, (cont.)		
Levi H., b. Apr. 4, 1817	1	232
Lucy P., d. Aaron & Mary, b. Dec. 23, 1805	1	199
Mary, d. Jacob & Eliza, b. Feb. 9, 1780	1	225
Mary, [d. Aaron & Mary], b. June 2, 1807	1	199
Mary A., b. Feb. 5, 1809	1	232
Phebe, [d. Isaac & Phebe], b. May 7, 1802	1	321
Phebe, w. Isaac, d. June 26, 1812, ae 50 y. 23 d.	1	79
Phebe S. M., b. June 5, 1824	1	232
Rastus, see under Erastus		
Rosalinda, b. Feb. 1, 1808	1	232
RUGG, Alfred B., of Southboro, Mass., m. Anna S. **SHARP**, of Killingly, May 17, 1852, by Rev. Roswell Whitmore	2	71
RUNNELLS, [see under **REYNOLDS**]		
RUSS, [see also **ROUSE** and **ROSS**], John F., of Chaplin, m. Nancy **AMES**, of Killingly, Apr. 11, 1841, by Rev. Henry Robinson	2	9
RUSSELL, RUSSEL, RUSEL, [see also **BUSSELL**], Abraham, s. [ ], Jr. & Sarah, b. Apr. 29, 1748	1	35
Alban, s. David & Sarah, 2d, b. July 14, 1771	1	277
Alban, s. Alban & Hannah, b. Dec. 22, 1795	1	293
Alvisia, d. Alban & Hannah, b. Apr. 25, 1798	1	293
Anna, d. David, Jr. & Anna, b. Jan. 22, 1736/7	1	18
Anna, w. David, d. Feb. 8, 1759	1	163
Barzillai, s. Stephen & Lucy, b. Jan. 15, 1738	1	20
Barzillai, s. Stephen & Lucy, d. Oct. 25, 1739	1	73
Barzillai, s. Stephen & Luce, b. Aug. 4, 1751	1	44
Benjamin, [twin with Joseph], s. David & Anna, b. Mar. 5, 1755	1	54
Benjamin, s. David & Anna, d. Dec. 16, 1757	1	156
Daniel, [s. Daniel & Phebe], b. Jan. 15, 1741	1	32
Daniel, s. Daniel & Phebe, d. Oct. 9, 1745	1	74
Daniel Jr., s. Daniel & Pheebe, b. June 21, 1748	1	39
Daniel, s. Daniel & Rachal, b. Aug. 19, 1775	1	282
Daniel, d. June 10, 1776	1	156
David, Jr., m. Anna **CARPENTER**, b. of Killingly, Jan. 28, 1735/6	1	78
David, s. David, Jr. & Anna, b. Apr. 16, 1746	1	31
David, d. May 9, 1752, in the 79th y. of his age	1	67
David, m. Sarah **READ**, b. of Killingly, May 15, 1759	1	262
David, m. Sarah **AND[ER]SSON**, Mar. 11, 1762	1	175
Delia, m. George **RANDALL**, June 16, 1833, by Rev. Daniel Williams	1	84
Eden, s. David & Sarah, b. June 25, 1761	1	277
Eliza, m. Hezekiah **HULET**, b. of Killingly, Oct. 19, 1828, by Daniel Williams, Elder	1	100
Elisabeth, d. John & Elisabeth, b. Feb. 4, 1745/6	1	33
Elisabeth, d. John, Jr. & Sarah, b. Feb. 20, 1745/6	1	35

	Vol.	Page
RUSSELL, RUSSEL, RUSEL, (cont.)		
Elisabeth, d. John, Jr. & Elisabeth, b. Nov. 9, 1750	1	43
Elisabeth, d. David, Jr. & Anne, b. Nov. 28, 1750	1	41
Elisabeth, w. John, d. June 20, 1754	1	67
Eliz[abeth], m. Esek **ALLEN**, Nov. 23, 1769	1	176
Ephraim, s. John, Jr. & Elisabeth, b. Dec. 5, 1743	1	43
Esther, d. Daniel & Phebe, b. May 8, 1746	1	33
Esther, d. Noadiah & Esther, b. Aug. 9, 1762	1	284
Est[h]er, d. Daniel & Phebe, d. Nov. 21, 1763	1	156
Easter, d. Daniel & Rachal, b. Nov. 6, 1772	1	282
Hannah, d. John & Sarah, b. Sept. 12, 1729	1	5
Jesse, s. David & Anne, b. Aug. 12, 1752	1	46
John, s. Daniel & Phebe, b. Feb. 10, 1738	1	32
John, s. John & Sarah, b. Aug. 11, 1741	1	27
John, d. Dec. 27, 1762, at "according to the best information 76 y."	1	157
John, m. Rosan[n]a **YOUNG**, Dec. 29, 1816, by Rev. Nathan Burlingame	1	187
Jonathan, s. Stephen & Lucy, b. May 21, 1748	1	36
Joseph, [s. Daniel & Phebe], b. Feb. 8, 1744	1	32
Joseph, [s. Daniel & Phebe], d. Sept. 1, 1746	1	74
Joseph, s. Daniel & Phebe, b. Mar. 16, 1752. (Entry crossed out)	1	47
Joseph, s. Stephen & Luce, b. Apr. 14, 1754	1	51
Joseph, [twin with Benjamin], s. David & Anna, b. Mar. 5, 1755; d. Apr. 10, 1755	1	54
Joseph, s. Daniel & Pheby, b. Mar. 16, 1758	1	47
Lua, m. Jacob **BROWN**, Jan. [ ], 1763	1	264
Lucinda, of Killingly, m. Orrin **REYNOLDS**, of Glocester, R. I., Nov. 20, 1825, by Calvin Cooper	1	115
Lucinda, m. Samuel **ADAMS**, Jan. 1, 1834, by Dan[ie]l Williams	1	89
Lucy, of Killingly, m. Richard **TAYLOR**, of Scituate, R. I., July 15, 1821, by David Chase, J. P.	1	192
Mary, d. John, Jr. & Sarah, b. Apr. 5, 1738	1	21
Mary, [d. Daniel & Phebe], b. Feb. 15, 1739	1	32
Mary, d. Stephen & Lucy, b. Apr. 20, 1740	1	24
Mary, m. Nathan **JOHNSON**, b. of Killingly, Apr. 24, 1740, by Rev. Marston Cabot, of Thomson Parish	1	77
Mary, [d. Stephen], d. Oct. 5, 1754	1	67
Mary, m. Elisha **BAKER**, b. of Killingly, Jan. 1, 1832, by Daniel Williams	1	129
Matthew Tallcutt, s. Noadiah & Esther, b. Mar. 19, 1761	1	284
Molley, d. Stephen & Lucy, b. June 12, 1756	1	66
Nathaniel Patten, s. John, Jr. & Elisabeth, b. Sept. 27, 1741	1	43
Noadiah, s. Noadiah & Esther, b. June 16, 1759	1	284
Olive, d. John, Jr. & Elisabeth, b. May 31, 1748	1	43
Orra, of Foster, R. I., m. Nehemiah **RANDALL**, of Scituate,		

RUSSELL, RUSSEL, RUSEL, (cont.)

	Vol.	Page
R. I., Nov. 4, 1845, by Rev. Benjamin C. Phelps, of West Killingly	2	32a
Othniel, m. Louisana COOPER, b. of Killingly, Apr. 5, 1846, by Calvin Cooper, Elder	2	35
Persis, d. David, Jr. & Anna, b. Feb. 13, 1740/41	1	25
Phebe, d. David & Sarah, 2d, b. Mar. 2, 1763	1	277
Phebe, m. John LAWRENCE, Nov. 11, 1783	1	183
Phebe W., m. Thomas G. HOWLAND, b. of Killingly, Apr. 2, 1842, by Rev. Daniel Williams	2	15a
Priscilla, [twin with William], d. John & Sarah, b. May 26, 1750	1	44
Persilliar, [d. Stephen], d. Sept. 7, 1754	1	67
Rebecka, d. John & Sarah, b. May 4, 1731	1	10
Rebeckah, d. John & Elisabeth, b. Oct. 1, 1754	1	52
Rhoda, m. Caleb L. ROUND, b. of Foster, R. I., Nov. 3, 1845, by Rev. Benjamin C. Phelps, of West Killingly	2	32a
Sabra, d. David, Jr. & Anna, b. Mar. 31, 1748	1	35
Sala, d. David & Sarah, 2d, b. Nov. 10, 1768	1	277
Sarah, d. Jno. Jr. & Sarah, b. Mar. 14, 1735/6	1	17
Sarah, w. David, d. July 5, 1761	1	172
Sarah, d. Noadiah & [Esther], b. Nov. 3, 1763	1	284
Stephen, m. Lucy CARTER, b. of Killingly, Nov. 19, 1735	1	78
Stephen, [s. Stephen], d. Oct. 1, 1754	1	67
Stephen, d. Oct. 8, 1758	1	166
Susannah, alias HEFFERNON, d. Mary HEFFERNON, b. Feb. 25, 1729/30	1	4
Susannah, d. Daniel & Phebe, b. Nov. 18, 1750	1	42
Susannah, d. Feb. 5, 1754	1	67
Willbur, s. David & Sarah, 2d, b. Dec. 16, 1765	1	277
William, [twin with Priscilla], s. John & Sarah, b. May 26, 1750	1	44
Zerviah, d. David, Jr. & Anna, b. Dec. 7, 1738	1	21
Zerviah, m. Capt. Eleazer WARREN, Nov. 29, 1757, by Jabez Fitch, J. P.	1	264
Zilphy, of Killingly, m. Bradford CAR[R], of Coventry, Dec. 28, 1845, by Calvin Cooper, Elder	2	31a
-----, d. David, Jr. & Anne, b. May 24, 1743	1	28
-----, d. Daniel & Phebe, b. Jan. 23, 1757	1	199

RYAN, Columbus, of Charlton, Mass., m. Ann Maria BOWEN, of Killingly, Mar. 23, 1845, by Rev. Geo[rge] W. Greenslit

	2	27a

SABIN, SABINS, Abilene, [d. Jedediah & [E]unice], b. May 9, 1812

	1	295
Abelene, m. Augustus TORREY, b. of Killingly, [Apr] 10, [1834], by W[illia]m Bushnall	1	89
Anna, d. Zebdiah & Anna, b. Dec. 1, 1760	1	247
Chats, s. Zebdiah & Anna, b. June 30, 1759	1	247
Claris[s]a, [d. Jedediah & [E]unice], b. Feb. 7, 1809	1	295

	Vol.	Page
SABIN, SABINS, (cont.)		
Elisabeth, m. Amos **BIXBY**, b. of Thomson **PARISH**, Jan. 18, 1750	1	65
Elisabeth, d. Peter & Sarah, b. Dec. 16, 1754	1	52
Hannah, d. Peter & Sarah, b. Mar. 15, 1750	1	42
Horace Carver, [s. Jedediah & [E]unice], b. Sept. 5, 1814	1	295
Huldah, m. Uriah **JOHNSON**, Jan. 22, 1741/2	1	69
Jedediah, m. Mrs. Henrietta **CARDER**, b. of Killingly, Nov. 7, 1821, by Rev. Roswell Whitmore	1	192
Jesse, s. Charles & Sibbel, b. Jan. 20, 1749/50	1	43
Johannah, [d. Jedediah & [E]unice], b. Aug. 4, 1805	1	295
John, s. Zebdiah & Anna, b. Nov. 29, 1767	1	247
Jonathan, s. Hezekiah & Zerviah, b. Aug. 28, 1729	1	4
Jonathan, [s.] Hezekiah & Jerushah, d. Apr. 5, 1742	1	74
Jude, [d. Jedediah & [E]unice], b. Dec. 21, 1802	1	295
Jude, of Thompson, m. Almira **WESTCOAT**, of Killingly, Oct. 30, 1828, by Rev. Elisha Atkins	1	99
Julian, m. Luther **DAY**, Jan. 1, 1824, by Elisha Atkins	1	106
Mary, of Pomfret, m. Josiah **CONVERS**, of Killingly, Dec. 7, 1739	1	65
Mary, d. Peter & Sarah, b. Mar. 30, 1752	1	45
Mary, d. Jedediah & [E]unice, b. Jan. 14, 1801	1	295
Nathaniel, s. Ichabod & Sarah, b. Mar. 17, 1754	1	53
Sarah, m. Abraham **FIRMAN**, b. of Killingly, July 9, 1752, by Perley Howe, Clerk	1	65
Silas, s. Peter & Sarah, b. May 6, 1748	1	35
Zabadiah, s. Hezekiah & Zerviah, b. Jan. 14, 1736/7	1	18
Zebediah, adm. fr. Apr. 7, 1760	1	57
Zeb[e]diah, s. Zeb[e]diah & Anna, b. Mar. 7, 1763	1	247
Zerviah, d. Hezekiah & Zerviah, b. July 8, 1731	1	6
Zerviah, d. Zeb[e]diah & Anna, b. Jan. 31, 1765	1	247
SADLER, James D., m. Clarrissa **JORDAN**, b. of Warren, R. I., Nov. 17, 1845, by Rev. Daniel Williams	2	35
SADLON, Ann, m. John W. **ALTON**, May 17, 1840, by Rev. Daniel Williams	2	8a
SALISBURY, SALSBURY, Allen, m. Eliza **BLACKMER**, b. of Foster, R. I., Dec. 18, 1848, by Rev. Daniel Williams	2	51
David J., m. Elisabeth **PRESTON**, b. of Killingly, Dec. 22, 1847, by Rev. Daniel Williams	2	45a
Elisha, m. Nancy **ALLEN**, b. of Smithfield, R. I., Nov. 30, 1846, by Rev. Daniel Williams	2	38a
Julia, of Foster, R. I., m. Jason B. **ADAMS**, Oct. 15, 1842, by Rev. Daniel Williams	2	17
Phebe, of Foster, R. I., m. Almond M. **PAINE**, of Sterling, Nov. 22, 1847, by Rev. Daniel Williams	2	45a
SAMPSON, Betsey M., of North Providence, R. I., m. Harley **McDONALD**, of Providence, Sept. 5, 1847, by Rev. Daniel Williams	2	45a

	Vol.	Page
SAMPSON, (cont.)		
Matilda B., of North Providence, R. I., m. Isaiah B. **BUMP**, of Middleburrow, Mass., Oct. 3, 1847, by Rev. Daniel Williams	2	45a
SAMRICK, Mary, m. John **BAKER**, Jr., b. of Killingly, June 6, 1751, by Josiah Bennit, Clerk	1	69
SANDERS, [see also **SAUNDERS**,], Laura A., m. Stephen B. **RANDALL**, b. of Providence, R. I., Feb. 24, 1845, by Rev. John Howson	2	27
Olney, of Smithfield, R. I., m. Jane A. **SCOTT**, of Cumberland, R. I., Jan. 4, 1847, by Rev. Joseph B. Daman	2	43a
SAUNDERS, [see also **SANDERS**], Lillias, m. Rufus **JOHNSON**, Nov. 15, 1845, by Thomas Dike, J. P.	2	31
William, m. Mary **PRAY**, b. of Foster, R. I., Jan. 2, 1848, by Rev. Daniel Williams	2	46
SAVORY, William H., of Boston, Mass., m. Catharine A. **LUCAS**, of Plymouth, Mass., Oct. 16, 1848, by Rev. Geo[rge] W. Greenslitt	2	48
SAWLE, Lydia, m. Geo[rge] P. **BARKER**, Oct. 16, 1842, by Rev. Geo[rge] May	2	14a
SAWYER, Alpheas, s. James & Sarah, b. Jan. 7, 1773	1	247
Cornelius, m. Anne **WILLIAMS**, Nov. 5, 1772	1	180
Flavel, s. Cornelius & Anne, b. Jan. 11, 1780	1	285
James, m. Sarah **JONES**, Feb. 26, 1771	1	180
James N., of Southborough, Mass., m. Frances M. **WHITMORE**, of Killingly, Conn., Oct. 29, 1843, by Rev. Hezekiah T. Ramsdell	2	20a
Oliver Williams, s. Cornelius & Anne, b. Nov. 4, 1773	1	285
Thomas Angell, s. Cornelius & Anne, b. Apr. 17, 1776	1	285
SCOTT, Jane A., of Cumberland, R. I., m. Olney **SANDERS**, of Smithfield, R. I., Jan. 4, 1847, by Rev. Joseph B. Daman	2	43a
SCRIBNER, Mary, of Woonsocket, R. I., m. Henry **HILLMAN**, of Killingly, Nov. 5, 1842, by Rev. Henry Robinson	2	15
SEAGRAVES, **CEGRAVES**, Milton A., m. Harriet **NEWELL**, b. of Killingly, Feb. 1, 1849, by Rev. George W. Greenslitt	2	50
Milton A., m. Amanda **FULLER**, b. of Killingly, Jan. 1, 1844, by Rev. Daniel Williams	2	22a
SEAMANS, **SEAMONS**, [see also **SIMMONS**], Daniel A., m. Rachel **MATHEWSON**, b. of Scituate, R. I., Nov. 5, 1846, by Rev. Daniel Williams	2	38
Eden, m. Lurania **BRACKETT**, b. of Killingly, Jan. 14, 1839, by Rev. Henry Robinson	2	5a
Emma, m. Orrin **BENNETT**, Jan. 24, 1847, by Rev. Joseph B. Daman	2	43a
James F., m. Harriet **BARTLETT**, b. of Killingly, Feb. 10, 1850, by Rev. Isaac H. Coe	2	54a
Joanna, m. George A. **SMITH**, b. of Providence, R. I., Apr.		

	Vol.	Page
SEAMANS, SEAMONS, (cont.)		
17, 1844, by Rev. Daniel Williams	2	24a
John, s. Benjamin & Elizabeth, b. Feb. 17, 1779	1	314
Jonathan D., m. Mercy L. **ROUND**, b. of Foster, R. I., Jan. 1, 1844, by Rev. Daniel Williams	2	22a
Lucy, late of Foster, R. I., now of Killingly, m. Christopher **COOK**, [Apr.] 21, [1844], by George Pray, J. P.	2	23
Sarah M., m. Simeon **SEAMANS**, b. of Foster, R. I., Dec. 9, 1849, by Rev. Daniel Williams	2	54
Simeon, m. Sarah M. **SEAMANS**, b. of Foster, R. I., Dec. 9, 1849, by Rev. Daniel Williams	2	54
Stephen D., of Burrillville, m. Catharine **HOPKINS**, of Foster, R. I., June 26, 1853, by Elisha Carpenter, J. P.	2	78
Susan S., of Foster, R. I., m. Hiram **STONE**, Nov. 14, 1852, by Rev. J. C. Dow	2	76
SEARLE(?), Lydia, m. Geo[rge] P. **BARKER**, Oct. 16, 1842, by Rev. Geo[rge] May (Arnold Copy has "**SAWLE**")	2	14a
SEARLS, Sarah, of Ashford, m. John **HOWLITT**, of Killingly, Dec. 4, 1746, by John Barss, Clerk	1	77
SEARS, Hannah R., m. Orrin J. **LEWIS**, b. of Killingly, Aug. 17, 1840, by Rev. Daniel Williams	2	9
Kingsley T., of Providence, R. I., m. Susan Ann **MATHEWSON**, of Johnson, R. I., Apr. 2, 1846, by Rev. Joseph B. Daman	2	43
Rosella, m. John **DARLING**, b. of Killingly, Mar. 14, 1824, by Elisha Atkins	1	103
SEAVER, Welcome, of Smithfield, R. I., m. Malora Ann **WARREN**, of Killingly, Nov. 12, 1832, by Albert Cole	1	83
SEWALL, -----, m. Nancy W. **RICHARDSON**, b. of Woburn, Mass., July 18, [1847], by Rev. Franklin Clarke, West Killingly	2	40a
SHAPLEY, SHALE, David, s. Thomas & Johannah, b. Oct. 6, 1760	1	269
Jabez, s. Tho[ma]s & Johannah, b. Nov. 30, 1750	1	269
Mary, d. Thomas & Johannah, b. Mar. 9, 1756	1	269
Richard, s. Thomas & Johannah, b. Mar. 8, 1758	1	269
Sarah, d. Tho[ma]s & Johannah, b. Apr. 20, 1752	1	269
Tho[ma]s, adm. fr. Apr. 7, 1760	1	57
Utter, s. Thomas & Johannah, b. May 28, 1754	1	269
SHARP, SHARPE, Anna S., of Killingly, m. Alfred B. **RUGG**, of Southboro, Mass., May 17, 1852, by Rev. Roswell Whitmore	2	71
Phebe, m. Sheldon **BATES**, Jr., b. of Killingly, Jan. 1, 1850, by Henry B. Lock, Elder	2	54
Sarah, m. George **RANDALL**, Jr., b. of Pomfret, Mar. 6, 1837, by Rev. Nathan S. Hunt, of Pomfret	2	1a
W[illia]m S., of Norwich, m. Nancy **JENCKES**, of Killingly, Sept. 29, 1828, by Rev. Elisha Atkins	1	100

	Vol.	Page
SHAW, Harriet N., m. Edward **KERSHAW**, b. of Fall River, Jan. 30, 1841, by Rev. John N. Whipple	2	10
Lovina, m. William **HANES**, b. of Pawtucket, R. I., Apr. 12, 1840, by Rev. Daniel Williams	2	8a
SHELDON, Charles, of Windham, m. Sophrona **GRAVES**, of Killingly, Mar. 20, 1827, by David Chase, J. P.	1	112
Charles, m. Cynthia **FORMAN**, b. of Killingly, Apr. 24, 1842, by Calvin Cooper, Elder	2	13a
George M., of Burrillville, R. I., m. Anna Frances **CADY**, of Glocester, R. I., Feb. 7, 1841, by Rev. Nicholas Branch	2	10a
Jeremiah, Jr., m. Hannah E. **TRISSELL**, b. of Gloucester, R. I., Oct. 31, 1845, by Rev. Benjamin C. Phelps, of West Killingly. Witness: Samuel C. Brown	2	32a
Nathaniel, m. Betsey **HARRIS**, b. of Killingly, Nov. 10, 1839, by Nicholas Branch	2	7
Sarah, of Coventry, R. I., m. Joseph B. **KENYON**, of Sterling, Dec. 11, 1848, by Rev. Isaac C. Day	2	49a
Sarah, of Glocester, R. I., m. John **LOVELAND**, of Westerly, R. I., Jan. 28, 1850, by Rev. S. W. Coggeshall	2	54a
SHEPARD, SHEPERD, SHEPPERD, Isaac, formerly of Plainfield, d. Jan. 23, 1747, in Killingly	1	75
Mary J. C., m. Charles Hall **KELLEY**, b. of Exeter, N. H., Jan. 28, 1848, by Geo[rge] Warren, J. P.	2	44
Warren, m. Ann **BAKER**, b. of Killingly, Sept. 6, 1841, by Rev. Henry Robinson	2	11a
SHEPARDSON, Betsey, of Franklin, m. Elisha **HARRIS**, Mar. 3, 1844, by Rev. Daniel Williams	2	24
SHERIDAN, James C., m. Caroline M. **BAKER**, b. of Providence, R. I., Feb. 14, 1846, by Rev. F. Daman	2	44
SHERMAN, Caroline F., m. Cook **MANCHESTER**, b. of Providence, R. I., June 20, 1847, by Rev. J. Livesy, Jr.	2	40
James B., m. Marcia A. **HYDE**, b. of Killingly, Jan. 24, 1847, by Rev. T. O. Rice	2	39
SHIPPEE, SHIPPEA, SHIPPE, Abby H., of Killingly, m. Stephen A. **BAKER**, of Pomfret, July 4, 1847, by Rev. George W. Greenslitt	2	40
Adden S., m. Allena **HANDELL**, b. of Killingly, m. Mar. 31, 1825, by David Chase, J. P.	1	115
Albert, of Hampton, m. Eliza P. **WALKER**, of Killingly, May 3, 1846, by Rev. Daniel Williams	2	36a
Albert, m. Mary **KEMP**, b. of Brooklyn, Mar. 23, 1851, by Rev. Henry Bromley	2	59
Arnold, m. Catharine **FISK**, July 4, 1837, by Roswell Whitmore	2	2a
Darius, m. Mary Ann **NEWELL**, b. of Brooklyn, Apr. 16, 1846, by Rev. T. O. Rice	2	35a
Darius, of Brooklyn, m. Eliza **KEMP**, of Killingly, May 8,		

	Vol.	Page
SHIPPEE, SHIPPEA, SHIPPE, (cont.)		
1849, by Rev. Samuel W. Coggeshall	2	52a
Delila, m. Joseph **INGRAHAM**, Dec. 17, 1843, by Rev. Geo[rge] W. Greenslit	2	20a
Hannah, of Killingly, m. Ebenezer **HALL**, of Plainfield, Dec. 26, 1841, by Rev. Daniel Williams	2	13
Hannah M., m. Alvin D. **POTTER**, b. of Killingly, July 13, 1846, by Rev. G. W. Greenslitt	2	35a
Harriet, m. Jeremiah **HALL**, b. of Killingly, Jan. 9, 1852, by Thomas Pray, J. P.	2	67
Horace, m. Mary **BRADY**, July 16, 1844, by Rev. Geo[rge] W. Greenslit	2	23a
Job, m. Nancy **COLE**, June 4, 1843, by George Greenslit. Intention published	2	19
Nathan B., m. Lydia **WADE**, b. of Gloucester, R. I., June 22, 1847, by Rev. Daniel Williams	2	41a
Nelson, m. Polly **SMITH**, Aug. 31, 1834, by William Grosvenor, J. P.	1	90
Nelson, m. Nancy **SMITH**, Oct. 12, 1846, by Jeremiah Law, J. P.	2	37a
Robert, of Foster, m. Mary Ann **PLACE**, of Gloucester, R. I., Feb. 12, 1844, by Rev. Daniel Williams	2	24
Sarah, m. Ray W. **GREEN**, b. of Warwick, R. I., [ ], at Danielsonville, West Killingly, by Rev. John Livesy, Jr.	2	42a
Willis H., m. Amy **WATKINS**, b. of Killingly, Oct. 23, 1842, by Rev. Henry Robinson	2	15
SHOALES, SHOALS, Orrin, m. Ardela **SWEET**, b. of Brooklyn, Oct. 10, 1831, by George W. Appleton	1	130
Orrin, m. Adeline L. **SWEET**, b. of Brooklyn, [ ], by Elder George W. Appleton, East Killingly	2	83
Sally, m. Erastus **THOMPSON**, b. of Killingly, Oct. 10, 1831, by George W. Appleton	1	130
SHORT, Daniel, s. William & Dam[a]ris, b. Nov. 24, 1744	1	33
Elisabeth, d. William & Dam[a]ris, b. Oct. 17, 1746	1	33
Elizabeth, m. Edward **PAUL**, Aug. 30, 1770	1	261
Erastus, m. Olive **DAY**, b. of Killingly, Feb. 12, 1828, by Rev. Roswell Whitmore	1	120
Erastus, m. Louisa **WOOD**, Sept. 15, 1833, by John N. Whipple	1	85
Oliver, s. William & Dam[a]ris, b. Jan. 20, 1742/3	1	28
Rachal, m. Edward **CLARK**, b. of Providence, R. I., July 12, 1848, by Rev. Isaac C. Day	2	48
Rebac[c]a, d. William & Damaris, b. Jan. 6, 1750/51	1	44
Seth, m. Lydia **ADAMS**, Nov. 19, 1832, by John H. Whipple	1	83
Silvane, s. William & Damaris, b. July 10, 1752	1	53
Zerviah, d. William & Damaris, b. Dec. 7, 1754	1	53
SHUMAN, William, m. Emily **WEAVER**, b. of Plainfield, Sept.		

	Vol.	Page
SHUMAN, (cont.)		
16, 1844, by Rev. John Howson	2	25
SHUMRECK, Elisabeth, d. Green & Sarah, b. Apr. 3, 1750	1	40
SIBLEY, Abby, m. J. B. F. **BARNARD,** b. of Boston, Mass., Oct. 20, 1849, by Rev. S. W. Coggeshall	2	53
SIMMONS, [see also **SYMONDS** and **SEAMONS**], Alvira J., m. George **GAY,** b. of Killingly, Feb. 4, 1849, by Rev. George W. Greenslitt	2	50
Elsey A., m. Silas A. **SMITH,** b. of Killingly, Nov. 3, 1850, by Rev. Daniel Williams	2	63
Esther Ann, of Foster, R. I., m. Eben **NORTON,** of Providence, R. I., Nov. 7, 1841, by Rev. Daniel Williams	2	12a
James, m. Eunice **FOSTER,** July 1, 1824, by Israel Day	1	114
Joanna, m. George A. **SMITH,** b. of Killingly, Apr. 17, 1844, by Rev. Daniel Williams	2	83
Julia, of Smithfield, R. I., m. William N. **RAY,** of Burrillville, Feb. 28, 1848, by Rev. Daniel Williams	2	46
Lewis E., m. Louisa **COGGSWELL,** b. of Providence, R. I., Dec. 6, 1845, by Rev. Benjamin C. Phelps, of West Killingly. Witness: Sarah P. Phelps	2	32a
Lucinda, m. Thomas **HAWKINS,** b. of Glocester, R.I., July 8, 1839, by Rev. Daniel Williams	2	7a
Patience C., of Foster, R. I., m. Erastus S. **SMITH,** of Killingly, Nov. 29, 1849, by Rev. Daniel Williams	2	53a
Phebe M., m. William V. **ROUND,** b. of Brooklyn, Oct. 27, 1850, by Rev. Daniel Williams	2	57
Sarah Ann, m. Samuel D. **COLE,** b. of Foster, R. I., Nov. 15, 1840, by Rev. John N. Whipple	2	9a
SKINNER, Sarah, d. Calvin & El[e]aner, b. Nov. 15, 1775	1	199
SLATER, SLATTER, Aaron, m. Lucy C. **BALY,** b. of Foster, R. I., Aug. 15, 1847, by Rev. Daniel Williams	2	41a
Abner, s. Joseph & Han[n]ah, b. Feb. 28, 1743/4	1	32
Abraham, s. Joseph & Easter, b. Oct. 7, 1731	1	8
Ahijah, of Gloucester, R. I., m. Lucretia A. **TUCKER,** of Killingly, Sept. 7, 1846, by Rev. Daniel Williams	2	37
Ahizah, m. Eliza **PRAY,** of Foster, R. I., Mar. 5, 1843, by Rev. Daniel Williams	2	21a
Almira, of Killingly, m. John C. **STEER,** of Burrillville, R. I., Jan. 30, 1839, by Nicholas Branch	2	6
Arba C., m. Lucy C. **AVERY,** b. of Killingly, Aug. 25, 1844, by Rev. John Howson	2	24
Celinda, m. Albert **WILLIAMS,** b. of Foster, R.I., Apr. 17, 1842, by Rev. Daniel Williams	2	15a
Charlotte T., of Killingly, m. James **HYDE,** of Brooklyn, Sept. 8, 1839, by Nicholas Branch	2	6a
Jeremiah, s. Abraham & Hannah, b. May 11, 1751	1	42
Joseph, of Foster, R. I., m. Roba **BATES,** of Killingly, Jan. 25, 1821, by David Chase, J. P.	1	190

	Vol.	Page
SLATER, SLATTER, (cont.)		
Mary P., of Pomfret, m. George W. **DURFEE**, of Killingly, June 8, 1851, by Rev. Sidney Dean	2	60
Phebe Ann, m. Joseph **CLARK**, Apr. 5, 1835, by W. Bushnell	1	93
Silas, s. Joseph & Hannah, b. Nov. 26, 1754	1	300
Stephen, s. Abraham & Hannah, b. Aug. 1, 1752	1	50
Susan, m. Otis **BASTO**, Nov. 7, 1824, by Calvin Cooper	1	106
Thomas, m. Polly **STILES**, b. of Killingly, Aug. 7, 1827, by Calvin Cooper	1	118
Thomas, m. Mrs. Sarah Ann **CHASE**, b. of Killingly, Apr. 15, 1832, by Geo[rge] W. Appleton	1	130
SLETLY, Leonard A., of Providence, R. I., m. Margaret **MATHEWSON**, of Killingly, Sept. 9, 1843, by Rev. Daniel Williams	2	22
SLOATH, John, m. Mary Jane **MOSES**, b. of Killingly, July 31, 1853, by Rev. Roswell Whitmore	2	77
SLY, Matilda, of Douglass, Mass., m. Abial **CONVERSE**, of Killingly, Nov. 17, 1842, by Rev. Hezekiah L. Ramsdell	2	15a
SMART, George C., of Seekank, Mass., m. Mary A. **BRAMAN**, of Killingly, Mar. 11, 1839, by Rev. Daniel Williams	2	7a
SMITH, Abega[i]l, d. John & Sarah, b. July 7, 1754	1	44
Alice M., m. John M. **LACKEY**, b. of Burrillville, June 17, 1851, by Rev. Geo[rge] W. Greenslitt	2	64
Almirah A., of Killingly, m. Joseph D. **BURT**, of Lindon, Vt., Nov. 11, 1839, by Rev. Daniel Williams	2	8
Amity, of Killingly, m. Benjamin **UNDERWOOD**, of Woodstock, Nov. 8, 1846, by Rev. Daniel Williams	2	38
Amey Ann, m. Oliver Wolcott **TUCKER**, b. of Killingly, Mar. 25, 1846, by Rev. Joseph B. Daman	2	43
Anna, m. Oliver **CARPENTER**, Jr., Dec. 9, 1822, by Elisha Atkins	1	196
Azubah A., m. Daniel **COLWELL**, b. of Millbury, Mass., Aug. 7, 1848, by Rev. Daniel Williams	2	47a
Bussel, of Glocester, R. I., m. Lydia **BROWN**, of Killingly, Oct. 13, 1839, by Rev. Daniel Williams	2	8
Clarissa D., of Gloster, R. I., m. George T. **HOPKINS**, of Scituate, R. I., Jan. 24, 1853, by Rev. Daniel Williams	2	80
Cyrus, m. Sally **MASON**, b. of Killingly, Dec. 26, 1830, by Rev. Calvin Cooper	1	125
Delana, of Foster, d. of Samuel, m. Sanford **DAVIS**, of Foster, s. of Benjamin, Dec. 26, 1816, by John Paine, J. P.	2	81
Edwin, of Thompson, m. Sarah S. **BROWN**, of Killingly, Apr. 1, 1841, by Rev. Daniel Dow, of Thompson	2	10a
Elisha, m. Harriet **THORNTON**, b. of Killingly, Dec. 14, 1835	1	96
Elisha, m. Harriet **THORNTON**, b. of Killingly, Dec. 14, 1835, by Daniel Williams, Elder	1	153

SMITH, (cont.)

	Vol.	Page
Elisha, m. Sarah **ADAMS**, b. of Killingly, Nov. 7, 1850, by Rev. Daniel Williams	2	62
Eliza, of Johnston, R. I., m. Raymond P. **EDDY**, of Warwick, R. I., Nov. 26, 1846, by Rev. Geo[rge] W. Greenslitt	2	38a
Eliza Ann, m. Benjamin **GEE**, b. of Scituate, R. I., Oct. 23, 1851, by Earl Martin, J. P.	2	69
Erastus S., of Killingly, m. Patience C. **SIMMONS**, of Foster, R. I., Nov. 29, 1849, by Rev. Daniel Williams	2	53a
Gardiner, of Worcester, Mass., m. Keziah Jane **COLUMBUS**, of Thompson, May 16, 1853, by Elisha Carpenter, J. P.	2	80
George A., m. Joanna **SEAMANS**, b. of Providence, R. I., Apr. 17, 1844, by Rev. Daniel Williams	2	24a
George A., m. Joanna **SIMMONS**, b. of Killingly, Apr. 17, 1844, by Rev. Daniel Williams	2	83
George B., of Thompson, m. Cathsanda **WARREN**, of Killingly, Jan. 14, 1833	1	131
George R., m. Mrs. Harriet **DAILEY**, b. of Killingly, Apr. 4, 1852, by Rev. Roswell Whitmore	2	71
Gideon, s. Jeremiah & Abeagel, b. Feb. 9, 1763	1	213
Hannah R., m. Henry S. **ECCLESTON**, Feb. 19, 1843, by Rev. Daniel Williams	2	21a
Harriet, m. William G. **BENNETT**, b. of Smithfield, R. I., Nov. 11, 1847, in Danielsonville, West Killingly, by Rev. John Livesy, Jr.	2	45
Hazadiah, [s. John & Sarah], b. May 3, 1748	1	44
Hezadiah, d. Nov. 6, 1758	1	158
Isaac H., m. Cabra M. **PHILLIPS**, Nov. 5, 1843, by Rev. Geo[rge] W. Greenslit	2	20
Israel, of Thompson, m. Rebecca **CADY**, of Killingly, May 7, 1843, by Rev. Henry Robinson	2	18a
Israel, m. Perlina S. **PRAY**, b. of Killingly, Dec. [ ], 1843, by Rev. Daniel Williams	2	22
James J., m. Mary Ann **WILLIAMS**, b. of Killingly, July 4, 1847, by Rev. George W. Greenslitt	2	40
Jemima B., m. Paris M. **LAW**, b. of Killingly, May 23, 1841, by Rev. Henry Robinson	2	11
John, m. Ann Eliza **PHILLIPS**, b. of Killingly, Jan. 8, 1853, by Rev. Daniel Williams	2	80
Jordon A. L., m. Louisa **HARRINGTON**, b. of Killingly, July 2, 1848, by Rev. Geo[rge] W. Greenslitt	2	46a
Juliann, m. John **BROWN**, b. of Killingly, Jan. 29, 1843, by Rev. Henry Robinson	2	18
Leonard, m. Lydia Ann **COGSWELL**, b. of Killingly, Aug. 24, 1848, by Rev. John D. Baldwin	2	51a
Loiza, of Cumberland, m. Joseph **COLE**, of Pawtucket, R. I., Sept. 21, 1844, by Rev. Daniel Williams	2	25a
Lucretia, of North Kingstown, R. I., m. Wilbur T.		

	Vol.	Page

SMITH, (cont.)

	Vol.	Page
REYNOLDS, Dec. 2, 1848, by Rev. John D. Baldwin	2	52
Lucy M., m. Frances JOSLIN, b. of Killingly, Dec. 21, 1845, by Rev. Benjamin C. Phelps, of West Killingly	2	33
Marcelia W., of Gloucester, R. I., m. Isaac R. MOFFITT, of Killingly, Mar. 30, 1845, by [Rev. Tho[ma]s O. Rice]	2	27a
Martha, m. W[illia]m H. SMITH, b. of Barrington, Dec. 25, 1842, by Calvin Cooper	2	17a
Martin L., m. Cibel A. FRANKLIN, b. of Killingly, [Mar.] 19, 1843, by Rev. George Greenslit. Intention published	2	17a
Mary A., m. Simon BAKER, b. of Killingly, Nov. 28, 1836, by Daniel Williams, Elder	2	1
Mary A. C., m. Hanson POLSEY, b. of Smithfield, R. I., Oct. 30, 1842, by Rev. Tubal Wakefield	2	15
Mary Eliza, m. Franklin B. MOWRY, b. of Glocester, R. I., Feb. 28, 1840, by Rev. Daniel Williams	2	8a
Nancy, m. Nelson SHIPPEE, Oct. 12, 1846, by Jeremiah Law, J. P.	2	37a
Patty, m. John BARTLETT, b. of Killingly, Nov. 26, 1820, by Calvin Cooper, Elder	1	190
Phebe, m. Richmond HOPKINS, b. of Scituate, R. I., Apr., 18, 1850, by Rev. Daniel Williams	2	56
Polly, m. Nelson SHIPPE, Aug. 31, 1834, by William Grosvenor, J. P.	1	90
Russell, see under Bussel		
Ruth, [d. John & Sarah], b. Mar. 22, 1746	1	44
Ruth, m. Simon MOFFETT, b. of Killingly, Mar. 12, 1822, by Elisha Atkins	1	193
Samuel, of Foster, R. I., m. Julia Ann ALDRICH, of Killingly, Mar. 14, 1829, by Elder George W. Appleton	1	121
Sarah, [d. John & Sarah], b. Nov. 18, 1750	1	44
Sarah, Mrs., of Killingly, m. Benjamin WILLIAMS, of Foster, R.I., Apr. 1, 1831, by George W. Appleton	1	131
Sarah, of Killingly, m. Ira WINSOR, of Foster, R. I., Sept. 30, 1838, by Daniel Williams, Elder	2	5
Sarah J., m. Albert KETTLE, b. of Smithfield, R. I., Oct. 1, 1848, by Rev. Daniel Williams	2	50a
Sarah M., m. George BRADY, b. of Lynn, Mass., Jan. 9, 1846, by Rev. Benjamin C. Phelps, of West Killingly. Witness: Freeman James	2	33a
Silas, m. Rhoda STONE, b. of Killingly, Conn., Feb. 8, 1838, by Rev. Daniel Williams	2	3a
Silas, m. Ann BROWN, b. of Killingly, Dec. 12, 1846, by Rev. Thomas O. Rice	2	38a
Silas A., m. Elsey A. SIMMONS, b. of Killingly, Nov. 3, 1850, by Rev. Daniel Williams	2	63
Stephen, m. Maria G. LEAVENS, Oct. 10, 1832, by Rev. John N. Whipple. Intention published	1	83

	Vol.	Page
SMITH, (cont.)		
Susan P., m. Isaac B. **BALLARD**, b. of Killingly, Jan. 30, 1848, by Rev. Geo[rge] W. Greenslitt	2	44
Waitey, of Scituate, R. I., m. Elias **PURINGTON**, of Middlebury, Mass., Mar. 13, 1845, by Ephraim Bacon, J. P.	2	27a
William, of Brooklyn, m. Lucy **LEWIS**, of Killingly, Jan. 2, 1831, by Elder Geroge W. Appleton	1	132
W[illia]m, of Thompson, m. Harriet A. **GAY**, of Killingly, Dec. 29, 1833, by Rev. James Grow, of Thompson	1	88
W[illia]m H., m. Martha **SMITH**, b. of Barrington, Dec. 25, 1842, by Calvin Cooper	2	17a
W[illia]m H., m. Deborah **WILLIAMS**, b. of Charlestown, Mass., Sept. 30, 1845, by Rev. Benjamin C. Phelps, of West Killingly. Witness: Abby S. Buckminster	2	30a
SNOW, Caleb S., m. Elsey J. **HALE**, Aug. 21, 1843, by NIcholas Branch	2	22a
Hannah, m. Nathaniel **MESERVEY**, b. of Thompson, Dec. 13, 1835, by Calvin Cooper, Elder	1	96
Levi M., of Cumberland, R. I., m. Lydia Ann **ALDRICH**, of Smithfield, R. I., Nov. 25, 1832, by W[illia]m Bushnall	1	84
Levy M., of Cumberland, R.I., m. Lydia Ann **ALDRICH**, of Smithfield, R.I., Nov. 25, 1832, by W[illia]m Bushanl[l]	1	131
SOMERS, Green, d. June 25, 1756	1	56
SOULE, [see also SAWLE], Olney, m. Elisabeth **HARRINGTON**, b. of Killingly, Oct. 18, 1840, by Rev. Daniel Williams	2	11
SOUTHARD, Joseph, of Augusta, Me., m. Lucy M. **BREWSTER**, of Killingly, Mar. 6, 1848, by Rev. T. O. Rice	2	46a
SPALDING, [see under SPAULDING]		
SPARKS, SPARKE, SPARKES, Aaron, Jr., s. Aaron & Frances, b. Mar. 6, 1813	1	300
Abigail, d. Henry & Joan, b. Apr. 22, 1729	1	3
Almira, of Killingly, m. Darius A **WOOD**, of Webster, Mass., Dec. 14, 1847, by Rev. John D. Baldwin	2	49a
Enos, s. Henry & Mehetable, b. Nov. 23, 1733	1	14
Fanny, Wid., m. Simeon **SPAULDING**, Feb. 10, 1822, by Israel Day	1	193
Henry, m. Lydia Ann **ALDRICH**, b. of Killingly, June 3, 1838, by Rev. Epaphras Goodman	2	4a
Joan, [w. Henry], d. May 16, 1729	1	3
Mehetabel, d. Henery & Mehetabel, b. July 28, 1737, in Warwick	1	40
Moses, s. Henry & Mehetable, b. Aug. 23, 1731	1	7
SPAULDING, SPALDING, SPALDON, Achsah, w. Joshua, b. Sept. 13, 1798	2	1
Adaline, of Killingly, m. George **ARTHERTON**, of Brooklyn, Mar. 13, 1839, by Rev. L. Robbins	2	6
Aholiah, s. Joseph & Mehetabel, b. Sept. 20, 1743	1	36

SPAULDING, SPALDING, SPALDON, (cont.)

	Vol.	Page
Ann, [twin with Sarah], d. Stephen & Sarah, b. July 28, 1751	1	44
Anna, d. Simeon & Hannah, b. June 16, 1763	1	219
Aria, s. Simeon & Fanny, b. May 5, 1826	1	300
Asa, s. Jeremiah & Elisabeth, b. Oct. 5, 1754	1	53
Benaiah, m. Mary WALKER, b. of Killingly, Dec. 24, 1746	1	76
Benjamin H., of Plainfield, m. Lucinda F. IRONS, Oct. 1, 1843, by Shubael Adams, J. P. Intention published at Plainfield	2	19a
Candace, [d. Obed[iah] & Marg[a]ret], b. Dec. 13, 1787	1	323
Celinda, see under Selinda		
Chandler Ames, s. Eleazer & Sarah, b. Apr. 24, 1810	1	270
Daniel, s. Stephen & Mary, b. June [ ], 1737 (Entry crossed out)	1	37
Davis, m. Stephen & Mary, b. June 16, 1740	1	24
Davis, m. Sarah DENISON, Dec. 22, 1765	1	175
Davis, m. Maria EASTING, b. of Killingly, Jan. 18, 1824, by Rev. Roswell Whitmore	1	102
Dinah, d. William & Lidia, b. Aug. 29, 1730	1	5
Dorcas, d. William & Lydia, b. Aug. 9, 1735	1	18
Edmund W., of Killingly, m. Mary BASSETT, of Thompson, Sept. 10, 1848, by Rev. John D. Baldwin	2	52
Edward, s. Stephen & Mary, b. Sept. 19, 1732	1	9
Eleazer, [s. Obed & Marg[a]ret], b. Oct. 8, 1785	1	323
Eleazer M., m. Sarah PARKE, Apr. 13, 1809, by Rev. Daniel Dow	1	187
Elisha, s. Zadock & Hannah, b. Oct. 30, 1778	1	310
Elisha P., of Southbridge, Mass., m. Jane KIMBALL, of Killingly, Mar. 31, 1824, by Rev. Roswell Whitmore	1	103
Eliza C., of Killingly, m. Joseph A. EDMOND, of Lisbon, Nov. 23, 1852, by Rev. Roswell Whitmore	2	76
Elisabeth, d. Willard & Hannah, b. Nov. 18, 1753	1	53
Eliz[abeth], m. John LARNED, June 23, 1774, by Eliph[a]let Wright	1	176
Esther, d. Stephen & Mary, b. Dec. 25, 1734	1	14
Hannah, m. John FIRMAN, Feb. 8, 1715	1	178
Hannah, d. Simeon & Hannah, b. May 11, 1750	1	50
Hannah, d. Simeon & Hannah, b. May 11, 1750	1	219
Hannah, d. Willard & Hannah, b. June 29, 1751	1	47
Hannah,, d. Dea. Jacob & Lydia, b. Oct. 15, 1796	1	303
Harriet, [d. Joshua & Achsah], b. Apr. 12, 1830	2	1
Henrietta, of Killingly, m. Horace BURROUGH, of Brooklyn, Mar. 28, 1824, by Rev. Roswell Whitmore	1	102
Jacob, d. Sept. 24, 1728	1	5
Jacob, s. Jacob & Hannah, b. Oct. 25, 1728	1	5
Jacob, s. Simeon & Han[n]ah, b. Nov. 1, 1745	1	36
Jacob, s. Simeon & Hannah, b. Nov. 1, 1745	1	219
Jacob, m. Leada LEE, Apr. 11, 1775	1	180

	Vol.	Page
SPAULDING, SPALDING, SPALDON, (cont.)		
Jacob, s. Jacob & Lyda, b. Dec. 26, 1786	1	296
Jacob Leonidos, [s. Joshua & Achsah], b. Sept. 8, 1827	2	1
James, s. Zadock & Hannah, b. Sept. 29, 1780	1	310
Jeremiah, m. Elisabeth **DAY**, b. of Killingly, Nov. 15, 1754	1	70
Jesse, [s. Obed[iah] & Marg[a]ret], b. June 3, 1792	1	323
John, [s. Obed[iah] & Marg[a]ret], b. Nov. 19, 1789	1	323
John, s. Simeon & Fanny, b. Nov. 2, 1823	1	300
John Willson, s. Jacob & Leadea, b. Mar. 19, 1776	1	296
Joshua, s. Simeon & Hannah, b. Sept. 19, 1753	1	50
Joshua, s. Simeon & Hannah, b. Sept. 19, 1753	1	219
Joshua, s. Simeon & Hannah, b. Dec. 14, 1760	1	219
Joshua, s. Dea. Jacob & Lydia, b. Dec. 4, 1793	1	303
Joshua, s. Jacob, b. Dec. 4, 1793	2	1
Judeth, d. Simeon & Hannah, b. Dec. [ ], 1757	1	219
Julia, m. Bishop **BLISS**, b. of Killingly, Sept. 15, 1844, by Rev. John Howson	2	25
Laura, d. Dea. Jacob & Lydia, b. Feb. 9, 1801	1	303
Laura, [d. Joshua & Achsah], b. Sept. 23, 1818	2	1
Laura, m. Jonah S. **YOUNG**, b. of Killingly, Mar. 29, 1837, by Rev. Erastus Doty	2	2
Lucy, d. Stephen & Mary, b. May 3, 1737	1	24
Lucy, m. Daniel **WATERS**, Sept. 21, 1756	1	177
Lyddya, d. Benaiah & Mary, b. July 26, 1755	1	70
Lydia, d. Jacob & Lydia, b. July 19, 1782 (Entry crossed out)	1	255
Lyd[i]a, d. Jacob & Lyd[i]a, b. July 19, 1782	1	296
Maria Anto[i]nette, [d. Joshua & Achsah], b. Aug. 24, 1832	2	1
Marg[a]ret, w. Obed, d. Sept. 20, 1792	1	174
Mary, w. Stephen, d. Feb. 11, 1748/9	1	75
Mary, d. Willard & Hannah, b. Sept. 4, 1749	1	47
Mary, d. Simeon & Hannah, b. Aug. 22, 1756	1	219
Mary, m. David **COPP**, June 9, 1776, by Eliphalet Wright	1	184
Mary Ann, [d. Eleazer & Sarah], b. Mar. 24, 1812	1	270
Nathaniel, s. Stephen & Mary, b. Sept. 19, 1742	1	37
Obed, m. Margaret **EAMES**, Dec. 30, 1784, by Rev. Micaiah Porter	1	183
Oliver, s. Benajah & Mary, b. May 31, 1751	1	48
Orpah D., m. Giles **CHASE**, b. of Killingly, May 1, 1842, by Rev. Daniel Williams	2	16
Orpah Danforth, [d. Joshua & Achsah], b. Sept. 16, 1822	2	1
Pain, s. Jacob & Lydia, b. Jan. 26, 1780	1	255
Pain, s. Jacob & Lyd[i]a, b. Jan. 26, 1780	1	296
Rachel, d. Joseph & Mehetabel, b. Aug. 6, 1747	1	36
Ruth, m. Silas **HUTCHENS**, Apr. 20, 1788	1	261
Sarah, [twin with Ann], d. Stephen & Sarah, b. July 28, 1751	1	44
Sarah, 2d, w. Stephen, d. Aug. 4, 1751	1	72
Saropta, d. Benajah & May, b. Mar. 29, 1762	1	286
Selah, [d. Joshua & Achsah], b. Mar. 27, 1825	2	1

	Vol.	Page

SPAULDING, SPALDING, SPALDON, (cont.)
  Selinda, m. Joseph **MITCHELL**, b. of Killingly, June 2, 1822,
    by Andrew Stone, Elder, Burrellville — 1 — 194
  Seth, s. Simeon & Han[n]ah, b. Feb. 17, 1746/7 — 1 — 36
  Seth, s. Simeon & Hannah, b. Feb. 17, 1746/7 — 1 — 219
  Seth, s. Jacob & Lydia, b. Apr. 25, 1789 — 1 — 296
  Silas, [s.] Jeremiah, b. July 23, 1763 — 1 — 201
  Simeon, of Killingly, m. Han[n]ah **PAIN**, of Pomfritt, Jan. 23,
    1744/5, by L[e]icester Grosvenor, J. P. — 1 — 77
  Simeon, of Killingly, m. Hannah **PAIN**, of Pomfret, Jan. 23,
    1744/5, by Leicester, Grosvenor, J. P. — 1 — 262
  Simeon, s. Jacob & Lyd[i]a, b. Jan. 12, 1778 — 1 — 296
  Simeon, m. Wid. Fanny **SPARKS**, Feb. 10, 1822, by Israel
    Day — 1 — 193
  Stephen, m. Mary **LAWRENCE**, b. of Plainfield, Nov. [ ],
    1731, by Rev. Joseph Coyt, of Plainfield — 1 — 77
  Stephen, of Killingly, m. Sarah **AMES**, of Providence, Apr. 3,
    1750, by Joseph Snow, J. P. — 1 — 76
  Willard, d. Feb. 19, 1766 — 1 — 174
  Willard, s. Davis & Sarah, b. Oct. 20, 1766 — 1 — 205
  Willard, s. Zadock & Hannah, b. Nov. 28, 1775 — 1 — 310
  William, s. Benaiah & Mary, b. Feb. 3, 1749 — 1 — 39
  Zadock, m. Hannah **LEARNED**, Feb. 16, 1771, by Rev.
    Noadiah Russell — 1 — 181
  Zadock, of Killingly, m. Ruth **HUTCHENS**, of Thompson,
    [ ], by Rev. Roswell Whitmore — 1 — 107
  Zadock C., m. Arminda **MOREY**, b. of Scituate, R. I., Aug.
    10, 1845, by Rev. Benjamin C. Phelps, of West Killingly.
    Witness: Olney Morey — 2 — 29a
  -----, d. William & Lydia, b. Dec. 7, 1727 — 1 — 1
SPENCER, Charles, of East Greenwich, R. I., m. Lucretia **DAVIS**,
    alias Lucretia **BUCK**, of Killingly, Apr. 24, [1836], by
    Sidney Holman — 1 — 142
  Daniel P., m. Julia A. **BASTO**, b. of Killingly, Nov. 25,
    [probably 1852], by Rev. Eben[eze]r Loomis — 2 — 76
  Harriet, m. George W. **WEEKS**, b. of Warwick, R. I., [ ],
    in Danielsonville, West Killingly, by Rev. John Livesy,
    Jr. — 2 — 42a
  John F., m. Elisabeth C. **WASHBURN**, Sept. 28, 1843, by
    Rev. Benjamin Congdon, of Pomfret — 2 — 23
  Joseph W., m. Harriet **THEER**, of Providence, R. I., [ ],
    by Rev. Daniel Williams — 2 — 16
SPINK, William, m. Charlotte **ALEXANDER**, b. of Killingly, July
    18, 1830, by William Alexander, J. P. — 1 — 124
SPRAGUE, Daniel, [s. Daniel & Selah], b. Apr. 29, 1768 — 1 — 216
  Daniel, m. Sybil **HUTCHENS**, May 9, 1780, by Rev.
    Eliphalet Wright — 1 — 186
  Daniel G., Rev., of Hampton, m. Lucy **DANIELSON**, of

	Vol.	Page
SPRAGUE, (cont.)		
Killingly, Jan. 4, 1826, by Rev. Roswell Whitmore	1	109
Daniel Green, s. Daniel & Sybyl, b. July 8, 1796	1	216
Edwin, m. Roxanna **BENNETT**, b. of Killingly, Sept. 12, 1841, by Rev. Daniel Williams	2	12a
Elipha Leavens, s. Daniel & Sibble, b. Nov. 16, 1787	1	216
Elisha L., m. Clarissa **DAY**, Mar. 29, 1812, by Rev. Israel Day	1	110
Elisha Rodolphus, s. Elisha Leavens & Clarissa, b. Feb. 14, 1817	1	222
Elizabeth, d. Daniel & Sibble, b. Aug. 15, 1784	1	216
James, of Glocester, R. I., m. Lucinda **REYNOLDS**, of Killingly, May 2, 1824, by Calvin Cooper	1	104
James Woothwooth, [s. Daniel & Selah], b. July 31, 1772	1	216
Lucrece, d. John & Jude, b. Apr. 29, 1755	1	54
Lucy, d. John & Judeth, b. May 29, 1753	1	51
Mary, m. David **CADY**, Mar. 24, 1763	1	175
Mary, [d. Daniel & Selah], b. Apr. 2, 1775	1	216
Mary, m. William **DROWN**, Oct. 10, 1832, by Rev. John N. Whipple. Intention published	1	83
Samuel, s. Daniel & Selah, b. Apr. 27, 1765	1	216
Samuel Stearns, s. Elisha Leavens & Clarissa, b. July 3, 1819	1	222
Selah, d. Daniel & Sibble, b. June 26, 1781	1	216
Sibyl, d. Daniel & Sibyl, b. June 11, 1794	1	216
W[illia]m B., of Windham, m. Joanna **HUTCHENS**, of Killingly, Apr. 20, 1831, by Rev. Roswell Whitmore	1	126
SQUIRE, SQUIR, Daniel, s. Stephen & Anna, b. Jan. [ ], 1762	1	245
Lois, d. Stephen & Anna, b. Dec. 4, 1759	1	245
STACY, Caleb, s. John & Sarah, b. July 19, 1729	1	4
Isaac, s. John & Sarah, b. Mar. 15, 1730/31	1	6
Mark, s. John & Sarah, b. Jan. 5, 1732/3	1	11
STAFFORD, Amos, s. Abel & Rebeckah, b. Apr. 4, 1785	1	206
STANDISH, Phebe Ann, of Scituate, m. Abel **ANGELL**, Jan. 27, 1839, by Nicholas Branch	2	6
STANLEY, Mary J., m. Owen A. **BURLINGAME**, b. of Providence, R. I., July 28, 1850, by Earl Martin, J. P.	2	55a
STAPLES, William H., m. Eunice W. **JILLSON**, b. of Cumberland, R. I., Aug. 15, 1847, by Rev. Daniel Williams	2	41a
STARKWEATHER, Amos, s. Nathan & Dorcas, b. Feb. 6, 1763	1	212
Annah, d. Nathan & Dorcas, b. Nov. 24, 1755	1	54
Asa, s. Nathan & Dorcas, b. Nov. 25, 1753	1	50
Basel, s. Elijah & Esther, b. Nov. 25, 1772	1	212
Eli, s. Nathan & Dorcas, b. Nov. [ ], 1761	1	212
Ezre, s. Nathan & Dorcas, b. Dec. 8, 1759	1	212
Hannah, m. Darius **WILCOX**, b. of Killingly, Mar. 24, 1822, by Calvin Cooper	1	193
Laura, m. Samuel **DOUGLASS**, b. of Killingly, Mar. 24, 1822, by Calvin Cooper	1	193

	Vol.	Page
STARKWEATHER, (cont.)		
Luce, m. William **BOWEN**, Sept. 16, 1824, by Elisha Atkins	1	115
Mary, d. Nathan & Dorcas, b. July 20, 1752	1	50
Nathan, s. Nathan & Dorcas, b. Nov. 7, 1757	1	212
Parly, s. Nathan & Dorcas, b. Feb. 10, 1766	1	212
W[illia]m, m. Sally **JENCKES**, b. of Killingly, May 10, 1829, by Elder George W. Appleton	1	123
STARR, Comfort, s. Comfort & Elizabeth, b. Aug. 10, 1731	1	8
Com[f]ort, 3rd, [s. Comfort] & Judeth, b. May 30, 1766	1	293
Ebenezer, s. Comfort & Elisabeth, b. Feb. 24, 1744	1	28
Elisabeth, d. Comfort & Elizabeth, b. Sept. 13, 1734	1	17
Elizabeth, d. Comfort & Elizabeth, d. Mar. 4, 1742	1	74
Frances, d. Comfort & Elisabeth, d. Dec. 3, 1737	1	73
Isaac, s. Comfort & Elisabeth, b. June 24, 1733; d. July 22, 1733	1	11
Isaac, s. Comfort & Elisabeth, b. Oct. 25, 1736	1	20
Isaac, s. Comfort & Elizabeth, d. Oct. [ ], 1741	1	74
Judeth, d. Comfort & Judeth, b. Nov. 27, 1768	1	293
Nabbe, d. Comfort & Judeth, b. Nov. 24, 1763	1	293
Parley, s. Comfort, Jr. & Judeth, b. Oct. 14, 1755	1	293
Sarah, d. Comfort, Jr. & Judeth, b. Nov. 28, 1760	1	293
STEARNS, STERNS, STEARNES, STARN, STARNES, STERNES, STARNS, STEANS, Ann, m. W[illia]m P. **BACON**, b. of Killingly, June 27, 1825, by Rev. Roswell Whitmore	1	107
Anna, m. Ezra **HUTCHENS**, Jr., Nov. 13, 1777	1	261
Ebenezer, s. Boaz & Lydia, b. Jan. 24, 1748/9	1	37
Ebenezer, infant child of Boaz, d. Feb. 3, 1748/9	1	75
Elias, s. Olliver & Prisela, b. June 21, 1754	1	51
Isaac, s. Boaz & Lidia, b. Mar. 29, 1744	1	30
Isaac, s. Boaz & Lydia, d. July 30, 1749	1	75
Isaac, s. Sam[ue]ll & Anna, b. Sept. 2, 1750	1	40
Lydia, d. Boaz & Lydia, b. Dec. 29, 1727	1	3
Lydia, d. Sept. 16, 1741	1	26
Lydia, d. Sept. 16, 1741	1	73
Marcy, d. Boaz & Lydia, b. Apr. 22, 1730 (Arnold Copy has the name "Marcy STEVENS". Corrected by L. B. B.)	1	6
Mary, d. Boaz & Lydia, b. Nov. 23, 1734	1	14
Mary, d. Sept. 26, 1741	1	26
Mary, d. Sept. 26, 1741	1	73
Michael, of Smithfield, R.I., m. Anna B. **ADAMS**, of Cumberland, Sept. 26, 1852, by Rev. Isaac H. Coe	2	73
Mirian, d. Boaz & Lydia, b. May 1, 1737	1	20
Oliver, s. Boaz & Lydia, b. Oct. 4, 1732 (Arnold Copy has the name "Oliver STEVENS". Corrected by L. B. B.)	1	9
Oliver, m. Presil[l]a **BATMAN**, b. of Killingly, Jan. 10, 1754	1	70
Rozzil, s. Oliver & Prisil[l]a, b. Dec. 25, 1755	1	298
Samuel, [s. Samuel, Jr. & Mary], b. Dec. 1, 1804	1	244
Samuel, m. Jemima **YOUNG**, b. of Killingly, Apr. 19,		

	Vol.	Page
STEARNS, STERNS, STEARNES, STARN, STARNES, STERNES, STARNS, STEANS, (cont.)		
1835, by Roswell Whitmore	1	95
Sarah, d. Boaz & Lydia, b. July 25, 1739	1	23
Sarah, d. Oct. 20, 1741	1	26
Sarah, d. Oct. 20, 1741	1	73
Sarah, d. Boaz & Lydia, b. June 21, 1746	1	32
Sela Wadsworth, [s. Samuel, Jr. & Mary], b. Apr. 26, 1801	1	244
Shepard, s. Boaz & Lydia, d. July 30, 1749	1	75
Shepard, s. Boaz & Lydia, b. Aug. 5, 1750	1	40
Shepard, m. Bethiah **BARTLETT**, b. of Killingly, Nov. 11, 1827, by Calvin Cooper	1	259
Warren, s. Samuel, Jr. & Mary, b. Aug. 31, 1796	1	244
STEDMAN, William C., m. Ruth A. **BROWN**, of Worcester, Mass., [ ], by Norris C. Lippitt, J. P.	2	46
STEERE, STEER, Anson, m. Ann **LEFFENWELL**, b. of Killingly, July 4, 1836, by Sidney Holman	1	154
Dennis, of Glocester, R. I., m. Celinda **THURBER**, of Providence, R. I., July 15, 1841, by Rev. Daniel Williams	2	12
Dennis, of Glocester, m. Sally H. **THORNTON**, of North Providence, R. I., Sept. 8, 1842, by Rev. Daniel Williams	2	16a
Eliza, m. Harris W. **ALDRICH**, b. of Glocester, R. I., Dec. 21, 1845, by Rev. Daniel Williams	2	35
Horace S., of Glocester, R. I., m. Marietta **WALKER**, of Scituate, R. I., Jan. 1, 1849, at West Killingly, by Rev. J. Livesy, Jr.	2	51a
John C., of Burrillville, R. I., m. Almira **SLATER**, of Killingly, Jan. 30, 1839, by Nicholas Branch	2	6
Rebecca A., of Gloucester, R. I., m. Joshua A. **STETSON**, of Boston, Mass., May 29, 1843, by Rev. Daniel Williams	2	21a
Topsey, m. John **DOR[R]ANCE**, a foreigner, Nov. 10, [1822], by David Chase, J. P.	1	195
STEPHENS, [see also **STEVENS**], Dorothy, d. John & Elizabeth, b. Apr. 1, 1728	1	6
Elizabeth, d. John & Elizabeth, b. Apr. 3, 1730	1	6
Erastus, m. Susan **WOOD**, b. of Killingly, Oct. 23, 1848, by Henry Sparks, J. P.	2	48
Isreal, s. John & Susannah, b. Dec. 7, 1729	1	4
STERNS, [see under **STEARNS**]		
STETSON, Joshua A., of Boston, Mass., m. Rebecca A. **STEERE**, of Gloucester, R.I., May 29, 1843, by Rev. Daniel Williams	2	21a
Nathaniel W., m. Louisa M. **LAWTON**, Oct. 30, 1842, by Rev. Tubal Wakefield	2	15
STEVENS, [see also **STEPHENS**], Abigail, d. Thomas & Abigail, b. Mar. 26, 1741	1	35
Amey, d. Thomas & Abigail, b. Apr. 11, 1742	1	35
Daniel, s. Thomas & Ab[i]g[a]il, b. May 4, 1753	1	64

	Vol.	Page
STEVENS, (cont.)		
Louis, d. Thomas & Ab[i]g[a]il, b. Mar. 13, 1749	1	64
Marcy, d. Boaz & Lydia, b. Apr. 22, 1730 (Should be Marcy **STEARNS**)	1	6
Oliver, s. Boaz & Lydia, b. Oct. 4, 1732 (Should be Oliver **STEARNS**)	1	9
Penewell, s. Thomas & Abigail, b. Aug. 1, 1739	1	35
Thomas, s. Thomas & Abigail, b. Mar. 10, 1745	1	35
STEWART, Mary, d. Edward & Hannah, b. June 29, 1735	1	16
STILES, Polly, m. Thomas **SLATER**, b. of Killingly, Aug. 7, 1827, by Calvin Cooper	1	118
STONE, Abby E., of Killingly, m. John W. **RICHARDS**, of Ashford, Nov. 19, 1840, by Rev. Daniel Williams	2	11
Abigail, d. Jonathan & Elisabeth, b. Dec. 12, 1780	1	309
Almon, m. Marian **LAKE**, of Foster, R. I., Feb. 28, 1836, by Daniel Williams	1	142
David, m. Mary **LINDALL**, b. of Killingly, Aug. 14, 1842, by Rev. Tubal Wakefield	2	14
Ebenezer, s. John, Jr. & Mary, b. Mar. 7, 1749	1	42
Edmund, of Sterling, m. Julia A. **ROUND**, of Foster, R. I., Apr. 14, 1848, by Rev. Daniel Williams	2	47
Edwin, m. Maria **BUSSEY**, b. of Killingly, Sept. 29, 1844, by Rev. John Howson	2	25
Eliza A., m. Augustus J. **SWEET**, b. of Foster, R. I., Oct. 17, 1846, by Rev. Daniel Williams	2	37a
Elisabeth, d. Nath[anie]ll & Elisabeth, b. Aug. 21, 1754	1	52
Elisabeth, m. Danforth **LEE**, b. of Norton, Mass., Mar. 6, 1846, by Rev. Benjamin C. Phelps, of West Killingly. Witness: C. A. Atkins	2	34
Hannah, d. Jonath[a]n & Elisabeth, b. June 23, 1783	1	309
Hiram, m. Susan S. **SEAMONS**, of Foster, R. I., Nov. 14, 1852, by Rev. J. C. Dow	2	76
Isaac, s. Isaac & Mary, b. Feb. 27, 1731/2	1	14
James, m. Sarah **GRASON**, b. of Foster, R. I., July 2, 1843, by Rev. Daniel Williams	2	22
John B., of Foster, R. I., m. Susan **GRASON**, of Killingly, Sept. 22, 1844, by Rev. Daniel Williams	2	26
John Geo[rge], s. Jonathan & Elisabeth, b. Aug. 13, 1775	1	309
Mary C., m. Henry C. **BURLINGAME**, b. of Providence, R. I., July 28, 1850, by Earl Martin, J. P.	2	55a
Mason P., m. Serena W. **CHACE**, b. of Coventry, R. I., Apr. 23, 1848, by Rev. Edward Pratt	2	46
Nancy, m. Ezra **HUTCHENS**, Sept. 19, 1814	1	186
Perlina, m. Alfred **PRAY**, Feb. 26, 1836, by Daniel Williams	1	142
Phebe, m. John **DIXON**, b. of Killingly, Aug. 12, 1821, by Elisha Atkins	1	192
Randall H., m. Lydia M. **COLE**, b. of Foster, R. I., Jan. 1, 1848, by Rev. Daniel Williams	2	45a

	Vol.	Page

STONE, (cont.)

	Vol.	Page
Reuben, s. Barsom & Mehetabel, b. Sept. 19, 1739	1	24
Rhoda, m. Silas **SMITH**, b. of Killingly, Conn., Feb. 8, 1838, by Rev. Daniel Williams	2	3a
Robert, of Sterling, m. Susan **TAYLOR**, of Scituate, R. I., Sept. 21, 1834, by Rev. Alvan Underwood	1	91
Susan, m. Harris **KIBBIE**, Sept. 18, 1836, by Daniel Williams, Elder	2	1
Susan, of Foster, R. I., m. [ ] **RANSOM**, Apr. 24, 1842, by Rev. Daniel Williams	2	16
Thankfull, d. Isaac & Mary, b. Oct. 19, 1733	1	14

STOW, Martha, d. Nathaniel & Mary, b. Nov. 16, 1731 — 1, 35

STOWELL, John C., of Pomfret, m. Mary **RICHMOND**, Mar. 28, 1833, by Rev. W. Bushnell — 1, 135

STOYLLS, Betsey, m. Nicholas A. **DURFEE**, b. of Killingly, Nov. 14, 1830, by Calvin Cooper — 1, 125

STRAIT, STRAITE, Amos, m. Roxy **PARKER**, b. of Killingly, Jan. 2, 1827, by David Chase, J. P. — 1, 111

John Tillinghast, of Sterling, Conn., m. Mary Ann Elisabeth **BITGOOD**, of Voluntown, Conn., Oct. 26, 1845, by Rev. G. W. Greenslit — 2, 31

Joseph H., m. Martha E. **ELWOOD**, b. of Smithfield, R. I., Oct. 1, 1848, by Rev. Daniel Williams — 2, 50a

STRANAHAN, James. s. John [& Prudence], b. June 12, 1798 — 1, 288

John, m. Prudence [ ], July 5, 1794 — 1, 187

John Sheffield, s. John & Prudence, b. Aug. 5, 1795 — 1, 288

Joshua Card, s. John [& Prudence], b. May 21, 1801 — 1, 288

Martha, of Killingly, m. Hawkley **TUCKER**, of Charlestown, R. I., Oct. 19, 1823, by [ ] — 1, 105

Pattie Corey, d. John [& Prudence], b. May 21, 1801 — 1, 288

Sally, d. John [& Prudence], b. Jan. 21, 1797 — 1, 288

Sally, of Killingly, m. John **MARTIN**, of Plainfield, Dec. 24, 1820, by Charles Stone, Elder — 1, 191

Warren Warner, s. John [& Prudence], b. Dec. 2, 1813 — 1, 288

W[illia]m Burrell, s. John [& Prudence], b. Sept. 15, 1806 — 1, 288

STREETER, Charlotte M., m. Samuel **ANTHONY**, b. of Providence, R. I., Nov. 23, 1851, by Earl Martin, J. P. — 2, 69

James S., m. Adeline R. **WOOD**, b. of Scituate, R. I., Dec. 26, 1852, by Rev. Daniel Williams — 2, 77

Nancy J., m. Isaac G. **GAGE**, b. of Providence, R. I., July 23, 1848, by Rev. Geo[rge] W. Greenslitt — 2, 47

SUMNER, Louisa J., of Killingly, m. Edwin K. **KEYES**, of Eastford, Nov. 26, 1851, by Rev. Sidney Dean — 2, 69

SUNDERLAND, Mary A., of Pawtucket, R. I., m. Richard B. **CROWELL**, of Horwick, Ms., Feb. 3, 1848, by Geo[rge] Warren, J. P. — 2, 44

SWEET, Abby, of Foster, R. I., m. Manchester **FULLER**, of Sterling, Feb. 22, 1852, by Rev. Daniel Williams — 2, 72

	Vol.	Page
SWEET, (cont.)		
Adeline L., m. Orrin **SHOALS**, b. of Brooklyn, [ ], by Elder George W. Appleton, East Killingly	2	83
Angell, m. Philenda E. **ROUND**, [ ] 1843, by Harris Arnold, J. P.	2	20
Ardela, m. Orrin **SHOALES**, b. of Brooklyn, Oct. 10, 1831, by George W. Appleton	1	130
Augustus J., m. Eliza A. **STONE**, b. of Foster, R. I., Oct. 17, 1846, by Rev. Daniel Williams	2	37a
Cyrus S., m. Sarah **BENNETT**, Sept. [ ], 1843, by Harris Arnold, J. P.	2	20
SYMONDS, [see also **SIMMONS**], Abigail, d. Joseph & Rachel, b. Jan. 9, 1723/4	1	15
Benjamin, s. Joseph & Rachel, b. Feb. 12, 1725/6	1	15
Hannah, d. Joseph & Hannah, b. Jan. 19, 1740/41	1	26
Huldah, d. Joseph & Rachel*, b. Apr. 19, 1730 (* Mary corrected in margin under this and some of the following)	1	15
John, s. Joseph & Rachel*, b. June 10, 1732 (*Mary)	1	15
Joshua, s. Joseph & Rachel*, b. Sept. 5, 1834 (*Mary)	1	15
Jotham, s. Joseph & Mary*, b. Sept. 16, 1739 (*Hannah Abbe)	1	23
Nathan, s. Joseph & Mary, b. Jan. 12, 1736/7	1	23
TAFT, [see also **TIFT**], Asahel, m. Rachel **ALATON**, Apr. 27, 1780, by Rev. Noadiah Russell	1	183
Deborah, m. David **HOOPPER**, June 3, 1777, by Rev. Mr. Russell	1	183
	1	318
Elizabeth, d. Asahel & Rachel, b. Mar. 17, 1783		
Noah, of Griswold, m. Eliza **DAVIS**, of Killingly, Apr. 13, 1829, by Rev. Roswell Whitmore	1	99
Silas, s. Asahel & Rachel, b. Oct. 21, 1780	1	318
TALBUT, TALBUTT, TALBERT, TALBOT, TOLBUT, Ama, d. Benj[ami]n & Marg[a]rat, b. Nov. 23, 1767	1	256
Deborah, of Killingly, m. Fail **WAKEFIELD**, of Thompson, Mar. 21, 1822, by Elisha Atkins	1	193
Eben, m. Patience **HERINTON**, b. of Killingly, May 18, 1823, by Calvin Cooper	1	113
Ebenezer, [twin with Jacob], s. Benj[ami]n & Marg[a]rat, b. Mar. 21, 1762	1	256
Francis, m. Mary Ann **HALL**, b. of Boston, Mass., Nov. 29, 1848, by Rev. George W. Greenslitt	2	50
Jacob, [twin with Ebenezer], s. Benj[ami]n & Marg[a]rat, b. Mar. 21, 1762	1	256
John W., m. Harriet A. **WILLIAMS**, b. of Killingly, June 18, 1850, by S. W. Coggeshall	2	55
Leb[b]eas, m. Chloe **CLARK**, b. of Killingly, July 28, 1822, by Calvin Cooper	1	194
Maria D., m. Edmund **FRANKLIN**, Oct. 3, 1852, by Mowry Amsbury, J. P.	2	73

	Vol.	Page
TALBUT, TALBUTT, TALBERT, TALBOT, TOLBUT, (cont.)		
Mary, d. Benj[ami]n & Marg[a]rat, b. Aug. 4, 1765	1	256
Mary Ann N., b. June 25, 1823	1	290
Richmond, s. Benj[ami]n & Marg[a]rat, b. Oct. 8, 1763	1	256
W[illia]m, m. Abby COLLINS, b. of Killingly, Aug. 25, 1833, by Rev. Ella Dunham	1	98
William, of Southbridge, Mass., m. Maria WHITE, of Killingly, May 15, 1842, by Rev. Henry Robinson	2	13a
TANNER, Benjamin, m. Delanah LANE, b. of Killingly, Oct. 22, 1826, by Roswell Hutchens	1	116
Henry C., m. Sarepta LANE, Nov. 18, 1833, by Rev. W[illia]m Bushnall	1	87
Philip, of Brooklyn, m. Sally BASSETT, of Killingly, Mar. 18, 1821, by Rev. Israel Day	1	191
-----, m. Dutee AUSTIN, b. of Killingly, Feb. 10, 1828, by Rev. Roswell Whitmore	1	120
TARBOX, Eliphiel, of Brooklyn, m. Loisa Ann HYDE, of Killingly, June 26, 1825, by Rev. Roswell Whitmore	1	107
TAYLOR, TAYLER, Delighty, m. Hizekiah MOFFITT, Aug. 30, 1822, by David Chase, J. P.	1	195
Elisham, m. Clem HULET, Jr., b. of Killingly, Aug. 31, 1823, by David Chase, J. P.	1	101
Jeames, d. Feb. 16, 1744/5	1	74
James A., of Brooklyn, m. Olive M. WELLS, of Killingly, Sept. 17, 1849, by Rev. S. W. Coggeshall	2	53
James B., m. Harriet BURROWS, b. of Pawtucket, R. I., Jan. 19, 1845, by Rev. Daniel Williams	2	28a
James D., of Hanson, Mass., m. Mary W. BROWNELL, of Tivaton, R. I., May 29, 1845, by Rev. John Howson	2	28
Lite, m. W[illia]m BROWN, b. of Killingly, Nov. 8, 1846, by Rev. Daniel Williams	2	38
Manchester B., m. Anna FULLER, b. of Killingly, Mar. 1, 1827, by Roswell Whitmore	1	116
Mary E., m. Benjamin K. MONEY, b. of Killingly, Feb. 6, 1853, by Rev. E. Loomis	2	80
Nelson, of Dennis, Mass., m. Maria DUNKIN, of Providence, R. I., Nov. 19, 1842, by Harris Arnold, J. P.	2	15a
Orinda, of Scituate, R. I., m. William W. RANDALL, of Johnston, R. I., Oct. 2, [1842], by Rev. Geo[rge] May	2	14
Richard, of Scituate, R. I., m. Lucy RUSSELL, of Killingly, July 15, 1821, by David Chase, J. P.	1	192
Richard B., m. Julia VALENTINE, b. of Providence, R. I., Dec. 15, 1842, by Elder Calvin Cooper	2	15a
Susan, of Scituate, R. I., m. Robert STONE, of Sterling, Sept. 21, 1834, by Rev. Alvan Underwood	1	91
Susan A., m. Daniel MOWRY, b. of Smithfield, R. I., [ ], in Danielsonville, West Killingly, by Rev. J. Livesy, Jr.	2	42a

	Vol.	Page
TENNY, Beulah, d. Samuel & Rebekah, b. Sept. 11, 1771	1	200
TEWGOOD, TUGOOD, Memerva Ann, m. George LEACH, b. of Thompson, Aug. 15, 1841, by Rev. Daniel Williams	2	12a
Orinda, m. Arnold BURGESS, b. of Foster, R. I., Aug. 22, 1844, by Rev. Daniel Williams	2	25
THAYER Borack, m. Mary BINGHAM, of Plainfield, Apr. 17, 1783	1	183
Eli, s. Ebenezer, b. Nov. 8, 1773	1	226
Ellis, m. Peggy McINTIRE, b. of Charlton, Mass., June 18, 1837, by Rev. Sidney Holman	2	2
Mary J., m. Caleb RANDALL, b. of Scituate, R. I., [ ], in Danielsonville, West Killingly, by Rev. John Livesy, Jr.	2	42a
Rachal, d. Ebenezer, b. June 27, 1771	1	226
Rufus A., of Hopkinton, m. Adaline Y. RHODES, of Providence, R. I.,Aug. 7, 1848, by Rev. Daniel Williams	2	47a
William, s. Barack & Mary, b. Sept. 19, 1783	1	317
THEER, Harriet, of Providence, R. I., m. Joseph W. SPENCER, [ ], by Rev. Daniel Williams	2	16
THOMAS, Eliza E., m. George E. CHAFFE, b. of Thompson, Apr. 29, 1849, by Rev. Isaac H. Coe	2	52
Susan, of Killingly, m. Charles COLE, of Sterling, June 10, 1841, by Rev. Roswell Whitmore	2	11a
THOMPSON, Braynard, [s. Alexander & Eunice], b. Apr. 2, 1822	1	250
Erastus, m. Sally SHOALS, b. of Killingly, Oct. 10, 1831, by George W. Appleton	1	130
Hoxa H., [d. Alexander & Eunice], b. Apr. 26, 1820	1	250
Leonard, m. Abbey T. CARRY, Oct. 17, 1831, by George J. Tillotson	1	128
Lucy, [d. Alexander & Eunice], b. Aug. 26, 1816	1	250
Lucy, of North Yarmouth, Me., m. Charles WOOD, of Walpole, N. H., Aug. 21, 1847, at Danielsonville, West Killingly, by Rev. J. Livesy, Jr.	2	42
Martha W., m. Russell WHETMORE, b. of Warwick, R. I., Nov. 28, 1839, by Rev. Calvin Cooper	2	7
Mary Jane, m. Burrell LEWIS, b. of Providence, I. R., Aug. 22, 1850, by Earl Martin, J. P.	2	55a
Ociann, d. Alexander & Eunice, b. Oct. 15, 1814	1	250
Peter, s. Ichabod & Eleseth, b. May 15, 1756	1	55
Roxa, see under Hoxa		
Sally, [d. Alexander & Eunice], b. Sept. 4, 1818	1	250
THORNSTON, [see also THORNTON], Mary, of Glocester, R. I., m. Giaus BABBETT, of Killingly, May 21, 1840, by Rev. Daniel Williams	2	8a
THORNTON, [see also THORNSTON], Betsey, m. William WARREN, Mar. 10, 1796, by Rev. Israel Day	1	186
Harriet, m. Elisha SMITH, b. of Killingly, Dec. 14, 1835	1	96
Harriet, m. Elisha SMITH, b. of Killingly, Dec. 14, 1835, by		

	Vol.	Page
THORNTON, (cont.)		
Daniel Williams, Elder	1	153
Sally H., of North Providence, R. I., m. Dennis **STEER**, of Glocester, Sept. 8, 1842, by Rev. Daniel Williams	2	16a
William J., of Scituate, R. I., m. Mary **BENNETT**, of Attleborough, Mass., July 6, 1848, by Rev. Daniel Williams	2	47
THURBER, THORBER, Celinda, of Providence, R. I., m. Dennis **STEERE**, of Glocester, R. I., July 15, 1841, by Rev. Daniel Williams	2	12
Mary A., m. George M. **PEIRCE**, b. of Rehobath, Mass., Sept. 21, 1845, by Rev. Daniel Williams	2	34a
TIFFANY, TIFFENY, Eliza, of Killingly, m. Nathan B. **MORSE**, of Brookline, N. Y., May 16, 1827, by Roswell Whitmore	1	117
Lucy, of Woodstock, m. Cyrus **WHITMORE**, of Killingly, July 2, 1821, by Elisha Atkins	1	191
TIFT, [see also **TAFT**], Daniel, m. Louis **ROUSE**, b. of Killingly, Nov. 4, 1826, by Calvin Cooper	1	116
Nathan, of Foster, m. Maryan **HENRY**, of East Greenwich, Jan. 16, 1826, by Calvin Cooper	1	109
TILLINGHAST, Allen, m. Emily H. **CARPENTER**, of Providence, R. I., Aug. 5, 1846, by Rev. Joseph B. Daman	2	43a
Phebe D., of Warwick, R. I., m. Charles G. **COLE**, July 5, 1846, by Lowell Graves, J. P.	2	35a
Thomas W., of Warwick, R. I., m. Mary A. **MERRARTY**, of Norwich, Conn., Mar. 15, 1853, by Earl Martin, J. P.	2	78
TITUS, Caroline, m. Justus **CHOLLAR**, b. of Killingly, Feb. 15, 1830, by Rev. Roswell Whitmore	1	123
Emma A., m. John A. **ARNOLD**, b. of Killingly, Dec. 8, 1845, by Rev. Benjamin C. Phelps, of West Killingly. Witness: Elisha P. Hale	2	33
Esther D., m. Jared **CHALLEN**, b. of Killingly, Oct. 9, 1842, by Rev. Tubal Wakefield	2	14a
Susan, of Killingly, m. James **MILLER**, of Plainfield, Sept. 19, 1847, by Rev. Isaac C. Day	2	42
Willard, of Killingly, m. Nancy A. **KNOW**, of Plainfield, Aug. 22, 1847, by Rev. Isaac C. Day	2	42
TORREY, TORRA, Abaga[i]l had s. Asa **CONVERS[E]**, b. Mar. 10, 1750	1	42
Abigail, of Killingly, m. Moses B. H. **BISHOP**, of Medfield, Mass., June 4, 1843, by Rev. Henry Robinson	2	18a
Almira, m. Benjmamin **BRAYTON**, b. of Killingly, Sept. 21, 1835, by Elisha Atkins	1	95
Augustus, s. Sam[ue]ll H. & [Anna], b. May 4, 1778	1	221
Augustus, m. Abelene **SABIN**, b. of Killingly, [Apr.] 10, [1834], by W[illia]m Bushnall	1	89

	Vol.	Page
TORREY, TORRA, (cont.)		
Catharine D., m. Fenner H. **PECKHAM**, b. of Killingly, July 23, 1840, by Rev. Henry Robinson	2	8a
Daniel D., m. Susan T. **BISHOP**, Feb. 13, 1831, by Elisha Atkins	1	128
Daniel Davis, [s. Oliver & Tamor], b. Feb. 20, 1788	1	324
Elijah, s. Luther & Dorot[h]y, b. Aug. 2, 1755	1	252
Elisabeth, d. Joseph & Hannah, b. Mar. 20, 1762	1	221
Elisabeth, [d. Oliver & Tamor], b. Aug. 10, 1785	1	324
Elisabeth, m. David **COPP**, Dec. 22, 1793, by Rev. Elisha Atkins	1	184
Erastus, s. Sam[ue]ll H., b. Feb. 17, 1782	1	221
Erastus, s. Daniel Davis & Olive, b. June 28, 1814	1	279
George, [s. Oliver & Tamor], b. Oct. 25, 1796	1	324
Hannah, d. Joseph & Hannah, b. Mar. 8, 1766	1	221
Hannah, m. Jonathan P. **BISHOP**, Mar. 1, 1787, by Rev. Elisha Atkins	1	178
Hannah, [d. Oliver & Tamor], b. Mar. 30, 1801	1	324
Hobart, s. Joseph & Hannah, b. Nov. 9, [ ]	1	221
Holden, s. William G. & Sarah, b. Apr. 6, 1796	1	221
Johnson, [s. Sam[ue]ll H. & Anna], b. Feb. 9, 1770	1	221
Jonathan, s. Luther & Dorat[h]y, b. June 12, 1752	1	252
Joseph, s. Joseph & Hannah, b. Mar. 18, 1768	1	221
Joseph, 2d, [s. Sam[ue]ll H. & Anna], b. Nov. 12, 1772	1	221
Joseph, s. Sam[ue]ll H. & Anne, d. Oct. 25, 1773	1	166
Joseph, 2d, s. Sam[ue]ll H & Anne, d. Aug. 17, 1792	1	166
Joseph Wilson, [s. Daniel Davis & Olive], b. Dec. 4, 1816	1	279
Lois H., m. Andrew K, **LEAVENS**, b. of Killingly, Oct. 15, 1839, by Rev. Henry Robinson	2	6a
Lucy, d. Joseph & Hannah, b. Apr. 1, 1771	1	221
Lucy, [d. Oliver & Tamor], b. Aug. 30, 1792	1	324
Mary, [d. Oliver & Tamor], b. Feb. 24, 1803	1	324
Mary, m. James **HOWE**, b. of Killingly, Nov. 19, 1847, by Rev. John D. Baldwin	2	49a
Mary Easther, [d. Daniel Davis & Olive], b. Nov. 3, 1821	1	279
Nehemiah, s. Joseph & Hannah, b. July 18, 1760	1	221
Oliver, s. Joseph & Hannah, b. Feb. 18, 1764	1	221
Oliver, s. Sam[ue]ll H. & Anne, d. Nov. 17, 1766	1	166
Oliver, [s. Sam[ue]ll H. & Anna], b. Dec. 18, 1768	1	221
Oliver, m. Tamor **DAVIS**, Sept. 23, 1784, by Rev. Elisha Atkins	1	186
Rebec[c]a, d. Noah & Elisabeth, b. Feb. 5, 1752	1	48
Rebecka Larned, [d. Daniel Davis & Olive], b. May 16, 1819	1	279
Samuel H., d. Dec. 1, 1786	1	166
Sarah, d. Luther & Dorot[h]y, b. Mar. 5, 1759	1	252
Sarah, [d. Oliver & Tamor], b. May 26, 1790	1	324
Sophia, [d. Oliver & Tamor], b. Feb. 25, 1799	1	324
Sukey, [d. Oliver & Tamor], b. Aug. 22, 1794	1	324

	Vol.	Page

TORREY, TORRA, (cont.)

	Vol.	Page
Susan, of Killingly, m. Jeremiah **DANA**, of Oxford, Mass., Apr. 4, 1843, by Rev. Henry Robinson	2	18a
Triphena, d. Noah & Elisabeth, b. Nov. 20, 1753	1	51
William Gould, s. Sam[ue]ll H. & Anna, b. June 1, 1766	1	221
Zilpah, m. William **HARRIS**, b. of Killingly, June 11, 1834, by W. Bushnall	1	91
-----, of Killingly, m. William **BURLINGAME**, [of] Glocester, Jan. 1, 1828, by Elisha Atkins	1	119

TORRIET, Elisabeth, m. Joseph **CHAMBERLIN**, b. of Boston, Mass., Oct. 16, 1845, by Rev. Benjamin C. Phelps, of West Killingly. Witness: Freeman James   2   32

TOURTELLOT, TURTLELOT, James, of Leroy, Genesee County, N. Y., m. Delight **BURRILL**, of Killingly, Apr. 9, 1833, by Arba Covel, J. P.   1   135

	Vol.	Page
Phebe, of Thompson, m. Noah D. **DUDLEY**, of Burrillville, R. I., Feb. 13, 1845, by Rev. John Howson	2	27
Roger W., of Scituate, R. I., m. Amey A. **ANGELL**, of Gloucester, R. I., Mar. 14, 1847, by Rev. Daniel Williams	2	41

TOWN, Archelaus, s. Archelaus & Sarah, b. Oct. 10, 1755   1   205

	Vol.	Page
Archelas, Jr., s. Archelas & Sarah, b. Oct. 11, 1755	1	53
Benj[ami]n, s. Joseph, Jr. & Abiagal, b. Feb. 12, 1767	1	204
Betty, d. Joseph & Jemima, b. Mar. 27, 1738	1	22
Bette, [d. Joseph, Jr. & Abiagal], b. Aug. 19, 1773	1	204
David, s. Joseph, Jr. & Abiagal, b. Mar. 29, 1765	1	204
Henrietty, m. Waldow **BURLINGAME**, b. of Killingly, Sept. 29, 1825, by Calvin Cooper	1	109
Henry E., of Andover, Vt., m. Mary S. **MAXSON**, of Paris, Me., Dec. 14, 1852, by Earl Martin, J. P.	2	78
Ichabod, [s. Joseph, Jr. & Abiagal], b. Oct. 26, 1775	1	204
Isaac, s. Arc[he]lus & Sarah, b. Dec. 9, 1759	1	205
Joseph, s. Joseph & Jemima, b. Oct. 8, 1735	1	22
Joseph, s. Joseph, Jr. & Abigail, b. Oct. 30, 1763	1	204
Margarett, d. Joseph & Jemima, b. May 17, 1739	1	22
Sarah, d. Archelaus & Sarah, b. Feb. 11, 1762	1	205
Sarah, m. Thomas **ORMSBEE**, Dec. 5, 1771	1	181
William, s. Archelaus & Sarah, b. Sept. 3, 1758	1	205

TRASK, John R., m. Sarah M. **HUMES**, June 15, 1851, by Jeremiah Law, J. P.   2   62

TREMBAL, Elisabeth had d. Tamor **HASEHAL**, b. June 29, 1758; reputed f. Jonathan **HASEHAL**   1   271

TRIM, Mary, m. Welcome **PECK**, b. of Killingly, Mar. 9, 1851, by Rev. Geo[rge] W. Greenslitt   2   64

TRIP, [see also **TRIPE**], Artemas, m. Mary Ann **HANDALL**, b. of Killingly, Nov. 15, 1835, by Roswell Whitmore   1   153

TRIPE, [see also **TRIP**], Lucretia, m. Elijah **GRAVES**, b. of Killingly, July 3, 1836, by Rev. Daniel Williams   1   154

	Vol.	Page
TRIPE, (cont.)		
Obadiah, m. Mary A. **DIXON**, b. of Gloucester, R. I., Feb. 26, 1849, by Rev. Daniel Williams	2	51
TRISSELL, Hannah E., m. Jeremiah **SHELDON**, Jr., b. of Gloucester, R. I. Oct. 31, 1845, by Rev. Benjamin C. Phelps, of West Killingly. Witness: Samuel C. Brown	2	32a
TRUESDELL, TRUESDALL, TRUESDEL, TRUSDEL,		
Charlotte, m. Lucius B. **BROWN**, b. of Killingly, Oct. 9, 1842, by Rev. Henry Robinson	2	14
Geo[rge] S., m. Susan M. **DAVIS**, b. of Killingly, Nov. 25, 1847, by Rev. T. O. Rice	2	46
Harriet E., m. Almanson **HARENDEEN**, b. of Killingly, Jan. 26, 1847, by Rev. John D. Baldwin	2	49
Henry, m. Juliette F. **WRIGHT**, b. of Killingly, May 14, 1845, by Rev. John Howson	2	28
Jedathan, s. Joseph & Mary, b . Jan. 21, 1746/7	1	36
John B., m. Lucy Ann **LEFFINGWELL**, b. of Killingly, May 14, 1837, by Rev. Sidney Holman	2	2
Rachel, d. Joseph & Mary, b. Oct. 15, 1749	1	39
Rhoda, of Killingly, m. Thomas **HARRINGTON**, of Thompson, Apr. 29, 1839, by Rev. Henry Robinson	2	6
Thomas, m. Mary Minerva **BOYDEN**, b. of Killingly, Jan. 1, 1837, by Rev. Sidney Holman	2	1
TUCKER, Anthony, of Killingly, m. Asha **MOWRY**, of Glocester, July 6, 1823, by Calvin Cooper	1	101
Anthony, of Killingly, m. Asia **MOWRY**, of Glocester, July 6, 1823, by Calvin Cooper	1	113
Arba C., m. Oliver (?) W. **BATES**, b. of Killingly, Feb. 15, 1841, by Rev. Henry Robinson	2	10a
Atwell A., of Killingly, m. Mariah **BROWN**, of Scituate, R. I., Dec. 10, 1835, by Daniel Williams, Elder	1	153
Comfort A., of Thompson, Conn., m. Samuel J. **CHAPIN**, of Uxbridge, Mass., Nov. 1, 1837, by Rev. Sidney Holman	2	3
Elisha, m. Huldah **BROWN**, Oct. 8, 1815, by Rev. Calvin Cooper	2	81
George A., m. Betsey **YOUNG**, b. of Killingly, Sept. 7, 1846, by Rev. Daniel Williams	2	37
Hawkley, of Charlestown, R. I., m. Martha **STRANAHAN**, of Killingly, Oct. 19, 1823	1	105
James, m. Mary **HORNDAL**, b. of Killingly, June 30, 1823, by Ezra Hutchens, J. P.	1	197
Lucretia A., of Killingly, m. Ahijah **SLATER**, of Gloucester, R. I., Sept. 7, 1846, by Rev. Daniel Williams	2	37
Oliver Wolcott, m. Amey Ann **SMITH**, b. of Killingly, Mar. 25, 1846, by Rev. Joseph B. Daman	2	43
Susan, of Thompson, m. James B. **BOWEN**, of Killingly, Apr. 3, 1837, by Rev. Sidney Holman	2	1a
-----, m. Benjamin **BROWN**, Mar. 20, 1840, by Rev. Nicholas		

	Vol.	Page
TUCKER, (cont.)		
Branch	2	9a
TUELL, Abby L., m. Thomas M. **MESSER**, b. of Newport, R. I., Sept. 14, 1850, by Earl Martin, J. P.	2	61
TUGOOD, [see under **TEWGOOD**]		
TURNER, Ic[h]abod, m. Sarah **WINTER**, b. of Killingly, Feb. 8, 1753	1	70
Lydia D., m. Robert C. **WESTGATE**, b. of Fall River, Mass., Sept. 18, 1845, by Rev. Benjamin C. Phelps, of West Killingly. Witness: Ellen Perrin	2	30a
Rebec[c]a, d. Ichabod & Sarah, b. Aug. 7, 1753	1	48
Samuel, s. Ichabod & Sarah, b. Mar. 23, 1759	1	226
Sarah, w. Ichabod, d. Feb. 7, 1761	1	157
------, s. Ichabod & Sarah, b. Mar. 6, 1756	1	226
TYLER, Edwin, of Thompson, m. Orinda **RANDALL**, of Scituate, R. I., Aug. 6, 1848, by Rev. Daniel Williams	2	47a
John R., m. Lucinda **PETERS**, b. of Smithfield, R. I., Dec. 15, 1844, by Rev. Daniel Williams	2	26a
UNDERWOOD, Benjamin, of Woodstock, m. Amity **SMITH**, of Killingly, Nov. 8, 1846, by Rev. Daniel Williams	2	38
Jerome, of Pomfret, m. Amanda H. **HART**, May 20, 1839, by Roswell Whitmore	2	6a
Tho[ma]s, of Woodstock, m. Luranah **JOSLIN**, of Killingly, Nov. 30, 1843, by Rev. John Howson	2	20a
UPHAM, Abigail, d. Georg[e] & Tabatha, b. Sept. 19, 1730	1	5
Abiga[i]l, d. Luke & Loues, b. Jan. 7, 1761	1	161
Chester, s. Luke & Louis, b. June 2, 1764	1	161
Ebenezer, s. Ivary & Tabitha, b. Mar. 15, 1740/41	1	25
Ebenezer, s. Ivory, Jr. & Jerusha, b. Nov. 26, 1751	1	51
Eleazer, [s. Ivary & Tabitha], d. Oct. 15, 1741	1	26
Eleazer, d. Oct. 18, 1741	1	73
Isaac, s. Luke & Louis, b. Sept. 7, 1762	1	161
Ivary, s. Ivary & Tabitha, b. Sept. 27, 1724, at Charlestown	1	18
Jeane, w. Ivory, d. May 11, 1751	1	72
John, s. George & Tabitha, b. Feb. 9, 1736/7	1	18
John, [s. Ivary & Tabitha], d. Oct. 7, 1741	1	26
John, d. Oct. 7, 1741	1	73
Luke, s. George & Tabitha, b. June 1, 1733	1	11
Mary, d. Ivory, Jr. & Jerusha, b. June 11, 1754	1	51
Nathaniel, s. Ivory, Jr. & Jerusha, b. Mar. 29, 1749	1	51
Ne[he]miah, s. Luke & Louis, b. Apr. 20, 1766	1	161
Phinehas, s. Ivary & Tabitha, b. Apr. 1, 1739	1	22
Phinehas, d. Aug. 26, 1742	1	73
Richard, s. Ivary & Tabitha, b. Mar. 24, 1734/5	1	15
Richard, [s. Ivary & Tabitha], d. Oct. 7, 1741	1	26
Richard, d. Oct.. 7, 1741	1	73
Samuel, s. Ivary & Tabitha, b. June 14, 1726, at Malden	1	18
Tabitha, d. Ivary & Tabitha, d. Sept. 27, 1741	1	26

	Vol.	Page
UPHAM, (cont.)		
Tabitha, d. Ivory & Tabitha, d. Sept. 27, 1741	1	73
Tabatha, w. Ivary, d. Mar. 13, 1744/5	1	74
Tabatha, d. Ivory, Jr. & Jurushah, b. Jan. 19, 1748	1	36
UTLEY, Jacob, s. John & Ame, b. Aug. 29, 1759	1	279
Jerusha, m. Daniel **MORSE,** May 30, 1757	1	175
UTTER, Bathsheba, d. Sam[ue]ll & Joanna, b. Dec. 18, 1733	1	14
Jemima, d. Samuel & Susan[n]a, b. May 18, 1754, at Dudley	1	53
Johannah, d. Samuel & Johannah, b. Sept. 17, 1727	1	4
Lydia, d. Samuel & Johannah, b. Mar. 19, 1732	1	10
Mary, d. Samuel & Johannah, b. Mar. 30, 1725	1	4
Mary had d. Abaga[i]l **WALDER,** b. Apr. 4, 1751	1	48
Ruth, d. Sam[ue]ll & Joanna, b. Nov. 17, 1735	1	17
Samuel, s. Sam[ue]ll & Joanna, b. July 13, 1723	1	14
Zerviah, d. Samuel & Johannah, b. July 6, 1729	1	10
-----, d. Samuel & Johannah, b. May 18, 1722	1	10
VALENTINE, Julia, m. Richard B. **TAYLOR,** b. of Providence, R. I., Dec. 15, 1842, by Elder Calvin Cooper	2	15a
VALLETT, VALETTE, John G., m. Huldah **ROUSE,** Dec. 7, 1835, by Rev. Erastus Doty	1	153
Olive, of Glocester, R. I., m. Dexter **ADAMS,** Sept. 11, 1842, by Rev. Geo[rge] May	2	14
William M., m. Laura **BASTO,** b. of Killingly, Apr. 6, 1846, by Rev. Joseph B. Daman	2	43
VAUGHN, VAUGN, Celinda, m. Simeon **CARD,** b. of Killingly, Dec. 4, 1825, Plainfield, by Nathaniel Cole, Elder, in Plainfield	1	109
Elisha, m. Julia **WALKER,** Feb. 22, 1824, by Rev. Israel Day	1	105
Javid Walker, [s. Elisha & Juliett], b. May 14, 1827	1	82
Rhodann, d. Elisha & Juliett, b. Sept. 14, 1824	1	82
Thomas T., of Providence, R. I., m. Sarah G. **NORTHUP,** of Providence, R. I., July 18, 1845, by Rev. Benjamin C. Phelps, of West Killingly	2	29a
VERGAN, James, s. William & Marthew, b. Nov. 8, 1748	1	36
VICKUS, Christopher, m. Celinda **DAILEY,** b. of Thompson, Jan. 30, 1852, by Rev. Benj[amin] B. Hopkinson	2	80
VICORY, Alfred A., m. Alano A. **BLAKE,** b. of Scituate, R. I., Aug. 4, 1833, by Rev. W[illia]m Bushnall	1	84
VICTORY, We[a]lthy A., m. Charles W. **BARBER,** b. of Warwich, R. I., Nov. 3, 1846, by Rev. Daniel Williams	2	38
VINSON, Martha, m. Marvin **BENNET,** b. of Killingly, Oct. 6, 1833, by Daniel Williams, Elder	1	86
VOSE, VOCE, Ebenezer, s. Thomas & Experience, b. Aug. 10, 1748	1	246
Experience, w. Thomas, d. Jan. 17, 1760	1	168
Hephsaba, d. Thomas & Experience, b. July 11, 1750	1	246
Lemuel, s. Thomas & Experience, b. Apr. 30, 1753	1	246
WADE, Amey, of Killingly, m. Joseph C. **COOK,** of Glocester, R.		

	Vol.	Page

WADE, (cont.)

I., Sept. 29, 1841, by Rev. Roswell Whitmore — 2 — 11a

Charlotte, m. William **MITCHELL**, Jr., b. of Killingly, Nov. 19, 1840, by Rev. Henry Robinson — 2 — 9a

Dudley, s. Dudley & Katharincy, b. Jan. 13, 1774 — 1 — 306

George W., of N. Scituate, R. I., m. Celia Ann **MATHEWSON**, of Killingly, Jan. 2, 1853, by Rev. Roswell Whitmore — 2 — 80

Jacob, m. Eliz[abeth] **EAMES**, Feb. 11, 1779, by Jere Dixon, Esq. — 1 — 181

John, s. Dudley & Katharincy, b. May 10, 1776 — 1 — 306

Lawton, m. Abigail **HANDELL**, Sept. 22, 1833, by Ella Dunham — 1 — 85

Lucy E., of Gloucester, R. I., m. Henry B. **POTTER**, of North Providence, R. I., Oct. 31, 1845, by Rev. Benjamin C. Phelps, of West Killingly.   Witness: Samuel E. Brown — 2 — 32

Lydia, m. Nathan B. **SHIPPEE**, b. of Gloucester, R. I., June 22, 1847, by Rev. Daniel Williams — 2 — 41a

Nelson, m. Lucinda **YOUNG**, Nov. 24, 1833, by Daniel Williams, Clerk — 1 — 86

Winsor, m. Caroline **CADY**, b. of Killingly, Oct. 10, 1831, by George W. Appleton — 1 — 130

WADSWORTH, Ebenezer, s. Samuel & Mary, b. June 21, 1752; d. June 29, 1752 — 1 — 45

Elisabeth, d. Sam[ue]ll & Elisabeth, b. Oct. 28, 1754 — 1 — 54

Elisabeth, d. Samuel & Elisabeth, d. Dec. 25, 1756 — 1 — 56

James, s. Samuel & Mary, b. Aug. 15, 1750 — 1 — 41

Joseph, s. Samuel & Elizabeth, b. July 27, 1757 — 1 — 209

Mary, w. Sam[ue]l, d. July 17, 1752 — 1 — 67

Samuel, of Killingly, m. Elisabeth **WAR[R]EN**, of Plainfield, May 16, 1753, by John Crary, J. P. — 1 — 65

WAGNER, George W., of Clappville, Mass., m. Charlotte A. **BROWN**, of Lancaster, Mass., Oct. 21, 1845, by Rev. Benjamin C. Phelps, of West Killingly. Witness: W[illia]m S. Stone — 2 — 32

WAIT, Benjamin S., m. Louisa A. **DAY**, b. of Killingly, Sept. 24, 1838, by Roswell Whitmore — 2 — 4a

WAKEFIELD, WAKFIELD, Fail, of Thompson, m. Deborah **TALBUT**, of Killingly, Mar. 21, 1822, by Elisha Atkins — 1 — 193

Jason, of T[h]ompson, m. Ann **PERRY**, of Killingly, Jan. 5, 1823, by Elisha Atkins — 1 — 196

Mary W., of Dudley, m. Ebenezer **GREEN**, of Killingly, Sept. 27, 1750, by Richard Mo[o]re, J. P. — 1 — 69

Mitildah, d. John & Lydia, b. May 18, 1782 — 1 — 284

Rebeccah, m. [   ] **CLARK**, May 26, 1757 — 1 — 176

WALDER, Abaga[i]l, d. Mary **UTTER**, b. Apr. 4, 1751 — 1 — 48

WALKER, Aaron, s. Comfort & Mehetable, b. Jan. 15, 1776 — 1 — 292

Betsey, of Foster, R. I., m. William **WOODMANCY**, of

	Vol.	Page
WALKER, (cont.)		
Scituate, R. I., Sept. 12, 1841, by Rev. Daniel Williams	2	12a
Comfort, of Killingly, m. Betsey **BENNET**, of Sterling, June 1, 1834, by Calvin Cooper	1	90
Daniel, s. Stephen & Mehetabel, b. Sept. 21, 1748	1	36
Edmund, of Foster, R. I., m. Mary **HOWARD**, of Sterling, July 4, 1848, by Rev. Daniel Williams	2	47
Eliza P., of Killingly, m. Albert **SHIPPEE**, of Hampton, May 3, 1846, by Rev. Daniel Williams	2	36a
Emily M., m. Emory C. **HOPKINS**, b. of Foster, R. I., Nov. 13, 1848, by Rev. Daniel Williams	2	50a
Jeremiah R., m. Marcelia **HOPKINS**, b. of Foster, R. I., Aug. 18, 1844, by Rev. DAniel Williams	2	24a
John, of Foster, R. I., m. Freelove O. **ARNOLD**, of Scituate, Aug. 30, 1852, by Rev. Daniel Williams	2	74
Julia, m. Elisha **VAUGHN**, Feb. 22, 1824, by Rev. Israel Day	1	105
Littice, d. Comfort & Mehetable, b. Jan. 11, 1778	1	292
Marietta, of Scituate, R. I., m. Horace S. **STEER**, of Glocester, R. I., Jan. 1, 1849, at West Killingly, by Rev. J. Livesy, Jr.	2	51a
Mary, d. Jane, b. Jan. 5, 1730/31	1	13
Mary, m. Benaiah **SPALDING**, b. of Killingly, Dec. 24, 1746	1	76
Mary Allis* Molly, d. Nathaniel & Patience, b. Sept. 14, 1750 (*Probably "alias")	1	42
Mehitabel, d. Stephen & Mehetable, d. Sept. 28, 174[ ]	1	75
Molly, d. Comfort & Mehetable, b. Dec. 14, 1780	1	292
Samuel, s. Stephen & Mehetabel, b. Nov. 8, 1746	1	32
William, of Woodstock, m. Susan **CARY**, of Killingly, May 15, 1836, by Rev. Sidney Holman	1	142
WALLIN, WALLEN, Catharine, m. David **MOFFETT**, July 17, 1831, by Penuel Hutchens, J. P.	1	127
Maranda, of Brooklyn, m. Christopher **POTTER**, of Killingly, Jan. 5, 1845, by Rev. G. W. Greenslit	2	26a
Stephen, of Killingly, m. Maranda **BOWEN**, of Glocester, R. I., Jan. 26, [1826], by Thomas Durfee	1	110
WALLS, Samuel, of Killingly, m. Sarah **WILLIAMS**, Feb. 3, 1845, by Rev. Henry Robinson	2	27
WARD, James H., of Patterson, N. J., m. Ann **COMINS**, of Killingly, Apr. 14, 1850, by Rev. S. W. Coggeshall	2	55
Lorenzo, m. Sesalla **EDDY**, b. of Burrillville, R. I., Nov. 12, 1843, by Rev. Daniel Williams	2	22
Lucy A., m. John **BROWN**, b. of Burrillville, R. I., Sept. 17, 1837, by Rev. Sidney Holman	2	2a
William T., m. Lois E. **ELDREDGE**, b. of Burrillville, R. I., Sept. 17, 1837, by Rev. Sidney Holman	2	2a
WARNER, Mehetabel, of Pomfret, m. Daniel **WINTER**, of Killingly, Dec. 5, 1754, by Rev. David Ripley	2	54
WARREN, WARRIN, WAREN, Abby, of Killingly, m. Noyes		

	Vol.	Page
WARREN, WARRIN, WAREN, (cont.)		
CHAMPLAIN, of Windham, Dec. 23, 1844, by Rev. Geo[rge] W. Greenslit	2	25a
Abby W., of Killingly, m. Ezra C. **JENNINGS**, of Thompson, Feb. 14, 1841, by Rev. Henry Robinson	2	10
Abelene, d. Calvin & Olive, b. Dec. 8, 1817	1	241
Abaga[i]l, d. Ephraim & Sarah, b. July 20, 1754	1	55
Abigence, [s. Luther & Sarah], b. Dec. 3, 1791	1	268
Algernon, [s. Rufus & Abiga[i]l], b. May 2, 1799	1	227
Allord Hubbard, [s. William & Betsey], b. Apr. 2, 1803	1	258
Artemas, m. Deborah H. **KNEAL**, b. of Killingly, Mar. 21, 1847, by Rev. G. W. Greenslitt	2	39a
Betsey, m. Cyrus **WILLIAMS**, b. of Killingly, Mar. 31, 1834, by Roswell Whitmore	1	90
Calvin M., [s. Calvin & Olive], b. Mar. 8, 1819	1	241
Cathsanda, of Killingly, m. George B. **SMITH**, of Thompson, Jan. 14, 1833	1	131
Charles, m. Nancy M. **CARPENTER**, b. of Killingly, Apr. 7, 1839, by Rev. Daniel Williams	2	7a
Delight, m. Godfrey **MOFFETT**, Jan. 16, 1793, by Rev. Elisha Atkins	1	185
Edward, [s. Calvin & Olive], b. Mar. 1, 1822	1	241
Eleazer, Capt., m. Zerviah **RUSSELL**, Nov. 29, 1757, by Jabez Fitch, J. P.	1	264
Eleazer, Capt., d. Apr. 28, 1800	1	81
Elisabeth, of Plainfield, m. Samuel **WADSWORTH**, of Killingly, May 16, 1753, by John Crary, J. P.	1	65
Elizabeth, d. Ephraim, Jr. & Mary, b. Sept. 27, 1758	1	242
Emeline, d. Calvin & Martha, b. Dec. 22, 1812	1	241
Emily, of Killingly, m. Nicholas S. **FISHER**, of Thompson, Sept. 1, 1834, by W. Bushnell	1	91
Ephraim, s. Ephraim & Tabitha, b. Dec. 25, 1735	1	17
Ephraim, s. Eleazer & Mary, b. Jan. 9, 1743	1	31
Ephraim, s. Eleazer & Mary, b. Jan. 9, 1742/3	1	34
Ephraim, Capt. d. Apr. 20, 1747	1	75
Ephraim, 3rd, s. Eliz[abeth], **JEFFERDS**, b. Aug. 7, 1756	1	287
Ephr[a]im, s. Ephr[a]im & Sarah, b. Mar. 19, 1757	1	217
Epariam, m. Susannah **HUBBARD**, Jan. 4, 1761	1	264
Ezekiel, s. Epherem, Jr. & Mary, b. Mar. 18, 1757	1	56
Ezra, [s. William & Betsey], b. Sept. 23, 1804	1	258
Frances, d. Calvin & Olive, b. Jan. 12, 1815	1	241
George, [s. Luther & Sarah], b. Jan. 28, 1798	1	268
George, m. Sally **DAY**, b. of Killingly, Feb. 8, 1821, by Rev. Roswell Whitmore	1	192
Isaac, s. Eleazer & Mary, b. Mar. 15, 1735/6	1	19
Jacob C., [s. Artemess & Sarah], b. July 26, 1813	1	311
James, [s. Luther & Sarah], b. June 25, 1805	1	268
James, m. Wealthy **DAY**, b. of Killingly, Jan. 18, 1830, by		

	Vol.	Page
WARREN, WARRIN, WAREN, (cont.)		
Rev. Roswell Whitmore	1	122
Joseph, s. Ephraim, Jr. & Tabitha, b. Nov. 29, 1732	1	10
Joseph, s. William & Betsey, b. Oct. 16, 1796	1	258
Julian, d. Calvin & Martha, b. Mar. 26, 1808	1	241
Juliann, of Killingly, m. Charles **MUNION**, of Thompson, Mar. 12, 1843, by Rev. Henry Robinson. Intention published	2	18
Juliet M., m. Joseph M. **GARDINER**, b. of Providence, Apr. 1, 1844, by Rev. John Howson	2	23
Lavina, of Killingly, m. Henry B. **WITHEY**, of Thompson, Feb. 3, 1833, by Elder Albert Cole	1	134
Lurana, [d. Luther & Sarah], b. Dec. 20, 1793	1	268
Luther, s. Eleazer & Zerviah, b. Oct. 3, 1767	1	242
Luther, m. Sarah **HOWE**, Oct. 5, 1788, by Rev. Mr. E. Atkins	1	183
Luther, s. George & Sally, b. July 28, 1822	1	250
Luther, m. Harriet J. **EDSON**, b. of Killingly, Feb. 27, 1845, by Rev. Henry Robinson	2	27
Luther Anthony, [s. Luther & Sarah], b. Jan. 28, 1803	1	268
Luther Anthony, s. Luther & Sarah, d. Mar. 26, 1809	1	81
Lysander, m. Maria **MASON**, b. of Killingly, Oct. 7, 1844, by Rev. Daniel Williams	2	26
Maria, [d. Rufus & Abiga[i]l, b. Jan. 15, 1802	1	227
Mary, d. Eleazer & Mary, b. May 7, 1734	1	14
Mary, w. Eleazer, d. July 8, 1747	1	75
Mary, d. Ephraim & Sarah, b. Mar. 3, 1752	1	44
Mary, d. Tho[ma]s & Mary, b. Mar. 22, 1772	1	268
Mary Ann, m. George A. **ROUND**, b. of Foster, R. I., Aug. 1, 1842, by Rev. Daniel Williams	2	16
Mary H., m. Esquare B. **MILLER**, b. of Killingly, Mar. 24, 1846, by Rev. George W. Greenslit	2	34a
Matilda, m. Moses **HAMMOND**, b. of Killingly, Jan. 5, 1834, by Daniel Williams	1	89
Melesent, d. Eleazer & Mary, b. Nov. 17, 1732	1	12
Mellesent, d. Eleazer & Mary, b. Oct. 23, 1745	1	31
Melora Ann, d. Artemess & Sarah, b. Aug. 12, 1810	1	311
Malora Ann, of Killingly, m. Welcome **SEAVER**, of Smithfield, R. I., Nov. 12, 1832, by Albert Cole	1	83
Miranda, [d. Luther & Sarah], b. Dec. 23, 1795	1	268
Nancy, d. Rufus & Abiga[i]l, b. Mar. 2, 1793	1	227
Nancy A., of Killingly, m. Fielder S. **WHITNEY**, of Ashford, [ ], by Elder Richard B. Eldredge	2	36
Nathan, m. Est[h]er **AVERY**, b. of Killingly, Aug. 18, 1839, by Rev. Daniel Williams	2	8
Noah, m. Sally **HULETT**, Apr. 1, 1832, by Daniel Williams	1	263
Olive, w. Capt. Eleazer, d. Apr. 15, 1757	1	161
Olive, d. Tho[ma]s & Mary, b. Aug. 17, 1769	1	268
Parley, [s. Luther & Sarah], b. Feb. 14, 1790	1	268

	Vol.	Page
WARREN, WARRIN, WAREN, (cont.)		
Pearley, s. Luther & Sarah, d. Mar. 14, 1791	1	81
Perley, [s. William & Betsey], b. June 19, 1801	1	258
Persillia, d. Ephraim & Tabatha, b. Dec. 5, 1730	1	5
Phebe E., of Killingly, m. Lewis K. **HAMMOND**, of Pomfret, Nov. 2, 1845, by Rev. Benjamin C. Phelps, of West Killingly. Witness: Ezra Hammond	2	32a
Rachal, d. Tho[ma]s & Mary, b. June 30, 1776	1	268
Richard, [s. William & Betsey], b. Mar. 31, 1798	1	258
Ruffuss, s. Eleazer & Zerviah, b. May 31, 1761	1	242
Rufus, d. Jan. 25, 1806	1	82
Rufus Hawkins, [s. Rufus & Abiga[i]l], b. June 19, 1804	1	227
Sarah, d. Ephraim & Sarah, b. Mar. 11, 1749/50	1	39
Sarah, [d. William & Betsey], b. Sept. 23, 1799	1	258
Sarah, [d. Luther & Sarah], b. June 2, 1808	1	268
Sarah, d. Luther & Sarah, d. Apr. 4, 1811	1	81
Sarah A., m. Harris **BURLINGAME**, b. of Killingly, Nov. 28, 1839, by Nicholas Branch	2	7
Sophia, [d. Artemess & Sarah], b. July 10, 1815	1	311
Sophia, m. Ebenezer **BURLINGAME**, b. of Killingly, Mar. 26, 1837, by Rev. Erastus Doty	2	1a
Tabitha, d. Eph[rai]m, Jr. & Tabitha, b. Aug. 4, 1737	1	19
Tabatha, d. Ephraim & Mary, b. Dec. 28, 1760	1	242
Thamer, [d. Luther & Sarah], b. Mar. 4, 1801	1	268
Tamer H., of Killingly, m. Asa **PAYSON**, of Woodstock, May 7, 1826, by Elisha Atkins	1	259
Thomas, s. Ephraim & Tabatha, b. May 5, 1743	1	28
Wealthy, of Killingly, m. Daniel **ALTON**, of Thompson, Nov. 5, 1844, by Rev. Henry Robinson	2	25a
William, m. Betsey **THORNTON**, Mar. 10, 1796, by Rev. Israel Day	1	186
William, d. June 23, 1806	1	82
W[illia]m S., s. Calvin & Martha, b. May 22, 1810	1	241
Zeruiah, d. Eleazer & Mary, b. June 28, 1738	1	22
Zerviah, w. Capt. Eleazer, d. Oct. [ ]	1	81
Zilpha, d. Thomas & Mary, b. Apr. 27, 1766	1	268
WASHBURN, Amasa, s. Joseph & Ruth, b. Sept. 3, 1768	1	265
Elisabeth C., m. John F. **SPENCER**, Sept. 28, 1843, by Rev. Benjamin Congdon, of Pomfret	2	23
WATERS, WATTERS, Abil, s. David & Margary, b. June 3, 1743	1	31
Abel, s. David & Margary, b. [ ] 23, 1745	1	30
Abigail, d. David & Margary, b. Oct. 10, 1738	1	22
Betty, d. Daniel & Lucy, b. Sept. 28, 1761	1	272
Daniel, s. David & Margary, b. Mar. 13, 1735/6	1	18
Daniel, m. Lucy **SPAULDING**, Sept. 21, 1756	1	177
David, m. Margary **WHITMORE**, b. of Killingly, Feb. 14, 1727, by Joseph Leavens, J. P. (Arnold Copy has the name "David **WATSON**". Corrected by L. B. B.)	1	69

	Vol.	Page
WATERS, WATTERS, (cont.)		
David, s. Daniel & Lucy, b. Aug. 7, 1768	1	272
Elisabeth, d. David & Margery, b. Jan. 3, 1740/41	1	24
Hannah, d. Daniel & Lucy, b. Apr. 13, 1766	1	272
Hulda, d. Daniel & Mary, b. Aug. 21, 1722	1	3
Jonathan, s. Daniel & Lucy, b. Aug. 13, 1759	1	272
Lucy, d. Daniel & Lucy, b. Mar. 18, 1764	1	272
Mary, d. David & Margary, b. Aug. 15, 1729	1	8
Mary, d. David & Margary, b. Feb. 12, 1746, in Providence	1	31
Mary, d. David & Mary, b. Feb. 12, 1745/6	1	36
Mary, d. Daniel & Lucy, b. June [ ], 1757	1	272
Mehetable, d. David & Margery, b. June 14, 1731	1	8
Mehetable, d. David & Mary, b. Feb. 5, 1747/8	1	36
Mercy, d. David & Margery, b. Dec. 13, 1733	1	15
Rhoda, d. David & Margery, b. Dec. 5, 1750	1	46
Ruth, d. Daniel & Lucy, b. Oct. 25, 1770	1	272
Sarah, d. Daniel & Mary, b. June 16, 1720	1	3
WATKINS, Amy, m. Willis H. **SHIPPEE,** b. of Killingly, Oct. 23, 1842, by Rev. Henry Robinson	2	15
Louis, m. Eodward **LOCK,** b. of Killingly, Sept. 8, 1848, by Rev. Daniel Williams	2	50
WATSON, Aaron, of Spencer, Mass., m. Almira **BARTLETT,** of Killingly, Apr. 26, 1842, by Rev. Tubal Wakefield	2	13a
Abigail, d. Sam[ue]ll & Abigail, b. Mar. 4, 1766	1	288
Ama, of Monson, Mass., m. William Thompson **YOUNG,** Apr. 24, 1836, by Rev. Sidney Holman	1	142
David, m. Margary **WHITMORE,** b. of Killingly, Feb. 14, 1727, by Joseph Leavens, J. P. (Corrected by L. B. B. to "David **WATERS**")	1	69
John Read, s. Sam[ue]ll & [Abigail], b. Apr. 27, 1761	1	288
Joseph, s. Samuel & [Abigail], b. Nov. 9, 1763	1	288
Laura, of East Killingly, m. Albert H. **BURROUGHS,** Sept. 5, 1852, by Rev. J. C. Dow	2	73
Lida, d. Sam[ue]ll & [Abigail], b. May 25, 1771	1	288
Mary M., m. George W. **CHASE,** b. of Killingly, May 1, 1838, by Nicholas Branch	2	4
Matthew, s. Sam[ue]ll & [Abigail], b. Oct. 22, 1758	1	288
Molley, d. Sam[ue]ll & Abigail, b. Oct. 9, 1754	1	288
Noadiah, s. Samuel & [Abigail], b. June 24, 1768	1	288
Sam[ue]ll, s. Sam[ue]ll & [Abigail], b. June 4, 1756	1	288
Sam[ue]ll, s. Sam[ue]ll & Abagail, d. Oct. 6, 1774	1	179
WEATHERHEAD, Elisabeth A., m. Lorenzo **OATLEY,** b. of East Killingly, Mar. 24, 1844, by Rev. Nicholas Branch	2	27a
Ellen M., m. Dr. Samuel **HUTCHINS,** b. of Killingly, [ ], by Rev. Roswell Whitmore	2	63
Sarah A., m. Nelson **WHITMORE,** b. of Killingly, Mar. 8, 1840, by Rev. Henry Robinson	2	9
WEAVER, Adaline, m. Jeremiah **HAMMOND,** b. of Killingly, July		

WEAVER, (cont.)	Vol.	Page
27, 1841, by Rev. Daniel Williams	2	12
Anna, b. May 8, 1788	1	213
Elisabeth, m. Nathaniel **MANCHESTER**, b. of Providence, R. I., Mar. 8, 1843, by Rev. Tubal Wakefield. Intention published	2	18
Emily, m. William **SHUMAN**, b. of Plainfield, Sept. 16, 1844, by Rev. John Howson	2	25
Hannah, b. Feb. 1, 1787	1	213
John, m. Susan **BLACKMAR**, b. of Woodstock, Conn., Aug. 22, 1852, by Rev. Geo[rge] W. Greenslitt	2	72
Mary, b. Nov. 15, 1782	1	213
Sabra, b. Dec. 7, 1791	1	213
Sally C., of Plainfield, m. Asher R. **HERRICK**, Oct. 10, 1842, by Rev. Geo[rge] May	2	14a
Sarah, b. Feb. 9, 1785	1	213
Susan T., m. Harrison G. **LITTLEJOHN**, b. of Smithfield, R. I., May 17, 1840, by Rev. Daniel Williams	2	8a
WEBBER, George, m. Jane N. **FERNANDS**, b. of Killingly, Apr. 29, 1838, by Nicholas Branch	2	4
WEBSTER, Lucy M., m. George W. **YEAW**, b. of Warwick, R. I., Dec. 28, 1851, by Rev. Daniel Williams	2	68
Thankfull, m. William **BLANCHARD**, b. of Killingly, Feb. 15, 1731/2	1	78
WEEDEN, Dorcas J., m. Edward W. **NOTTAGE**, b. of Killingly, Dec. 5, 1841, by Rev. Daniel Williams	2	13
WEEKS, Amory, m. Mrs. Lorena **BLISS**, b. of Brooklyn, Nov. 7, 1852, by Rev. Roswell Whitmore	2	75
Amary I., of Warwick, Mass., m. Mrs. Mary E. **BREWSTER**, of Killingly, Mar. 3, 1850, by Rev. Roswell Whitmore	2	54a
George W., m. Harriet **SPENCER**, b. of Warwick, R. I., [ ], in Danielsonville, West Killingly, by Rev. John Livesy, Jr.	2	42a
WELD, Stowell L., m. Ludentia A. **WHITMORE**, b. of Killingly, Dec. 25, 1838, by Rev. Roswell Whitmore	2	5a
WELLS, Alfred H., m. Lucy J. **HOPKINS**, b. of Foster, R. I., Sept. 4, 1848, by Rev. Daniel Williams	2	50
Amos, of Plainfield, m. Elsey Ann **WESTCOTT**, of Killingly, July 2, 1843, by Nicholas Branch	2	22a
Amos J., of Foster, m. Mahalia **ROGERS**, of Scituate, R. I., May 29, 1847, by Rev. Daniel Williams	2	41a
Ithamer, of Foster, R. I., m. Thankful **LEWIS**, of Killingly, d. of Samuel, Mar. 4, 1821, by Anthony Brown, J. P.	1	191
Olive M., of Killingly, m. James A. **TAYLOR**, of Brooklyn, Sept. 17, 1849, by Rev. S. W. Coggeshall	2	53
Ruth, m. Peleg K. **CONGDON**, b. of Providence, R. I., Nov. 20, 1842, by Rev. Daniel Williams	2	17
Selinda, m. David A. **YOUNG**, b. of Foster, R. I., Jan. 8,

	Vol.	Page
WELLS, (cont.)		
1849, at West Killingly, by Rev. J. Livesy, Jr.	2	51a
WEST, Jeremiah P., of Scituate, R. I., m. Lucy **ARNOLD**, of Foster, R. I., Oct. 9, 1847, in Danielsonville, West Killingly, by Rev. John Livesy, Jr.	2	44a
Joanna, of Killingly, m. Albert **KENNEDY**, of Plainfield, Oct. 31, 1836, by Chester Tilden	2	1
WESTCOTT, WESTCOAT, WESTCOT, Albert W., of North Providence, R. I., m. Almirah M. W. **WILLIAMS**, of Providence, R. I., Feb. 23, 1845, by Rev. G. W. Greenslit	2	27
Almira, of Killingly, m. Jude **SABIN**, of Thompson, Oct. 30, 1828, by Rev. Elisha Atkins	1	99
Elsey Ann, of Killingly, m. Amos **WELLS**, of Plainfield, July 2, 1843, by Nicholas Branch	2	22a
Henry, m. Almira **BROWN**, Feb. 10, 1825, by Elisha Atkins	1	115
James, m. Marinda **BARTLETT**, b. of Killingly, Nov. 24, 1836, by Erastus Doty	2	1
Susan L., m. Israel **WHITE**, Dec. 10, 1843, by Rev. G. W. Greenslit	2	20a
WESTGATE, Robert C., m. Lydia D. **TURNER**, b. of Fall River, Mass., Sept. 18, 1845, by Rev. Benjamin C. Phelps, of West Killingly. Witness: Ellen Perrin	2	30a
WETHERLY, Mary Jane, m. Charles **HOWARD**, Mar. 1, 1843, by Harris Arnold, J. P.	2	17a
WHEAT, Jerusha, d. Salmon & Marcy, b. Apr. 29, 1746	1	34
WHEATON, Abby M., m. Anthony **AMES**, b. of Killingly, Jan. 10, 1853, by Rev. Roswell Whitmore	2	79
Avis, d. Resolved & Zerviah, b. Apr. 24, 1795	1	242
Charlot[te], d. Simeon & Ruth, b. June 24, 1780	1	232
David B., m. Almira J. **PRATT**, b. of Killingly, Feb. 2, 1834, by Roswell Whitmore	1	88
David Buck, b. July 8, 1810	1	242
Lydia, d. Simeon & Ruth, b. Nov. 31, [sic], 1778	1	232
Maria, d. Resolved & Zerviah, b. Jan. 9, 1801	1	242
Mariah, of Killingly, m. Edwin **CADY**, of Brooklyn, June 23, 1825, by Rev. Roswell Whitmore	1	107
Resolved, s. Resolved & Zerviah, b. July 14, 1797	1	242
Ruth, d. Simeon & Ruth, b. Mar. 29, 1784	1	232
Sabra, d. Resolved & Zerviah, b. June 7, 1799	1	242
Sabra, m. John **BOWEN**, b. of Killingly, Sept. 3, 1827, by Elisha Atkins	1	119
Sallah, d. Simeon & Ruth, b. July 13, 1782	1	232
Sibble, d. Simeon & Ruth, b. Mar. 2, 1788	1	232
Simeon, s. Simeon & Ruth, b. Sept. 22, 1790	1	232
Susannah, d. Simeon & Ruth, b. Mar. 20, 1743	1	232
Sybil, see under Sibble		
Zerviah, d. Resolved & Zerviah, b. July 10, 1791	1	242
WHEELER, Fanny, m. Thomas J. **BICKFORD**, July 4, 1830, by		

	Vol.	Page
WHEELER, (cont.)		
Elder George W. Appleton	1	133
Oliver, Jr., of Stoneham, Mass., m. Ann Maria **NEWHALL,** of Killingly, July 11, 1847, by Rev. John D. Baldwin	2	49
Susan A., m. Joseph A. **WHITMAN,** b. of Scituate, R. I., Aug. 7, 1853, by Rev. E. Loomis	2	79
WHEELOCK, Amanda, m. Lyman **AMES,** Oct. 28, 1832, by Rev. John N. Whipple	1	83
WHELDON, John, m. Ann **CARPENTER,** b. of Killingly, Apr. 27, 1826, by Elisha Atkins	1	111
WHIPPLE, Benj[ami]n G., m. Hannah Emelina **PECKHAM,** b. of Providence, R.I., Nov. 25, 1849, by Rev. S. W. Coggeshall	2	54
Elisabeth T., of Killingly, m. Joseph **CARPENTER,** of Stonington, Oct. 31. 1842, by Rev. Henry Robinson	2	15
Henry E., m. Sarah **WILBUR,** of [S]cituate, R. I., Aug. 7, 1842, by Rev. Daniel Williams	2	16a
John N., Rev., m. Elisabeth **ROOD,** b. of Killingly, Nov. 17, 1833, by Rev. Roswell Whitmore	1	86
Patience, m. Theophilus **LARNED,** June 4, 1780	1	182
Sarah Ann, m. Elias **GRANT,** Nov. 27, 1848, by Mowry Amsbury, J. P. Witnesses: Louisa A. Clark & Elisha Waterman	2	49a
WHITAKER, Horace, of Southbridge, Mass., m. Abelene **WILKINSON,** of Pomfret, Oct. 4, 1827, by Elisha Atkins	1	120
WHITCOMB, Abby A., m. Deloss C. **WOOD,** b. of Killingly, Feb. 2, 1851, by Rev. Roswell Whitmore	2	58
WHITE, [see also **WIGHT**], Abby, m. Nathaniel S. **GALLUP,** of Voluntown, July 21, 1851, by Rev. Geo[rge] W. Greenslitt	2	64
Abaga[i]ll, d. Samuell & Dinah, b. Mar. 3, 1745	1	71
Betsey, m. Eleazer **BAKER,** b. of Killingly, Mar. 28, 1824, by Penuel Hutching, J. P.	1	104
Calvin G., m. Sabrina **GOUSS,** b. of Killingly, Oct. 28, 1842, by Rev. Tubal Wakefield	2	15
Christopher, of Taunton, Mass., m. Sarah A. **PECKHAM,** of Little Compton, R. I., Dec. 17, 1845, by Rev. Benjamin C. Phelps, of West Killingly	2	33
Daniel, s. Samuell & Dinah, b. Mar. 6, 1752	1	71
Dianah, w. Samuell, d. Apr. 6, 1752	1	71
Ebinezer, s. Samuell, b. Jan. 29, 1742	1	71
Ebenezer B., m. Harriet A. **BENNETT,** b. of Providence, R. I., Dec. 29, 1840, by Rev. Daniel Williams	2	11
Elisabeth, d. Samuell & Dinah, b. July 12, 1747	1	71
Elisabeth, d. Samuell, d. Jan. 11, 1754	1	71
Emeline, m. William **BELLOWS,** b. of Gloucester, R. I., May 4, 1845, by Rev. Daniel Williams	2	28a

	Vol.	Page
WHITE, (cont.)		
Emily A., m. Olney F. **BARNARD,** Sept. 15, 1850, by Norris G. Lippitt, Minister	2	56
Han[n]ah, d. Samuell & Dianah, b. May 9, 1749	1	71
Harriette, m. John **EDMONDS,** b. of Killingly, Apr. 18, 1841, by Rev. Daniel Williams	2	10a
Harvey, m. Mary **ARNOLD,** June 27, 1843, by George W. Greenslit	2	19
Israel, m. Susan L. **WESTCOT,** Dec. 10, 1843, by Rev. G. W. Greenslit	2	20a
James W., m. Sarah Mariah **HORTON,** b. of Killingly, May 8, 1836, by Daniel Williams	1	142
Lucia, m. Nathan **FULLER,** b. of Killingly, Feb. 8, 1841, by Rev. Roswell Whitemore	2	10a
Lydia, m. Elisha A. **BARNES,** b. of Killingly, Oct. 13, 1834, by W. Bushnell	1	92
Maria, of Killingly, m. William **TALBUT,** of Southbridge, Mass., May 15, 1842, by Rev. Henry Robinson	2	13a
Mary Ann, m. Jenckes **HARRIS,** Jr., b. of Cumberland, R. I., Jan. 14, 1849, by Rev. Daniel Williams	2	51
Polly, m. Daniel Larned **KENNEY,** Mar. 6, 1825, by Elisha Atkins	1	115
Samuell, s. Samuell & Dinah, b. June 10, 1737	1	71
Samuel, d. Apr. 6, 1753	1	71
Sibble, d. Samuel & Dinah, b. Feb. 15, 1739	1	71
Simon J., m. Hannah Mariah **BENEDICT,** b. of Killingly, Dec. 6, 1846, by Rev. Geo[rge] W. Greenslitt	2	38a
Sophronia, m. Sylvanus C. **NEWMAN,** Aug. 5, 1838, by Rev. Epaphras Goodman	2	4a
Truman, of Pomfret, m. Abby **PEIRCE,** of Killingly, Nov. 17, 1845, by Rev. G. W. Greenslitt	2	31
Warren W., m. Catharine A. **KENNEDY,** b. of Killingly, Apr. 17, 1843, by Rev. Henry Robinson	2	18a
WHITING, Corneulius, s. Matethyas & Allis, b. July 5, 1749	1	38
Philena, m. Estus **BALCOMB,** b. of Douglass, Mass., June 26, 1837, by Rev. Sidney Holman	2	2
WHITMAN, Charles H., m. Amey **ALLEN,** b. of Killingly, Dec. 30, 1838, by Rev. Henry Robinson	2	5a
Daniel J., of Killingly, m. Adelaide, E. **ELDRIDGE,** of New York, Feb. 22, 1846, by Rev. Benjamin C. Phelps, of West Killingly	2	34
Hardin W., of Scituate, m. Mary Ann **COLE,** of Foster, R. I., Mar. 14, 1847, by Rev. Daniel Williams	2	41
Joseph A., m. Susan A. **WHEELER,** b. of Scituate, R. I., Aug. 7, 1853, by Rev. E. Loomis	2	79
William, of Ashford, m. Ariadna **MITCHELL,** of Killingly, Jan. 18, 1846, by Abiel Converse, J. P.	2	31a

WHITMORE, WHETMORE, WHITEMORE, WHITTEMORE, WHITMER, WHETTEMORE, WHITTIMORE, WHITMO,

	Vol.	Page
Aaron, s. Daniel & Dorcas, b. Mar. 27, 1735	1	16
Aaron, [s. Aaron & Eliz[abeth], b. July 3, 1768	1	214
Aaron, [s. Daniel & Robe], b. Sept. 24, 1790	1	324
Abigail, d. Daniel & Dorcas, b. June 5, 1733	1	14
Anna, [d. Daniel & Robe], b. May 4, 1785	1	324
Asa, s. Ephraim & Elisabeth, b. Oct. 4, 1733	1	12
Asa, s. Ephraim & Eliz[abeth], d. June 20, 1741	1	74
Brayton, [s. Daniel & Robe], b. Jan. 26, 1787	1	324
Cyrus, [s. Daniel & Robe], b. June 6, 1797	1	324
Cyrus, of Killingly, m. Lucy TIFFANY, of Woodstock July 2, 1821, by Elisha Atkins	1	191
Daniel, [s. Daniel & Dorcas], d. May 2, 1741	1	74
Daniel, s. Aaron, b. May 5, 1773	1	214
Daniel, m. Robe GREEN, Dec. 16, 1784	1	179
Daniel, [s. Daniel & Dorcas], b. [ ]	1	27
Dorcas, d. Daniel & Dorcas, b. Nov. 7, 1726	1	2
Dorcas, [s. Daniel & Dorcas], d. May 16, 1741	1	74
Dorcas, w. Daniel, d. Jan. 21, 1741/2	1	74
Dorcas, m. Isaac CUTLER, June 26, 1744	1	69
Eber, s. Joazaniah & Mary, b. Nov. 29, 1759	1	214
Edes, [d. Aaron & Eliz[abeth], b. Mar. 10, 1764	1	214
Elijah, s. Ephraim & Elizabeth, b. July 1, 1731	1	6
Elijah, s. Ephraim & Elisabeth, d. Sept. 7, 1736	1	74
Elisha, s. Ephraim & Elisabeth, b. May 2, 1738	1	20
Elisha, s. Ephraim & Elisabeth, d. June 14, 1741	1	74
Elizabeth, d. Thomas & Elizabeth, b. June 3, 1728	1	2
Elisabeth, d. Daniel & Dorcas, b. Mar. 13, 1736/7	1	19
Elisabeth, d. Richard & Hannah, b. June 1, 1740	1	25
Elisabeth, d. Ephraim & Elisabeth, b. Aug. 28, 1742	1	28
Elisabeth, m. John JOHNSON, Jr., b. of Killingly, May 17, 1748, by Rev. Mr. Perley Howe	1	77
Elizabeth, m. Daniel DAVIS, Dec. 2, 1762	1	264
Elizabeth, m. Josiah HULET, b. of Killingly, Feb. 16, 1769, by Rev. Noadiah Russel[l]	1	177
Eliz[abeth], [d. Aaron & Elizabeth], b. Nov. 11, 1770	1	214
Ephraim, s. Ephraim & Elisabeth, b. Feb. 27, 1745/6	1	31
Ephraim, s. Ephraim & Elisabeth, d. Sept. 2, 1747	1	75
Ephraim, s. Jasanial & Mary, b. Feb. 29, 1756	1	55
Eunice, d. Ephraim & Elisabeth, b. Apr. 13, 1736	1	17
[E]unice, d. Ephr[aim] & Eliz[abeth], d. June 15, 1741	1	74
Frances M., of Killingly, Conn., m. James N. SAWYER, of Southborough, Mass., Oct. 29, 1843, by Rev. Hezekiah T. Ramsdell	2	20a
Hannah, [d. Isaac & Hannah], b. Mar. 16, 1749	1	38
Hannah, d. Richard & Hannah, b. Aug. 23, 1752	1	51
Henry W., [s. Aaron & Betsey Cutler], b. Mar. 13, 1816	1	226

WHITMORE, WHETMORE, WHITEMORE, WHITTEMORE, WHITMER, WHETTEMORE, WHITTIMORE, WHITMO, (cont.)

	Vol.	Page
Isaac, m. Hannah CLARK, b. of Killingly, Dec. 10, 1741, by Mr. Marston Cabbot, Clerk	1	77
Jabez, s. Isaac & Martha, b. Jan. 10, 1758	1	210
Jacob, d. Dec. 21, 1731	1	7
James, s. Daniel & Dorcas, b. Mar. 8, 1724/5	1	2
Jazariah, s. Ephraim & Elizabeth, b. Apr. 8, 1729	1	4
John, s. Thomas & Hannah, b. Dec. 30, 1730	1	7
John, s. Richard & Hannah, b. Nov. 28, 1749	1	39
Joseph, [s. Isaac & Hannah], b. Feb. 13, 1747	1	38
Joshua, Jr., m. Polly HATCH, Apr. 28, 1805, by Rev. Josiah Bennet	1	186
Josiah, s. Daniel & Dorcas, b. Mar. 1, 1729/30	1	8
Josiah, s. Daniel & Dorcas, d. May 1, 1741	1	74
Lois, d. Ephraim & Elizabeth, b. Oct. 29, 1726	1	4
Lois, d. Ephraim & Elisabeth, d. June 1. 1741	1	74
Lovisa Anna, d. Joazaniah & Mary, b. Jan. 8, 1764	1	214
Lucius Abort, [s. Aaron & Betsey Cutler], b. Aug. 17, 1820	1	226
Ludentia A., m. Stowell L. WELD, b. of Killingly, Dec. 25, 1838, by Rev. Roswell Whitmore	2	5a
Lidea, d. Richard & Han[n]ah, b. Aug. 28, 1743	1	31
Margary, m. David WATSON*, b. of Killingly, Feb. 14, 1727, by Joseph Leavens, J. P. (*Corrected to "WATERS" by L. B. B.)	1	69
Marg[a]rett, d. Daniel & Dorcas, b. Oct. 30, 17[ ]	1	2
Martha, d. Samuel & Mary, b. Dec. [ ], 1729	1	12
Martha Marsylvia, [d. Aaron & Betsey Cutler], b. Mar. 13, 1818	1	226
Mary, m. William WHETNEY, b. of Killingly, July 16, 1723, by Rev. Mr. Fisk	1	7
Mary, d. Samuel & Mary, b. Feb. 2, 1723/4	1	12
Mary, d. Richard & Elisabeth, b. Mar. 7, 1737/8	1	20
Mary, d. Ephraim & Elisabeth, b. Apr. 15, 1744	1	29
Mary M., of Smithfield, R. I., m. Samuel HILL, of Warwick, R. I., Nov. [ ], 1839, by Rev. Calvin Cooper	2	7
Mehetabel, d. Daniel & Dorcas, b. May 20, 1739	1	23
Mehetabel, [d. Daniel & Dorcas], d. May 10, 1741	1	74
Mehetabel,[d. Isaac & Hannah], b. Aug. 11, 1744	1	38
Moses, s. Daniel & Dorcas, b. Oct. 4, 1731	1	8
Moses, s. Daniel & Dorcas, b. Oct. 4, 1731	1	14
Moses, [s. Daniel & Dorcas], d. May 21, 1741	1	74
Moses,[s. Aaron & Eliz[abeth], b. Jan. 17, 1766	1	214
Nelson, m. Sarah A. WEATHERHEAD, b. of Killingly, Mar. 8, 1840, by Rev. Henry Robinson	2	9
Olive, [d. Daniel & Robe], b. Feb. 8, 1789	1	324
Olive, of Killingly, m. Joseph KELLEY, of Brooklyn, Nov. 30, 1843, by Rev. John Howson	2	20a

	Vol.	Page
WHITMORE, WHETMORE, WHITEMORE, WHITTEMORE, WHITMER, WHETTEMORE, WHITTIMORE, WHITMO,(cont.)		
Patience, d. Ephraim & Elisabeth, b. June 5, 1740	1	24
Peraly, s. Joazaniah & Mary, b. Jan. 24, 1758	1	214
Rachal, d. Isaac & Hannah, b. July 5, 1751	1	43
Rhoda, d. Richard & Hannah, b. July 30, 1747	1	34
Rhoda, d. Richard & Han[n]ah, b. July 30, 1747	1	35
Richard, s. Richard & Han[n]ah, b. Sept. 29, 1745	1	31
Richard, d. Mar. 27, 1753	1	67
Russell, m. Martha W. **THOMPSON**, b. of Warwich, R. I., Nov. 28, 1839, by Rev. Calvin Cooper	2	7
Ruth, d. Samuel & Mary, b. Mar. [ ], 1732	1	12
Ruth, d. Aaron & Eliz[abeth], b. Sept. 11, 1762	1	214
Sabra, d. Isaac & Martha, b. Mar. 7, 1758	1	210
Samuel, s. Samuel & Mary, b. Jan. [ ], 1725/6	1	12
Samuel, of Plainfield, m. Patience **HARRINGTON**, of Killingly, Oct. 9, 1842, by Rev. Daniel Williams	2	17
Silva, d. [Daniel & Robe], b. Aug. 18, 1793	1	324
Sophia, [d. Daniel & Robe], b. Feb. 19, 1801	1	324
Thankfull, [twin with Daniel], d. Daniel & Dorcas, b. [ ]	1	27
Thankfull, [d. Daniel & Dorcas], d. June 5, 1741	1	74
Thomas, d. Jan. 23, 1751/2	1	72
Welthey L., m. William E. **CLARKE**, b. of Pawtucket, R, I., Feb. 19, 1837, by Thomas Durfee, J. P.	2	1a
Zerviah, d. Samuel & Mary, b. Oct. 30, 1727	1	12
Zerviah, [d. Isaac & Hannah], b. Aug. 24, 1742	1	38
Zilpha, [d. Daniel & Robe], b. Apr. 30, 1803	1	324
Zoloa, s. Joazaniah & Mary, b. Aug. 24, 1761	1	214
------, d. Daniel, b. May 20, 1728	1	1
WHITNEY, WHETNEY, Abigail, d. Will[iam] & Mary, b. July 4, 1741	1	28
Alles, d. Matthias & Allis, b. Mar. 20, 1753	1	66
Asa, s. Mattethias & Allis, b. Feb. 19, 1744/5	1	30
Elias, of Milford, Mass., m. Telove **CARPENTER**, of Killingly, Mar. 17, 1833, by Rev. W. Bushnell	1	134
Fielder S., of Ashford, m. Nancy A. **WARREN**, of Killingly, [ ], by Elder Richard B. Eldredge	2	36
John, m. Esther **GRAVES**, 2d, b. of Killingly, Aug. 15, 1825, by David Chase, J. P.	1	108
Joshua, s. Matthias & Allis, b. Nov. 23, 1751	1	46
Mary, d. Mattethias & Allis, b. Apr. 19, 1743	1	30
Mattheas, s. Mattheas & Alice, b. Feb. 22, 1746/7	1	33
Sariah, m. Zachriah **CUTTING**, b. of Killingly, June 12, 1750, by Sam[ue]ll Danielson, J. P.	1	69
Sibbel, d. Israel & Hannah, b. Feb. 4, 1732/3	1	10
Thomas, s. William & Mary, b. Feb. 28, 1727/8	1	5
William, m. Mary **WHITMORE**, b. of Killingly, July 16, 1723, by Rev. Mr. Fisk	1	7

	Vol.	Page
WHITNEY, WHETNEY, (cont.)		
William, s. William & Mary, b. Feb. 5, 1725/6	1	5
WHITTIER, Cyrus T., m. Emily E. **PORTER**, b. of Boston, Mass., June 5, 1847, by Rev. J. Livesy, Jr.	2	40
WICKES, Nore S., of Providence, m. Anstress **FREIND**, of Killingly, Apr. 21, 1844, by Rev. John Howson	2	23
WIGHT, WHIGHT, [see also **WHITE**], Albert H., m. Elisabeth D. **MATHEWSON**, b. of Killingly, Sept. 10, 1848, by Rev. Geo[rge] W. Greenslitt	2	47a
Alpheas, s. Jacob & Mehitable, b. May 11, 1774	1	309
Eleazer, m. Abbie T. **ARNOLD**, Nov. 17, 1844, by Rev. Geo[rge] W. Greenslit	2	25a
Eliphalet, s. Jacob & Mehitable, b. June 26, 1772	1	309
Eunice, d. Eliflet & Lidy[a]h, b. Sept. 21, 1746	1	68
Huldiah, d. Levi, b. Nov. 16, 1750	1	41
Jacob, s. Eliflet & Lidy[a], b. Nov. 8, 1748	1	68
John, s. Levi & Susanna, b. Nov. 2, 1752, o. s.	1	49
Lidea, d. Leavi & Susan[n]a, b. Oct. 17, 1754	1	53
Olive, d. Levi, b. July 8, 1748	1	41
Ozziel, s. Levi & Susannah, b. Sept. 23, 1743	1	29
Susan, m. Anthony **MITCHELL**, b. of Killingly, Oct. 9, 1845, by Rev. Geo[rge] W. Greenslit	2	31
Uzziel, s. Levi, b. Nov. 6, 1745	1	41
Uzziel, s. Levie, d. Nov. 25, 1745	1	72
WILBUR, WILBOUR, Alvira B., of North Providence, R. I., m. Albert K. **WOLCOTT**, of Johnston, R. I., Jan. 17, 1847, by Lowell Graves, J. P.	2	39
Clarissa, of Scituate, R. I., m. Smith **HILL**, of Gloucester, R. I., Feb. 21, 1847, by Rev. Daniel Williams	2	41
Ele[a]nor, m. James R. **LONGLEY**, b. of Fall River, Mass., Jan. 1, 1846, by Rev. Benjamin C. Phelps, of West Killingly. Witness: Ellis Buckminster	2	33a
Joel, of [S]cituate, R. I., m. Susan **EASTIN**, of Foster, R. I., Oct. 4, 1840, by Rev. Daniel Williams	2	9
Loiza J., m. Peleg **RANDALL**, b. of Providence, R. I., Nov. 3, 1844, by Rev. Daniel Williams	2	26
Mary E., m. Dennis H. **ARNOLD**, May 19, 1850, by Lowell Graves, J. P.	2	55
Preloit, of Providence, R. I., m. Ann Elisabeth **ROUNDS**, of Foster, R. I., Dec. 10, 1842, by Rev. Dnaiel Williams	2	17
Sarah, of [S]cituate, R. I., m. Henry E. **WHIPPLE**, Aug. 7, 1842, by Rev. Daniel Williams	2	16a
William B., m. Phebe **BROWN**, b. of Providence, R. I., Feb. 7, 1847, by Lowell Graves, J. P.	2	39
WILCOX, WILLCOCKS, Darius, m. Hannah **STARKWEATHER**, b. of Killingly, Mar. 24, 1822, by Calvin Cooper	1	193
Diana F., of Foster, R. I., m. William O. **FISK**, of Killingly,		

	Vol.	Page

WILCOX, WILLCOCKS, (cont.)

	Vol.	Page
Jan. 13, 1839, by Daniel Williams, Elder	2	5a
Eunice, m. Freeborn **YOUNG**, b. of Killingly, Apr. 10, 1827, by Calvin Cooper	1	117
Mary, m. James **ADAMS**, Apr. 8, 1825, by Calvin Cooper	1	107
Nathan R., m. Hannah D. **KINGSBURY**, b. of Killingly, Mar. 22, 1835, by Isaac T. Hutchens	1	93
Rosannah, m. George **ADAMS**, Sept. 21, 1823, by Calvin Cooper	1	113
Rosan[n]ah, m. George **ADAMS**, Sept. 27, 1823, by Calvin Cooper	1	101
Sophia, of North Providence, R. I., m. William W. **PATT**, of Scituate, July 4, [probably 1848], by Rev. Daniel Williams	2	47

WILDER, Damaris, m. Joel **CONVERSE**, Sept. 10, 1773, by Rev. Noadiah Russell — 1, 181

	Vol.	Page
Elias, b. Apr. 2, 1765	1	229
Maria F., of Glocester, R. I., m. Henry H. **HOPKINS**, of Foster, R. I., Mar. 13, 1839, by Nicholas Branch	2	6
Tamer, d. Aaron & Presil[l]er, b. July 24, 1759	1	229

WILHEY, [see also **WITHEY**], Elijah, of Brooklyn, m. Melora **BARTLETT**, of Killingly, Mar. 20, 1827, by Calvin Cooper — 1, 117

WILKINSON, Abelene, of Pomfret, m. Horace **WHITAKER**, of Southbridge, Mass., Oct. 4, 1827, by Elisha Atkins — 1, 120

	Vol.	Page
Israel, of Boston, Mass., m. Sophia L. **BROWN**, of Pawtucket, Mass., Oct. 21, 1847, in Danielsonville, West Killingly, by Rev. John Livesy, Jr.	2	44a
Lydia, m. Lemuel **MORRISS**, Jan. 14, 1762	1	264
Sally, m. James **LARNED**, Jr., Oct. 6, 1789, by Rev. Mr. Hinds	1	185
Urina S., of Cumberland, R. I., m. Lafayette **AVERY**, of Dupage Co., Ill., Oct. 21, 1847, in Danielsonville, West Killingly, by Rev. John Livesy, Jr.	2	44a

WILLIAMS, Abel B., of Thompson, m. Ama Ann **ARMSBURY**, of Killingly, Sept. 27, 1830, by Elisha Atkins — 1, 127

	Vol.	Page
Abel B., m. Betsey **BASSETT**, b. of Killingly, Apr. 27, 1840, by Rev. Roswell Whitmore	2	8
Albert, m. Celinda **SLATER**, b. of Foster, R. I., Apr. 17, 1842, by Rev. Daniel Williams	2	15a
Alethea, d. Eleazer & Mary, b. Apr. 21, 1801	1	249
Alfridea, m. Brayton A. **PAINE**, b. of Foster, R. I., Mar. 31, 1844, by Rev. Daniel Williams	2	23a
Al[i]ce, d. Eleazer & Mary, b. Apr. 12, 1797	1	249
Almirah M. W., of Providence, R. I., m. Albert W. **WESTCOTT**, of North Providence, R. I., Feb. 23, 1845, by Rev. G. W. Greenslit	2	27

Anna, Mrs., m. Leonard **BURGESS**, b. of Foster, R. I., Apr. 1,

	Vol.	Page

WILLIAMS, (cont.)

	Vol.	Page
1831, by George W. Appleton	1	130
Anne, m. Cornelius **SAWYER**, Nov. 5, 1772	1	180
Ashuen, m. Richard O. **MOULTON**, b. of Providence, R. I., Sept. 3, 1844, by Rev. Daniel Williams	2	25
Benjamin, of Foster, R. I., m. Mrs. Sarah **SMITH**, of Killingly, Apr. 1, 1831, by George W. Appleton	1	131
Caleb, m. Abelene **HALL**, May 5, 1833, by Rev. W[illia]m Bushnall	1	84
Carolina, d. Oliver & Hulda, b. Oct. 26, 1763	1	278
Carolina, d. Oliver & Hulda, d. Mar. 14, 1764	1	156
Car[o]lina, d. Oliver & Hulda, b. Nov. 21, 1772	1	278
Cyrus, m. Betsey **WARREN**, b. of Killingly, Mar. 31, 1834, by Roswell Whitmore	1	90
David, [s. Elezer & Mary], b. Sept. 28, 1803	1	249
David, s. Eleazer & Mary, b. Apr. 23, 1810	1	249
Deborah, m. W[illia]m H. **SMITH**, b. of Charlestown, Mass., Sept. 30, 1845, by Rev. Benjamin C. Phelps, of West Killingly. Witness: Abby S. Buckminster	2	30a
Eleazer, of Killingly, m. Mary **INGALS**, of Pomfret, Dec. 2, 1790, by Rev. Mr. Walter Lyon	1	185
Emily, m. James H. **JENCKES**, b. of Killingly, Feb. 12, 1832, by Albert Cole	1	263
Esther, m. [ ] **LEAVENS**, Mar. 25, 1762, by Rev. Aaron Putnam	1	176
Easther, m. John **LEAVENS**, Mar. 25, 1762	1	264
Esther, d. Eleazer [& Mary], b. Oct. 12, 1807	1	249
Esther, m. Sanford S. **DANIELSON**, b. of Killingly, Oct. 22, 1833, by Rev. Roswell Whitmore	1	86
Frances, of Killingly, m. Francis W. **HUTCHINS**, of New York, Sept. 25, 1854, by Rev. Roswell Whitmore	2	79
George, s. Eleazer & Mary, b. Apr. 29, 1795	1	249
George, of Killingly, m. Samantha **FOSTER**, of Thompson, Aug. 25, 1844, by Rev. Henry Robinson	2	24
Harriet A., m. John W. **TALBUTT**, b. of Killingly, June 18, 1850, by S. W. Coggeshall	2	55
Joseph Hol[l]and, s. Oliver & Hulda, b. July 17, 1765	1	278
Laura, m. W[illia]m **FISHER**, b. of Killingly, June 13, 1822, by Elisha Atkins	1	194
Lewis, s. Eleazer [& Mary], b. Nov. 19, 1805	1	249
Lucy, m. Henry **DURFEE**, Dec. 10, 1826, by Daniel Williams	1	111
Lucy S., m. W[illia]m H. **MAY**, b. of Providence, R. I., Aug. 31, 1845, by Rev. Benjamin C. Phelps, of West Killingly	2	30
Mary, d. Eleazer & Mary, b. May 6, 1793	1	249
Mary, m. James **MASON**, Feb. 10, 1802, by Rev. Israel Day	2	81
Mary Ann, m. James J. **SMITH**, b. of Killingly, July 4, 1847, by Rev. George W. Greenslitt	2	40
Nathaniel, of Killingly, m. Elisabeth **DEAVENPORT**, of		

	Vol.	Page
WILLIAMS, (cont.)		
Woodstock, Nov. 15, 1753, by Stephen Williams, Clerk	1	70
Putnam, m. Martha **BLANDON**, b. of Worcester, Mass., Apr. 24, 1851, by Earl Martin, J. P.	2	61
Sarah, m. William **DANIELSON**, Dec. 29, 1758, by Rev. Josiah Whitey	1	177
Sarah, d. Eleazer & Mary, b. Mar. 7, 1799	1	249
Sarah, of Killingly, m. Moses **LYON**, of Woodstock, May 19, 1840, by Rev. Roswell Whitmore	2	9a
Sarah, m. Samuel **WALLS**, of Killingly, Feb. 3, 1845, by Rev. Henry Robinson	2	27
Sarah A., of Johnston, R. I., m. Joseph **HIGGENS**, of North Providence, R. I., July 12, 1846, by Rev. James Mather	2	36a
Selden, s. Oliver & Hulda, b. Mar. 30, 1768	1	278
Smith, of Bellingham, Mass., m. Mary E. **JOHNSON**, of Coventry, [Oct.] 15, [1843], by Rev. Erastus Preston	2	19a
Susanna, d. Eleazer & Mary, b. Sept. 18, 1791	1	249
Sylvia, of New York, m. John J. **BAILEY**, of Boston, Mass., Sept. 16, 1849, by Rev. S. W. Coggeshall	2	52a
Waram, s. Oliver & Hulda, b. May 17, 1761	1	278
William S., of Saco, Me., m. Sally **AMES**, of Killingly, Sept. 24, 1820, by Rev. Israel Day	1	188
WILMARTH, Marcus, m. Abby **JENCKES**, b. of Smithfield, R. I., Feb. 1, 1845, by Rev. Daniel Williams	2	28a
WILSON, WILLSON, Aaron, s. Ebenezer & Thankfull, b. Apr. 13, 1762	1	278
Abigail, d. Thomas & Abigail, b. May 25, 1732	1	16
Alace A., of Killingly, m. Augustus **WILSON**, of Ellington, Feb. 14, 1839, by Rev. L. Robbins	2	6
Ann, d. Eben[eze]r & Ann, b. June 17, 1726	1	17
Augustus, of Ellington, m. Alace A. **WILSON**, of Killingly, Feb. 14, 1839, by Rev. L. Robbins	2	6
Cloac, d. Ebenezer & Ann, b. July 11, 1743	1	32
Dam[a]ris, d. Thomas & Abigail, b. May 2, 1746	1	33
Deb[o]rah, [d. Jonathan & Rebeckah], b. Aug. 31, 1743	1	33
Dorothy, d. John & Dorothy, b. Apr. 24, 1735	1	16
Ebenezer, s. Ebenezer & Ann, b. Mar. 9, 1723/4	1	17
Ebenezer, of Killingly, m. Thankfull **ATWELL**, of New London, May 25, 1749, by Rev. David Jewett, of New London	1	76
Elisabeth, d. Eben[eze]r & Ann, b. Feb. 19, 1729/30	1	17
Elisabeth, [d. Jonathan & Rebeckah], b. Nov. 6, 1740	1	33
Elisabeth, m. John **KNIGHT**, Jr., b. of Killingly, Feb. 23, 1748/9, by Rev. Mr. Perley Howe	1	77
Elisabeth, d. Ebenezer & Thankfull, b. Mar. 8, 1752	1	45
Francess, s. John & Dorothy, b. June 11, 1732	1	9
Hannah, d. James & Margarett, b. July 12, 1708	1	17
Hannah, d. Thomas & Abigail, b. Oct. 3, 1735	1	16

	Vol.	Page
WILSON, WILLSON, (cont.)		
Isaac, s. Ebenezer & Ann, b. Dec. 6, 1739	1	25
John, s. Thomas & Abigail, b. Feb. 1, 1748/9	1	36
Jonathan, s. James & Margaret, b. Aug. 29, 1714	1	17
Jonathan, s. Eben[eze]r & Ann, b. Aug. 28, 1733	1	17
Joseph, s. Ebenezer & Thankfull, b. Sept. 18, 1764	1	278
Josiah, s. Josiah & Sarah, b. [ ]	1	27
Julia R., of Killingly, m. Hezekiah F. **PEIRCE**, of Woodstock, May 27, 1844, by Rev. Henry Robinson	2	23
Lois, m. Abner **DAY**, Dec. 1, 1774	1	179
Margarett, d. James & Margarett, b. Nov. 21, 1706	1	17
Margaret, d. Thomas & Abigail, b. Jan. 23, 1729/30	1	16
Margaret, m. Ezekiel **MIGHALL**, b. of Killingly, May 23, 1754	1	65
Mary, d. Eben[eze]r & Ann, b. Jan. 23, 1727/8	1	17
Mary, d. Thomas & Abigail, b. Dec. 12, 1740	1	24
Mary, [d. Jonathan & Rebeckah], b. Oct. 20, 1745	1	33
Mary, d. Ebenezer, Jr. & Thankfull, b. Apr. 2, 1750	1	40
Mary, m. Abner **DAY**, Sept. 16, 1779	1	179
Mary, m. Henry **DURFEE**, Aug. 19, 1843, by Rev. Geo[rge] W. Greenslit	2	19a
Peter, s. Thomas & Abaga[i]l, b. Apr. 2, 1752	1	45
Phebe, d. James & Margarett, b. Jan. 18, 1712/13; d. Aug. 6, 1730	1	17
Phebe, d. Eben[eze]r & Ann, b. Dec. 7, 1735	1	17
Phebe, d. Thomas & Abigail, b. Feb. 18, 1737/8	1	24
Phebe, m. Elihu **LAWRENCE**, Mar. 3, 1756	1	175
Rebeckah, d. Jonathan & Rebeckah, b. Aug. 12, 1739	1	33
Robert M., of Brooklyn, m. Polly **BUCHANAN**, of West Killingly, Feb. 9, 1851, by Rev. T. O. Rice	2	59
Sam Atwell, s. Ebenezer & Thankfull, b. Mar. 29, 1767	1	278
Sarah, d. Ebenezer & Ann, b. July 3, 1722	1	17
Sarah, d. Thomas & Abigail, b. July 13, 1743	1	29
Sarah, d. Ebenezer, Jr. & Thankfull, b. July 23, 1754	1	51
Sarah, m. Joel **DAY**, Oct. 16, 1783	1	185
Sybil, d. Ebenezer & Ann, b. Mar. 25, 1737/8	1	22
Thankfull, w. Ebenezer, d. Oct. 30, 1801	1	163
Thomas, s. James & Margarett, b. Mar. 5, 1709/10	1	17
Urrilla, of Warwick, m. Martin **PARKS**, of Killingly, Mar. 29, 1846, by Calvin Cooper, Elder	2	35
William, s. James & Margarett, b. Jan. 18, 1704/5; d. Mar. 18, 1728/9	1	17
William, s. John & Dorothy, b. June 8, 1729	1	9
William, s. Eben[eze]r & Ann, b. Nov. 9, 1731	1	17
WINDEDAY, Mehetabel, d. George & Abigail, b. July 19, 1748	1	37
WINDSOR, WINSOR, Albro W. A., m. Harriet C. **PERKINS**, July 9, 1843, by Geo[rge] W. Greenslit, Killingly Centre	2	19
Ira, of Foster, R. I., m. Sarah **SMITH**, of Killingly, Sept.		

	Vol.	Page
WINDSOR, WINSOR, (cont.)		
30, 1838, by Daniel Williams, Elder	2	5
Stephen H., of Burrillville, R. I., m. Cordelia W. **PRESTON**, of Killingly, Aug. 3, 1841, by Rev. Roswell Whitmore	2	11a
WINSLOW, Seth Mason, s. Eddy & Cyannbah, b. Aug. 26, 1812	1	247
WINTER, Asa, s. John & Mary, d. Apr. 21, 1735	1	73
Asa, s. John & Marcy, b. Feb. 26, 1742/3	1	28
Benj[ami]n, s. Moses & Keziah, b. Aug. 29, 1765	1	202
Daniel, of Killingly, m. Mehetabel **WARNER**, of Pomfret, Dec. 5, 1754, by Rev. David Ripley	1	54
Ede, d. Daniel & Mehetable, b. Mar. 20, 1762	1	233
Elisabeth, m. Samuel **CADY**, b. of Killingly, Jan. 1, 1746/7, by Perley Howe, Clerk	1	77
Elisabeth, d. Samuel, Jr. & Elisabeth, b. Apr. 5, 1755	1	53
Elisabeth, w. Samuel, d. Aug. 20, 1756	1	66
Elisabth, w. Samuel, Jr., d. Nov. 2, 1756	1	64
Ephraim, s. Samuel, Jr. & Elisabeth, b. Apr. 16, 1750	1	40
Hannah, d. John & Mary, b. Aug. 4, 1739	1	22
Hannah, d. John & Mary, b. Feb. 26, 1742/3	1	28
Isaac, s. Samuel & Elisabeth, b. Feb. 20, 1731/2	1	8
Isaac, s. Moses & Kezia, b. Dec. 26, 1758	1	202
Jacob, s. Moses & Kezia, b. July 28, 1756	1	66
Jacob, d. Sept. 1, 1756	1	66
Jesse, s. Moses & Kesiah, b. Apr. 12, 1751	1	44
John, s. John & Mary, b. May 1, 1737	1	20
John, Ensign, d. June 25, 1748, ae about 80 y.	1	72
Lidea, d. Moses & Keziah, b. Mar. 2, 1754	1	51
Leadah, d. Aug. 29, 1756	1	66
Marsilva, d. Samuel, Jr. & Elisabeth, b. Dec. 23, 1744	1	29
Marsilae, d. Joseph & Mary, b. Oct. 13, 1754	1	53
Mary, m. John **LEAVENS**, b. of Killingly, Nov. 6, 1730, by Joseph Leavens, J. P.	1	78
Mary, twin with Mehetable, d. John & Mary, b. Feb. 8, 1732/3	1	10
Mary, d. Joseph & Mary, b. Oct. 13, 1750	1	45
Mary, m. Samuel **BLOSS**, Jr., b. of Killingly, Apr. 25, 1758	1	262
Mehetable, twin with Mary, d. John & Mary, b. Feb. 8, 1732/3	1	10
Moses,m. Keziah **CADY**, Nov. 22, 1750, by Mr. Lord, Clerk	1	69
Olive, d. Moses & Keziah, b. May 4, 1763	1	202
Patience, d. John & Mary, d. July 28, 1735	1	73
Patience, Jr., d. Samuel, Jr. & Elisabeth, b. Sept. 18, 1752, o. s.	1	46
Pachence, d. Samuel, Jr. & Elisabeth, d. Aug. 11, 1756	1	64
Rhoda, d. John & Mary, d. June 14, 1736	1	73
Rhody, d. Daniel & Mehetabel, b. Sept. 27, 1755	1	54
Samuel, Jr., m. Elisabeth **CUTLER**, b. of Killingly, Apr. 12, 1744, by Joseph Leavens, J. P.	1	77
Sarah, d. Samuel & Elisabeth, b. July 9, 1733	1	11
Sarah, m. Ic[h]abod **TURNER**, b. of Killingly, Feb. 8, 1753	1	70

KILLINGLY VITAL RECORDS 385

	Vol.	Page
WINTER, (cont.)		
Simon, s. John & Mary, b. Sept. 14, 1730	1	8
Susanna, d. Daniel & Mehetable, b. Apr. 13, 1759	1	233
WITHEY, [see also **WILHEY**], Benjamin N., of Killingly, m. Rachal A. **MOFFITT,** of Brooklyn, Sept. 1, 1845, by Rev. Daniel Williams	2	29
Hannah C., m. Benjamin W. **PHILLIPS,** b. of Killingly, Sept. 1, 1845, by Rev. Daniel Williams	2	29
Henry B., of Thompson, m. Lavina **WARREN,** of Killingly, Feb. 3, 1833, by Elder Albert Cole	1	134
Lucinda B., of Thompson, m. Aaron W. **ELDREDGE,** of Killingly, Oct. 18, 1844, by Abiel Converse, J. P.	2	82
Lydia F., m. Shubael B. **ADAMS,** b. of Killingly, Jan. 1, 1846, by Rev. G. W. Greenslit	2	31a
Mary S., of Killingly, m. Sherman **GOODWIN,** of Hartford, May 30, 1853, by Rev. Roswell Whitmore	2	79
Pashall, of Brooklyn, m. Mary **BARTLETT,** of Killingly, Dec. 28, 1820, by Rev. Israel Day	1	190
WOLCOTT, Albert K., of Johnston, R. I., m. Alvira B. **WILBUR,** of North Providence, R. I., Jan. 17, 1847, by Lowell Graves, J. P.	2	39
WOOD, Abigail, d. Thomas & Sarah, b. Dec. 31, 1731	1	14
Adeline R., m. James S. **STREETER,** b. of Scituate, R. I., Dec. 26, 1852, by Rev. Daniel Williams	2	77
Allen P., of Burrillville, R. I., m. Ann **CLEAVELAND,** of Killingly, Oct. 3, 1831, by Rev. Albert Cole	1	128
Benjamin, s. Thomas & Sarah, b. June 20, 1736, at Martlake	1	23
Charles, of Warwick, R. I., m. Phebe A. **COLE,** of Killingly, Nov. 20, 1842, by Rev. Henry Robinson	2	15a
Charles, of Walpole, N. H., m. Lucy **THOMPSON,** of North Yarmouth, Me., Aug. 21, 1847, at Danielsonville, West Killingly, by Rev. J. Livesy, Jr.	2	42
Darius, of Canterbury, m. Clarinda **BURLINGAME,** of Killingly, Mar. 19, 1838, by Rev. Sidney Holman	2	4
Darius A., of Webster, Mass., m. Almira **SPARKS,** of Killingly, Dec. 14, 1847, by Rev. John D. Baldwin	2	49a
Deloss C., m. Abby A. **WHITCOMB,** b. of Killingly, Feb. 2, 1851, by Rev. Roswell Whitmore	2	58
Eleazer, s. Thomas & Sarah, b. June 20, 1738, at Oblong	1	23
Granville, m. Rhoby **ROUSE,** b. of Killingly, June 14, 1836, by Rev. Sidney Holman	1	142
Josephus S., m. Maria J. **OLNEY,** b. of Killingly, Nov. 21, 1837, by Rev. Sidney Holman	2	3
Louisa, m. Erastus **SHORT,** Sept. 15, 1833, by John N. Whipple	1	85
Lyman W., m. Elisabeth R. A. **ROUNDS,** b. of Coventry, R. I., July 9, 1848, by Henry B. Lock, Eld., East Killingly	2	48
Mary, m. Nathaniel **YOUNG,** June 24, 1834, by Ella		

	Vol.	Page
WOOD, (cont.)		
Dunham, Elder	1	90
Mary, of East Killingly, m. Daniel M. **HOVEY**, M. D., of South Killingly, July 4, 1847, by Rev. Isaac C. Day	2	40a
Rhoda S., of Killingly, m. John H. **DORRANCE**, of Providence, R. I., Sept. 29, 1839, by Rev. Henry Robinson	2	6a
Sarah H., m. Joseph B. **BURRINGTON**, b. of Smithfield, R. I., Aug. 18, 1844, by Rev. Daniel Williams	2	24a
Sarah R., m. William **PRAY**, b. of Killingly, Oct. 9, 1836, by Rev. Roswell Whitmore	2	1
Sarah R., m. Samuel **BOYD**, May 9, 1847, by Lowell Graves, J. P.	2	40
Susan, m. Erastus **STEPHENS**, b. of Killingly, Oct. 23, 1848, by Henry Sparks, J. P.	2	48
Thomas, m . Lydia W. **FARRES**, b. of Mendon, Mass., Feb. 18, 1840, by Rev. Daniel Williams	2	8
William, s. Thomas & Sarah, b. June 24, 1734	1	14
William F., m. Mary Ardelia **PEIRCE**, June 11, 1848, by Rev. Geo[rge] W. Greenslett	2	46a
WOODARD, [see under **WOODWARD**]		
WOOMANCY, William, of Scituate, R. I., m. Betsey **WALKER**, of Foster, R. I., Sept. 12, 1841, by Rev. Daniel Williams	2	12a
[WOODWARD], WOODARD, Huldah, of Pomfret, m. Enoch **BARKER**, of Ashford, Oct. 29, 1807, by Rev. James Grow	1	186
Jason, of Ashford, m. Catharine **BRIGHTMAN**, Sept. 6, 1831, by George W. Appleton	1	131
Mary Ann, m. Niles L. **LEACH**, b. of Thompson, Dec. 1, 1844, by Rev. Nicholas Branch	2	27a
WOODWORTH, Elisabeth A., of West Killingly, m. Joseph F. **MOYSES**, of Brooklyn, Nov. 20, 1845, by Rev. T. O. Rice	2	31a
W[illia]m, of North Providence, R. I., m. Frances C. **FIELD**, of Killingly, July 19, 1835, by Roswell Whitmore	1	95
WORK, H. N., of Ashford, m. M. A. **PERRIN**, of Killingly, Dec. 6, 1847, by Rev. John D. Baldwin	2	49a
WRIGHT, Amanda M., of Killingly, m. Rev. Sylvester **BARROWS**, of Willington, Conn., Sept. 18, 1850, by S. W. Coggeshall	2	56
Emma, of Mason, N. H., m. Thomas E. **LANG**, June 16, 1847, by Lowell Graves, J. P.	2	40
James, of Brooklyn, m. Julia Ann **BURDICT**, of Hampton, July 4, 1845, by Ephraim Bacon, J. P.	2	28
Juliette F., m. Henry **TRUESDELL**, b. of Killingly, May 14, 1845, by Rev. John Howson	2	28
Nancy, of Johnson, R. I., m. George N. **YOUNG**, of Scituate, R. I., Nov. 28, 1845, by Rev. Daniel Williams	2	35

	Vol.	Page
WRIGHT, (cont.)		
Olive, d. Eliphalet & Hannah, b. Jan. 6, 1770	1	227
Rebeckah, d. Eliphalet & Han[n]ah, b. Dec. 1, 1767	1	227
Sarah, d. Eliphalet & Han[n]ah, b. Mar. 7, 1766	1	227
Sarah Ann, m. Stephen MURRAY, b. of Killingly, Nov. 2, 1823, by Joseph Adams, J. P.	1	102
YAW, YEAW, Amasa, of Scituate, m. Clarissa J. NICHOLS, of Coventry, R. I., Aug. 25, 1845, by Ephraim Bacon, J. P.	2	29
George W., m. Lucy M. WEBSTER, b. of Warwick, R. I., Dec. 28, 1851, by Rev. Daniel Williams	2	68
Harriet, of Scituate, m. Salem IRONS, of Providence, July 5, 1846, by Lowell Graves, J. P.	2	35a
YOUNG, Abner, m. Emily BAKER, b. of Killingly, Sept. 5, [1842], by Rev. Geo[rge] May	2	14
Betsey, m. Henry AUSTIN, b. of Killingly, May 21, 1829, by Daniel Chase, J. P.	1	122
Betsey, m. George A. TUCKER, b. of Killingly, Sept. 7, 1846, by Rev. Daniel Williams	2	37
Charles, m. Lucy M. CHASE, b. of Killingly, May 3, 1847, by Rev. Geo[rge] W. Greenslitt	2	39a
David A., m. Selinda WELLS, b. of Foster, R. I., Jan. 8, 1849, by Rev. J. Livesy, Jr., at West Killingly	2	51a
David A., of Scituate, R. I., m. Lucinda W. ELDRED, of Warwick, R. I., Aug. 15, 1850, by Earl Martin, J. P.	2	55a
Elisabeth, of Killingly, m. Cyrus BENNETT, of Pomfret, Mar. 29, 1841, by Rev. George W. Greenslitt	2	10a
Erastus S., m. Hannah Ann BABCOCK, b. of Sterling, Oct. 29, 1848, by Rev. Isaac C. Day	2	48a
Ersula, of Killingly, m. Waldo CHILD, of Thompson, Dec. 24, 1848, by Rev. Isaac C. Day	2	49a
Ezra, of Sterling, m. Laura A. BURGESS, of Foster, R. I., Dec. 24, 1843, by Rev. Daniel Williams	2	22
Freeborn, m. Eunice WILCOX, b. of Killingly, Apr. 10, 1827, by Calvin Cooper	1	117
George, m. Eliza CHAMBERLIN, b. of Killingly, July 4, 1837, by Rev. Sidney Holman	2	2a
George, of Sterling, m. Sally BAKER, of Killingly, Nov. 21, 1841, by Rev. Daniel Williams	2	12a
George N., of Scituate, R. I., m. Nancy WRIGHT, of Johnson, R. I., Nov. 28, 1845, by Rev. Daniel Williams	2	35
Harriet, m. Henry W. HYDE, Apr. 7, 1833, by John Whipple	1	135
Hearty, of Killingly, m. Samuel PECK, of Coventry, R. I., Mar. 12, 1843, by Rev. George Greenslit. Intention published.	2	18
Henrietty, m. Waldow BURLINGAME, b. of Killingly, Sept. 29, 1825, by Calvin Cooper (Perhaps Henrietty TOWNE)	1	109
Henry, m. Sarah MOFFETT, b. of Killingly, Oct. 29, 1843,		

	Vol.	Page
YOUNG, (cont.)		
by Rev. Henry Robinson	2	20
Herbert, m. Lucinda **BAKER**, b. of Pomfret, Nov. 11, 1849, by Rev. Geo[rge] W. Greenslitt	2	53
Hindman, m. Eliza **BAKER**, Jan. 9, 1820, by Calvin Cooper	1	190
Israel, m. Rachal **YOUNG**, b. of Killingly, Aug. 14, 1825, by David Chase, J. P.	1	108
Israel A., of Scituate, m. Recbecker C. **HOPKINS**, of Foster, R. I., May 2, 1847, by Rev. Daniel Williams	2	41
James D., m. Keziah **PERRY**, b. of Killingly, Oct. 19, 1828, by Elisha Atkins	1	100
Jemima, m. Samuel **STERNES**, b. of Killingly, Apr. 19, 1835, by Roswell Whitmore	1	95
John, m. Phebe **YOUNG**, b. of Killingly, Mar. 16, 1845, by Rev. Daniel Williams	2	28a
John Bennet[t], of New York City, m. Lydia **BALLOU**, of Killingly, June 6, 1842, by Rev. Henry Robinson	2	13a
Jonah S., m. Mary **COLVIN**, Oct. 25, 1830, by Elder G. W. Appleton	1	133
Jonah S., m. Laura **SPALDING**, b. of Killingly, Mar. 29, 1837, by Rev. Erastus Doty	2	2
Julia Ann, m. W[illia]m **BURGESS**, Nov. 18, 1833, by John N. Whipple	1	87
Lucinda, m. Nelson **WADE**, Nov. 24, 1833, by Daniel Williams, Clerk	1	86
Lydia, m. Capt. David **CADY**, Jan. 23, 1791, by Rev. Israel Day	1	261
Margaret A., [d. Zephaniah], b. [ ], 1815	1	82
Margaret A., m. Alvah **ROOD**, b. of Killingly, [Jan.] 1, [1834], by Roswell Whitmore	1	88
Martha M., [d. Zephaniah], b. [ ], 1807	1	82
Martha M., m. Lowell **GRAVES**, Oct. 9, [1831], by Albert Cole	1	98
Mary Ann, of Sterling, m. George C. **HUBBARD**, of Killingly, Mar. 7, 1841, by John N. Whipple	2	9
Nancy T., of Glocester, R. I., m. Otis **BOSS**, of Scituate, R. I., Mar. 2, 1845, by Rev. John Howson	2	27
Nathan, m. Caroline **JENKINS**, b. of Killingly, Mar. 18, 1832, by Roswell Whitmore	1	82
Nathaniel, m. Mary **WOOD**, June 24, 1834, by Ella Duncan, Elder	1	90
Phebe, m. John **YOUNG**, b. of Killingly, Mar. 16, 1845, by Rev. Daniel Williams	2	28a
Rachal, m. Israel **YOUNG**, b. of Killingly, Aug. 14, 1825, by David Chase, J. P.	1	108
Rebec[c]a J., m. Jeremiah H. **HUBBARD**, Jan. 28, 1831, by Rev. Albert Cole	1	132
Rosan[n]a, m. John **RUSSELL**, Dec. 29, 1816, by Rev. Nathan		

	Vol.	Page
YOUNG, (cont.)		
Burlingame	1	187
Roxana, m. Caleb **BLANCHARD**, b. of Killingly, Apr. 8, 1838, by Nicholas Branch	2	4
Rube T., [d. Zephaniah], b. [ ], 1812	1	82
Sarah Ann, m. Thomas **BARKER**, Jr., b. of Killingly, Nov. 29, 1829, by Rev. Roswell Whitmore	1	99
Sarah Ann, of Fall River, R. I., m. Charles H. **BOSWORTH**, of Providence, R. I., July 3, 1850, by Earl Martin, J. P.	2	55a
Schnieler S., [s. Zephaniah], b. [ ], 1809	1	82
Shubel, m. Mariah **HEB[B]ARD**, July 20, 1834, by Rev. Charles S. Weaver, of Plainfield	1	90
Susan E., of Sterling, Conn., m. Peleg A. **ROUND**, of Scituate, R. I., Sept. 4, 1852, by Rev. Daniel Williams	2	73
Ursula, see under Ersula		
Walter, of Killingly, m. Harriet M. **ROUND**, of Foster, R. I., Sept. 9, 1849, by Rev. Samuel W. Coggeshall	2	52a
William Thompson, m. Ama **WATSON**, of Monson, Mass., Apr. 24, 1836, by Rev. Sidney Holman	1	142
YOUNGLOVE, YOUNLOVE, Abiga[i]l, d. John & Abaga[i]l, b. Aug. 22, 1754	1	53
Abigail, d. John & Abigail, b. Aug. 23, 1754	1	235
Abiga[i]l, m. Ebenezer **ATWOOD**, Sept. 13, 1770, by Elder Noadiah Russell	1	176
Elisabeth, d. John & Abegail, b. Jan. 16, 1762	1	235
Jemima, d. John & Jemima, b. Feb. 20, 1735/6	1	25
Jemima, d. John & Abigail, b. June 11, 1759	1	235
John, s. John & Jemima, b. Aug. 28, 1727	1	25
John, d. Mar. 28, 1753	1	67
John, s. John & Abael, b. Dec. 11, 1756	1	235
John, d. May 24, 1768	1	162
John, m. Thankful **COOPLAND**, Dec. 17, 1778, by Rev. Noadiah Russell	1	178
John, Jr., s. John & Thankfull, b. Apr. 10, 1780	1	236
Molly, d. Samuel & Sarah, b. Mar. 3, 1753	1	49
Patience, d. John & Abiga[i]l, b. Mar. 28, 1751	1	47
Samuel, s. John & Jemima, b. June 14, 1730	1	25
Samuel, of Killingly, m. Sarah **PITTS**, of Ashford, Apr. 23, 1752, by Perly Howe, Clerk	1	65
Sam[ue]ll, d. July 30, 1758	1	162
Sarah, d. John & Jemima, b. Dec. 25, 1732	1	25
Thankfull, d. John & Thankfull, b. Nov. 13, 1781	1	236
-----, b. Jan. 13, 175[ ]	1	226
NO SURNAME		
Ead, negro, s. Seasur & Hager, b. Apr. 14, 1754	1	51
Hannah, m. James **DRAPER**, June 12, 1746	1	69
Prudence, m. John **STRANAHAN**, July 5, 1794	1	187
Sarah, m. George **MARSH**, b. of Killingly, Oct. 24, 1847,		

	Vol.	Page
NO SURNAME, (cont.)		
in Danielsonville, West Killingly, by Rev. John Livesy, Jr.	2	45

www.ingramcontent.com/pod-product-compliance
Lightning Source LLC
Chambersburg PA
CBHW071230290426
44108CB00013B/1363